다세대 발달관점의

가족관계

Stephen A. Anderson · Ronald M. Sabatelli 공저
정문자 · 정현숙 · 정혜정 · 전영주 · 정유진 공역

학지사

KB027360

Family Interaction:

A Multigenerational Developmental Perspective, 5th Edition.

by Stephen A. Anderson and Ronald M. Sabatelli

Authorized translation from the English language edition,

entitled FAMILY INTERACTION: A MULTIGENERATIONAL DEVELOPMENTAL PERSPECTIVE, 5th Edition, ISBN:

0205710832 by ANDERSON, STEPHEN A.; SABATELLI, RONALD M.; published by Pearson Education, Inc.

Copyright © 2011 by Pearson Education, Inc.

KOREAN language edition published by HAKJISA PUBLISHER, INC.

Copyright © 2016 by Hakjisa Publisher, Inc.

역자 서문 Foreword

　가족과 가족관계에 대한 용어는 친숙성으로 인해 가족연구를 하는 학생이나 연구자가 이론적 관점으로 체계적인 연구를 하는 데 많은 제한점이 있었습니다. 이러한 한계를 극복하고자 가족관계에 대한 다양한 이론서를 검토하는 중에 스테판 앤더슨(Stephen A. Anderson)과 로널드 사바텔리(Ronald M. Sabatelli)의 『다세대 발달관점의 가족관계(Family Interaction: A Multigenerational Developmental Perspective, 5th ed.)』을 접하게 되었습니다.

　가족을 연구하는 다른 다양한 학문분야와 구별되면서 가족학(Family Studies)과 가족상담 및 치료분야에서 중요하게 다루는 관점 중 하나가 가족구성원들의 관계적 측면을 통해 가족을 이해하는 것입니다. 즉, 가족의 상호작용(family interaction), 가족역동(family dynamic), 가족기능(family functioning)은 가족관계를 이해하는 가장 중요한 이론적 관점입니다. 저자들은 가족체계이론적 관점, 가족발달 관점과 세대 간 관점을 통합하여 집필하였다는 점을 강조합니다. 바로 이러한 점에 우리 번역 팀은 매료되었고 번역하기로 마음먹었습니다. 왜냐하면 가족학자들은 가족을 이해하는 데 기초가 되는 체계적, 발달적, 세대 간 관점을 통해 현대 가족이 직면한 가족 상황을 체계적으로 분석하기 때문입니다. 또한 이러한 이론적 관점을 토대로 시간에 따른 가족의 변화(가족생활주기에 따른 변화와 가족의 사망, 이혼, 재혼 등으로 이루어지는 대안적 발달단계를 포함)과정에서의 개인과 가족의 상호작용 책략, 기능 및 복지를 이해하여야 하는데, 바로 이 책이 이러한 시각으로 저술되었기 때문입니다. 이 밖에도 이 책의 체제가 학습에 매우 효율적이라는 점도 들 수 있습니다. 예를 들면, 각 장의 시작 부분에 그 장에서 다룰 중요한 내용이 요약되어 있어 내용 이해에 효과적이고 각 장을 학습한 후 결론(conclusions)에서 다시 중요 내용이 정리되며, 주요 개념(key terms)이 각 장의 끝에 제시되어 학습한 것을 되새김하게 합니다.

우리 팀은 다음 몇 가지를 고려하여 이 책을 번역하였습니다.

첫째, 전체 18장으로 이루어진 각 장에서 사용되는 공통적인 용어, 예를 들면 장(chapter), 주요 개념(key terms) 등의 용어를 통일하였습니다. 그러나 가족구성원, 구성원, 가족원 등과 같은 용어는 문장에서의 쓰임에 따라 적절하게 사용하였습니다. 처음 나오는 용어의 경우 번역한 단어의 괄호 안에 영문을 제시하였으며, 세미콜론으로 연결된 문장은 읽기 쉽게 풀어썼습니다.

둘째, 본문에 고딕체로 표기된 용어(예를 들면 폭식장애)와 개관(모든 장의 시작 부분) 및 밑줄을 친 문장이나 제목은 서체 등 부분적으로 차이가 있으나 대체로 원서의 체제를 따랐습니다. 그러나 원서 본문에서 문장 안에 인용된 저자의 이름은 우리말로 저자의 성을 제시하고 괄호 안에 영어 이름을 원서의 표기대로 두었습니다.

셋째, 전체적인 체계는 원서의 체제를 따랐으나, 영어 어순을 그대로 번역할 경우 어색한 문장이 많아 우리말 어순으로 재정리하였으며, 이중부정이나 수동태는 가능한 한 능동태로 바꾸었습니다. 그러나 이러한 작업에도 불구하고 우리 문화에서 익숙하지 않은 용어는 독자들이 읽기 쉬운 방식으로 의역하였습니다. 내용의 일관성을 유지하기 위해 두 명이 한 팀이 되어 각자 번역한 내용을 상호 검토하는 과정을 거쳤습니다.

넷째, 번역했을 때 이해하기 어려운 중요한 고유명사의 경우[예를 들면, 환각제의 일종인 LSD(Lysergic Acid Diethylanmide)와 같은 용어는 환각제로 번역함]는 역주로 자세한 내용을 첨부하였습니다. 그러나 본문 중 괄호 안의 설명은 원서의 내용 그대로입니다.

다섯째, 참고문헌(Reference)은 원서 그대로 제시하였습니다. 인명색인(Name Index)은 성, 이름의 알파벳 순서를 유지하되 쪽수를 번역서 기준으로 정리하였으며, 내용색인(Subject Index)은 원서에서는 낙태(Abortion)에서 일(Work)까지 알파벳 순

서로 정리되어 있었으나 주제어를 번역하여 가나다순으로 정렬하였으며 쪽수도 번역서에 맞게 정리하였습니다.

이 책은 5명의 아동·가족학 교수가 번역하였습니다. 1, 2, 5, 13장은 정혜정 교수가, 4, 16, 17, 18장은 정현숙 교수가, 6, 7, 8장은 정문자 교수가, 3, 9, 11, 12장은 정유진 교수가, 그리고 10, 14, 15장은 전영주 교수가 번역하였습니다.

이 책은 가족기능을 평가할 수 있는 다양한 개념적 모델을 제시하고 있으며, 새로운 이론적 관점과 연구결과를 포함하고 있으므로 가족관계 연구를 위한 중요한 자원으로 활용할 수 있을 것입니다. 또한 학부생들을 위한 가족관계, 가족상담 및 치료 분야, 가족생활교육 등 교과목의 참고자료로 그리고 이들 분야 대학원의 주교재로 활용되기를 기대합니다. 저자들이 5판에 걸쳐 많은 연구결과를 체계적으로 추가했을지라도, 각 장과 관련된 한국 상황의 자료와 연구결과는 이 책을 활용하는 사람의 몫입니다. 따라서 다양한 한국의 연구결과와 연결하여 학습할 경우 가족관계 연구의 이론적 기초서로서 매우 효율적으로 적용할 수 있다고 봅니다. 이 책을 통해 가족학 분야의 연구가 좀 더 이론에 기초하여 이루어지고, 그 연구결과가 다른 학문 분야에도 연계될 수 있는 틀이 마련되기를 기대합니다.

『다세대 발달관점의 가족관계』를 완성할 수 있도록 항상 마음으로 지원해 주는 가족들과 이 책의 편집과 출판을 위해 애써 주신 학지사에 감사드립니다.

2016년 9월 5일
역자 일동

저자 서문 Foreword

『다세대 발달관점의 가족관계』를 출간하게 되어 매우 기쁩니다. 우리가 이 프로젝트를 시작할 당시만 해도, 이 책이 이렇게 오래 가리라 전혀 예상하지 못했습니다. 이 책은 우리가 중요하다고 여기는 것, 말하자면 가족학 분야에서 늘 변화하고 발전을 보여 주는 새로운 자료를 지속적으로 추가해 왔습니다. 가장 주목할 점은 독자들이 이 책의 구석구석에서 새로운 연구결과를 찾을 수 있다는 점입니다. 다양한 가족구조와 생애주기 단계를 특징짓는 다양성에 대해 흥미롭고 새로운 지식을 추가하였습니다. 또한 부모-자녀관계, 청소년의 적응, 부부 의사소통, 가족구조와 커플관계의 다양성(특히 동성 커플), 갈등해결 그리고 이혼에 관한 최근의 연구가 많이 추가되었으며 다른 새로운 지식도 통합하였습니다.

이러한 재미있는 변화와 달리, 이 책의 구조와 주요 초점은 바꾸지 않고 그대로 두었습니다. 이 책은 여전히 가족의 상호작용, 가족역동, 가족기능에 초점을 둔 과목을 위한 기초 교과서입니다. 가족체계이론과 다세대 발달이론의 틀을 사용한 이 책은 시간이 흐름에 따라 현대 가족이 마주치는 도전에 더 많은 관심을 기울였습니다. 또 가족 안에서 작동하는 패턴과 역동을 이해하기 위해 사용되는 주요한 개념적 모델을 포괄적으로 살펴보았습니다. 독자들이 가족의 특정 구성이나 생활여건과 상관없이 모든 가족이 수행해야 하는 기본적인 1차 과업을 고찰하도록 하였으며, 동시에 각 가족이 상호작용을 발전시키는 방식의 다양성과 독특성을 이해하도록 하였습니다. 즉, 모든 가족은 정체성에 대한 공동의 느낌을 발전시켜야 하고, 양육적이면서도 정서적인 환경을 만들어야 하며, 자원을 관리하고, 개별 가족구성원과 외부세계 간의 경계선을 성공적으로 협상해야 합니다. 더구나 모든 가족은 발달과정에서 마주치는, 늘 변화하는 스트레스를 관리해야 하는 2차 과업에 대한 대처 전략도 개발해야 합니다. 그러나 이러한 도전에 대처하기 위해 발전시키는 전략에 영향을 주는 것은 바로 가족마다의 독특성, 말하자면 가족의 구조적 조직과 가족의 특정 문화적·민족적, 인종적 유산과 성역할 성향입니다.

우리는 독자에게 가족기능을 평가하고 이해하는 데 필요한 다양한 개념적 렌즈를 제공한 다음, 가족생활주기의 연속적인 각 단계로 안내하고, 가족구성원의 사망, 이혼 재혼 때문에 야기되는 수많은 대안적인 발달경로로 인도하였습니다. 단계마다 현재의 연구결과와 개념을 사용하여 특히 가족의 상호작용 전략 및 기능과 개별 가족구성원의 안녕과 전체로서의 가족체계 간의 관계에 초점을 맞췄습니다.

우리는 이 책이 가족에 대해 독특한 관점을 제공한다고 믿습니다. 이 책은 통합, 특히 가족체계이론적 관점과 가족발달 관점 그리고 세대 간 관점의 통합을 강조합니다. 이 책을 읽고서 가족생활의 복잡성을 존중하게 되기를 바랍니다. 아울러 가족에 대한 현재의 개념적 모델과 지식이 어떻게 해서 가족과 가족기능에 대한 사정과 이해를 위한 유용한 지침이 될 수 있는가를 이해할 수 있기를 바랍니다.

Anderson & Sabatelli

차 례 Contents

■ 역자 서문 3
■ 저자 서문 7

가족을 정의하기

역사적으로 가족은 '하나의 가구 안에서 살아가는 결혼한 파트너와 자녀들'로 정의되었다. 시간이 흐르면서 가족에 대한 사회적 정의가 바뀌었음은 너무도 명백하며, 한부모, 두 인종 간 커플, 혼합가족, 생물학적인 관계가 없는 개인들이 협력하여 사는 것, 게이와 레즈비언 커플도 가족에 포함되었다. 이 책이 취한 관점은 이렇게 현대사회에서 발견되는 다양한 가족형태에도 불구하고, 가족은 반드시 수행해야 하는 공통의 과업을 가지고 있다는 점이다. 또한 가족은 이런 과업을 관리하기 위하여 고유의 상호작용 패턴과 역동을 발전시켜야 한다. 이러한 것들과 관계된 공통의 과업과 패턴이 이 책의 주요 초점이다.

이 책은 모든 가족이 독특하며, 이러한 독특성은 가족 안에서 발견되는 상호작용 패턴에 나타나 있다는 가정을 바탕으로 한다. 가족연구자, 이론가, 임상가의 도움을 받아서 이 책은 가족 내부에서 발견되는 독특한 상호작용 패턴을 이해하도록 돕는 수많은 핵심 개념에 초점을 둔다. 이 같은 목적을 달성하기 위해 다세대 발달 관점에서 다양한 가족을 살펴본다. 이 책은 현대 가족의 변화하는 특성에 맞는 자료를 제공하고 가족이 발달적 전이상의 스트레스에 어떻게 대처하는가에 대한 연구결과를 보여 주며, 기능적 · 역기능적 가족에 대해 현재 알려져 있는 점들을 통합하여 제공한다. 마지막으로 이 책은 가족이 발달적 전환을 관리할 때 마주치는 가장 흔한 문제 가운데 몇 가지를 다룬다.

이러한 담론은 가족이 하나의 체계로 여겨질 때 가족에 대한 정의의 특징을 상술하는 것으로 시작한다. 생애주기 동안 가족이 거쳐 가는 극적인 변화에도 불구하고, 가족의 특정 형태와 상관없이 모든 가족체계가 씨름해야 하는 수많은 예측 가능하고 확인 가능한 과업이 있다. 말하자면, 누가 가족을 구성하고 있는가와 상관없이, 모든 가족체계는 전체로서의 가족과 개별구성원을 위해 명백한 정체성을 확립하고, 가족과 외부세계 간, 가족 내 개별구성원 간에 분명하게 정의된 경계선을 확립하며, 가정을 관리하고(집안일을 나누고, 가계 재정을 관리하며, 문제를 해결하는 등), 가족생활의 정서적 요구를 관리해야 한다. 게다가 가족은 시간이 지나면서 마주치는 규범적·비규범적 스트레스에 반응하여 어떻게 과업을 수행할지를 조절해야 한다.

　　가족이 어쩔 수 없는 변화에 직면하여 이런 기본 과업을 관리하기 위해 확립하는 상호작용 패턴이 이 책의 핵심이다. 우리의 시각에 의하면, 가족구성원은 시간이 흐르면서 서로 일상적이고 습관적인 상호작용 패턴을 확립하며, 이는 가족발달 과정에서 계속 변화한다. 이러한 패턴은 가족에게 분명한 정체성을 부여하고, 가족의 경계선을 정의하며, 가정이 어떻게 관리되는가를 결정하고, 가족의 정서적 환경의 질을 규정한다. 요약하면, 각 가족의 독특성에 대한 탐색을 통해 우리가 가족에 대한 개념화를 할 때 모든 가족체계에 공통적이면서 동시에 각각의 가족체계 안에서 발견되는 상호작용 패턴의 다양성과 특수성을 포함하는 과업을 다룰 수 있다. 각 가족을 독특하게 만드는 것은 기본적인 가족체계의 핵심 과업을 수행하기 위해 가족이 사용하는 분명한 전략이다. 이렇게 독특한 전략은 각 가족구성원의 발달 궤적에 영향을 미친다. 말하자면 전략은 가족 안에서 우리가 경험하는 양육과 지원 패턴, 우리가 받아들이게 되는 가치와 태도, 일생 동안 어떻게 친밀한 관계에 다가가고 유지하는가에 영향을 미치는 발달적 유산 등에 영향을 끼쳐 우리의 삶이 어떻게 전개되는가를 결정한다.

제1장

체계로서 가족

    가족의 상호작용 패턴에 초점을 두기 위해서는 기본적으로 '가족'이라는 용어의 의미를 이해해야 한다. 본 장에서는 가족의 개념을 정의하고 가족을 하나의 체계(system)로 간주할 때 가족을 이해하는 데 기본이 되는 핵심 가정과 중심 개념에 대해 살펴볼 것이다. 가족을 체계로 보는 이론 틀에서, 가족은 상호의존하는 개인들의 집단으로 구성된 복합적인 구조로 정의된다. 개인들은 역사를 공유하고, 서로 정서적 유대감을 가지며, 가족구성원 개인 및 전체로서의 가족의 욕구를 충족시키기 위한 전략을 고안한다. 가족을 정의하기 위해 체계의 은유를 사용하는 것은 가족이 구조적으로 복잡하다는 전제를 시사한다. 가족은 다중의 하위체계로 구성되고, 반드시 이루어야 하는 공동의 목적과 과업이 있으며, 과업을 수행하기 위한 전략을 고안해야 한다. 이와 같은 체계이론적 관점에서 볼 때, 가족기능의 평가는 가족이 수행해야 하는 공통의 과업과 과업수행을 위해 고안된 전략의 효과성에 대한 이론적 고려를 중심으로 이루어진다.

체계로서 가족

　이 책은 가족 및 가족에서 찾아볼 수 있는 상호작용 패턴과 역동에 초점을 둔다. 또한 이 책은 생애주기에 따라 모든 가족이 마주칠 수 있는 발달과업에 초점을 둔다. 이 책의 목적은 간단하다. 가족이 무엇이고 어떻게 작동하는가에 대한 이해를 제공하는 것이다. 목적을 달성하기 위해 가족을 복잡한 체계로 간주하고, 가족의 상호작용 패턴을 형성하는 많은 요인을 깊이 있게 분석할 수 있는 능력이 필요하다. 이 목적을 달성하기 위해 추가로 필요한 것은 개별 가족구성원의 경험이 어떻게 하나의 유산으로 확립되는가를 이해하는 것이다. 유산은 가족구성원의 가치와 지향성에 영향을 미치고 사람과 사건에 대처하기 위한 전략을 결정하고, 궁극적으로는 개별 가족구성원이 삶에서 하는 많은 선택의 기초가 된다.

　모두에게 익숙한 주제에 대한 책을 쓰는 작업은 어려운 도전이다. 사람들이 책, TV, 영화를 통해 가족이라는 주제에 노출되어 있을 뿐 아니라 개인적으로 경험하고 있으므로, 사람들은 가족에 대해 알아야 하는 것들을 모두 알고 있다고 느낄 수 있다. 그래서 새로운 사고에 대한 객관성과 수용성이 흐려질 수 있다. 결국 이 책의 시작부터 독자들이 가족 안에서, 그리고 가족 간에 발견되는 다양성에 대해 개방적이기를 바란다. 개방적이 되어서 독자들이 자신의 가족 경험에 대한 통찰력을 얻게 되기를 바란다. 가족역동에 관한 연구의 중요성을 강조하고, 또 가족이 우리 삶의 모든 면과 관계된다는 시각을 강화시켜 줄 그런 통찰력 말이다.

가족을 정의하는 것의 어려움

　가족을 정의하는 작업은 단순하지 않다. 가족을 정의하는 것의 어려움은 가족의 개념을 둘러싼 신화로부터 비롯된다. 가족을 정의해 보라는 질문을 받았을 때, 대부분의 사람은 조화와 사랑의 원칙에 입각하여 작동하는, 안정되고 조화로운 사람으로 구성된 집단이라는 한 가지 형태만 생각한다. 가족이란 결혼한 부부와 생물학적 자녀로 구성된 것으로 생각한다. 부부는 행복한 결혼생활을 하고 있고, 자녀는 부모의 훌륭한 보살핌과 지원을 받고 있다고 느끼며, 가족구성원 각자의 경험은 모두 똑같아서, 구성원 각자 가족이 자신의 신체적 · 정서적 욕구를 충족시키는 안전한 보금자리라는 생각을 하고 있다.

이처럼 오랜 세월 지속되어 온 온전한 가족에 대한 이상화된 이미지는 미국 가족의 특징인 다양성과 불안정성을 왜곡하고 있다(Hareven, 2000). 1950년대 생계부양자인 아버지가 가장이고 주부인 어머니가 보살피는, 백인 중산층의 온전한 핵가족 모델은 현대 가족의 수많은 범주 가운데 아주 일부에 불과하다(Teachman, Tedrow, & Crowder, 2000). 그 자리에, 다양한 가족구조의 특징을 보이는 '포스트모던 가족'이 등장하였는데(Stacey, 1996), 일하는 어머니와 맞벌이 부부 가구, 이혼가족, 한부모가족, 재혼가족, 입양가족, 동거 부부, 동성애 부부 등이 여기 속한다.

예를 들어, 최근 생물학적 자녀와 함께 살고 있는 부부는 미국 전체 가구의 24%에 불과하다(U.S. Census Bureau, 2005a). 한편 한부모 가구가 크게 늘어나 흔한 가구형태가 되었는데, 18세 이하의 자녀와 함께 사는 전체 미국 가족의 26%에 해당하며, 이는 1970년 이래 58%가 급격히 증가한 것이다. 현재 한부모 가구는 천이백만 가구가 넘는데, 그 가운데 대략 천만 가구는 어머니가 가구주다(U.S. Census Bureau, 2005a). 미국 가족구조를 조금 더 확대해서 들여다보기 위해 미국 인구조사국의 보고를 보면, 2007년에 미국에 사는 18세 이하 자녀는 대략 7천 4백만 명인데, 그 가운데 67.8%가 혼인생활을 하고 있는 부모와 동거하며, 2.9%는 미혼 부모와 거주하고, 25.8%는 한부모와 살며, 3.5%는 부모 없이 살고 있다.

한 세기 전에는 5%의 기혼여성만이 노동시장에 참여했다는 사실을 떠올려 보자. 1940년에는 일곱 명 중 한 명 이하의 기혼여성만이 집 밖에서 일을 했다. 1995년 이후 맞벌이 부부가족이 과거 전통적인 외벌이 부부가족을 능가하게 되었다. 현재 60% 이상의 아내가 집 밖에서 일하고 있다(U.S. Census Bureau, 2006).

게다가, 지난 30여 년 동안, 이혼율이 급격히 증가함에 따라 결혼생활을 끝내는 가장 흔한 시기는 배우자의 사망이 아니라 이혼이 되었다(Sabatelli & Ripoll, 2003). 미국에서 이혼으로 끝나는 결혼의 비율이 1867년 10% 이하에서 매년 꾸준히 증가하여 1985년에는 55% 이상에 이르렀다(Cherlin, 1992). 최근 자료에 의하면 1980년대 중반 이래 미국의 이혼율은 약간 감소하였다(Bramlett & Mosher, 2001). 그렇다고 하더라도 인구학자의 예측에 의하면, 오늘날 결혼의 25%는 7년 만에 종료되고, 약 절반은 20년째에 이혼으로 끝나게 된다(Bramlett & Mosher, 2001; Pinsoff, 2002). 이러한 변화는 자연스럽게 이혼이라는 문제에 관한 사회정치적 담론을 제기했다. 거의 예외 없이(Ahrons, 2004), 이혼은 결혼생활의 바람직하지 못한 종결로 정의되어 왔다. 이혼이 자녀와 당사자에게 미치는 장ㆍ단기적 부정적 영향에 관하여 수없이 많은 연구가 이루어졌고, 이혼은 사회적 혼란으로 간주되었으며, 그 빈도는 유행처럼 확산되어 급히 감소할 필요가 있는 것으로 보게 되었다(Gallagher, 1996; Popenoe, 1996). 결혼생활의 종료는 사회질서를 위협하고, 친족 간의 유대를 방해하며, 경제적 불안정을 조장하고, 아이들의 삶을 파괴할 수 있다고 여겨졌다. 다시 말하면, 결혼생활이 가족체계의 핵심적이고 중요한 하위체계로 기능하지 못할 때 영향을 받는 것들이 너무도 많다는 것이다.

더욱이 가족에 대한 전형적인 이미지는 현대 가족에서 흔히 찾아볼 수 있는 다양한 대인관계 역동을 제대로 보기 어렵게 한다. 우리 대부분은 미국의 가족을 폭력적이라고 부르고 싶어 하지 않을 것이다. '폭력'과 '가족'은 서로 잘 어울리는 단어가 아니다. 그러나 연구는 전혀 다른 이야기를 하고 있다. 미국 사회에서 가정이 가장 폭력적인 장소라는 것이다(U.S. Census Bureau, 2008). 친밀한 관계에서의 폭력에 관한 통계는 가정폭력이 널리 퍼져 있는 문제임을 보여 준다. 예를 들어, 미국 법무부 통계에 의하면(Catalano, 2006), 2004년에(이런 수치를 얻을 수 있는 가장 최근 통계임) 치명적이지는 않지만 입증된 폭력행위 625,000건 이상이 현재의 배우자, 이전 배우자, 남자친구 혹은 여자친구에 의해 자행되었다. 다른 연구들에 따르면, 친밀한 파트너에 의한 폭력 비율은 그보다 더 높다. 특히 미국의 여성폭력 조사는 16,000명 이상의 남성과 여성을 조사하였는데, 약 25%의 여성과 7.6%의 남성이 삶의 어느 시점에서든 배우자, 파트너, 데이트 상대였던 사람에게 강간을 당했거나 신체적으로 폭력을 당했다고 보고하였다. 지난 12개월 이내에 1.5%의 여성과 0.9%의 남성이 폭력을 당한 적이 있다고 보고했다. 밀치기, 꽉 붙잡기, 잡아당기기, 찰싹 때리기 같은 비교적 가벼운 폭력행위까지 고려한다면, 친밀한 관계에서의 폭력 발생은 남성 3백만과 여성 5백만 이상에 이를 것이다(Tjaden & Thoennes, 2000).

더욱이 미국 인구조사국에 의하면(U.S. Census Bureau, 2008), 2005년에 입증된 아동학대 및 방임 건수는 약 90만 건에 이른다. 아동학대 희생자의 대다수는 스스로를 보호할 수 없고 경찰이나 사회복지기관의 손이 닿지 않는 곳에 있기 때문에, 아동학대의 실제 건수는 훨씬 더 높을 것이라고 많은 연구자는 생각한다. 확실히 알려진 것은 1,500명 이상의 아동이 2004년에 학대나 방임으로 사망했고, 희생자의 90%는 부모나 기타 가족원에 의해 죽음을 당했다는 것이다(Administration for Children and Families, 2006).

요약하면, 가족에 대한 전형적인 시각은 가족에 관해 몇 가지는 밀접하게 연관되지만 명백한 신화를 포함한다. 신화란 가족에 대해 향수에 젖은 기억, 선택적인 지각, 가족에 관해 무엇이 옳고 대표적이며 사실인지에 대한 문화적 가치와 밀접한 연관이 있다. 이와 같이 가족에 대한 대표적인 시각은 가족 형태의 다양성과 가족 내 역동의 복잡성을 고려하기 어렵게 만든다. 그러므로 가족을 정의할 때는 가족에 대한 신화 이미지를 넘어서야 하고, 모든 형태의 가족을 포함하는 기본적이거나 핵심적인 특징을 언급해야 하며, 동시에 가족의 다양한 구조와 역동을 놓쳐서는 안 된다.

가족체계의 특징

최근에 가족의 복잡성과 다양성을 고려하면서도 가족의 공통된 특징을 논의하려는 노력으로서 가족학자들은 가족을 체계로 보게 되었다. 체계로 간주할 때, 가족(family)은 상호의존하는 개인들의 집단으로 구성된 복합적인 구조로 정의될 수 있다. 가족구성원은 역사를 공유하고, 어느 정도의 정서적 유대를 경험하며, 개별 가족구성원과 전체로서의 가족집단의 욕구를 충족하기 위한 전략을 고안한다. 가족을 정의하기 위해 '체계'라는 은유의 사용이 시사하는 바는 가족이 구조적으로 복잡하고, 다양한 하위체계로 구성되며, 성취해야 할 공동의 목표와 과업이 있고, 이러한 과업수행을 위한 전략을 고안하는 것을 전제로 한다는 점이다.

체계로 간주할 때, 가족은 구조와 과업이라는 두 가지 중심 차원으로 정의된다. 구조(structure)는 가족의 구성요소와 조직을 모두 포함한다. 구성요소란 가족의 멤버십, 간단히 말하면 가족을 이루는 구성원을 말한다. 가족의 구조적 조직은 확대가족체계의 상호작용 패턴을 지배하는 일련의 독특한 규칙을 말한다. 과업은 가족의 '일', 즉 가족의 공통적이며 필수적인 책임을 말한다. 모든 가족은 사회와 가족구성원들을 위해 성취해야 하는 과업을 갖는다.

가족의 구조적 속성

지난 30년간 가족체계이론적 관점은 가족학 분야에서 폭넓게 수용되었는데, 그 이유는 가족 내부와 가족 간에 발견되는 독특한 패턴과 과정에 대한 통찰을 제공했기 때문이다(Whitchurch & Constantine, 1993). 체계이론적 사고는 체계를 이루는 것은 그 부분 간의 관계이지 부분 자체는 아니라는 간단하면서도 명쾌한 사고를 기초로 한다. 보다 간단히 설명하면, 다리와 같은 공학 체계를 독특하게 만드는 것은 다리의 여러 구성요소 혹은 부분들 간의 관계라는 점이다. 즉, 다리를 건설할 때 들어가는 구성요소를 아는 것만으로 무엇이 그 다리를 독특한 체계로 만드는가에 대한 충분한 통찰을 얻을 수 없다. 다리를 하나의 체계로 이해하기 위해서는 모든 구성요소와 부분들과 하위체계(시멘트 기초공사, 강철 기둥, 교량 위의 포장된 길)가 서로 어떻게 연결되는가를 이해할 필요가 있다.

물론 가족이 공학적인 체계는 아니지만, 체계라는 은유를 가족에 적용하면 각 가족의 독특성에 기여하는 바가 무엇인가에 대해 생각할 수 있게 된다. 가족을 하나의 체계로 간주할 때, 가족구성원 간의 상호관계는 가족을 구성하는 개인들보다 더 크며, 가족원들 간의 상호관계가 바로 각 가족의 독특성을 이해하는 데 핵심이 된다. 예를 들어, 홀어머니가 한 집의 가장이라는 사실을 아는 것은 그 집에서 무슨 일이 일어나고 있는가에 대해 아무것도 말해 주지 않는다. 여성 한부모가 가장인 가족을 독특한 체계(기타 다른 여성 한부모 가족과도 차이가 있고 모든 다른 유형의 가족과도 차이가 있는 독특한 체계)로 만드는 것이 무언인가를 알려면, 그 가족의 구성원들이 서로 어떻게 상호작용하는가를 이해해야 한다. 말하자면, 가족구성원들 간에 일어나는 관계가 분석의 단위가 되어야 한다. 다음의 사례를 보자.

　　주디는 38세로 3년 전에 이혼했고 세 아이의 엄마다. 주디는 시내의 보험회사에서 과장으로 일하고 있다. 세 자녀의 나이는 7세에서 14세까지다. 큰아이인 멜리사는 중학교 3학년이다. 주디가 직장생활을 잘하기 위해서, 멜리사는 9세 여동생인 몰리와 7세 남동생인 토드를 아주 많이 보살펴야 하는 책임을 맡고 있다.

　　매일 아침마다 엄마가 일어나서 하루 일과를 준비한다. 엄마가 샤워를 하고 옷을 입는 동안 멜리사는 동생들을 깨우고, 옷을 입히고, 식구들을 위해 아침식사를 준비하고, 동생들이 학교에 가져갈 점심을 만든다. 엄마가 커피를 마시고, 옷을 다리고, 화장을 하고, 옷을 입는 동안 멜리사, 몰리, 토드는 함께 아침을 먹는다. 몰리와 토드는 어제 무슨 일이 있었는지 멜리사에게 이야기한다. 동생들은 전날 마치지 못한 숙제를 도와달라고 멜리사에게 부탁한다. 엄마, 몰리, 토드가 준비가 된 후에야 비로소 멜리사는 학교에 갈 준비를 하게 된다.

이 사례가 보여 주는 것은 가족역동을 잘 이해하기 위해서 가족이 상호작용하는 독특한 패턴 혹은 관계를 맺는 규칙을 고려해야 한다는 점이다. 이 특별한 가족체계에서 엄마는 부모의 권위와 책임을 멜리사에게 양도하였다. 이러한 생활양식은 부분적으로 가족의 독특한 구성요소와 가족에 부과된 요구에 의해 정해진 것이다. 한부모인 주디가 북적대는 아침시간의 요구를 혼자서 다룰 수 없기 때문에, 이 집의 동생들은 아침식사 동안 멜리사가 부모인 것처럼 상호작용하는 것이다. 동생들은 이 시간에 질문이 있거나 걱정이 있으면 누구에게 가야 하는지 알고 있다. 결국 멜리사는 자신의 역할과 책임의 경계를 알게 되고, 엄마인 주디는 아이들이 돌봄을 적절히 잘 받고 있는가에 대해 걱정하지 않고 직장에 갈 준비를 자유롭게 할 수 있다. 이 사례에 의하면, 한 가족의 독특성을 이해하기 위해서는 그 구조적 특성을 고려해야 한다. 즉, 가족을 구성하고 있는 사람들 그리고 가족 상호작용의 독특한 패턴을 알려 주는 관계규칙을 이해해야 한다.

전체성

가족체계는 전체성(wholeness)의 속성이 있다. 즉, 가족체계는 복잡하지만 단일한 전체를 이루는 개인들의 집단으로 구성된다(Buckley, 1967; Whitchurch & Constantine, 1993). 전체는 개별 구성원의 단순한 합과 매우 다르다. 왜냐하면 각 가족체계는 가족구성원이 서로 어떻게 상호작용하는가를 결정하는, 관계에 관한 구조적 규칙의 특징이 있기 때문이다. 가족체계의 독특성을 이해하기 위해서는 가족체계를 구성하는 개인들에 대한 분석 그 이상이 이루어져야 한다. 앞 사례에서, 한부모와 세 자녀로 구성된 가족이라는 사실을 아는 것 혹은 가족구성원 각각의 성격을 아는 것만으로는 이 특별한 가족체계의 독특성을 이해할 수 없었다. 이 특별한 가족의 독특성은 가족구성원이 서로 어떻게 상호작용하는가를 구조화하는 규칙을 분석해야 가능하다.

전체성이라는 속성은 가족체계를 구조화하는 상호작용 규칙을 이해해야만 이해할 수 있는 가족마다의 독특성이 있음을 의미한다. 누가 가족체계에 속해 있는가를 아는 것은 중요하다. 왜냐하면 가족의 구성요소에 따라 가족체계에 대한 요구가 달라지며, 가족 상호작용 패턴이 달라지기 때문이다. 마찬가지로 각 가족체계의 독특성을 분석하기 위해서는 가족체계 내 개인들을 연결하는 것이 무엇인가를 고려해야한다. 즉, 가족체계 내 관계의 규칙을 고려해야 한다. 이러한 규칙에 초점을 둘 때, 가족체계가 그 부분들의 합보다 더 크다는 점이 분명해진다.

조직적 복합성

조직적 복합성(organizational complexity)이라는 용어는 가족체계가 더 큰 가족체계를 구성하는 다양하고 작은 단위나 하위체계로 이루어진다는 점을 말한다(Minuchin,

1974). 각 가족구성원을 하위체계로 생각할 수 있다. 마찬가지로, 하위체계는 성별에 따라 조직할 수 있어서, 가족 내 남녀별로 각 하위체계를 구성할 수 있으며, 혹은 가족이라는 전체 안에서 한 세대가 하나의 하위체계로 여겨질 수 있다. 세대의 관점에서 하위체계를 생각해 볼 때, 일반적으로 세 가지 주요 하위체계가 강조된다. 그것은 부부, 부모, 형제자매 하위체계다. 각 하위체계는 그것을 구성하는 가족구성원들과 수행해야 하는 주요 과업에서 차이가 있다. 예를 들어, 부부 하위체계는 자녀에게 친밀한 관계의 본질에 대해 교육하며, 남성과 여성 간 상호관계의 모델이 된다. 부모 하위체계는 자녀양육에 관여하며, 양육, 지도, 사회화, 통제의 기능을 수행한다. 아내와 남편은 부모 하위체계를 구성하지만, 조부모와 손자녀 같은 경우도 있을 수 있다. 형제자매 하위체계는 대개 아이들에게 첫 번째 동료집단이며, 협상, 협동, 경쟁, 자기 노출 같은 학습의 기회를 제공한다.

각 하위체계가 수행하는 과업은 다음 장들에서 더 자세히 다룰 것이다. 지금은 조직적 복합성의 개념이 가족의 조직을 전체로서 그리고 가족 전체와 다양한 하위체계 간의 관계로서 이야기한다는 점을 강조할 필요가 있다. 전체 가족체계의 과업수행과 효과성은 각 하위체계의 과업수행 및 효과성의 영향을 받는다.

상호의존성

체계의 구조적 차원에 대한 논의가 시사하는 것은 전체 체계를 구성하는 개인과 하위체계가 서로 의존하고 영향을 주고받는다는 점이다(Von Bertalanffy, 1975; Whitchurch & Constantine, 1993). 이렇게 서로 의존하고 영향을 주고받는다는 것은 체계 구성원들 간의 상호의존성(interdependence)을 말한다. 가족체계의 맥락에서 한 사람에게만 영향을 미치는 것처럼 보이는 요인도 사실 모두에게 영향을 미친다. 마찬가지로 가족체계의 한 부분의 변화는 체계의 나머지 부분에 파급효과가 있다.

예를 들어, 청소년기에 수반되는 발달적 변화를 생각해 보자. 청소년은 성인의 역할과 책임을 맡기 위한 준비를 하게 되면서 자신의 정체성을 확립해야 한다. 이런 발달적 요구가 청소년에게만 영향을 미치는 것으로 보일 수 있지만, 사실은 전체 가족

체계에 영향을 미친다. 청소년이 자율성을 더 많이 갖고자 함에 따라 부모 하위체계
도 변화할 필요가 있다. 부모나 양육자는 청소년 자녀를 어떻게 통제해야 할지 적응
해야 할 것이며, 마찬가지로 청소년도 부모나 양육자에게 얼마큼 의존해야 할 것인
가를 변화시켜야 할 것이다. 동시에 부모나 양육자와 청소년 간의 변화된 관계는 부
부관계와 가족 내 다른 관계에 영향을 미칠 것이다. 그러므로 한 가족구성원의 변화
로 보이는 것도 실제로는 전체 가족체계에 큰 영향을 미치게 된다.

　전체성, 조직적 복합성, 상호의존성의 개념은 어떤 방식으로 가족이 작동하는가
에 영향을 끼치는 많은 요인에 주의를 기울일 수 있도록 한다. 이 맥락에서, 가족체
계는 더 큰 지역사회와 사회체계에 속한 하나의 체계에 불과하다는 점에 주목할 필요
가 있다. 이와 같이 더 광범위한 사회체계의 사회적 · 정치적 · 경제적 · 교육적 · 민
족적 의제(agenda)는 가족체계 및 가족체계 내 개인에게 큰 영향을 미친다. 말하자면
가족체계의 역동과 기능은 보다 큰 사회체계의 특성과 기능의 영향을 받을 것이다.

전략과 규칙

　특정 가족체계의 상호작용 패턴은 많은 경우 가족이 과업수행을 위해 채택하는 전
략(strategies)에 의해 구조화된다. 한부모 가족에 관한 앞 사례에서 이 가족은 북적대
는 아침시간에 대처하기 위한 일련의 전략을 발전시켰음이 분명하다. 이 가족의 전
략은 엄마인 주디가 직장에 갈 준비를 할 수 있도록 큰딸인 멜리사가 부모 역할을 맡
는 것이었다. 이 사례가 알려 주는 것은 한 가족 안에서 관찰되는 독특한 상호작용
패턴을 이해하는 한 가지 방법은 그 패턴을 가족의 요구나 과업을 다루기 위해 발전
시킨 전략으로 이해하는 것이다. 결과적으로, 모든 가족은 독특한데, 그 이유는 가족
구성원들이 나름대로 독특하게 구성되었기 때문만이 아니라 가족이 필수 과업을 수
행하기 위해 독특한 전략과 규칙을 발전시켰기 때문이다.

　가족 구조는 가족이 과업이나 요구를 다루기 위해 채택하는 독특한 전략과 규칙에
나타나 있다. 그 전략은 가족 안에서 발견되는 상호작용 패턴이 된다. 또 다른 예를

들면, 모든 가족의 과업 중 하나는 자녀의 사회화다. 이 과업을 수행하기 위해 부모는 자녀와 어떻게 의도적으로 상호작용하는가를 결정하는 사회화 전략과 규칙을 발전시킨다. 딸과 아들이 서로 다른 활동에 참여하도록 격려할 수도 있다. 부모와 아들, 딸 간의 의사소통과 상호작용 패턴이 다를 수도 있다. 부모가 사용하는 전략과 규칙은 각 자녀의 발달과정에 깊은 영향을 미치는 독특한 상호작용 맥락을 만들어 낸다.

전략은 과업을 성취하기 위해 가족이 사용하는 특수한 방법과 절차다. 이러한 전략은 역사적 시대와 가족의 세대적 유산, 계층, 인종, 민족성 같은 요인의 영향을 받는다. 각 가족체계에서 특정 전략이 잘 확립되면 시간이 지나면서 일상화되고, 규칙적으로 일어나면서 가족생활을 지배하는 원칙이 된다.

이렇게 잘 확립된 전략을 일컬어 규칙(rules)이라 한다. 규칙은 가족 안에서 수용할 수 있고 적합한 행동의 범위를 제한하며 반복적으로 일어나는 상호작용 패턴이다. 규칙은 가족체계의 가치를 나타내고 또 가족구성원 개인의 역할을 정의하여 가족체계의 유지와 안정에 기여하게 된다.

달리 말하면, 규칙은 가족체계에서 발견되는 관습으로 볼 수 있는데, 이는 가족체계의 상호작용 패턴을 지배하고, 그리하여 가족을 독특한 체계로 정의하게 한다. 예를 들면, 각 가족은 일상적으로 식사를 어떻게 준비할 것인지를 보여 주는 일련의 규칙을 가지고 있다. 끼니마다 누가 책임질 것이며, 가족구성원들은 식탁 어디에 앉으며, 식사를 하는 동안 식구는 무엇을 하고(예: 이야기, 독서, TV 보기), 식사 후 설거지는 누구 책임인지(예: 엄마가 설거지 하는 동안 아빠는 저녁 뉴스 시청)는 가족이 채택한 독특한 규칙을 나타낸다.

규칙은 **명시적(overt)**일 수도 있고 **암시적(covert)**일 수도 있다. 명시적인 규칙은 분명하게 개방적으로 말한 것이다. 암시적 규칙은 겉으로 드러나 있지 않아서, 모든 사람이 규칙을 알고 있지만 누구도 분명하게 말한 적이 없는 규칙을 뜻한다. 가족 내 대부분의 규칙은 명시적이거나 암시적인 것처럼 보인다. 식사시간을 예로 들면, 대부분의 가족에서 가족원들은 모두 식탁에서 정해진 자리가 있다. 비록 자리 배정에 대해 분명하게 상의한 적이 없었다고 하더라도 말이다. 식탁의 자리 배정 규칙은 누군가 그 규칙을 깰 때만 분명해진다(즉, 당신이 갑자기 평소 당신의 식탁 자리에 앉지 않기로 했다면 당신 집에서 어떤 일이 일어날지 생각해 보라).

가족은 **메타규칙**(metarules), 즉 '규칙에 대한 규칙'도 발전시킨다(Laing, 1971). 규칙에는 늘 한계와 예외가 있다. 규칙이 언제나 적용되는 상황이 있다면 규칙을 위반할 수 있는 상황도 있다. 더욱이 어떤 규칙은 다른 규칙보다 더 중요하다. 규칙에 대한 이 모든 정보—여러 다른 규칙의 중요성과 언제 어떻게 규칙이 적용되는가에 관한 정보—는 메타규칙에 관한 것이다. 메타규칙은 가족의 규칙에 적용되는 규칙이다.

가족규칙에 관한 몇 가지 예를 들어 보자. '아이들은 무엇이든 어떤 것이든 언제나 우리한테 이야기할 수 있다.' '우리는 늘 아이들을 모두 똑같이 대한다.' 그러나 이 규칙들은 각각 메타규칙에 의해 규칙으로서의 자격이 주어진다. 첫 번째 예에서의 메타규칙은 실제로 부모와 무엇(예: 섹스와 약물)을 말할 수 있고 없는가를 열거할 수 있다. 두 번째 예에서의 메타규칙은 특정 자녀를 다른 자녀들보다 '더 평등하게' 대하는 것일지 모른다.

메타규칙에 대한 논의가 가족규칙을 분석하는 데 뭔가 불필요한 복잡성을 야기하는 것 같지만, 가족체계 안에서 메타규칙이 작동하는 방식을 이해하는 것은 가족의 상호작용 패턴을 이끌어 내는, 보다 미묘하지만 강력한 힘을 이해할 수 있게 한다. 메타규칙은 가족규칙을 규칙으로 받아들이게도 하고 수정하게도 한다. 모든 가족규칙과 마찬가지로, 메타규칙도 수용 가능하고 적합한 행동이 무엇인가를 설명해 준다. 그러나 메타규칙은 우리가 대개 메타규칙에 대해 어떤 통찰을 갖지 못하다는 점에서 명시적 · 암시적 규칙과 차이가 있다(Laing, 1971). 대개 우리 가족에 적용되는 규칙을 열거할 수 있지만, 그러한 규칙에 적용되는 메타규칙을 이해하는 것은 훨씬 더 어렵다.

요약하면, 각 가족은 구조적으로 복잡하다. 가족은 서로 상호의존적으로 연결된 개인들로 구성된다. 이렇게 상호의존적인 개인들의 집합은 가족체계의 상호작용 패턴을 형성하는 하나의 규칙체계로 발전한다. 이러한 규칙체계는 분명한 목적이 있다(Kantor & Lehr, 1975). 가족이 수행해야 하는 과업이 있고 과업수행을 위한 전략을 발전시켜야 한다는 점에서 그렇다.

가족이 수행해야 하는 과업

가족을 정의하기 위해 체계 은유를 사용하는 것은 가족이 구조적으로 복잡하다는 시각을 내포한다. 가족은 다수의 하위체계로 구성되며, 체계와 하위체계의 구성원 간의 관계는 규칙체계에 의해 지배된다. 규칙체계는 가족구성원이 서로 어떻게 상호작용하는가에 나타나 있으며, 모든 가족이 수행해야 하는 공동의 목적이나 과업을 중심으로 조직된다(Broderick, 1993). 말하자면, 하나의 가족이 독특한 것은 그 가족 안에서 발견되는 독특한 규칙체계 때문이다. 이 규칙은 모든 가족이 관리해야 하는 과업을 둘러싸고 조직된다.

가족이 관리해야 하는 과업은 가족생활을 정의하는 핵심 특징이다(Hess & Handel, 1985; Kantor & Lehr, 1975). 이 책에서 과업은 1차 과업과 2차 과업이라는 두 가지 넓은 범주로 나눈다. 1차 과업(first-order task)은 가족이 수행해야 하는 필수적인 일로 생각할 수 있는데, 가족의 구성원, 사회경제적 지위, 문화적 · 민족적 · 인종적 유산이 어떠하든 상관없이 가족이 수행할 책임이 있는 목표들이 1차 과업이다. 1차 과업은 모든 가족이 공통적으로 갖는다. 가족체계이론가가 동의하는 바에 의하면, 모든 가족은 정체성 과업, 경계선 조정, 가족의 정서적 분위기 조정, 가정관리를 위한 전략의 고안 등의 과업을 수행해야 한다. 가족이 이런 과업을 수행하기 위해 사용하는 전략과 규칙은 대부분 각 가족의 독특성을 결정한다. 가족의 기능을 평가할 때마다 고려되는 것이 바로 이러한 독특한 전략이다.

동시에 모든 가족은 시간이 흐르면서 가족 안에서 일어나는 변화와 새로운 정보에 반응하여 전략과 규칙을 조정해야 한다. 이런 점에서 체계이론가는 적응력을 모든 체계의 속성이라고 말한다. 체계이론의 개념인 적응력(adaptability)은 가족이 스트레스에 통상 어떻게 반응하는지 혹은 현재 관습에서의 변화를 요구하는 상황에 어떻게 반응하는가에 주의를 기울이게 한다. 그리하여 가족은 기본 과업을 수행하기 위해 전략을 고안할 책임이 있을 뿐 아니라 새로운 정보와 변화에 반응하여 가족 안에서 발견되는 전략과 규칙을 조정해야 할 책임도 있다. 이렇게 적응하기 위해 또 다른 종류의 과업, 즉 2차 과업이 출현하게 된다. 1차 과업(second-order task)이란 현재의 전략과 과업을 수정하기 위해 가족체계에 존재하는 관습을 말한다(Bartle-Haring & Sabatelli, 1998). 효과적인 가족은 가족체계의 변화하는 발달적 · 맥락적 현실에 반응하여 1차 과업을 관리할 방법을 재측정하거나 조절한다.

1차 과업

정체성 과업

모든 가족은 개별 가족구성원과 전체로서의 가족 둘 다를 위해 정체성을 발전시켜야 한다. 이 점에서 볼 때, 가족체계가 수행해야 하는 세 가지 상호연관된 정체성 과업(identity task)이 있는데, 가족테마를 구성하기, 성과 젠더 같은 생물학적 · 사회적이슈와 관련하여 가족구성원을 사회화하기, 가족 내 개인에게 만족스럽고 일치적인이미지 확립하기다(Hess & Handel, 1985).

가족테마(family theme)는 가족생활을 조직하는 데 원칙이 되는 가족 경험의 요소다(Bagarozzi & Anderson, 1989). 이것은 인지적 측면(태도, 신념, 가치)과 정서적 측면뿐 아니라 의식적 · 무의식적 요소를 모두 포함한다. 가족테마는 가족의 정체성을조직하는 데 도움이 되는 실타래가 된다. 가족테마는 개별 가족원이 서로 어떻게 상호작용하고 또 타인이 그들과 어떻게 상호작용하기를 기대하는가에 영향을 미치는의미의 틀을 제공한다. 가족테마는 가족원이 가족 안팎의 사람에게 어떻게 내비치는지에 영향을 줌으로써 가족구성원의 개인 정체성에도 영향을 미친다.

가족테마는 민족적 · 문화적 유산과 관련될 수도 있다. 예를 들어, 이탈리아인, 아일랜드계 천주교 신자, 유태인인 것 자체가 가족테마가 될 수 있고, 그래서 가족구성원의 지향성과 행동에 영향을 미칠 수 있다. 어떤 테마는 특정 가족체계의 중심 가치를 나타내기도 한다. 예를 들어, 한 가족의 구성원이 자신을 경쟁자, 생존자, 승리자,혹은 실패자라는 시각을 공유할 수도 있고, 이러한 시각은 유능감, 의기양양, 절망

같은 감정을 수반할 수 있다. 이러한 지향성이나 가치는 각각 행동으로 연결되어 구성원은 각 테마에 따라 행동하게 된다.

이와 비슷하게 가족체계는 개인에게 사회화 경험을 제공하는 기능을 하며, 이는 결국 '자기'에 대한 정보를 제공함으로써 개별 가족구성원의 개인 정체성 발달에 기여한다. 중요한 타인과의 지속적인 상호작용을 통해서 우리는 남성 혹은 여성으로서 어떻게 행동해야 하는가에 관한 정보를 얻는다. 마찬가지로 개인적 자질, 신체적·성적 특성, 강점과 약점, 옳고 그름 간의 차이에 대해서도 학습한다. 이러한 속성은 타인과 어떻게 상호작용하며, 또 타인이 우리와 상호작용하는 것에 대해 우리가 어떤 기대를 하는가에 영향을 미친다는 면에서 우리의 의미체계에도 기여한다.

마지막으로 각 가족은 일치된 이미지를 갖고자 노력하는데(Hess & Handel, 1985), 그 이미지는 가족구성원이 서로에 대해 가지는 공유된 시각을 보여 준다. 한 개인에 대해 가족이 갖는 이미지가 자기 스스로에 대해 갖는 이미지와 일치할 때, 그러한 일치성은 사회적 상호작용을 촉진한다. 더욱이 이미지의 일치성은 가족 내 자신의 역할과 지위를 부분적으로 규정하여 한 사람의 개인 정체성을 발전시킨다. 그렇게 중요한 정체성 이미지는 흔히 오랫동안 지속된다. 똑똑하다는 이미지, 운동을 잘한다는 이미지 혹은 아기라는 이미지는 가족구성원이 오랫동안 서로 어떻게 상호작용하는가에 지속적인 영향을 미칠 수 있는 가족이미지다(Kantor, 1980).

가족체계가 수행하는 정체성 과업을 논의하는 상황에서 모든 가족은 가족신화를 만들 수 있다는 점을 말하고 싶다(Bagarozzi & Anderson, 1989; Ferreira, 1966). 가족 신화는 외부인이 가지고 있는 이미지와는 불일치한 이미지를 가족 스스로 가지고 있는 형태일 수 있다. 이 경우, 가족테마는 가족의 능력과 불일치할 수 있고 가족과 외부체계 간 긴장을 일으킬 수 있다. 예를 들면, 학교가 자녀에게 보충학습을 시키고자 하는 상황은 혼자 알아서 한다는 가족테마와 상충할 수 있다. 가족의 그러한 신화는 가족이 학교의 개입을 거부하는 결과를 낳고, 자녀에게 좋지 못한 결과를 초래할 수 있다.

더욱이 가족신화는 가족이미지와 불일치한 형태일 수도 있다. 말하자면 가족이 구성원에 대해 가지고 있는 이미지가 구성원 개인의 능력과 불일치할 수 있고 혹은 구성원이 자신에 대해 가지고 있는 이미지와 불일치할 수 있다. 예를 들어, 어떤 가족은 가족구성원 한 사람이 실제로 아주 똑똑할 때도 그가 바보라는 이미지를 가지고 있을 수 있다. 동시에 그 가족은 집안의 여성들은 보호받아야 하고 스스로 돌볼 능력이 없다는 신념에 집착할 수 있다. 각각의 경우, 신화는 개별가족원의 행동과 잠재력을 제한할 수 있고, 개별가족원은 타인이 자기에 대해 가지고 있는 이미지를 바꾸려고 하면 엄청난 가족 스트레스를 불러일으킬 수 있다.

경계선 과업

모든 가족이 갖는 과업 가운데 하나는 경계선(boundaries) 확립과 유지다(Kantor & Lehr, 1975). 경계선은 체계의 한계를 나타내며, 하나의 체계를 다른 체계와 구분 짓는다. 마찬가지로 경계선은 더 큰 체계 안에 존재하는 하나의 하위체계를 다른 하위체계와 구분 짓는다. 가족체계에 적용된 경계선의 개념은 아주 은유적이다(Steinglass, 1987). 즉, 가족경계선에 관한 정보는 직접 관찰할 수 없고, 체계와 하위체계가 서로 어떤 관계를 맺고 있는가에 대한 관찰자의 주관적인 인상에서 비롯된다. 본질적으로 체계 간 그리고 체계 내 정보의 흐름은 체계와 하위체계가 어떻게 설명되는가에 대해 통찰할 수 있게 한다.

가족경계선은 두 가지 형태, 즉 외적 경계선과 내적 경계선이 있다. 외적 경계선은 가족체계와 다른 체계를 구분해 준다. 외적 경계선은 누가 가족 안에 있고 누가 밖에 있는가를 설명함으로써 가족의 멤버십을 알려 준다. 또한 외적 경계선은 가족과 사회체계 간 정보의 흐름을 조절한다. 내적 경계선은 가족의 하위체계 간 그리고 하위체계 내 정보의 흐름을 조절한다. 더욱이 내적 경계선은 가족 내 허용되는 자율성과 개별성의 정도에 영향을 미친다.

유지 과업

모든 가족은 가족과 구성원의 건강과 안녕을 촉진하는 방식으로 가족의 물리적 환경을 유지하고자 노력한다(Epstein, Ryan, Bishop, Miller, & Keitner, 2003). 가족은 음식, 주거, 교육 같은 기본적인 필수품을 제공할 책임이 있다고 누구나 쉽게 알고 있다. 이런 과업을 수행하기 위해 가족은 자원 사용에 대한 우선순위를 정하고 결정한다. 그러므로 유지 과업은 아주 직접적인 방식으로 서술할 수 있지만, 가족이 이런 과업을 수행하기 위해 발전시키는 다양한 의사결정 전략은 실제로 가족 조직의 복잡성에 일조한다. 더욱이 가족의 건강과 효과성은 대체로 이런 유지 과업이 얼마나 잘 실행되며 얼마나 중요한가에 따라 결정될 수 있다.

가족의 정서적 분위기 관리하기

가족체계는 가족의 정서적 분위기를 관리하여 구성원의 정서적 · 심리적 안녕을 촉진할 책임이 있다(Epstein et al., 2003). 가족체계는 구성원의 친밀, 관여, 수용, 양육 욕구를 제공함으로써 그 기능을 수행한다. 가족의 정서적 분위기를 관리하기 위해서 가족은 가족 내 갈등에 대처하고 권력을 배분할 방법을 찾아야 한다. 모든 살아 있는 체계에서 갈등은 불가피하게 일어나지만, 갈등은 체계의 기능을 심각하게 파괴할 가능성을 갖는다. 더욱이 권위, 통제, 권력의 패턴은 체계 내 응집성과 협동의 경험을 촉진할 수도 있고 방해할 수도 있다. 응집성과 협동의 촉진은 가족구성원의 친밀감 경험과 정서적 · 심리적 건강에 기여할 수 있는 요소다.

2차 과업

적응력과 체계의 스트레스 관리하기

시간이 지나면서 가족 안에서 여러 사건이 발생하고, 가족은 이에 적응해야 한다는 점은 분명한 사실이다. 모든 가족은 기존에 확립된 구조가 변화해야 할 필요성을 관리해야 한다. 개방성(openness), 스트레스(stress), 적응력의 개념은 시간이 지나면서 가족체계 안에서 발생하는 변화에 대한 요구의 관리라는 가족체계의 2차 과업과 연관이 있다.

가족체계는 가족 내외로부터 비롯되는 변화에 적응해야 한다는 점에서 개방체계로 여겨진다. 개방체계는 정보처리 체계다(Von Bertalanffy, 1975). 가족체계는 정보를 사용하여 1차 과업을 수행하기 위해 체계가 사용하는 전략이 효과적으로 작동하는가의 여부를 결정한다. 그리하여 어떤 면에서 볼 때, 정보처리 체계는 정보를 피드백의 형태로 사용한다. 피드백은 변화나 재조직이 필요한가 여부를 체계에 알려 준다.

개방체계로서 가족이 사용하는 전략은 가족구성원의 발달적 변화와 같은 새로운 정보에 반응하여 주기적으로 재조정될 필요가 있을 것이다. 이런 정보는 가족체계 안에서 스트레스로 경험될 수 있다. 이 경우 스트레스는 좋은 것도 나쁜 것도 아니다. 단지 기존의 체계 내 상호작용 패턴이 변화될 필요가 있는가의 여부를 체계에 말해 줄 뿐이다(Von Bertalanffy, 1975; Whitchurch & Constantine, 1993). 예를 들어, 가족의 생애주기에 따라 구성원과 가족의 환경이 변한다. 이러한 변화는 기존의 전략과 규칙에 스트레스를 주며, 스트레스는 결국 전략과 규칙의 재조직을 가져와 가족의 현재 환경은 균형을 더 잘 이룰 수 있다. 그런 재조직은 체계의 적응력의 한 형태다.

스트레스와 적응력 간의 관계를 이해하기 위해, 체계이론가는 **형태안정성**(morphostasis)과 **형태변형성**(morphogenesis)의 개념을 소개했다(Von Bertalanffy, 1975). 형태안정성은 체계 안에서 현재 전략의 변화를 거부하도록 작동하는 과정을 말한다. 한편, 형태변형성은 체계 안에서 체계의 성장과 발전을 조장하도록 작동하는 과정을 말한다. 어떤 경우든 체계에는 형태안정성(안정)과 형태변형성(변화) 간의 역동적 긴장이 존재한다. 체계를 재조직할 필요성이 적정 임계치를 넘지 않는 한, 체계는 현재 전략의 변화를 거부한다. 이렇게 항상성을 유지하고자 하는 경향을 형태안정성이라고 한다. 재조직화의 필요성이 적정 임계치를 초과할 때, 체계의 적응이나 재조직이 일어나고, 이러한 재조직을 형태변형성이라고 한다. 형태안정성과 형태변형성 둘 다 성공적인 가족기능을 위해 필요하다.

시간이 지나면서 부모-자녀관계에서 발생하는 변화는 스트레스와 형태안정적 변화 및 형태변형적 변화 간의 역동적 긴장을 설명하는 데 도움이 된다. 걸음마기 아기는 혼자 움직이고자 하는 욕구와 주변 환경을 제멋대로 해 보고자 하는 욕구를 더 많이 갖게 된다. 이는 딸의 신체적 안전을 보장하고 또 아이가 능숙하게 걸을 수 있도록 도와주려는 부모의 현재 전략에 스트레스가 될 수 있다. 이 스트레스는 두 가지 원천에서 비롯된다. 첫째, 부모는 딸의 행동을 관리하기 위한 자신의 전략을 변화시킬 필요가 있다고 인식할지 모른다. 둘째, 딸이 혼자서 할 수 있도록 허용해 달라는 주장에 의해 부모는 부모됨 전략을 변화시킬 필요가 있다는 자각을 더 많이 하게 될 것이다. 이런 스트레스가 최악에 이르면, 부모는 딸에게 허용하는 자율성과 통제의 양을 바꾸기 시작할 것이다. 부모는 딸이 옷을 혼자서 입도록 격려하고 또 자전거를 타고 거리까지 나갈 수 있도록 허용할 것이다. 이는 지속적이고 역동적인 과정인데, 부모는 변화에 대한 요구가 최고 수준을 넘지 않으면 현재의 부모됨 전략을 바꾸지 않을 것이고(형태안정성), 그렇게 함으로써 변화(형태변형성)가 항상성보다 더 큰 보상이 될 것이다.

　항상성을 유지하고자 하는 요구와 변화를 만들고자 하는 요구 간의 긴장은 모든 가족체계에 존재한다. 가족체계의 개방적 특성 때문에, 1차 과업을 수행하기 위해 고용하는 전략은 정기적으로 재조정될 필요가 있을 것이다. 그러나 이러한 재적응은 재조직의 필요가 충분히 크지 않다면 일어나지 않을 것이다. 이런 점에서 스트레스와 정보는 중요한 개념이다. 변화가 필요할 때 체계에 정보를 제공해서 현재 전략을 변화시키라는 압력으로 만들어지는 것이 스트레스이기 때문이다.

　그러나 어떤 체계는 필요할 때조차 적응에 실패한다. 이런 체계는 흔히 폐쇄체계 혹은 경직된 체계라고 한다. 변화가 필요하지 않을 때도 적응을 하는 체계도 있다. 이런 체계는 혼란한, 무작위적인 혹은 무질서한 체계라고 한다(Olson, Russell, & Sprenkle, 1989). 두 경우 모두, 가족은 개방체계로서 정보에 반응하고 적응을 한다. 그러나 이런 체계가 이룬 적응은 모두 적절하지 않다. 즉, 이런 가족체계는 가족구성원의 신체적 · 정서적 · 심리적 건강을 위험하게 할 수 있다.

가족의 정치학

지난 몇 십년간 미국은 가족의 건강과 생존능력에 많은 관심을 갖게 되었고, 가족에 관한 논쟁은 국가 정치의 중심이 되었다. 논쟁의 많은 부분은 현대 가족의 문제와 가족의 미래에 대한 전망에 초점을 두게 되었다. 어떤 형태의 가족을 택해야 하고 어떤 요인이 가족의 안녕에 기여하는가에 관한 시각은 분명히 다르다. 미국에서는 이혼과 한부모됨이 가족생활의 질을 약화시키는 정도에 관해서 논쟁한다. 엄마가 직장을 갖는 것이 아이들의 건강과 안녕을 약화시키는 정도에 관한 논쟁도 있다. 동성애 커플이 부모 역할을 할 수 있다거나 그들을 가족으로 여겨야 하는가에 관한 질문이 있을 때마다 의견이 분분하다.

이와 같이 많은 논쟁의 중심에는 가족 및 기능적 가족의 정의에 관한 의견의 차이가 있다. 체계이론적 관점에서 가족은 개인들로 이루어진 집단이 시간이 흐름에 따라 서로 규칙적으로 상호작용하고, 일정 수준의 정서적 유대를 경험하며, 공통의 역사와 유산을 공유하고, 목표와 과업을 수행하기 위한 전략을 함께 고안할 때 존재한다. 대표적으로 이런 형태의 구조는 개인이 시간이 지남에 따라 혈연이나 결혼으로 서로 관계를 맺게 될 때 나타난다. 그러나 분명히 가족이 형성되는 유일한 방법이 혈연과 결혼만은 아니다. 그보다 가장 폭넓은 의미에서 이러한 속성을 공유하고 있고 그래서 개별 구성원의 신체적·사회적·정서적 요구를 지원하는 개인들의 집단은 어떤 집단이든 가족으로 생각할 수 있다.

가족에 대한 이와 같이 폭넓은 정의의 중심에는 가족이 성취해야 하는 1차·2차 과업에 대한 강조가 있다. 가족을 독특한 것으로 정의하는 것은 구조이며, 1차 과업을 수행하기 위해 가족이 사용하는 전략에 대부분 나타나 있다. 이는 가족의 구성을 중요하지 않게 생각한다는 말이 아니다. 왜냐하면 가족의 구성은 가족이 선택하는 전략에 영향을 미치기 때문이다. 한부모가 가장인 가족은 흔히 양부모가 가장인 가족과는 다른 전략을 발전시킨다. 맞벌이 부부 가족은 전통적인 가족체계와는 다른 전략을 발전시킨다. 레즈비언 가족체계는 이성애 가족체계와는 다른 전략을 발전시킬 것이다. 가족의 구성은 가족의 과업을 수행하기 위해 가족체계가 사용하는 전략을 만들게 함으로써 가족역동에 영향을 미친다.

가족의 구성에 따라 가족이 사용하는 전략이 달라지지만, 가족의 구성 자체가 가족기능의 지표는 아니다. 가족체계의 기능에 관한 판단은 가족의 조직 구조를 고려해야 하고, 특히 가족이 그 과업을 효과적으로 수행할 수 있는가의 여부를 고려해야 한다. 가족의 특정 구성이 어떠하든, 가족기능은 가족역동에 달려 있다. 가족의 구조와 전략이 가족구성원의 신체적·사회적·정서적·심리적 안녕을 지원할 때, 가족이 기능적이라고 결론내릴 수 있다.

사회가 저마다 필수적인 가족 전략의 적합성을 결정한다는 점은 명백하다. 말하자면 지배적인 문화적 가치성향은 가족의 과업이 어떻게 수행되어야 하는가에 대한 방향을 제시하고, 개별 가족 전략의 적합성을 결정한다. 가족이 사용하는 전략이 사회에서 부여한 것과 일치할 때, 가족은 효과적이라고 평가된다. 특정 가족이 사용하는 전략이 문화적 규범에서 상당히 벗어날 때, 가족은 효과적이지 못하다고 평가되는 경향이 있다. 가족기능의 이슈와 특정사회의 지배적인 문화적 가치성향을 분리할 수는 없다. 문화적으로 이질적인 미국 사회에서 가족체계의 과업을 적절하게 수행하는 방식에 관해서는 어느 정도 논쟁이 있다. 자녀 훈육방식이 그 적절한 사례다. 미국 사회에서 아이들은 사회적으로 적절한 방법으로 행동하도록 기대된다는 점에 모두 동의한다. 그러나 자녀를 통제하기 위해 물리적 힘과 벌을 사용해야 하는가에 대해서는 의견이 분분하다. 자녀를 때리는 것이 법에 어긋난다고 생각하는 사람도 있고, 체벌은 아이들의 성격을 형성하는 데 필수적이라고 생각하는 사람도 있다.

이렇게 두 가지 상반된 문화적 가치성향에서 비롯된 혼란 때문에 어떤 특정 부모의 훈육전략이 수용 가능하다는 시각에서부터 역기능적이라는 시각에 이르기까지 언제 그 정도를 넘는 것인지를 결정하기가 어렵다. 이 사례는 가족기능이 어떻게 문화를 기반으로 결정되는가를 보여 준다. 우리가 사회적으로 인정하는 전략은 효과성을 판단하는 기준이 된다. 그러므로 가족의 정치학은 가족이 어떻게 구성되어야 하는가에 관한 것뿐 아니라 가족이 어떻게 기능해야 하는가에 관해서도 상당히 의견이 분분하다. 가족이 신체적·사회적·정서적·심리적 안녕에 책임이 있다는 점에 대한 동의는 수년에 걸쳐 이루어져 왔지만, 무엇이 적절한 전략이고 그렇지 않은 전략인가에 대해서는 상당한 논쟁이 남아 있다.

결 론

체계이론적 관점은 가족의 특정 구성보다 가족의 구조적·기능적 특징에 초점을 둔다. 특히 가족 조직의 복잡성 및 가족과 사회체계 간에 존재하는 상호호혜적이고 상호의존적인 관계에 주의를 기울이게 한다. 더욱이 체계이론적 관점은 가족이 적절하게 기능하기 위해서 가족과 하위체계가 수행해야 하는 다양한 과업에 관심을 두게 한다. 가족은 과업을 수행하기 위해 전략을 고안해야 한다. 가족의 전략 선택은 가족의 효과성에 관한 평가의 핵심이다. 가족의 구조적 조직과 독특한 전략은 가족의 상호작용 패턴만 살펴봐도 드러난다. 즉, 가족의 독특한 규칙과 상호작용 패턴을 관찰하기만 해도 가족이 어떻게 조직되어 있고 어떻게 기본 과업을 수행하고 있는가를 통찰할 수 있다.

마지막으로 가족을 개방체계로 여길 때, 우리는 가족의 역동적이고 발전하는 특성에 주의를 기울이게 된다. 가족은 개방체계로서 가족이 과업을 수행하는 방식을 수정하도록 도전하는 내적·외적 스트레스에 반응하면서 발전한다. 각 가족체계는 가족생활주기에 따라 마주치게 되는 일상적이고 이례적인 요구에 적응하기 위해 지속적인 도전에 직면한다.

주요 개념

1차 과업(First-order tasks) 가족의 특정 구성, 사회경제적 지위, 문화적·인종적·민족적 유산과는 상관없이 모든 가족에 공통적인 과업. 1차 과업의 예는 가족테마의 형성, 경계선 조절, 가정관리 등이 포함됨.

2차 과업(Second-order tasks) 모든 가족이 스트레스, 정보, 변화에 반응하여 전략과 규칙을 조정하는 것에 관해 갖는 책임.

가족(Family) 상호의존하는 개인들의 집단으로서 역사를 공유하고 있다는 느낌을 가지며, 어느 정도의 정서적 유대감을 경험하고 있고, 개별구성원 및 전체로서 집단의 요구를 충족하기 위한 전략을 고안함.

가족테마(Family themes) 가족생활 원칙을 조직하게 되는 가족 경험의 요소들. 인지적(태도, 신념, 가치) · 정서적 측면뿐 아니라 의식적 · 무의식적 요소를 포함.

개방성(Openness) 구성원과 정보가 하나의 체계나 하위체계에서 또 다른 체계로 경계선을 넘어가기 쉬운 정도.

경계선(Boundaries) 하나의 체계나 하위체계를 다른 체계나 하위체계 혹은 주변 환경과 구분 짓기 위해 사용되는 개념.

구조(Structure) 가족의 구성과 조직. 구성은 가족구성원의 멤버십, 즉 가족을 구성하는 사람들을 말함. 조직은 이미 확립된 상호작용 규칙에 의해 작동하는 상호의존적인 관계와 하위체계의 집합을 말함.

규칙(Rules) 가족 내에서 수용할 수 있고 적절하게 여겨지는 행동의 한계를 정하는 상호작용의 반복 패턴.

명시적 규칙(Overt rules) 분명하고 개방적으로 표현된 규칙.

메타규칙(Metarules) 규칙에 대한 규칙.

상호의존성(Interdependence) 전체체계를 구성하고 있는 개인들과 하위체계는 서로 의존하고 있고 서로 호혜적으로 영향을 주고받는다는 관념.

스트레스(Stress) 지금까지 확립된 상호작용 패턴을 변경할 필요가 있는가에 대해 가족체계에 전달된 정보.

암시적 규칙(Covert rules) 개방적으로 표현되지 않고 암시적이지만, 그럼에도 불구하고 가족구성원 모두 이해하고 있는 규칙.

적응력(Adaptability) 체계가 상황적 혹은 발달적 스트레스에 반응하여 그 규칙과 전략을 변화시키는 능력.

전략(Strategies) 가족이 과업을 수행하기 위해 채택하는 특정한 정책과 절차. 가족마다 기본 과업을 수행하기 위해 확립한 독특한 상호작용 패턴도 포함됨.

전체성(Wholeness) 체계가 전체로 이해되어야 한다는 관념으로, 개별적인 부분들의 단순한 합과 분명히 다르다는 것임.

조직적 복합성(Organizational complexity) 가족체계는 여러 작은 단위나 하위체계로 구성되며 이것들이 모두 함께 더 큰 가족체계를 구성하게 되는 조직적 구조.

형태발생성(Morphogenesis) 체계의 성장과 발전을 도모하는 체계 내 과정.

형태안정성(Morphostasis) 현재 전략의 변화를 거부하는 체계 내 과정.

제2장
가족 전략

본 장에서는 가족 전략의 개념을 보다 깊이 살펴볼 것이다. 가족의 상호작용 패턴을 이해하기 위해서는 무엇보다 가족 과업과 가족 전략의 관계를 이해해야 한다. 각 가족체계는 다음과 같은 핵심 과업을 공유하, 가족테마와 정체성이 발전될 필요가 있다. 가족의 내적 · 외적 경계도 확립되어야 한다. 물리적 환경이 관리되어야 하고, 정서적 환경이 조절되어야 한다. 계속되는 스트레스와 긴장에 적절히 반응하기 위해 가족체계가 정기적으로 재조직되어야 한다. 이러한 각 과업을 수행하기 위해서 가족은 전략과 규칙을 발전시켜야 한다. 가족체계가 사용하는 특정 전략은 가족의 다양한 역사적 · 사회적 · 문화적/민족적 · 다세대적 세력 간의 역동적인 상호작용에서 비롯된다. 가족의 각 특정 과업을 조절하기 위해 사용되는 전략과 규칙은 상호의존하며 서로 영향을 미친다는 점을 이해할 필요가 있다. 이렇게 상호의존하는 전략과 규칙의 총합은 가족체계의 상호작용 패턴과 기능을 평가하는 기초가 된다.

가족 전략

가족에 대한 체계이론적 시각은 가족의 특정한 구성, 가족이 협상해야 하는 과업, 가족이 과업수행을 위해 사용하는 전략들 사이의 상호의존성에 대한 이해를 요구한다. 가족에는 수많은 형태가 있지만, 가족은 모두 생애주기를 거치며 비슷한 과업을 수행해야 한다. 하지만 모든 가족이 비슷한 과업을 수행해야 한다고 해서 모두 비슷하다고 말하는 것은 결코 아니다. 가족은 모두 독특하며, 가족의 독특성은 가족이 과업을 수행할 때 채택하는 전략과 규칙에 나타난다. 그 전략과 규칙은 가족마다의 고유한 상호작용 패턴과 역동을 형성한다.

전략의 발전

가족의 전략 선택에 영향을 미치는 몇 가지 요소가 있다. 가족체계는 보다 큰 체계인 사회, 경제, 종교, 교육, 정치체계에 속해 있고, 이렇게 더 큰 체계는 가족이 선택하는 주요 전략에 영향을 미칠 수 있다. 역사적 맥락도 고려되어야 한다. 가족의 과업을 수행하기 위한 주요 전략은 역사적 시대에 따라 달라질 수 있다. 이러한 다양성은 시간이 흐르면서 교육, 정치, 종교 철학이 변화할 때 발생한다.

가족의 유산은 특정 가족체계에서 확립한 전략에 영향을 주는 또 다른 요인이다. 연구결과에 따르면, 가족은 한 세대에서 다음 세대에 이르기까지 상호작용 패턴을 반복하는 경향이 있다(Bartle & Anderson, 1991; Fine & Norris, 1989). 이는 사람들이 자기 가족을 확립할 때 원가족에서 경험한 상호작용 패턴을 그대로 채택함을 뜻하는 것이 아니다. 그보다는 원가족의 경험을 자기 가족에 영향을 미치는 중요한 원천으로 본다는 것이 더 맞을 것이다. 원가족은 모델이 될 수도 있고 청사진을 제공할 수도 있다. 자기 가족의 전략이나 우선순위를 세울 때 이러한 청사진을 따르는가의 여부는 성장할 때 원가족에서 어떤 경험을 했는가와 밀접한 관련이 있다. 원가족에서 좋은 경험을 했다면, 원가족에서 학습한 바를 그대로 반복하고자 하는 것이다. 만일 나쁜 경험을 했다면, 자기 가족에서 그대로 되풀이하려고 하지는 않을 것이다. 대신 새롭고 색다른 전략을 확립하는 데 노력을 다하고자 할 것이다. 그러나 다음 장에서 보겠지만, 효과적이지 못한 가족의 전략은 최선의 노력에도 불구하고 되풀이될 수 있다. 원가족 경험이 좋았든 나빴든, 그 경험은 한 세대에서 다음 세대로 가족이 확립하고 전수하는 전략에 영향을 미친다.

　가족이 사용하는 전략은 언제나 문화, 역사, 사회, 가족 등 다양한 영향력 간의 역동적 상호작용에서 비롯된다. 사회적 영향력은 가족의 행동을 제한하고 한계를 정하여, 적절하고 수용할 수 있는 가족 행동의 한계를 나타내는 규범과 관습을 확립하도록 한다. 이와 같이 폭넓은 사회적 제한에도 가족의 상호작용 패턴은 독특하다. 이러한 독특성은 원가족의 영향에서 일부 비롯되며, 또 자기 가족의 전략을 만들고 변화시킬 때 적극적인 참여자라는 점에서도 일부 비롯된다.

　다음에서는 제1장에서 개괄한 각 과업을 수행하기 위해 가족이 어떻게 전략을 발전시키는지 살펴본다. 가족의 정체성 과업부터 살펴볼 것이다. 가족정체성은 가족이 구성원에게뿐 아니라 외부세계에 자기 가족을 어떻게 정의하는가를 정한다.

정체성 전략

　가족테마와 이미지는 가족구성원에게 의미의 틀을 제공한다. 그 틀은 가족구성원 개인의 정체성에 대한 정보를 제공할 뿐 아니라 가족의 공유된 정체성 정보도 일부 제공한다. 우리는 누구이며 우리가 다른 사람들(가족 안팎의 사람들)에게 어떻게 행동하는가에 관한 정보를 말한다. 또 가족테마와 이미지는 구성원에게 타인이 자신에 대해 어떻게 행동할 것이며 구성원은 타인에게 어떻게 행동해야 하는가에 대한 일련의 기대를 제공한다. 가족의 의미의 틀은 모든 구성원이 따라야 하는 기대를 처방함으로써 상호작용 패턴에 중요한 영향을 미친다.

　가족테마의 선택은 무작위적이 아니라 의도적으로 일어난다. 즉, 특별한 테마가 특정 가족에서 강조되는 데는 이유가 있는 것이다. 어떤 테마는 가족 유산의 일부로서 이전 세대로부터 전수된 것일 수 있다(Boszormenyi-Nagy & Krasner, 1986; Byng-Hall, 1982; Kramer, 1985). 그런 테마는 오래 지속된 전통이나 가족의 핵심 가치와 관련되어 있을 수 있다. 예를 들어, 케네디가(家)는 적어도 3세대에 걸쳐 사회적 · 정치적 임무에 깊이 헌신해 왔다. 그 테마는 자기 가족에 대한 관점에 분명한 영향을 미쳤으며, 케네디가의 많은 구성원의 커리어에 영향을 미쳤다.

어떤 테마는 민족성과 관련된 것일 수도 있다. 예를 들어, 이탈리아인은 축하하기, 사랑하기, 싸우기에 열광하는 성향이 있다(Giordano, McGoldrick, & Klages, 2005). 반대로 스칸디나비아인은 감정 통제가 필수적이라고 알고 있다(Erickson, 2005). 종교적 믿음에서 비롯되는 테마도 있을 수 있다. 겸손이나 권위 존중에 관한 가족테마는 어떤 면에서 더 높은 권력의 존재를 인식하는 지향성에서 비롯될 수 있다. 마지막으로 어떤 테마는 부모 중 한편이나 양쪽 부모 모두의 원가족에서 미해결된 정서적 문제를 나타낼 수도 있다. 현재 가족에서의 거절, 복수, 휩쓸림, 유기, 공격, 희생, 무기력 혹은 박탈과 같은 주제는 과거 세대에서 미해결된 문제의 결과일 수 있다(Bagarozzi & Anderson, 1989).

가족은 자기 가족의 주요 테마와 일치하는 행동을 하는 경향이 있다. 테마에 따라 그에 수반되는 행동 패턴이 긍정적일 수도 있고 부정적일 수도 있어서, 가족과 구성원의 성장과 발달을 촉진할 수도 있고 방해할 수도 있다. 예를 들어, 아버지의 실직이나 어머니의 질병 발생과 같이 예측하지 않은 사건이 생길 때, 숙달과 유능이라는 가족테마는 가족구성원이 낙관적일 수 있도록 한다. 반대로 가족의 결핍이라는 테마는 부모가 자기 부모로부터 방임된 것과 똑같이 부모가 자기 자녀를 방임하도록 만들 수 있다. 어떤 경우든, 가족테마는 가족 정체성을 형성하는 기능을 하며, 가족구성원이 다양한 상황에서 어떻게 행동해야 하는가를 조절한다.

또한 특정 가족테마의 선택은 타인이 그 가족을 어떻게 지각하는가를 통제하려는 가족의 전략을 나타낼 수 있다. 예를 들어 '지적 우수성' '도전에 직면하여 용기를 내기' '불쌍한 사람 돕기'와 같은 테마는 모두 가족구성원이 자신을 어떻게 보며, 타인에 대해 어떻게 행동해야 하고, 또 가족이 외부인에게 어떻게 보여야 하는가를 결정하도록 돕는다. 어떤 가족은 지역사회 사람들이 가족을 긍정적으로 보도록 하는 데 우선순위를 둘 수 있다. 또 다른 가족은 타인이 그들을 어떻게 보는가에는 관심이 없을지 모르며, 또 어떤 가족은 외부인이 그들에 대해 부정적인 시각을 갖도록 시도할 수도 있다.

이제 가족 안에서 자원을 어떻게 배치하는가에 주의를 기울이면 가족 내 존재하는 테마를 통찰할 수 있다는 점을 지적하고자 한다. 시간, 에너지, 돈은 가족 안에서 관리하는 주요 자원으로 여겨질 수 있다(Kantor & Lehr, 1975). 가족의 중심 테마는 이런 자원을 어떻게 사용하는가에 나타나 있다. 만일 가족이 자녀교육에 많은 시간과 에너지와 돈을 투자한다면, 그 가족의 중심 테마가 교육이라는 점은 아주 분명하다. 마찬가지로 가족 내 모든 아이가 악기를 연주해야 하고, 음악레슨을 하는 데 시간과 돈을 사용한다면, 그 가족의 중심 테마 중 하나는 '음악적이고 예술적이 되는 것'이다.

더욱이 가족의 테마는 가족생활의 모든 면에 스며 있는 정서적 분위기를 만들 수 있다. '불쌍한 사람 돕기'라는 테마는 가족구성원이 도움이 필요한 사람을 도와주어야 하고 그렇지 못할 때 죄책감을 느껴야 한다는 신념을 만들어 낼 수 있다. 마찬가지로 '완벽하게 되기'라는 테마는 가족구성원이 어떤 면에서 뭔가 부족하다는 판단을 스스로 하게 되면 부끄러움과 죄책감을 느끼게 할 수 있다. 예를 들어, 아이가 학교에서 수학공부가 어려워서 느끼게 되는 부정적 감정은 완벽함이라는 가족의 테마 때문에 더 강화될 것이다.

요약하면, 가족에 존재하는 특정 테마는 가족자원의 흐름을 지시하고, 가족구성원의 행동을 결정하며, 동시에 정서적 분위기를 형성한다. 가족구성원이나 가족형태가 어떠하든 상관없이 모든 가족은 테마를 발전시킨다. 가족이 채택하는 특정 테마는 개별 가족구성원의 정체성, 기술, 정서적 안녕의 발전에 기여한다.

개인의 이미지는 가족테마와 일치하는 방식으로 가족체계 안에서 발전한다. 사람들은 '나는 똑똑해.' '나는 매력적이야.' '나는 게을러.' 혹은 '나는 뚱뚱해.'와 같이 스스로 뭔가 분명한 속성이 있다고 본다. 우리가 스스로에게 부여하는 속성은 대체로 사회적으로 만들어진다. 즉, 그것은 사회적 상호작용의 산물이다(Hess & Handel, 1985). 다른 말로 표현하면, 이런 속성은 다른 사람이 우리를 어떻게 보며 또 우리가 자신을 다른 사람과 어떻게 비교하는가에 대한 우리 지각의 영향을 받는다. 가족 외부의 사람들(예: 동료, 교사, 코치)이 개인 정체성 발전에 기여한다는 점을 인정해야겠지만, 가족은 여전히 개인 정체성 발전의 주요 영향요인이다.

가족이 강조하는 그러한 속성은 가족이 구성원을 위해 확립하는 정체성 전략을 반영한다. 어떤 가족의 경우, 그 전략은 개별 가족구성원이 자신에 대해 좋은 느낌을 가지도록 격려하고, 또 삶의 여러 가지 어려움에 대처할 능력과 자신감을 느끼도록 북돋아 주는 것이다. 이것들이 중요한 가치일 때 가족은 개인 정체성의 발전을 북돋아 주기 위해 행동한다. 이런 부모는 자녀와 상호작용할 때, 아이가 부정적인 특성이 아니라 긍정적인 특성을 가진 사람으로 보도록 격려할 것이다. 부모는 자녀의 강점을 강조할 것이고 자녀에게 기술을 익히고 성공할 기회를 제공할 것이다.

많은 가족이 그러한 목적을 공통적으로 갖지만, 모든 가족이 꼭 그런 것은 아니다. 그런 점에서 왜 어떤 가족에서는 부정적 정체성을 확립하게 되는지 이해할 방법을 찾아야 한다. 여기서 가족의 유산이 중요하다. 예를 들어, 어떤 부모는 자신의 부정적인 가족사와 빈약한 자기개념 때문에 자녀를 생산적으로 대할 능력을 갖지 못할 수 있다. 그런 부모는 자녀의 긍적적인 특성과 능력을 인정할 수 없고 오로지 부정적인 면만 보게 될 수 있다. 또 어떤 경우에 자신을 안 좋게 느끼는 사람은 타인을 희생해서라도 자신을 좋게 느끼려는 전략을 발전시킬 수 있다. 타인이 자기를 안 좋아하게 만들어서라도 자기 자신을 좋게 느끼고자 했던 사람을 우리 모두는 경험한 적이 있을 것이다. 그런 사람이 무슨 생각을 하는지 상관하지 않고 그 사람과의 관계를 접으면, 그런 전략은 개인 정체성에 최소한의 영향만 미친다. 그러나 그런 중요한 사람이 가까운 가족원일 때는 아주 달라진다. 엄마가 딸에게 가슴이 너무 작다거나 코가 너무 낮다고 말해서 자기 기분이 좋아질 때, 그 영향은 아주 크고 오래 지속될 것이다.

흥미롭게도 정체성 전략은 대개 가족구성원마다 다르다. 가족구성원의 개인적 정체성 차이에 대해 논의할 때 젠더는 특별한 관심거리가 된다(Goldner, 1988; Walter, Carter, Papp, & Silverstein, 1988). 가족이 남성과 여성에 대해 갖는 신념은 자녀가 어떻게 사회화되는가에 영향을 미친다. 자녀와의 상호작용은 자녀의 성별에 따라 매우 달라질 수 있다. 아들에게는 유능한 행동과 도전을 기꺼이 받아들이는 것의 중요성을 가르칠 수 있다. 또한 무엇을 성취했는가에 따라 가치 있게 여겨진다고 가르칠 것이다. 반대로 딸에게는 사회적 기술의 가치와 타인 돌봄의 중요성에 대해 가르칠 것이다. 더욱이 딸은 신체적인 특징에 의해 가치가 부여된다고 배울 수 있다. 이런 형태의 젠더 교육은 아들과 딸의 개인 정체성과 행동을 정의하고 그 한계를 정해 준다. 젠더 신념체계에 대해 의식적으로 생각하는 가족은 거의 없다는 점을 놓고 볼 때, 그리고 대부분의 가족은 구성원의 성역할 사회화에 투자한다는 점을 고려해 볼 때, 이렇게 상이한 젠더 지향성이 가족구성원의 개인 정체성과 행동에 미치는 영향은 크다.

마지막으로, 가족은 구성원의 정체성을 통제하기 위한 전략을 사용하는 정도에서 차이가 있다. 어떤 가족이든 구성원의 정체성에 어느 정도 통제를 하지만, 다른 가족에 비해 더 많이 통제하는 가족도 있다. 중요한 질문은 구성원의 정체성을 돕기 위한 특정 가족의 전략이 융통성 있으며, 적응적인가 아니면 경직되고 편협한가다. 즉, 가족구성원은 자신의 고유한 강점과 잠재력에 기초하여 자신의 정체성을 발전시킬 자유를 갖는가, 아니면 자신의 선천적 기술 및 능력과 맞지 않는 특정 정체성을 발달시키도록 요구하는 기대 때문에 제약을 받는가?

가족전략이 구성원의 정체성을 과도하게 통제할 때, 그 가족의 규칙은 구성원에게 더 많은 자유를 허용하는 가족의 규칙과는 질적으로 다를 것이다. 예를 들어, 부모는 한 아이가 친가나 외가 중 어느 쪽을 더 닮았는가를 두고 다툴 수 있다. 아이가 공부를 잘할 때, 부모들은 아주 좋아하며 "꼭 우리 아버지 같아."라고 말할지 모른다. 이 경우, 가족은 어느 정도 그 아이의 정체성을 통제하고 있는 것이다. 말하자면, 그 아이의 정체성은 '가족 안에서' 유지된다. 이런 형태의 통제는 아이가 시간이 지나면서 성장하고 변화할 자유를 갖는 한, 그리고 자신의 정체성을 탐색하고자 하는 자유가 가족 안팎에 모두 존재하는 한, 아주 긍정적이다.

그러나 어떤 가족에서는 부모가 자녀를 통해 대리로(간접적으로) 살아간다(Stierlin, 1981). 이런 부모는 자녀가 다른 사람에게 어떻게 보이는가를 통제하는 데 엄청난 투자를 하고, 자녀의 행위로부터 자기 가치감과 성취감을 가진다. 그리하여 자녀가 자신의 정체성을 탐색할 능력을 심각하게 제한한다. 왜냐하면 자녀는 부모의 꿈과 기대를 성취하도록 압박감을 받기 때문이다. 많은 자녀에게 이런 부담은 평생 동안 무능력하게 되는 요인이 될 수 있다.

가족 정체성과 개인 정체성의 발전과정에서 자녀 사회화와 자녀 지원의 목표는 부모-자녀 간에 일어나는 상호작용 패턴에 대한 이해를 훨씬 더 복잡하게 만든다. 부모-자녀 간 상호작용이 발전하는 방식은 소망하는 지향형태(긍정적 혹은 부정적)와 관련되며, 또 가족이 이런 지향성에 대해 행사하는 통제의 정도와 관련된다. 이런 면에서 모든 부모는 가족구성원의 개인 정체성에 영향을 미치는 데 성공하지만, 그 과정이 자녀에게 이로운 방식으로 모두 촉진되는 것은 아니다. 부정적 정체성의 촉진은 자녀에게 해가 된다. 자녀의 정체성을 통제하는 것도 역시 해로운데, 그 과정이 자녀 스스로 자신은 누구이며, 타인에게 어떻게 보이고 싶어 하는가에 대해 자녀 스스로 통제할 권리를 빼앗기 때문이다.

경계선 전략

외적 경계선

어떤 경계선은 가족과 외부체계의 관계를 나타낸다. 다시 말해, 가족은 외부인과 상호작용하기 위한 전략과 규칙, 그리고 외부 환경과의 관계에서 통합, 응집, 분리를 유지하기 위해 물리적 환경을 조절하기 위한 전략과 규칙을 확립한다(Kantor & Lehr, 1975; Whitchurch & Constantine, 1993). 일반적으로 이런 외적 경계선이 조절되는 방식은 투과성의 정도에 따라 다양하다. 투과성(permeability)은 가족의 경계선이 개방적이거나 폐쇄적인 정도를 말한다.

외적 경계선이 비교적 개방적인 가족체계는, 문자 그대로, 그 가족이 다른 사람에게 개방적이다. 가족의 멤버십은 느슨하게 정의되어 가족이 아닌 사람이 그 집을 자유롭게 드나들 수 있다. 더욱이 그 가족에 관한 정보가 외부체계로 쉽게 전달될 수 있다. 비교적 폐쇄적인 가족체계는 문자 그대로 다른 사람에게 닫혀 있다. 예컨대,

그런 집의 아이는 친구가 자기 집을 방문하지 못하게 한다. 사생활을 지나치게 중시하고, 집안일을 외부인과 상의하지 못하게 하는 규칙이 확립되어 있다("집에서 하는 이야기가 집 밖으로 나가서는 안 된다."). 집의 물리적 환경은 사생활을 중시하며 대화하도록 조직되어 있다. 예를 들어, 외부인이 집을 보지 못하도록 전략적으로 나무를 심어 놓을 수 있다.

가족이 확립한 외적 경계선의 유형은 각 가족의 독특성을 나타내는 데 기여하는 요인들 가운데 하나다. 대부분의 가족은 '개방적/폐쇄적' 연속선상의 중간 어딘가에 위치하면서 전적으로 개방적이거나 폐쇄적인 경계선 사이에서 균형을 유지하지만, 가족체계마다 확립하는 경계선 전략과 규칙은 독특하다. 이러한 경계선 전략과 규칙은 두 가지 면에서 중요하다.

첫째, 이러한 전략과 규칙은 가족과 타인과의 상호작용에 영향을 준다. 우리는 일반적으로 가족의 경계선 규칙에 순응하는 방식으로 타인과의 상호작용을 구성한다. 즉, 가족의 경계선 규칙은 타인과의 행동이 적절한지의 여부에 한계를 정한다. 이러한 전략에 관한 어떤 의식적인 계획과 논의가 있을 수도 있겠지만, 대개 가족구성원은 외부 경계선이 어떻게 구성될 것인가에 관한 결정을 의식하지 않고 있을 것이다.

둘째, 가족의 경계선 규칙은 가족체계 밖의 사람에 대한 편안함 정도와 신뢰 수준에 영향을 준다. 일반적으로 가족의 경계선이 개방적일수록 구성원은 타인에게서 더 큰 편안함을 느낀다. 마찬가지로 가족의 경계선이 폐쇄적일수록 구성원은 가족의 궤도 밖에서 편안함을 덜 느끼는 경향이 있다. 가족구성원은 또한 자신과 비슷한 경계선 전략과 규칙을 가진 가족에 속한 사람에게 편안함을 더 많이 느끼는 경향이 있다. 유사성이 상호작용을 쉽게 만들기 때문이다. 규칙과 전략이 다르면, 경계선을 어떻게 확립해야 하는가에 대한 개별 구성원의 가정이 타인의 행동에 의해 도전을 받는다. 이러한 도전은 타인과의 상호작용을 불편하게 하고 불신하게 하는 결과를 낳는다.

요약하면, 외적 경계선은 가족과 그 구성원이 외부인과 관계를 맺는 방식을 조직한다. 외적 경계선은 개별 가족구성원이 접할 수 있는 정보원에 영향을 미친다. 감지하기는 어렵지만 분명한 방식으로 외적 경계선은 가족구성원 개인의 삶이 어떻게 펼

처지는가에 영향을 준다. 예를 들어, 수학에 도움이 필요한 아이는, 만일 그 가족의 외적 경계선이 폐쇄적이라면, 아이의 부모가 교사나 학교 관계자를 믿지 못하기 때문에 그런 도움을 받지 않는다는 결론을 내릴 수 있다.

내적 경계선

내적 경계선은 주로 가족구성원 개인 간, 하위체계 간 내적 거리가 가족 안에서 어떻게 조절되는가에 관한 것이다(Hess & Handel, 1985; Kantor & Lehr, 1975). 경계선이 어떻게 조절되는가는 주로 각 구성원의 개별성과 자율성이 가족체계 안에서 용인되는 정도에 나타난다. 개별성과 자율성이 용인되는 정도는 연속선상에 존재하는 것으로 알려져 있다. 개별성을 용인하는 정도가 낮은 체계는 밀착된(enmeshed) 내적 경계선을 가진 것으로 간주된다. 개별성을 높게 용인하는 체계는 유리된(disengaged) 내적 경계선을 가진 것으로 간주된다(Minuchin, 1974; Olson & Gorall, 2003).

경계선이 밀착되어 있을 때, 가족체계의 전략은 개별성과 자율성의 표현을 제한하는 것이다. 이는 개인이 가족 내 다른 사람에게 의존하도록 조장하는 상호작용을 조직한다는 것이다. 사생활이 거의 허용되지 않으며, 개인의 '일(business)'은 가족의 일이 된다. 그러므로 가족구성원 한 사람이 문제가 있을 때, 모든 구성원이 그 문제를 공유한다. 가족 안에 확립되어 있는 규칙은 각 구성원으로 하여금 그의 문제나 생각이나 걱정 등을 가족과 상의하도록 요구한다. 더욱이 가족은 언제든 가족구성원의 사생활에 개입할 수 있다.

경계선이 유리되어 있을 때, 가족체계의 전략은 자율성의 표현을 촉진하는 것이다. 연속선상에서 극단적으로 유리된 경계선의 경우, 개인은 혼자 살아가게 된다. 가족규칙은 가족구성원 개인이 자기 자신을 지키고 다른 가족원에게 도움이나 조언을 기대하지 않는 방향으로 확립된다. 다른 말로 표현하면, 자율성이 가치 있게 여겨지고 기대된다. 가족구성원은 다른 구성원의 일에 함부로 간섭할 생각을 않는다.

가족이 내부체계 경계선을 확립하고 조절할 때 사용하는 전략은 분명 가족의 효과성과 관계가 있다. 올손과 동료들(Olson et al., 1983, 1989, 2003)은 가족의 적절한 기능은 가족이 밀착과 유리 사이에 균형을 이루었을 때 더 많이 발생하는 경향이 있다고 하였다. 보다 기능적인 가족에서의 경계선 규칙은 개별성의 표현과 가족과의 안전한 연결의 경험을 모두 허용한다. 또한 올손과 동료들은 경계선 전략과 규칙은 가족구성원 개인의 변화하는 발달적 욕구와 능력에 맞게 적용할 필요가 있다고 하였다. 부모는 독립적이고 자립적으로 행동할 수 있는 연령대의 자녀보다 영아기 자녀와 더 밀착해야 한다.

내적 경계선 조직을 둘러싸고 가족 안에 상당한 긴장이 존재할 수 있음은 너무도 분명하다. 가족체계의 목적과 개인의 목적이 일치하지 않을 때 이러한 긴장이 발생한다. 예를 들어, 가족이 구성원의 자율성을 제한하고 오로지 서로에게만 의존하도록 함으로써 강한 외적 경계선과 안전감을 유지하는 전략을 세워 놓을 수 있다. 그러나 아이들이 커 감에 따라 부모가 용납하고 싶은 정도보다 더 큰 자율성을 바랄 수 있다. 자율성의 규제에 관한 이러한 갈등은 긴장과 스트레스를 초래하여 결국 가족의 내적(경우에 따라서는 외적) 경계선을 재조직하게 될지 모른다.

경계선 전략은 문화와 민족성향에 의해 상당히 많은 영향을 받는다. 어떤 민족 집단(예: 이탈리아인)은 타민족 집단보다 더 밀착된 경계선을 확립하는 경향이 있다(Giordano et al., 2005). 이것은 문화와 민족 성향에 따라 가족 내 관찰되는 거리 조절 패턴의 정상 여부가 달라짐을 뜻한다. 밀착은 기대되는 것이기 때문에 허용된다. 그러나 경계선이 어떻게 조직되어야 하는가에 대해 외부인이 견해가 다를 때 스트레스가 발생할 수 있다. 민족 배경이 다른 사람 간의 결혼을 예로 들 수 있다.

마지막으로, 경계선에 대한 논의는 가족 내 구성원과 하위체계 간의 거리가 어떻게 조절되는가에 관한 것을 포함해야 한다. 그 점에서 두 가지가 중요하다. 첫째, 거리조절 패턴이 가족구성원 모두에게 비슷할 가능성이 있다. 그러나 어떤 하위체계는 가족 내 다른 하위체계와 상이한 패턴을 발전시킬 가능성이 있다. 예를 들어, 부모와 자녀가 유리된 가족에서 형제는 서로 밀착되어 있을 수 있다. 여기서 핵심은 밀착되고 유리된 가족에 대해 이야기하는 대신 가족 내 특정 관계와 하위체계를 특징짓는 경계선 전략에 관해 이야기해야 한다는 점이다.

두 번째는 경계선 조절이 친밀감의 경험을 가져올 수도 있고 그렇지 않을 수도 있다는 점이다. 밀착된 경계선은 가족구성원 간에 친밀감과 걱정 정도가 높고, 유리된 경계선 패턴은 구성원들이 서로 돌보지 않기 때문이라고 가정할지 모른다. 이 점은 어떤 면에서는 사실이지만, 그렇다고 일반화는 하지 말아야 한다. 서로 과잉관여하는 가족원들도 서로를 좋아하지 않을 수 있다. 마찬가지로 구성원이 가족 내에서 상당히 자율적으로 행동하지만 가족의 지지를 상당히 많이 경험할 수도 있다.

유지 전략

모든 가족은 구성원에게 의식주를 제공하는 등의 유지 과업을 가진다. 이 과업은 비교적 간단해 보이지만, 이러한 기본적인 유지 과업과 연관된 의사결정 패턴에 대해서는 별로 생각을 하지 않는다.

가족생활의 모든 면에는 테마가 있다. 그래서 가족테마는 유지 과업이 어떻게 실행되는가와 밀접하게 연관되는 것은 당연하다. 즉, 모든 가족은 테마를 바탕으로 가족이 어떻게 유지되기를 바라는가에 관한 우선순위를 확립한다. 이러한 우선순위에 맞추어 살기 위해서 가족의 자원 사용에 관한 의사결정이 이루어져야 한다. 유지 자원(maintenance resources)은 가족이 유지 과업을 수행하기 위해 사용해야 하는 시간, 에너지, 돈으로 구성된다. 이런 자원은 각각 한정되어 있기 때문에 가족의 자원이 어떻게 사용되어야 하는가를 결정하는 것은 가족체계의 가치와 우선순위다.

가족자원의 사용에 관한 의사결정은 복잡하고 역동적인 과정이다. 원래 의사결정 전략은 자원을 누가 통제하는가에 관한 것이어서 가족체계 내 권력의 위계를 통찰해 볼 수 있게 한다. 또한 의사결정 전략은 의사결정 과정에 누가 포함되며, 서로 어떻게 개입하는가를 결정한다. 자원이 어떻게 사용되는가도 역시 관심사다.

그러므로 가족체계에서 발전한 유지 전략은 가족체계의 우선순위를 나타내며 자원사용에 관한 결정을 포함한다. 예를 들어, 어떤 가족체계의 우선순위는 특권층이 사는 동네에 사는 것일 수 있다. 이 목적을 달성하기 위해 가족체계의 자원사용, 특히 돈 사용에 관한 의사결정이 이루어져야 한다. 가족이 돈이 많은 경우에는 이러한 특정 우선순위가 다른 유지 전략에 영향을 미치지 않을 수 있다. 그러나 또 다른 경우에는 그 목적을 달성하기 위해 사용되는 돈 때문에 가족의 다른 유지 과업을 수행하기 위한 돈이 아주 부족할 수 있다. 가족은 식비를 지나치게 아껴야 할 수도 있고, 가구를 살 수 없거나, 자녀의 교육비용을 감당할 만큼 돈이 충분하지 않을 수도 있다. 다른 말로 하면, 유지 과업은 가족자원을 전략적으로 조절하는 것을 포함하기 때문에, 하나의 유지 과업이 어떻게 수행되는가는 다른 과업이 어떻게 수행되는가와 상호 영향을 미친다.

가족의 유지 전략은 세탁, 요리, 재정관리 등 가정을 유지하기 위해 가족이 채택하는 다양한 계획과 절차에도 나타나 있다. 각 전략의 세부사항은 가족구조와 가족의 유용자원에 의해 어느 정도 결정된다. 예를 들어, 한부모 가장 가구의 자녀는 양부모 가장 가구의 자녀보다 유지 과업에 대한 책임을 훨씬 더 많이 질 수 있다. 한부모의 자원이 제한되어 있기 때문에 자녀는 가정관리를 위한 자원이 되고 따라서 자녀의 도움을 훨씬 더 많이 필요로 할 것이다.

각 유지 전략과 규칙은 복잡성과 조직 수준에 따라 특징이 달라진다. 매우 융통적이어서 일관적이지 못한 전략도 있고, 매우 경직되고 제한적인 전략도 있다. 과소 조직된 체계에서 유지 전략은 일관적으로 확립되어 있지 못한다. 공과금을 내고 재정을 관리하기 위해 잘 규정된 전략이 없을 것이다. 예를 들어, 식사가 계획적으로 되는 경우는 거의 없고, 계획적으로 될 때도 집에 필요한 양념이 없을 것이다. 그러면 시장에 가야 하는데, 이는 가족체계에 유용한 시간, 에너지, 돈을 쓰게 한다. 식사 준비가 원래 계획보다 더 오래 걸리기 때문에 아이들의 스케줄이 엉망이 된다. 그래서 일관된 유지 전략을 확립하지 못하면 체계 내 존재하는 혼란 수준이 높아지는 악순환이 발생한다.

과잉 조직된 체계에서 유지 전략은 지나치게 구조화되어 있고 경직되어 있다. 다양한 유지 과업은 세부적으로 언제 행해져야 하며, 그것을 수행하는 책임은 누구에게 있는가에 관한 전략이 있다. 예를 들어, 세탁은 토요일에 하고, 집 청소는 일요일에 한다. 다음 주 점심 도시락은 일요일 저녁에 만들어 냉장고에 넣어 둔다. 이런 체계는 유지 과업을 수행하는 데에는 효율적이지만, 그에 따른 경직성으로 자발성과 창의성이 손상될 수 있다.

가족체계가 잘 조직되든 그렇지 못하든, 유지 과업이 수행되는 한 가족체계는 괜찮다. 이는 가족의 전략과 계획의 효과성을 평가하지 않는다는 뜻은 아니다. 가족이 사용하는 유지 전략의 평가는 분명히 가족의 효과성과 기능 평가의 주요한 부분이다(Epstein et al., 2003; Fisher, Ransom, Terry, & Burge, 1992). 만일 가정이 유지되지 않으면, 가령 아이를 먹이고 옷을 입히지 않고, 옷과 아이가 더러우면, 그 가족은 비효과적이라고 판단한다. 마찬가지로 그런 평가를 할 때, 가족이 사용하는 유지 전략의 특징을 말해 주는 혼란과 경직성 수준을 고려할 필요가 있다. 이런 면에서, 적절한 유지 전략은 자발성과 창의성을 조장할 만큼의 융통성뿐 아니라 비교적 높은 수준의 조직성과 안정성을 허용한다(Anderson & Gavazzi, 1990; Beavers & Hampson, 2003; Olson & Gorall, 2003).

가족체계가 택하는 우선순위, 자원, 전략은 가족구성원이 어떻게 행동해야 하는가를 규정하는 규칙을 만들어 낸다. 그 규칙은 가족의 우선순위를 강화하고 가족이 자원을 효과적으로 사용하도록 돕는 경향이 있다. 가령 돈이 부족한 집에서 구성원에게 음식을 제공하는 것이 우선순위일 때, 먹는 것을 둘러싼 규칙이 만들어질 수 있다("그릇을 깨끗이 비우기 전에는 식탁을 못 떠난다!"). 그런 규칙은 여러 방법으로 강화될 수 있다. 어떤 가족은 먹는 것의 중요성에 관해 아이에게 교육을 하지만 결국에는 다 먹지 않아도 식탁을 떠날 수 있도록 내버려 둔다(아이는 규칙에 대해 배우지만 끝까지 우기면 밥을 다 먹지 않아도 된다는 사실을 알고 있다!). 또 어떤 가족은 아이가 음식을 다 먹을 때까지 몇 시간이라도 식탁에 앉아 있도록 할지 모른다. 아이에게 강제로 음식을 먹이는 가족도 있을 것이며, 아이가 자기 몫을 먹지 않으면 때리는 가족도 있을 수 있다.

규칙은 시간이 흘러도 아주 안정적일 수도 있고, 한 세대에서 다음 세대로 가서 변할 수도 있다. 규칙이 변하는 까닭은 다음 세대 가족의 자원이 변화하기 때문이다. 먹는 것에 관한 규칙의 예로 돌아가 보면, 성인자녀가 자기 부모보다 돈이 더 많으면, 물론 자기 자녀가 있을 때 가족구성원을 먹이는 것이 우선순위일 수 있지만, 훨씬 부유해졌기 때문에 먹는 것에 관한 규칙이 훨씬 더 유연할 수 있다. 이러한 규칙의 변화가 세대 간 갈등의 원천이 될 수 있음을 주목하면 재미있다.

　　요약하면, 가족체계의 유지 과업에 대한 이해는 상당히 명료하다. 모든 가족은 유지 과업을 수행해야 한다. 그러나 이 과업이 수행되는 방식은 상당히 다양하다. 이는 유지 전략이 가족이 스스로 어떻게 유지하기를 원하는가에 대해 서로 다른 우선순위를 확립하기 때문이다. 서로 다른 우선순위는 가족이 자원을 전략적으로 사용하는 다양한 방식과 자원사용에 관해 확립하는 규칙에 잘 나타나 있다. 각 전략과 그에 따른 규칙으로 인해 결국 가족의 패턴과 역동은 고유한 형태와 조직을 취하게 된다. 또한 가지 분명한 점은 가족이 사용하는 유지 전략과 규칙은 가족의 기능을 평가하는 면에서 상당한 비중을 차지한다는 것이다.

가족의 정서적 분위기 관리 전략

　　가족의 정서적 분위기 관리는 개별 가족구성원의 양육과 지원, 가족 응집성의 확립, 갈등과 긴장 관리를 위한 전략의 발전에 관한 것이다. 정서적 표현을 관리하기 위해 긍정적 전략을 성공적으로 발전시키면 가족구성원의 건강과 안녕이 증진되는 것으로 밝혀졌으며, 반면 그러한 전략의 부재는 건강에 대한 수많은 불평 및 증상과 관련이 있는 것으로 일관성 있게 밝혀져 왔다(Fisher, Nakell, Terry, & Ransom, 1992; Jacob, 1987).

　　모든 가족이 안전한 정서적 분위기를 만들기를 원한다고 주장하는 것은 지나치게 순진하고 단순할 수 있지만, 그렇게 하는 것이 모든 가족의 우선순위라고 가정하는 것이 타당할 것이다. 가족의 전략이 구성원의 정서적 · 심리적 안녕을 증진하는 상호작용을 포함하지 못할 때, 그 가족체계의 효과성에 즉시 의문이 생긴다.

　　대부분의 가족이 가족구성원의 정서적 · 심리적 안녕을 촉진하기를 소망한다는 것은 모든 가족이 이 과업을 비슷한 방식으로 수행한다는 것을 뜻하는 것이 아니다. 가족구성원을 양육하고 지원하기 위해 채택하는 전략은 아주 다양하다. 가족구성원을 지원하기 위해 존재할 수 있는 모든 전략에 대해 간단히 생각해 보자. 구성원은 자기 감정을 편하게 이야기하고 자기 문제를 편하게 나눌 수 있는가? 구성원은 다른 구성원의 말을 들을 용의가 있는가? 다른 구성원의 말을 들을 때, 지원하고 충고하는가 또는 그 둘을 다 하는가? 더욱이 가족이 애정과 친밀감을 표현하는 모든 방법에 대해 생각해 보자. 어떤 가족에서 사랑은 말로 표현될 것이지만, 또 다른 가족에서는 다른 구성원을 위해 뭔가를 함으로써 표현될 수 있다("우리가 너를 보살펴 주니까 널 사랑한다는 걸 잘 알고 있을 거야. 그걸 꼭 말로 해야 하니?"). 애정이 포옹과 입맞춤 등 신체적으로 표현되는 가족도 있고, 애정을 신체적으로 표현하는 것이 '규칙에 어긋나는' 가족도 있다.

다시 말하면, 가족의 양육과 지원 전략은 가족의 양육과 지원 규칙이 된다. 그 규칙이 명시적이든 암시적이든, 이러한 규칙이 각자의 가족에서 무엇인가를 우리는 다 알고 있다. 어떻게든 우리는 무엇이 수용되고 수용되지 않는 행동인가를 알고 있다. 이 점에서 흥미로운 것은 우리가 규칙을 따르는 한 상호작용은 부드럽게 이루어진다는 점이다. 또 하나 흥미로운 점은 양육과 지원을 표현하는 옳고 그른 방법이 정해져 있지 않다는 것이다. 문제가 되는 것은 가족구성원이 전략과 규칙을 어떻게 경험하는가다. 가족구성원을 양육하고 지원하기 위한 가족전략의 효과성을 평가할 때 고려하는 중요한 점은 양육하고 지원할 때 하는 행동과 이런 행동을 가족구성원이 어떻게 경험하는가 사이의 적합성이다.

가족구성원이 어떤 방식으로 지원을 표현하는 것을 수용할지에 대한 기대와 가정을 공유할 때, 상호작용이 부드럽게 잘 이루어질 뿐 아니라 행동은 지원을 전달하는 데 효과적이다. 기대와 가정이 서로 다르면 긴장과 갈등이 생기는 경향이 있다. 친밀함을 촉진하기 위해 사용할 수 있는 전략의 예를 들면, 놀리는 것이다. 모든 사람이 이런 행동의 의미를 이해하는 한("관심이 있어서 놀리는 것뿐이야!"), 놀리는 것은 양육과 지원의 표현으로 경험될 것이다. 그러나 이런 생각을 공유하지 못하는 사람과 상호작용할 때는 매우 다른 결과가 초래될 것이다. 비슷한 생각을 공유하지 않으면, 누군가를 놀리는 것이 친밀함과 지지의 표현으로 경험될 리 없다.

가족응집성을 확립하기 위해서는 구성원이 가족에 참여하는 것을 긍정적으로 느끼도록 허용하는 방식으로 권력을 배분하는 전략이 필요하다. 권력은 가족 안에서 복잡한 이슈다. 앞에서 말했듯이, 한편으로는 가족의 유지를 위해 권력의 위계와 의사결정 전략을 창출해야 한다. 하지만 권력의 위계와 의사결정 전략이 가까운 사적 관계에서 응집성의 창출 및 친밀성의 경험과 반대로 작동할 수 있다. 권력과 의사결정 이슈는 이 책의 후반에서 더 자세히 다룰 것이다. 그러나 이 시점에서의 핵심은 가족자원 관리를 위한 전략의 선택은 '모두가 승리' 아니면 '승-패' 중 하나라는 것이다. 모든 구성원이 긍정되고, 수용되고, 확신을 갖게 되고, 인정받는다고 느끼게 하는 전략은 가족응집성을 촉진할 것이다. 확신을 갖지 못하고, 업신여겨지고, 무시당한다고 느끼는 사람들을 희생하고 몇몇 구성원에게만 이익이 되는 전략은 가족응집성을 발전시키지 못할 것이다.

한 가지 중요한 이슈는 가족이 채택하는 권력과 의사결정 전략의 적합성이다. 우리는 의사결정을 하는 사람이 그렇게 할 적합한 권리가 있다고 생각하느냐에 따라 권력 상황에 다르게 반응한다. 어떤 사람이 의사결정을 하고 자원을 통제할 적합한 권리를 가졌다고 인식하면, 통제가 아니라 권위를 행사하는 것으로 여긴다. 권위는 권력을 적합하게 사용하는 것이며, 반면 통제와 지배는 권력을 적합하지 않게 사용하는 것이다(Scanzoni, 1979b). 가족체계에서 자원을 통제하기 위해 가족구성원의 적합한 권위를 반영하는 권력과 의사결정 전략은 가족응집성의 경험에 어긋나게 작동하지 않는다. 권력과 의사결정 전략이 적합하지 못한 방식으로 다른 사람을 지배하고 자원을 통제하는 시도로 인식될 때, 부당하게 취급되었다는 부정의가 가족응집성의 붕괴에 기여하는 경향이 있다. 가족의 정서적 분위기의 성공적 관리는 의사결정, 통제전략, 협동과 응집성을 조장하는 규칙을 포함해야 한다.

가족의 정서적 분위기를 관리하기 위해서도 갈등을 다루고 관리할 전략을 발전시킬 필요가 있다. 모든 가족체계에서 갈등은 불가피하며 가족체계의 기능을 붕괴할 가능성이 있다. 갈등관리 전략은 복잡하다. 어떤 전략은 가족기능이 붕괴되지 않도록 체계를 보호하지만, 가족구성원의 정서적 · 심리적 건강을 도모하는 데는 별 효과가 없다. 이상적으로 갈등관리 전략은 갈등을 성공적으로 관리하고 가족구성원의 안녕을 촉진한다.

가족은 갈등관리를 위해 다양한 전략을 사용한다. 어떤 가족은 갈등이 존재한다는 것 자체를 부인한다. 부인하면 가족체계를 붕괴시키는 영향을 최소로 줄일 수는 있지만, 가족구성원의 정서적·심리적 건강에 꼭 필요할 중요한 정보가 가족체계에 들어오는 것을 허용하지 않을 수 있다. 한 가지 예를 들면, 부모의 알코올중독이나 약물중독을 가족구성원이 부인하는 경우다. 이 경우에 겉으로 드러난 가족의 갈등을 어떤 면에서는 최소로 줄일 수 있지만, 부모의 직업적·사회적·신체적 건강문제에 무심코 기여할 수 있고, 그 결과 가족을 붕괴시키는 문제가 생길 수 있다.

또 다른 갈등관리 전략은 '갈등과 분노가 폭발할 때까지' 갈등을 부인하는 것이다. 어떤 순간에는 갈등이 잠잠하고 통제되다가, 다음 순간 구성원들이 서로 크게 소리치게 된다. 어떤 경우에는 이런 폭발을 통제할 수 없어 가족구성원의 신체적 안전을 위협하기도 한다.

어떤 가족체계는 두 사람 간의 갈등을 제삼자나 어떤 다른 대상에게 우회하여 갈등을 관리한다. 그 과정을 나타내기 위해 많은 용어가 쓰였는데, 희생양(Vogel & Bell, 1968), 삼각관계(Bowen, 1978), 연합(Minuchin, 1974), 투사(Framo, 1970)를 예로 들 수 있다. 이 개념은 다음 장에서 자세히 논의될 것이다. 일반적으로 우회 전략은 한 사람에게 갈등이 되는 감정을 아이와 같이 조금 덜 위협적으로 인식되는 다른 사람에게 잘못 돌리는 것을 포함한다. 감정은 분노, 걱정, 과잉보호, 지지 찾기 혹은 해결되지 않은 긴장과 불안의 어떤 다른 형태로 나타날 수 있다. 또한 갈등은 타인이 아니라 어떤 다른 대상이나 활동으로 우회할 수 있다. 예를 들어, 갈등을 직장, 좋아하는 취미 혹은 TV를 과하게 보는 것 등으로 우회하는 사람도 있다.

각각의 경우, 갈등의 근원을 직접 다루는 대신 갈등 우회 전략이 사용되는 것이다. 예를 들어, 남편이 아내와의 관계에서 경험하는 갈등을 직접 다루는 대신, 자녀 중 한 아이가 얼마나 무책임한지에 대해 그 아이를 비난하거나 엄마가 얼마나 이성적이지 못한지에 대한 자기의 속마음을 털어놓을 수 있다. 첫 번째 경우, 자녀를 대리인으로 이용하여 갈등으로 생긴 스트레스를 관리하는 것이다. 두 번째 경우, 아내에 대한 자신의 부정적인 시각을 확인하기 위한 지원군으로 자녀를 이용한다. 그러나 두 전략 모두 자녀를 건강하지 못한 상황에 놓이게 할 수 있다. 자녀는 자기가 무책임한 사람이라는 부정적인 이미지를 갖게 되거나, 아버지와 좋은 관계를 유지하기 위해 어머니와 지지적인 관계를 잃을 위험에 처할 수 있다. 후자의 경우, 어머니가 그 자녀에게 자신을 지지해 주기를 부탁할 때, 자녀의 충성심 갈등은 더 심해질 수 있다.

그렇지 않으면 어머니가 다른 자녀를 선택해 자신을 지지하도록 요구할 수 있다. 이런 일이 일어나면, 각 집단의 구성원은 반대하는 쪽 구성원들과 불화하게 된다. 그러므로 하위체계가 갈등 우회방식으로 형성되면 전체 가족체계에 파급되는 방식으로 상호작용이 만들어진다. 이런 패턴이 일관되게 적용되면, 갈등관리 전략은 분명히 역기능적 가족상호작용 패턴이 될 가능성이 있다(Beavers & Hampson, 2003; Bowen, 1978; Minuchin, 1974).

반대로, 보다 성공적인 갈등관리 전략은 갈등을 공개적으로 수용하고 가족구성원 간의 해결을 타협하도록 책임 있게 노력하는 것이다. 사소한 거슬림이나 짜증을 더는 참을 수 없을 때까지 쌓아 두지 않고 그런 일이 일어날 때마다 다룬다. 마지막으로 특정 관계에서 일어난 갈등은 그에 따른 긴장과 불안을 우회하기 위해 제삼자에게 의존할 필요 없이 그 관계 안에서 직접 다룬다.

더 폭넓게는 다양한 갈등관리전략이 있다. 이렇게 다양한 전략은 갈등해결과 가족구성원의 정서적·심리적 건강의 촉진에 있어서 어느 정도 성공적이다.

요약하면, 가족의 정서적 분위기는 구성원의 정서적·심리적 안녕에 영향을 미친다. 정서적 분위기의 관리는 가족체계의 주요 과업 가운데 하나다. 우리의 정서적·심리적 안녕은 가족구성원이 체계 안의 구성원에 의해 양육되고 지원을 받으며 또 가치를 인정받는다고 느끼고, 공통의 목표를 수행하기 위해 협동적으로 일하고, 불가피하게 일어나는 갈등을 관리하기 위해 필요한 위험을 기꺼이 감수하려는가의 여부에 달려 있다.

스트레스 관리전략: 2차 과업으로서의 적응력

가족의 대처

조직적으로 복잡하고 역동적이며 개방적인 체계인 가족은 지속적으로 발달한다. 가족체계이론적 시각에 따르면, 가족생활의 변화하는 환경은 가족이 항상 어느 정도의 스트레스를 받고 있음을 의미한다. 그 결과, 가족은 정기적으로 가족의 1차 과업 수행 방식을 바꿀 필요가 있다. 스트레스 관리와 적응은 시간이 지남에 따라 효과적으로 기능하기 위한 가족의 능력과 관련된 중요한 2차 과업이다.

가족체계 내 스트레스

스트레스(stress)라는 용어를 사용할 때, 대부분의 사람은 과도한 압박감, 불안, 긴장 경험 같은 부정적인 정서 상태를 생각한다. 이것이 스트레스를 개념화하는 하나의 방식이지만, 가족체계이론적 시각에서 스트레스 개념을 사용하는 방식은 아니다. 가족체계이론적 시각에서 스트레스란 가족의 기본 과업을 수행하기 위해 이용한 전략을 바꾸도록 가족에게 가해진 압박감의 정도다. 이런 면에서 스트레스는 가족체계의 기능에 관한, 그리고 가족기능을 향상시키기 위하여 형태변형적 변화가 필요한가의 여부에 관한 특별한 형태의 정보나 피드백으로 볼 수 있다. 형태변형적 변화는 가족의 상호관계 패턴과 관계맺음에 대한 규칙의 변형을 수반한다. 예를 들어, 청소년의 성장과 발전은 가족체계에 스트레스가 될 수 있다. 관계맺음 패턴이 청소년의 변화하는 발달 욕구와 능력에 적응하도록 조정될 필요가 있기 때문이다. 전략과 규칙의 변화가 필요하다는 것이 가족체계에 반드시 부정적인 경험은 아니다. 규칙과 전략을 바꾸라는 압박은 가족체계가 계속 효과적으로 기능하기 위해 필요하다.

스트레스는 가족의 변화나 적응을 요하는 사건에 대한 반응으로 경험하게 된다.

가족이 마주치는 스트레스원(stressor) 사건에는 두 가지가 있는데, 그것은 **규범적 스트레스원 사건**(normal stressor events)과 **비규범적 스트레스원 사건**(non-normative stressor events)이다. 규범적 사건은 가족에 영향을 미치는 일상적이고 예측할 수 있는 발달적 전이를 말한다. 규범적 사건의 주요 특징은 그 사건을 기대할 수 있고, 시간이 흐름에 따라 규칙적으로 발생하고, 보통의 어려움을 수반한다는 점이다. 규범적 사건의 예를 들면, 결혼, 출생, 노인 가족원의 죽음 등이다.

비규범적 스트레스원 사건은 예측할 수 없는 사건이다. 이 사건은 가족에게 예측하지 못했던 고통을 주고, 가족의 기본 과업을 수행하기 위해 가족체계가 사용했던 전략의 수정, 즉 적응을 필요로 한다. 예를 들어, 집에 불이 나는 것은 예측할 수 없다. 이러한 비규범적 사건은 가족의 과업을 수행하기 위해 가족이 사용하는 많은 전략을 실질적으로 바꿀 것을 요한다. 집에 입은 피해로 인해 가족은 일상적인 삶의 흐름을 방해받을 것이다. 기본적인 관리 전략을 수정해야 할 것이다. 더욱이 불이 난 다음의 정서적 혼란과 불안으로 말미암아 가족구성원은 평소보다 더 많은 정서적·사회적 지원을 필요로 할 것이다. 화재로 인해 가족의 정서적 분위기를 유지하는 방식에서 약간의 재적응이 필요할 것이다.

가족체계이론적 시각에서 스트레스의 개념화는 카터와 맥골드릭(Carter & McGoldrick, 2005a)에 의해 더 상세히 다루어졌는데, 그들은 수평적·수직적 스트레스원에 대해 논하였다. 수평적 스트레스는 시간이 지남에 따라 가족체계에 발생하는 요구로 생애주기에 따라 발생하는 변화와 전이에 대처할 것을 요구한다. 여기에는 예측된 규범적 사건뿐 아니라 예측하지 못한 비규범적 사건도 포함된다. 가족이 경험하는 스트레스 정도나 수준은 가족체계 안에서 세대에서 세대로 전수되는 관계맺음 방식이나 기능수준을 의미하는 수직적 스트레스에 의해서도 영향을 받는다. 수직적 스트레스원은 가족의 각 세대가 성장하는 동안 겪게 되는 태도, 기대, 금기사항, 비밀, 미해결된 정서적 이슈를 포함한다. 이는 특정 가족에 존재하는 다세대적 상호작용 패턴은 시간이 지남에 따라 가족이 경험하는 스트레스의 전반적 수준에 영향을 미침을 의미한다. 각 가족체계는 고유한 역사적·발달적 유산을 갖는데, 이는 일상적인 요구 및 일상적이지 않은 요구와 상호작용하여 가족체계에서 경험하는 스트레스 수준에 영

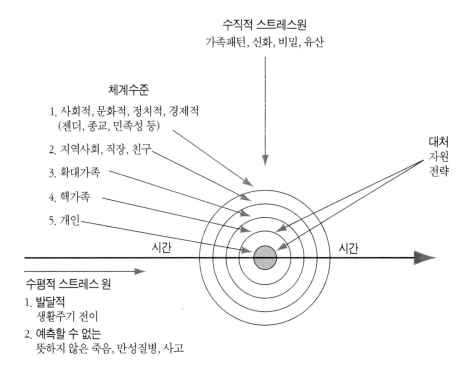

수직적 스트레스원
가족패턴, 신화, 비밀, 유산

체계수준
1. 사회적, 문화적, 정치적, 경제적
   (젠더, 종교, 민족성 등)
2. 지역사회, 직장, 친구
3. 확대가족
4. 핵가족
5. 개인

대처
자원
전략

시간   시간

수평적 스트레스 원
1. 발달적
   생활주기 전이
2. 예측할 수 없는
   뜻하지 않은 죽음, 만성질병, 사고

[그림 2-1] 수평적 및 수직적 스트레스원

향을 미친다.

[그림 2-1]에 제시되었듯이, 가족의 전반적인 스트레스 수준은 수평적·수직적 스트레스원에 의해 결정된다. 수평 축에 스트레스가 충분하면 어떤 가족이라도 혼란스럽고 역기능적일 것이다. 예를 들어, 어떤 가족이 부모의 이혼, 맏아이의 결혼, 조부모의 사망, 막내의 만성질환을 동시에 다루어야 한다면 분명히 높은 수준의 스트레스, 혼란, 분열을 경험할 가능성이 크다. 그런 가족은 가용 자원에 비해 너무 큰 요구에 직면하여 기본 과업을 성공적으로 수행하기 어려울 것이다.

마찬가지로 어떤 가족이 수평적 스트레스는 아주 낮고 수직적 스트레스 수준은 아주 높다면 매우 혼란할 것이다. 예를 들어, 딸이 결혼하여 집을 떠나겠다는 계획을 발표한다. 어떤 가족에게 그 사건은 축하할 사건이다("우리는 딸을 잃은 게 아니라 아들을 얻는 거야."). 그러나 딸의 부모가 오랫동안의 격렬한 부부갈등 후에 정서적으로 서로 단절해 있다고 상상해 보자. 게다가 아버지는 일에 몰두해 있고, 어머니는 딸에게 정서적 지원을 기대하고 있다고 상상해 보자. 부모는 둘 다 갈등이 아주 많았던 각자의 원가족에서 서로 정서적으로 단절하는 패턴을 배웠다. 부모 둘 다 원가족 부모의 잦은 말다툼과 원가족 부모에게서 받았던 언어적 학대를 무시하기 위해 이렇게 단절하는 전략을 발전시켰다.

이런 가족에게 딸의 독립은 스트레스와 불안을 강하게 촉진할 수 있다. 어머니는 딸에게 배신감을 느낄 수 있으며, 딸의 파트너를 거부할지 모른다. 그러면 딸은 집을 떠나는 데 대해 죄책감을 느낄지 모르며, 동시에 자기 약혼자에 대한 어머니의 태도에 극심한 분노를 느낄 수 있다. 아버지도 딸이 집을 떠나면 아내가 자기에게 가할 추가적인 정서적 요구에 몹시 걱정할 가능성이 있다. 그러므로 과거 세대의 스트레스는 현재의 발달적 전이에 대한 가족의 반응을 결정하는 중요한 요인이 된다.

가족이 어느 시점에서든 **스트레스원 사건의 누적**(pile-up of stressor events)과 씨름해야 한다는 점은 명백하다(McCubbin & Patterson, 1983; Mederer & Hill, 1983). 가족이 한 번에 하나의 사건만 다루는 경우는 드물다. 대신 스트레스원 사건은 중복된다. 규범적 사건은 중복되어 발생하며(대학생 자녀가 일 년 안에 대학을 졸업하고 취업을 하고 결혼을 한다), 이러한 중복은 비규범적 사건의 발생 가능성(이 기간에 동생이 자동차 사고로 사망한다)으로 더 복잡해진다. 이렇게 사건의 누적 결과는 가족이 특정 시점에서 대처해야 할 요구가 있고 적응이 필요함을 분명히 드러내 준다. 이런 사건의 누적은 유산, 이미지, 테마, 신화 등 의식적·무의식적으로 전수되어 온 이전 세대의 스트레스원과 긴장(수직적 스트레스원)으로 말미암아 더 복잡해진다. 이것이 바로 다세대 과정이라고 강조할 필요가 있다. 예를 들어, 앞의 예에서 딸은 자기 부모가 결혼생활에서 했던 것과 비슷한 전략인 무시 전략을 사용할 수 있고, 그것을 자녀에게 물려주어, 결국 자녀도 자기 가족의 발달적 전이에 대처하기 위해 또다시 그 전략을 사용할 것이다.

적응력과 대처 전략

적응력은 가족이 스트레스원 사건에 대처하는 방식을 나타낸다. 대처는 스트레스를 최소화하고 가족기능을 효율적이고 효과적인 방식으로 유지하는 전략의 실행을 포함한다. 가장 기본적인 방식의 대처 전략은 문제 해결하기, 정서 관리하기, 혹은 이 둘의 조합이다(Klein, 1983; McCubbin, Joy, Cauble, Comeau, & Needle, 1980; McCubbin & Patterson, 1983; Menaghan, 1983; Pearlin & Schooler, 1978). 문제에 대한 해결책을 찾고 정서를 관리하려면 인지적(cognitive) 및 행동적 대처 전략(behavioral coping strategies) 둘 다를 사용해야 하는데, 이때 스트레스를 받는 기간이 수반된다. 인지적 대처 노력이란 특정 스트레스원 사건에 대한 가족의 지각과 평가를 말한다. 가족이 스트레스원 사건을 바라보는 방법과 그것에 부여한 의미와 중요성은 사건에 대한 프레임이 된다. 그 프레임은 결국 가족이 스트레스원에 반응하는 행동방식에 영향을 준다.

그러므로 스트레스 사건에 대한 성공적 대처의 중요한 측면은 위기 상황을 적절하게 정의하는 능력이다. 가족의 인지적 대처 노력은 맞서 싸워야 하는 어려움을 명료화하는 것을 포함하며, 그래서 위기의 정서적 요소를 강조하지 않으면서 그 어려움을 더 잘 관리할 수 있게 되고, 또 가족체계의 기능적 속성을 유지하려는 노력을 하면서 가족구성원의 사회정서적 발달을 계속해서 지지할 수 있다(McCubbin & Patterson, 1983).

예를 들어, 비규범적 사건의 희생자를 인터뷰하는 기자를 보았던 여러 순간을 생각해 보자. 그 상황은 희생자가 사건에 어떻게 인지적으로 대처하는가에 대한 통찰을 높여 준다. 어떤 사람은 아마 "글쎄요, 집이 불에 타서 정말 안타깝지만, 다친 사람이 없어서 다행이죠."라고 말할 것이다. 이런 프레임은 사건의 부정적 면보다 긍정적 면을 강조하여 결국 위기의 정서적 요소를 관리할 수 있도록 돕는다. 이런 사람은 계속 "그래서 주택소유자의 화재보험이 필요한 거죠. 보험회사에 연락해서 재건축을 시작할 거예요."라고 말할지 모른다. 다시 말하지만 상황에 대한 이러한 평가는 어려움을 좀 더 잘 관리할 수 있는 방식으로 사건에 대한 프레임을 만든다.

어떤 사람은 똑같은 스트레스원 사건에 매우 다르게 반응한다. 인터뷰에서 "내가 왜?"라는 말만 반복한다. 이런 사람들은 잃어버린 재산에 초점을 맞추어 "모든 걸 잃었어. 잃어버린 것의 일부는 어떤 것으로도 대처할 수 없어. 최악이야!"라고 말할지 모른다. 사건을 이러한 프레임으로 보는 방식은 위기사건과 가족생활의 또 다른 요구를 관리할 시도를 방해하면서 정서적 후유증을 초래할 수 있다.

행동적 대처 전략은 가족이 스트레스를 관리하기 위해 실제로 무엇을 행하는가를 말한다(McCubbin et al., 1980). 스트레스 사건에 대한 인지적 반응과 마찬가지로, 행동 전략도 가족에 따라 상당히 다르다. 가족의 일반적인 대처 성향을 생각해 보면서 특정 행동 전략에 대해 생각해 보면 도움이 된다. 예를 들어, 가족은 문제에 대한 해결책을 행동적으로 찾는 정도에서 차이가 있다. 어떤 가족은 스트레스와 긴장의 근원을 다루기 위해 거의 아무것도 안 하면서 편안하게 있고, 또 어떤 가족은 매우 적극적이다. 가족이 외부인이나 전문가로부터 도움이나 지원을 받고자 하는 정도에서도 차이가 있다.

이렇게 일반적인 성향은 대처 전략이 수행되는 방식에도 영향을 미친다. 예를 들어, 지지와 원조를 피하는 가족이라면, 가족구성원은 여행을 하면서 길을 잃어 절망에 빠져도 길을 묻지 않을 것이다. 길을 묻지 않은 것은 행동적 대처 전략의 비교적 부드러운 사례다. 이런 가족이 실직, 집의 화재, 한 가족원의 예기치 못한 질병 혹은 출산 시 부과된 여러 요구에 어떻게 반응할지 상상해 보라.

대처자원과 대처 효능성

스트레스원 사건에 반응하기 위해 사용된 특정 인지적·행동적 문제해결 전략은 가족이 소유한 대처자원(coping resources)에 따라 달라진다. 대처자원은 스트레스에 대한 가족의 취약성을 최소로 줄이기 위해 사용할 수 있는 가족의 특성 및 개별 가족구성원의 속성과 기술을 말한다(McCubbin et al., 1980). 가족체계는 대처 전략의 선택에 영향을 미치는 다양한 자원을 가지고 있다고 할 수 있다. 대처자원의 예로 개별 가족구성원의 독특한 기술, 지식, 기질과 성격을 들 수 있다. 가족이 스트레스 상황에 직면할 때 가족이 활용할 수 있는 다양한 사회적 지지원도 대처자원이다. 예를 들어, 부모기로의 전이는 가족체계가 적응해야 하는 하나의 스트레스 사건이다. 이 사건에 반응하여 특정 가족이 사용하는 대처 전략은 새로 부모가 되는 사람들이 사용할 수 있는 지식과 정보의 영향을 받을 것이다. 또한 이 사건에 대한 가족의 반응은 그들에게 유용한 다양한 사회적 지지에 의해서도 영향을 받을 것이다.

스트레스, 대처자원, 대처 노력, 가족적응력 간의 상호관련성이 [그림 2-2]에 제시되어 있다. 이 모델은 가족스트레스와 대처과정의 각 요소가 어떻게 서로 연결되는가를 그림으로 나타낸다. 또한 이것은 가족의 스트레스 관리 능력이 시간이 지남에 따라 가족과 가족의 기능 속에서 발견되는 지속적인 스트레스 수준과 어떻게 연관되는가를 이해하는 방법을 보여 준다.

여기서 요점은 모든 가족은 스트레스를 받고 있다는 점이다. 시간이 지남에 따라 스트레스 수준이 서로 다를지라도 말이다. 가족 내 스트레스 정도는 가족이 기능하는 방식을 변경하거나 조정하기 위해 부과되는 요구와 관련이 있다. 이러한 요구는 어느 특정 시점에서 가족체계가 경험하는 수평적 · 수직적 스트레스원에서 비롯된다. 현재의 전략을 변경하도록 요구하는 압력이 거의 없는 때도 있고, 그런 요구가 지나치게 많은 때도 있다. 그런 압력이 충분히 클 때, 가족체계는 스트레스를 줄이기 위한 노력으로 적응력을 발휘해야 한다. 적응력이 성공적으로 실행되면 가족의 과업을 수행하기 위해 사용되는 새로운 전략행동이 만들어질 것이다.

체계가 스트레스에 어떻게 반응하는가는 가족체계 내 존재하는 대처자원에 의해

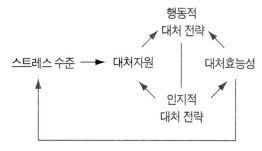

[그림 2-2] 스트레스 사건에 대한 가족체계의 반응

결정된다. 가족체계 내 자원의 정도와 형태를 기초로 해서 가족은 고유의 대처 전략을 발전시킨다. 가족이 스트레스원 사건에 반응할 수 있는 방법은 수없이 많으며, 모든 대처 전략이 스트레스를 줄이는 데 똑같이 효과적인 것은 아니다. 대처효능성(coping efficacy)은 스트레스를 줄이기 위해 가족이 취하는 노력의 적정성을 말한다. 가장 효능적인 대처노력은 스트레스를 줄이는 적응력을 발휘함과 동시에 모든 가족구성원의 성장과 안녕을 지원하는 것이다. 덜 효능적인 대처 노력은 체계 차원에서의 스트레스는 줄이지만 특정 가족구성원에게 해가 되는 방식으로 이루어진다. 어린 나이에 만성질환으로 잃은 자녀를 대신하기 위해 또 자녀를 임신하는 것은 부모와 다른 가족원의 상실감을 줄일 수는 있으나 결국 잃어버린 자녀와 똑같이 되도록 키워서 새로 태어난 자녀의 정체성을 제한할 수 있다. 또 다른 대처 노력은 체계 차원에서는 적응적일 수 있으나, 스트레스를 줄이는 데 실패하거나 실제로는 가족과 구성원이 경험하는 스트레스를 높이기도 한다. 지역사회에 유독성 폐기물이 새고 있다는 보도에도 상황의 심각성을 부인하고 집 안의 수돗물 검사를 거부하는 것은 스트레스를 줄이지 못할 것이고 시간이 지나면서 가족스트레스와 가족구성원의 안녕에 대한 위험을 키울 수 있다.

　요약하면, 가족의 대처 전략의 효과성은 가족이 생활의 여러 어려움에 반응하기 위해 자원과 기술을 배양할 수 있는 능력에 나타난다. 그렇게 함으로써 가족은 기본 과업을 효과적으로 계속 수행할 수 있다. 가족이 규범적·비규범적 스트레스원에 효과적으로 반응하고 가족에게 부과된 요구에서 벗어날 수 있는 강점을 키우는 능력을 '가족탄력성(family resiliency)'이라고 하였다. 수많은 연구가 제공하는 통찰에 따르면, 스트레스 사건에 가장 효과적으로 대처하는 탄력적인 가족은 다음과 같은 몇 가지 특징을 갖는다.

- 헌신은 전념(dedication)과 책무성의 균형이다. 헌신은 충성심, 일을 함께하고자 하는 결심, 모두의 이익을 위한 희생을 보여 주는 행위다.
- 응집성은 각 개인의 고유성에 대한 존중과 정서적 친밀 및 서로에 대한 실제적 의존을 강조함과 동시에 가족의 결속 정도다.

- 의사소통은 개방성, 명확성, 정확성, 상호성을 포함하여 존중하는 경청과 말하기 기술을 포함한다.
- 영성은 사리사욕을 넘어설 수 있는 능력이며 긍정적 목적으로 삶을 살고 경외하는 삶을 사는 것이다.
- 연결성은 확대가족, 지역사회 혹은 국가에 기여할 수 있는 능력이며, 역으로 이들로부터 받을 수 있는 능력이다.
- 자원관리는 스트레스 사건을 다룰 때, 시간, 돈, 에너지를 효과적으로 사용하는 것이다.

탄력성이 부족한 가족에서 가족구성원은 서로 소원하고 고립되어 있다고 느끼고, 불안하고 우울감을 느낄 수도 있다. 가족구성원의 역할과 책임은 혼란스러워진다. 가족은 알력으로 갈라지게 된다. 연합과 삼각관계로 갈등을 관리하고 가족구성원을 지지할 가족의 능력은 파괴된다. 가족환경은 혼란스럽고 무질서한 것으로 경험된다. 가족구성원은 더는 신체적·사회적·정서적·심리적 혜택을 받을 수 없다고 확신하게 되고, 가족의 생존능력에 의문이 생길 수도 있다.

분명한 것은 가족생활의 스트레스 요구에 보조를 맞출 수 있는 능력이 없으면, 가족 안에서 경험하는 요구의 누적과 위기 수준이 더 높아진다는 점이다. 이러한 위기 상태는 가족체계에 채 다루지 못한 요구가 남아 있기 때문에 생겨난다(McCubbin & Patterson, 1983). 말하자면, 이러한 일이 순환적으로 일어나서 가족의 미해결된 요구는 가족 안에서 경험되는 수평적·수직적 스트레스로 피드백 되고, 그러면 가족 내 스트레스 수준이 높아지고 가족체계의 지속적인 요구에 적응하기 위한 능력을 방해하게 된다.

결 론

　가족의 상호작용 패턴은 가족의 기본 과업을 수행하기 위해 가족체계가 채택하는 전략에 큰 영향을 받는다. 이러한 패턴은 가족체계 내에서 발견되는 구조에 의해 결정된다. 이는 본질적으로 어떻게 여러 과업이 각각 수행되어야 하는가를 결정하는 규칙의 체계이다. 각 가족구성원의 고유한 정체성은 이 맥락 안에서 발전하며, 개인은 가족구성원뿐 아니라 외부인과 상호작용하기 위한 전략과 스타일을 발전시킨다.

　가장 기본적으로 가족의 효과성이나 기능은 이러한 기본 과업이 수행되는 방식과 관계가 있다. 모든 환경이 가장 좋은 상태에서의 가족테마와 정체성, 경계선 과정, 정서적 과정, 가족의 유지 요구에 대한 관리는 가족구성원의 신체적 · 지적 · 사회적 · 정서적 복지를 촉진시킨다.

　더욱이 가족스트레스와 대처과정을 검토함으로써 가족 상호작용과 기능 패턴에 영향을 미치는 중요한 요인을 통찰할 수 있다. 가족 상호작용은 가족생활의 변화하는 요구에 적응해야 하는 가족의 필요성에 의해 깊은 영향을 받는다. 스트레스원 사건은 가족이 상호작용 전략을 바꾸도록 요구한다.

　모든 가족은 정기적으로 그들의 전략을 바꾸어야 하는 반면, 이러한 변화는 가족이 과업을 효과적으로 계속 수행할 수 있는 방식으로 조정되어야 한다. 이 점에서 대처 전략은 가족이 형태변형성과 형태안정성 간 균형을 유지하기 위한 수단으로 생각할 수 있다. 스트레스가 있을 때 가족은 변화해야 할 압박감을 경험한다. 이와 같이 변화에 대한 압박감은 스트레스가 임계점을 넘어 변화가 일어날 때까지(형태변형성) 보통 거부될 것이다(형태안정성). 이러한 방식으로 변화는 가족이 효과적으로 계속 기능할 필요가 있을 때만 일어난다.

　대처과정은 가족이 형태안정적 과정과 형태변형적 과정 간의 효과적인 균형을 유지하지 못할 때 고장이 난다. 이러한 균형이 어긋날 때, 변화가 필요하지 않는 데도 변화가 일어나거나, 변화가 필요한 데도 변화가 일어나지 않는다. 첫 번째 경우에는 오래된 전략이 여전히 효율적이고 효과적일 때에도 새로운 전략이 채택된다. 두 번째 경우에는 새로운 전략이 분명히 필요할 때에도 오래된 전략이 유지된다. 어떤 경우든 대처과정에서의 변화는 가족의 모든 혹은 일부 과업을 관리할 가족의 능력을 파괴하는 결과를 가져올 수 있다.

주요 개념

규범적 스트레스원 사건(Normative stressor events) 가족에 영향을 미치는 일상적이고 예상되는 발달적 전환. 주요한 차이점은 예상되는 사건이고, 시간에 따라 규칙적으로 발생하며, 일상적인 어려움을 수반함.

대처(Coping) 스트레스원 사건에 반응하여 사용하는 인지적 · 행동적 문제해결 전략.

대처 효용성(Coping efficacy) 가족이 스트레스를 줄이기 위해 취한 노력의 적정성.

밀착(Enmeshed) 체계의 경계선이 개별성을 낮게 허용한다는 특징을 나타내기 위해 사용되는 개념.

비규범적 스트레스원 사건(Non-normative stressor events) 체계의 모든 혹은 일부 기본 과업을 수행하기 위해 사용하는 전략의 적응이나 변경을 요하는 예측하지 못한 어려움을 갖게 하는 기대하지 못한 사건.

스트레스(Stress) 가족의 기본 과업을 수행하기 위해 사용하는 전략을 변경하도록 가족에게 가해진 압박감의 정도.

스트레스원 사건의 누적(Pile-up of stressor events) 가족이 일정 시점에서 맞서 싸워야 하는 규범적 · 비규범적 사건의 총합.

유리(Disengaged) 체계의 경계선이 개별성을 높게 허용한다는 특징을 나타내기 위해 사용되는 개념.

유지 자원(Maintenance resources) 가족이 유지 과업을 수행하기 위해 사용할 수 있는 시간, 에너지, 돈의 양.

인지적 대처 전략(Cognitive coping strategies) 특정 스트레스원 사건에 대한 사람들과 가족의 지각과 평가.

투과성(Permeability) 가족의 경계가 상대적으로 열려 있거나 닫혀 있는 정도.

행동적 대처 전략(Behavioral coping strategies) 가족이 스트레스를 관리하기 위해 실제
로 행하는 것.

가족기능 모델

체계이론적 관점에서 가족기능은 가족과정과 관계가 있다. 효율적인 가족은 가족구성원의 신체적 · 사회적 · 심리적 건강을 조장하는 방식으로 과업을 수행할 수 있도록 가족 상호작용 패턴을 확립한 가족이다. 비효율적인 가족은 가족의 기본 과업을 관리할 능력을 방해하는 상호작용 패턴을 보인다는 특징이 있다. 비효율적인 가족이 채택하는 전략은 개별 구성원이 신체적 · 사회적 · 심리적으로 위험에 처할 가능성을 높인다.

지난 수년 동안 가족과정의 중요성을 강조한 가족기능에 관한 많은 모델이 발전되어 왔다. 다음 세 장에서 가족기능에 관한 많은 과정 모델이 제시된다. 이들 모델과 기타 모델은 시간이 흐르면서 가족이 어떻게 발전하고 변화하는가에 영향을 미치는 주요 이슈를 이해하기 위한 기본 지침을 제공한다. 그러나 우선 가족기능에 관한 각 모델은 단지 하나의 관점이며, 그 모델을 개발하였던 이론가의 가치와 신념을 반영하고 있음을 강조할 필요가 있다. 결국 이론가의 가치와 신념은 제1장에서 살펴본 대로 지배적인 문화적 가치성향에 영향을 받는다.

우리 시각에서 볼 때, 앞으로 논의할 가족기능의 각 모델은 기본적인 가족과업의 어떤 것은 강조하는 한편 어떤 과업은 강조하지 않는다. 제3장에서 논의한 대로, 구조적 모델의 가치는 가족의 핵심 구조와 조직 특성을 서술할 수 있는 능력에 둔다. 구조적 모델은 가족의 경계선 과업을 강조하며, 가족 하위체계의 구성과 경계선 조절에 주의를 기울인다. 또한 이 모델은 가족의 정서적 환경을 관리하는 과업에 관심을 두고, 권력과 권위가 가족체계 안에서 어떻게 배분되며 갈등이 가족관계에서 어떻게 유형화되는가를 다룬다.

제4장에서 논의할 다세대 모델은 가족기능을 이해할 때 가족의 정체성 과업의 중요성을 강조한

다. 다세대 모델의 중요성은 개인의 원가족 경험이 다음 세대에서 발견되는 상호작용 패턴에 어떻게 영향을 미치는가에 대한 초점에서 비롯된다. 이것이 이 책 전체의 주요 주제다.

마지막으로 제5장에서 제시하는 맥락적 모델은 각 가족의 고유한 유산, 가치, 관습을 고려할 필요성을 강조한다. 가족의 인종, 문화, 민족성, 종교, 사회경제적 지위 같은 요인은 가족의 경계선이 어떻게 형성되고, 가족구성원 간의 경계선과 외부세계와의 경계선이 어떻게 확립되며, 자원이 어떻게 관리되고, 정서적 환경이 어떻게 조절되며, 스트레스가 어떻게 관리되는가에 영향을 미친다. 분명한 것은 어떤 가족이 얼마나 성공적으로 작동하는가를 결정하는 데 필요한 모든 정보를 다 줄 수 있는 모델은 없을 것이라는 점이다. 그러나 이렇게 상이한 모든 모델에 대해 좀 더 알게 되면 가족기능의 다중적 측면을 사정하고 평가할 수 있는 능력이 확장된다.

제3장
구조적 모델

가족구성원의 신체적 · 사회적 · 심리적 건강과 안녕 증진이라는 과업을 수행할 수 있도록 하는 상호작용 패턴은 효율적으로 기능하는 가족의 특성이다. 본 장은 개인과 가족의 기능에 영향을 미치는 가족과정을 살펴본다. 특히 본 장에서는 구조적 모델(structural model)에 초점을 둔다. 구조적 모델은 가족기능에 대한 과정 모델 중 하나로 인간 행동에 대한 다음의 세 가지 주요 가정에 기초한다. 첫째, 모든 개인은 자신의 개인적 행동의 범주를 규정하는 사회적 맥락 내에서 움직인다. 둘째, 사회적 맥락은 구조로 조직화되는 것으로 가족구성원이 어떻게, 언제, 누구와 관계를 맺는지를 규정하는 보이지 않는 일련의 규칙으로 볼 수 있다. 셋째, 어떤 구조는 다른 구조에 비해서 더 우월하다. 견고한 구조를 바탕으로 확립된 체계는 가족생활의 변화하는 요구에 더 잘 적응하는 반면, 잘못된 구조를 기반으로 한 체계는 일상적 · 비일상적인 가족생활의 요구에 잘 적응하지 못한다. 가족 조직의 구조는 가족의 하위체계가 조직된 방법과 가족 하위체계 간의 위계관계, 그리고 하위체계 내, 하위체계 간 경계의 명확성을 포함한다. 구조적 모델은 가족구성원의 발달수준, 가족의 자원 및 구성에 초점을 둔다.

가족기능의 구조적 모델

맥락의 중요성

가족기능 모델들은 카메라 렌즈와 유사하게 작동하는데, 이 모델들은 효율적인 가족기능에 기여하는 것이 무엇인지에 대해 다른 관점을 제공해 준다. 다양한 과정 모델이 개인과 가족의 기능을 이해하는 열쇠로서 서로 조금씩 다른 과업과 전략, 그리고 규칙에 초점을 두는 반면, 모든 과정 모델은 몇 가지 기본 전제를 공유한다. 이 모델들은 가족체계이론에 영향을 받아 규칙이 통제하는 가족 내 상호작용 패턴에 초점을 맞춘다. 과정 모델들은 가족구성원 간의 관계, 특히 가족구성원 간에 규칙적으로 반복되는 상호작용 패턴에 초점을 맞춘다. 이러한 체계 지향적인 모델들은 가족체계 내 권력이 그 구성원들에게 특정한 사고 및 감정, 그리고 행동을 이끌어 내기 위해 작용한다는 관점을 취한다. 그러므로 가족체계의 목표는 개인의 사회적 · 심리적 기능을 이해할 수 있는 맥락을 제공하는 데 있다.

하나의 사회적 맥락 또는 시스템에서 비롯된 우리의 감정과 행동이 다른 사회적 맥락 또는 시스템에서 비롯된 감정과 행동과는 서로 다르다는 점을 고려한다면, 가족 맥락(context)의 중요성과 영향력(force)이 명확해진다. 우리는 가족 내에서의 지위 및 역할과 일치하는 방식으로 사고하고 감정을 느끼며 행동한다. 예를 들면, 우리는 성장하는 과정에서 수행하도록 기대하는 정해진 역할과 우리의 행동이 일치하는 것을 발견한다. 어떤 경우에 우리는 가족의 기를 살려 주는 '가족을 위한 광대'나 다른 가족이 위로나 지지가 필요할 때 의지하는 '큰언니' 역할을 하도록 기대된다. 우리와 다른 가족구성원들은 이러한 역할 정체성을 공유하고, 이러한 역할 정체성은 우리가 가족이라는 맥락 내에서 어떻게 행동하는가를 결정하는 데 압력(force)이 된다.

그러나 우리가 학교나 직장에서 타인과 상호작용할 때처럼, 맥락이 변화할 때 자주 매우 다른 방식으로 행동한다. 이러한 변화는 부분적으로 체계가 다르기 때문에 발생한다. 다시 말해, 이러한 체계 안에서 우리의 지위 및 역할과 행동을 통제하는 규칙은 서로 다르다. 따라서 가족구성원과 상호작용할 때에는 신중해야 한다고 믿는 반면, 친구들과는 조금 더 걱정 없이 행동하는 것이 더 편하게 느껴질 수 있다. 따라서 핵심은 우리의 내적 사고, 감정, 행동이 사회적 맥락에 따라 상당히 달라질 수 있고, 이와 같이 다른 맥락은 보다 적응적이거나 혹은 덜 적응적인 반응을 우리로부터 이끌어 내는 잠재력을 지니고 있다는 것이다.

　맥락이 행동을 이끌어 내는 요인으로서 중요하다는 것을 지적할 때, 행동이 개인 통제에서 벗어난 압력에 의한 것이며 개개인은 자신의 행동에 책임이 없다는 생각을 할 수 있다. 하지만 이에 대해서는 주의가 필요하다. 과정 모델들은 왜 사람들이 그들이 취하는 방법으로 행동하는지를 이해하려 할 때 가족체계 맥락을 고려할 필요성을 강조한다. 가족 맥락—즉, 가족에 의해 설정된 우선순위(the priorities), 전략, 규칙—은 행동을 형성하고 제한한다. 그러나 개인은 맥락 내 포함된 압력에 따라 한 행동에 최종적으로 책임을 져야 한다.

　예를 들면, 이탈리아계 미국인의 문화적 전통은 가족모임에서 음식과 식사의 중요성을 강조한다. 그러나 사교적 모임에서 지나치게 많이 먹는다면 이 행동의 원인이 된 문화적 맥락을 고수하는 것은 적합지 않다. 다른 상황에서, 역기능적 가족에서 성장한 경우, 가령 아동기에 받은 신체적 학대가 왜 그 사람이 자신의 자녀들을 신체적으로 학대하는지를 설명할 수 있지만 이 맥락은 그 사람을 개인적 책임에서 벗어나게 하지는 않는다. 개개인은 결과적으로 자신의 사회적 체계 내에 있는 사회적 압력에 어떻게 반응할지에 대해서 최종 책임이 있다.

　이 모델에서 가족을 기술할 때 '기능적(functional)' 또는 '역기능적(dysfunctional)'이라는 명칭을 사용할 때 주의가 필요하다. 간단히 말해서 '기능적'은 작동할 수 있다는 뜻이다. '역기능적'은 작동하지 않는 것을 의미하고 흔히 디스트레스(distress) 증상과 관련이 있다(Walsh, 2003). 본 장에서 논의된 많은 모델이 다른 가족의 유형을 기능적 또는 역기능적이라 지칭하고 있음에도 구체적으로 가족이 목표를 달성하기 위해 채택한 특정한 전략과 규칙을 의미한다. 어떠한 전략 또는 패턴이 어떠한 목표에, 누구를 위해서, 어떠한 맥락에서 기능적인가를 묻는 것은 중요한 질문이다(Walsh, 2003). 어느 한 맥락에서 기능적인 전략이 다른 맥락에서는 역기능적일 수도 있다. 예를 들면, 백인 앵글로-색슨 가족에서 아동이 다른 가족구성원과 의사소통시 계속 눈을 맞추는 것은 기능적일 수도 있지만, 이러한 행동이 무례하다고 여겨지는 히스패닉계 가족에서는 역기능적이다. 또는 자녀를 희생양으로 삼아 그 자녀의 잘못된 행동에 초점을 맞춤으로써 부부관계에서의 갈등을 최소화하는 것은 부부에게는 기능적일 수 있다. 그러나 이런 패턴은 그 자녀에게는 기능적이지 않을 수 있다.

모든 가족기능에 관한 과정 모델들은 개인 발달과 적응의 주요한 매개자로서 가족체계가 중요함을 강조한다. 이러한 모델들은 가족체계 내에서 발생하는 규칙적이고 패턴화된, 예측 가능한 상호작용 패턴이 가족구성원으로부터 예측 가능한 반응을 이끌어 낸다는 점을 강조한다. 개인이 어떻게 기능하는지를 이해하기 위해서 우리는 가족체계가 구성원으로부터 적응적 또는 부적응적 사고, 행동을 이끌어 내는 방법을 살펴보아야 한다.

구조적 모델

살바토르 미누친(Salvator Minuchin)과 동료들에 의해 발달한 구조적 모델은 정상적 가족과 다양한 문제를 가진 가족을 대상으로 한 임상 사례에 관한 연구로부터 만들어졌다(Minuchin, 1974; Minuchin, Montalvo, Guerney, Rosman, & Schumer, 1967). 구조적 모델은 행동의 본성에 대한 세 가지 주요 가정에 기반을 둔다. 첫째, 모든 개인은 다른 사물들 사이에서 개인 행동의 범위를 규정하는 사회체계 내에서 움직인다. 이 가정은 체계가 행동을 형성하고 제한하는 규칙, 목표 및 우선순위가 있음을 의미한다. 둘째, 가정은 이러한 사회적 맥락은 규정 가능한 구조를 갖고 있다. 미누친(Minuchin, 1974)에 따르면, **구조**(structure)란 시간에 따라 가족구성원끼리 상호작용하는 방법을 조직하는 보이지 않은 일련의 기능적 요구(demand)다. 여기에서 '구조'는 가족구성원이 언제, 어떻게, 누구와 관계를 맺느냐 하는 것을 규제하기 위해 가족이 발달시키는 전략이다. 셋째, 가정은 어떠한 구조는 다른 구조에 비해 우월하다는 것이다. 견고한 구조 위에 형성된 체계는 변화하는 가족생활 요구에 더 잘 적응한다. 그러나 잘못된 구조에 기반하여 형성된 체계는 일상적 · 비일상적인 가족생활 요구에 대해 반응하는 데 덜 적응적이다.

그러므로 구조적 모델은 기계나 생물체계처럼 가족체계가 체계의 효율성에 기여하는 구조적 기반을 지니고 있다는 관점을 수용한다. 어떤 다리는 다른 다리보다 더 나은 토대 위에 지어진다. 더 우월한 토대 위에 세워진 다리는 날씨, 온도, 무게의 변화 등과 같은 다양한 스트레스와 압력에 더 잘 견뎌 낼 수 있다. 이와 유사하게 가족은 잘 기능하거나 혹은 잘 기능하지 못하는 구조적 기반 위에 형성된다. 즉, 가족의 구조적 기반은 가족이 문제를 다루는 데 효율적인가 하는 것을 의미한다. 구조와 가족이 문제를 어떻게 다루는가 하는 것 사이의 관계는 구조적 모델의 병리학적 관점을 이해하는 데 중요하다(Steinglass, 1987).

미누친(Minuchin, 1974)은 가족체계 구조를 이해하는 데 세 가지 측면이 연관됨을 제안했다. 그 세 가지 측면은 가족의 조직적 특성, 가족 상호교류(transaction)의 패턴이 가족체계의 발달수준과 이용 가능한 자원에 얼마나 적합한가 하는 정도, 가족의 스트레스에 대한 반응이다.

가족의 조직적 특성

가족 조직은 세 가지 독립적인 특성, 즉 가족 하위체계가 조직되는 방법, 가족 하위체계 간 위계적 관계, 하위체계 간 그리고 하위체계 내 경계선의 명확성에 의해 결정된다.

가족은 세대, 성별, 흥미와 기능에 따라 형성된 하위체계(subsystem)를 통해 기능을 나누어 실행한다(Walsh, 2003). 가족을 구성하는 주요 하위체계, 즉 부모 하위체계, 부부 하위체계, 형제자매 하위체계는 각자 고유한 과업이 있다. 부모 또는 경영(executive) 하위체계는 자녀를 지도하고, 교육하고, 사회화시키고, 통제하는 데 필수 과업을 수행하여야 한다. 이러한 과업을 수행하기 위해서 부모 또는 다른 양육자들은 양육과 단호함 사이에서 필요한 균형을 이룰 수 있도록 서로를 지지하고 협조해야 한다. 또한 부모는 자녀가 성장하고 성숙해짐에 따른 변화에 협상하고 수용해야 할 필요가 있다.

다른 하위체계의 과업은 이러한 부모 하위체계의 과업과 상호 의존적이지만 차이가 있다. 예를 들면, 부부 하위체계 과업은 존중하는 의사소통 방법 확립, 친밀감과 개인성 사이의 균형 협상, 상호 만족하는 성관계 형성을 포함한다. 이러한 과업을 행하는 데 성공적인 부부일수록 부모로서 효율적으로 협동하는 데 더 능숙하다. 형제자매 하위체계의 과업은 그 구성원들에게 상호지지 및 사회기술을 연습하고 발달시킬 수 있는 기회를 제공하는 것이다.

구조적 모델에 따르면 가족이 효율적으로 기능하기 위해서는 위계적으로 조직화되어야 한다. 위계(hierarchy)란 잘 조직화된 체계는 체계의 수준 사이에 뚜렷한 구분이 있어야 한다는 개념이다. 큰 기업에서 사장과 부사장 간에는 영업활동, 관리자, 노동자에 대한 권위의 명확한 선이 있다. 좋은 닭장 안에는 가장 많은 권력을 갖고 있는 단 한 마리의 닭이 존재하는, 명확한 서열이 있다(Minuchin, 1986). 이와 마찬가지로, 가족 내에는 부모가 자녀를 책임지는 뚜렷한 세대 간 경계가 있어야 한다. 이는 자녀의 의견이 경청, 인정, 확인, 상의되지 않음을 말하는 것은 아니다. 그러나 중요한 점은 가족은 민주국가가 아니고, 자녀는 부모와 동등한 존재 또는 또래가 아니라는 것이다. 연령으로 인해 부모는 경험이 많고, 부모는 가족과 그 구성원에 영향을 미치는 결정에 책임을 져야 한다.

자녀는 부모 권위라는 기반에서부터 권위를 상대하고 권위가 불평등한 상황에서 상호작용하는 것을 학습한다(Becvar & Becvar, 2000). 이러한 권력과 권위의 위계는 권력과 통제가 자녀에게 있을 때 또는 부모가 보살핌, 지지, 돌봄에 자녀를 의지할 때 깨진다. 이러한 과정을 부모화(parentification)라고 한다. 부모화는 가족이 자녀의 요구를 책임감 있게 수행하는 능력을 해쳐 가족이 역기능적이 될 가능성을 증가시킨다.

가족체계의 구조적 조직을 이루는 또 다른 주요 요소는 경계(boundaries)다. 경계는 누가 체계와 하위체계 내에 있는지를 정의하고 어떻게 가족구성원이 서로 상호작용하는지를 규제한다. 경계는 체계 내 구성원과 하위체계 간에 정보의 흐름을 규정함으로써 구성원과 하위체계 간에 위계적 관계를 형성하고 강화시킨다.

가족 구조적 기능의 효율성은 체계 내에 존재하는 경계의 명확성과 관련된다. 잘 구조화된 가족은 하위체계 경계가 명확하다. 이러한 가족 내에서는 모든 사람이 다른 구성원과의 관계에서 자신의 지위와 역할을 알고 있다. 예를 들어, 명확한 부모-자녀 경계는 부모에서 자녀에게로뿐만 아니라 자녀에서 부모에게로 정보가 자유롭게 흐르도록 한다. 명확한 경계는 자녀와 부모 모두에게 존중받으며 높이 평가되고 있다는 느낌을 갖게 하는 개인성에 대한 관용을 제공하거나 이를 형성할 수 있도록 한다. 부부 하위체계와 부모 하위체계 사이의 명확한 경계는 부모가 자녀의 요구를 충족시켜야 하는 부모로서의 책임감을 수행하면서도 친밀감에 대한 자신들의 요구에 주의를 기울일 수 있도록 한다.

이와 함께 명확한 형제자매 하위체계는 자녀가 자녀일 수 있게, 그리고 또래관계를 미리 경험해 볼 수 있게 한다(Becvar & Becvar, 2000). 이는 때때로 부모의 간섭 없이 형제자매가 협상하고 경쟁하며, 차이를 해결하고, 서로를 지지하는 것을 의미한다. 이는 또한 형제자매 간에 공유된 어떤 정보가 형제자매 하위체계 내에서 머무를 수 있음을 의미한다. 예를 들어, 자매는 남자친구에 대한 조언을 엄마나 아빠보다는 서로에게 구할 수 있다.

불명확한 경계, 연합, 가족기능

명확하지 않는 경계는 지나치게 경직되거나 모호하다. 지나치게 경직된 경계는 분리(disengagement), 지나치게 모호한 경계는 밀착(enmeshment) 또는 과잉간섭(overinvolvement)의 결과를 낳는다. 가족 하위체계 간의 경계가 명확하지 않을 때, 위계는 무질서해질 수 있고 가족기능에서 문제가 발생할 가능성이 있다. 이러한 문제가 있음을 알 수 있는 주요한 지표는 경직되고 계속 발생하는 연합(coalition)의 존재다. 연합은 가족구성원 한 명이 제삼자에 대응하여 다른 사람 편을 드는 것을 의미한다. 이러한 삼인 패턴(three-person patterns)은 권력이라는 개념과 밀접하게 연관된다. 왜냐하면 연합의 결과, 더 멀리 떨어져 있는 구성원으로부터 권력이 멀어져서

2인조를 향해 이동하기 때문이다. 연합은 **동맹**(alliance)과 상반된다. 연합이 두 가족구성원 사이에서만 관심을 공유하고 제삼자는 그렇지 않은 경우인 반면 동맹은 가족구성원이 가족의 기능을 방해하지 않는 방법으로 관심사와 동지애를 공유하도록 한다.

구조적 모델에서는 세대 간 연합(cross-generational coalition)이 가족의 기능을 특히 방해한다고 본다. 예를 들어, 세대 간 연합은 부모 중 한 명이 자녀가 다른 부모에게 맞서서 자신의 편을 들도록 설득하거나 혹은 아내나 남편이 자신의 부모가 배우자에게 맞서도록 설득할 때 발생한다. 이러한 연합이 가끔 발생한다면 문제가 되지는 않는다. 그러나 이러한 패턴이 확실히 형성되어 계속해서 반복될 때 하위체계가 과업을 달성할 수 있는 능력을 방해받고 관련된 사람들은 주관적 디스트레스를 경험할 수 있다(Haley, 1987).

가족체계 내 세대 간 연합은 세대 경계와 하위체계 경계가 무너져서 더 이상 명확하지 않음을 암시한다. 조니라는 아동을 예로 들어 보자. 엄마는 조니에게 장난감을 치우라고 했다. 조니는 이를 거부하고 아빠에게로 가서 엄마가 자신을 불공평하게 대한다며 불평한다. 아빠는 조니에게 엄마의 말을 들으라고 한다. 여기까지의 상호작용은 부모가 부모 하위체계 내에서 조화롭게 기능하고 있고 조니의 행동에 대해 명확한 한계를 확립하고 있다.

그러나 아빠가 엄마를 지지하기 위해 조니에게 소리를 지르고, 이 방법이 엄마는 용납할 수 없는 방법이라고 해 보자. 이제 엄마는 아이에게 너무 심하게 해서 아이를 울렸다며 아빠를 나무란다. 그리고 엄마는 아빠와 거리를 두고 아빠로부터 '가혹하고' '비감성적인' 대우를 받은 조니를 다독인다. 이 예시에서, 엄마는 남편에 맞서 아들과 연합을 형성하였다. 이 과정에서 엄마는 부모 하위체계의 기능을 손상시켰다. 엄마의 지지로 조니는 체계에서 더 많은 권력을 가진 지위로 승격되었다. 예를 들어, 조니는 아빠의 훈육을 약화시키기를 원할 때마다 울면서 가혹한 아빠에 대해 엄마에게 불평을 하기만 된다는 사실을 알게 될 수 있다. 이러한 패턴이 가족 내에서 확고히 형성될 때, 갈등은 잦아지고 가족응집성은 분열되며 효율적으로 협조해야 하는 부모의 효율성이 저해되어 모든 구성원이 디스트레스를 경험하게 된다. 아빠는 아마 효율적인 부모로서의 권위가 약해졌다고 느낄 수 있고, 엄마는 지지를 받기 위해 남편에게 의지할 수 없다고 여길 수 있다. 또한 조니는 아빠와의 긍정적 관계가 부족하다고 느낄 수도 있을 것이다.

하위체계 간 경계가 잘 규정될 때, 하위체계 기능은 방해 없이 수행될 수 있으며 가족기능은 향상된다. 세대 간 연합이 존재한다는 것은 최소한 한 명의 부모와 자녀 관계가 밀착되어 있으며 그 자녀가 부모에게 주요한 지지가 되었음을 의미한다. 이러한 상황이 발생했을 때 세대 간 경계는 무너지고, 부부 하위체계와 부모 하위체계 기능은 모두 약화된다. 이러한 연합은 또한 자녀가 자율적으로 행동할 수 있는 능력을 방해하고 병리증상 및 역기능적 행동발달의 주요한 요인이 된다(Fish, Belsky, & Youngblade, 1991; Fullinwider-Bush & Jacobvitz, 1993).

발달단계, 자원, 가족의 구성

구조적 모델은 가족 구조와 가족생활을 둘러싼 환경 간의 관계를 강조한다. 모든 가족이 효율적인 가족기능을 성취하기 위해서는 경계와 위계를 확립할 필요가 있다. 그러나 확립된 특정한 경계와 위계는 가족구성원의 발달단계, 가족의 자원, 가족의 구성을 고려해야 한다.

가족구성원의 연령과 발달능력은 가족 내에서 경계를 확립하고 권력과 권위를 규제할 때 반드시 고려해야 한다. 가족 내에서 손위 형제가 손아래 형제보다 더 많은 자율성을 갖도록 허락받을 것을 예상할 수 있다. 또한 부모는 더 어린 자녀에게는 권력과 권위가 있는 지위를 사용하고 자녀가 성인기에 접어들었을 때 이 지위를 완화한다. 효율적인 가족은 구성원의 발달능력 요구에 민감하게 경계와 위계를 확립한다.

이와 유사하게 가족은 그들이 사용할 수 있는 자원, 즉 시간, 에너지, 경제력 등이 다양하다. 이러한 다양성은 하위체계가 조직되고 위계와 경계가 형성되는 과정에 영향을 미칠 수 있다. 예를 들어, 부모의 만성질환은 건강한 부모가 더 많은 책임을 가져야 하기 때문에 부모 하위체계의 기능에 즉각적 변화를 가져올 수 있다. 즉, 아픈 배우자를 보살피는 것은 이 부모가 자녀를 위해 쏟을 수 있는 시간과 에너지를 제한시킬 수 있다. 자녀는 스스로 더 많은 일을 해야 함을 배워야 하기 때문에 지지와 양육기능 중 일부분이 부모 하위체계에서 형제자매 하위체계로 이동할 수 있다.

가족의 독특한 구성 또한 구조적 조직에 영향을 미친다. 두 자녀가 있는 가족의 구조적 특성은 9명의 자녀가 있는 가족의 특성과는 상당히 다를 수 있다. 형제가 많은 가족체계 내 형제자매는 연령 또는 성별 차이에 따라 몇 개의 더 작은 형제자매 하위체계로 나뉠 수 있다. 또한 한부모 가족의 구조적 특성은 전통적 핵가족의 특성과 매우 다르므로 앞 경우와 마찬가지로 구조적 조직이 달라질 수 있다.

예를 들어, 한부모 가족 구성과 이 체계가 사용 가능한 자원은 세대 경계를 가로지르는 하위체계 형성을 요구하므로 부적절한 경계를 형성하는 것처럼 보인다. 어떤 한부모 가구에서는 부모가 일을 하기 위해 조부모가 부모가 수행해야 하는 상당히 많은 부분의 책임을 맡게 된다. 어떤 한부모 가구에서는 첫째 자녀가 다른 형제들을 책임지도록 한다. 핵가족 관점에서 볼 때 이러한 구조적 특성은 가족이 과업을 성공적으로 수행하는 능력을 방해하는 것으로 보일 수 있다. 그러나 이러한 배치는 가족이 맞닥뜨린 현재 요구와 이용 가능한 자원을 고려해 볼 때 합리적이다.

이러한 대안적 구조 배치 또한 경계와 권위의 경계, 그리고 책임감이 명확하게 확립되어 있는 한 효율적 기능을 방해하지 않는다(Walsh, 2003). 다시 말해, 부모의 책임을 맡고 있는 조모의 존재는 경계와 위계가 명확하게 확립되어 조모가 아닌, 엄마가 궁극적으로 자녀에 대한 책임을 갖는 한 문제가 되지 않는다. 이와 유사하게, 자녀가 다른 자녀를 책임지는 것은 그 가족체계 내에서 부모가 권위를 갖고 있는 지위를 유지하는 한 별 문제가 아니다.

그러나 만일 부모가 자녀에 대해 더 이상 책임지지 않고 부모 같은 자녀에게 권위를 주는 패턴은 문제가 될 수 있다. 부모 같은 자녀는 종종 자신의 욕구를 희생하면서 타인의 요구를 충족시키는 것을 중심으로 정체감을 발달시킨다. 더욱이 가정에 대한 지나친 정서적 투자는 또래와 어울리고 연령에 적합한 다른 활동에 참여하는 것을 방해할 수 있다.

가족 조직적 구조의 효율성은 가족의 하위체계, 위계, 경계의 상호작용으로 결정된다. 경계가 명확할수록 가족의 하위체계와 위계 배치가 더 분명해진다. 가족의 조직적 구조에서 자녀에 대한 최종 책임을 부모가 갖는 한 가족은 효율적으로 기능하고 개인 구성원의 발달은 증진된다. 역기능적 가족 구조에서 반복적으로 일어나는 세대 간 연합은 자녀가 성인보다 더 많은 권력과 권위가 있는 지위를 갖게 한다. 그 결과, 하위체계를 규정하는 경계는 모호해지고, 위계는 혼란해진다. 이러한 구조에서는 가족구성원의 기능과 발달을 방해할 가능성이 있다(Haley, 1987; Minuchin, 1974).

가족은 구성, 자원과 환경에 따라 다른 조직적 구조(하위체계, 위계, 경계)가 필요하다. 이러한 점에서 구조적 모델은 가족 구조를 형성하는 데 영향을 미치는 다양한 원인에 민감해야 함을 강조한다. 또한 이 모델은 구조가 업무를 효율적으로 기능할 수 있는지를 근거로 가족을 평가하게 한다.

스트레스와 적응

가족생활은 가족체계가 패턴과 역동성을 수정할 것을 요구한다. 앞 장에서 논의한 것처럼 체계 변화에 대한 요구는 스트레스로 경험된다. 스트레스가 임계치(critical threshold)를 넘어설 때, 일반적으로 패턴과 규칙에서의 변화가 발생한다. 모든 가족체계는 스트레스를 관리해야 하며 스트레스에 반응하여 때때로 변화해야 한다. 가족이 스트레스에 대한 반응으로 변화하는 경우 이러한 변화는 적응적일 수도 있고 부적응적일 수도 있다.

구조적 모델은 적응(adaptation)이라는 개념과 상당히 관련이 있다. 여기에서 적응이란 가족이 내적 요구와 외적인 사회적·환경적 사건에 반응해서 그 구조를 어떻게 재조직화하는가를 의미한다. 기능적 체계는 유연하므로 필요할 때 하위체계, 위계, 경계를 변화시킬 수 있는 체계다. 역기능적 체계는 경직되어 있으므로 필요할 때 그러한 변화를 할 수 없는 체계다(Minuchin, 1974).

내부적으로는 개인 가족구성원의 성숙이나 뜻하지 않은 발달의 결과로 변화가 요구되기도 한다. 예를 들어, 개인적인 경계와 하위체계 경계는 자녀가 나이가 들어 감에 따라 더 많은 자율성과 독립성을 자녀가 가질 수 있도록 재조정해야 할 것이다.

또는 앞서 제시한 것처럼 만성적이고 오래된 부모의 질환은 부부, 부모-자녀, 형제자매 하위체계 내 적응을 요구할 수도 있다. 각각의 예시에서 본질적인 하위체계의 원칙을 적응을 통해 유지하는 한, 가족은 계속해서 다양한 과업을 효율적으로 수행할 수 있을 것이다. 그러나 가족이 그 구조를 수정하여 적응하지 못한다면, 역기능적 행동의 가능성은 더욱 두드러지게 증가할 것이다.

기본적으로 구조적 모델에서는 가족의 구조적 특성 중 상호의존성과 스트레스 시기에 가족의 취약성과 스트레스에 대응하는 전략과 규칙을 변화하는 가족의 유연성을 강조한다. 명확하게 규정된 하위체계, 위계, 경계가 있고, 적절한 자원이 있어 덜 취약하며, 필요한 경우 그 구조를 유연하게 조정할 수 있는 가족은 기본적 과업을 더 효율적으로 수행할 것이다. 경직되고 제대로 규정되지 않은 구조를 갖고 있어서 스트레스에 더 취약한 가족은 과업을 효율적으로 수행할 가능성이 적다. 그 결과로 더 많은 스트레스를 경험하게 되고 가족의 기능은 점차 악화된다.

예를 들어, 부모화된 자녀에게 지지와 양육을 의지하는 가족체계는 그 자녀가 집을 떠나게 될 때 상당한 스트레스를 받게 된다. 이 가족은 아마 현재 구조를 유지하기 위해 부모화된 자녀가 떠나는 것을 반대함으로써 이 상황에 적응하는 것을 선호할 것이다. 그러나 부모화된 자녀가 집을 떠나도록 하는 발달적 과업의 압력이 증가하면 이 체계가 받는 변화에 대한 압력도 증가하게 된다. 이때 엄마는 '신경쇠약(nervous breakdown)'에 걸리게 되는데, 이는 다시 그 자녀에게 집에 남아서 집안일을 돕도록 압력을 준다. 만일 엄마의 신경쇠약이 자녀의 떠나려고 하는 의지를 꺾지 못하면, 아빠는 갑자기 술을 많이 마시기 시작할 수도 있다. 이 가족의 부적절한 구조는 약화된 부모 하위체계와 부부 하위체계, 그리고 요구된 변화 앞에서의 경직에서 분명해진다. 이러한 구조는 가족구성원의 사회적·심리적 적응을 저해하는 방향으로 스트레스에 적응할 가능성이 있다. 앞 예시에서 어머니, 아버지, 자녀의 사회적·심리적 적응은 모두 위태롭다.

가족 구조 그리기

구조적 관점은 가족 내에서 일어나는 구조화된 상호작용 패턴을 나타내는 방법을 제시한다. 각 가족 구조 지도는 경계, 가족구성원 사이에의 위계적 관계, 체계 내 하위체계의 배치에 의해 정의된다. 효율적인 가족 내에서는 경계가 명확하고, 부모와 자녀의 위계관계가 세대적·발달적으로 적절하며, 하위체계 배치 결과 자녀–부모와의 동맹보다는 부부끼리의 동맹을 형성한다.

가족의 구조적 형태와 조직을 파악하기 위해서는 경계, 위계와 동맹이 그려져야 한다. 구조적 지도를 만드는 방법은 [그림 3-1]에 묘사된 예시를 참조하기 바란다. 이 구조적 지도를 해석하기 위한 주요 표시의 의미는 [그림 3-2]에 제시하였다.

구조적 지도는 체계 내에서 부모가 나란히 있고, 자녀보다 위계적으로 높으며, 부모와 자녀 간 경계가 명확하다는 정보를 제공한다. 이와 같은 구조는 부모가 결혼관계에 있어 편안하며 가족 내에서 함께 운영하는 하위체계로 활동함을 말한다. 이는 권위가 부모에게 있으며 자녀가 부모 중 한 사람과 연합을 형성하지 않고, 자녀가 다른 자녀보다 더 높은 권위를 지닌 지위를 갖지 않음을 의미한다.

미누친(Minuchin, 1974)이 제시한 다음의 예시를 생각해 보자. 아빠(F)와 엄마(M)는 직장에서 스트레스를 받고, 집에 돌아와서 서로를 비난한다. 그러나 이들은 자신들의 갈등을 자녀를 공격함으로써 우회시킨다. 이러한 패턴은 배우자 하위체계에 더욱 손상을 가하며 자녀에게는 스트레스를 준다. 그림으로 표현하자면, 이 체계는 [그림 3-3]과 같다.

엄마(M) 아빠(F) (경영 하위체계)

- - - - - - - - - -

아들(S) 딸(D) (형제자매 하위체계)

[그림 3-1] 부모와 자녀 간 명확한 경계

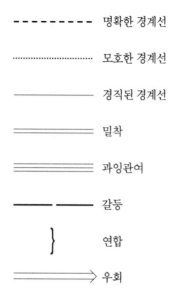

[그림 3-2] 구조적 지도 해석 주요 표시

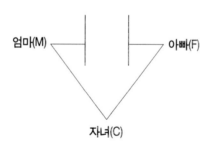

[그림 3-3] 자녀로 우회된 갈등

다시 말해, 구조적 지도는 특정한 가족체계의 형태와 조직을 그림으로 나타내는 도구다. 구조적 지도는 체계 내 구성원, 관계에서 구성원의 위치, 관계를 규정짓는 경계선, 체계 내 권위가 어떻게 나누어졌는지를 포함한다. 가족을 지도화함으로써 가족체계의 기능에 대해 추론할 수 있고 가족 내 상호작용의 패턴이 어떻게 조정되어야 할 필요가 있을지에 대해 이해할 수 있다.

예를 들어, [그림 3-3]에서 두 배우자가 자녀를 공격하기 위해 연합함으로써 부부

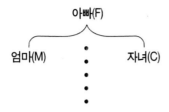

[그림 3-4] 아버지를 상대로 한 모-자 세대 간 연합

하위체계의 손상이 적어진다. 그런데 이러한 패턴은 자녀에게 치명적이므로 이와는 다른 더 건설적인 갈등 조절이 요구된다. 또한 [그림 3-4]에서 부부 하위체계는 더 건설적으로 갈등을 다루어야 할 필요가 있다. 이와 더불어 모자간 연합은 부모가 체계 내에서 부모로서 행동할 수 있는 능력을 감소시킨다. 구조적으로 엄마는 부모 권위를 행사하기에는 자녀와 너무나 일직선상에 놓여 있다. 아빠는 부모로서의 기능 중 많은 부분에서 제외되어 있다. 이 체계는 부모가 부모로서의 책임감을 조직화할 수 있고, 엄마에게 권위를 행사할 수 있게 하며, 아빠와 자녀는 서로에게 가치 있고 친밀한 관계를 경험할 수 있도록 재구조화될 필요가 있다.

구조적 패턴과 역기능적 행동

가족의 많은 업무가 어떻게 잘 관리되는가 하는 것은 스트레스가 있는 시기 동안 가족 하위체계의 온전함을 유지시키는 경계, 자리배치(alignment), 위계의 확립에 따라 달려 있다. 가족의 토대가 견고한 구조 위에 지어졌을 때, 그 하위체계는 과업을 효율적으로 수행할 수 있다. 그러나 가족의 구조적 맥락이 잘못되었을 경우, 가족구성원으로부터 잘못된 사고, 감정, 행동을 이끌어 낼 가능성이 증가한다. 다시 말해, 각 개인의 가족체계와 관련된 경험은 부분적으로 전체 체계가 어떻게 구조화되었는가에서 비롯된다.

이 점을 설명하기 위해 부부 하위체계의 기능과 다른 가족체계가 과업을 수행하기 위한 능력관계를 살펴보자. 선행연구는 일관적으로 부부간 강한 유대와 파괴적인 갈등의 부재가 효율적 가족기능과 연관 있음을 밝히고 있다(Anderson & Cramer-Benjamin, 1999; Cummings & Davies, 1994; Demo & Cox, 2000; Fincham, 1994). 부부 하위체계가 잘 기능할 때, 부부는 친밀감과 개인성의 균형과 관련된 이슈에 대해 협의한다. 이 부부는 서로의 고유한 능력과 차이점을 확인하고 존중하는 만족스러운 의사소통 방법을 확립한다. 만족스러운 성적 관계를 확립하고 부부와 확대가족 사이의 명확한 경계를 확립하는 것을 포함한 원가족과의 관계에 대해 협의한다. 다시 말해 이 부부 관계는 부부를 중심으로 명확한 경계를 확립하여 부부간의 문제가 다른 가족 역할과 책임을 수행하는 배우자의 능력을 방해하지 않는 방식으로 구조화되어 있다.

부부가 부부관계를 적절히 구조화하지 못할 때, 즉 명확한 부부 경계의 부재는 부부 갈등과 긴장이 다른 하위체계로 침투하여 그 기능을 방해할 수 있다. 흔히 부부 하위체계가 무너질 때 양육 역할과 책임을 갖는 배우자의 능력은 손상을 입는다. 부부관계 내 긴장이 부모에게 기대되는 책임을 수행하는 능력을 발휘할 수 없게 하므로 자녀는 방임될 수 있다.

문제 있는 부부관계에 있는 배우자들은 자녀에게서 지지를 얻으려고 하고 그 결과 세대 간 연합을 형성하게 한다. 결과적으로 이러한 연합은 자녀와 소외된 부모의 지지적이고 양육적 관계를 방해한다. 연합의 형성은 형제들이 서로 상반된 진영에 있을 경우, 형제자매끼리 적절한 관계를 형성하는 것도 방해할 수 있다.

부부 하위체계가 적절하게 기능하지 못한 다른 예를 들어 보면, 부부 갈등을 억누르기 위한 하나의 전략으로 자녀가 못된 짓을 하거나 문제를 보이기 시작할 수 있다. 부부관계 내 스트레스가 너무 커서 관계의 안정성을 위협하는 상황에서 자녀는 잘못된 행동을 하거나 문제를 일으키면 된다는 것을 배운다. 자녀의 역기능적 행동으로 인해 관심은 다른 곳으로 돌려지고, 이를 통해 '도움이 필요하고 어려움에 처해 있는' 자녀에 관심을 기울이는 동안 부부의 차이점은 관심에서 멀어지고 어떤 경우에는 서로에게 친밀감마저 느낄 수 있다. 이 '문제' 자녀는 부부관계에서 존재하는 해결되지 않는 갈등을 위한 희생양 또는 '정서적 거리 조절자(emotional distance-regulator)'로 생각할 수 있다(Byng-Hall, 1980; Vogel & Bell, 1968).

또 다른 예로, 자녀는 결혼관계 내 어려움에 대한 책임이 있다고 여겨질 수도 있다. 이러한 경우, 부모가 자녀에게 없어지거나 죽거나 혹은 멀리 가 버렸으면 좋겠다는 메시지를 전할 때, 그 아동은 정서적으로 학대와 거부를 당한다. 또한 부부가 결혼에서 경험하는 긴장을 자녀를 밀고, 발로 차고, 때림으로써 완화할 때 아동들은 신체적으로 학대를 당할 수도 있다. 결혼생활 내 긴장과 가족 내 다른 문제에 대한 책임을 자녀가 지는 이러한 패턴은 아동 가출과 관련 있다는 것이 일관된 연구결과다 (Stierlin, 1981).

결 론

구조, 하위체계, 위계, 경계에 초점을 두는 구조적 모델에서는 가족기능을 평가하는 방법으로 구조화된 상호작용 패턴이 모든 가족구성원의 신체적·사회적·정서적·심리적 욕구와 안녕을 지지하는 환경을 조성하는 정도를 살펴본다. 효율적인 가족기능은 가족의 위계, 경계, 세대의 자리배치가 명확할 때 향상된다. 반복되는 세대 간 연합의 존재는 체계 경계가 명확하지 않고 기능에서 문제가 생길 수 있음을 의미한다. 반면, 명확하고 유연한 경계는 가족의 구조와 하위체계가 발달적 또는 외부 스트레스에 대응하여 변화할 수 있기 때문에, 체계의 발달과 안정성을 보장할 수 있음을 시사한다.

주요 개념

경계(선)(Boundaries) 구조적 모델 내에서 누가 체계 내, 그리고 하위체계 내에 있는 가에 대한 정의. 경계는 가족구성원들의 상호작용 방식을 통제함.

구조(Structure) 미누친(Minuchin, 1974)에 따르면, 시간에 따라 가족구성원이 상호작용하는 방법을 조직하는, 보이지 않는 일련의 기능적 요구.

동맹(Alliance) 두 명의 가족구성원이 다른 사람과는 공유되지 않는 흥미를 공유할 때 형성되는 상호작용 패턴.

맥락(Context) 특정한 사건이나 상황 및 개인 또는 가족을 둘러싼 일련의 환경 또는 사실.

밀착(Enmeshment) 모호한 경계로 인한 가족구성원 간 과잉간섭이 있는 상황.

부모화(Parentification) 권력과 통제가 자녀에게 있거나 부모가 자녀에게 보살핌, 지지, 돌봄을 의지할 때 발생하는 가족의 권력과 권위 위계의 불균형.

분리(Disengagement) 경직된 경계로 인한 가족구성원 간 개입이 부족한 상황.

세대 간 연합(Cross-generational coalition) 부모 하위체계의 권위와 관리 기능을 손상시키는 한 명의 부모와 자녀가 다른 부모에 대응하는 부적절한 동맹.

연합(Coalition) 한 명의 가족구성원이 제2의 가족구성원 편에 서서 제삼자에 대응하는 상호작용 패턴.

위계(Hierarchy) 잘 조직화된 체계의 수준 사이에 명확한 구별이 있음.

적응(Adaptation) 가족이 내부적 요구와 외부의 사회적 또는 환경적 사건에 대응하여 구조를 재조직화하는 것.

하위체계(Subsystem) 더 큰 체계 내에서 형성된 공통적 기능 또는 젠더, 세대, 또는 흥미와 같은 특성을 공유하는 집단.

제4장
세대 간 모델

이 장에서는 가족의 기능화에 대한 보웬(Bowen)의 세대 간 모델(intergenerational model)을 정리하였다. 가족기능화에 대한 보웬 모델은 원가족(family of origin)에서의 경험이 개별 가족구성원의 발달과 가족의 다음 세대에서 나타나는 적응의 패턴에 영향을 미치는 유산 (legacy)을 어떻게 만드는지를 보여 준다. 보웬 모델의 가장 핵심 개념은 분화(differentiation) 로, 가족체계의 특징이면서 그 체계 내 개인의 속성 둘 다를 설명하는 개념이다. 한 특정 가족체계 에서의 분화수준은 그 가족 내에서 보이는 상호작용 패턴과 역동성으로, 직간접적으로 자아의 발 달에 영향을 미친다. 분화의 과정은 정체성 과업이 어떻게 다루어지고, 경계가 어떻게 규정되며, 가족체계의 정서적 환경이 어떻게 관리되는지를 보여 주는 과정이다. 이 개념을 개인에게 적용해 보면, 분화는 정서적으로 다른 가족구성원과 연결되어 있으면서도 자신의 개별성을 나타내면서 자율성을 가지고 행동하는 개별 가족구성원의 능력을 의미한다. 보웬의 이론에 깔린 전제는 가족 으로부터 불완전하게 분화되면 원가족 내에서 있었던 미해결된 이슈가 개인의 자아와 가족의 후 속 세대에게 해로운 방식으로 영향을 미치게 될 것이라는 점이다. 보웬에 의하면 미분화된 (poorly differentiated) 개인은 가족 외의 다른 사람들과의 관계에서 세 가지 파괴적인 전략 중 한 가지를 사용하는데, 이는 갈등 조장하기, 역기능적 행동을 조장하는 완고하고 상보적인 상호작 용 패턴 형성하기, 그리고 이러한 미해결된 정서적 애착이나 갈등을 자신의 한 명 혹은 다른 자녀 들에게 투사하기 등 세 가지다.

가족기능의 세대 간 모델

가족체계에서 작동되는 규칙이나 전략을 살펴볼 때 자주하는 질문 중 하나는 이러한 패턴과 역동성이 처음에 어떻게 만들어졌는가 하는 것이다. 구조적 모델(structural model)은 현재의 가족 상호작용이 효과적인 가족기능에 어떻게 기여할 수 있는지에 대한 통찰을 제공한다. 그러나 구조적 모델은 기능적이거나 역기능적 상호작용이나 전략이 어떻게 만들어졌는가는 설명하지 못한다. 본 장에서는 가족기능의 세대 간 모델을 살펴보고자 한다. 이 모델은 오랜 시간 가족 내에서 작동되는 힘이 효율적인 혹은 비효율적인 상호작용 패턴의 발달에 어떻게 기여하는지에 대한 통찰을 제공한다.

세대 간 모델은 원가족에서의 경험이 개별 가족구성원의 발달과 가족의 다음 세대에서 발견되는 적응의 패턴에 영향을 미치는 유산(legacy)을 어떻게 형성하는가에 초점을 맞춘다. 이 관점에서 증상이나 문제는 일차적으로는 원가족에서 기원한 심리 내적 갈등을 개인이 내면화하거나, 극복하거나 혹은 재현하는 무의식적 과정으로 본다(Framo, 1970). 또한 이 관점에서는 원가족에서의 아동기 때 경험이 정체성의 발달과 미래의 성인관계를 형성하는 데 영향을 미친다고 가정한다. 효율적인 혹은 비효율적인 전략은 세대에서 세대를 거쳐 전수되며 기본 과업을 해결하는 체계의 능력을 결정한다고 여겨진다. 가장 잘 알려진 가족기능에 대한 세대 간 모델은 보웬(Bowen, 1978)의 이론이다. 그의 이론은 정신분열증 환자가 있는 가족에 대한 초기 연구에서 발전된 여러 상호 연관된 개념을 포함한다. 그의 이론은 일반적인 가족에 대한 후기의 연구 성과와 가족치료에서 자신이 처치한 가족들의 사례, 그리고 가족치료 분야에서 정신과 인턴들을 훈련하면서 얻은 성과 및 그 자신의 원가족 내에서 작동되었던 상호작용적인 힘을 이해하기 위한 그의 전 생애에 걸친 노력 등을 통해 더욱 정교화되었다. 보웬의 이론은 가족 상호작용이 어떻게 형성되고, 개인의 발달과 가족구성원의 적응에 어떻게 영향을 미치며, 또한 가족 삶에서 미래세대로 어떻게 전달되는지를 이해하는 기초를 제공한다.

보웬이론의 핵심 개념

보웬의 세대 간 이론의 가장 기초적인 개념은 **분화**(differentiation)다. 보웬은 이 개념을 가족체계의 속성이면서 체계 내의 개인의 속성 두 가지를 모두 포함하는 개념으로 사용한다. 이 개념을 가족체계에 적용해 보면, 분화는 자아의 발달에 직접 혹은 간접적으로 영향을 미치는 상호작용의 역동성이나 패턴을 의미한다. 보웬은 어떤 가족은 개인의 발달과 적응을 촉진하지만, 또 다른 가족은 적응을 방해하고 역기능을 조장하는 환경을 만든다고 주장한다. 이 개념을 개인에게 적용해 보면, 분화는 정서적으로 다른 가족구성원과 연결되어 있으면서도 자신의 개별성을 나타내고 자율성을 가지고 행동하는 개별 가족구성원의 능력을 의미한다. 자아분화적인 방식으로 행동하는 이러한 능력은 개인이 성인의 역할을 수행할 때 책임감을 가지고 관계에서 성숙한 수행을 하게 한다.

가족체계의 속성으로서의 분화

보웬의 이론에서는, 한 축의 끝은 잘 분화되고 한 축의 끝은 미분화를 나타내는 연속선을 가정하고, 모든 가족은 이 선 위의 어떤 지점의 분화수준으로 설명된다고 한다. 분화의 수준은 차이(difference)가 가족 내에서 허용되는 정도를 반영한다(Farley, 1979). 잘 분화된 체계 내에서는 차이에 대한 포용력이 크다. 반면, 불완전한 분화가 이루어진 가족에서는 차이에 대한 포용력이 낮다. 세대 간 관점에 따르면 이러한 포용성은 다음과 같은 세 가지의 상호 연결된 과정을 반영한다. 이는 가족이 내적 경계를 어떻게 규정하는지, 정서적 환경을 어떻게 조절하는지, 그리고 가장 중요한 것으로 어떻게 정체성 과업이 수행되는지의 세 가지 과정이다.

분화와 경계과정

가족체계 내에 존재하는 차이에 대한 기본적인 포용성은 부분적으로는 내적 경계가 어떻게 구성되었는지를 반영한다. 모든 가족은 분리(seperateness)와 통합(togetherness)이 균형을 이루는 방식의 경계 전략을 발전시킨다. 개별성에 대한 높은 포용성을 보이는 가족은 가족구성원에게 독립적이고 자율적인 방식으로 행동하도록 적절히 허용한다. 이들은 타인의 권리를 존중하며 사생활에 대한 요구는 존중되어야 하며, 각각의 가족구성원은 다른 구성원과는 다르게 생각하고, 느끼고, 행동할 수 있는 권리가 있다고 인식한다.

미분화된 체계는 개별성에 대한 낮은 포용성이 특징이다. 보웬(Bowen, 1966)에 의하면, 이들은 '정서적으로 한 덩어리(emotionally stuck together)'다. 보웬은 이러한 가족을 설명할 때 처음에는 미분화된 가족 자아 집합체(undifferentiated family ego mass)라는 개념을 사용하였으나 후에 이 개념 대신 미분화된 가족체계에서 작동되는 융합(fusion)의 개념을 강조하였다. 미분화된 가족에서는 가족구성원의 개별성이 가족체계의 안정성을 위협한다고 보기 때문에 융합에 대한 요구가 매우 강하다. 이러한 가족은 정서적으로 하나라는 점을 강조한다. 공포나 걱정, 긴장과 혹은 한 가족원의 기쁨조차도 모든 가족구성원이 강하게 그리고 개인적인 것으로 느끼게 된다. 모든 가족구성원이 개개인의 생각과 느낌, 판타지와 꿈을 안다고 믿게 되는 일부 미분화가족에서는 친밀감의 정도가 매우 클 수도 있다(Goldenberg & Goldenberg, 2000).

분화와 정서적 환경의 관리

가족체계 내에 존재하는 차이에 대한 포용성은 가족이 이들의 정서적 환경을 관리하는 방식에 특히 잘 나타난다. 잘 분화된 가족체계 내에서는 가족구성원이 서로 존중한다. 다른 가족구성원의 관심과 문제에 대해 민감하고 감정이입적으로 행동하는 경향이 있다. 잘 분화된 가족에서 정서적 환경을 관리하는 데 이용되는 전략은 친밀감, 통합, 응집성의 경험에 영향을 미친다. 이러한 감정이입이나 민감성과 관심의 부재는 잘 분화된 가족과 미분화된 가족을 구분하는 특징 중 하나다.

잘 분화되거나 미분화된 가족의 차이는 그들이 경험하는 대인관계에서의 갈등과 긴장의 양과 또한 이들이 이러한 갈등과 긴장을 조절하는 방식에서도 나타난다. 더 미분화된 가족에서 갈등과 긴장이 클수록 삼각화(triangulation)라는 전략에 더욱 더 의지하는 경향이 있다(Bowen, 1966). 이러한 과정은 제3장에서 설명한 연합(coalition)의 개념과 유사하다. 삼각화는 두 사람 간에서 경험되는 긴장과 갈등이 제삼자에게로 옮겨지는 세 사람 간의 상호작용이다.

보웬은 긴장과 갈등 때문에 어떤 관계에서든 경우에 따라 불안정해질 수 있다는 점을 지적한다. 매우 화목한 가족에서조차 부모는 자녀에게 화를 내고, 배우자들은 불화로 싸우기도 하고, 아이들은 형제들과 경쟁하거나 싸운다. 보웬에 의하면 어떤 특별한 관계에서 수용이 가능한 인내심의 한계를 넘는 수준의 긴장이 있을 때 이러한 추가적 압력을 해소하기 위해 제삼자를 끌어들인다는 것이다. 이 관계에서 가장 불편함을 느끼는 배우자가 바로 외부의 지원을 가장 원하는 사람이다. 이 경우 배우자에 대한 불만을 늘어놓거나, 다른 사람에게 배우자에 대한 일을 고자질하거나 험담을 하기도 하고, 혹은 배우자가 믿을 수 없고 참을성이 없으며 화를 낸다는 식으로 표현한다. 이러한 외부의 지원을 찾는 배우자는 일반적으로 제삼자에 의해 안정을 찾으며 그 결과 긴장이 완화된다.

불만을 느낀 배우자와 제삼자는 배우자 간에서 경험되었던 부정적인 유대와는 상반되는 긍정적인 유대를 형성한다. 여기에서 제삼자는 항상 사람일 필요가 없다는 점에 주목하여야 한다. 이것은 일이나 취미(예: 지나친 독서와 TV 시청, 새 관찰 등) 혹은 술 마시기나 약물 남용 같은 것이 될 수도 있다. 관계에서의 긴장을 부부에게서 다른 곳으로 돌릴 수 있는 어떠한 것이라도 삼각화의 기능으로 작동될 수 있다.

모든 관계에서 지나친 긴장을 극복하기 위해 어느 정도는 이러한 과정에 의존하지만, 보웬은 더 미분화된 체계에서 삼각화가 더 자주 일어난다는 점을 지적한다. 삼각화는 가족구성원이 서로에게 책임감 있고, 존중하며, 양육적인 방식으로 상호작용하는 것을 방해한다.

게다가 많은 갈등이 미해결된 상태로 남아 있게 되고, 이러한 것들이 그 체계를 더욱더 긴장감에 놓이게 한다. 아버지가 골프를 치러 간 경우 어머니가 이 문제를 아버지와 직접 이야기하기보다는 아이들에게 불만을 이야기하면, 갈등은 여전히 미해결된 채로 남아 있게 된다. 가족의 정서적 환경은 꽉 충전된 상태로 있게 되고, 서로 평화롭게 느끼고자 하는 가족원들의 목적에 반하게 작용한다.

그러므로 삼각화 혹은 세 명의 배열은 모든 가족관계에서 기본 구조라는 것이 보웬의 관점이다. 좀 더 비효율적인 가족 내에서는 삼각화의 경향이 더 자주 나타나며, 가족이 긴장과 갈등과 스트레스를 다루는 방식을 더 경직되게 만든다. 가족이 정서적 환경을 관리하는 데 사용하는 이러한 방식은 긴장감을 줄이는 데 오히려 방해가 될 뿐만 아니라, 미해결된 긴장과 갈등의 찌꺼기를 남겨 놓아 실제로는 스트레스 수준을 증가시킨다. 그 결과 가족이 서로를 지탱하는 전반적인 능력을 잃게 만드는 결과를 초래한다.

분화와 정체성 과업의 관리

세대 간 모델에서 개별화에 대한 가족의 포용성은 가족구성원이 개별 가족원에 대한 자아통제 시도의 정도를 나타낸다. 잘 분화된 가족체계 내에서 개별화에 대한 최상의 포용성은 가족원들이 자신이 독특한 개별성을 가지며, 적절하게 자율적인 방식으로 행동하도록 허용된다고 인식하는 것이다. 이러한 방식은 구성원들 스스로가 가족환경 내에서 지지와 격려를 받고 있다고 느끼게 만든다.

미분화된 가족체계 내에서는 가족규칙이 개별성과 자율성을 허용하지 않는다는 것이 명백하다. 가족구성원은 그들의 개별성을 나타내려는 시도가 가족에 충성하지 않는 것이라고 인식한다. 반항을 하거나 또는 다른 사람의 인정에 의존하게 만드는 이러한 상황에 대해 가족원들은 쉽게 불안감을 느낀다.

세대 간 모델에서는 가족 상호작용의 패턴과 역동성이 개인의 성장과 적응을 위한 맥락을 제공하는 방식에 주목한다. 보웬에 의하면 가족체계에서의 분화수준은 개인 가족구성원의 자아분화 방식에 영향을 줌으로써 개별 가족구성원에게 영향을 미친다. 보웬(Bowen, 1978)에 의하면 **자아분화**(differentiation of self)는 개인이 자신의 원가족으로부터 심리적 애착을 성공적으로 해결하는 정도라고 설명한다. 이것은 곧 개인의 심리적 성숙 수준을 나타낸다. 보웬은 자아분화 수준은 0에서 100점 척도의 연속선상에 위치한다고 생각한다. 측정을 목적으로 했을 때 이 척도의 의미는 한 개인이 개념적 연속선상 어떤 지점에 위치된다는 것이다.

잘 분화된 가족의 아동은 자아분화 연속선상에서 높은 수준에 위치한다. 또한 잘 분화된 가족에서는 개방성에 대한 포용성과 자신의 정체성을 통제할 수 있는 개인의 권리를 수용하여 구성원의 자아분화가 촉진되며 개인이 명확한 자아감을 갖게 한다. 여기서 자아(self)는 개인의 경험(인지적이고 정서적인, 의식적이고 무의식적인)을 일관되고 의미 있는 완전한 모습으로 구성하려는 목적을 지닌 상위의 성격구조다(Bagarozzi & Anderson, 1989). 자아는 개인에 대한 인식과 의미 있는 타자와의 관계에서의 자아에 대한 인식 둘 다를 포함한다(Anderson & Sabatelli, 1990). 자아를 명확히 인식하는 사람들은 자신의 정서를 지적인 기능과 구분하는 능력이 있다. 객관성과 명확한 추론이 이러한 지각의 특징이다. 분화수준이 높은 사람은 자신의 삶이 통제되지 않는 정서적인 힘에 의해 좌우되기보다는 자신의 의지에 달려 있다는 것을 인식한다(Bowen, 1978; Kerr & Bowen, 1988).

자아분화 수준이 높으면 높을수록 개인 간 관계에서 다른 사람과 연합하는 경험이 더 적다. 즉, 다른 사람과 정서적으로 연결되어 있으면서도 개인으로서 행동할 수 있다. 여기서 핵심은 잘 분화된 개인은 유연하고 융통성 있게 다른 사람과 연합하려는 힘을 조절한다는 것이다. 이러한 개인은 관계에서(사랑에 빠지거나 성적인 만남에 직면하거나) 자아감을 잃을 수도 있다. 그러나 지나치게 연결된 상태로부터 벗어날 수도 있으며, 개인으로서 명확한 자아감도 유지할 수 있다. 타인과 융합하는 이러한 유연한 태도(즉, 다른 사람의 감정을 강조하고 타인의 생각을 공유하거나 혹은 타인의 욕구를 나의 욕구보다 우선시하는 것)와 자신의 욕구를 충족하기 위해 자아를 다시 강조함으로써 이러한 것에서 다시 벗어나는 것 등이 심리적 성숙 수준이 높은 사람의 특징이다.

연속선상에서 자아분화가 낮은 수준의 사람들은 자아에 대한 명확한 판단력이 없다. 자아에 대한 인식이 불명확한 사람들은 자신의 감정을 지적 능력과 구분하는 데 어려움을 겪는다. 이들은 객관성과 명확한 추론보다 감정이 우위에 있다. 또한 이들은 의사결정을 할 때 중요한 상황에 대해 철저히 분석하기보다는 그 순간에 그들이 어떻게 느끼는가에 따라 결정을 내린다. 타인으로부터의 승인과 사랑을 갈구하는 것이 우세한 힘이기 때문에, 과제지향적 과업을 위한 여력이 남아 있지 않다. 이러한 사람들은 승인이나 수용에 대한 욕구에 몰입되어 있어 일과 학교 혹은 좋아하는 활동이나 다른 의미 있는 경험에 완전히 몰입할 수 없다. 연속선상에서 끝에 위치한 낮은 분화수준에 있는 사람들은 스트레스에 취약하며, 스트레스와 이에 의해 야기될 수 있는 증상에서 회복되는 데 더 많은 시간이 필요하다(Bowen, 1978).

연속선상에서 자아분화가 낮은 수준의 사람들은 대인관계에서 극도의 혼란을 경험한다. 이들은 다른 사람과의 관계가 일단 확립되면 정서적 일체감으로부터 성공적으로 분리될 수 없을 뿐만 아니라, 비록 일시적일지라도 다른 사람과 연합하기 위하여 자신이 지니고 있었던 자아감이 무엇이든지 간에 내키지는 않지만 잊어버린다. 자석의 원리가 여기에서 유용하게 적용된다. 두 개의 자석의 힘이 특히 강하다면, 둘은 서로 당겨서 분리되기 어렵다. 한편으로는 자석의 힘이 서로에게 영향을 미치지 않을 정도로 충분히 두 자석을 멀리 떼어 놓을 수 있다. 어느 경우이든 일시적으로 서로 융통성 있게 함께하도록 작동하거나 다시 해체할 수 있는 능력은 잃게 된다. 자석의 힘이 강하지 않다면 자석이 더 쉽게 잡아당길 수도 있고 다시 분리되기도 쉽다.

여기서 핵심은 가족체계가 가족구성원의 정체감을 통제하려고 시도할 때는, 가족구성원이 자아분화적인 방식으로 행동할 수 있는 능력은 매우 제한된다는 것이다. 자아분화가 제한될 때 개인은 한두 가지 극단적 방법으로 가족 내에서 관계를 구조화하는 경향이 있다. 첫 번째는 적절히 분화되지 못한 개인은 그들의 가족과 융합함으로써, 즉 가족이 그들의 자아감을 통제하도록 허용함으로써 자신의 정체감을 스스로 통제하는 시도를 포기한다. 이러한 상황에 놓이는 경우 불안감과 긴장수준은 매우 높아진다. 이들은 자신이 다른 사람을 즐겁게 하지 않는다면 죄의식을 느끼고, 그들이 연결되었다고 느끼는 사람들에게는 매우 높은 수준의 충성심과 의무감을 느낀다. 이러한 정서적 반응은 개인이 자아분화적인 방식으로 행동할 수 있는 능력을 더욱 방해한다는 데 그 중요성이 있다.

역으로 자아분화가 제한적일 때, 개인은 다른 사람과의 친밀감을 시도하지 않으려고 한다. 어떤 가족에서는 이러한 전략이 너무 극단적이어서 **정서적 차단**(emotional cutoffs)을 초래한다. 개인은 자신의 자아감을 지나치게 통제하려고 시도하는 원가족으로부터 스스로를 정서적으로 분리시킨다. 어떤 경우에 정서적 차단은 구성원들이 몇 년 동안 서로 물리적 접촉이 없는 아주 먼 거리를 유지하기도 한다. 또는 서로 물리적으로는 가까이 있지만 정서적으로나 심리적으로는 분리된 상태를 유지하기도 한다. 다시 말해 원가족으로부터의 정서적 차단은 자아를 통제하고 보호할 수 있는 한 전략이 된다. 불행하게도 자아에 대한 자신의 통제는 타인과의 친밀감을 희생해서 얻어진다.

보웬의 개념적 틀은 정신분열증이 있는 사람이나 혹은 실제 정신병이 있다고 생각되는 자아분화선 상의 낮은 수준에 있는 사람들조차도 어느 정도 기본적인 자아감은 있다는 것이다. 마찬가지로 보웬의 관점에서는 매우 높은 수준으로 분화된 사람들조차도 어느 정도 가족 내에 미해결된 정서적 애착을 가지고 있다는 것이다. 따라서 성장하고 성숙하기 위해서 이러한 가족관계를 재구조화하도록 지속적으로 노력해야 한다는 점을 강조한다. 보웬은 또한 자아분화 수준은 고정된 것이 아니라는 점도 강조한다. 스트레스의 관점이 여기서 매우 중요한데, 그 이유는 다른 상황이면 나타나지 않을 수 있는데도 개인의 스트레스 때문에 더 혹은 덜 분화하게 되는 원인이 될 수 있기 때문이다. 스트레스가 높은 시기에 개인과 가족은 분화수준을 낮게 하고, 상대적으로 안정된 시기에는 자신의 능력을 최대화하는 방식으로 기능한다.

원가족과의 미해결된 문제관리

세대 간 관점은 원가족에서 미해결된 문제가 자녀와의 현재의 적응뿐만 아니라 후기 삶에서 성공적으로 성인의 역할과 관계를 수행하는 능력을 방해한다고 주장한다. 원가족과 미해결된 문제를 가진 개인은 자신에 대해 높은 수준의 불안감을 가지고 다른 사람과의 관계에 들어가게 된다. 자아에 대한 이러한 불안감은 지속적으로 대인관계에서의 불안정한 기초가 된다. 다시 말해 자아분화에 대한 문제가 크면 클수록 친구나 애인, 자녀와의 관계는 더 비효율적이고 파괴적인 방식으로 구조화될 가능성이 커진다. 비록 이 분야의 연구는 아직 미진하지만, 몇몇 연구에서 이러한 기본 가설은 지지되고 있다(Anderson & Sabatelli, 1992; Charles, 2001; Sabatelli & Anderson, 1991).

보웬에 의하면 적절히 자아분화되지 않은 개인은 가족 이외 타인과의 관계에서 명백히 파괴적인 세 가지 전략을 사용한다고 한다. 첫 번째 전략은 다른 사람으로부터 거리를 유지하고 개인의 자아를 보호하기 위한 전략으로 갈등(conflict)을 만드는 것이다. 갈등과 불일치는 차이에 대한 환상을 유지하도록 돕는다. 그러므로 갈등은 자신이 개인으로서 독특하고 실제로 다르다는 것을 재확신하게 해 준다.

이러한 관점에서 볼 때, 적절히 분화되지 못한 사람이 포함된 관계에서는 높은 수준의 정서적 반응이 지배적이다. 자아에 대한 불안감이 높고, 다른 사람과 성숙하고 친밀한 관계로 발전하지 못하게 되면 매우 긴장된 정서적 환경을 만들게 된다. 다른 사람의 행동이 자아를 위협한다고 생각할 때마다 미성숙한 분화수준의 사람들은 매우 감정적 방식으로 그 위협을 인식하고 반응한다. 예를 들면, 극단의 분노, 소리 지름, 욕설 퍼붓기 등의 강력하고 우세한 정서적 반응이 이러한 상황에서 표출된다. 일반적으로 상대방이 위협적인 행동을 할 때 우리 모두는 어느 정도 이러한 반응을 하는 경향이 있지만, 미성숙하게 분화된 사람은 더 쉽게 위협감을 느끼고 매우 극단적 방법으로 반응하는 경향이 있다.

그러므로 친밀한 관계 내에서 개인적 정체감을 유지하기 어려운 도전에 직면할 때, 미분화된 사람은 자아에 대한 불안 때문에 타인과 연결되어 있는 상태를 유지하면서 자신의 개별성을 표현하기가 힘들다. 대신 자신의 자아감을 보호하기 위해서 파트너에게 잘못을 돌리며 갈등을 유발한다. 이러한 관계는 친밀감의 희생을 통해 유지된다.

분화수준이 낮은 사람들이 원가족에서의 미해결된 분화와 관련된 이슈를 관리하는 두 번째 전략은 보상적이고 경직된 상보적인 상호작용 패턴을 만드는 것인데, 이러한 전략은 결국 역기능적 행동을 유발한다. 이러한 경우 적절히 분화되지 못한 사람들은 불안을 최소화하거나 줄일 수 있도록 관계를 조절함으로써 자아에 대한 불안을 보상받을 수도 있다. 가능한 한 가지 방식은 수동적이고 덜 기능적인 사람과만 상호작용하는 것이다. 이런 경우 과도한 통제와 기능적 행동은 개인의 보상감을 증가시키고 자아에 대한 불안감을 줄인다. 그러나 미해결된 분화를 해결하는 데 이러한 전략을 사용하는 것은 관계에서 어떠한 자율성도 행사할 수 없는 개인과의 관계로만 한정된다. 다시 말해 이런 전략은 과도한 기능적 행동에 대해 기꺼이 덜 기능적일 수 있는 누군가와의 관계에 놓여 있을 때만 성공할 수 있다.

미분화를 관리하는 데 사용하는 또 다른 전략은 원가족에서는 없었던 돌봄과 양육과 지원을 제공하는 부모와 같은 인물을 찾는 형태로도 나타난다. 이러한 사람들은 다른 사람과의 관계에서 아동의 위치에 놓이기 때문에, 전략이 성공하기 위해서는 부모로서의 능력을 기꺼이 수행할 수 있는 사람을 찾아야만 가능하다. 이러한 관계는 과기능화/저기능화(overfunctioning/underfunctioning)의 상보성을 야기한다. 즉, 아동의 의존적인 지위를 갖기 위해서는 그 관계를 기꺼이 통제하려는 타인과의 관계를 구성하여야만 가능하다.

이러한 상호작용 패턴의 또 다른 결과는 이자관계에서 저기능화된 사람의 역기능적인 행동이 발달된다는 것이다. 긴장이나 스트레스를 경험할 때 그 상황에서 저기능화된 사람이 기능적이기는 어렵다. 이러한 역기능은 파트너의 지원을 이끌어 낸다. 역으로 이자관계에서 과기능화된 사람이 스트레스 상황에 놓이게 되면 그들의 파트너가 기능적이 되도록 적극적으로 조장하게 된다. 다른 사람보다 우위를 점하거나 다른 사람을 구원하는 것은 강력한 주체성이나 적절한 자아감에 대한 환상을 유지하는 방법이 된다. 가끔 저기능화된 가족원은 이렇게 하지 않으면 관계에서의 안전이 보장되지 않는다고 느끼기 때문에 이러한 방법을 채택한다.

그러므로 저기능화와 과기능화의 융통성 없는 패턴의 원인이 그 관계에 포함된 한 사람만의 책임이라고 말하기는 어렵다. 과기능화의 파트너가 이러한 관계에서 더 혜택을 받는 것처럼 보일 수 있지만, 두 사람 모두 이러한 결과의 수혜자이면서 또한 원인 제공자다. 각각의 파트너가 다른 사람에게 어느 정도 책임을 전가함으로써 자아에 대한 지속적인 긴장을 완화하게 되기 때문이다. 그러나 한 사람은 돌봄을 받고 또한 상처 입기 쉬운 성향을 지녔으며, 다른 사람은 능력 있고 돌보는 능력이 있는 이러한 패턴의 경직성은 두 사람 모두 완전한 자아감을 경험하지 못하게 한다. 또한 이들 각각은 이러한 역할에 견고하게 갇히게 된다. 보웬(Bowen, 1978)에 의하면, "한 사람은 자신의 미성숙을 거부하며 겉으로는 기능적인 것처럼 행동하며, 다른 한 사람은 미성숙을 강조하지만 겉으로는 불완전한 것처럼 기능한다. 그러나 누구도 지나친 적절성과 미성숙 사이의 중간에서 기능적일 수는 없다(p. 19)."

그러므로 자아분화와 관련된 문제와 이와 관련된 미해결된 긴장과 갈등을 해결하기 위해 사용할 수 있는 한 가지 전략은 현재 관계에서 이러한 갈등을 다시 재현하는 것이다. 과기능화와 저기능화의 상보적 관계를 만드는 것은 이런 미해결된 문제로부터 생겨난 자아에 관한 긴장을 극복하는 한 방법이다. 그러나 이러한 관계에서는 결과적으로 자발성과 창의성 그리고 가장 중요하게는 친밀성을 억제하는 높은 의존성을 낳는다. 바꾸어 말하면 이런 관계에서는 한 배우자의 가치와 능력에 대한 가치를 떨어트리는 상호작용의 패턴에 기반을 둔, 겉으로 보기에는 친밀감처럼 보이는 애착의 불안전성이 있다(Papero, 1991).

가족관계에서 융합(fusion)을 처리하는 세 번째 전략은 **가족투사과정**(family projection process)을 통해서다. 이 경우 부모는 자신의 미해결된 정서적 애착이나 갈등의 일부를 자신의 한 자녀나 혹은 여러 명의 자녀에게 투사하는 것이다. 일반적으로 부모는 전체 아이들보다는 한 자녀에게 더 반응적이지만, 매우 긴장감이 높거나 불안한 상황에서는 한 명 이상의 자녀들이 영향을 받을 수도 있다. 부모가 그 자녀에게 집중하면 부모 자신의 긴장수준은 줄어들게 된다. 즉, 부모의 긴장감이 증가할수록 부모는 그 긴장감이 부모 자신 때문이 아니라 아이가 문제인 것처럼 반응하게 된다.

부모의 감정은 격렬해지는데, 지나치게 긍정적인 것부터 매우 부정적인 것까지 다양한 범주로 나타난다. 만약 지나치게 긍정적인 감정일 때면, 부모는 자녀를 미성숙하게 인식하여 매우 가치 있게 여기고 과보호한다. 만약 지나치게 부정적이면 자녀를 거칠게 대하고, 벌을 주며, 제한적인 방식으로 대한다. 그러나 어떠한 경우든, 자녀는 부모의 긴장에 순응하게 되며, 부모가 원하는 방식에 맞추는 방식으로 반응한다(Papero, 1991). 예를 들면, 부모가 지나치게 자녀가 다치는 것을 걱정하면, 그 자녀는 오히려 사고가 더 잘 나게 된다. 비슷하게 자녀가 말을 잘 듣지 않는다고 지속적으로 불평을 하면, 그 자녀는 말을 듣지 않는 방식으로 반응하게 된다. 투사의 대상이 되는 자녀는 그 부모에게 가장 정서적으로 애착되며, 다른 형제자매보다 가장 낮은 자아분화 수준을 나타낸다. 그러므로 그 자녀는 긴장상황에서 다른 자녀들보다 더 상처받기 쉬우며, 긴장감을 더 나타내고, 사랑과 인정을 더 받고자 하며, 과제지향적인 과제에서 경쟁할 때 성취 수준이 낮다.

부모와 자녀 간에 나타나는 이러한 과정은 아버지와 어머니 간의 관계에서 유래된 긴장과 융합의 결과다. 부부간의 미해결된 이슈는 삼각화의 과정을 통해 마치 아이를 위하는 것처럼 위장되거나 방향을 바꾸게 된다. 여기서 중요한 것은 이러한 과정이 부모나 자녀 모두가 자신에게 잘못이 있다고 생각하지 않는다는 것이다. 부모는 자신의 부모와 비슷한 경험을 해 왔으며, 그 부모는 또다시 그들의 부모와 여러 세대를 거쳐 이러한 경험을 해 왔다. 부모는 이러한 패턴에 어느 정도 친숙하거나 혹은 거의 친숙하지 못할 수도 있으나, 어느 경우이든 이러한 패턴을 바꾸기는 쉽지 않다. 그러므로 한 세대에서의 전략은 다음 세대에 누적되어 재현된다.

다세대전수과정

개인이 높은 혹은 낮은 수준의 자아분화를 이루는 방식은 무엇인가? 세대 간 관점에 따르면 자아분화는 주로 개인의 원가족에서 작동되는 정서적인 힘에 의해 이루어진다고 한다. 보웬(Bowen, 1978)은 배우자들은 일반적으로 자신과 같은 분화수준을 가진 사람들과 결혼한다고 주장한다. 미분화된 가족 출신의 사람은 미분화된 가족의 사람과 결혼하고, 잘 분화된 가족 출신의 사람은 잘 분화된 가족 출신의 사람과 결혼하게 된다는 것이다. 배우자들은 각자 원가족에서의 미해결된 정서적 애착, 자아분화 및 융합과 관련된 문제를 자신의 결혼생활 안으로 가져온다. 이러한 미해결된 이슈의 강도가 크면 클수록 비슷한 어려움이 이 핵가족과 부부관계에서 발전될 가능성이 더 커진다. 다시 말하면, 자신의 원가족으로부터 미해결되어 남아 있는 개인의 이슈가 그 개인의 미래관계에서 다시 재현되기 쉽다. 미해결된 정서적 애착이 세대를 거쳐 전수되는 것을 다세대전수과정(multigenerational transmission process)이라 한다. 세대를 거쳐 어떤 자녀는 부모보다 더 높은 분화수준을 나타내고 어떤 자녀는 더 낮은 수준을 나타낸다. 이러한 결과는 투사과정에서 가족에서의 자녀의 위치(position)에 의해 결정된다. 자녀가 부모에게 더 밀착되고(즉, 더 애착되면), 더 밀착된 자녀가 부부관계나 혹은 한 명의 부모의 긴장감을 완화하는데 더 많이 관여할수록, 그 자녀의 자아분화 수준은 더 낮아진다. 가족의 긴장과 불안감에 대한 관심이 적을수록, 이러한 자녀는 친구관계를 맺거나, 학업에서 성취를 이루거나 혹은 다른 신체적 혹은 지적 능력을 발달시키는 등 연령에 적합한 과업을 더 자유롭게 수행할 수 있게 된다.

자녀가 결혼할 때 그들은 자신과 비슷한 자아수준을 가진 배우자를 선택한다. 부부의 분화수준이 낮을수록 갈등을 해결하기 위한 긴장과 갈등은 더 커지며, 가족투사 혹은 과기능화/저기능화의 상보적인 상호작용 패턴을 만들게 된다. 예를 들면, 과기능화와 저기능화를 보이는 각각의 파트너는 각자의 원가족에서 그 역할을 배워 온 것이다. 과기능화 배우자는 부모의 역할을 하는 자녀(parental child)로 그리고 타인을 위한 의사결정을 하도록 훈련받아 왔을 것이며, 반면 저기능화 성향의 배우자는 다른 사람의 결정을 따르도록 훈련받아 왔을 것이다(Papero, 1991). 성인기의 관계에서 다시 재현되는 이러한 학습된 행동은 결혼관계에서 미해결된 갈등의 원인이 되며 또한 그 체계에서 정서적인 평형을 유지하는 수단이 된다(Kerr & Bowen, 1988).

그러므로 원가족에서의 패턴은 원가족에서 배우자 각자의 지위에 따라 어느 정도의 강도로 재현된다. 각 배우자의 다음 세대에서, 어떤 자녀는 더 낮은 분화수준을 나타낼 것이며, 어떤 자녀는 더 높은 분화수준을 나타낼 것이다. 시간이 지남에 따라 가족 내에서 어떤 자녀는 점진적으로 더 낮은 기능화수준을, 또 어떤 자녀는 점진적으로 더 높은 수준의 기능을 나타내는 자녀로 각각 성장할 것이다. 미해결된 정서적 애착의 다세대전수는 그들이 이 문제를 성공적으로 해결할 때까지 지속될 것이다.

세대를 거쳐 연결되는 미해결된 애착의 전수에 대한 개념은 앞에서 설명한 가족의 정체감 과업(Boszormenyi-Nagy & Spark, 1973)에서 소개된 유산(legacy)의 개념과 많은 부분 유사하다. 가족구성원은 확대된 가족체계에서 지속적으로 작동되었던 역동성과 패턴 및 그들의 원가족에서 갖고 있었던 특별한 지위에 기초하여 서로에게 주어진 일련의 기대와 책임감을 습득한다. 이러한 유산은 가족장부(family ledger)이며 가족에 대한 부채(indebtedness)와 충성심을 포함한다. 이러한 장부는 심리적인 관점에서 말하면 누가 누구에게 무엇을 빚졌는지에 대한 다세대 간 '설명체계(accounting system)'다(Boszormenyi-Nagy & Krasner, 1986; Boszormenyi-Nagy & Ulrich, 1981). 이러한 채무는 의식적으로 완전히 인식되지는 않을지라도 일차적으로는 긍정적 혹은 부정적 균형을 이루게 된다. 가족구성원들이 자신이 책임 있고, 평등하고, 공평하게 취급받았다고 믿을 때, 다른 가족원과의 관계, 예를 들면 부모나 형제와의 관계에서나 혹은 배우자와 자녀와의 관계에서 비슷하게 행동하기 때문에 가족에 충성심이 감지될 것이다. 가족구성원이 무책임하고, 불공평하게 취급되어 왔다고 인식할 때는 박탈감이 미해결된 '장부(accounts)'에 남을 것이다. 미해결된 불평의 씨앗은 다음 세대에서 지불해야만 하는 불신과 낙인, 박탈 같은 유산을 남긴다.

그러므로 자신의 원가족과 더 애착되고 가족의 투사과정에 더 많이 포함되어 나타나는 유산은 낮은 정체감 발달로 이어지며, 다른 사람에게 불평등과 불공평한 취급을 받았다는 인식을 갖게 한다. 또한 박탈감, 낙인, 불신, 불평등, 착취와 같은 주제가 다음 세대에서 나타날 가능성이 높다. 반면, 더 분화된 개인은 정의, 공평함, 신뢰, 관대함, 애정과 같은 주제를 자신의 가족에 가져올 가능성이 높다.

가계도: 세대 간 과정에 대한 통찰

분화와 적응에 대한 세대 간 유형을 통찰할 수 있는 한 가지 방법은 가족의 가계도를 검토하는 것이다. 가계도는 체계 내에서 세대의 생물학적 관계와 대인관계를 나타낸 것이다. 가계도(Genogram)는 확대된 가족체계 내에서 개인에 대한 정보뿐만 아니라 구성원들 간의 관계에 대한 정보도 제공해 준다. 가계도는 또한 가족 내에서 발생한 중요한 사건과 이에 영향을 받아 나타나는 상호작용 패턴을 면밀히 이해하는 데 효과적이다.

　　가계도는 가족체계를 도형화하기 위해 일련의 표준화된 상징을 사용한다(McGoldrick, Gerson, & Petry, 2008 참조). [그림 4-1]은 가계도를 구성하는 기호다. 각 가족구성원의 이름과 생물학적 연령 및 각 가족구성원의 세대 내 지위 등이 기본적으로 가계도에 포함되는 정보다. 중요한 사건, 예를 들면, 가족구성원의 결혼, 이혼, 사망일도 가계도에 포함한다.

　　가계도를 그릴 때 가족에 포함되는 다세대의 역사적 기술은 가족이 경험했던 주요 사건에 따라 연대기 순으로 작성한다. 역사적 정보는 가족원이 서로 경험했던 정서적 유대와 상호작용 패턴을 포함할 때 더욱 효과적으로 활용된다. 가계도의 진짜 목적은 가족체계 분화에 대한 현존하는 패턴과 이러한 것이 개인 가족구성원들의 적응에 어떻게 영향을 미쳤는가에 대한 통찰을 얻는 것이다.

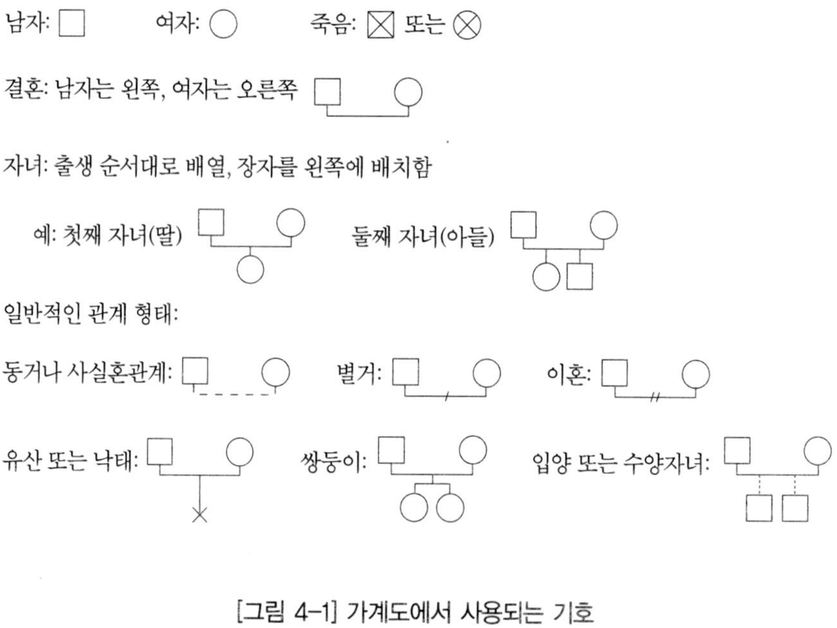

[그림 4-1] 가계도에서 사용되는 기호

가계도의 예: 존슨가족

　가계도에 포함된 정보가 가족과정과 가족적응에 대한 통찰에 어떻게 도움이 되는 지를 설명하고자 존슨가족의 예를 제시하였다. [그림 4-2]는 존슨가족 3세대가 포함된 가계도다. 존슨가족의 마거릿(Margaret) 부인이 일련의 문제를 해결하고자 가족치료를 받으러 찾아왔다. 이 가족의 문제를 구체적으로 살펴보면, 그녀는 남편 톰(Tom) 때문에 불행하고, 장남인 아들 벤(Ben, 15세)의 비만도 걱정이며, 어머니에게 모욕적이고 폭력적으로 대하는 막내아들 존(John, 12세)을 훈육할 때 점차 통제가 어렵다는 문제를 호소했다. 가계도에서 묘사하고 있는 이 가족의 역사를 자세히 살펴보면 이러한 어려움을 야기하는 중요한 많은 이슈가 무엇인지 명백해진다.

　1949년에 태어난 톰은 친아버지가 누구인지 모른다. 어머니 릴리안(Lilian)은 톰이 출생한 뒤 곧 이혼을 하고 1951년 톰이 2세 때 피트(Pete)와 재혼했다. 톰에 의하면 피트는 아내와 자녀를 학대하는 알코올중독자였다. 피트와 릴리안은 4년 동안 세 명의 자녀를 낳아 톰에게는 한 명의 친형과 어린 세 명의 배다른 동생이 있다. 1962년 톰이 13세 때 릴리안은 가족을 떠났다. 톰은 청소년기를 매우 어렵게 보냈는데 그때 비만이 되었다. 톰은 청소년기 동안 피트가 양육하였고 18세 때 기계공 직업을 갖게 되어　1년 후 집을 떠났다. 양육되는 동안 집에는 많은 자녀가 있었지만 현재까지 접촉하는 형제자매는 없으며, 오랫동안 피트와 릴리안을 보지도 않았다. 어린 시절에 대한 그의 기억은 친부모에게서 버림받았다는 데서 오는 슬픔이다.

　마거릿은 1951년에 존(John)과 메리(Mary)의 장녀로 태어났으나 현재는 두 분 다 돌아가셨다. 마거릿의 아버지는 그녀가 23세인 1974년에, 어머니는 1992년에 돌아가셨다. 마거릿에게는 낸시(Nancy)라는 여동생이 있다. 마거릿의 어머니와 낸시는 매우 친밀했으며, 둘 사이의 대화에서 자신은 자주 배제된다는 느낌을 받았다. 마거릿은 자신의 부모가 문제가 있는 결혼생활을 했다고 기억하며, '자녀 때문에' 결혼생활을 유지하는 '대표적인 사례'로 인식하고 있다. 그녀는 아버지와 친했으며 어머니가 아버지를 제대로 대접하지 않는다고 느꼈다. 그녀는 아버지의 죽음을 비통해 했

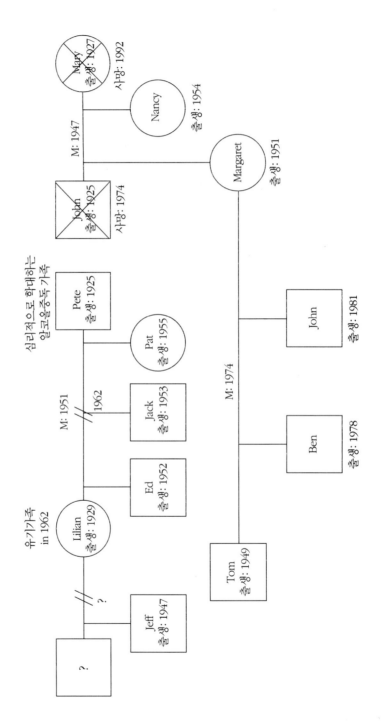

[그림 4-2] 존슨가족의 가계도

으며, 아버지의 죽음 후 어머니와 동생과의 관계가 더 악화되었다. 마거릿의 동생인 낸시는 부모 간에 갈등이 있을 때 '항상 엄마 편에 섰다.' 톰과 마거릿이 결혼한 해가 마거릿의 아버지가 돌아가신 해와 같다는 것은 매우 흥미롭다.

이 둘은 톰이 24세, 마거릿이 22세 때 만났다. 이들은 마거릿의 아버지가 병환에 있을 때 데이트를 했다. 톰은 비만 때문에 매우 외로웠고 위축되었는데 마거릿이 자신에게 친절하게 대해 주어서 고마웠다고 이야기했다. 한편, 마거릿은 아버지의 병환 동안 톰이 그녀를 지지해 준 것에 고마움을 느낀다고 했다. 이들은 마거릿의 아버지가 돌아가신 후 곧 결혼을 했다. 당연히 마거릿은 어머니와 잘 지내지 못했기 때문에 톰도 장모와 결국 잘 지내지 못했다.

톰과 마거릿의 결혼생활은 애초에 '상호 필요'에 의한 것이라는 점이 특징이다. 서로가 서로에게 버팀목으로서 강하게 의지했다. 그러나 시간이 흐르면서 마거릿은 톰의 불안정성과 자녀 같은 의존성이 성가시게 생각되기 시작하였다. 그녀는 톰이 아버지 역할을 제대로 하지 못하는 것과 체중 조절에 실패한 것에 대해 불평을 토로했다. 그들의 관계에서 긴장감이 톰에게는 무척이나 위협적이었다. 어머니에게 버림받고, 가족으로부터 단절된 경험이 그를 힘들게 했는데 특히 마거릿이 자신을 떠난다고 위협할 때 더 상처를 받았다. 톰은 이런 일로 스트레스를 받을 때, 불행하게도 폭식하게 되었고, 그 결과 마거릿은 톰에게 더욱 실망하게 되었다.

이들 가족에서 일어났던 일을 살펴보면, 톰과 마거릿 사이에 갈등이 있을 때 갈등의 많은 부분이 벤에게 삼각화가 이루어졌다는 것이 명백하고, 벤의 과식이 이 가족의 가장 중요한 관심사가 되었다. 다시 말해 가족을 분열시키는 데 위협이 되는 결혼의 긴장과 스트레스에 벤의 체중이 완충작용을 하게 된다. 여기서 벤과 그의 체중 문제에 대해 부모 중 누구도 긍정적이지 않다는 것은 중요한 관점이다. 대신 부모는 벤이 다이어트에 실패한 것에 참을 수 없어 했으며 그의 성격을 공격했다. 그 결과 벤은 자주 우울감을 느끼고 낮은 자존감을 보이게 되고, '할 수 있는 것이 아무것도 없다.'고 느끼게 된다. 결국 다이어트를 위한 모든 방법에 실패한 것이 놀라운 일은 아니다.

존과 어머니와의 관계는 갈등적이었으며, 톰은 마거릿과 존이 포함된 삼각화의 일부다. 톰은 존과 좋은 관계를 즐기며, 마거릿이 존을 거부하고 너무 심하게 대한다고 느낀다. 존에 대한 자신의 노력을 적극적으로 지지하지 않는 톰의 태도에 마거릿은 화가 났다. 존은 어머니의 권위에 도전하고, 어머니에게 소리 지르고 고함을 쳤다. 한편으로는 존이 마거릿에게 행하는 불편함을 톰이 즐기는 것이 분명했다.

이 예는 가족에서 상호작용 패턴이 어떻게 만들어지는지를 설명하는 데 가계도와 세대 간 모델이 효과적으로 이용될 수 있음을 잘 보여 준다. 톰의 원가족에는 유기 (abandonment)와 같은 강력한 이슈가 있다. 이러한 정서적인 장부는 톰이 마거릿의 정서적 지지에 의존하게 되는 결과를 초래한다. 마거릿이 이혼하겠다고 위협하는 것에 톰이 극도로 위협을 느끼는 것은 매우 자연스럽다. 이러한 긴장감은 톰이 여러 면에서 기능적으로 행동하려는 능력을 방해한다. 긴장한 톰은 마거릿이 톰을 점차 경멸하게 만드는 한 가지 원인인 먹는 것을 조절하지 못했다. 톰은 자신의 불안전성에 대한 그의 불만을 벤에게 투사했다. 또한 아들 존과 친밀한 유대를 형성하면서 자신의 이러한 긴장을 해소하려고 시도하였다. 그러나 이러한 연합은 마거릿이 톰과 존 둘 다에 대해 분노하게 만들면서, 체계 내에 더 많은 긴장을 야기시키는 결과만을 낳았다.

마거릿에게 톰의 매력은 부분적으로는 아버지의 죽음과 어머니와의 부족한 친밀감을 해결하는 데 도움을 준 그의 능력에서 기인하는 것으로 이해할 수 있다. 그러나 시간이 지남에 따라 그녀가 아버지의 죽음에 적응해 가고, 어머니로부터 어느 정도 거리를 둘 수 있게 되면서(아마도 어머니의 죽음에 영향을 받아) 톰의 이러한 도움에 덜 의존하게 되었다. 톰에 대한 의존이 줄어들면서 그녀는 톰의 불안전성에 더욱 비판적으로 되어 간다. 다시 말해 결혼의 목적이 마거릿의 세대 간 유산을 극복하는 것을 돕는 것에서 그녀가 결혼한 남자를 변화시키는 것으로 옮겨 간 것이다.

가족의 역동성 자체가 벤의 비만에 책임이 있는 것은 아니지만, 그의 체중 문제를 지지하는 역할을 했다고 보는 것이 맞을 것이다. 벤은 그 가족체계 내에서 문제가 있는 사람으로 정체감이 부여되었다. 그러나 문제를 바로잡는 것이 어려운 이유는 그 문제가 톰과 마거릿 사이의 갈등과 긴장을 완화하는 데 기여했기 때문이다. 톰이 자신의 체중에 대한 긴장과 어린 시절 체중에 관해 경험했던 어려움에도 그가 벤에 대해 적극적으로 감정이입을 하지 않았다는 것은 매우 흥미로운 사실이다. 대신 그는 아들에게 모질고 심하게 대했다. 체중 문제에 대해 부모 모두가 벤을 비난한 것처럼 보인다. 이러한 과정에서 벤은 사랑받지 못하고 존중받지 못한다고 느꼈으며, 긴장 속에서 톰의 행동 패턴과 같은, 더 많이 먹게 되는 결과를 낳았다.

존과 마거릿의 어려움은 존이 마거릿에 대항할 때 느끼는 톰의 만족감에 일부분 기인한다. 톰이 마거릿으로부터 유기당할 수 있다는 위협을 더 느끼면 느낄수록, 그는 아들 존과 연대하면서 이러한 위협으로부터 자신을 보호하려고 더 노력하게 된다. 그러나 이러한 세대 간 연합은 마거릿의 권위를 훼손했으며, 그녀와 존과의 관계에 긴장감을 유발하였다. 마거릿이 그녀를 지지하지 않는 톰에게 화가 나는 것이 당연하지만, 그녀에 대한 톰의 분노와 그의 정서적 곤궁이 도움에 대한 그녀의 요구에 반응하는 것을 방해하였다. 그 결과, 존은 이러한 역동에 의해 자유로워지면서 자신의 삶에서 유일한 통제력인 마거릿에게 자유롭게 대들게 된다.

결 론

세대 간 관점이 기여한 중요한 점은 가족 내에서 전략과 규칙이 어떻게 진화되는지에 대한 통찰을 제공한다는 것이다. 가족체계 내에서 관찰되는 패턴과 역동성은 그들 각자의 원가족에서 모든 가족구성원과의 경험에 의해 구성되고 만들어진다. 효율적인 가족에서는 체계 내에 존재하는 가장 중요한 점인 개별성을 포용하여 가족구성원에게 가족과 편안하게 연결되면서도 각자의 개별성을 표현하도록 한다. 다시 말해, 이러한 가족은 개인의 정체감을 촉진하거나, 경계를 관리하거나, 양육을 제공하는 등의 효율적인 전략이 있는 환경을 만들고, 자녀에게는 건강한 자아감 발달과 친밀한 관계에서 책임 있고 지지적인 방식으로 행동하게 하는 능력을 발달시킨다.

역으로 말하면, 존의 가족과 같이 미분화된 가족은 개별 가족구성원의 발달을 방해하는 방식으로 가족의 정서적 분위기를 관리하고 경계를 구축해 나가며 정체감을 부여한다. 이러한 미분화된 사람들은 타인의 개별성에 대한 포용성이 부족하고 지나치게 높은 수준의 자기불안감을 주는 가족 환경을 세대를 거쳐 전수하게 된다. 존의 가족은 원가족의 정서와 역동성이 배우자 선택과 결혼관계에서의 역동성 및 후속세대의 적응 패턴에 어떻게 영향을 미치는가를 잘 보여 준다.

주요 개념

갈등(Conflict) 세대 간 모델에서는 다른 사람으로부터 거리를 유지하기 위해서 그리고 개인의 자아감을 보호하기 위한 전략. 갈등과 불일치는 차이에 대한 환상을 유지하는 데 도움을 줌.

가족장부(Family ledger) 심리적인 관점에서 누가 누구에게 무엇을 빚졌는지 등에 대한 세대 간의 '설명 체계'.

가족투사과정(Family projection process) 부모가 자신의 미해결된 정서적 애착이나 갈등을 한 명이나 그 이상의 자녀들에게 투사(대치)하는 과정.

과기능화/저기능화(Overfunctioning/underfunctioning) 한 파트너는 능력 있고 돌봄의 지위로, 다른 파트너는 의존적이고 아이와 같은 지위를 취하는 상호작용 패턴.

다세대전수과정(Multigenerational transmission process) 가족의 분화수준과 부모의 미해결된 정서적 애착이 미래관계에서 재현되고 다음 세대로 계속 전달되는 과정.

미분화된 가족자아군(Undifferentiated family ego mass) 가족구성원이 '정서적으로 한 덩어리'가 되어 있어 개별성에 대한 포용력이 낮은 것이 특징인 미분화된 체계.

분화(Differentiation) 개인에게 적용했을 때 분화는 가족구성원이 자신의 개별성을 표현하고 다른 가족구성원과 정서적으로 연결되어 있으면서도 자율적으로 행동하는 능력을 의미함. 가족 수준에서는 차이가 가족체계 내에서 허용되는 정도를 의미함.

삼각화(Triangulation) 두 사람 간에 경험되는 갈등과 긴장이 제삼자에게 전이된 3명의 상호작용.

유산(Legacy) 확대된 가족체계 내에서 지속적으로 영향을 받은 역동성과 패턴에 의해
　　서나 또한 자신의 원가족에서의 가족구성원 각자의 특별한 지위에 의해 발달된
　　가족원 서로에 대한 일련의 기대와 책임감.

융합(Fusion) 타인과의 관계에서 개인의 자아감을 안 보이게 하는 능력으로 정서적이
　　고 지적인 기능화나 자아 및 타인 간의 독특성을 잃어버림.

자아(Self) 개인의 경험을 일관되고 의미 있는 전체로 조직화하려는 목적을 지닌 상위
　　의 성격구조.

자아분화(Differentiation of self) 개인의 원가족으로부터 정서적인 애착을 성공적으로
　　분리한 정도로 개인의 심리적인 성숙 수준을 반영함.

정서적 단절(Emotional cutoff) 개인의 자아감에 대한 자신의 통제를 유지하고, 융합을
　　피하기 위하여 원가족으로부터 정서적으로, 심리적으로 혹은 신체적으로 스스
　　로를 분리하려는 시도.

제5장

맥락적 모델: 가족의 다양성

본 장에서는 이론가와 연구자가 문화 이슈에 어떻게 접근하여 왔는가에 초점을 둔다. 더 자세히 말하면, 가족의 과업을 관리하기 위해 발전시켜야 하는 전략에 영향을 주는 요인인 인종, 민족성, 경제적 지위와 기타 요인의 이슈를 다룬다. 가족의 다양성 이슈에 대한 메타관점도 제시한다. 이 관점은 특정 민족집단의 지배적 신념, 관습, 실천이 인정될 때만 문화적 민감성이 향상될 수 있음을 강조한다. 그러나 이는 민족집단을 지나치게 일반화한 결과로 생기는 경향을 자각하여 균형을 이루어야 한다. 즉, 민족성에 대한 이해는 각 민족집단의 중심 경향성에 대한 이해와 문화집단 내 · 문화집단 간 발견되는 다양성에 대한 이해를 모두 포함해야 한다.

문화적 경향성으로 각 민족집단은 다른 집단보다 더 일반적으로 사용하는 가족테마와 전략을 발전시키겠지만, 본 장은 민족성 이외의 다른 많은 요인이 가족 안에서 발견되는 다양성에 기여한다는 점을 보여 준다. 이를 위해 가족 안에서 발견되는 다양성에 기여하는 요인으로 다음과 같은 점들, 즉 이민의 이유, 이민 후 경과한 시간, 가족의 이웃에 동일 민족이 살고 있는지 여부, 가족구성원의 신분 상승, 정치적 · 종교적 관계, 다른 민족집단과 가족의 결혼 및 연결 정도, 자기 민족집단에 대한 가족구성원의 태도를 다룬다. 더욱이 본 장은 사회경제적 요인과 문화적응 과정이 동일 민족 내 가족의 다양성에 미치는 영향을 다룬다. 본 장은 사회과학 연구결과, 특정 민족집단의 특징적이고 지속적인 주제라고 강조된 바를 고찰하는 것으로 마무리한다.

미국 사회는 많은 인종, 민족, 문화유산이 혼합된, 문화적으로 이질적인 사회다. 가족체계는 더 폭넓은 사회체계에 속해 있기 때문에, 인종, 민족, 문화적 · 하위문화적 가치와 지향성이 가족의 전략과 조직 구조에 영향을 미친다. 이러한 요인은 가족의 역동과 관계가 있기 때문에 보다 면밀히 살펴볼 필요가 있다.

인종, 민족, 문화

인종(race)은 피부색, 머리색과 질감, 눈, 코, 머리 모양 같은 공통적인 선천적·생물학적 특징을 공유하는 사람들의 범주를 나타내기 위해 가장 대표적으로 사용되는 용어다. 동일한 민족범주에 속한 사람들은 흔히 신체적 유사성과 관련이 있는 행동적·심리적·인성적 특성을 공유한다고 여겨진다. 인종은 자주 선천적이고 영구적인 생물학적 특징으로 생각되기 때문에, 사람들을 상호배타적 집단으로 나누는 데쉽게 사용될 수 있다(Newman, 2007).

그러나 인종이라는 개념은 그렇게 간단하지 않다. 예를 들어, 자신을 '백인'이라고 여기는 사람은 자신을 '흑인'이라고 여기는 사람보다 피부색이 더 까맣다고 할지도 모른다. 더욱이 민족집단 안에서도 상당한 다양성이 있다. 현재 미국에서 가장 큰 소수집단 민족은 미국 전체인구의 약 15%를 차지하는 라틴 아메리카계다(U.S. Census Bureau, 2008). 그러나 이 집단이나 다른 민족집단 안에서도 많은 다양성이 있다. 라틴 아메리카계는 멕시코인, 푸에르토리코인, 쿠바인, 그리고 중앙아메리카나 남아메리카 혹은 카리브해 연안 출신 사람들을 포함한다. 아시아계 미국인은 일본인, 중국인, 베트남인, 라오스인, 캄보디아인, 한국인, 필리핀인, 하와이 원주민, 사모아인, 기타 태평양 군도인을 모두 포함한다. 이 집단에게는 많은 공통점이 있겠지만, 관습과 일상생활 면에서 차이가 크다.

사람들을 특정 민족집단으로 함께 묶는 것은 공통된 신체적 특징 때문이 아니라 타인에 의해 그 집단의 구성원이라고 확인되는 사람들의 경험을 공유하기 때문이다(Piper, 1992). 성장하고 정체성을 형성하는 과정 동안 사람은 세 가지 중요한 일을 배운다. 그들은 집단의 구성원과 비구성원을 구별해 주는 경계선, 사회 내 특정 집단의 지위에 대한 지각, 집단의 멤버십이 자랑스러운 것인지 부끄러운 것인지 여부를 배운다. 다시 말해, 인종은 사회적 구성체다.

사회학자는 일반적으로 공통된 조상, 문화, 역사, 언어, 신념과 같이 비생물학적 특징을 바탕으로 공통된 정체성을 공유하고 있는 집단을 나타내기 위해 민족성

(ethnicity)이라는 용어를 사용한다. 민족집단이나 하위집단은 더 큰 문화 안에 거주하며, 자신의 독자적 정체성과 구조를 유지한다. 민족성은 또한 가족 경험의 공유 네트워크에서 비롯된 공통성 혹은 공동체의 느낌으로 정의되어 왔다. 이 용어는 민족집단 안에서 발견되는 공통성이 타 집단과 구분됨을 나타낸다. 한 사람의 민족 정체성은 사회화와 문화화 과정을 통해 촉진된다(Newman, 2007). 그러나 민족성은 특정집단 내 멤버십 이상이다. 그것은 개인 정체성을 위한 심층적인 심리적 요구와 역사적 연속감을 만족시키는 의식적 · 무의식적 과정을 포함한다. 그것은 대부분 고유한 가족 경험에서 비롯되는 가치, 지각, 요구, 표현방식, 행동의 기본적인 결정요인이다(McGoldrick, 2008).

　민족성과 문화의 개념은 밀접한 관련이 있다. 문화(culture)는 '사람들 혹은 특정 인구집단에 의해 학습하고 공유되는' '매우 가변적인 의미의 체계'로 정의될 수 있다. 문화는 보통 '한 세대에서 다른 세대로 전수되는' '삶의 디자인과 방식'을 나타낸다(Rohner, 1984). 요점은 민족과 문화는 서로 영향을 미치며, 한 집단의 구성원에게 공통된 정체성을 부여하는 언어, 관습, 신념에 나타나 있다. 즉, 민족성과 문화는 모두 사람들이 사건에 부여하는 의미를 이해하기 위해 사용되는 용어다. 민족성과 문화는 그들의 관점에 일정 정도의 동질성을 확립하는 데 역할을 하는 지역적 특성, 역사적 시기, 종교, 기타 요소 때문에 특정 습관, 관습, 의례, 개념, 세상에 대한 해석을 공유하는 사람들의 집단을 규정한다(Pare, 1996). 가족구성원의 문화적 · 민족적 기원은 다음과 같은 면을 결정할 때 중요한 역할을 할 수 있다. 즉, 정체성이 어떻게 형성될 것인가, 가족경계선이 어떻게 구성될 것인가, 가족의 자원이 어떻게 쓰일 것인가, 물리적 환경이 어떻게 유지될 것인가, 정서적 분위기가 어떻게 관리될 것인가와 같은 다양한 가족과업이 어떻게 관리될 것인가를 결정할 때 중요한 역할을 할 수 있다.

　가족의 상호작용 패턴을 이해하고자 할 때, 인종을 생물학적 범주가 아니라 특정 역사적 · 정치적 · 사회적 맥락 안에서 의미와 중요성이 부여된 사회적 구성으로 생각할 필요가 있다. 역사적으로 신체적 특징을 바탕으로 한 '인종 차이'는 그러한 차이를 근거로 한 편견과 차별을 정당화하기 위해 사용되었다(Omni & Winant, 1994).

인종은 가족 내에서 중요한 요인이 된다. 왜냐하면 가족은 인종에 대한 사회적 구성에 반응해야 하기 때문이다. 이러한 사회적 구성은 필연적으로 가족의 테마, 가족 외부 경계의 구축, 기본적인 가족과업 수행을 위한 기타의 관습에 영향을 미칠 것이다.

고정관념, 편견, 차별을 정당화하지 않고 사람 간의 차이를 의미 있게 이야기하기 위한 노력으로 현대의 사회과학자는 '인종'과 같은 용어를 사용하는 대신 '민족성'과 '문화' 같은 용어들을 받아들인다. 미국과 유럽에서 민족성은 흔히 비지배집단의 멤버십과 관련이 있다. 즉, 지배적인 유럽인을 조상으로 두지 않은 집단들은 그들의 언어, 옷차림, 정치적 견해, 음식, 음악, 종교적 실천 때문에 상이한 문화를 구축하는 것으로 여겨진다.

인종을 대신해서 민족과 문화를 수용함으로써 인간의 차이와 가족의 차이에 관한 담론은 생물학을 기초로 한 것에서부터 사회적·역사적 경험에 의해 형성되는 것으로 변화되어 왔다. 가족패턴과 과정은 인종의 사회적 구성과 민족적·문화적 전통에 의해 형성되는 것으로 여겨진다. 이렇게 민족적·문화적 전통은 가족유산의 중요한 부분이다. 그리하여 현대 미국가족에서 발견되는 상호작용 패턴을 이해하기 위해서는 가족의 다양한 민족적·문화적 유산에 대해 이해해야 한다.

가족의 민족적·문화적 다양성을 더 잘 이해하는 데 도움이 되는 두 가지 시각이 가족학 분야에서 나타났다. 첫 번째 관점은 다차원적 관점(multidimensional perspective)이라는 것이다. 이 경우 문화적 다양성(cultural diversity)이라는 용어는 가족이 싸워야 하는 수많은 하위문화의 영향과 수많은 맥락을 고려하는 폭넓고 포괄적인 용어로 사용된다. 그것은 민족적·인종적·종교적 차이뿐 아니라 사회경제적 지위, 가족구조, 성적 지향성, 성역할, 생활단계에서의 다양성도 고려한다(Allen, Fine, & Demo, 2000). 또한 환경(농촌, 도시, 교외), 언어, 국적, 고용상태, 교육수준, 직업, 정치적 이념, 이주, 문화적응 단계도 고려할 필요가 있다(Falicov, 1995).

이러한 다차원적 관점은 가족학 분야에서 나타난 또 다른 입장, 즉 문화 관련적 관점(culture-specific persepctive)과 대조를 이룬다(Gates et al., 2000; Jencius & Duba, 2002). 이 관점은 특정 민족이나 인종 집단의 구성원을 특징짓는 구체적인 문화적 태도, 신념, 감정, 행동을 살펴보는 데 중점을 둔다. 가령 아이리시계 가족구성원은 늦게 결혼하는 경향이 있고, 아프리카계 미국인 가족에서 확대가족은 실제로 정서적 지원의 중요한 근원이다(Falicov, 1995; Pinderhughes, 2002).

다차원적 관점과 문화 관련적 관점 모두 강점과 제한점을 다 가지고 있다. 다차원적 관점은 가족체계마다의 고유성을 이해하는 것의 중요성, 각 가족이 속한 더 넓은 맥락 안에서 가족마다의 '생태학적 적합성'을 평가할 필요성에 관심을 둔다. 그러나 문화적 다양성에 대한 이러한 정의는 개별가족으로부터 유사한 타가족으로 일반화하는 것을 더 어렵게 한다(Falicov, 1995). 각 가족은 고유하게 여겨진다. 문화 관련적 관점은 민족집단 간의 차이에 대해 귀한 정보를 제공하며, 이러한 문화적 차이에 대한 민감성을 발달시키도록 돕는다. 불행하게도 이 관점은 특정 민족집단의 모든 구성원은 동질적이라고 가정하며, 특정 민족집단의 가족 간에 존재하는 중요한 차이를 무시한다.

이 장에서는 두 가지 상이한 관점을 살펴볼 것이다. 문화라는 일반적인 이슈뿐 아니라 다원적 사회에서 멤버십을 정의하는 민족성, 인종, 경제적 지위, 기타 요인이라는 보다 구체적인 이슈에 대해 이론가와 연구자가 어떻게 연구하였는지 논의할 것이다. 문화의 이슈가 가족이 주의를 기울여야 하는 수없이 많은 과업을 효과적으로 관리하기 위해 발전시킨 가족 전략에 어떤 영향을 미치는가에 초점을 둘 것이다. 본 장의 후반에서는 가족사회학자가 특정 민족집단과 관련하여 보다 분명하고 지속적인 테마라고 발견한 것을 고찰함으로써 민족성이 가족의 상호작용 패턴에 어떤 영향을 미치는가를 살펴볼 것이다. 그러나 이렇게 요약하기 전에 다차원적 관점과 문화 관련적 관점 둘 다의 강점을 고려하는 메타관점을 다루고자 한다.

문화적 다양성에 대한 메타관점

체계이론적 관점에 의하면, 각 가족은 과업을 관리하기 위해 자체적으로 뚜렷한 전략을 가지는 고유한 체계로 이해된다. 예를 들어, 모든 가족은 정체성과 중심 테마를 구축한다. 어떤 가족에게 정체성과 테마는 인종적 구성물과 민족적 · 하위민족적 동일시에 강한 영향을 받는다. 그러나 또 다른 가족은 그런 요인의 영향을 덜 받는다. 문화는 인종, 민족성, 종교, 역사, 지역, 하위문화 동일시로부터 가족이 끌어오는 의미에 관한 것이기 때문에, 가족구성원과 의사소통하지 않고서 혹은 가족의 상호작용을 관찰하지 않고서 가족이 어느 정도 이러한 요인의 영향을 받는지 알 수 없다. 예를 들어, 어떤 가족이 모든 종교 휴일에 주목하고 종교 활동에 적극적이라는 점을 알게 된다면, 종교가 그 가족에 강한 영향을 미친다고 결론지을 수 있다. 혹은 가족구성원이 가장 깊이 간직한 신념이 조부모님이 '옛날'에 배웠던 것과 같은 것이라고 말한다면, 그 가족에게서 민족적 근원의 중요성을 이해할 수 있다.

여기서 본질적 이슈는 가족이 문화와 민족의 영향을 받는 정도에 관해 믿을 만한 결론을 내리기 위해서는 필요한 직접적인 정보를 얻어야 한다는 점이다. 그러한 정보가 없다는 것은 어떤 결론이든 가정, 추측, 고정관념에 기초할 수 있음을 의미한다.

특정 가족을 실제로 관찰하거나 의사소통하지 않고서 문화와 인종이 그 가족의 형태와 조직을 어느 정도 형성하는지 알 수 없다면, 상이한 민족집단이나 하위민족의 민족중심 프로파일은 어떤 가치가 있는가? 이러한 프로파일이 가족기능을 평가하는 데 어떤 도움이 되거나 방해가 되는가?

그러한 프로파일은 차이를 역기능과 똑같이 취급할 가능성에 민감하도록 돕는다. 예를 들어, 가족기능에 관한 구조적 모델을 다루었던 제3장을 돌이켜 보자. 제3장에서는 밀착과 유리 간에 균형을 이룬 가족이 밀착이나 유리의 양극에 있는 가족보다 더 기능적이라고 하였다. 그러나 남아메리카계나 동남아시아 민족 출신의 가족 또는 몰몬교나 아미시 종교 배경을 가진 가족은 연결되고 밀착된 면이 더 강해도 역기능적이지 않다(McGoldrick, 2003; Olson & Gorall, 2003).

요점은 집단 간에 뚜렷한 차이가 있을지라도 이러한 차이를 아는 것이 그 차이를 판단하는 것과 같지 않다는 점이다. 차이가 나쁘다거나 역기능적이라고 결정하려면 그 차이 때문에 가족이 과업을 완수하는 데 반대로 작용하는 가족전략이 개발되었다는 증거가 필요하다. 지배 문화에서 벗어난다는 이유만으로 차이가 나쁘다거나 역기능적이라고 결론짓는 것은 기껏해야 평가에 불과하고 순진한 것이며, 최악의 경우에는 차별적이고 위험할 가능성이 있다.

마찬가지로 민족이나 문화 중심 집단 프로파일은 문화적 · 민족적 집단 내 작동하는 엄청난 다양성을 모호하게 할 때 문제가 된다. 즉, 집단 간의 차이에 너무 많은 초점을 두면 집단 내 차이가 모호해질 수 있다. 현존 연구를 기초로 한 다음의 일반화를 살펴보자.

아이리시계 가톨릭은 교회의 권위를 매우 강조하며 잘못된 것은 모두 사람이 지은 죄의 결과라고 가정하는 경향이 강하다. 이러한 지향은 아이리시 가톨릭 신자가 문제가 생겼을 때 타인에게 도움을 청하는 경향이 없음을 의미한다(McGoldrick, 2005a).

이러한 결론은 본질적으로 아이리시 가톨릭의 중심 경향을 바탕으로 한 일반화다. 즉, 일반화는 단순히 관찰되었던 것 가운데 가장 흔하게 일어나는 패턴 혹은 양식을 나타낸다. 이러한 패턴이 다른 것보다 더 자주 일어난다는 사실이 중요하다. 그러나 이것이 모든 아이리시 가톨릭 신자가 이런 특징을 공유하고 있음을 의미하는 것은 아니다. 이런 패턴에 주의를 기울이면 가족 안에서의 다양성이 모호해지고 상이한 민족집단의 상호작용 특징 패턴에 대한 단순한 시각을 갖게 된다.

가능한 집단 프로파일을 기초로 해서 집단 간 비교를 하지 않는 것도 중요하다. 한 특정집단의 모든 구성원이 다른 집단의 구성원과 질적으로 다르다는 점을 추론하기 위해 집단 프로파일 자료를 사용하고자 한다. 예를 들어, 다음의 결론을 보자. "모든 문화가 가족을 가치 있게 여기지만, 이탈리아인은 대부분의 타 집단보다 가족에 더 큰 우선권을 부여하는 것 같다. 이탈리아인에게 가족생활은 주요한 방침이다(p. 349)." 가족의 유대와 자녀에 대한 부모의 과잉관여 경향을 매우 강조한다(Giordano et al., 2005). 다시 말하면 가족을 이렇게 강하게 강조하는 것이 모든 이탈리아 가족에게 사실이며 타민족 출신 가족에게는 사실이 아니라는 것을 시사하는 것으로 해석될 수 있다. 가족을 강조하는 것이 많은 이탈리아 가족에게 중요하다고 해도, 그리고 타 민족집단의 가족에 관한 연구에서 또 다른 테마가 밝혀진다 해도, 타 집단은 가족의 중요성을 가치 있게 여기지 않는다는 결론을 내려서는 안 된다.

이 단락에서 고려해야 할 몇 가지 중요한 점이 있다. 한 가지는 특정 민족집단의 지배적 신념, 관습, 실천을 이해할 때 문화적 민감성이 향상될 수 있다는 것이다. 그러나 이 정보는 민족집단을 과잉 일반화하려는 경향성의 결과로 인식하는 것과 균형을 이루어야 한다. 민족성에 대한 이해는 각 집단의 중심 경향적 특징에 대한 이해와 집단 내 · 집단 간 발견되는 다양성에 대한 이해를 모두 포함해야 한다. 다원주의는 전체로서의 문화 특징일 뿐 아니라 각 민족집단과 민족집단 내 각 가족의 특징이기도 하다.

또 하나 고려할 점은 문화적 다양성의 지식과 차이에 대한 수용 간의 구분이다. 문화적 다양성에 대한 지식은 흔히 차이를 받아들이게 됨으로써 하나의 전략으로 촉진된다. 그러나 그것만으로 충분하지 않은데, 특정 민족집단의 중심 경향성을 그 집단의 모든 구성원에게 일반화하는 것은 실제로 차이에 대한 수용을 약화할 수 있기 때문이다. 집단 간 차이에 너무 많은 관심을 돌리고, 집단 내 다양성에는 충분한 관심을 돌리지 않을 때 이런 일이 일어난다.

요약하면, 가족테마와 이미지, 경계선 설정 과정, 자원의 우선 사용권, 정서적 이슈의 관리 방향에 영향을 미치는 중요한 필터로서 민족성이 어떻게 작용하는가를 고려할 필요가 있다. 동시에 민족집단 내 특정 수준의 문화적 유사성을 인정할 필요가 있는 반면, 민족집단 내 존재하는 다양성도 인정할 필요가 있다. 더 나아가 민족성은 획일성을 지녀서 각 가족의 상호작용 패턴에 예측할 수 있는 영향을 미친다는 가정을 자제할 필요가 있다.

광범위한 인종적 · 민족적 맥락

민족적 · 인종적으로 다양한 가족 안에서 그리고 가족 간에 발견되는 다양성은 수없이 많은 요인에서 비롯된다. 문화적 경향성은 각 민족집단 안에서 더 흔하게 발견되는 특정 가족테마와 전략을 초래할 수 있다. 한편 각 가족은 고유한데, 민족적 유산의 산물일 뿐 아니라, 세대 간 테마와 유산, 교육수준과 사회경제적 지위, 현재의 생활조건, 지배문화에의 동화수준, 가족의 현재 사회적 맥락을 정의하는 많은 다른 요인의 산물이다. 예를 들어, 맥골드릭(McGoldrick, 2003)은 민족의 전통적인 패턴이 그 민족집단 내 어떤 특정 가족에서 드러날 정도에는 많은 요인이 영향을 미친다고 하였다. 그 요인의 예를 들면, 이민의 이유, 이민 후 경과한 시간, 가족의 이웃에 동일 민족이 살고 있는지 여부, 가족구성원의 신분상승, 정치적 · 종교적 관계, 가족과 다른 민족집단 간의 결혼 혹은 다른 민족과의 연결 정도, 자기 민족집단에 대한 가족구성원의 태도 등이다.

예를 들어, 흑인, 남아메리카계, 이탈리아인, 아이리시인 혹은 아시아인 가족과 같은 것은 없다고 결론짓는 것이 맞다. 예를 들어, 테일러(Taylor, 2000)는 미국에서 흑인들이 더는 획일적 집단을 구성하고 있지 않기 때문에, '흑인 가족' 같은 것은 없다고 지적하였다. 예를 들어, 북부의 흑인 가족과 남부의 흑인 가족 간에는 차이가 있다. 도시와 농촌 간에도 중요한 차이가 있다. 게다가 아프리카계 흑인 가족은 서인도제도 흑인 가족과 차이가 있을 수 있다. 마찬가지로 푸에르토리코 문화는 분명히 스페인, 아프리카, 카리브 인디언을 포함하는 많은 다양한 문화의 영향을 받은 산물이다.

다음 단락에서 가족체계 안에서 발견되는 다양성에 추가적으로 기여하는 보다 분명한 몇 가지 요인을 살펴볼 것이다. 이러한 이슈는 각 가족체계의 고유성에 기여하는 많은 요인에 대한 민감성을 촉진한다는 목적과 함께 논의될 것이다.

계층, 사회경제적 지위, 가족의 다양성

가족체계 내 그리고 가족체계 간 발견되는 다양성에 대한 관점은 어떤 관점이든 사회경제적 지위(Socioeconomic Status: SES)와 사회계층이 가족 전략에 어떠한 영향을 주는가를 고려해야 한다. 분명 상이한 사회경제적 지위에 있는 가족은 그들이 살고 있는 상이한 경제적 환경에 일부 반응하여 상이한 가족 전략을 확립할 것이다. 서로 다른 사회경제적 계층 출신의 개인은 태도, 신념, 가치의 차이 때문에 분명 다른 방식으로 가족생활에 접근할 것이다. 그러나 이러한 논의를 시작하기에 앞서 문화적 다양성에 관한 메타관점이 사회계층의 이슈에도 어떻게 적용되는가를 생각해 볼 필요가 있다. 즉, 다양한 사회경제적 계층의 가족 내 경향성을 과잉 일반화하고 싶지 않으며, 사회경제적 집단 간 차이를 과장하고 싶지도 않다. SES와 사회계층이라는 용어는 흔히 상호교차적으로 사용되지만, 그 정의에는 몇 가지 기본적인 차이가 있다. 일반적으로 사회계층(social class)은 교육수준, 수입, 직업지위, 주거, 혈통이 비슷한 수준에 있는 사람들의 범주를 의미한다(Hoff, Laursen, & Tardif, 2002).

이 정의는 상이한 계층수준에 있는 가족의 경험을 조직하는 응집력 있는 전체로서 계층을 고려한다는 이점이 있다. 그리하여 중산층 가족은 노동자 계층이나 상류계층과 분명히 구분되는 것으로 여겨질 수 있다. 그러나 계층을 구성하는 수많은 변인(즉, 교육, 수입, 직업 등)이 완전한 상관관계에 있지 않다는 점은 분명하다. 그래서 계층을 뚜렷한 범주로 정의하는 것의 한 가지 문제는 한 가족에게 한 계층을 부여하는 것이 계층을 정의할 때 어떤 변인이나 변인들의 조합을 사용했느냐에 따라 달라질 것이라는 점이다. 계층 내의 유사성을 과잉 일반화하고 계층 간의 차이를 과장한다는 문제도 있다.

사회계층과 같이, SES는 주로 가족의 교육수준, 임금수준, 직업지위로 정의되는 변인들의 조합이다. 그러나 사회계층과 반대로 연구 문헌에서 SES는 연속변수를 나타내기 위해 더 일반적으로 사용되는데, 이는 모든 가족이 SES 연속선상의 비교적 낮은 수준부터 비교적 높은 수준의 어딘가에 놓여 있음을 의미한다. SES 연속선은 상이한 사회경제적 계층의 가족 안에서 발견될 수 있는 경향을 강조한다는 이점이 있으며, 또한 그러한 차이는 상대적인 정도의 차이일 뿐이라는 사실을 강조한다는 이점도 있다.

아마 SES가 가족 상호작용 패턴에 가장 분명하게 영향을 미치는 것으로 주목된 영역 중 하나는 부모 됨 전략일 것이다. 부모 됨에 관한 연구는 자녀에 대한 부모의 가치, 신념, 태도는 부모의 SES에 따라 다르다는 점을 분명히 보여 준다(Hoff et al., 2002). 예를 들어, SES가 높은 부모는 SES가 낮은 부모보다 자녀의 학업수행에 더 높은 기대를 하며 학교에 대한 이야기를 자녀와 더 자주 한다(Bradley & Corwyn, 2002). 게다가 SES에 따라 부모가 자녀에게서 가치 있게 여기는 행동도 함께 변한다고 밝혀졌다. 예를 들어, SES가 낮은 어머니는 복종하고 공손하고 조용한 행동 등의 적절한 품행을 SES가 높은 어머니보다 더 중요하게 평가하는 경향이 있다(Harwood, 1992). 이렇게 사회적 지위가 낮은 어머니들의 '적절한 품행'에 대한 선호는 사회적 처방에 대한 이들의 일반적 선호의 구체적인 예가 될 수 있다. 반면, 사회적 지위가 더 높은 부모는 자녀가 자기주도적이고 창의력을 가치 있게 여기기를 바란다(Hoff et al., 2002).

그래서 부모의 교육, 수입, 직업은 가족생활의 구조와 경험에 영향을 미칠 수 있다. 문화적 다양성이 가족체계 안에서 발견되는 복잡성을 더 높이지만, 문화적으로 다양한 가족체계는 SES 면에서 더 다양해진다. 예를 들어, 우리는 이탈리아계 가족 혹은 아이리시계 가족을 획일적인 실체로 말할 수 없다. 부분적으로 SES가 이런 민족집단 가족의 목적, 가치, 신념, 맥락에 영향을 미치는 고유한 방법이 있기 때문이다. 동시에 민족적·문화적 유산을 고려하지 않고서 노동자 계층 혹은 중산층 가족의 가족 패턴과 과정이 있는 것처럼 말할 수만은 없다.

빈곤, 인종차별주의, 가족생활

SES를 논할 때, 특히 빈곤이 가족생활의 구조와 경험에 어떤 영향을 미치는가를 살펴볼 필요가 있다. 사회과학 안에서도 사회계층을 어떻게 정의하며 계층 간의 선을 어디에서 그을지에 대한 논쟁이 지속되고 있지만, 미국인 생활에 대한 현실적인 이미지는 상당수의 가족이 빈곤 속에 혹은 빈곤(poverty)에 근접하여 살고 있다고 할 만한 이유가 있다. 예를 들어, 2008년 760만 미국 가족(전체 가족의 약 10%)이 빈곤한 것으로 여겨졌는데, 그들의 임금수준이 연방정부가 정한 공식적인 빈곤선 이하였다 (U.S. Census Bureau, 2008). 빈곤선 혹은 빈곤수준(poverty line or level)은 한 가족이 연간 음식, 의복, 주거와 같은 기본 물품을 최소한의 비용으로 구입하는 데 필요한 최소 임금으로 정의된다(Rank, 2001). 빈곤수준은 인플레이션을 고려하여 매해 조정된다. 빈곤수준은 가구 크기에 따라 다르다. 이와 같은 공식적인 빈곤선은 2002년 연방정부가 두 명의 성인과 두 명의 자녀로 구성된 가족의 경우 18,244달러 이하의 수입으로 정하였다. 이는 실질적으로 더 많은 퍼센트의 가족이, 비록 공식적으로 빈곤하지는 않지만, 분명히 경제적으로 어렵고 또 가족생활의 일상적이고 비일상적인 요구를 관리하기 위한 노력에서 경제적 어려움으로 고심하고 있음을 의미한다.

공식적인 빈곤선이 어디에 그어지든 간에, 빈곤은 높은 비율의 영아 사망률, 빈약한 영양, 부적절한 주거, 정신병, 가족붕괴를 초래한다(Lerner, Rothbaum, Boulos, & Castellino, 2002). 연구결과에 의하면 빈곤은 성인의 삶에서 가장 보편적인 스트레스원이며, 실직을 할 때 특히 더 그렇다(Wilson, 1996). 또한 빈곤이 아동에게 미치는 영향은 특히 심각하다(Rank, 2001). 경제적 어려움은 일상적인 스트레스원이나 성가신 잡일과 마찬가지로 만성적인 스트레스원이자 불안을 나타낸다(McLoyd, 1990). 그 이유는 미리 계획을 세울 수 없음, 자신의 삶에 대한 통제감의 상실, 물질적 소유 면에서 상대적 박탈감, 부실한 주거, 음식의 부족, 겨울에 춥고 여름에 더움, 치료받지 못한 질병, 위험한 이웃, 자녀가 적절한 교육 경험에 접근하는 것의 어려움(Rank, 2001; Wilson, 1996) 때문이다. 빈곤과 관련된 이러한 스트레스원은 부부관계뿐 아니라 자녀양육에도 타격을 준다. 결혼 스트레스, 불만족, 가정폭력, 이혼은 모두 빈곤한 사람 사이에서 더 많이 일어난다(White & Rogers, 2000). 어른들은 더 쉽게 짜증을 내고 더 쉽게 화를 내게 된다. 서로 비난하게 되고, 가장 필요할 때 상호지원이 없다. 남성은 자주 가계부양자로서의 역할을 못했기 때문에 가족에 기여하지 못하였다는 느낌의 결과로 가족생활에서 쉽게 뒤로 물러선다. 자녀양육은 더 거칠어지고 덜 민감하게 되며 더 비일관적이 된다(Conger, Conger, Elder, Lorenz, Simons, & Whitbeck, 1992; Elder, 1979).

게다가 빈곤은 많은 아프리카계 미국인과 타 소수민족집단, 특히 노동자 계층과 도시 빈민가 가족에게 영향을 미치는 여러 세대에 걸친 빈곤과 더불어 인종에 의해 더 복잡해진다(Boyd-Franklin, 2003). 이런 가족은 가족생활의 여러 요구를 관리해야 함과 동시에 인종차별주의와 경제적으로 박탈된 상황에서의 생활이라는 어려움에 맞서야 한다. 그들은 약물과 알코올 남용, 폭력집단, 범죄, 노숙, 점점 더 위험해지는 공공주택, 폭력, 조기사망, 십대 임신, 높은 실업율과 학교 중퇴율, 빈약한 교육체계, 경찰 및 사법체계와의 지속적인 문제와 같은 위협에 직면해 있다(Boyd-Franklin,

2003). 그들은 자녀를 위한 선택이 거의 없으며, 덫에 걸려 있다고 느낄 수 있다. 그래서 핀더휴(Pinderhughes, 1982)는 '희생자 시스템(victim system)'이라는 용어를 사용한다.

> 희생자 시스템은 자존감을 위협하고, 지역사회, 가족과 개인에게서 문제가 되는 반응을 강화하는 순환적인 피드백 과정이다. 피드백은 다음과 같이 작동한다. 즉, 기회와 교육의 장애는 성취, 직업, 기술 획득의 기회를 제한한다. 이러한 제한은 결국 빈곤이나 관계되는 스트레스를 초래할 것이며, 이는 결국 가족역할의 적절한 수행을 방해한다(p. 109).

많은 가난한 사람들, 특히 인종차별과 빈곤이라는 두 가지 이슈에 직면해야 하는 인종적으로 소수집단인 가난한 사람들은 덫에 걸려 있고 영향력을 빼앗기며 분노가 점점 더 증가한다는 느낌을 가진다. 실직한 지역사회의 남성은 장래의 배우자로서 덜 매력적이며, 따라서 결혼을 하지 않고 남아 있을 수 있다. 이것은 결국 높은 비율의 여성이 가장인 한부모 가족의 형성에 기여한다(Pinderhughes, 2002). 실직한 남성은 또한 가계부양자 역할 수행 능력에 대한 염려 때문에 결혼을 주저할 수 있다. 유색인종의 남성에게 가계부양자 역할에서의 성공은 매우 중요하다(McLoyd, Cauce, Tacheuchi, & Wilson, 2000).

그들이 경제적으로 빈곤한 상태에 있다는 것은 이들 가족이 자신과 자녀를 염려하는 맥락에 살고 있음을 뜻한다. 청소년기는 도심의 가난한 지역에서 일찍이 시작되고, 매우 어린 나이에 자녀는 성, 가족부양 책임, 약물·알코올 사용과 관련된 선택에 직면하게 된다. 무작위적인 폭력, 특히 약물과 관련된 폭력은 이런 가족의 주요 걱정거리가 된다. 부모는 자녀가 거리에서 활보하는 것을 막으려고 아무 효과도 없는 애를 쓴다(Boyd-Franklin, 2003; Osofsky, 1997).

더 폭넓게는 가족생활의 사회적 맥락이 개인과 가족발달의 궤적에 깊은 영향을 줄 수 있다는 것이다. 모든 빈곤 가족이 온갖 문제로 괴로워하며, 겨우 기능한다거나 잘못된 방식으로 기능한다고 결론짓는 것은 잘못이지만, 빈곤이 가족생활의 질에 영향을 미치는 심층적인 방식을 무시하는 것도 똑같이 잘못이다. 더욱이 가족생활의 구조와 경험에 영향을 미치는 인종, 인종차별주의, 계층, 빈곤과 같은 요인의 복잡한 상호작용을 간과해서는 안 된다. 마지막으로, 이렇게 많은 요인이 가족생활에 어떻게 영향을 미칠 것인가를 정확하게 예측할 수 없지만, 교육, 경제, 직업 역사와 기회, 인종차별주의가 가족생활이라는 천을 짜는데 기여하며, 가족의 과업 수행을 위해 사용되는 전략과 그 효과성 모두에 영향을 미친다는 점은 명백하다.

문화적응과 가족의 다양성

가족이 그들의 민족적/소수집단 정체성을 지배문화의 가치, 태도, 실천과 조합하는 과정은 그들 자신의 문화적응 과정을 나타낸다. 전통적으로 문화적응(acculturation)은 새로운 문화에 대해 배우고 근원 문화의 어떤 면을 지키고 희생할 것인가를 결정하는 적응의 과정으로 개념화되었다. 이 개념은 한 문화의 구성원이 다른 문화와 접촉한 결과로서 태도, 가치, 행동에서의 변화를 말한다(Handelsman, Gottlieb, & Knapp, 2005). 문화적응 과정은 역동적이며 가족생활과 더 폭넓은 사회적 경험의 맥락 안에서 시간이 흐름에 따라 발생한다(Zuniga, 1992). 문화적응 과정이 계속 진행되더라도, 가족의 이사, 경제적·사회적 제약조건, 중요한 관계의 형성이나 해체 혹은 트라우마 경험 때문에 중단되기도 한다.

문화적응은 많은 사회문화적·가족적 특징에 대하여 일어나는데, 여기에는 언어, 직업지위, 태도, 음식 선호, 여가 활동, 관습, 의례, 자녀양육 태도 등이 포함된다 (Falicov, 2003). 가족의 문화적응 정도는 연속선상의 특징이 있다. 연속선상의 한쪽 끝은 자신의 문화유산의 전통 및 실천과 강한 동일시를 유지하는 가족이다. 다른 한쪽 끝은 자신의 문화적 전통을 포기하고 주류 문화의 지배적 가치와 태도를 빨리 채택하는 가족이다. 이 연속선상의 중간에는 전통과 주류문화의 가치를 모두 강조하는 양문화적 가족이 있다(Falicov, 2003).

그래서 문화적응은 민족적·인종적 가족 안에서 발견되는 다양성을 설명하는 데 도움이 된다. 이 가족은 미국의 지배문화와의 접촉에 반응하여 시간이 지나면서 상이한 속도로 변화한다. 문화적응 과정이 일어나는 속도는 이주 경험, 세대 상황, 지배문화에의 동화(assimilation) 정도, 조국으로 돌아갈 가능성, 근원 문화와의 지속적 접촉, 주류 문화에서 보낸 시간 등 많은 요인의 영향을 받는다. 예를 들어, 가족이 미국에 남을 것인가에 대한 불확실성은 자기 민족의 전통적 가치 보존을 선호하게 할 것이다.

이민과정에 대한 적응 패턴은 세 가지로 파악되는데, 이는 문화적응 과정 동안 기대할 수 있는 개인적 다양성을 분명히 보여 준다(Fitzpatrick, 1988). 첫째, 이민 집단에서 도망쳐서 가능한 빠른 시간에 지배 집단과 동일하게 된다. 둘째, 과거 문화로부터 철회하지만 새로운 생활방식에 저항한다. 셋째, 근원문화와 새 문화 간에 '문화적 다리'를 건설하고자 한다. 마지막 이민자 집단은 새로운 사회에 정착하려고 노력하지만 자신의 근원문화와 계속 동일시하는데, 이들은 실제로 양문화주의를 지향하는 것이다.

문화적응의 개념은 민족집단과 소수집단 내 이질성을 강조하는 반면, 동일집단 구성원 간의 개인차를 강조하기 때문에 특히 유용하다. 민족집단 안에도 많은 다양성이 존재하는데, 특히 가장 최근에 이민 온 집단은 문화적응이 일어나는 정도 때문에 많은 다양성이 존재한다. 그래서 민족적 · 인종적 가족에 관해 일반화하기가 어려운데, 그 이유는 문화적응 과정이 각 가족생활의 구조와 경험에 영향을 주는 정도를 미리 결정하는 것이 불가능하기 때문이다.

민족성, 인종, 가족 전략

여기서는 민족적 · 인종적으로 다양한 가족 안에서 발견되는 일반적인 테마와 지향을 제시해서 가족의 구조와 전략이 그 문화적 유산에 의해 어떤 영향을 받을 것인가를 설명하고자 한다. 문화적 테마가 상호작용 패턴과 기능에 영향을 주는 방식으로 가족생활이라는 천으로 어떻게 짜이는가를 보여 주기 위한 예를 제공한다. 여기서도 앞서 언급했던 메타관점에 대해 생각해 본다. 즉, 이러한 민족적 · 인종적 집단 프로파일이 가족 안에서 관찰되는 패턴과 역동성의 차이를 이해하는 데 도움이 될 수도 있고 동시에 잘못 이해될 수도 있음을 자각하여야 한다. 집단 내 다양성에 충분한 주의를 기울이지 않는다면, 그리고 집단 간 비교가 이루어진다면, 특히 그러하다.

예를 들어, 유태인 가족은 유산을 보존하고 이전 세대와의 연결을 매우 강조한다. 결혼과 자녀가 중심 역할을 하는 매우 강한 가족지향성도 여기 포함된다(Hines, Preto, McGoldrick, Almeida, & Weltman, 2005). 자녀와 손자녀는 자주 삶의 의미의 핵심으로 인식된다(Rosen & Weltman, 2005). 유태인 가족의 부모들은 자녀와 민주적인 관계를 맺는 경향이 있다. 사실 자녀들은 가족문제를 해결할 때 의미 있는 역할을 하도록 요구되기도 한다. 타 민족집단에 비해 부모와 자녀 사이의 경계선은 덜 분명하다(Rosen & Weltman, 2005). 자녀는 부모에게 자부심과 기쁨의 근원이 되길 기대하기 때문에 때로 가족에 대한 복종과 자신의 독립적 삶 간에 균형을 이루어야 할 도전을 느끼기도 한다(Hines et al., 2005). 자녀의 정서적 · 사회적 · 지적 발달에 관심이 크며 자녀의 지적 성취와 경제적 성공에 큰 가치를 둔다. 유태인 가족은 교육, 학습, 공개적인 토론을 가치 있게 여긴다. 갈등은 직접적이고 공개적으로 표현된다. 유태인 가족에서는 가족구성원의 반응과 대답을 이끌어 내기 위해 냉소와 비판이 자주 표현된다. 다른 사람에게는 분노나 적대감으로 보일 수 있는 것이 가족 안에서는 종종 보살핌을 보이는 방법으로 지각된다. 유태인이 흔히 억압과 반유대주의 상황에서 살고 있다는 사실은 유태인 가족이 전통과 공동체를 깊이 강조함을 설명하는 데 도움이 된다(Hines et al., 2005; Rosen & Weltman, 2005).

아이리시계 가족 안에서 긍정적 이미지를 유지하는 것은 중요하다. 감정을 표현하거나 문제를 인정하는 것, 특히 타 가족구성원에게 그렇게 하는 것은 자주 당황스러움과 수치감을 불러일으킨다(Hines et al., 2005; McGoldrick, 2003). 그 결과, 가족 내 갈등은 간접적으로 다루어진다. 모호한 의사소통과 비밀유지는 이 가족 안에서 갈등을 다루는 공통된 전략이다(Hines et al., 2005). 유머와 빈정댐은 스트레스가 있거나 어려운 상황을 다루는 또 다른 중요한 방법이다(McGoldrick, 2005a). 아이리시계 가족 안에서 아버지는 겉에서 맴돌고, 어머니가 양육에서 중심 역할을 한다. 아이리시인으로서의 의무감은 강한 가치이며, 부모는 일반적으로 자녀를 위해 옳은 일을 하기를 원한다. 자기표현, 주장성, 창의성 같은 자녀의 정서적 요구의 측면보다 자녀가 규칙에 순응하는 것에 더 많은 초점을 두는 경향이 있다. 그 결과 자녀는 공손하고 품행을 잘 하도록 길러진다. 훈육은 전통적으로 엄하며 지옥 간다는 협박으로 강화되기도 한다("죄를 지으면 지옥 갈 거야."). 애정의 신체적 표현은 드물게 이루어진다(Hines et al., 2005; McGoldrick, 2005a).

모든 문화가 가족을 가치 있게 여기지만, 이탈리아인은 가족을 삶에서 최고의 영향을 미치는 원천으로 여기고 숭배한다(Giordano et al., 2005). 이탈리아인에게 일차적인 방침은 가족생활이다. 가족유대를 매우 강조하고, 부모가 자녀에게 지나치게 관여하는 경향이 있다. 가족체계는 구조상 가부장적이고, 가구 내 남성에게 권위가 부여된다. 한편, 이탈리아 어머니는 이탈리아 가정의 중심이다. 어머니는 가족의 정서적 영역을 책임지며, 어머니의 삶은 가사활동을 중심으로 이루어져야 한다는 기대가 있다. 어머니의 개인적 요구는 남편과 자녀의 요구 다음에 이차적인 것으로 기대된다. 부모는 일반적으로 자녀에게 충성을 기대하며, 자녀는 가족에 대해 강한 복종심을 경험하지만, 아들과 딸은 다소 다르게 사회화된다. 가령, 아들은 딸보다 자기 삶을 통제하는 데 상당히 큰 자유가 주어진다. 반대로 딸은 자주 사회적으로 제약을 받으며, 가족의 요구와 바람을 존중하여 개인적인 성취를 평가절하하도록 교육받는다. 이탈리아인은 현재를 최대한 이용하도록 교육받는다. 즉, 그들은 먹기, 축하하기, 싸우기, 사랑하기를 강렬하게 즐기며 참여하는 데 굉장한 능력을 가지고 있다(Giordano et al., 2005; McGoldrick, 2003).

노예제도의 역사적 경험, 피부색의 차이, 인종주의와 차별의 지속적인 영향은 모두 아프리카계 미국인 가족생활이 어떻게 구조화되는가에 지속적이고 보편적인 영향을 미친다(Hines & Boyd-Franklin, 2005; Pinderhughes, 2002). 예를 들어, 인종차별주의는 외부인과의 경계와 사회적 지원이 어떻게 구조화되는가에 영향을 미친다. 외부 사회체계에 대한 흑인 가족의 불신은 강한 친족 네트워크를 발전시키는 요인이 된다. 그러나 친족관계는 혈연관계에 의해서만 형성되는 것이 아니며, 다양한 혈연관계를 가진 친척들은 자주 상호 간의 정서적·경제적 지원의 일차적 네트워크로 기능한다(Hines & Boyd-Franklin, 2005).

아프리카계 미국인 가족은 자녀를 매우 중요하게 여긴다. 자녀가 사회에서 비하하는 메시지를 받기 때문에 부모 됨의 중요한 일부는 자녀에게 흑인으로서의 자부심과 긍정적인 정체성을 심어 주는 일이다. 여기에는 인종주의와 차별의 현실을 자녀에게 교육하는 것을 포함한다. 또한 부모는 많은 가난한 아프리카계 미국인 가족을 특징 짓는 무가치함과 무력감을 극복하도록 노력해야 한다. 타인, 특히 확대가족 네트워크 내 타인에 대한 충성과 책임의 가치도 강조된다(Boyd-Franklin, 2003; Hines & Boyd-Franklin, 2005).

많은 흑인 확대가족에게 상호성(서로 물품과 서비스뿐 아니라 지원의 교환과 공유를 돕는 과정)은 그들 삶의 중요한 일부고 생존가치다(Boyd-Franklin, 2003). 많은 흑인 가족이 직면하고 있는 경제 현실 때문에, 부모 됨 역할은 보다 융통성 있게 구조화된다. 게다가 부모가 자녀를 양육할 수 없을 때 '비공식적 입양'(노예제도가 있던 시대 이래로 쭉 흑인 지역사회 통합의 일부가 되었던 비공식적 사회서비스 네트워크)을 통해 가족의 성인 친척이나 친구가 자녀를 데려가서 보살핀다(Boyd-Franklin, 2003).

미국 내 라틴 아메리카계 가족은 전체 인구의 15%를 차지하는데, 고유한 역사와 문화를 지닌 많은 집단을 포함한다. 멕시코계 미국인이 가장 큰 하위집단이며 (58.5%), 푸에르토리코인, 쿠바인, 중앙아메리카인, 남아메리카인도 많다(U.S. Census Bureau, 2008). 다른 민족집단에 비해 라틴 아메리카계는 더 많은 가족과 더 낮은 이혼율을 보인다(Zuniga, 1992). 전통적인 라틴 문화에서 자녀는 생산적이고 안전한 미래를 상징한다(Garcia-Preto, 2005). 이 말은 부모-자녀관계가 부부관계보다 훨씬 더 중요하게 여겨지며, 부모는 자녀를 위해 희생하도록 기대된다는 점에서 자녀가 가족에서 중요하다는 의미다(Zuniga, 1992). 이러한 강조 때문에 자녀의 영아기부터 성인기에 이르기까지 부모가 자녀와 강한 관계를 유지하는 일이 흔하다.

가족과 강한 동일시를 나타내는 가족주의는 대부분의 라틴 문화에서 중심이 된다. 가족은 핵가족과 확대가족뿐 아니라 지속적으로 유대하고 있는 친구와 이웃이라는 더 넓은 네트워크를 포함한다. 가족에 대한 충성, 부모에 대한 존경, 다른 가족원에 대한 의무감이 강조된다. 이와 같이 강한 가족지향이 사회적 지지의 원천이 될 수 있지만, 동시에 개인적 성취를 방해하기도 한다. 즉, 집단 협동, 복종, 타인과 잘 지낼 수 있는 능력이 외부세계에서의 성공보다 더 중요하게 여겨진다(Hines & Boyd-Franklin, 2003; Garcia-Preto, 2005).

라틴계 가족에서 남성의 지배와 여성의 복종은 전통적인 성역할을 보여 준다. 그러나 이러한 전통적인 패턴은 문화적응, 현재의 사회적 조건, 경제적 맥락에 따라 서서히 변화하고 있다. 그래서 사회적 변화와 문화적응에 반응하여 의사결정의 공유와 평등주의 등 라틴계 가족에서 성역할 패턴이 다양하게 관찰된다.

미국 인구의 3.6%만이 아시아인이지만, 향후 50년 동안 그 수치는 두 배에 이를 전망이다(U.S. Census Bureau, 2008). 이민 패턴으로 말미암아 중국인, 필리핀인, 일본인, 한국인, 동남아시아인을 포함하는 다양한 집단의 아시아계 미국인이 생겨났다. 초창기 이민자들은 주로 농부와 노동자였으나, 최근의 집단은 높은 교육수준을 가진 전문가인 경향이 있다(Chan, 1992).

많은 아시아 문화의 중심 가치는 가족, 조화, 교육을 강조하는 유교 원리에 뿌리를 두고 있다. 인내, 끈기, 자기희생, 겸손 같은 미덕이 높게 평가된다. 자기이익은 집단의 선(善)에 부차적이며, 유대감이 강조되는 반면 개인주의는 최소화된다. 그래서 부모는 자녀와 가족의 이익을 위해 개인적인 요구와 소망을 쉽게 희생한다(Chan, 1992).

전통적인 아시아 가족에서 역할은 가족구성원의 나이, 성별, 출생순위에 깊은 영향을 받는다. 여성은 주로 자녀양육의 책임을 지고, 남성은 가계부양자와 훈육자 역할을 한다. 아시아 가족에서 가족구성원 간에는 강한 정서적 유대가 있는 경향이 있는데, 어머니는 남편보다 자녀들과의 유대가 더 강하다. 아버지의 일차적 애착은 아내라기보다 자신의 어머니다. 장남은 동생들의 성장을 이끌도록 요구받기도 한다(Chan, 1992; Lee, 1996).

대부분의 아시아계 미국인 하위집단에서 교육은 매우 가치 있게 여겨지며, 자녀는 학습과 지식을 존중하도록 가르침을 받는다(Chan, 1992; Lee, 1996). 학업적 성취는 타고난 능력보다 노력의 결과라는 문화적 경향성이 있다(Stevensen & Lee, 1990). 이러한 신념에 의해 부모는 자녀의 학업수행에 대한 책임을 느끼며, 자녀는 학업수행을 잘함으로써 부모의 면목을 세워 준다고 느낀다(Chan, 1992). 교육에 대한 이러한 강조는 미국에 사는 아시아계 미국인 가족이 양문화주의를 지지하도록 한다(Garcia-Coll & Pachter, 2002). 많은 아시아계 미국인 가족은 자신들의 문화적 전통을 존중할 뿐 아니라 교육과 직업을 통한 신분상승을 위해 주류 미국 문화에의 동화를 크게 강조한다.

결 론

문화, 인종, 민족, 계층, 사회경제적 지위, 문화적응 과정이 가족생활의 과업수행을 위해 가족이 사용하는 전략에 영향을 주는 방식에 주의를 기울이는 것은 매우 중요하다. 모든 가족은 테마를 발전시키며, 가족의 테마는 가족의 민족적 · 문화적 유산을 반영하고 있다. 그러한 민족적 전통과 문화적 테마는 가족 목표의 우선순위, 가족구성원의 가치와 태도, 권력, 의사결정, 친밀성, 자녀양육과 같은 사안이 관리되는 전략에 영향을 미칠 수 있는, 의미와 지향성의 틀을 가족에게 제공한다.

이 장에서 제시된 다양성에 대한 메타관점은 문화, 인종, 민족성이 가족생활의 구조와 경험에 예측할 수 있는, 영향을 미친다고 가정할 수 없다는 점을 일깨워 준다. 사회경제적 지위, 빈곤, 인종차별주의, 문화적응 과정 같은 수많은 요인은 문화적 요인이 가족생활이라는 천으로 어떻게 짜이는가를 수정하기도 하고, 어쩌면 더 깊은 영향을 미치기도 한다. 그래서 문화가 어떻게 가족에 영향을 미치는가를 주의 깊게 살펴볼 필요가 있다. 그러나 가족체계는 분명 복잡하고 고유하다는 점도 인식해야 한다. 가족에 대해 진정으로 관대한 관점은 가족의 이질성 및 가족의 고유성에 기여하는 요인을 알아차리는 것이 필요하다는 것이다.

주요 개념

다차원적 관점(multidimensional perspective) 문화적 다양성이 인종과 민족의 영향만

이 아니라 수없이 많은 요인을 고려함으로써 비롯된다고 보는 시각.

동화(Assimilation) 소수집단이 지배문화의 관습과 태도를 점진적으로 채택하는 과정.

문화적응(Acculturation) 새로운 문화에 대해 학습하고 또 근원문화의 어떤 면을 유지하고 희생해야 하는가를 결정하는 과정.

문화(Culture) 사람들의 시각의 동질성 정도를 확립하는 데 어떤 역할을 하는 지역, 역사적 기간, 종교, 기타 요인 때문에 특정 습관, 관습, 의례, 개념, 세상에 대한 해석을 공유하는 사람들의 집단.

문화 관련 관점(Culture specific perspective) 문화적 다양성이 특히 인종 및 민족성과 관련된 요인을 고려함으로써 비롯된다고 여기는 시각. 이 관점은 특정 민족이나 문화집단의 구성원을 특징짓는 특정 태도, 신념, 감정, 행동을 살펴보는 데 초점을 둠.

문화적 다양성(Cultural diversity) 사람들의 삶을 형성하는 수많은 하위문화의 영향과 다양한 맥락을 고려하고, 또 특정 문화 내 사람들 간의 차이를 설명하는 폭넓은 용어. 민족성, 인종, 종교, 사회경제적 지위, 가족구조, 성적 지향, 젠더, 생활주기로 인한 다양성도 포함.

민족성(Ethnicity) 더 큰 문화에 속하면서 자율적인 정체성과 구조를 가진 고유한 하위집단의 특징.

빈곤(Poverty) 해당연도에 연방정부에서 정한 일정 수준 이하의 수입을 가진 가족이나 개인의 생활 상태. 2002년에 4인가구 기준 18,224달러였음.

빈곤선 혹은 빈곤수준(Poverty line or level) 한 가족이 연간 식료품, 의복, 주거 등 기본 물품을 최소한의 비용으로 구입하기 위해 필요한 최소한의 소득수준.

사회경제적 지위(Socieconomic status: SES) 해당인의 교육, 소득, 직업을 기초로 한 연속변수.

사회계층(Social class) 교육, 소득, 직업지위, 주거, 가계(혈통) 수준이 비슷한 사람들의 범주.

인종(Race) 특정 집단 사람들의 신체적 특징.

가족발달 단계

제3부에서는 시간에 걸쳐 일어나는 가족의 상호작용과 발달적 변화 간의 관계를 다루며 다세대/발달적 관점을 강조한다. 이 관점은 가족생활주기 단계 및 가족이 각 발달단계에서 실행해야 하는 과업과 전환기가 가족 상호작용 패턴과 기능에 미치는 영향에 초점을 둔다.

가족체계는 시간에 따라 달라지기 때문에 상호작용 패턴은 발달적 스트레스의 영향을 받으며 형태가 만들어진다. 제1장과 제2장에서 다룬 것처럼 모든 가족체계는 발달적 스트레스에 직면한다. 이 발달적 스트레스는 두 개의 기본적인 원천에서 오는데, 하나는 각 가족구성원이 성숙하면서 개개인의 요구와 능력이 변화하는 것이고, 다른 하나는 가족체계가 시간에 걸쳐 수정되고 개정되면서 가족체계 전체가 변화하는 것이다.

가족체계 관점에서 보면 생애에 걸친 개인의 요구와 능력의 변화는 가족과의 상호작용 패턴에 영향을 미친다. 개인이 자라고 성숙하면서 신체적·사회적·정서적·심리적·인지적 요구와 능력이 변화한다. 각 가족구성원의 발달은 가족이 개인의 기본 과업을 얼마큼 또 어떻게 수행할 것인가에 영향을 미친다. 개별 가족구성원의 요구와 능력에 따라 가족의 신체관리, 경계선, 정서적 환경 그리고 정체성 과업이 다를 것이다. 예를 들면, 유아의 신체적, 사회적, 정서적 요구는 학령기 아동의 요구와 매우 다르다. 가족은 각 구성원의 성장과 발달을 촉진하는 중요한 목적을 계속 충족하려면 이러한 변화에 대응하여 상호작용 전략을 변경할 수 있어야 한다.

각 가족체계는 자신만의 발달행로를 가진 것으로 생각할 수 있다. 시간이 흐르면서 가족은 구성원이 더 생기거나 없어지면서 가족구성에 변화가 있을 것이다. 이러한 전환으로 인해 불안정, 혼란, 스트레스, 잠재적 변화의 시기가 올 수 있다. 가족구성원이 가족체계에 들어오거나 나가는 결정적인 가족전환은 일반적으로 결혼, 출산, 입양을 통해 들어오기나 입학, 출가, 죽음을 통해 떠남을 알 수 있는데, 이러한 전환은 가족체계의 적응과 수정이 필요하다. 이처럼 구조적 재구조화 시기 동안 과업은 재정비되고, 역할은 재정의되며 전략은 수정되어야 한다. 예를 들어, 첫째 아이의 출생으로 가족은 이인체계에서 삼인체계로 이동하는데 가족은 이전의 역할에 부모라는 새로운 역할이 더해진다. 이러한 재조직으로 가족의 구조적 구성과 기본 과업의 수행방법이 변한다. 이제 관리과업에 유아의 기본적인 신체적 요구를 돌보는 것이 포함되어야 한다. 다른 것에 우선순위를 두었던 자원이 이제는 아이에게 쏟아져야 한다. 가족은 부부 하위체계뿐 아니라 부모 하위체계를 위하여 내적 경계선을 재정렬해야 한다. 외적 경계선은 소아과 의사와 어린이집 관계자와 같은 아동보육 전문가와 아동이 있는 다른 가족과의 상호작용에 적응하는 것으로 변경되어야 한다.

신생아의 요구에 더 많이 주의를 기울이게 되면 가족의 정서적 분위기가 혼란에 빠질 수 있다. 얼마나 많은 시간과 에너지 사용이 부모의 책무여야 하는지 또는 부부로서의 책무에 두어야 하는지 사이에서 갈등이 일어날 수 있다. 가족 정체성은 부부 정체성에서 아동이 있는 부모 정체성으로 바꿔야 한다. 아동은 이름이나 옷(남아는 파란색, 여아는 분홍색?)을 성별에 어울리는 것으로 선택하여 자신의 정체성을 갖도록 주의를 기울여야 한다. 이러한 일을 하나씩 재정비하기 위해서 가족의 과거 행동전략을 수정해야 한다. 새로운 요구의 변화를 충족하기 위해서 새로운 결정, 계획, 절차가 실행되어야 한다.

그러기에 다음 장들에서는 가족체계가 특정한 발달적 전환기에 대처할 때 직면하는 쟁점을 강조한다. 이에 앞서 두 가지 중요한 점을 유념할 필요가 있다. 첫째, 가족발달 관점을 미국문화 내 대부분의 가족이 주로 경험하는 규범적인 발달패턴에 초점을 맞춘다. 이처럼 다소 협소한 범위에 초점을 두는 것은 모든 가족이 발달적 쟁점을 토론해야 한다는 사실을 모호하게 하려는 것은 아니다. 이는 모든 가족이 가족의 독특한 구성, 구조, 상황 때문에 형성되거나 규제된 것에 적응해야 한다는 것이다. 예를 들면, 아이를 갖지 않기로 한 부부는 자녀 임신, 부모 하위체계의 형성, 아동을 학교에 보내기, 아동을 성인기로 진출시키기와 같은 스트레스와 겨룰 필요가 없다. 그럼에도 자신과 배우자의 고령화 및 이러한 변화가 부부관계에 미치는 영향뿐 아니라 부모의 고령화 및 이러한 발달적 변화와 관련된 요구에 적응해야 한다.

이와 마찬가지로 재혼한 성인과 의붓아이, 의붓형제로 구성된 혼합가족은 전통적인 핵가족과는 실제로 다른 쟁점에 직면한다. 혼합가족도 전통적인 핵가족처럼 개별 가족구성원의 발달적 변화에도 적응해야 한다. 어떤 체계는 보편적인 수단이 적기 때문에 더 많은 불확실성에 직면하며, 당면한 요구에 적응하기 위해 수립된 전략이 적은 것이 사실이다.

둘째, 가족발달의 전환을 논하는 데 다세대적 연류를 계속 인식하는 것은 늘 중요하다. 가족발달에 대한 진정한 체계이론적 관점은 가족체계를 구성하는 다세대를 염두에 두어야 한다. 각 세대는 다른 세대와 상호의존적으로 연결되어 있으며, 각 세대는 발달적 전환과 변화를 경험한다. 그러므로 한 세대의 변화는 가족의 다른 세대가 느끼는 스트레스와 긴장에 반사적인 영향을 미친다. 다세대적 발달 관점을 취하면 이러한 사실에 민감해진다.

예를 들어, 노부모 세대가 있는 어느 가족에서 병세가 악화되어 조기에 직장을 그만 둔 배우자가 있다고 하자. 이 부부는 건강보호에 대한 요구증가와 수입감소로 인해 가족자원이 쪼들릴 수 있다. 이러한 변화는 병든 부모를 간호하기 위해 부모의 집을 자주 방문하고, 의료비를 부담해야 하거나 병든 부모와 건강한 부모 모두에게 심리적 지지를 제공해야 하기에 성인자녀는 스트레스를 받을 수 있다. 이처럼 노부모세대에 중점을 두어야 하는 변화는 성인자녀가 자신의 가족이 발달적 변화를 경험하는 시기에 올 수도 있다. 맏이가 집을 떠나 결혼을 준비하는 중이거나 막내가 중학교에 들어가는 힘든 전환기에 있을 수도 있다. 가족자원은 나이 든 세대로 옮겨지고 그들의 요구에 맞게 새로운 전략이 실행되므로 자녀의 요구는 충족되지 않은 채로 남을 수 있다. 가족의 다른 세대에서 발달적 변화가 일어날 때마다 핵가족 내 스트레스가 증폭되는 것은 분명하다.

만약 생활주기 개념을 진지하게 받아들인다면 각 세대가 연속적인 단계로 이동하는 것처럼 다세대적 가족체계가 시간을 통해 계속 움직이는 것으로 보아야 한다. 생활주기에 분명한 시작이나 끝이 없다. 가족생활주기의 순환적 성격 때문에 딜레마가 있으나 바로 그럴 때 가족생활주기의 각 단계와 관련된 발달적 쟁점에 대해 토론하는 것이 바람직하다. 만약에 가족체계가 몇 단계나 모든 단계를 동시에 경험한다면 개별 단계에 대해 논의하는 것은 가능한가? 이 테마의 딜레마는 확대가족이 아닌 핵가족이 경험한 단계들을 논의함으로써 해결된 바 있다. 다소 인위적이지만 개인이 청소년 후기나 초기 성인기에 원가족을 떠나는 시기를 가족생활주기의 출발점으로 선택하여 구두점을 찍는다. 젊은 성인이 원가족에서 분리하는 것을 가족생활주기의 새로운 단계로 볼 수 있는데 그 이유는 젊은 성인이 결혼하는 사건은 가족의 다음 세대를 확립하는 기초가 되기 때문이다. 생활주기를 보면 결혼 초기 다음에 부모기가 있는데 부모기에는 부모전환기, 어린 아동이 있는 부모기, 청소년이 있는 부모기가 모두 포함된다. 부모기는 자녀가 모두 집을 떠나면 끝난다. 부모 후기의 가족단계에는 성인 가족구성원이 성인중기와 노년기로 이동하면서 맞이하는 쟁점이 포함된다.

이 단계들에서 발달이 가족에 미치는 영향을 이해하는 핵심은 모든 가족은 실행해야 하는 과업이 있음을 유념하는 것이다. 이러한 과업은 생활주기에서 가족의 특정단계에 맞게 수행되어야 한다. 생활주기상 전환기에는 과업수행을 위한 전략과 규칙이 변경되어야 하므로 스트레스를 받게 된다. 그러므로 개인과 가족의 능력과 요구가 시간에 걸쳐 변하는 것이 가족의 상호작용 패턴과 역동에 영향을 미치는 주요요인이다. 더욱이 가족의 전환과 가족의 상호작용 패턴은 모두 가족기능과 반드시 관련되어 있다. 전환을 성공적으로 마치면 가족기능은 향상되고 가족구성원은 수평적 긴장원을 적게 가지면서 차후의 생활주기단계와 전환을 맞이한다.

제6장
청소년기에서 성인기로의 전환

본 장에서는 청소년기에서 초기 성인기로의 이동과 관련된 과업을 설명하기 위해 개별화 개념을 소개한다. 일반적으로 개별화는 전생애 발달과정의 하나로 생각되나 개인이 청소년기와 초기 성인기에 자신을 의미 있는 타자와 다르며 분리된 존재로 확립하기 위한 요구가 있기 때문에 그 중요성이 더 크다. 이 발달적 시기에 개인은 더 많은 평등과 자아충족 측면에서 부모와 다른 돌보는 사람들과의 관계를 재정의하려 한다. 그러나 자율성을 더 많이 확보하기 위한 노력은 자신에게 격려와 지원의 일차적 원천인 부모 및 다른 의미 있는 성인들과 계속해서 정서적으로 연결되어 있는 맥락에서 일어난다.

청소년기에서 초기 성인기로의 성공적인 개별화와 전환은 가족의 차별화수준이 영향을 미친다. 가족의 상호작용이 젊은 성인의 자율성과 자아충족 그리고 연결과 지원에 대한 요구를 지지할 때 개별화는 향상된다. 가족의 상호작용이 지나치게 밀착되거나 분리되는 등 한쪽으로 치우치면 개별화과정은 억제된다.

후기 청소년기와 초기 성인기 사이에 분리-개별화를 성공적으로 해결하는 것은 개인 정체성에 대한 분명한 의식과 타인과의 친밀 능력이 확립된 것으로 정의된다. 발달적으로 이 시기에 분리-개별화의 실패는 여러 가지 대인관계 문제 및 심리적 문제와 관련되는데, 예를 들면, 약물남용, 섭식장애, 자살, 가출, 컬트(사이비 종교)에의 관여다.

청소년기에서 성인기로의 전환

가족생활주기의 점검은 개인이 청소년기에서 초기 성인기로의 전환을 어떻게 협상하는가를 살펴보는 것으로 시작한다. 젊은 성인은 성숙한 정체성을 발전시키며 성인역할과 책임에 헌신하는 것에 초점을 맞춰야 하는 발달적 압박을 받는다. 이 과업을 달성하기 위해 개인은 원가족에서 '적절한 분리'를 이루어야 한다(Carter & McGoldrick, 2005b). 적절한 분리는 젊은 성인이 자신의 삶을 통제하고 자신의 결정과 행동결과에 대한 개인적 책임을 질 수 있게 한다(Williamson, 1981).

이 전환기에 일어나는 발달적 요구는 여러 가지 중요한 의문을 갖게 하는데, 본 장에서는 이러한 의문에 대해 살펴보기로 한다. 예를 들면, 젊은 성인은 어떻게 성공적으로 집을 떠나서 자신을 돌보고, 경제적으로 자립하며, 자신의 거처를 마련하는가? 그는 자신과 부모와의 관계 변화를 부모-아동의 의존 관계에서 어떻게 성인 대 성인의 상호관계로 협상하는데 성공하는가? 명확한 자아감이나 개인적인 정체성을 어떻게 형성하는가? 끝으로 그는 친구, 데이트 상대 그리고 미래의 결혼상대와 만족스러운 친밀한 관계를 성공적으로 발전시키는 데 필요한 대인관계 기술과 자신감을 어떻게 발달시키는가?

이러한 질문들에 대한 답은 복잡하며 많은 요인이 포함된다. 본 장에서는 후기 청소년기에서 초기 성인기 동안 가족체계 역동과 개인발달 간의 관계를 살펴볼 것이다. 젊은이가 청소년기에서 벗어나 성인기로 이동하는 것을 가족이 어떻게 돕거나 방해하는가를 살펴보는 것이 본 장의 목적이다. 원가족은 발달에 중요한 영향을 미치지만 개인이 청소년기에서 성인기로 성장하는 데 영향을 미치는 요인 중 하나에 불과하다는 것을 유념해야 한다. 문화적 규범과 하위 문화적 가치 같은 다른 요인이 특히 성역할 사회화에 영향을 미치는데, 이 시기에 남성과 여성이 어떻게 발달하는가에도 영향을 끼친다. 기질, 신체적·지적·인지적 능력, 또래관계의 질, 역할모델과 멘토의 가용성, 지역사회에서 가용한 지원 모두가 사람이 어떻게 발달할지를 결정짓는 데 역할을 담당한다.

개별화과정

여기에 제시된 모델은 사람의 발달과 가족체계 역동 간의 관계를 강조한다. 이 모델의 주요 개념은 개별화(individuation)다. 이 개념은 사람이 관계적(가족적, 사회적, 문화적) 맥락 안에서 자신을 분리된 독특한 존재로 보게 되는 하나의 발달과정이다 (Karpel, 1976). 개별화가 생기는 수준이란 사람이 사적 관계에서 더 이상 타인과 융합된 것으로 경험하지 않는 것을 말한다. 융합의 특성을 정의하면 자아와 타인 간에 자아의 경계가 해체되며, '우리' 속에서 '나'를 확립하는 능력이 없고, 타인과의 동일시와 의존수준이 높다(Anderson & Sabatelli, 1990; Karpel, 1976).

개별화는 사람이 타인과의 관계에서 자신에 대한 지식을 쌓게 해 주는 하나의 과정으로 생각할 수 있는데, 개별화 개념은 보웬(Bowen, 1978)의 자아분화 개념과 공통되는 점이 많다. 이 두 개념은 모두 사람이 타인과 분리되고 분명한 하나의 일관된 자아감을 발달시키고 유지하는 능력을 강조한다(Anderson & Sabatelli, 1990; Karpel, 1976). 제4장에서 언급된 것처럼 사람은 사회적, 대인관계 맥락 안에서 기능한다. 이 맥락에는 사람이 자신의 관심사와 의미 있는 타자의 관심사 간에 균형을 협상해야 하는 보편적 요구가 있다. 개별화와 자아분화 개념은 사람이 타인과 융합, 의존 또는 지나치게 동일시하지 않으면서 친밀하게 상호작용할 수 있는 수준을 강조한다. 개별화가 잘된 사람은 의미 있는 타자와 정서적인 접촉을 유지할 수 있으며, 차이를 기꺼이 받아들이고, 자기관점을 표현하며, 독특한 능력을 보이거나 자기욕구를 충족시킨다.

그러나 개별화 개념은 보웬(Bowen, 1978)의 자아분화 개념과 한 가지 중요한 점이 다르다. 개별화는 보편적이며 평생에 걸친 발달과정이다(Cohler & Geyer, 1982; Grotevant & Cooper, 1986; Guisinger & Blatt, 1994). 개별화를 지속적인 발달과정으로 본다면 개별화는 사람이 시간에 걸쳐 자신의 개별성을 표현하기 위한 능력의 점진적인 변화를 말한다. 아동에게 개별화는 부모-자녀관계와 가장 밀접하게 관련되나, 성장하면서는 모든 의미 있는 타자와의 관계에서도 작용하는 것으로 생각해야 한다. 여기에는 남편과 아내 사이, 친구 사이, 고용인과 피고용인 사이 그리고 교사와 학생과의 관계가 포함된다(Allison & Sabatelli, 1988). 각 성인관계에서는 유대, 친근 또는 친밀한 사람과의 거리, 분리, 개별성에 대한 요구 간에 균형을 잡는 것이 필요하다.

발달과정을 밟아가기 위해 사람은 자율성(개인으로의 자아)과 상호의존성(타인과 관련된 자아)을 연령에 맞게 성공적으로 균형을 맞추어야 한다. 이처럼 분리와 연결이 연령에 맞게 균형을 이루면, 아동은 자신의 삶에서 더 큰 통제력을 행사할 수 있게 되고, 반대로 부모나 다른 가족구성원들과의 관계를 점차 더 상호적이며 성인 수준에서 재구성할 수 있게 된다. 유아기 초기의 부모-자녀관계의 특징인 공생적이며 융합된 애착(Mahler, Pine, & Bergman, 1975)이 아동기에는 의존적이며 대칭적인 부모-자녀관계가 되고, 청소년기와 초기 성인기에는 좀 더 독립적이며 상호적인 관계로 점차 바뀐다(Anderson & Sabatelli, 1990). 이처럼 연속적인 단계의 각 단계에서 아동마다 자율성에 대한 요구가 다르므로 이에 균형을 맞추어 정서적 지지와 제휴(affiliation)를 제공해야 한다. 이것은 부모-자녀관계에서 권위 있게 단호하지만 부드러운 훈련방식을 사용하여 아동의 연령에 맞는 자유와 자율성(Baumrind, 1991b)을 허락할 때 가장 잘 성취된다.

성인기 초기의 개별화 성숙 지표

개별화과정의 특징은 청소년기 전반과 성인기로 진입하는 시기에 개인적 책임을 지는 능력이 점차 변하는 것이다. 이 능력은 원가족 밖에서 보여 주는 기능적(functional), 재정적(financial), 심리적인 자율성(psychological autonomy)이다(Arnett, 2000, 2006; Steinberg, 2005; Herman, Dornbusch, Herron, & Herting, 1997).

청소년기에 개인은 자율성과 자아충족을 더 많이 얻기 위해 부모 및 다른 가족과의 관계를 재협상하려 애쓴다. 그러나 여전히 의존적이다. 예를 들면, 어떤 옷을 입고 누구와 어디서 시간을 보낼지에 대해서는 더 많은 통제권을 행사할 것이지만 반대로, 정서적 지지, 관계에 대한 충고 또는 직업선택에 대해서는 부모에게 의존적이다(Sabatelli & Anderson, 1991; Steinberg, 2005). 청소년은 자주 의류구매나 교육경비에 대한 재정적인 보조를 계속 가족에게 의존한다.

개인이 성인 역할과 책임에 대한 요구를 성공적으로 관리하기 위해서는 초기 성인 기까지 남아 있는 이러한 의존성을 바꾸어야 한다. 젊은이는 기능적으로 더 자율적 이 되어야 하는데, 즉 가족의 도움 없이 사적인 일을 관리하고 방향을 잡을 수 있어 야 한다. 경제적 자율성과 자아충족이 잘 이루어지면 기능적 자율성도 촉진된다 (Gavazzi, Sabatelli, & Reese, 1999).

청소년은 자신의 심리적 자율성을 가족과 재협상할 필요가 있다. 이것은 타인과 친밀하게 연결되어 있으면서 자신의 삶을 통제하는 것을 의미한다. 심리적인 결속이 연령에 맞게 조정되지 않으면, 개인은 가족의 통제를 지나치게 받는다고 느끼거나, 매우 감정적이며 반응적이 된다. 이것은 역으로 개인이 미래에 대해 분명하고 합리 적인 선택을 할 수 있는 능력을 방해한다. 자신의 삶을 통제한다는 것은 자기선택에 대해 가족이 뭐라 말하고 어떻게 생각할지를 걱정하지 않고 자유롭게 행동하는 것을 의미한다.

원가족과의 심리적 연결을 위해 재작업하는 것은 개인의 정서, 인지, 행동에 영향 을 미치는데, 여기에는 개인적으로 책임 있는 방식으로 행동하는 노력이 필요하다. 개별화를 보여 주는 중요한 지표는 젊은 성인이 가족에게 정서적으로 의존적이거나 정서적으로 반응하는 수준이다. 정서적 의존성(emotional dependence)은 승인, 친밀, 정서적 지원에 대한 과도한 요구로 정의할 수 있다(Gavazzi et al., 1997). 여기서 정서 적 반응성(emotional reactivity)은 자기 부모에 대해 과도한 죄의식, 근심, 불신, 분개, 분노를 포함한 갈등적 감정의 정도를 말한다(Bowen, 1978). 인생을 적절하게 통제하 는 능력이 정서적 의존이나 반응성 때문에 방해를 받는지 여부는 사람이 경험한 정 서로 인해 생기는 인지와 행동에 달려 있다. 예를 들어, 부모의 승인이 필요하거나 부모에게 지나치게 충성하거나 고맙게 느끼는 것은 '부모가 나를 자랑스럽다고 느 끼게 해야 해.' 또는 '부모의 바람이 내 바람보다 더 중요해.'와 같은 생각을 수반할 수 있다. 이러한 생각은 역으로 우리의 행동 선택에 영향을 미칠 수 있다. 결국 우리 의 감정과 사고에 대해 어떻게 행동으로 반응하는가에 따라 가족과의 심리적 연결에 서 재작업의 성공 여부가 결정되며, 우리를 적절하게 개별화시킨다.

개별화는 전생애 과정이므로 부모와 성인은 아동이 자신의 독특한 잠재력과 능력에 부합되게 행동하도록 지속적으로 격려하는 것이 중요하다. 그러나 발달의 초기단계에서 정서적 의존이 강할 때 아동은 자신보다는 부모의 바람에 더 맞추려 한다. 청소년기와 초기 성인기의 부모-자녀관계에서 부모의 바람을 준수하라는 요구가 계속 생길 수 있다. 그러나 이러한 요구에 동반되는 죄의식, 충성심, 의무감 또는 분노는 일반적으로 초기 성인기에 줄어든다. 대체로 어린 아동에 비해 청소년과 젊은 성인은 자신의 의견, 요구, 욕망에 맞는 행동을 더 잘할 수 있다.

개별화가 잘된 성인은 갈등이 있거나 복종해야 하는 상황에서, 개인적 권위나 성취감을 갖고 있으면서 죄의식, 충성심, 의무감 또는 분노감정에 대한 반응을 친밀감을 키우는 방식으로 행동한다(Williamson, 1981, 1982). 예를 들면, 부모가 성인자녀의 새로운 헤어스타일이 못마땅하다고 말할 때 성인자녀의 즉각적인 정서적 반응은 화를 내는 것이지만 화를 내지 않기로 마음먹을 수 있다. 대신, 자녀는 부모에게 그 말 때문에 상처 받았다고 말하거나, 유행이 바뀌었고 자기 헤어스타일에 꽤 만족한다고 짧게 말하면서도 마음속에는 분노와 상처가 있을 수 있다. 자녀의 이러한 대안적 반응은 부모와 개인적인 관계를 계속 유지하게 하며 차후에도 상호작용할 수 있게 한다.

자기분화가 덜 된 개인은 성숙한 결정능력을 방해하는 식으로 행동하고 반응하는데, 이것은 가족관계를 위협하거나 손상시킨다. 그러한 행동에는 가족을 공격하거나 방어적으로 행동함으로써 감정과 인지에 반응적인 것이 포함된다. 예를 들면, 성인자녀는 어머니의 헤어스타일이 더 보기 싫다고 말함으로써 자신의 헤어스타일에 대한 비난에 대적할 수 있다. 그러나 그러한 반응은 자녀와 부모 모두 마음이 더 상하거나 방어적이 될 수 있다. 결과는 공격-역습 또는 정서적 거리의 패턴으로 발전할 수 있으며 개인적 관계를 위험하게 할 것이다.

덜 개별화된 것을 보여 주는 다른 반응으로 부모의 바람에 반항하거나 불복하는 것이 있다. 이 경우, 갈등에 대한 반응으로 물러서는 행동을 하거나 가족체계와 단절하는 것이다(Bowen, 1978). 가족이 끝없는 충성을 요구하거나 가족구성원을 적대적으로 거부하면, 분리된 구성원은 의지할 곳이 없어진다. 이 구성원은 기능적 또는 재정적 자율성을 찾기 위한 대가로 가족과 연결감과 친밀감을 가질 수 있다. 여기서 기이한 것은 개인이 자기인생을 통제하는 것처럼 보여질 수 있으나 이러한 감정에 대한 정서와 반응이 자기 인생행로에 영향을 미칠 수 있다는 점이다.

　마지막으로, 개별화가 덜 된 반응에는 개인의 자율성과 개별성의 대가로 부모의 바람에 순응하는 것이 포함될 수 있다. 이 경우, 개인의 자율성 요구는 융합, 충성, 연결에 대한 가족체계의 요구 때문에 희생된다. 이것은 개별화가 성공한 것처럼 보이기는 하나 가족에게 의존하게 하는 유사개별화(Pseudo-individuation)로 이끌 수 있다. 이러한 개인은 가족 외부의 타인에게 헌신하거나 연령에 맞는 책임을 맡는 것이 어려울 수 있다. 이들은 갈등을 피하거나 타인의 지속적인 보조가 필요하다고 생각하거나 승인과 지지를 받으려고 가족을 방문하는 경향이 있을 수 있는데, 그렇게 함으로써 기능적으로나 재정적으로 가족에게 의존하는 것이다(Anderson & Sabatelli, 1990).

　물론 대부분의 젊은 성인에게 개별화과정은 피할 수 없이 진행된다. 대부분은 결국 자기인생을 통제할 수 있는 능력을 갖게 될 것이고 가족과 친밀하게 연결될 것이다. 즉, 대부분의 젊은 성인은 미래의 개인발달 단계를 밟아 나가는 데 충분한 기능적·경제적·심리적 독립심을 발달시킨다. 그들은 집을 떠나고, 독립가구를 형성하며, 새롭고 의미 있는 인간관계를 맺으며 다양한 성인 책임을 맡는다. 그러나 개별화 노력이 방해받으면 이러한 것과 다른 발달과제에 숙달하는 것이 더 어려울 것이다. 개별화 노력이 어떻게 방해받는지를 이해하기 위하여 젊은 성인의 원가족에서 작용하는 역동, 특히 가족의 분화수준을 점검해야 한다.

개별화과정과 가족분화

　만약 개인발달이 가족발달의 맥락에서 일어나는 것으로 본다면, 가족은 개별화과정의 중요한 공동결정자로 보아야 한다. 가족분화는 개별화과정에 필수적인 상대로 생각할 수 있다. 개별화가 개인의 발달과정이라 한다면 분화는 가족체계의 상호작용적 속성으로 생각된다. 제4장에서 언급한 것처럼, 분화(differentiation)는 가족경계, 정서적 분위기, 정체성 과업이 관리되는 방식을 말한다. 분화가 잘된 가족은 개별성에

대한 관용이 적절하고, 가족구성원마다 독특한 특성이 있음을 인정하며, 각자 자율
적으로 행동하도록 허용한다. 그리하여 가족구성원은 지지를 받는다고 느끼고 자기
자신이 되도록 격려받는다고 느낌으로써 가족의 정서적 환경을 창조하는 데 도움이
된다.

불충분하게 분화된 가족은 개별성에 대한 관용(tolerance for individuality)이 낮거나 친
밀성에 대한 관용(tolerance for intimacy)이 낮다(Farley, 1979). 개별성에 대한 관용이 없
으면, 거리-조절이 융합된 패턴으로 나타나며, 개인이 자율성과 개별성 요구를 표현
하는 능력에 지장을 받는다. 가족구성원과 하위체계 사이에 경계선이 흐리고 구성원
들은 서로 융합된다. 결과적으로, 자율적으로 행동하고 개별성을 표현하는 능력이
억제된다.

친밀성을 수용하지 못하면 개별 가족구성원에 대한 존경, 존중, 관심이 거의 없는
패턴과 역동을 보인다. 이러한 체계에서 가족구성원이 요청한 자율성은 허용되지만,
지지, 반응 그리고 상호연결에 대한 요구는 충족되지 않는다(Minuchin, 1974; Stierlin,
1981). 그러한 상호작용 패턴은 개별화를 억제하는데, 즉 정서적 연결보다는 정서적
반응성을 키운다. 개인의 선택과 헌신은 원가족에 대해 느끼는 분노와 분개의 영향
을 많이 받을 수 있다. 정서적으로 박탈된 체계에서 자란 개인은 원가족에서 결여된
승인과 존중을 찾고 얻는 데 집착할 수 있다. 이러한 욕구는 성인 역할과 책임에 대
해 성숙하고 합리적으로 헌신하는 능력을 방해할 수 있다.

이미 말한 것처럼, 개별성과 친밀성을 조절하는 가족 전략은 어느 정도 세대 간 유
산에 의해 결정된다. 부모의 개별화가 미해결되면 현재 가족에서 자신의 미해결된
갈등을 무의식적으로 재실행하려 한다. 부모가 수립한 분리와 연결의 상호작용 패턴
및 친밀성에 대한 관용은 어떤 맥락을 규정하는데, 아동은 이 맥락 안에서 자기 연령
에 맞는 개별화 수준을 숙달해야 한다. 부모 자신의 개별화과정이 박탈되었다면, 격
렬한 정서적 단절, 삼각화, 동맹, 갈등 또는 가족 투사과정이 포함된 상호작용 패턴
을 수립하기 쉽다(Allison & Sabatelli, 1988, 1990). 이 패턴들은 청소년의 적응문제와
연관된 것으로 계속 밝혀지고 있다(Bomar & Sabatelli, 1996; Bray, Adams, Getz, &
Stovall, 2001; Steinberg, 2005). 이러한 문제의 일부는 본 장의 후반부에서 좀 더 상세

히 살펴보기로 한다.

반대로 부모 자신의 개별화가 다소 성공적이었다면 부모는 가족 안에서 개별화를 금하기보다는 강화하는 패턴과 역동을 수립하기 쉽다(Stierlin, 1981). 부모가 자녀를 진정으로 존경하고 존중하면 자녀는 생성적인 방식으로 행동할 수 있다. 자녀는 자신의 흥미를 탐색하도록 격려되며, 부모는 자녀의 성취에 자부심을 느낀다. 청소년기와 초기 성인기에 때가 되면 부모는 자녀의 자율적 행동과 개별성 표현을 지지할 수 있다.

청소년기와 초기 성인기 동안 젊은이는 주로 집에서 나와 더 넓은 사회 환경으로 이동하기에 가족은 젊은이가 개별화 쪽으로 더 나아가는 것에 반응해야 한다. 젊은이의 분리 노력에 대한 이러한 가족의 반응은 가족에서 벗어나는 젊은이의 전환을 더 쉽게 하고, 세대 간 상호의존성은 향상될 것이다. 개별화에 대한 관용이 낮은 가족은 개별화를 불효와 연관시켜 반응하기 쉬우며, 결과적으로 성공적인 분리를 억제한다. 친밀에 대해 관용이 낮은 가족은 젊은이가 심리적으로 준비되기 전에 분리하도록 밀어낼 수 있기 때문에 거절이나 유리 감정을 갖게 한다.

개별화과정 및 이후 발달과 적응

개별화과정은 개인의 현재와 미래 발달에 영향을 미친다. 초기 성인기 동안 이 발달과정의 대체적인 성공을 알려 주는 두 가지 주요 지표는 개인이 일관된 개인 정체성과 친밀한 관계를 맺는 능력을 수립한 정도다.

정체성 발달

대부분의 전생애 발달이론이 갖고 있는 기본가정으로 성인 발달과업은 후기 청소년기와 초기 성인기 동안 성숙한 정체성(identity)의 형성으로 해결된다. 예를 들면, 에릭슨(Erikson, 1963, 1968)의 사회심리발달 이론은 안전한 정체성 획득이 개인적 사고, 직업 그리고 생활양식에 헌신하는 기초를 제공한다고 주장한다(Erikson, 1968).

초기와 후기 성인기에서 정체성 발달은 여러 요인의 영향을 받는다. 성숙한 자아의 출현은 개인이 주관적으로 사용하는 의미의 틀을 경험에 적용함으로써 개인 정체성에 기여한다(Marcia, 1980). 성숙해 가는 인지능력을 강화하는 것은 정체성 형성과 연관된다. 청소년은 자신과 부모 그리고 더 넓은 사회를 더 비판적으로 바라보는 능력을 획득한다. 청소년은 다중적인 관점을 택하는 능력도 갖게 되는데, 이 관점은 자신의 새로운 역할을 고려하고 의미 있는 타자의 눈으로 자신을 보게 하여 자기이해를 하게 한다(Steinberg, 2005).

마지막으로 청소년의 정체성은 또래집단으로 이동하면서 더욱 향상된다. 또래관계는 개인에게 새로운 역할과 책임을 경험하고 동성과 이성관계에 관여할 기회를 제공한다. 다른 정체성을 탐색하는 기회를 가지는 것은 성인기로 가면서 성숙한 정체성이 확고해지는 데 중요한 정보를 제공한다(Steinberg, 2005).

개별화, 가족 역동성, 정체성 형성

전통적 발달관점에서는 정체성을 강화하는 변화가 일어나기 위해서 청소년은 부모로부터 충분한 자율성이나 '충분히 좋은' 수준의 개별화를 발달시켜야 한다. 자율성을 갖기 위해 부모와의 동일시와 권위에 대한 거부가 필요한 것 같은데, 그렇게 되면 청소년은 또래집단과 더 넓은 사회로 이동하는 것이 더욱 쉬워진다. 이동하게 되면 청소년은 새로운 개인적 가치와 자기지식, 직업선택과 같은 요소들을 더 쉽게 찾을 수 있다(Erikson, 1968; Josselson, 1980; Marcia, 1966, 1976). 그러므로 정체성은 부모 및 가족과의 단절이나 분리와 연결된다(Arnett, 2000; Steinberg, 2005).

전통적 전생애 관점에서 개별화는 자율성과 동의어이며 정체성 발달을 위한 하나의 필수조건이다. 그러나 이러한 가정을 개인과 가족발달을 통합하는 관점에서 살펴본다면 분명한 두 가지 쟁점이 있다. 하나는 개별화의 주요지표로서 자율성에 절대적인 초점을 두는 것이다. 자율성을 현재 개별화의 변증법적(dialectical) 과정에서 하나의 극으로 생각하면, 분명 좀 더 균형이 잡힌 관점이 된다. 이 관점에서 보면 정체

성은 의미 있는 타자와의 관계적 배경막(backdrop)에 대항하여 자신을 구별 짓는 것
으로 정의된다. 그러므로 정체성은 부모와 가족과의 심리적 · 정서적 연결을 깸으로
써가 아니라 이러한 관계를 재협상함으로써 성취된다. 의존적인 부모-자녀관계가
성인 대 성인 상호성과 상호의존성 방향으로 발전한다. 현재 관계가 강조되는 만큼
분리와 유리도 강조된다.

두 번째 쟁점으로 전통적 발달관점은 이러한 변화가 일어나는 가족맥락을 설명하
지 않는다는 것이다. 가족체계의 발달과정에서, 특히 청소년기에 가족체계는 가족구
성원의 개별화를 촉진하는 상호작용 전략을 세워야 한다. 이 입장에서 보면 원가족
은 변함없는 것이 아니라 분리가 일어나는 유연하고 변화하는 맥락이며, 이 맥락은
개별성에 대한 관용의 수준이 경직되고 제한적이던 것에서 개방적이고 반응적인 것
으로 바뀔 수 있다(Allison & Sabatelli, 1988).

부모와 청소년이 경험하는 변화에 다른 가족구성원은 적응해야 한다. 부모는 자신
의 역할과 정체성을 변형하면서 자녀에 대한 신체적 · 심리적 통제를 양도해야 한다
(Stierlin, 1981). 청소년과 젊은 성인 가족과의 연결성 수준을 재협상해야 하며 정체
성이 발전하면서 일어나는 점진적인 변화에 숙달해야 한다. 이러한 변화가 생기려면
아동기 초기와 중기 동안 부모-자녀관계에서 권위의 패턴이 비대칭적이던 것에서
점진적으로 더 상호적이며 대칭적인 것으로 재조직되어야 한다(Bomar & Sabatelli,
1996; Grotevant & Cooper, 1986). 부모-자녀 위치가 파트너로 재협상하는 것이 어느
정도 성공하는 것은 젊은 성인의 개인적 적응과 관계있는 것으로 가정된다.

친밀감 능력

아동기에서 초기 성인기로 성공적인 진입은 개인 정체성의 발달뿐 아니라 친밀한
관계를 맺는 능력을 보여 주는 것이다. 에릭슨의 이론(Erikson, 1968)처럼 전통적인 전
생애 발달이론들은 일반적으로 청소년기에 명확한 정체성의식(sense of identity)이 수
립되면 초기 성인기에 친밀감 능력이 발달한다고 기술한다. 에릭슨의 이론(Erikson,
1968)에서 **친밀성**(intimacy)은 '구체적인 관계와 파트너십에 자신을 헌신하며 이러한

헌신에 큰 희생과 타협이 요구되어도 이를 지키는 윤리적 힘을 발달시키는 능력'으로 정의된다(p. 263). 나아가 "정체성의식이 어느 정도 이루어진 후에야 이성(또는 그런 의미에서 모든 타인)과의 진정한 친밀감이 가능하다(Erikson, 1968, p. 95)." 친밀감 형성이라는 과업의 숙달은 일차적으로 또래관계에서 정체성의식을 형성한 후에 일어나는 것을 뜻한다.

다시 말하면, 발달의 주요한 영향요인으로 가족역할이 중시되지 않는 것은 가족 외부에 있는 더 넓은 사회체계와 가족 외적인 또래관계로 관심이 향하기 때문으로 추정된다. 비록 젊은 성인의 일차적 발달이 외적인 사회환경 쪽으로 이동하는 것에 의심할 바는 없으나 그렇다고 이것이 원가족과 현재 맺고 있는 연결을 희생하면서 일어나야 하는 것은 아니다. 더욱이 이 관점은 타인과의 밀접한 관계형성에 필요한 기본적인 모델링과 대인관계 기술을 제공하는 가족의 역할을 과소평가한다.

개별화에 대한 가족의 관용이 젊은 성인의 정체성의식 발달을 촉진하거나 방해하는 것처럼 친밀감에 대한 가족의 관용이 친밀한 관계를 쌓는 개인의 능력을 키우거나 억제한다. 친밀감에 대한 가족의 관용이 낮을 때, 가족구성원이 자율성을 시도하는 것은 허락될 수 있으나 지지, 반응 그리고 상호연관에 대한 요구는 충족되지 않을 것이다(Minuchin, 1947; Stierlin, 1994).

제4장에서 개인은 자신의 특정 가족 경험에 기초하여 타인에 대한 기대와 책임감을 가지고 원가족을 떠난다고 하였다. 가족의 정서적 환경에서 개인이 유기되고, 거부되며, 고립되거나 박탈감을 느낄 때, 이러한 유산은 미래의 친밀한 관계로 넘어간다. 이러한 젊은 성인은 친밀한 관계에서 헌신이 요구될 때 거부나 유기당할지 모른다는 두려움으로 양가감정을 가질 수 있다. 대안으로 강한 의존요구를 가지고 관계를 시작하며 과거의 불공정을 현재 관계에서 바로잡으려 애쓴다. 보통 그러하듯이 이러한 미해결된 요구가 현재 관계에서 실패하면, 결과는 다른 친밀한 관계에 헌신하는 것에 대해 갈등, 실망, 좌절, 양가감정을 가질 수 있다.

반대로, 친밀감에 대한 관용이 높은 가족환경을 경험한 젊은 성인은 긍정적인 가족유산을 미래관계로 가져가기 쉽다. 유대, 보살핌, 공평, 애정, 지지를 유산으로 받은 젊은 성인은 새로운 헌신에 필요한 신뢰와 개방성을 갖고 새로운 관계를 시작하게 되는 훨씬 좋은 위치에 서게 된다.

간단히 요약하면, 후기 청소년기와 초기 성인기 동안 성공적인 분리-개별화 해결은 명확한 정체성과 타인과의 친밀감 능력을 확립하는 것으로 정의된다. 이 과제는 직선적인 과정이기보다는 상호적인 것으로 볼 수 있다. 개인은 자아의식이 명확할수록 타인과의 친밀한 관계에 관여하는 위험을 무릅쓸 수 있다. 타인과 진정으로 친밀하게 연결되는 것은 더 명확하고 성숙한 자아의식을 발전시킨다.

자신을 분리된 자아로 보는 능력과 타인과 정서적으로 접촉하는 능력은 어떤 관계에서도 일어나는 역동적인 긴장이다. 원가족에서 분리와 연결 사이의 역동적인 긴장을 관리하기 위한 효율적인 전략을 확립하는 능력은 젊은 성인의 개별화 노력을 촉진한다. 다음으로, 진정한 체계이론적 방식에서 보면 젊은 성인의 개별화수준은 가족체계의 미래세대가 개별화를 위한 관용과 친밀감을 위한 관용이 균형을 이루는 능력에 영향을 미친다.

개별화 어려움과 청춘의 문제

많은 심리적 · 관계적 문제는 청소년기와 초기 성인기 동안 개별화과정의 실패와 관련이 있다. 이 책에서는 젊은이가 직면하는 잠재적인 문제를 모두 살펴보지는 않을 것이다. 대신, 일부 문제행동과 가족구성원의 분리-개별화 노력에 대한 가족 전략과의 관계에 대한 연구를 부각하여 살펴본다.

일반적으로 젊은이의 문제행동은 성숙한 정체성을 싹틔우고자 하는 자신의 요구가 가족체계의 개별화-억제 패턴과 역동성 때문에 저지될 때 생기는 딜레마와 관련이 있다. 이러한 발달적 구속에 직면할 때 젊은이는 아주 쉽게 불안해진다. 그는 역기능적이거나 자기파괴적인 방식으로 행동함으로써 자신의 딜레마를 해결하려 한다. 그러므로 역기능적 행동을 명명하는 하나의 방법은 그러한 행동을 가족의 상호작용 전략이 개인의 발달적 요구를 방해할 때 생기는 딜레마를 해결하려는 시도로 보는 것이다.

가족 전략이 젊은 성인의 개별화를 억제하거나 정체성을 지나치게 통제할 때, 그는 이러한 발달적 구속을 세 가지 중 하나의 방법으로 해결하려 한다. 일부 젊은 성인은 가족과 융합하여 가족이 자신의 정체성을 통제하게 한다. 이 경우 젊은이는 가족의 영향 범위에서 벗어나 개별성을 가지며 발달적으로 이동하는 자유가 희생된다. 다른 젊은이는 가족에게서 분리하고 가족과는 확실히 다른 정체성을 반응적으로 선택하는 것으로 반항한다. 다른 예를 보면, 이러한 발달적 속박으로 생긴 불안을 해결하기 위해 젊은이는 집을 떠나는 것과 머무는 것 사이의 타협점을 찾으려 할 수 있다. 이러한 상황에서 시도된 해결책은 문제의 일부가 된다(Watzlawick, Weakland, & Fisch, 1974). 이 젊은이들은 자신의 개별성을 통제하는 것처럼 보이게 행동할 수 있으나, 모순되게도, 여전히 가족에게 의존한 채로 남아 있다. 따라서 이러한 행동은 젊은이가 인생을 독립적으로 관리하는 능력을 방해한다. 다른 말로 하면, 이러한 해결책은 젊은이의 현재 기능뿐 아니라 미래 생활주기로의 전환과 과업숙달에 심각한 영향을 미칠 수 있다.

약물과 알코올 남용

물질의존(또는 물질중독)과 물질남용은 '심리촉진적 물질사용 장애(psychoactive substance use disorders)'라고도 부른다. 코카인, 마리화나, 엠피타민, 헤로인 그리고 알코올과 같은 정신 상태를 바꾸는 물질에 대한 의존은 물질의 지속적인 사용, 인지적·행동적·생리적 증상을 함께 경험하는 것으로 개인은 물질사용에 대한 통제가 손상되어 있으며 결과가 불리할 것인데도 계속 물질을 사용하는 것으로 정의한다. 물질의존에는 내성과 철회증상 같은 생리적 지표가 포함될 수 있다. 내성이란 물질사용으로 원하는 효과를 얻기 위해 물질의 양을 증가하려는 요구 또는 규칙적으로 같은 양의 물질을 사용하지만 효과가 감소되는 것을 말한다. 철회증상(아침에 떨림이나 물집흡입으로 발생되는 상태)은 물질사용이 중단되거나 감소될 때 일어난다. 물질남용은 물질의존에 비하면 행동과 증상 패턴이 덜 심한 경우인데, 물질사용이 사회적·직업적·심리적 또는 신체적 문제를 야기한다는 것을 인지함에도 계속 사용하는 것을 말한다. 물질남용의 문제는 개인이 차를 운전하거나 위험한 장비를 사용할 때 등 신체적으로 위험한 상황에서도 계속 물질을 사용하기 때문에 알 수 있다 (American Psychiatric Association, 2000).

청소년 사이에 불법약물과 알코올 사용 발생은 시간이 흐름에 따라 상당히 변하고 있다. 청소년의 불법약물 사용은 1979년에 최고점을 찍었고 1980년대에는 감소 추세였으며 1991년과 1992년에는 최저점을 찍었다. 그러다가 청소년의 불법약물 사용이 증가하는 새로운 시기를 맞았는데, 중학교 2학년 학생은 18%에서 29%로, 고등학교 1학년 학생은 31%에서 45%로, 고등학교 3학년 학생은 44%에서 54%로 증가하였다(Johnson, O'Mally, & Bachman, 2001). 지난 4년간 이 비율은 약간 하락하였으며 약물의 사용종류가 조금 달라지면서 안정세를 유지하고 있다(Mason, 2004).

약물사용과 건강에 관한 최근 미국전국조사에 따르면 마리화나를 경험한 십대의 비율은 2001년 21.9%에서 2002년 20.6%로 감소되었다. 그러나 평생 사용된 불법약물로 코카인은 2001년 2.3%에서 2002년 2.7%로 증가하였고 처방전이 없는 약물은 9.6%에서 11.2%로 증가하였다.

이 조사는 청소년의 약물사용 패턴을 고려할 때 연령의 중요성도 지적했다. 지난 해 불법약물(헤로인, 코카인, 카나비스, 환각제, 흥분제) 또는 알코올 의존이나 남용을 보고한 젊은이의 비율은 연령에 따라 증가하였다. 12세에서 13세 사이의 비율은 약 2%였으나 14세에서 15세 사이는 8%였으며 16세에서 17세 사이는 17%였고, 18세에서 20세 사이는 22%로 최고점을 찍었다. 12세에서 20세 사이의 청소년 중 약 29%가 지난달에 알코올을 사용한 것으로 보고하였다. 이들 중 19%는 폭음(지난 30일간 적어도 한 번은 5잔 이상 마심), 6%는 중증 음주(지난 30일 중 적어도 5일은 5잔 이상 마심)였다. 가장 많은 폭음(50%)과 중증 음주(20%)는 21세에서 나타났다. 대학생(19%)은 대학생이 아닌 사람들(13%)보다 중증 음주자였다. 알코올 다음으로 마리화나가 가장 자주 남용된 약물이었으며, 그다음으로는 약(고통 완화제, 안정제, 흥분제, 진정제), 코카인, 환각제(LSD, PCP, peyote, mescaline, ecstasy)[*], 흡입제(amyl nitrite)[**], 세제, 가솔린, 페인트, 접착제(glue)였다(SAMHSA, 2003).

청소년과 젊은이의 알코올과 약물남용은 일반적으로 다각적인 문제로 인식되고 있는데, 부정적인 또래영향, 저조한 학교성적, 범죄나 폭력희생자, 이웃의 무질서(가난, 범죄, 약물거래) 같은 요인이 포함된다(Hawkins, Catalano, & Miller, 1992; Kilpatrick, Aciero, Saunders, Resnick, Best, & Schnurr, 2000; Mason, 2004). 그러나 가족, 특히 가족의 분리-개별화과정의 실패는 결정적인 요인으로 확인되었다(Bray, Adams, Getz, & Baer, 2001; Bray, Adams, Getz, & Stovall, 2001; Levine, 1985; Spotts & Shontz, 1985; Vakalahi, 2002; van Schoor & Beach, 1993). 물질남용하는 청소년의 가족은 갈등수준이 높은 것으로 밝혀졌다(Bray, Adams, Getz, & Baer, 2001; Hawkins, Herrenkohl, Farrington, Brewer, Catalano, & Harachi, 1998). 이 가족은 분리와 관련된 두려움을 가진 것으로 확인되었는데, 이는 아마도 과거의 어떤 죽음이나 상실이 미해결되었기 때문일 수 있다(Kaminer, 1991; Levine, 1985). 부부관계의 갈등이 잦으면, 청소년의 물질남용 행동이 부부의 미해결된 갈등을 다른 곳에 초점을 돌리는 역할을 할 수 있다(Bray, Adams, Getz, & Baer, 2001; Bray et al., 2000; Todd & Selekman, 1989). 부모 한쪽이나 양쪽 모두 알코올이나 약물남용의 역사가 있기도 하다(Hawkins et al., 1992; Kilpatrick et al., 2000). 부모-자녀 상호작용에 친밀감이 결여된 것으로 기술되어 왔다(Bray, Adams, Getz, & Baer, 2001; Hawkins et al., 1998). 부모의 허용, 불량한 훈육 그리고 관여와 감시 부족이 보편적이다(Bogenschneider, Wu, Raffaelli, & Tsay, 1998; Hawkins et al., 1992; Mason, 2004; Vakalahi, 2002). 가족과 부모의 지원이 결핍되었다는 지각은 청소년의 약물남용을 예언하는 심각한 위험요인이다(Hawkins et al., 1992; Kilpatrick et al, 2000; Wills, Resko, Ainette, & Mendozza, 2004).

이 가족들에 존재하는 패턴과 역동성은, 다른 말로 하자면, 과도한 갈등, 결혼생활의 긴장, 세대 간 연합 그리고 갈등을 관리하기 위해 삼각화를 사용하는 특징을 보이

---

* LSD(lysergic acid diethylanmide): 환각제.
  PCP(phencyclidine): 동물 마취약.
  peyote: 멕시코산 선인장의 일종으로 만든 환각제.
  mescaline: 선인장의 일종인 메스칼(mescal)에서 뽑은 알칼로이드. 멕시코 인디언이 말려서 환각제나 흥분제로 사용함.
  ecstasy: 환각제.
** amyl nitrite: 아질산 아밀(협심증 치료용).

는 경향이 있다. 이 가족들에서 물질남용 청소년은 종종 자신의 개별화에 필요한 적정조건을 제공하지 않는 체계에서 개별화를 요구하는 곤경에 빠진다. 앞서 지적했듯이 성공적 개별화는 젊은 성인이 부모와 다른 가족구성원들과 친밀하고 지지적인 관계맥락과 연결되어 있으면서, 독립과 개인적 책임을 점차 더 많이 맡을 수 있을 때 일어난다(Youniss & Smoller, 1985). 이러한 맥락에서 젊은이의 물질남용은 유사개별화와 가족을 위한 보호 형태로 보인다(Stanton, 1977; van Schoor & Beach, 1993). 약물남용은 가족과 가족가치에 대항하는 반항형태로 나타나며, 일종의 개별성 표현이다. 그러나 동시에 이러한 행동이 젊은 성인을 의존적이게 만들어 분리할 수 없게 한다.

결과적으로 화학물질 사용은 중독자가 가족체계에 융합되어 있으면서, 가족으로부터 약간의 정서적 거리를 유지하는 데 도움이 된다. 물질의 영향으로 젊은 성인은 가족에 대해 주장적이고, 자신을 옹호하며, 자율성, 자유, 개별화를 표현할 수 있다. 그러나 이러한 표현은 자신이 아닌 약물이 한 것이기에 가족에 의해 쉽게 무시된다(Stanton & Todd, 1982).

요약하면, 젊은이의 약물과 알코올 남용은 개별화를 억제하는 가족에게서 충분히 분리하려는 젊은이 자신의 요구에 대한 타협으로 생각될 수 있으나 사실은 역기능적인 해결책이다. 물질사용으로 젊은이는 자신의 개별성과 정체성을 어느 정도 통제할 수 있게 된다. 그러나 젊은 성인은 독립적인 생활양식을 유지하지 못하고 외부세계에서 계속 성공하지 못할 때 물질남용을 하게 되므로, 가족에 밀접하게 관여하게 된다. 이러한 점에서 물질사용은 젊은이가 가족으로부터 개별화하는 과정을 미루게 하며, 가족이 미래에 변화하거나 다른 분리와 상실에 직면해야 하는 것을 방해한다.

섭식장애

섭식장애의 주요유형에는 신경성식욕부진증(anorexia nervosa), 신경성폭식증(bulimia), 폭식장애(binge eating disorder)가 있다. 발병의 전성기는 청소년기와 초기 성인기다(Becker, Grinspoon, Klibanski, & Herzog, 1999; Lewinsohn, Striegel-Moore,

& Seeley, 2000). 대부분의 사례는 여성이다.

신경성식욕부진증(anorexia nervosa)은 신경작용에 의한 식욕상실을 의미한다. 이러한 의미에서 이 증상의 명칭은 다소 부정확한데, 이유는 신경성식욕부진증이 반드시 식욕결핍으로 고통받는 것이 아니라, 먹고 싶은 욕구에도 불구하고 의도적으로 교묘하게 음식섭취를 제한하는 사람들이 있기 때문이다(Dwyer, 1985). 먹는 과정이 하나의 집착이 된다. 음식에 집중하면서 특이한 식습관이 발달한다. 음식이나 식사를 피하고 적은 양의 음식만 먹거나 음식을 조심스럽게 계량하고 분배하는 일이 흔하다(Becker et al., 1999). 이전에는 부모에게 착하고, 말 잘 듣고, 성공적이며 만족을 주던 자녀가 종종 화내고, 고집부리고, 부정적이며 믿을 수 없다. 이들은 도움이나 돌봄이 필요치 않다고 주장하며, 자신이 원하는 대로 먹고 날씬할 권리가 있다고 고집한다(Dwyer, 1985). 신경성식욕부진증의 일반적인 증상은 다음과 같다. 첫째, 몸무게와 키가 연령에 적정수준이거나 적정수준을 조금이라도 넘는 것에 저항한다. 둘째, 저체중임에도 체중이 늘거나 살찌는 것에 대해 강한 두려움을 가진다. 셋째, 몸이 매우 날씬한데도 자신을 과체중으로 보는 등 사람의 체중을 지각하는 방식에 장애가 있다. 넷째, 체중과 체형이 자기평가에 크게 영향을 미친다. 다섯째, 체중 감소의 심각성을 부인한다. 여섯째, 월경불순이거나 무월경이다(American Psychiatric Association Work Group on Eating Disorders, 2000).

신경성식욕부진증은 발생이 증가하고 있는데, 특히 지난 25년간 발생률은 두 배 이상이다. 최근 생애유병률 범위는 여성의 경우 0.5%에서 3.7%다. 신경성식욕부진증이나 신경성폭식증으로 고통받는 사람 중 남성은 5%에서 15%뿐이다(National Institute of Mental Health[NIMH], 2007). 폭식증(bulimia)은 폭식 후 토하는 행동을 반복하는 행동 패턴이 특징이다(예: 설사약 남용, 구토, 관장). 신경성폭식증으로 고통받는 사람들은 그 일이 일어나는 동안에 종종 먹는 것에 대한 통제부족을 경험한다. 이들은 폭식을 비정상으로 인식하고 있으며, 폭식 후 자주 우울과 자기비판을 경험한다(Root, Fallon, & Friedrich, 1986). 신경성식욕부진증 환자처럼 신경성폭식증 환자의 자기평가는 체형과 체중의 영향을 지나치게 받는다(American Psychiatric Association, 2000).

신경성식욕부진증 환자가 정상체중보다 낮은 체중을 갖고 있는 것과는 대조되게 신경성폭식증 환자는 폭식-배설을 반복하여 체중은 평균이나 평균 이상을 유지한다. 그러므로 두 증상은 일반적으로 뚜렷한 별개의 증상으로 간주된다. 그러나 두 증상은 많은 가족배경 요인을 공유하는 것으로 알려져 왔다(Emmett, 1985; Horesh et al., 1996; Root et al., 1986; Strober & Humphrey, 1987).

폭식장애(binge eating disorder)는 새롭게 알려진 것으로, 수백만의 미국인에게 영향을 미친다(NIMH, 2007). 폭식장애로 고통받는 사람들은 먹는 것에 대한 통제부족을 경험하면서 자주 많은 양의 음식을 먹는다. 이러한 경험 후에는 자주 우울감과 죄책감, 혐오가 생긴다(USDHHS, 2000). 일반적으로 속이 차서 불편해지기 전에는 과식이나 폭식을 중단하지 않는다. 이 장애는 신경성폭식증과는 다르다. 그 이유는 폭식 후 토하거나 완화제를 사용하여 속을 비우지 않기 때문이다. 이 장애는 보통 청소년기 후반 또는 이십대 초에 시작하며 다이어트로 현격한 체중감소를 겪은 후에 온다(USDHHS, 2000). 최근 통계에 의하면 여성의 3.5%와 남성의 2%가 생애 어느 시점에 폭식장애를 갖게 되며, 이 장애가 신경성식욕부진증이나 신경성폭식증보다 더 흔할 것이다(Hudson, Hiripi, Pope, & Kessler, 2007). 이 장애의 원인에 대해서는 알려진 바가 적기 때문에 가족역동에 대한 논의는 신경성식욕부진증과 신경성폭식증에 대해서만 다루기로 한다.

신경성식욕부진증(과도한 체중 감소)이나 신경성폭식증(많은 양의 음식 섭취 후 비우는 것)은 특히 젊은 여성에게서 발견되며 점점 더 흔한 장애가 되고 있는데, 이 장애들에 대한 대부분의 이론은 수많은 관련요인을 밝히고 있다. 여기에는 음식과 마름에 대한 집착(Emmett, 1985; Pike, 1995), 생물학적 기질(Strober, Freeman, Lampert, Diamond, & Kaye, 2000), 과거의 트라우마나 미해결된 심리적 갈등(Piazza, Piazza, & Rollins, 1980; Schwartz, Thompson, & Johnson, 1985)과 같은 문화적 요인이 포함된다. 심리학적 설명은 젊은 여성의 개인적 통제감에 대한 요구, 불안전한 자아감, 외모와 완벽주의에 몰두, 외로운 감정, 유기, 무가치감을 강조한다(Emmett, 1985).

가족요인을 조사한 이론과 연구는 종종 가족 문제가 분화 및 개별화와 관련되어 있음을 발견한다. 가족과 더 넓은 지역사회 간 경계선이 종종 경직되어 있으며, 가족 구성원은 서로를 보호하지만 나머지 사회로부터는 고립되어 있다(Humphrey, 1986;

Roberto, 1987). 가족에 대한 충성을 조화롭고 갈등이 없는 가정환경의 모습을 유지하는 것과 동일시한다(Root et al., 1986). 이러한 가족은 밀착되어 있지만 유리된 것으로 기술되는데, 이 의미는 과잉개입과 유기의 양극단을 오갈 수 있다는 것이다(Humphrey, 1986; Meyer & Russell, 1998; Smolak & Levine, 1993). 종종 부모 간, 형제 간 또는 확대 가족구성원 간 갈등이 회피되거나, 미해결된 쟁점으로부터 가족구성원을 보호하는 데 중요한 역할을 맡게 되는 젊은 여성과 삼각화가 이루어진다. 자율성에 대한 개인의 욕구보다는 가족조화와 가족보호에 우선순위를 둔다(Frank & Jackson, 1996; Minuchin, Rosman, & Baker, 1978; Stierlin & Weber, 1989).

신경성폭식증과 신경성식욕부진증 가족은 자녀에 대해 기대가 높고 완벽한 기준을 가진 것으로 밝혀졌는데, 예를 들면 학업, 체육, 외모, 건강이다. 다르게 말하면, 이 가족은 자녀의 정체성을 규정하고 통제하는 데 쉽게 개입한다. 그러면서도 이러한 과업을 성취하기 위한 지원제공은 종종 부족하다(Horesh et al., 1996; Humphrey, 1986; Ordman & Kirschenbaum, 1986; Strober & Humphrey, 1987). 그러므로 이러한 젊은 여성 중 많은 사람은 가족과 매우 밀착되어 있으면서도 가족 내 고립감을 보고한다(Humphrey, 1986; Igoin-Apfelbaum, 1985).

가족으로부터의 개별화와 성숙한 정체감 확립에 필요한 과제에 직면할 때, 이러한 젊은이는 자주 자신이 발달적인 면에서 속박되어 있음을 발견한다. 가족구성원의 정체성을 통제하고 조정하는 데 정서적 투자를 하는 가족체계에서 개인 정체성을 발달시키는 것은 어려운 상황에 놓이게 한다. 즉, 가족에 순응하여 자신에 대한 통제를 포기하거나, 가족에 대항하여 반항하는 것이다. 이러한 반항은 큰 대가를 치르게 되는데, 즉 체계를 배반하며 가족에게 진 빚과 의무를 갚지 못하는 것으로 간주된다. 그뿐 아니라 가족체계는 부부갈등과 가족긴장이 일어날 때 가족의 안정을 위해 이 젊은이에게 자주 의존하기 때문에, 각 가족구성원은 깨지기 쉬운 가족의 안정을 파괴하지 말라는 미묘한 압력을 받아 가족에게 더욱 묶이게 된다.

음식 및 신체 이미지와 관련된 문제의 발달은 이러한 발달적 구속에 대한 하나의 해결책으로 볼 수 있다. 먹지 않음으로써 또는 폭식과 배설의 패턴을 반복함으로써 젊은 여성은 매력적인 여성상에 대한 사회적 정의(마르고 작음)를 유지할 수 있으며 그렇게 함으로써 외모를 잘 유지하기 바라는 가족의 기대를 충족시킨다. 더욱이 먹기 거부는 자기인생을 통제하는 분명한 영역이 된다. 체중에 대해 전적으로 완벽하게 통제함으로써 그녀는 분리와 자율을 주장할 수 있다. 상징적인 의미에서, 음식과 먹기 거부는 가족에서 음식 공급자와 양육자로서의 역할을 거절하는 것으로 볼 수 있다. 반면에 그녀가 먹기를 거부하는 한 생명의 위험 가능성 때문에 성인의 다른 역할을 맡을 수 없게 된다. 가족에게 의존하며 가족의 관심대상으로 남아 있어야 한다. 그럼으로써 그녀는 계속 가족의 정서적 안정을 유지하는 역할을 맡는다.

앞서 말한 물질남용과 섭식장애 같은 문제에 가족의 상호작용 전략은 개별화를 금하는 것으로 볼 수 있다. 각 예에서 가족은 갈등이 있고 정서적으로 통제하는 것으로 보이며 그럼으로써 젊은이가 인생에서 자신의 정체성과 개인적 통제감을 갖는 능력을 제한한다. 즉, 분리를 방해하고 분리를 가족안정에 위협이 되는 것으로 생각하는 체계로부터 청소년은 개별화하여야 한다. 젊은 성인은 정서적 친밀감과 과잉개입에 대한 가족의 경직된 규칙에 직접 도전하지 않으면서 약간의 심리적 거리감을 갖게 되어 문제를 해결한다.

그러나 다른 문제가 생길 수 있다. 젊은이를 이른 시기에 가족과 분리하도록 강요함으로써 가족전략이 그의 최적 발달을 방해하는 것이다. 가족체계가 개별성에 대해 관용은 높으나 친밀감에 대한 관용이 낮으면 자녀는 가족으로부터 분리되도록 허용되지만 양육과 통제 그리고 건설적인 정체성과 친밀감에 대한 성숙한 능력발달에 필요한 지침을 제공받지 못한다. 이 문제의 가능한 예는 청소년비행과 반사회적 행동이다.

청소년비행과 반사회적 행동

대부분의 아동은 부모와 권위적인 인물들이 설정한 제한과 경계선을 시험한다. 아동이 청소년기를 맞으면 어느 정도의 반항과 실험은 일반적이다. 그러나 일부 청소년은 조직사회가 설정한 한계를 넘어서는 행동을 한다. **청소년비행**(juvenile delinquency)이란 미성년자 법에 위배되는 반사회적 행동에 대한 법률용어다. 미성년자란 18세

이하의 아동을 말한다. 청소년범죄(juvenile justice) 관점에서 보면 비행행동은 지위범죄와 비행범죄의 두 가지 범주로 나뉜다. 지위범죄(status offenses)는 성인이 저지른 경우, 범죄로 간주되지 않을 수 있는 행위다. 예를 들면, 수업 빼먹기, 가출, 알코올 소지, 통행시간 위반 등이다. 비행범죄(delinquency offenses)는 물건 파괴나 절도, 사람에 대한 폭력적인 범법행위, 불법무기나 불법약물의 소지 또는 판매다(Snyder, 2005).

반사회적 행동에 대한 정신건강의 정의는 전적으로 비행에 초점을 두지는 않는다. 대신 적대적 반항장애와 품행장애와 같은 진단범주를 강조한다. 적대적 반항장애(oppositional defiance disorder)는 부정적, 적대적 그리고 반항적 행동패턴이 특징인데, 성질 폭발하기, 성인과 언쟁하기, 규칙 위반하기, 의도적으로 타인 괴롭히기, 타인의 실수나 잘못된 행동 비난하기, 쉽게 짜증내기, 화내기, 분개하기, 심술 부리기, 보복하기 등이 포함된다. 품행장애(conduct disorder)는 타인의 기본 권리나 주요한 사회규범과 규칙을 반복적으로 위반하는 것을 말한다. 이 장애는 사람이나 소유물에 대한 공격이 포함되는데, 괴롭히기, 위협하기, 겁주기, 신체적으로 공격하기, 등 뒤에서 습격하기, 지갑 낚아채기, 상점물건 훔치기, 무장강도, 방화를 통해 이루어진다. 그 외 동물에 대한 잔혹행위 및 규칙과 기대에 위배하는 것도 포함된다. 거짓말, 횡령, 사기, 통행시간 위반, 가출, 무단결석이 그 예다(American Psychiatric Association, 2000).

많은 사람이 청소년범죄가 증가하고 있다고 생각하지만 사실은 감소하고 있다. 청소년범죄 및 비행예방국(Office of Juvenile Justice and Delinquency Prevention)의 2005년 보고서에 의하면, 청소년 체포비율은 1994년에 정점을 찍은 후 48%가 떨어지면서 2003년까지 9년간 하락했다. 폭력범죄에는 살인, 강제 강간, 강도, 가중폭행이 포함된다. 사유재산에 대한 청소년 체포비율은 2003년에 감소하였는데 적어도 30년간 최저 수준에 머물고 있다. 1980년과 2003년 사이에 사유재산 범죄에 대한 청소년 체포율은 46% 감소하였다. 사유재산 범죄에는 강도, 절도, 자동차 도둑, 방화가 포함된다. 비록 통계치료는 범죄율이 나아진 것처럼 보이나 보고서에 의하면 심각한 도전이 남아있다. 예컨대, 1980년과 2003년 사이에 단순공격에 대한 청소년 체포율은 여성의 경우 269%, 남성의 경우 102%가 증가하였다. 같은 기간 약물남용 위반으로 인한 여자청소년의 체포율은 51%, 남자청소년은 52% 증가하였다(Snyder, 2005).

다른 청소년문제처럼 청소년비행은 개인의 불안하고 충동적인 기질, 비정상적인 또래와의 연관, 가난, 혜택 받지 못한 이웃 그리고 불량한 학교성적 같은 요인들을 포함한 다각적인 문제로 인식되고 있다(Farrington, 2005; Kroneman, Loeber, & Hipwell, 2004). 그러나 가족요인은 비행과 반사회적 행동을 예언하는 매우 강력한 위험요인으로 나타났다. 비행청소년 가족은 가족갈등 수준은 높으나 가족응집과 결속은 낮은 수준으로 밝혀졌다(Farrington, 2005). 투옥으로 인한 부모의 이혼과 별거는 흔한 일이다(Buehler, Anthony, Krishnakumar, Stone, Gerard, & Pemberton, 1997; Hawkins et al., 1998). 양부모가 존재하는 경우 부부관계에 종종 갈등과 거리감이 있다. 비행청소년은 다른 청소년보다 가족구성원이나 지역사회로부터 아동학대, 성적학대 또는 다른 종류의 희생으로 고통받아 왔기 쉽다(Egeland, Yates, Appleyard, & van Dulmen, 2002; Hawkins et al., 1998).

비행가족에서 부모-자녀관계는 건강한 청소년발달에 필요한 개별화와 친밀성에 필요한 관용을 촉진하지 않는다. 청소년비행을 가장 의미 있게 예언하는 것 중 하나는 부모의 감시부족이다(Smith & Stern, 1997). 이것은 종종 청소년의 활동, 교제, 행방에 대한 부모의 서투른 개입과 감독부족으로 설명된다(Voydanoff & Donnelly, 1999). 청소년의 비행 및 반사회적 행동과 관련된 다른 요인은 젊은이에 대한 거칠고 처벌적인 훈육과 거부적인 태도다(Haapasalo & Pokela, 1999; Smith & Stern, 1997).

흔히 아동 초기에 시작되는 정서적 학대(무관심, 태만, 거부, 분리, 유기)와 신체적 학대(신체적 또는 성적 학대, 거칠고 처벌적인 훈육)를 하는 부모전략은(Egeland et al., 2002; Farrington, 2005) 청소년을 조기에 가족환경에서 떠나도록 밀어낼 수 있으며, 결과적으로 분리-개별화과정을 방해한다. 가족의 개별화-억제 환경과 청소년의 부정적인 사회적 환경의 영향으로 청소년은 타인이나 타인의 소유물에 대해 적대적이며 공격적인 행동을 하는 것으로 생각된다.

강요된 개별화의 다른 문제

이미 언급한 것처럼 어떤 가족은 청소년을 조기에 가족에게서 분리하도록 밀어내어 성공적인 개별화를 방해할 수 있다. 스티어린(Stierlin, 1981)은 그러한 가족체계를 '내쫓는'으로 설명하였는데, 이는 자녀가 발달적으로 준비되기 전에 부모가 자녀를 가족에게서 벗어나 자율이라는 궤도로 밀어 넣는다는 의미다. 이러한 체계에서 부모는 자신, 자신의 일 또는 직업에 몰두할 수 있다. 부부갈등 때문에 자녀의 요구가 무시되고 거부될 수도 있다(Gavazzi & Blumenkrantz, 1991; Mirkin, Raskin, & Antognini, 1984). 그 결과는 부모의 관심, 관여 또는 한계설정의 결여다(Crespi & Sabatelli, 1993; Stierlin, 1994). 아동은 귀찮은 아이거나 적대적이고, 믿을 수 없거나 장난이 너무 심해 통제가 어려운 골칫거리로 보일 수도 있다(Stierlin, 1981). 내쫓긴 젊은이는 누구도 자신을 보살펴 주거나 원하지 않음을 깨달으면서 또래집단, 남자 또는 여자친구, 갱 또는 '가출문화'에서 구원을 찾을 수 있다. 스티어린은 '가출문화'를 어릴 때 분리된 자와 가출한 자에게 일시적 또는 지속적인 안식처가 되는 반대문화(counterculture)라고 정의한다. 가출문화에서 청소년은 크고 비형식적인 지지망을 발견하는데, 이 지지망에는 가출했거나 쫓겨난(집에서 떠나도록 요청된) 1,682,900명의 미국 젊은이가 포함된다(Hammer, Finkelhor, & Sedlak, 2002).

아동이 집에서 조기에 방출되어 가족에게서 양육, 보호, 부드러움을 경험하지 못하면, 성숙한 관계를 맺을 때 필요한 능력과 대인기술을 발달시키지 못한다. 예를 들면, 가출자는 자아개념이 낮고 부적절감, 불안, 충동성을 경험하고, 적대감과 지나친 의존적 행동 때문에 고통받는 것으로 알려졌다(Crespi & Sabatelli, 1993; Jorgenson, Thornburg, & Williams, 1980). 그들은 관계에서도 얄팍하고, 조종하며, 사회화가 덜 되어 있고, 타인에 대한 공감이 부족하며, 즉각적인 만족이 지연되는 것을 꺼리는 것으로 묘사되어 왔다(Gavazzi & Blumenkrantz, 1991; Stierlin, 1994).

내쫓는 가족체계에서 자란 청소년과 젊은 성인에게서 볼 수 있는 다른 가능한 결과는 컬트(cults)에의 관여다. 컬트에 입문한 젊은이들은 가족, 또래, 종교, 지역사회로부터 유리되고 고립된 느낌을 자주 보고한다(Belitz & Schacht, 1992; Isser, 1988; Wright & Piper, 1986). 종종 아버지와의 관계는 약하거나 존재하지 않는 것으로 기술된다(Marciano, 1982; Schwartz & Kaslow, 1982). 많은 예에서 아버지는 더 이상 집에서 살지 않거나(Steck, Anderson, & Boylin, 1992), 적어도 한쪽 부모와 갈등이 심한 것이 보통이다(Wright & Piper, 1986).

많은 연구자는 젊은 성인이 컬트로 전향하는 데 취약한 것을 가족에서의 고립감과 미충족된 요구를 보상받으려는 노력과 연관시킨다(Appel, 1983; Marciano, 1982; Robbins & Anthony, 1982; Wright & Piper, 1986). 그가 쉽게 영향을 받는 이상주의, 무조건적인 긍정적 수용 그리고 부모와 사회에 대한 분노를 컬트가 강화하기 때문이다(Appel, 1983). 그는 자신의 능력에 대한 자기의심과 미래에 대한 비관주의와 컬트의 강력한 '아버지상'을 매력적인 것으로 동일시하면서 자신의 분명한 정체성을 훼손할 수 있다(Kaslow & Schwartz, 1983; Steck et al., 1992). 그러므로 컬트는 강한 부모상과 젊은이가 수용되고 지지되는 것을 느낄 수 있는 '대체 가족'을 제공할 수 있다. 불행히도, 이 수용의 대가는 절대적인 충성, 순응, 분리된 자아감의 상실이다.

결 론

본 장에서는 젊은 성인의 분리-개별화 수준과 가족의 분화수준 간의 관계를 살펴보았다. 성인 초기에 이러한 관계를 성공적으로 협상하기 위해 가족환경은 젊은이와의 연결과 유대의 지속뿐 아니라 그의 분리와 자율에 대한 요구를 관용하는 것이 필요하다. 잘 분화된 가족환경은 역으로 가족구성원(특히 부모)이 자신의 원가족으로부터 분리-개별화를 성공적으로 협상했어야 한다. 그러므로 초기 성인기에 성공적인 분리-개별화 협상은 다세대적 과정인데, 각 세대의 개별화는 이전 세대의 성공적인 개별화에 달려 있다.

분리-개별화의 과업을 성공적으로 숙달한 젊은이는 정체성의식과 의미 있는 타자와의 친밀한 관계를 맺는 능력이 분명하게 확립되어 있다. 이러한 전환의 실패는 여러 문제와 관련되는데, 그중에는 물질남용, 섭식장애, 자살시도, 가출, 컬트에의 관여가 있다. 각 예에서 문제는 기본적이고 보편적인 가족구성원의 요구를 용납하기 어려운 가족체계에서 개별성과 친밀성에 대한 개인 구성원의 요구를 재균형을 이루게 하는 하나의 시도가 된다. 지나치게 연결된 체계에서 진정한 개별화 없이 거리만 두는 것은 문제가 된다. 내쫓거나 관계가 끊어진 가족체계에서 젊은이는 대안적인 지지환경을 찾을 수는 있으나 충분히 명확한 정체성을 갖거나 친밀관계를 만족스럽게 하는데 필요한 대인관계 기술은 갖고 있지 않다.

주요 개념

개별화(Individuation) 하나의 발달과정으로 이를 통하여 가족, 사회적·문화적 관계에서 자신을 타인과 분리되고 뚜렷한 존재로 보게 됨. 개별화가 일어나는 수준은 개인이 개인적 관계에서 자신을 타인과 융합되지 않는 것으로 경험하는 수준.

개별화에 대한 관용(Tolerance for individuality) 가족의 상호작용 패턴이 밀착된 정도와 가족구성원의 자율과 개별성을 위한 요구 표현능력을 방해하는 정도.

기능적 자율(Functional autonomy) 가족의 도움없이 자신의 사적 업무를 관리하고 지시하는 능력.

분화(Differentiation) 가족구성원의 개별성을 관용하면서 친밀감을 촉진하는 가족의 상호작용 패턴의 수준.

비행범죄(Delinquency offenses) 개인소유물의 파괴나 절도, 폭력범죄 또는 불법약물 소지나 판매를 포함한 행위.

신경성식욕부진증(Anorexia nervosa) 적어도 체중의 15% 손실, 체중 증가 거부, 위험할 만큼 저체중임에도 자신이 살쪘다고 보는 왜곡된 신체상이 특징인 상태.

신경성폭식증(Bulimia) 폭식 후 토하기, 과도한 운동이나 설사제를 남용하여 속을 비우는 노력이 특징인 상태.

심리적 자율(Psychological autonomy) 자기선택에 대해 가족이 말하거나 생각하는 것에 염려하지 않고 자유롭게 행동하면서 자기인생에 대해 개인적 통제감을 갖는 것.

유사개별화(Pseudo-individuation) 원가족에서 분리하려는 개인의 노력이 성공적으로 보이나 사실은 가족에 의존하게 되는 것.

적대적 반항장애(Oppositional defiance disorder) 부정적 · 적대적 또는 반항적 행동을 보이는 패턴.

정서적 반응성(Emotional reactivity) 부모나 의미 있는 타자에 대한 과도한 죄의식, 근심, 불신, 분리, 분노를 포함한 갈등적인 감정수준.

정서적 의존(Emotional dependence) 승인, 친밀과 정서적 지지에 대한 지나친 요구.

정체성(Identity) 사회질서 안에서 자신의 위치를 규정하는 데에서 비롯되는 것으로 자신에 대한 기본 감정과 지식. 자신이 받아들이고 내면화한 자질로 비교적 안정적이고 지속적임.

재정적 자율(Financial autonomy) 자신의 수입원으로 자신을 지원하는 능력.

지위범죄(Status offense) 젊은이가 범한 행위로 성인이 범하면 범죄로 고려되지 않는 것(예: 무단결석, 알코올 소지).

친밀(Intimacy) 타인과 가깝고 친밀하여 사적으로 노출하며, 일반적으로 사랑이나 애정관계를 수립하는 능력.

청소년비행(Juvenile delinquency) 18세 이하인 사람이 법을 위반하여 반사회적 행위를 범한 것에 대한 법률용어.

친밀에 대한 관용(Tolerance for intimacy) 가족의 상호작용 패턴에서 존경, 존중, 개별 가족구성원에 대한 관심, 지지에 대한 요구, 반응, 상호연관성이 충족되는 정도.

폭식장애(Binge eating disorder) 불편할 정도로 포만할 때까지 먹는 것을 멈추지 않는 과도한 먹기가 특징인 상태. 먹은 후 배설하려는 노력을 하지 않음.

품행장애(Conduct disorder) 타인의 기본권리나 사회의 주요규칙과 규범을 반복해서 어김.

제7장

배우자선택과 가족발달

본 장은 배우자선택 과정을 점검하기 위해 다음 세 가지 영역에 초점을 둔다. 첫째는 타인과 결속하려는 의향에 영향을 미치는 요인, 둘째는 원가족 경험과 발달사가 이 과정에 미치는 영향, 셋째는 친밀한 관계에서 나타나는 상호작용 패턴과 역동에 영향을 미치는 요인이다. 구체적으로 배우자선택 단계이론과 관계발달의 사회교환 모델이 논의된다. 단계이론은 관계발달에서 여러 다른 단계를 매우 잘 설명해 준다. 사회교환 접근은 개인 내적 요인과 대인관계 요인을 강조하는데, 이 두 요인이 모두 관계발달을 설명한다. 관계발달에 대한 교환모델의 주요개념에는 대인관계 매력, 신뢰, 헌신, 사랑, 의존, 상호의존이 있다. 교환모델 또한 원가족 경험에 의해 형성된 것이 사람이 관계에 가져오는 가치 및 기대가 대인관계 매력과 배우자선택 과정에 어떻게 영향을 미치는가를 설명한다. 발달사에서, 특히 분리-개별화가 어떻게 관리되어 왔는가는 타인에게 매력을 느끼는 것과 친밀한 성인관계에 따르는 책임을 수용하는 준비에 영향을 미친다. 배우자선택은 가족생활주기의 한 단계로 생각될 수 있는데, 이 주기에서 형성된 관계전략과 규칙은 이후의 가족체계 과제가 어떻게 관리되는가에 영향을 미친다.

배우자선택과 가족발달

동시대의 관점에서 보면 젊은 성인의 인생은 다양한 방식으로 전개된다. 한 세대 전 만해도 남자는 원가족을 떠나면 직장을 얻고 결혼하며 가족을 이루도록 기대되었다. 반면, 여자는 부모기의 시작인 결혼을 하여 가정을 이루기 전에는 자신의 가족을 떠나지 않았다. 오늘날, 더 많은 젊은 남녀가 독신으로 남아 있고, 결혼을 연기하며, 부모기를 지연시키거나 무자녀를 선택한다(Teachman, Tedrow, & Crowder, 2000). 예로, 1970년대 전형적인 초혼연령이 여자는 20.8세, 남자는 23.2세였다. 2005년에는 이 숫자가 여자는 25.3세, 남자는 27.1세였다. 더욱이 남자의 1/3, 여자의 약 1/4은 34세가 될 때까지 미혼이었는데, 이것은 1970년대에 비하면 거의 4배다. 이러한 인구학적 변화는 젊은 성인이 교육과 직업에 더 초점을 맞추며, 결혼 전 동거나 혼외 자녀를 갖는 것에 대한 금기가 줄어든 점을 이유로 들 수 있다. 그러나 흥미롭게도 대부분의 미국인은 결국 결혼한다. 1970년에 65세 이상인 사람들의 8%가 미혼이었는데, 2005년에는 4%만이 미혼이었다(U.S. Census Bureau, 2005a).

그러나 이 가변성이 모든 젊은이가 성인 역할과 책임에 헌신하기 위해 기본적으로 받는 압력이 유사하다는 사실을 흐려서는 안 된다(Allison & Sabatelli, 1988). 개인이 청소년기에서 초기 성인기로 가는 전환기에는 인생을 설계하라는 압력이 따른다(Levinson, 1986). 이 시기에 사람은 특정한 생활양식에 헌신하기 위해 우세한 문화적 힘, 사회적 기대 그리고 가족규범의 압력을 받는다. 부분적으로는 이러한 내적·외적 압력 때문에 조만간 압도적으로 많은 젊은이가 '평생관계(lifetime relationship)'가 될 수 있는 그 무엇에 헌신할 것이다. 타인과의 이러한 결속과정이나 배우자선택은 정체성, 경계선, 위계, 유대, 동맹을 재배열하게 하면서 가족체계에 새로운 하위체계를 첨가한다. 파트너 선택과정은 가족생활주기의 한 단계로 생각될 수 있는데, 이유는 그것이 미래의 가족관계를 특징지을 상호작용 패턴의 기초가 되기 때문이다.

본 장에서는 현대 젊은 성인이 택할 수 있는 발달행로가 복잡하고 다양하다는 것을 인정하면서 평생파트너를 선택하는 데 관여하는 과정을 논의한다. 구체적으로 사람이 타인과 결속하는 의향에 영향을 미치는 요소, 원가족 경험과 발달사가 이 과정에 영향을 미치는 방식, 이러한 친밀한 관계에서 나타나는 상호작용 패턴과 역동에 영향을 미치는 요인에 대한 이해를 키울 필요가 있다.

평생동반자 선택하기

개인이 자기 일생을 타인과 공유하는 결정은 일반적으로 이 관계가 특별하고 독특하다는 믿음에 기초한다. 파트너가 나와 함께 조화를 이루며, 기쁘고 친밀한 결합을 할 것을 기대한다. 나는 파트너를 신뢰할 수 있기를 기대하고, 어떤 난관에 부딪쳐도 그가 현재 우리 관계의 친밀을 유지하기 위해 나와 함께 작업하는 것에 헌신할 것으로 기대한다.

평생관계에는 너무도 많은 것이 기대되므로 파트너선택은 복잡하고 중요한 결정이다. 시간이 흐르면서 관계발달 연구에 두 가지 주된 접근이 생겼다. 즉, 배우자선택 단계이론과 관계발달의 사회교환 모델이다(Brehm, Miller, Perlman, & Cambell, 2002). 단계이론은 관계발달에서 여러 단계를 설명하는 것이 특징이다. 반대로 사회교환 접근은 개인의 내적 요인과 대인관계 요인을 부각하는데, 이 두 요인이 함께 관계발달을 설명한다.

배우자선택 단계이론

배우자선택의 단계이론은 관계형성이 발달순서에 따라 특성을 보인다는 가정에 기초한다. 이 이론들은 관계발달은 특정한 단계들을 거친다고 본다. 예를 들면, 첫 이끌림, 라포 형성(서로의 가치관과 태도 점검), 구애하기와 선택적 노출(서로에 대해 알아가기-우리는 비슷한가?), 관계 시험하기(우리는 서로 얼마나 잘 지내는가-우리의 욕구가 충족되고 있는가?), 환멸(그 남자 또는 그 여자가 짜증나, …지루해) 그리고 마지막으로 서로에 대한 헌신 여부를 결정하는 것이다. 만약 헌신하게 되면 따뜻함, 안정감, 편안함이 있는 애착의 시기가 뒤따를 수 있다. 예로, 루이스(Lewis, 1972)는 이인형성의 6단계 모델을 제안한다(〈표 7-1〉 참조). 루이스에 의하면 관계는 유사성에 기초한 매력에서 시작하는데, 유사성은 좋은 라포(관계 형성)발달에 기여한다. 관계는 다음의 단계를 거친다. 즉, 상호 자기노출, 상대에 대한 공감적 이해, 역할 호환성 그리고 마지막으로 관계에 대한 헌신이다. 루이스는 자신의 모델 초기단계에서 대인관계 매력을 키우는 데 유사성과 자기노출의 중요성을 부각한다. 후기단계에서는 파트너들이 상호동의한 역할을 발달시키면서 '이인결정체(dyadic crystallization)'를 수립하고 자신들을 커플로 규정하기 시작하므로 정체성 과업이 더욱 중요해진다.

　　루이스의 모델은 관계발달의 모든 단계모델처럼 관계발달은 유사하고 고정된 순서를 따른다는 가정에 기초한다. 그러나 친밀관계의 발전에서 단계에 고정된 순서가 있다는 증거는 비교적 빈약하다(Leigh, Homan, & Burr, 1987; Stephen, 1987). 이와 상반되게 관계는 여러 가지 다른 발달궤도를 따른다는 연구들이 있다. 즉, 모든 커플이 똑같은 단계를 경험하는 것은 아니며 심지어 성별에 따라 단계가 다를 수 있다(Brehm et al., 2002; Huston, Surra, Fitzgerald, & Cate, 1981; Surra & Huston, 1987). 덧붙이자면, 단계모델들은 종종 관계에서 친밀과 관여가 더 깊어질 때 포함되는 요인을 고려하지 못한다. 이것은 관계발달 단계를 기술하는 데 있어 단계모델의 찬성자들이 더 깊은 수준의 관여와 헌신관계에서 일어나는 중요한 과정을 살펴보지 않는다는 것을 보여 준다. 그들은 원가족 경험을 파트너 선택과정과 연결 짓지도 않는다. 마지막으로 관계발전에서 나타나는 상호작용 패턴을 이해하는 데 도움을 주지 않는

표 7-1 　관계발달의 단계모델

루이스의 이인형성 이론	
초기 단계	유사점 라포
중간 단계	상호 자기노출 공감 대인관계 역할 조화
이후 단계	이인결정체

다. 이러한 쟁점의 많은 부분은 관계발달 연구에 대한 사회교환 접근이 제시한다.

관계발달에 대한 사회교환 관점

1950년대와 1960년대에 발전된 사회교환 관점(framework, Blau, 1964; Homans, 1961; Thibaut & Kelley, 1959)은 오늘날 가족연구에서 가장 우세한 이론적 관점 중 하나가 되었다(Sabatelli & Shehan, 1992). 이 관점은 관계를 '확장된 시장'으로 보는 경제적 은유를 강조한다. 개인은 이익을 최대화하고 비용은 최소화하는 목적을 갖고 자기이익을 실행하는 것으로 본다. 그러나 친밀한 관계에서 이득을 최대화하는 목적은 파트너 간의 상호의존 수준 때문에 시장논리와는 매우 다르다(Sabatelli & Shehan, 1992). 가까운 사적 관계에서 개인의 만족은 일반적으로 파트너가 만족한 정도에 많이 달려 있다. 파트너의 최대 이익을 위한 행동은 자신에게도 이득이 된다.

상호의존이란 파트너들이 서로에게 영향을 미치는 정도와 관계에서 상호적으로 의존하는 정도라 할 수 있다(Kelley et al., 1983; Levinger, 1982). 높은 수준의 친밀을 이루고 유지하는 것이 목표인 가까운 사적 관계에서 개인은 자기이익만을 위해 행동할 수 없는데, 이러한 자기이익 행동은 친밀경험을 약화시키기 때문이다. 분개와 불신이 일어나며, 관계에서 상호성과 공정성이 결여된다는 불평이 커진다.

높은 수준의 상호의존은 파트너 쌍방이 상대방의 최고이익을 위해 행동하는 것이 자신에게도 이득이 되는 방법이라는 것을 이해할 때 성취된다. 이러한 교환관계는 신뢰와 헌신을 키운다. 시간이 흘러도 신뢰와 헌신이 지속되면, 그 관계는 특별하고 오래 지속하는 자질이 많이 있다고 믿게 되어, 평생관계로 규정된다. 파트너 선택과정을 보다 충분히 이해하기 위해서는 상호의존적인 교환관계가 발달하게 되는 요인을 검토하여야 한다. 이 요인 중 가장 중요한 것은 높은 수준의 대인관계 매력이다.

대인관계 매력: 적격자층 거르기

교환이론은 대인관계 매력을 이해하기 위해 보상, 비용, 결과, 비교수준 같은 개념을 사용한다. 보상(rewards)은 사회적 관계에서 교환되는 이득을 말하는데, 어떤 관계에 참여함으로써 얻게 되는 즐거움, 만족, 충족으로 정의된다(Thibaut & Kelley, 1959). 사회적 보상에는 여러 유형이 있다. 여기에는 신체적 매력, 사회적 수용과 승인, 서비스나 호의 제공, 타인에 대한 존경이나 신망 표현, 타인의 바람을 준수하기(타인에게 권력을 부여) 등이 포함된다(Blau, 1964). 다른 보상으로는 긍정적인 언어로 진술하기, 경청하기, 자기노출하기, 만지기, 선물하기, 함께 시간 보내기가 있다. 이 각각의 보상은 관계에서 오는 긍정적인 이득으로 지각될 수 있으며 개인이 관계에 매력을 느끼는 가능성을 증진시키는 강화물이 된다.

비용(costs)은 특정관계와 관련된 결점이나 비용을 말한다. 비용은 어떤 관계에서 부정적 측면 또는 관계에 관여한 결과로 보상이 삭감되는 것을 포함할 수 있다. 관계 유지를 위해 시간과 노력이 요구되고, 현재 관계에 참여하지 않는다면 개인이 실제 또는 예상된 보상을 다른 곳에서 얻을 수도 있으므로 파트너의 무감각이나 유머감각의 결핍은 부정적으로 지각될 수 있다(Blau, 1964).

보상과 비용은 어떤 관계에 끌리는 정도에 직접적인 영향을 미칠 수 있다. 매력은 보상이 되는 파트너의 특성(예: 신체적 매력, 유머감각, 사회적 위치) 또는 파트너와의 상호작용 결과(예: 재미를 경험, 상호작용의 편안함, 파트너에게 느끼는 사랑)로 강화된다. 그러나 보상은 관계에 참여함으로써 얻게 되는 비용에 준하여 측정되어야 한다. 보상과 비용의 균형은 관계에서 얻을 수 있는 결과(outcomes)의 수준이다. 높은 수준의 긍정적 결과는 당연히 높은 대인관계 매력과 연관된다.

어떤 관계에서 가용될 수 있다고 지각하는 보상과 비용은 파트너로서 합당하거나, 잠재적인 파트너의 층을 좁히는 필터로 기능한다. 파트너를 선택할 때 사용하는 필터는 개인이 배우자가 갖추는 것이 좋겠다고 믿는 특성으로 구성된다. 즉, 타인의 특질, 기질, 신념, 태도, 가치관, 사회경제적 지위, 외모가 대인관계 매력과 관련된 요인이다(Hendrick & Hendrick, 1992). 그 외 이러한 특성에서 개인 간 유사한 정도가 클 때 매력이 촉진된다는 것을 강조하는 연구가 있다. 유사성은 매력에 중요하다. 직접 강화하기 때문이다. 유사성은 자신의 정체성의식과 존중을 북돋우며 상호작용을 용이하게 한다(Huston & Levinger, 1978). 이러한 점에서, 연구들은 대인관계 매력, 유사한 경제적 배경, 성격 특성, 자존감 수준 간에 강한 관계가 있다고 한다(Berscheid, 1985; Berscheid & Reis, 1998).

그러나 유사성을 강조한다고 해서 태도, 가치관 또는 특성 면에서 상당히 다른 개인에게 끌릴 가능성을 배제한다는 것은 아니다. 우리가 적격자층을 좁히는 데 사용하는 필터는 어떤 점에서 우리가 유사한 사람에게 끌리는 것처럼, 필터의 다른 특성은 우리를 보완하는 사람에게 매력을 느끼게 할 수 있다(Winch, 1958). 예로, 타인을 돌보려는 요구가 강한 사람은 돌봄에 대한 요구가 큰 사람에게 끌릴 수 있다. 핵심은 이러한 필터가 대인관계 매력에 중요하다는 것이다. 적격자층을 좁히기 위해 우리가 사용하는 필터에는 평생동반자가 반드시 가져야 할 것으로 믿는 특성이 들어 있다. 우리는 점점 더 까다롭고 특이한 많은 필터를 통과할 수 있는 속성과 특질을 특별하게 결합하여 갖고 있는 사람에게 가장 끌린다.

비교수준: 필터의 독특성

대인관계 매력에 대한 교환모델의 설명에서 두 가지 주요한 점을 고려하지 않는다면, 놀랄 정도로 간단하다. 첫째, 개인은 보상과 비용이라고 생각하는 면에서 매우 다르다. 예로, 어떤 사람은 꽃 선물을 사려 깊고 애정적인 제스처로 믿는데, 다른 사람은 사람들이 뭔가 잘못을 저지른 것을 만회하기 위해 꽃을 준다고 가정할 수 있다. 둘째, 개인은 관계에서 수용할 수 있는 결과에 대한 기대가 다르다. 예로, 어떤 사람은 금요일에는 커플이 반드시 함께 시간을 보내기로 정해 놓은 한, 다른 때는 파트너가 친구들과 원하는 만큼 시간을 충분히 보내는 것을 기꺼이 허락할 수 있다. 반대로, 또 어떤 사람은 관계에서 충분히 보상받는다는 느낌을 갖기 위해 더 많은 시간을 함께 보내기를 기대할 수 있다. 그러므로 사람의 대인관계 매력을 결정하는 것은 매우 주관적이며 관여된 개인이 무엇이 보람되고, 비용이며, 또는 합리적인 기대라고 생각하는가에 따라 많은 부분이 결정된다.

교환관점은 사람이 관계에 가져오는 독특한 가치와 기대를 비교수준(comparison level: CL)이라 한다(Sabatelli, 1984, 1988; Thibaut & Kelley, 1959). 이것은 관계를 판단하는 기준이다. 비교수준은 가족구성원이 서로에 대해 갖고 있는 주요한 정체성 이미지와 역할기대에 대한 전조로 생각될 수 있다. 초기 매력단계에서 미래의 파트너는 다른 사람이 갖고 있는 비교수준이나, 미래의 배우자로서 제공해야 한다고 보는 이미지에 준하여 측정된다. 사람은 자신이 가치를 두는 보상을 제공하는 파트너에게 만족하며 끌린다. 결과가 자신의 기대 이상일 때 관계에 더 만족하고 더 쉽게 끌린다. 반대로 결과가 일관되게 기대 이하일 때 관계의 매력은 감소한다.

개인 비교수준의 세부사항은 원가족 경험, 또래관계를 관찰하면서 얻은 정보, 관계에서 개인경험의 영향을 받는다. 원가족 경험이 배우자선택 과정에 미치는 영향에 대해서는 본 장의 후반에 더 자세히 논할 것이다. 지금은 개인 부모의 부부관계, 원가족 안에서 만들어진 테마, 개인의 발달사가 모두 개인의 비교수준과 배우자선택 과정에 영향을 미친다는 것을 아는 것만으로 만족하자.

우리가 타인의 인간관계에서 관찰한 특성, 강점, 단점 그리고 자신의 관계 경험은 비교수준에도 영향을 미친다. 일반적으로 비성공적 또는 불만스러운 관계에 있거나 이러한 관계를 관찰하는 것은 비교수준을 낮추는 경향이 있는 반면, 성공적이고 만족스러운 관계에 있거나 이러한 관계를 관찰하는 것은 기대를 높이는 경향이 있다. 더욱이 사람이 관계에 대한 투자를 늘리면 기대도 바뀔 수 있다. 처음에는 파트너의 섹시한 거동과 옷 입는 방식에 매력을 느낄 수 있으나 이러한 속성은 관계가 더 절대적이 되어 투자가 증가하면 문제가 될 수 있다.

비교수준 개념은 무엇이 대인관계 매력과정을 그처럼 독특하게 만들고 때로는 예측하기 어려운가를 이해하는 데 도움이 된다. 사람의 사적 경험과 역사는 관계에서 바라는 결과의 유형과 수준에 대해 보편적으로 갖고 있는 기대발달에 중요한 역할을 한다. 예를 들면, 신체적 매력은 어떤 사람에게는 상당히 중요한 속성 중 하나일 수 있으나 다른 사람에게는 별로 중요하지 않을 수 있다. 덧붙이자면 어떤 사람은 A라는 사람에게 강렬하게 이끌리는데, 다른 사람은 개인적으로 A를 역겨워하는 이유를 설명하는 데 비교수준은 도움이 된다. 다르게 말하면, 우리의 비교수준 또는 우리가 관계에 대해 갖고 있는 기대가 어떤 사람에게는 매력을 느끼고, 관계에서 어떤 질적 특성에 만족하는지를 결정한다.

요약하면, 교환관점은 점진적으로 사람들을 적격자층에서 연속 제거하는 데 초점을 둠으로써 대인관계 매력을 설명한다. 왜냐하면 제거된 사람들은 우리가 잠재적 파트너를 거를 때 사용하는 기준에 부합하지 못하기 때문이다. 반대로 우리가 끌리는 사람은 우리의 선별필터(screening filters)를 통과한 사람들이다. 즉, 우리는 알맞고 바람직한 파트너라고 설정한 우리 기준에 맞는 사람에게 끌린다.

매력 다음으로 이동하기

대인관계 매력 다음으로 이동하여 평생파트너를 선택하는 과정을 더 깊이 이해하기 위해 신뢰, 헌신, 사랑, 상호의존이 생기게 하는 요소들을 점검해야 한다. 타인에게 매력을 느낀다는 것만으로 특정 파트너와 여생을 보내려는 의향을 설명하기는 불충분하다. 이 의향에는 파트너에 대한 높은 신뢰, 관계에 대한 강한 헌신, 파트너에 대한 깊은 애정과 사랑, 관계에서 높은 상호의존이 요구된다.

신뢰, 헌신, 관계 전환점

신뢰(trust)란 파트너가 나를 착취하거나 부당하게 이용하지 않을 것이라는 믿음을 말한다(Haas & Deseran, 1981; McDonald, 1981). 신뢰는 관계발달에 중요한데, 신뢰는 개인이 덜 계산적이게 하며 더 장기적인 결과를 찾도록 하기 때문이다(Burns, 1973; Scanzoni, 1979a). 다르게 말하면, 신뢰는 관계에 대한 확신과 안전감을 증진시켜 사람을 더 미래지향적이게 한다(McDonald, 1981). 예를 들면, 신뢰가 강하면 파트너가 색다르게 한 말을 모욕으로 생각하는 경향이 적을 수 있는데, 이유는 그가 내 감정에 민감하거나 반응을 보였던 때가 많았기 때문이다. 그러한 일은 미래에 예상할 수 있는 보람된 상호작용 숫자에 비하면 드물 것으로 결론 내릴 수도 있다. 신뢰가 없다면 사람은 자기이익에 더 주의를 기울이게 되는데, 그럼으로써 현재와 미래에 타인의 요구에 주의를 기울이는 데 관심이 적어진다. 신뢰가 생기면 관계에 깊이 헌신하려는 의향이 커진다.

헌신(commitment)은 관계지속을 위해 기꺼이 작업하는 정도를 보면 알 수 있으며, 관계를 위해 작업하려는 의향이 점진적으로 친밀하고 절대적인 관계인지, 또는 일상적이고 변함없는 관계인지를 구별 짓는다(Leik & Leik, 1977). 신뢰와 관계에 대한 헌신이 증가함에 따라 보상이 '미래에 있을' 관계에 호의를 보이면서 엄격한 경제 교환 원리는 포기된다(Leik & Leik, 1977). 이것이 제시하는 바는 관계에 깊이 헌신하는 사람은 파트너와 높은 수준의 결속을 느끼며, 관계지속에 헌신한다. 관계에 헌신하는 사람은 관계의 유지나 개선을 원하며, 그럼으로써 관계를 위해 희생하거나 투자하며 개인적 목적을 파트너의 복지와 연결한다. 관계로부터 보상의 결과로 이러한 결속감과 관계에 대한 헌신이 생기면 차츰 대안적 관계에 관심을 덜 갖게 된다(Leik & Leik, 1977; Scanzoni, 1979b)

대안적 관계에 대해 걱정하거나 인지하던 것을 중단하는 것은 관계발전에 중요한 전환점이 된다. 즉, 대안적 관계에 관심이 줄면서 자신의 정체성과 대인관계 요구를 위하여 현재 관계에 점차 의존하게 된다(Leik & Leik, 1977). 다르게 말하면, 더 이상 점검하지 않고 확실하게 헌신하는 것이 점차 개인의 인생에 중심이 된다. 즉, 파트너에 대한 헌신이 클수록 함께하고 싶은 미래 모습을 예상하기가 쉽다.

헌신에 대한 이 관점은 개인이 파트너에 대해 느끼는 관계와 헌신 그리고 관계는 시간이 흐르면서 발전한다는 점을 분명히 한다. 관계는 친밀과 관여수준이 깊어지거나 또는 해체될 때를 결정적 시기나 **전환점**(turning points)을 통과하는 것으로 생각할 수 있다(Bolton, 1961). 이 시점에서 신뢰와 헌신이 더 높은 수준으로 일어나거나 사라진다. 신뢰와 헌신이 깊어지려면 관계에서 파트너가 관심과 투자를 공유한다고 믿어야 한다. 이러한 상호성이 부재하면 신뢰하는 것이 주저되며 관계에 더 강하게 헌신하는 것이 꺼려진다.

그러므로 관계에 대한 파트너의 헌신이 우리의 헌신과 부합되는지를 측정하는 노력을 하지 않는 한 전환점은 거의 일어나지 않는다. 이처럼 관계 상태를 측정하려는 노력 때문에 파트너와 **협상**(negotiations)하게 된다. 이 협상의 목적은 '서로 얽힌 관심사의 망'(Scanzoni, 1979b)의 범위에 대해 합의하는 것이다. 즉, 파트너는 내가 하는 활동, 취미를 가치 있게 여기는가? 그 사람의 인생 목적과 열망은 나의 것과 유사한가? 내가 그 사람에게 끌리는 것처럼 그 사람도 나에게 끌리는가? 그 사람도 나처럼 관계지속에 관심이 있는가? 등이다.

관계위치에 대한 협상은 직접적일 수 있다. 관계에 대해 파트너의 이해와 동의를 촉진하려는 목적으로 자기노출과 '관계 이야기'가 포함될 수 있다(Baxter & Bullis, 1986). 즉, 어떤 시점에 파트너와 앉아서 그에 대한 나의 관심 정도와 관계에서 더 발전시키고 싶은 영역에 대해 터놓고 토론할 수 있다. 그러한 협상은 관계에 대한 파트너의 기대가 얼마나 나와 같거나 다른지에 대한 직접적인 피드백을 제공한다. 이 정보는 중요한데, 파트너들이 얼마나 서로를 믿고 더 깊은 관계를 가지려고 기꺼이 헌신하는지를 정하는 데 도움이 되기 때문이다.

이러한 협상은 간접적이고 '비밀시험'의 모양을 취할 수 있다(Baxter & Wilmot, 1984). 비밀시험은 관계에 대한 파트너의 헌신수준이 나의 것과 맞는지를 판단하려는 일종의 간접적인 노력이다. 예로, 남자에게 "친구 몇 명과 외출하는 것을 정말로 꺼리지 않는다."고 여자가 말할 수 있다. 그러나 여자가 진정 알고 싶은 것은 '그 남자가 친구와 있는 것보다 자기와 있는 것을 더 원하는가?'다. 만약 그 남자가 친구와 나가면 그는 비밀시험에 실패한 것이다. 대신, 그녀와 나간다면 비밀시험에 통과한 것이고 그 남자가 자기처럼 관계에 헌신한다는 확신이 커진다.

이러한 협상은 관계지속을 위한 동기를 갖는 데 필요한 정보를 제공한다는 점에서 중요하다. 관계협상에서 이러한 간접적 접근이 직접적인 접근(Baxter & Wilmot, 1984) 보다 더 우세한 것은 사람들이 이러한 쟁점을 직접 말하는 것이 위험하다는 것을 안다는 것이다. 간접적인 협상이 널리 퍼지는 것은 파트너가 우리 관계를 어떻게 보는가에 대해 우리가 모을 수 있는 미묘하면서 미확인된 정보에 부여하는 중요성을 입증한다.

사랑의 중요성

사람들에게 결혼 이유를 물어보면 지금까지 나온 가장 흔한 반응으로 파트너에게 느낀 사랑이라는 답이 있을 것이다. 헌신하는 이유로 사랑에 많은 관심을 가지지만, 사랑은 여전히 정의하기 애매한 개념으로 남아 있다. 사랑 경험에 기여하는 요인들도 꼬집어 말하기 어렵다. 헨드릭과 헨드릭(Hendrick & Hendrick, 1992)은 "이것이 사랑이라고 확신을 가지고 지적할 수 있는 현상은 하나가 아니다. 사랑은 적어도 정신적 · 정서적 상태의 복합적인 세트다. 사랑의 유형은 다를 수 있고 그 유형은 질적으로 서로 다를 수 있다(p. 98)."

일반적으로 사회과학자(철학자와 시인에 반대되는)는 생리적 각성이 고조된 상태에서 '관련된 상황적 계기(relevant situational cues)'와 함께 경험하는 감정을 사랑(love)으로 생각한다. 관련된 상황적 계기에는 친밀감이나 연결감, 가까움이 포함되는데, 이것들을 신뢰, 헌신과 함께 경험한다. 생리적 각성은 다른 사람과 함께 있을 때 경험하는 정열이나 흥분을 말한다. 꼭 그러한 것은 아니지만 성적 욕구도 여기에 포함된다(Sternberg, 1988). 요약하면 사랑은 다른 사람과의 보람 있고 친밀한 상호작용에서 나오는 정서를 명명할 때 사용하는 대단히 중요한 용어다.

발전하는 관계에서 사랑을 관계발달의 이유이며, 친밀한 관계로부터 얻은 결과로 보는 것은 합리적이다. 하나의 원인으로서의 사랑의 감정은 파트너에게 끌리게 하고 파트너를 신뢰하는 기꺼움, 관계에 대한 헌신 그리고 관계에서 전반적으로 느끼는 친밀감에 기여한다. 다르게 말하면, 파트너에 대한 긍정적 감정은 파트너에 대한 몰입, 흥분, 착취당하지 않을 것이라는 확신(신뢰), 관계에 대한 관여와 투자(헌신), 총체적 가까움, 안녕 그리고 상호의존(친밀)을 강화할 수 있다. 결과로서의 사랑은 파트너와의 긍정적이고 친밀한 상호작용에서 나오는 정서다. 순환적이고 주기적인 방식으로 사랑 경험은 사람 사이의 친밀한 상호작용에서 나오는데, 사랑 경험은 이 상호작용에 활력을 주어서 파트너들은 그들의 관계가 독특하고 특별한 것으로 경험한다(Sternberg, 1988).

후자 관점에서 보면, 사랑과 로맨스는 관계에서 나오는 중요한 보상의 일부다. 이러한 감정이 관계에 지속적으로 투자하려는 욕구에 불을 붙인다. 그러나 신뢰와 헌신처럼 사랑의 감정과 로맨스도 상호 지각되는 것이 중요하다. 그러할 때 우리는 더 안전해지고 관계에 더 헌신하며, 파트너를 더 신뢰하고 돌보며 이타적으로 행동하게끔 동기화된다. 사랑과 로맨스가 상호적이지 않을 때, 그 관계를 계속 추구할 수는 있으나 파트너가 우리처럼 관계에 관여하도록 설득할 수 없다면 우리는 덜 안전하다고 느끼며 믿음이 적어질 수 있다.

이쯤 해서 관계추구를 위한 동기인 사랑, 신뢰, 헌신이나 또는 이론들이 배우자 선택과정 영향요인으로 지적한 관계 자질은 일부 사람에게는 거의 관계없을 수 있음을 강조해 둔다. 일반적으로 사랑의 경험은 관계발전을 강화하거나 저지하는 데 매우 중요한 요인에 속하는 것으로 믿고 있다. 사랑이 진행되면 매력, 신뢰, 헌신이 함께하며, 이 관계는 특별하고 절대적이며 지속될 가능성이 증가한다. 그러나 어떤 사람에게는 가장 두드러진 관계결과가 외로움의 도피나 재정적 안전감의 획득일 수 있다. 관계는 사랑에 기초한다는 문화적 기대가 우세하지만, 배우자선택 과정은 더욱 복합적인 수준에서 살펴보아야 한다.

의존, 상호의존, 관계발달

흔히 알다시피 평생관계를 만들려는 사람의 의향은 매력, 사랑, 신뢰 그리고 헌신에 대한 경험이 관계에 대한 파트너의 경험과 일치한다고 지각하는 데서 생긴다. 이러한 요소가 있으면, 파트너들은 관계에 크게 의존할 수 있다. 이처럼 의존이나 상호의존 때문에 이 관계가 특별하며 평생 동반자관계의 특성을 가질 것으로 느낄 수 있다.

상호의존은, 다른 말로 하면, 관계에 존재하는 의존의 균형이다. 의존(dependence)은 관계의 결과를 위해 파트너에게 의존하는 수준으로 정의될 수 있다. 비록 대부분의 사람이 타인에게 의존하는 것에 부정적으로 반응할지라도, 의존이 기능하는 방식에 따라 관계의 성장과 발달이 저해 또는 격려된다고 인식하는 것이 중요하다. 의존은 균형이 잡히지 않으면 관계발달을 저해한다. 우리보다 더 의존적인 파트너가 있으면 스트레스와 긴장이 생긴다. 그러한 불균형이 생기면 파트너의 궁색이나 질투가 관계가 주는 보람을 방해할 수 있다. 이에 대한 대가로 우리는 궁극적으로 친밀감과 동료애를 다른 곳에서 찾으려 할 수 있다.

우리가 파트너에게 더 의존적이 되는 것도 대가를 치르는데, 이유는 관계를 통제하기 어렵기 때문이다. 이 딜레마로 생기는 스트레스는 전형적으로 각 파트너의 관계의존도를 다시 균형 잡도록 하는 몇 가지 전략을 사용함으로써 관리된다(Emerson, 1962). 예를 들어, 관계에서 한쪽 파트너(A)가 상대 파트너(B)보다 더 의존적이라면, (A)는 관계를 더 보람 있게 만들어서 (B)가 관계에 더 의존하게 할 수 있다. (A)가 더 노력하거나 또는 (B)를 즐겁게 하는 새로운 방법을 찾아볼 수도 있다. 어쩌면 다른 사람과 데이트를 하겠다고 위협하여 (B)가 질투하게 만들어 (A)를 더 감사하게 생각하도록 시도할 수도 있다. 이러한 전략이 실패한다면, 더 의존적인 파트너는 상대 파트너가 대안적인 것에 접근하는 것을 막음으로써 그가 관계에 더 의존하도록 할 수 있다.

그러므로 질투와 소유욕을 이해하는 한 가지 방법은 관계의존 수준이 균형을 이루지 못하여 생기는 불편에 대한 반응을 보는 것이다. 만약에 재균형 전략이 실패하면, 더 의존적인 파트너가 관계에 대한 자신의 의존도를 낮출 수 있는데, 이를테면 관계를 평가절하하는 것이다. 이 모든 것이 실패하면, 더 의존적인 파트너가 떠나는 것까지 숙고해 볼 수도 있다.

본 장에서 제시한 사회교환 모델에 따르면, 타인과 평생관계를 만들려는 결정은 높은 수준의 상호의존을 성취하는 데 있다. 상호의존의 확립을 중재하는 요인은 [그림 7-1]에 요약되어 있다. 모든 관계는, 발달단계의 어떤 시점에 있는지에 상관없이, 어느 정도 상호의존이 있는 것이 특징이다. 이 모델은 관계발달의 후기단계에 나타나는 높은 상호의존 수준은 관계에서 강한 매력, 신뢰, 헌신, 사랑이 있다고 지각한 결과에서 온다고 본다. 타인 및 관계에 강하게 끌리는 것은 지각된 결과가 선호하는 수준인 것에서 온다. 결과는 우리가 관계에 가져오는 주관적인 필터에 의해 대부분 결정된다. 타인에 대한 끌림이 클수록 관계에 관여하고 헌신하는 것을 고려하기 쉽다. 헌신이나 관계를 지속하기 위해 작업하려는 의향은 파트너와의 지속적인 협상과정 때문에 더 강화된다. 협상을 통해서 서로에 대한 기대를 분명히 하며, 파트너가 관계에 대해 헌신하는 정도가 자신과 유사한지를 결정한다. 관계에 대한 정의를 공유하는 데 성공하면 파트너들이 경험하는 신뢰수준은 높아지고 관계에 더 헌신하려는 의향이 커진다.

관계가 발전하면 신뢰와 헌신이 증가하고 파트너에 대한 사랑도 증가한다. 비록 개념으로는 이해하기 애매하나, 사랑은 매력이 자라고 관계에서 관여가 깊어지면서 경험하는 감정이라고 주장하는 것이 합리적일 것이다. 사랑은 매력, 신뢰, 파트너에 대한 헌신의 결속을 강화하면서 관계 관여를 더욱 강화한다. 그런 다음에 매력, 신뢰, 헌신, 사랑의 강도가 관계 의존을 키운다. 그러나 파트너에 대한 의존이 같은 유형의 의존으로 보답될 때 의존은 비용으로 간주되지 않는다.

친밀한 관계발달의 특성을 보여 주는 전환점은 곧, 결정적 시점에 일어나는 협상을 말한다. 이 협상은 파트너 각자가 매력, 신뢰, 헌신, 사랑, 의존이 관계 안에서 균형을 이루고 있다고 느끼는 데 도움이 된다. 상호의존이 강화되고 관계에서 생긴 정체성의식과 안녕감이 증가하면서 관계에 대해 더 협상하려는 요구는 줄어든다. 바로 이 시점에서 파트너들은 일반적으로 자신의 관계가 독특하고 평생관계를 지속하는 자질을 갖고 있다고 믿게 된다.

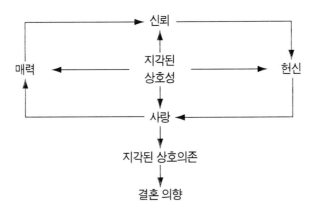

[그림 7-1] 배우자 선택에 대한 상호의존 모델

배우자선택에 대한 원가족 경험 영향

지금까지 원가족 경험이 배우자선택 과정에 영향을 미치는 방식에 대해 깊이 있게 논의되지 않았다. 원가족 경험은 두 가지 면에서 배우자선택에 분명하고 중요하게 영향을 미친다. 첫째, 원가족 경험은 우리가 관계에 가져오는 가치관과 기대를 형성하는 데 도움을 준다. 즉, 가족 경험이 우리의 비교수준의 기반을 제공한다. 둘째, 애착역사와 원가족에서 개별화된 방식을 포함한 발달사가 우리가 매력을 느끼는 대상과 친밀한 성인관계에 따르는 책임을 수용하는 준비성에 영향을 미친다.

가족 경험, 가치, 기대

원가족은 사람이 타인과의 관계에서 보여 주는 가치와 기대에 영향을 미친다. 사람은 가족에서 성공적 또는 비성공적 관계모델에 노출된다. 그리고 남성과 여성, 남편과 아내는 어떻게 행동하도록 기대되는지에 대해 특정한 관점을 가지도록 사회화된다. 사람은 특정한 가족테마, 정체성 이미지, 신화를 지향하는데, 이것들은 누가 친밀한 파트너로서 적절한지에 대해 서술하고 규정한다.

우리가 감동하거나 감동하지 않은 부모의 특성과 자질은 비교수준의 요소가 된다. 즉, 타인을 판단하는 하나의 지표(barometer)가 된다. 예로, 어떤 사람의 부모가 관계에서 성공적이었다고 하자. 성공적인 관계의 한 가지 요인은 부모가 자신이나 자신의 결점에 대해 웃어넘기는 능력이다. 결과적으로 자녀는 유머감각을 잠재적인 파트너가 가져야 할 가치 있고 보람된 특성으로 매우 중요하게 보는 경향이 있다. 반대로 바람직하지 않다고 보는 부모의 어떤 자질을 잠재적 파트너가 갖고 있을 때 이 자질은 파트너에 대한 매력을 발달시키는 데 방해가 될 수 있다.

더 넓은 문화에서처럼 원가족에서의 사회화 경험은 남편과 아내가 어떠해야 하는지에 대한 기대에 영향을 미친다. 우리가 전통적인 가족에서 왔다면, 남성은 '훌륭한 가계부양자' 또는 '직업적 성취자'이며 여성은 양육적이고 지지적이도록 기대하는 것을 배웠을 것이다. 그러나 현대사회나 비전통적인 가족에서 자랐다면 남성과 여성이 모두 '세심하며 돌보는 부모' 또는 '직업적 성취자'가 되도록 기대하는 것을 배웠을 것이다. 그러한 가치는 우리의 관계가 더 신중하고 절대적이 되면 타인을 평가하는 데 결정적일 수 있다.

　원가족 규칙은 타인에 대한 우리의 기대와 매력을 규정하는 데 더 도움이 된다. 우리와 유사한 규칙을 가진 가족에게 더 편안함을 느낄 수 있고 매우 다른 배경을 가진 가족에게는 편안함을 덜 느낄 수 있다. 예를 들면, 내적 경계선과 의사소통을 협상하기 위한 가족규칙이 타인에 대한 편안함과 매력을 느끼는 데 영향을 미칠 수 있다. 만약 우리 가족이 개방과 노출을 중시한다면, 개방보다는 사생활과 침묵에 가치를 두는 파트너에게 긴장을 경험할 수 있다. 반면, 조용하고 정중하며 대화에서 차례 지키기를 존중하는 가족에서 자랐다면, 말을 자주 멋대로 자르는 파트너에게 불편을 느낄 수 있다.

　타인을 어떻게 보살피는가에 대한 모델은 우리 가족에도 존재한다. 우리는 우리 원가족의 친밀감 규칙과 같은 규칙을 갖고 있는 타인에게 끌린다. 존경, 평등, 공평에 기초한 결혼을 보아 온 사람에게는 이러한 관찰이 관계를 어떻게 구조화하고 싶은지에 대한 관점에 영향을 미친다. 반면에 한쪽 파트너가 과기능하거나 다른 파트너를 돌보는 것으로 친밀감을 표현하는 결혼을 보아 온 사람도 있을 것이다. 이와 유사하게, 우리 자신이 '부모가 된 아이'가 되었을 수 있으며 부모 한 명이나 모두의 보호자로 행동하도록 기대되었을 수 있다. 그런 경험이 있다면, 우리의 '과기능하는 식'의 돌봄에 대한 반응으로 파트너가 저기능하는 관계에서 가장 편안할 수 있다. 알코올중독자의 딸이 종종 알코올중독자와 결혼하는 것이 이러한 요인에 대한 설명이 될 수 있다(Elkin, 1984). 파트너의 알코올중독을 기대하거나 적어도 견디는 여성은 과기능/저기능 상보성으로 지배되는 관계에서 가장 편안함을 느끼는 친밀감모델에 노출되어 왔을 수도 있다.

　마지막으로 가족에 존재하는 테마가 배우자선택에 영향을 미치는 방식에 대해 언급할 필요가 있다. 문화적 · 종교적 테마는 우리가 누구에게 끌리는가에 영향을 미치는 필터로 작용한다. 어떤 가족의 강한 민족성향은 다른 민족유산을 가진 사람과 친밀한 관계를 맺는 것을 수용하지 못할 수 있다. 만약 원가족의 테마가 이러한 것들을 장래의 가족구성원이 되는 데 필수조건으로 강하게 주장한다면, 신념, 인종 심지어 계층이 자신과 다른 사람에게 헌신하며 친밀한 관계를 형성하는 것은 하나의 쟁점이 될 수 있다.

애착이론과 배우자선택

관계가 어떻게 형성되고 발전되며 유지되는가는 사람과 커플에 따라 다르다. 관계가 어떻게 발전되고 작용하는지에 대해 많은 이론이 제안 · 시도 · 검증되었다. 탁월한 사회 · 심리적 이론 중 애착이론이 현재로는 성인의 대인관계를 이해하는 데 가장 널리 인용되고 있다. 이론적 틀로서 애착이론은 초기 원가족 경험을 성인 파트너들이 구조화되고 경험하는 방식과 연결시켜 이해하는 기반을 제공한다(Hazan & Shaver, 1994).

애착이론은 타인에게 정서적 애착을 형성하는 능력은 유아기와 아동 초기에 발달된다는 점을 시사한다(Bowlby, 1979). 유아는 성인보호자가 가까이 있을 때 불안을 덜 경험한다. 성인보호자가 가까이 있다는 것이 아동에게 안전과 사랑의 감정을 일으킨다. 이 '안전한 느낌'으로 아동은 장난스럽고 더 독립적인 행동을 보이는데, 이것의 최상의 예는 환경을 적극적으로 탐색하는 것이다. 만약 적절한 관심, 반응, 보호자와 가까이함을 경험하지 못한 아동은 자기확신이 적고 보호자를 덜 신뢰하며 불안정 애착관계를 발달시킬 위험이 더 크다(Hazan & Shaver, 1994).

다르게 말하면, 아동이 부모나 보호자와의 일차적인 정서적 경험은 볼비(Bowlby, 1979)가 제시한 '내적실행 모델(internal working model)'의 기반을 형성한다. 아동의 내적실행 모델은 보호자가 어떤 상황에서 어떻게 반응할 것이라는 기대가 포함된다. 애착이론은 보호자의 반응 때문에 개인이 발달시키는 기대, 신념, 감정은 나중에 다른 가까운 관계에서 보인다고 가정한다(Hazan & Shaver, 1994). 아동기에 형성된 내적실행 모델은 개인이 자신과 타인 그리고 사회적 세계에 대한 자신의 믿음을 통하여 모습을 드러낸다. 아동은 정서적 요구가 충족되면, 일반적으로 자신을 사랑받고 존중받을 가치가 있다고 지각하며, 타인을 신뢰할 수 있고 의지할 만하며 사회적 세계는 의지할 만하고 일관적이라고 본다. 반대로, 아동의 요구가 보호자에 의해 일관되게 충족되지 않으면, 어른이 되어서는 무가치, 불손, 불신, 믿을 수 없음과 같은 부정적 신념이 대부분의 대인관계에서 그의 감정과 생각을 좌우하기 쉽다.

수많은 연구결과에 따르면, 아동의 요구와 기대에 보호자가 반응하는 방식에 따라 세 가지 분명한 애착유형이 생긴다(Bowlby, 1988; Feeney, 1999; Hazan & Shaver, 1987, 1994; Hazan & Zeifman, 1999). 부모와 보호자가 반응적이고 주의를 기울이며 받아들일 때 아동은 안전하게 애착되고 덜 주저하며 더 탐색적인 행동을 하기 쉽다. 부모의 반응과 관심이 비일관적이면 아동은 다시 접촉을 하려 하며, 보호자에게 매달리고, 보호자가 어디에 있는지를 알기 위해 계속 확인하는 불안-양가적 애착을 하게 된다. 아동의 요구와 관심을 계속 무시하거나 피하면 회피애착 유형이 형성되는데, 이 유형은 아동이 보호자와 근거리를 유지하기는 하나 가까운 접촉은 피한다(Hazan & Shaver, 1994).

오랫동안 발달심리학자는 아동기에 발달되는 애착유형이 성인으로서의 행동에 영향을 미치는지 여부를 검토하는 데 관심을 가져 왔다. 비록 애착유형 발달에 대한 종단적 연구가 대부분 아동 중기나 후기 아동에게 제한되지만 성인 애착유형에 대한 최근 연구는 유아기와 아동기에 형성된 애착유형이 성인기에도 동등한 애착관계를 갖는 것처럼 보인다고 하였다. 즉, 아동에게 존재하는 것으로 생각되는 세 가지 애착유형이 성인의 대인관계에 심오하게 영향을 미쳐 왔다.

구체적으로 안정애착 유형의 특성(secure attachment style)을 가진 성인은 초기 가족관계가 긍정적이며 타인을 신뢰하는 태도를 보인다. 그들은 성인관계에서 타인을 가까이하는 것과 타인에게 의존하는 것이 편안하다. 그들의 관계는 행복하고, 믿을 수 있으며, 자신을 친절하고 좋아할 만한 사람으로 본다(Feeney & Noller, 1990; Collins & Read, 1990). 다르게 말하면, 그들은 타인에게 다가서는 것이 쉽고 타인에게 의존하거나 타인이 그들에게 의존하는 것에 편안하다. 그들은 대체로 유기되거나 타인이 가까이 오는 것을 걱정하지 않는다.

회피애착 유형(avoidant attachment style)의 성인은 안정애착된 개인에 비하면 관계를 덜 만족스럽고, 덜 친밀하게 보는 경향이 있다. 그들은 타인을 덜 신뢰하며 가까이 다가서는 것을 피한다(Feeney & Noller, 1990). 회피적인 성인은 타인과 가까운 것이 불편하고, 타인을 전적으로 신뢰하는 것이 어려우며 타인에게 의존하는 것이 어렵다. 또한 타인이 너무 가까이 다가오면 불안해지며 자신이 편한 정도보다도 파트너들이 더 친밀해지기를 원하는 것으로 종종 느낀다.

불안-양가적 애착 유형(anxious-ambivalent attachment style)의 성인은 타인을 믿을 수 없고 헌신할 수 없다고 본다. 안정 애착된 성인과 비교할 때 그들은 관계에서도 상호 의존성과 신뢰, 만족이 적다고 본다(Simpson, 1990). 즉, 불안-양가적 성인은 타인에게 가깝게 다가가고 싶으나 타인이 이를 꺼리는 것을 종종 경험한다. 그들은 파트너들이 그들을 정말로 사랑해 주지 않거나 곁에 머무는 것을 원하지 않을 것이라고 걱정하는 경향이 있다. 그들은 타인과 온전히 친밀하고 싶으나 이 궁색 때문에 타인이 놀라 도망갈 수 있다.

요약하면, 원가족의 애착역사는 성인 동반자관계가 어떻게 형성되고 구조화되며 경험되는가에 영향을 미치는 잠재력을 갖는다. 이 주장은 대인관계에서 성인애착 유형을 조사한 두 유형의 연구에서 지지되어 왔다. 한 가지 유형은 교제 중인 커플이고 다른 유형은 결혼커플에 대한 연구다. 교제커플 연구에서 안정애착된 개인들은 일반적으로 안정애착된 다른 사람들에게 끌렸다. 불안정애착 유형의 사람들은 일반적으로 불안정애착 유형의 특성을 가진 사람들과 짝을 이루었다(Simpson, 1990). 안정애착된 커플들은 기간이 더 길고 더 만족스러운 관계를 가진 것으로 나타났다(Simpson, 1990). 불안정애착 유형의 커플들은, 관계가 불안-양가적 사람과 불안-양가적 사람 커플이든, 회피적 사람과 회피적 사람 커플이든, 또는 더 일반적으로 회피적 사람과 불안-양가적 사람 커플이든 간에, 관계만족도가 낮았고 관계지속이 더 짧았다. 안정된 관계는 오래 지속되는 경향을 보였는데 그 이유는 파트너들 사이에 신뢰와 자기확신이 더 컸기 때문이다(Feeney & Noller, 1990).

결혼커플 연구는 서로 다른 애착 유형이 커플들의 의사소통과 관계의 질에 관련이 있는지를 조사하였다. 이 연구는 당연하게도 불안정애착 커플보다 안정애착 커플이 관계만족도, 신뢰, 지지, 긍정적 자기노출이 더 높았다고 보고하였다. 그들의 의사소

통은 더 개방적이었고, 갈등을 다룰 때 통합적 문제해결 전략을 더 활용하였다
(Feeney, 1999). 그 외 안정애착 사람은 불안정애착 사람과 비교할 때, 의미 있는 타
자와 더 잘 타협하고, 갈등 시 자신과 부모의 이익에 관심을 가졌다(Feeney & Noller,
1996). 또한 대립되는 목표를 개방적으로 토론하며 관계에서 건설적인 의사소통을
유지하는 경향이 있었다(Kobak & Hazan, 1991).

개별화 쟁점과 배우자선택

개인의 발달사가 배우자선택 과정에 영향을 미친다는 것은 전혀 놀라운 일이 아니
다. 제6장에서 개별화를 강화하는 가족역동이 정체성 발달과 친밀감 능력을 촉진하
며, 이 '심리적 자원'이 성인관계와 책임을 성숙하고 자신 있게 협상할 수 있게 한다
고 하였다. 사람은 가족에게서 성공적으로 개별화할 때, 타인과의 친밀감을 강화하
는 자아와 정체성 자원을 갖는다. 이 상황에서 타인에 대한 진정한 존중과 애정을 가
지고 친밀한 결속을 형성한다. 그러나 성숙한 정체성의식(sense of identity)과 친밀을
위한 능력 부재는 '자신의 자아감을 완성'하기 위해 타인과 결속하는 쪽으로 갈 수
있다. 다르게 말하면, 사람은 자신의 정체성의식을 위하여 관계에 의존할 수 있으며,
이 부서지기 쉬운 결속은 시간이 흐르면서 개인적 성장과 관계의 질을 제한하는 관
계에 갇히게 할 수 있다(Napier, 1988).

그러므로 개별화가 잘 이루어지지 않으면, 배우자선택 및 미래의 건강과 친밀한
관계 적응에 부정적인 영향을 미치는 과정이 시작된다. 예를 들면, 가족의 경계선 규
칙과 개별화에 대한 관용이 타인과의 관계를 탐색할 때 경험하는 자유에 영향을 미
칠 수 있다. 가족경계가 개별화를 용납하지 못할 때 정체성과 관계 선택은 원가족에
의해 통제될 수 있다. 미래배우자의 '융합' 수준이 높으면 가족의 면밀한 검사를 거
쳐야 하고 정해 놓은 기준에 맞추어야 할 것이다. 배우자선택 과정에서 가족의 승인
이 가장 중요하며 결정적인 요인이 될 수 있다.

반대로, 개인이 개별화의 발달적 요구사항을 취급하는 방법으로 가족에게 반항할
때 가족이 결코 승낙할 수 없는 사람을 의도적으로 선택할 수도 있다. 가족에 대한

상처, 분노, 반응으로 가족이 수용할 수 없는 배우자를 딜레마로 안겨 줌으로써 복수의 불을 피울 수 있다. 물론 이런 유형에서는 장기적인 건강과 관계가 살아 남을 수 있을지 의심스럽다.

자신의 개별화를 다루는 방법으로 가족과 단절할 때 이 개인은 '개별화를 해 본 적이 없는' 가족과 결혼함으로써 자신의 미충족된 요구를 충족하려 할 수 있다. 융합하기 위해 어떤 가족을 찾는 것은 배우자선택 과정을 중재하는 가장 중요한 요인이 된다. 역설적이게도 이 배우자 또한 개별화가 잘 되어 있지 않으며 자신의 원가족과 융합되어 있기 쉽다(Bowen, 1978). 그러므로 각 파트너의 개별화 딜레마에 대한 해결은 상대의 요구와 기대를 보완하는 파트너를 찾는 것이다. 이 예에서 결혼은 자신의 가족에 참여하는 파트너를 찾으려는 요구에서 비롯된 것이고, 이 파트너는 참여할 가족을 찾는 것이다(Wamboldt & Wolin, 1989).

이 모든 예에서 핵심은 같다. 특히 우리의 발달역사와 개별화과업의 성공적인 관리는 우리가 끌리는 대상과 미래의 배우자선택에 영향을 미친다. 일반적으로, 건강과 성인의 친밀한 관계의 생존력은 분명한 정체성의식과 타인과의 친밀감 능력에 달려 있다. 개별화과정을 적절하게 협상하지 못하는 무능력은 우리의 미충족된 요구와 원가족에 대한 정서적 반응성에 기초하여 배우자선택을 결정할 가능성을 증가시킨다.

배우자선택과 관계역동성

배우자선택에 대한 연구 대부분은 타인과 결속 의향을 촉진하는 요인에 초점을 둔다. 이 관점에서 쉽게 간과될 수 있는 것은 관계형성 기간에 수립되는 상호작용 패턴과 역동이 시간이 흐르면서 지속될 것이라는 점이다. 배우자선택 기간에 형성된 상호작용 패턴은 커플이 가족체계 과업을 수행하기 위해 사용하는 많은 전략에 영향을 미친다. 일단 패턴이 수립되면, 이 상호작용 패턴과 역동은 커플이 가사와 재정을 관리하고, 친구 및 가족과 경계선을 설정하며, 가족테마와 정체성을 창조하고, 서로를 보살피고 지지하는 데 사용하는 구체적인 전략을 결정하는 역할을 담당한다. 따라서 배우자선택 과정을 가족생활주기의 한 단계로 보는 것이 중요한데, 그 이유는 바로 이 시기에 미래의 가족체계를 조직할 상호작용의 역동을 위한 기초가 세워지기 때문이다.

배우자선택 과정에서 발달되는 상호작용 전략과 규칙에는 두 가지 중요한 결정인자가 있다. 하나는 원가족 경험이고, 다른 하나는 각 파트너의 관계에 대한 상대적인 매력과 의존이다.

사회화 경험, 출생순위, 가족에서의 위치를 포함한 원가족 경험은 친밀한 관계에서의 상호작용 패턴과 역동을 직접적으로 창조하지 않는다. 그러나 친밀한 관계에서 타인과 상호작용할 때 어떤 스타일을 선호하는가 또는 보살핌, 갈등, 권력, 의사결정 같은 이슈를 다룰 때 어떤 규칙들이 편안한가에 영향을 미치는 것은 분명하다. 이 전략과 규칙의 복합체가 나중에 커플이 부부와 가족체계 과업을 수행하기 위해 수립할 전략과 규칙의 전조가 된다.

예를 들면, 자신의 가족에서 보호자가 되도록 사회화된 여성은 그러한 역할을 맡는 것을 기대하는 파트너와 짝이 되기도 한다. 이 여성은 파트너를 지지하고 보살피기 위해 상당한 시간과 에너지를 바치는 자신을 발견한다. 이러한 관계역동은 처음에는 파트너들이 서로에 대해 편안함과 매력을 강화하는 것으로 기능할 수 있다. 시간이 지나면 이 관계역동은 커플이 어떻게 상대방을 보살피고 지지하는가에 대한 기초가 된다. 즉, 남성은 지원을 받고 여성은 지원을 제공하는 데 만족하는 것을 기대한다. 마찬가지로, 전통적인 남성적 가치와 태도로 사회화된 남성이 그러한 남성의 특성을 기대하는 여성과 짝을 이룰 때 그 남성은 시간과 에너지를 어떻게 써야 하고, 어떠한 의견, 가치, 정체성이 유지되어야 하는가에 대한 결정에 책임을 지고 있는 자신을 발견할 수 있다. 이렇게 선호되는 상호작용 패턴은 커플들이 그들의 자원을 관리하고 가족테마와 정체성을 수립할 전략과 규칙의 선구자가 된다.

발전하는 관계에서 보이는 상호작용 패턴에 두 번째로 주요한 영향을 미치는 것은 파트너 간에 존재하는 매력과 의존의 상대적 균형이다. 어떤 관계라도 어느 시점에 한쪽 파트너가 상대방보다 관계에 더 매력을 느끼거나 더 의존할 수 있다. 매력과 의존에서 상대적 균형은 커플의 권력(power)과 통제(의사결정)전략, 거리조정의 상호작용 패턴 발달과 밀접한 관계가 있다(Sabatelli & Shehan, 1992).

권력은 타인의 영향에 순응하거나 저항하게 하는 능력을 통하여 타인의 행동을 통제하는 것을 포함한다(Blau, 1964; Thibaut & Kelley, 1959). 관계에서 권력역동성은 자원과 의존 간의 복잡한 상호관계의 영향을 받는다. 근본적으로 타인을 통제하거나 타인의 통제노력을 저지하는 능력은 파트너보다 더 갖고 있는 자원(속성과 특성)에 기초한다. 우리의 자원이 많을수록 파트너에게 더 매력적이며, 파트너는 긍정적인 결과를 얻기 위해 관계에 더 의존적이기 쉽다(Emerson, 1962, 1976; Huston, 1983; Thibaut & Kelley, 1959). 이러한 상황에서 자원은 적고 의존을 더 많이 하는 파트너가 관계에서 권력이 더 적기 쉽다.

그러므로 관계가 형성되어 자리 잡는 동안, 파트너 사이에 존재하는 자원과 의존의 상대적 균형이 어떻게 결정을 내리며 누가 관계에서 더 큰 힘을 갖는지에 영향을 미친다. 의존이 균형을 이루면, 커플은 의사결정을 할 때 상대방을 참여시키려 애쓴다. 의사결정 시 평등과 공평에 대해 강조하며 서로에 대해 의무감을 느끼기 쉽다. 상호적 의무감은 하나의 체계를 강화하는데, 그 안에서의 상호작용은 상대방의 행복, 관심, 요구에 대한 관심이 지배적이다(Greenberg, 1980).

의존과 자원이 균형을 이루지 않으면, 덜 의존적인 파트너가 관계에서 통제를 주장하기 쉽다. 더 의존적인 파트너는 관계가 끝난다면 잃을 것이 더 많기 때문에 파트너를 따르기 쉽다. 이처럼 불평등을 묵인하는 이유는 파트너를 따르는 비용이 갈등과 관련된 잠재적 비용, 즉 관계의 상실을 넘지 않기 때문이다.

관계에서 보이는 매력과 의존의 균형은 커플의 거리조정 패턴에도 영향을 미친다. 이미 말한 것처럼 거리조정은 관계에서 가까움과 거리 둠이 어떻게 관리되는가에 영향을 미친다. 예를 들면, 매력의 비대칭적 패턴은 관계에 더 끌리는 파트너가 관계를 추구하고 관계에 덜 끌리는 파트너가 거리를 두는 '추구하기-거리두기'가 나타날 수 있다. 유사한 맥락에서 관계에 더 의존적인 파트너가 상대를 더 추구하는 반면 관계에 덜 투자하는 파트너는 관계 속에서 자율을 더 많이 요구하기 쉽다.

권력이 없다거나 파트너가 꼭 있어야만 한다고 느끼는 것은 어떤 관계에서나 절대로 바람직하지 않다. 이것이 바로 관계가 형성될 때 의존이 균형을 이루도록 참으로 많은 에너지가 투자되는 이유를 설명해 준다. 한 사람이 타인에게 평생을 약속하는 시점은 관계에서 협상해 온 매력과 의존의 균형이 편안한 상태라고 가정할 수 있다. 나아가 그 관계 안에 평등과 공평, 파트너에 대한 요구와 걱정에 대한 관심이 나타난다고 할 수 있다.

그러나 수용할 만한 상호의존 수준을 이룬다는 것은 모든 커플이 동등하게 관여하거나 서로에게 의존하게 되는 것이 아님을 강조할 필요가 있다. 기꺼이 참을 수 있는 불균형수준에 대해 각각의 관점은 다르다. 이 관점은 다른 관계들에 대한 관찰, 이전의 대인관계 경험, 원가족 경험을 반영한다. 우리의 관점은 나아가 개별화, 자기확신, 현재 가용한 대안에 대한 지각의 영향을 받는다. 이 요인들은 권력패턴, 통제 그리고 거리조정을 정하는 데 도움이 되는데, 이 모두가 관계형성 시 발달되고 시간이 흐르면서 지속된다.

결 론

요약하면, 커플은 배우자선택 과정 동안 자리 잡은 상호작용 패턴을 현재 관계에 가지고 온다. 이 패턴은 커플이 미래의 관계과업을 관리하는 데 사용하는 전략에 크게 영향을 미치며, 파트너들의 자원과 서로에 대한 의존을 바꾸는 가족생활주기의 드라마가 펼쳐짐으로써 어쩔 수 없이 변화한다. 이 쟁점들은 가족발달 전환이 현재의 가족 상호작용 패턴에 어떻게 영향을 미치는가를 점검할 때 점진적으로 더 관련된다.

주요 개념

결과(Outcomes) 관계에서 가용되는 보상과 비용의 균형.

경제적 은유(Economic metaphor) 사회교환의 틀에서 관계가 어떻게 '확장된 시장'으로 보이는지를 강조하는 용어. '확장된 시장'에서 개인은 이익을 극대화하고 비용을 최소화하는 목적으로 자기이익 관점에서 행동함.

권력(Power) 타인의 영향에 순응하거나 저항하게 하는 능력을 사용하여 타인의 행동을 통제.

보상(Rewards) 사회적 관계에서 교환되는 이익. 관계에 참여함으로써 개인이 얻는 즐거움, 흡족, 만족.

불안-양가적 애착 유형(Anxious-ambivalent attachment style) 불안-양가적 애착 유형의 성인은 관계를 맺고 있는 타인을 믿을 수 없으며 헌신할 수 없다고 봄. 이들은 안정애착된 성인과 비교할 때 자신과 타인과의 관계를 덜 상호의존적이고, 덜 신뢰하며 덜 만족하는 것으로 봄.

비교수준(Comparison level: CL) 개인이 관계에 가져오는 독특한 가치와 기대로 관계를 판단하는 기준.

비용(Costs) 특별한 관계와 관련된 결점이나 비용. 관계를 맺는 결과로 생기는 관계의 부정적인 측면이나 보상이 포함될 수 있음.

사랑(Love) 타인과의 보람되고 친밀한 상호작용에서 일어나는 감정을 칭하기 위해 사용되는 보편적 용어.

상호의존(Interdependence) 관계에서 개인의 만족은 상대파트너의 만족 정도에 의존한다는 개념.

신뢰(Trust) 파트너가 자신을 착취하거나 관계에서 부당이익을 취하지 않을 것이라는 믿음.

안정애착 유형(Secure attachment style) 안정애착 유형의 특징을 가진 개인은 긍정적인 초기 가족관계와 타인에 대해 신뢰하는 태도를 가진 것으로 보고됨. 이들은 성인관계에서 타인과 가깝게 지내고 의존하는 것이 편안함. 자신의 관계특징이 행복과 신뢰이며 자신을 다정하고 호감을 준다고 봄.

의존(Dependence) 관계를 맺는 데 파트너에게 의존하는 정도.

전환점(Turning points) 친밀한 관계발달에서 결정적 시기를 말하는데, 이 시기에 친밀감과 개입수준이 더 깊어지거나 해체됨.

헌신(Commitment) 관계를 지속하기 위해 작업하려는 의향의 정도.

협상(Negotiations) 공통관심사나 흥미에 대하여 합의에 이르는 것을 목적으로 하는 상호작용.

회피애착 유형(Avoidant attachment style) 회피애착 유형의 성인은 안정애착된 성인보다 관계를 덜 만족스럽고 덜 친밀하게 보는 경향이 있음. 이들은 타인을 덜 믿으며 타인과 가까워지는 것을 피하는 경향이 있음.

제8장

결혼으로의 전환: 새로운 부부체계

부부관계는 확대 가족구성원의 체계에서 하나의 하위체계를 형성한다. 본 장에서는 새롭게 자리 잡은 가족 하위체계가 맞이하는 발달과업을 살펴본다. 부부체계의 과업은 더 큰 가족체계에서 실행되는 과업과 같다. 그러하기에 신혼부부는 결혼으로 인한 정체성 변형을 다루며, 그 과정에서 부부테마를 수립하고 부부역할과 책임을 협상하며 부부 정체성이 일치하도록 한다. 부부는 그 외 확대가족, 친구, 직장과의 거리를 조정하는 경계선 전략도 수립해야 한다. 개별성과 친밀성의 균형이 편안하고 만족스러울 수 있도록 부부 사이의 내적 경계선 전략도 세워야 한다. 덧붙여, 모든 부부는 가사와 재정을 관리하는 전략도 세워야 한다. 마지막으로 결혼의 정서적 분위기를 효율적으로 관리하는 전략도 실행해야 한다. 특히 친밀과 지지 전략을 세워야 하고 상호 만족스러운 성 각본(sexual script)도 발달시켜야 하며 갈등관리를 위한 전략도 발전시켜야 한다. 발달적 관점에서 보면 결혼으로 전환하면서 생기는 스트레스는 광범위한 전략을 짧은 시간에 협상해야 하는 것에서 온다.

결혼에 대한 포스트모던 관점

1980년대 『미국 커플들(*American Couples*)』이라는 중요한 책(Blumstein & Schwartz, 1983)이 발간되었다. 이 책은 친밀한 관계에 있는 사람들의 경험을 탐색한 것으로 미국이라는 나라에서 관계에는 하나의 연속성이 있다고 하였다. 연속성의 한 쪽 끝은 전통적 결혼, 다른 쪽 끝은 브룸스타인과 스와르츠(Blumstein & Schwartz)가 칭한 '실험형태'의 결혼이었다. 이들은 실험형태를 '자발적 결혼'(사랑에 기초하되 결혼에 대한 헌신은 주기적으로 갱신하는 것), '실험적 결혼'(공식적인 결혼의 서막으로 부부 같은 관계), '결혼 계획이 없는 동거' 그리고 '동성커플'로 불렀다.

1980년대 이후 소위 실험형태 결혼으로 불리는 결혼이 더 흔해졌다고 결론 내릴 수 있다. 예를 들면, 인구조사 자료는 지난 수십 년간 미국에서 결혼율은 감소한 반면, 동거율은 증가해 온 것을 입증한다. 구체적으로, 미국에서 동거하는 커플의 수는 1990년과 2000년 사이에 72% 증가하였다(U.S. Census Bureau, 2005b). 50년 전만 해도 사실상 존재하지 않았으나, 현재는 초혼의 반 이상이 결혼 전에 동거 경험이 있다 (Bumpass & Lu, 2000).

수십 년에 걸쳐 동성가구 수가 얼마나 증가했는지를 입증하는 것은 불가능하나 같은 시기에 동성애자를 둘러싼 정치 · 사회적 맥락에서 변화는 현저하다(Laird, 2003). 1990년대 미국 사회에서 동성애자들은 전례 없이 눈에 띄었다(Walters, 2001). 가시성이 증가한 결과, 가사를 맡은 파트너가 취업수당을 받는 권리와 동성애자 커플이 법적으로 혼인하는 권리가 이제는 중요한 정치 · 사회적 쟁점이 되었다.

본 장은 결혼과 부부문제 연구에 가족체계 이론과 다세대 관점을 적용한다. 그리고 결혼에 대해 포스트모던 관점도 다룬다. 여기서 결혼(marriage)이라는 용어는 두 개의 다른 원가족에서 자란 성인들이 안정되고 장기간 동거하는 관계를 갖기 위해 결속하여 구성한 특정한 가족 하위체계를 의미한다. 결혼에 대한 포스트모던 관점은 결혼과 유사한 모든 관계는 관계의 법적 지위와는 무관하게 관계문제와 관리해야 하는 과업이 유사하다고 가정한다. 결혼에 대한 이 포괄적인 정의는 결혼으로의 전환기 동안, 즉 새로이 형성된 하위체계가 하나의 확대가족체계로 통합되는 때, 어떤 친밀한 관계에서도 관리되어야 하는 과업을 논의한다. 모든 '평생관계'를 결혼으로 규정하는 것은 다양한 유사결혼 관계에 있는 커플들과 비교한 연구결과에 기초한 것이다. 곧 알게 되겠지만, 이 연구는 유사결혼 유형은 체계문제와 다루어야 하는 일상의 도전이 유형 간에 서로 유사하다는 결론을 대체로 지지한다. 결혼에 대한 포괄적이고 포스트모던한 정의가 다양한 커플 관계에서 나타난 패턴과 역동에 어떻게 똑같이 적용되는가를 설명하기 위해 동성애자 커플을 더 면밀히 살펴볼 것이다.

동성애자 관계

친밀한 동성관계는 역사 이래 존재해 왔다. 성인여성의 1%와 성인남성의 2%는 자신을 여성 동성애자(레즈비언) 또는 남성 동성애자(게이)로 동일시하며, 18세에서 59세 사이에 있는 남성 동성애자의 40%와 여성 동성애자의 50%는 현재 동성 파트너와 동거하고 있다. 대조적으로 같은 연령대에 있는 이성애자의 60%는 이성 파트너와 살고 있다(Carpenter & Gates, 2008). 미국에서 동성커플은 동성애라는 사회적인 치욕의 영향을 받는다. 비록 사회 태도가 더 관대해지고 있으나 동성애자 커플이 사회적 거부, 편견 그리고 차별받은 사례를 접하는 것은 흔한 일이다. 전국여론조사에서 미국인의 반만이 동성커플은 법이 인정하는 시민단체나 국내 조합을 만들 수 있어야 한다는 의견이다(Peplau & Fingerhut, 2007). 분명히 동성결혼에 대한 화제는 계속 열띤 논쟁의 근원이다.

동성관계는 이성관계와 사회적 맥락이 다름에도 모든 커플관계에는 공통점이 많다. 예를 들면, 브룸스타인과 스와르츠(Blumstein & Schwartz, 1983) 연구에서 동성애자, 이성부부, 이성동거 커플들을 대상으로 돈, 직업, 권력과 성에 대해 12,000명의 질문지 조사와 300명 이상과의 인터뷰 결과를 비교하였다. 이들의 연구는 여러 형태의 이성 및 동성관계를 비교하는 최초의 기회를 제공하였다. 이 모든 관계유형은 생활양식 패턴과 관계에서 나타난 적응패턴에서 근본적으로 차이점보다는 유사점이 더 많았다. 이 기초적인 결론은 1990년대 이후 진행된 연구들의 지지를 받고 있다. 예를 들면, 커덱과 슈미트(Kurdek & Schmitt, 1986a, 1986b)가 진행한 동성애자커플과 이성부부들을 대상으로 한 종단적 연구는 동성애자 부부관계는 근본적으로 이성 부부관계와 같은 원리로 움직이며, 관계의 질과 상호 관련된 것도 이성커플이나 동성애자커플이 유사하다고 결론지었다. 이는 동성애자커플은 이성커플보다 좋거나 나쁜 관계가 아니라는 것을 제안한다(Peplau & Fingerhut, 2007).

더욱이 동성커플과 이성커플의 의사소통 패턴을 비교한 연구는 재차 많은 유사점이 있음을 지지한다(Haas & Stafford, 2005). 예를 들면, 이성커플과 동성커플이 그들의 관계에서 긴장과 갈등을 유발하는 쟁점은 유사하다. 다르게 말하면, 커플은 성적 지향에 관계없이 유사한 문제로 싸운다. 덧붙여 이 연구에 의하면 커플은 성적 지향과 관계없이 그들의 관계를 유사한 방식으로 구조화하고 유지한다. 예로, 이성과 동성관계 모두에게 가장 뚜렷한 '관리행동'은 공유하는 과업으로 요금납부, 요리, 청소, 세탁, 가사관리였다. 커플은 성적 지향에 관계없이 그러한 관리행동을 파트너와 관계에 헌신하는 하나의 소통방법으로 느끼는 것이 분명하다.

이것은 이성과 동성 결혼파트너를 비교하는 연구에서 차이가 없다는 것이 아니다(Blumstein & Schwartz, 1983; Kurdek, 2004; Peplau & Fingerhut, 2007). 결혼부부에 비해 남성 동성애자는 더 자율적이며, 관계를 끝내는 데 장애물이 적으며, 관계파경이 더 빈번하였다. 결혼부부에 비해 여성 동성애자는 친밀감이 더 높고, 더 자율적이며, 더 동등하였으나, 관계파경은 더 빈번하였다.

덧붙여 갓트만과 동료들(Gottman, Levenson, Seanson, Swanson, Tyson, & Yoshimoto, 2003)은 관리과정에서 이성커플이 동성커플과 비교할 때 다를 수 있다고 제안한다. 이들은 동성애자 커플에서 갈등개시는 이성애자 커플과 비교할 때 긍정과 수용이 더 많은 것이 특징이라 하였다. 구체적으로 동성애자 파트너는 이성애자 커플보다 갈등개시에서 덜 호전적이고 덜 지배적이었다. 그리고 갈등개시 동성애자가 갈등개시 이성애자보다 두려움, 긴장, 슬픔, 징징거리는 것이 적었다고 하였다. 그 외 갈등상황에서 갈등개시 동성애자는 이성애자와 비교할 때 더 긍정적 정서를 보였는데, 구체적으로 애정, 유머, 기쁨, 흥분이 더 많았다. 갓트만과 동료들은 이 연구결과에 상당한 의미를 부여하였는데, 즉 갈등개시가 이성애자 부부커플의 관계안정성을 크게 예언한다는 것이다(Gottman, Coan, Carrère, & Swanson, 1998).

마지막으로 하스와 스태퍼드(Haas & Stafford, 2005)는 동성커플과 이성커플은 현재 자신들의 관계상태에 대해 개방적이며 직접적인 토론에 참여하는 정도가 다르다고 하였다. 하스와 스태퍼드(Hass & Stafford)는 이 차이는 동성커플이 그들의 관계를 유지하는 법적 결속이 부족한 것을 반영할 수도 있다고 제안한다. 이성애자의 결혼과는 달리 동성관계에서는 정서적인 헌신이 유일한 결속력이다. 이성부부들은 법적 결혼을 통하여 결속된 것이어서 이것이 어느 정도 당연하다고 볼 수 있는 반면 동성애자들은 지위를 사정하기 위해 자주 관계를 '재야'만 한다.

다른 증거를 보면, 친밀하게 지속되는 관계는 유형에 관계없이 관계의 안녕을 증진하기 위해 관리해야 하는 쟁점이 계속 생긴다고 결론지을 수 있다. 이성애자 관계에 비하여 동성애자 관계에서 나타난 패턴과 역동에 다소 차이는 있으나 이 관계들이 어떻게 구조화되고 경험하는가에 대해서는 차이점보다는 유사점이 더 많은 것 같다. 더욱이 이 차이는 갈등을 관리하거나 응집을 증진시키려고 관계에서 사용한 전략과 상관은 있으나 이들의 관계문제가 근본적으로 다르다는 결론을 지지하지는 않는다.

동시에 저자들이 결혼의 포스트모던 관점과 포괄적인 정의를 지지하는 것이 결혼유형이 결혼생활을 어떻게 구조화하고 경험하게 하는가를 결론짓는다는 사실을 모호하게 하려는 것은 아니다. 모든 유사결혼 관계가 갖는 사회 · 정치적 맥락은 다르다. 이는 이 커플들이 사회의 주류에 연결되는 정도와 가용할 수 있는 사회적 지원의 정도가 다를 것이며, 그러하기에 결혼생활에 영향을 미칠 수 있다는 것이다(Laird, 2003).

다르게 말하면, 미국에 존재하는 다양한 유사결혼 관계유형은 대체로 문화적으로 지지받으며 수용되고 있다. 예를 들면, 동성애자의 가시성 증가는 하나의 역설을 보여 주었는데, 동성애자를 수용하는 문제에서는 미국 내에 근본적인 양극성이 존재하고 있다는 것이다. 즉, 동성애자는 멋지고 개척자인 것으로 묘사됨과 동시에, 흔히 알려진 것처럼, 사회 타락의 주요표시이며, 가족의 파괴원인으로 묘사되었다(Laird, 2003; Walters, 2001).

더욱이 덜 보수적인 유사결혼 관계유형의 사람과 비교할 때 이성애자 커플에서도 전통적인 커플이 경험하는 사회적 지지와 수용 정도는 다르다. 결혼했다가 이혼한 커플은 많은 사회문제가 해체가정 때문인 것으로 비난하는 듯하는 사회에서 산다. 물론 과거에 그리고 아마 오늘날에도 혼합 인종커플에 대한 지지와 사회적 수용은 유사한 인종커플에 대한 지지와 수용과는 다르다.

요점은 커플의 구조와 경험은 언제라도 미시수준과 거시수준 요인이 조합한 것의 영향을 받는다는 것이다(Sabatelli & Ripoll, 2003). 사회의 정치적·경제적·교육적·의학적·종교적 기관이 보여 주는 문화적 태도, 정책, 실제는 결혼커플들이 삶을 어떻게 경험하는가에 큰 역할을 담당한다. 결혼에 대한 포스트모던 관점을 채용하려는 저자들의 경향은 모든 부부가 경험하는 쟁점과 관심사가 비슷하다는 것을 대부분 믿는 데 있다. 그럼에도 나라 안에서 어떤 태도와 정책이 어느 시점에 얼마나 우세하더라도 덜 보수적이거나 덜 합법적인 결혼유형 커플이 맞이하는 현실은 다르다. 그러므로 이 유형의 커플은 모든 커플이 관리해야만 하는 일상적인 어려움을 경험하고 난 후 자신의 일상적인 어려움을 다루게 된다는 사실을 주목하는 것이 중요하다.

신혼부부 커플의 과업

새롭게 형성된 부부 하위체계의 과업은 모든 가족이 실천해야 하는 과업과 매우 유사하다. 모든 부부 하위체계는 테마와 정체성을 수립해야 하고 경계선을 규정하며 가정을 유지하고 결혼의 정서적 분위기를 관리해야 한다. 결혼 초기가 하나의 도전이 되는 것은 각 커플이 이 과업을 실천하기 위해 폭넓은 규칙과 전략을 발전시켜야 하기 때문이다.

결혼커플의 정체성 확립

결혼하면 사람의 정체성도 바뀐다. 결혼으로 성인기의 역할과 책임을 맡을 준비가 되어 있다는 것을 시인하게 된다(Rapoport, 1963). 이 결정적 정체성은 가족과 친구들이 우리와 어떻게 관련되는지에 변화를 가져온다. 우리는 '인생계획'을 세우고, '행동을 함께하며' 사회의 성인구성원으로서 성공할 수 있도록 삶을 계획하고 조직하도록 기대된다.

부부와 가족테마 수립하기   성인 역할과 책임의 세계에 들어갈 때 신혼부부는 부부와 가족테마를 발달시켜야 하는 압박감을 갖게 된다. 이러한 테마는 커플이 외부세계에 자신들을 보여 주기 원하는 방식을 반영한다. 테마는 커플에게 의미의 틀을 제공하는데, 이 틀은 행동을 안내하고, 커플이 확대가족, 친구, 지역사회로 향하게 한다. 그러므로 커플테마는 기본가치, 우선권, 목적설정을 위한 청사진이 된다.

제2장에서 언급한 바와 같이 가족테마에 대한 선택은 무작위가 아니라 의미가 있고 목적 지향적이다(Kantor & Lehr, 1975). 테마는 종종 가족의 민족적 · 종교적 · 도덕적 신념을 반영한다. 테마는 커플이 신체적 · 심리적 자원을 사용하기 위한 전략을 인도하기도 한다. 예를 들면, 지위가 오르며 성취지향적으로 보이고 싶은 커플은 이 정체성을 소통하는 수단으로 좋은 집과 명품가구를 가지는 것이 목적이 될 수 있다. 반대로 '저소득층 가족'의 테마를 채택한 커플은 초혼일 때는 수수한 아파트에 세를 얻고 중고가구를 사며 미래를 위해 저축할 수 있다.

부부와 가족테마는 커플이 원가족과 세대 간 연결감을 유지하는 방식도 반영한다(Hess & Handel, 1985). 원가족에서 중심이었던 테마를 채택함으로써 커플은 과거의 가족 경험과 동일시하고 연결되어 있으려는 의향을 전달한다. 그러한 테마는 소중했던 휴일의 관습과 전통을 보존하는 것이나 '가족에서 아동의 중요성'이나 '공공서비스의 실천에 가치를 두는 것'과 같은 오랫동안 공유한 신념을 재실행하는 것으로 나타날 수도 있다. 가족에서 잘 확립된 민족적 또는 종교적 태도를 채택하면 세대 간 연결성도 유지된다. 그러한 테마의 설정은 커플이 원가족과의 연결을 굳건히 할 뿐 아니라 가족과 지역사회에 대한 신혼커플의 정체성을 규정한다.

마지막으로 테마는 커플이 자신들은 독특하며, 가족이나 친구와는 다르다는 방식도 보여 준다(Hess & Handel, 1985). 여기서 한 가지 요인은 각 파트너가 자신의 원가족에서 발달시킨 역할 또는 개인 정체성이다. 예를 들면, 가족에서 반항아는 자신의 가족이 물질주의를 강조한 것을 혐오할 수 있으며 이와 상반된 테마인 '단순하고 촌스러운 생활'을 택하여 결혼생활에 가지고 온다. 다른 한편으로 반항아는 더욱 근대적인 결혼과 가족생활을 선호하여 확대가족의 '구세대' 민족적 가치를 거부할 수 있다. 테마나 가치에서 이러한 변화는 세대 간 관계에 스트레스를 줄 수 있다.

커플이 원가족에 대해 연결이 아닌 분리를 강조하는 것에 영향을 미칠 수 있는 한 가지 주요한 요소는 각 파트너가 자기 가족이 성공적으로 기능하는 것을 경험한 정도다. 파트너는 자기 가족이 자신의 욕구와 다른 가족구성원들의 욕구를 성공적으로 충족시켰다고 생각할 때 결혼에 자기 가족테마의 주요요소를 기꺼이 더 많이 포함시키려 한다. 원가족이 부적절하고, 결함이 있거나 보수가 필요하다고 보일 때 젊은 커플은 가족으로부터 유리되고 가족의 기본테마를 거부하기 쉽다(Wamboldt & Wolin, 1989). 다르게 말하면, 각 파트너가 원가족에서 가져온 유산은 테마에 영향을 미쳐, 적어도 의식적으로는, 보존되거나 거부된다. 가족유산에 공정, 평등, 신뢰가 들어 있는 파트너는 박탈, 불신, 방임, 착취테마가 포함된 가족유산을 받은 파트너 보다는 확대가족과 다세대 간 연결을 더 잘하기 쉽다(Wamboldt & Wolin, 1989).

새로운 결혼에서 설정된 일부 테마는 세대를 통해 내려온 것이지만 이 테마가 결혼에서 자리를 잡으려면 상당한 협상이 필요하다. 부부는 제각기 자신의 원가족에서 받은 유산을 자신의 결혼에 통합하려 한다. 어떤 경우 이 협상 결과 한쪽의 유산이 상대방의 유산보다 우위를 점한다. 예를 들면, 민족이나 종교적 기원이 서로 다른 배우자일 때 한쪽 원가족의 민족 또는 종교적 정체성을 갖게 된다. 다른 예는 테마와 정체성을 혼합하고 타협하여 새로운 테마가 출현하기도 한다. 또 다른 예는 파트너들이 의식적으로 원가족의 유산과 반대로 하려고 애를 씀에도 불구하고, 원가족에서 미해결된 갈등을 영속시키는 테마를 현재 결혼에서 재실행한다(Bagarozzi & Anderson, 1989; Napier, 1988).

그러므로 신혼부부가 직면하는 도전은 그들의 테마를 수립하는 것뿐 아니라 각자의 원가족에게서 물려받은 유산과 테마를 통합하는 것이다. 커플이 이 과업을 시도할 때 받는 압박은 현재 결혼생활과 확대가족체계가 조화를 이루도록 결혼과 가족테마를 협상하는 데 있다. 이것은 분명 까다로운 협상이다.

부부역할 협상   결혼하면 한 사람의 배우자 혹은 장기간의 파트너로서 새로운 역할을 습득하게 된다. 결혼으로의 전환기 동안 커플은 어떻게 이 새로운 역할에 맞게 행동할 것인지에 대해 협상해야만 한다. 이것은 비교적 쉬운 쟁점이다. 결국 대부분의 이성애자는 남편과 아내가 어떻게 행동해야 하는지 어느 정도 안다. 그러나 현대사회에서 남편과 아내에게 무엇을 기대하는지도 상당히 모호해졌는데, 동성관계에서 이러한 역할관계를 어떻게 조직화하는지는 더 모호하다(Blumstein & Schwartz, 1983). 이 모호함은 커플이 결혼하는 시점에서 겪는 스트레스를 증폭시킨다.

이 시점에서 역할개념, 부부역할, 반대역할에 대해 논의하는 것은 유용하다. 간단히 정의하자면, 역할(role)이란 어떤 사회적 위치와 관련된 행동에 대한 공유된 처방이다(Heiss, 1981). **부부역할**(conjugal role)은 배우자의 사회적 위치와 관련된 행동에 대한 처방이다. 개인은 자신과 파트너가 부부파트너로서 어떻게 처신해야 할지에 대한 개념을 미리 갖고 결혼한다. 역할은 예상을 가능하게 하여, 특정 사회적 위치에 있는 사람들과 상호작용하는 사람들이 그 사회적 상호작용에서의 행동을 예측하고 질서나 규칙을 유지할 수 있도록 한다(Turner, 1970).

역할들은 보완적이거나 반대역할(counter-roles)과 관련지어서만 이해할 수 있다(LaRossa & Reitzes, 1992). 예를 들면, 남편역할은 아내의 반대역할로 보완된다. 각 역할은 행동에 대한 기대를 갖게 하는데 여기에 반대역할의 위치에 있는 상대방의 행동에 대한 기대를 덧붙인다. 어떤 남자가 남편으로서 어떻게 해야 하는가에 대한 믿음에 맞게 행동할 때 그는 아내가 자신의 기대를 공유할 것으로 가정하며 그다음으로 아내가 그에게 특정한 방식으로 행동할 것을 기대한다.

설명하자면, 어떤 남자가 남편은 집안일을 해서는 안 된다고 믿을 때 이 기대가 의미하는 것은 자기 아내가 남편은 집안일을 할 필요가 없다는 것에 동의할 것이며, 아내가 집안일 하는 것에 대한 책임을 수용할 것이라는 점이다. 이 기대와 이 기대 후의 행동은 기대와 행동이 일치되는 한 관계에서 갈등은 만들어지지 않는다(Burr,

Leigh, Day, & Constantine, 1979). 달리 말하면 파트너의 행동이 우리의 기대와 일관될 때 파트너의 행동에 만족하기 쉽다. 그러나 한쪽 파트너의 기대와 행동이 상대 파트너의 기대와 행동과 일관되지 않을 때 갈등, 스트레스, 불만이 생긴다.

사람은 부부역할이 어떻게 실행되어야 하는가에 대해 독특하게 개념화한 것을 부부파트너의 정체성으로 갖고 있다. 기대가 공유되고, 상호작용이 원만하면 파트너뿐 아니라 그와의 관계에 만족을 느끼기 쉽다. 요약하면 사람이 파트너에 대해 갖고 있는 기대와 파트너의 실제 행동 사이의 조화는 파트너와의 관계 및 자신에 대해 어떻게 느끼는가에 영향을 미친다. 그러므로 신혼부부의 1차 과업은 관계의 실제를 발달시키는 것이다. 관계의 실제는 배우자역할을 하는 데 자신에 대한 기대와 배우자에 대한 기대를 구체적으로 만드는 것이다(Berger & Kellner, 1985). 이 과정에 내포된 것은 이러한 부부역할과 관련된 행동에 대한 처방을 명확하게 발전시켜야 한다는 것이다. 이 전환기는 역할규범이 명확하고 그 사회에서 공유될 때 분명 더 쉬워진다(Burr et al., 1979; Wiley, 1985). 역할투명성과 역할실행 방법에 대한 합의가 결여되면 역할갈등(role conflict)이라는 스트레스를 야기하는데, 이 경우 협상이 필요하다.

남성과 여성은 원가족과 사회화 경험이 서로 다르기 때문에 남편과 아내는 부부역할이 어떻게 실행되어야 하는지에 대한 관점이 다르다. 현재 미국 사회에서 남편과 아내의 역할이 변하고 있으므로 신혼부부가 경험하는 스트레스는 더 증폭될 수밖에 없다. 여기서 핵심은 부부역할이 일반적으로 모두 다 명확한 것은 아니며 파트너들 간에 합의도 보장되지 않는다는 것이다. 예로, 아내는 자신의 역할을 '가계부양자' 측면에서 보고, 남편은 아내를 보조자이며 동료로 본다면, 긴장이 생긴다.

동성관계에서 역할모호성이 결혼으로의 전환기 동안 경험하는 스트레스에 어떻게 기여하는가를 주목하는 것도 중요하다. 브롬스타인과 스와르츠(Blumstein & Schwartz, 1993)는 이성커플이 부부역할의 조직에 대해 논쟁할 때 필요한 협상의 양을 성규정이 제한한다는 것을 지적한다. 반대로 동성 결혼파트너에게 역할모호성이 크면 역할책임을 분배하는 데 합의하기가 더 어렵다. 동성관계에서 결혼의 첫 전환기에 더 많은 협상과 교섭이 동반되어야 한다. 그러나 동시에 브롬스타인과 스와르츠는 이 모호성이 이성커플에서 자주 발견되기는 하나 그 보다는 큰 변화와 선택의 기회를 더 많이 제공한다고 지적한다.

요약하면, 결혼하는 시점에서 커플은 결혼에 요구되는 다양한 역할을 어떻게 실행할 것인가에 대한 기대를 갖고 부부정체성을 수립하는 과정을 시작한다. 역할 만들기와 정체성협상 활동은 스트레스를 더 주기 쉬운데, 구체적으로 역할이 명확하지 않을 때, 기대가 모호할 때, 파트너의 사회화경험 차이 때문에 결혼이 어떠해야 하는지에 대해 서로 다른 관점을 발전시킬 때 그러하다.

부부정체성의 일치 이루기　　모든 체계는 구성원의 정체성에 대해 합의를 끌어내야 한다. 결혼 초기에 커플은 부부정체성의 일치를 협상해야 하는 과업에 직면한다. 부부정체성(conjual identity)은 결혼생활에서 개인이 배우자로서 관련되는 독특한 속성과 특질, 특성을 말한다. 어떤 관계에서도 관계에 참여하는 사람들은 그들만의 독특한 속성, 특질, 가치, 특성을 갖고 있다. 결혼기간에 발전하는 부부정체성은 배우자들이 결혼생활에 참여하는 방식과 배우자 간 상호작용의 용이성에 영향을 미친다.

부부정체성에 관한 합의는 결혼생활에서의 역할과 책임 부여에 대한 하나의 기초가 된다. 부분적으로는 각 배우자의 개인 정체성 이미지에 따라 다양한 과업에 대한 책임이 부여된다(Bagarozzi & Anderson, 1989; Hess & Handel, 1985; Kantor & Lehr, 1975). 예를 들면, '책임지는 배우자'는 고지서를 납부하고 약속일정을 맡고 커플의 다른 책임이 충족되었는지 확인하는 사람이다. '사교적 배우자'는 확대가족 및 친구들과의 연결을 유지하는 책임을 진다.

부부정체성은 예측성과 부부간 상호작용도 용이하게 한다. 파트너의 정체성을 앎으로써 그의 가치와 태도를 가정할 수 있고, 그가 다양한 상황에서 어떤 행동을 할 것인지에 대해서도 가정할 수 있다. '문학적' 배우자가 있다면 연극을 보러 극장에 가는 것에는 흥미가 있겠지만 어느 일요일 오후 지역의 프로 축구팀 시합에는 전혀 관심이 없을 것으로 가정할 수 있다.

이러한 정체성이 종종 맥락에 의존한다는 것을 인식하는 것이 중요하다. 부부정체성이 개인의 행동이나 취미를 억제할 수 있다는 것을 인식하는 것도 중요하다. 예를 들면, '책임지는 배우자'로 확인된 사람은 경솔한 방식으로 행동하는 것을 금할 수 있다. 반대로 '수줍은 배우자'로 확인된 사람은 다른 사람들이 사교모임에 참석하는 기회를 제한할 수 있다. 커플은 각자가 잠재력을 최대한 발휘하는 것을 억제하기보다는 상대방의 취미와 능력을 최대한 지지하는 정체성을 협상할 필요가 있다.

마지막으로 각 배우자의 부부정체성이 일치하는 것은 커플정체성(couple identity)을 명확히 정의하는 더 큰 과업의 한 요소에 불과하다. 커플정체성은 지배적인 결혼테마와 각 배우자가 채택한 구체적인 부부역할에 의해 정의된다. 커플테마는 의미의 틀을 제공하는데, 이것은 커플의 기본가치, 신념을 조직화하며 행동지침을 제공한다. 부부역할은 남편 또는 아내의 사회적 지위와 관련하여 특정한 행동을 규정한다.

부부경계선 규정하기

커플은 새로운 부부체계로 전환할 때 부부경계선을 수립하여야 한다. 이 경계선은 결혼관계 외부에 있는 타인들과 거리조정하기와 결혼생활에서 분리와 연결 패턴을 조정하기 위한 전략과 규칙을 수립하는 것을 포함한다.

가족 및 친구와의 거리조정하기   결혼하는 시점에서 가족 및 친구들과의 경계선은 재정렬되어야 한다(McGoldrick, 2005b). 결혼에 대한 전형적인 기대는 파트너와 결혼에 제일 충성할 것이라는 점이다. 이 충성심은 부부커플을 외부인과 분리하여 경계선을 설정하는 방식에서 표현된다. 외적 부부경계선은 각 파트너가 가족 및 친구들과의 접촉 빈도나 강도를 조정한다. 이 경계선을 설정하기 위해 얼마나 자주 가족을 방문하거나 전화하며, 얼마나 자주 친구와 저녁을 먹으며, 얼마나 개방적으로 우리 문제나 관심사를 배우자보다는 부모나 친구들과 논하는지와 같은 요소들을 조정하기 위한 규칙이 개발되어야 한다. 결혼 후에도 가족 및 친구들과 지속적인 연결이 분명 필요하다. 이러한 연결은 으뜸이 되는 결혼관계를 방해하지 않도록 재협상되어야 한다.

커플이 외적 경계선을 조정하기 위해 세우는 전략은 두 가지 주요요인의 영향을 받는다. 하나는 각 파트너의 원가족에 존재하는 경계선규칙이고, 다른 하나는 각 파트너가 자신의 원가족에서 성공적으로 개별화되어 온 방식과 수준이다.

원가족의 경계선규칙과 특징, 개별화와 친밀에 대한 관용은 신혼부부 커플이 그들의 경계선을 어떻게 구조화하는지에 영향을 미친다. 예를 들면, 사적 공간과 사생활을 강조하는 확대가족은 신혼 부부커플이 결혼 후 자신들과 형식적인, 즉 다소 거리를 두는 사적인 연결을 기대하기 쉽다. 그러한 기대에는 한 달에 한 번 부모에게 전화하고, 날씨나 가족들의 건강에 대해 일반적인 이야기를 하거나 일 년에 한두 번 방문하는 것이 포함될 수 있다.

이와 반대로, 만약 파트너의 한 명 또는 두 명 모두가 밀착과 과잉관여를 격려하는 가족에서 자랐다면 확대가족과 부부커플 사이의 경계선은 상당히 다를 것이다. 그렇다면 부모의 집에서 주 2~3회 식사하기, 부모와 매일 통화하기 그리고 모든 휴일, 기념일, 생일 등을 확대가족과 함께 보내도록 기대할 수 있다. 만약 부부 각각의 원가족이 신혼부부에게서 관심을 받고 자신들과 연결되기를 똑같이 경쟁하는 상황이라면 긴장이 생길 수 있다. 덧붙이자면, 과도한 밀착이나 과잉관여를 강조할 경우, 확대가족이 결혼을 좌지우지하려는 위험이 있을 것이다. 신혼부부가 원가족의 참견 및 요구와 싸우면서 부부정체감을 찾는 것은 힘들 수 있다(McGoldrick, 2005b; Rapoport, 1963).

신혼부부 커플이 외적 경계선을 어떻게 설정하는가를 정하는 두 번째 요인은 부부 각자가 자신의 원가족에서 개별화된 방식이다. 개별화가 잘된 배우자는 자신의 삶과 결혼생활에 개인적 책임을 지면서 의미 있는 타자와도 가깝게 지내고 친밀감을 유지한다. 이 사람은 의미 있는 타자가 자신의 결혼생활의 전반적인 질과 구조에 미치는 영향을 제한하면서, 외적 관계로부터 지지와 대처자원을 얻어 낼 수 있다.

가족으로부터 개별화가 적절하게 이루어지지 않으면, 원가족과의 경계선이 스트레스가 될 가능성이 증가한다. 자기 가족과 융합된 사람은 가족에 대한 지속적인 충성과 의무감 때문에 안전하고 명확하게 규정된 부부관계가 수립되지 않도록 움직일 수 있다. 이와 반대로 반응적으로 가족과 단절된 사람은 가족과 경직된 외적 경계선을 수립할 수 있다. 경직된 외적 경계선으로 인해 부부는 신혼기로 쉽게 전환하는 데 도움이 될 수 있는 세대 간 관습과 전통에 대한 접근뿐 아니라 정서적 · 정보적 · 경제적 지원을 박탈당할 수 있다(Friedman, 1991). 어떤 경우든, 가족과의 연결 실패는 신혼부부가 세대 간 연속성 감각과 결혼생활에서 자율과 개인적 권위를 느끼면서 자유롭게 기능하는 능력을 방해받는 경계선 패턴을 수립하게 된다.

　　좀 더 폭넓게 보자면 신혼부부가 설정한 외적 경계선은 결혼 외부의 타인과 편안한 접촉을 허락하도록 충분히 침투가능하며 개방적이어야 한다. 신혼부부는 지지적인 관계망 속에 있는 것만으로 이득을 본다. 동시에 경계선은 커플이 타인으로부터 부당한 참견을 받지 않고 커플로서 기능하도록 허락해야 한다. 새롭게 형성된 모든 결혼은 경계선을 수립하면서 스트레스를 다소 경험하기 쉽다. 의미 있는 타자는 신혼부부의 외부인 접촉 빈도나 강도 때문에 실망할 수도 있다. 이와 반대로 커플은 결혼 외부에 있는 사람들을 실망시키는 것에 죄책감을 느낄 수 있다. 그러나 시간이 지나면서 일반적으로 가족 및 친구들과 안정적이고 만족스러운 연결을 만들게 하는 패턴이 확립된다.

　　신혼에서 거리조정하기　　커플이 결혼하면 확대가족 및 친구들과 명확한 경계선을 세우는 과업에 직면할 뿐 아니라, 자신들의 결혼생활을 위해 개별성과 친밀의 균형을 편안하고 만족스럽게 잡도록 협상해야 한다. 이 과업의 성공적 해결은 배우자 각각의 정서적 요구를 인지하며, 파트너는 이 정서적 요구를 어떻게 충족시킬 것인지에 대한 기대를 명확히 하는 것이 도움이 된다. 명확한 내적 경계선을 설정하는 과업은 자신의 정서적 요구를 상대와 소통하는 개방성과 파트너 모두가 상대의 요구를 충족하는 데 공정한 균형을 이루도록 협상하려는 의향에 의해 강화된다. 마지막으로 명확한 내적 경계선을 세우는 과업은 파트너가 상대 파트너의 정서적 요구 일부를 충족시킬 능력이 없거나 그렇게 할 의향이 없는 정도를 정직하게 평가하고 수용하는 것이 필요하다. 배우자 간에 설정된 경계선은 각자 자신의 개별성을 표현하고, 파트너가 제외된 관계와 활동을 통하여 필요한 충족감을 찾도록 허용되어야 한다.

　　그러므로 부부경계선은 결혼에 존재하는 자율성과 개별성에 대한 관용을 반영한다. 비교적 융합된 경계선의 특성을 지닌 관계는 결속과 상호성을 강조한다. 커플은 시간과 활동의 공유를 기대한다. 예를 들면, 함께 지내는 것을 선호하여 저녁에 혼자 또는 친구와 거의 외출하지 않는다. 대신 매일 함께 식사하는 것이 중요하다고 느낄 수 있고 자주 같은 시간에 잠자리에 든다. 이러한 경계선패턴에서 결속 강조는 관계에서 개인으로 행동하는 능력을 파트너가 방해하지 않는 한, 문제로 보아서는 안 된다. 서로에게 과잉밀착되고 관여하는 부부파트너는 관계 안에서 대부분의 신체적 · 인지적 · 정서적 에너지를 융합하는 경향이 있다. 이러한 커플은 상대방과 온전한 하나됨을 경험하기 위해서 모든 활동과 과업을 상호 공유할 것을 기대할 수 있다(Cuber & Harroff, 1972).

결혼을 원가족에서 충족되지 않았던 정체성이나 소속감과 같은 요구를 충족하는 하나의 방법으로 지각할 때, 이러한 과잉밀착된 경계선패턴이 종종 일어난다(Napier, 1988). 나피에(Napier, 1988)는 "우리는 온전함(wholeness)과 승인 그리고 아동으로서 당연히 받아야 했으나 받지 못했던 모든 것에 대한 깊은 열망을 무의식적으로 결혼에 가져올 수 있다. 우리는 결혼이 우리의 인생을 바꿀 것이고 자신에 대해 더 좋게 느끼도록 만들 것으로 믿는 듯하다. 우리는 보살핌을 받으며 안전하고 매우 가치 있으며 엄청 강력하다고 느끼는 하나의 융합되고 공생적 연합을 꿈꾼다(p. 14)."라고 말한다. 파트너들은 자라면서 충족되지 못했던 요구를 충족하기 위해 관계에 의존하기 때문에, 결속의 규범을 조금이라도 어기는 것을 관계에서 경험하는 친밀의 토대를 잠식하는 것으로 지각할 수 있다.

연속선상의 다른 끝에는 상당한 정도의 개별성이나 독립적 행동을 관용하는 비교적 유리된 부부파트너가 있다. 이 커플은 동반활동에 비교적 적은 시간을 보내며 서로에 대해 성의는 있으나 열정이 없는 연결을 유지할 수 있다. 그들의 경계선은 사고, 정서 그리고 행동에 상당한 자율을 허락한다. 이 커플은 유리를 상호 협상하였으며, 연결성보다는 개별성을 우선순위에 두기를 강조한다. 이 경계선은 파트너들이 동료애와 결속에 대한 요구를 경쟁하지 않으며 각자의 꿈과 취미를 추구하게 한다 (Cuber & Harroff, 1972).

결혼 후 커플이 함께 보내는 시간이 적으면, 많은 사람이 이상하게 볼 수 있다. 그러나 맞거나 틀린 경계선패턴은 없으며 중요한 것은 설정된 경계선패턴이 파트너 모두에게 상호수용되는 것이다. 경계선이 이런 식으로 기능하는가의 여부는 커플이 상대파트너의 기대를 충족하는지에 달려 있다. 경계선패턴이 각 파트너의 기대와 일치하다면, 패턴유형과는 관계없이 그들은 만족하기 쉽다. 반대로, 이 경계선패턴이 배우자 한 명이나 두 명 모두의 기대를 위배하면 갈등이 생긴다(Lewis & Spanier, 1979).

결혼 초기에 생기는 경계선 갈등은 이 쟁점을 구애기 초반에 협상되어 왔던 범위로 최소한으로 줄일 수 있다(Bagarozzi, Bagarozzi, Anderson, & Pollane, 1984). 동시에 구애기에 설정된 경계선은 결혼 초기에 설정된 경계선과 다를 수 있음을 인식하는 것이 중요하다. 결혼커플과 구애 중인 커플은 관계에 대한 목적이 다르다. 신혼커플이 경계선 전략을 재협상하는 과업의 특징은 바로 이러한 목적변경 때문이다.

구애기에 경계선은 종종 관계의 절대성과 독특성을 강화하기 위해 구조화된다. 그러므로 대부분의 커플은 서로에 대해 다소 과잉관여하는 경향이 있는데, 이것은 각 파트너가 자기정체성의 상당 부분을 관계에 투자하기 때문이다. 관계에는 신기함과 긍정적인 강화가 많을 뿐 아니라 관계를 이상화하는 경향도 크다(Bagarozzi & Anderson, 1989; Jacobson & Margolin, 1979). 커플은 모든 시간은 아닐지라도 자유시간의 많은 부분을 함께 보낸다. 파트너 없이 뭔가를 한다는 것을 꿈꿔 보지 못할 수도 있다. 한편, 그들은 미래에 함께할 것을 생각하고 계획하면서 시간을 보낼 수도 있다.

그러나 결혼하면, 관계에 거의 절대적인 초점을 두던 것이 쇠퇴하는 경향이 있으며 각 파트너가 관계로부터 분리된 정체성과 취미를 유지하기 위한 경계선 설정에 더 큰 관심을 보이는 것으로 대체된다(Napier, 1988). 그리하여 파트너가 나 없이 달리기를 하러 나가거나, 혼자 TV를 보거나, 나 없이 친구와 운동 경기를 보러 가거나 주말에 낚시 가는 것 등이 커다란 충격으로 다가온다.

관계의 내적 경계선에서의 이러한 변화는 종종 스트레스와 갈등을 가져오는데, 커플이 새롭고 서로 수용할 수 있는 수준의 개별성과 친밀성을 재협상하기 위해 분투하기 때문이다. 이 시점에서 커플은 커플정체성을 강화하고, 각 파트너가 개인으로서 자신의 정체성에 편안할 수 있도록 경계선 작업을 해야 한다. 커플이 설정한 특정한 경계선 전략은 크게 다를 수 있으나, 그 전략은 항상 각자가 관계에 가져오는 기대에 의해 결정된다.

가정관리하기

가정관리와 관련된 주요과업은 가사일과 가정경제 관리를 포함한다. 이 과업의 실행을 위한 전략 발전은 간단해 보이지만 이 전략이 무엇인지에 대해서는 커플의 관점이 많이 다를 수 있다. 이 전략에 합의하기까지 상당한 협상이 필요할 수 있다.

가사전략 발전시키기   가사를 완수하는 것은 결혼의 실제다. 그러나 가사를 어떻게 완수하는가는 각 커플이 발전시키는 특정한 전략에 달려 있다. 커플이 가사를 완수하기 위한 전략 발달방식을 형성하는 데에는 몇 가지 요소가 있다.

한 가지 요소는 성역할 사회화다. 성역할 사회화는 결혼에서 남성과 여성이 맡는 역할책임에 영향을 미친다. 가사전략은 남편과 아내의 부부역할에 여러 측면이 있는 것처럼 결혼에서 남편과 아내가 책임져야 하는 것이 무엇인가에 대한 부부 각자의 생각에서 발전한다. 예를 들면, 전통적인 성지향은 남편은 마당 일, 집 안팎의 보수, 페인트 칠, 자동차 관리를 책임지는 반면, 여성은 요리, 청소, 세탁을 책임진다.

가사전략에 대한 남편과 아내의 기대는 우리 사회에서 일반적으로 갖고 있는 남성과 여성의 역할과 책임에 대한 관점에서 나온 것이다. 예를 들면, 여성에게는 종종 사회에서 돌보는 사람의 역할이 주어졌다. 이것은 결혼에서 아내가 맡는 가사와 보살피는 역할 및 책임으로 쉽게 설명될 수 있다. 즉, 여성이 가사에 주된 책임을 맡도록 기대되는 것은 보살핌을 여성의 주요책임으로 크게 강조하는 사회화 경험에서 유래를 찾을 수 있다(Coltrane, 2000).

가사전략의 선택에 영향을 미치는 두 번째 요소는 각 배우자 특유의 능력과 전문성 영역이다. 가사전략은 배우자가 상대의 능력과 비교하여 자기 능력을 사정하는 것에 달려 있다. 각 파트너는 자신의 전문성 영역과 관련된 일에 대해 책임 맡는 것을 기대할 수 있다.

그러나 특정영역에 전문성을 가진 것으로 생각되는 것은 성역할 고정관념과 이전에 받은 남성과 여성의 사회화 경험에 기반할 수 있다. 대부분의 사람은 화장실 청소, 세탁물 분류와 세탁 또는 셔츠, 바지, 치마 다리기와 같은 가사를 마치는 데 필요한 지식을 숙달할 수 있다. 그럼에도 여성은 보살핌과 가사 역할에 사회화된 나머지 종종 이러한 영역에서 더 전문성을 가진 것으로 가정된다. 결과적으로 이러한 사회화 때문에 집 밖의 취업에서도 여성은 전형적으로 이러한 일을 책임 맡는다. 예를 들면, 한 연구에서 아내는 가사일을 주당 평균 32시간 하는 반면 남편은 주당 10시간 하였다(Blair & Lichter, 1991). 비록 남편들이 가사에 참여하는 것이 최근에 극적으로 증가하였으나, 가사노동의 대부분은 아직도 여성의 몫이다. 예를 들면, 로빈슨과 고드베이(Robinson & Godbey, 1999)에 따르면 1965년에서 1985년 사이에 일상적인 집안일에 남편의 기여 시간은 주당 2시간에서 4시간으로 (50% 증가!) 증가하였다. 그러나 아내가 주당 평균 16시간 집안일을 하는 것과 비교하면 그 차이는 극명하다. 아내는 남편보다 아직도 집안일을 주당 4배 더 한다.

마지막으로 가사관리는 가족구성원의 시간, 에너지, 가족재정 등 가족의 자원사용이 포함된다. 이것은 권력과 통제에 관한 쟁점이 가사전략의 발전에도 영향을 미친다는 의미다. 일반적으로 자원과 권력 간에는 정적이며 직선적인 관계가 있고, 의존과 권력 간에는 부정적이며 직선적인 관계가 있다(Sabatelli & Shehan, 1992). 결혼에서 개인적 자원이 더 많고 관계에 가장 적게 의존하는 사람이 관계에서 더 큰 권력을 갖기 쉽다. 이 파트너가 다른 사람에게 과업에 대한 책임을 주기 쉬우며, '급이 낮은' 과업에 대한 책임을 덜 맡기가 쉽다. 일부 이론가는 이 점이 왜 아내가 가사책임을 맡을 가능성이 큰가를 설명하는 또 다른 요소라고 한다. 이들에 따르면 부계 문화체계가 남성에게 더 큰 자원(예: 더 높은 지위와 급료가 더 많은 직업)을 허락하며, 나아가서는 부부관계에서 더 큰 권력과 통제를 행사하게 한다는 것이다(Baruch, Biener, & Barnett, 1987; Hochschild & Machung, 1989). 그렇게 되면 남성은 급이 낮은 가사책임을 아내에게 맡기는 것을 정당화할 수 있다.

이 세 가지 요소는 모두 각 부부체계에서 운영되는 것으로 커플이 가사책임을 실행하기 위해 사용하는 전략을 설명한다. 부부가 발전시킨 가사관리 전략은 관계 내 존재하는 권력과 통제의 역동을 반영한다. 권력이 더 많은 배우자는 가사에 대한 주책임을 덜 맡기 쉽다. 초기의 성역할 사회화도 남성과 여성이 부부관계에 가져오는 기대에 기여한다. 마지막으로 가사과업에 대한 책임은 각 배우자가 인식하는 전문성 영역에 달려 있다.

여기서 목적은 이러한 전략의 적절성이나 공평성을 평가하려는 것이 아니라 전략 발전에 영향을 미치는 요소를 설명하는 것이다. 전략의 적합성은 이 과업이 어떻게 실행되는가에 대해 배우자가 경험하는 만족에 반영된다. 다시 말하면, 만족은 선택된 전략이 각 배우자의 기대와 일치하는지 여부에 달려 있다. 그러나 아내가 가사과업에 대한 책임을 대부분 지며 그렇게 하는 것을 기대한다면 아내는 이 전략에 만족하기 쉽다. 그러나 가사책임은 동등하게 공유되어야 한다고 믿는 아내에게 대부분의 가사책임을 아내가 져야 한다고 남편이 기대한다면, 불만이 생기기 쉽다.

새로운 부부체계에서 재정관리하기   신혼부부에게 중요한 다른 과업은 재정관리를 위한 전략을 발전시키는 것이다. 커플이 결혼하면 매우 많은 결정을 해야 한다. 예를 들면, 은행계좌를 어떻게 개설할 것인지, 요금납부는 누가 책임질 것인지, 임의수입은 어떻게 소비할 것인가 등이다. 일부 커플은 자신의 수입을 공동계좌에 넣고, 배우자 한 명이 요금납부를 책임진다. 임의지출에 대해서는 파트너 쌍방이 동의해야 하는 규칙을 세울 수 있다. 다른 커플은 별개의 개인계좌를 만들 수 있다. 이것은 각 배우자가 자신의 돈에 대한 통제감은 클 수 있으나 가사지출이 어떻게 공유되어야 하는가에 대한 규칙이 필요할 것이다. 커플은 매달 번갈아 가면서 요금을 지불하거나 또는 각자가 특정 고지서납부를 책임지는 것으로 규칙을 정할 수 있다. 자신의 임의현금을 배우자의 의견 없이 사용하는 것에 대한 합의된 규칙도 있을 수 있다. 재정관리를 위한 전략은 많다. 결혼 초기에 이러한 전략을 세우는 것은 중요한데, 그 이유는 커플이 함께 살기 전에 이러한 결정을 협상했을 리 없기 때문이다(Bagarozzi et al., 1984). 누가 재정을 통제하고 관리하는가와 연관되는 상징적 의미는 크다. 돈관리에 대한 협상은 커플관계에서 '지배 대 복종' '의존 대 독립' 또는 '능력 대 무능력'과 같은 테마를 반영할 수 있다. 그러므로 재정관리 전략은 더 큰 쟁점과 밀접하게 연관된다. 예를 들면, 권력과 통제의 성공적 협상, 개별화 쟁점, 각 배우자의 개인적 능력과 자존감이다. 성공적 전략이란 배우자가 권력과 통제가 공평하게 분배되는 것에 만족을 느끼고 재정은 유능하게 관리되고 있다고 믿는 것이다. 이 점에서 커플이 재정에 대해 싸울 때 권력과 통제, 개별화, 능력과 같은 중요한 쟁점에 대한 불편이 긴장을 부채질할 수도 있다고 충분히 주장할 만하다.

요약하면, 가정을 꾸리는 것과 관련된 과업은 결혼으로의 전환기에 커플에게 스트레스를 줄 잠재력을 갖고 있다. 이 스트레스는 모든 가사과업과 책임을 충족하기 위해 발전해야 하는 새로운 전략 때문에 생긴다. 스트레스는 파트너가 관계에 가져오는 기대의 차이 때문에 증폭된다(Sabatelli, 1988; Sabatelli & Pearce, 1986). 이 스트레스는 이 과업이 어떻게 실행되어야 할지에 대한 기대를 동거 전에 실제로 논의해 본 커플이 거의 없기 때문에 더 증가한다.

결혼의 정서적 분위기 관리하기

결혼할 때, 우리 대부분은 결혼이 정서적 요구와 심리적 안녕을 제공해 줄 것으로 기대한다. 매우 빠른 속도로 압박하고 요구하는 인생사에서 벗어날 수 있는 안전한 안식처를 결혼이 제공할 것으로 기대할 수 있다. 배우자는 우리에게 귀 기울이고 관심사를 공유하며, 매일 필요한 온정과 애정을 표현해 줄 것으로 기대할 수 있다. 그러므로 결혼 초기에 중요한 과업 하나는 결혼의 정서적 분위기를 관리하는 것이다. 관계의 정서적 분위기를 관리하는 전략이 구애기에 설정되는데, 이 전략은 커플이 구애기에서 동거로 전환할 때 조정이 필요하다. 함께 산다는 것은 배우자가 매일 자신의 요구와 파트너의 요구 간에 균형을 맞추어야 하는 도전에 직면하게 한다. 정서적 지원 및 성적 친밀감의 표현과 갈등관리를 위해 친밀감을 억제하기보다는 증진하는 방식의 새로운 전략이 필요할 것이다.

친밀과 지지 표현하기   제6장에서 언급되었듯이 청소년기와 초기 성인기의 발달과업 중 하나는 보살핌, 지지, 소속감을 위한 개인의 요구를 충족시키는 지지망을 수립하는 것이다. 이러한 요구는 가족 및 친구와의 관계에서 종종 충족된다. 그러나 결혼할 때는 파트너가 이러한 지지의 일차적 근원일 것으로 종종 기대한다.

친밀과 지지에 대한 서로의 요구를 충족하는 것이 결혼의 주요과업 중의 하나임에는 이견이 거의 없겠지만, 커플이 이 과업을 실행하기 위해 사용하는 전략에는 상당한 차이가 있다. 각각의 원가족에서는 친밀, 보살핌, 지지를 표현하기 위한 전략이 다소 달랐을 것 같다. 신혼부부의 도전은 부부가 서로 다른 유산을 하나의 공유된 전략으로 확립해서 자신이 지지와 보살핌을 받는다는 느낌을 갖는 것이다.

한쪽 배우자가 애정과 보호감정을 말로 표현하는 가정에서 자랐다고 해 보자. 그런데 상대배우자는 돌봄을 말보다는 행동으로 표현하는 가정에서 왔을 수도 있다. 이러한 가정에서 다른 식구를 위해 잡다한 일을 하고 신체적 요구를 제공하거나 요리나 청소 같은 가사를 하는 것이 보살핌과 지지의 표현으로 지각될 수 있다. 이렇게 서로 다른 유산이 합쳐질 경우, 친밀과 지지에 대한 각 파트너의 기대는 좋은 의도로 한 상대 파트너의 행동으로 어긋날 수 있다.

예를 들면, 감정과 애정을 솔직하게 표현하기를 기대하는 파트너는 상대파트너의 선의의 행동을 지지적으로 해석하지 않을 수 있다. 반대로 지지를 행동으로 표현하기를 기대하는 파트너는 그러한 지지행동이 왜 상호교환되지 않는지 궁금할 수 있다. 상대파트너를 돌보고 지지하려는 의도와 그가 실제로 돌봄과 지지를 받는다고 느끼는 것은 사뭇 다른 일이다. 부부가 진정으로 서로를 돌보고 지지하려는 의도가 있다는 가정하에 새로운 부부체계가 갖는 도전은 보살핌과 지지를 제공하기 위해 지각을 공유하고 상호 만족하는 전략을 협상하는 것이다. 이 협상은 각 배우자가 결혼생활에 서로 다른 가족유산을 가져오는 것을 고려해야 한다.

그 외에 젠더가 새로운 결혼에서 수립되는 보살핌과 지지 전략에 어떻게 영향을 미칠 수 있는가를 고려하는 것 또한 중요하다. 일반적으로 친밀한 관계에서 여성은 남성보다 보살핌에 대한 책임을 더 많이 지도록 사회화되어 있다. 남성은 전통적인 사회화 경험으로 타인에 대한 정서적 요구에 어떻게 주의를 기울여야 하는가에 대한 폭넓은 훈련을 자주 받지 않는다. 이러한 이질적인 사회화 경험이 결혼에서 수립되는 보살핌과 지지 전략에 영향을 미치기 쉬운데, 즉 여성은 남성보다 상대파트너의 정서적 요구를 충족시키는 데 더 많은 책임을 진다.

결혼으로의 전환과 관련하여 모호함과 불확실성이 많이 있다(Boss, 1988). 이 모호함은 부부역할이 어떻게 규정되고, 부부의 다양한 필수과업을 충족하기 위해 어떠한 전략이 수립될 것인가에 관한 질문을 보면 안다. 적어도 처음에는, 이 불확실성이 각 배우자의 사회화 경험이 결혼에서 수립되는 정서적 보살핌 전략에 영향을 미칠 것이다.

서로 다른 보살핌 책임이 결혼에서 문제가 될 수도, 안 될 수도 있다. 다시 말하면 돌봄과 지지 전략에 대한 만족 정도는 각 배우자의 기대와 경험이 일치하는 정도에 달려 있다. 제9장에서 더 자세히 다룰 것인데, 보살핌과 지지에 대한 배우자의 기대는 시간이 흐르면서 전적으로 변화할 수 있다. 기대로 인해 의사소통 과정이 변화할 때 결혼의 안정성과 만족을 유지하는 것이 중요하다.

부부의 성각본 발전시키기   결혼에 대한 기대 중 하나는 친밀과 지지가 성적 유대를 통하여 표현될 것이라는 점이다. 그러기 위하여 커플은 서로의 성적 요구를 충족하기 위한 전략을 발전시켜야 한다. 성(sexuality)의 중요성은 부부관계가 절대적임을 상징적으로 소통하는 능력에 있다. 성생활은 커플이 하나의 특별한 경계선과 서로에 대한 특별한 결속을 수립하는 수단이다. 부부관계에서 성의 중요한 측면은 친밀, 보살핌, 지지, 가까움, 파트너를 위한 관심을 소통하는 하나의 방법이 된다.

이 책임을 생각하는 한 가지 방법은 커플이 부부의 **성각본**(sexual script)을 어떻게 발전시키는가를 고려하는 것이다. 각본은 성적 상황에서 어떻게 행동하는가를 안내하는 다양한 범위의 동기와 행동을 포함한다(Gagnon, 1977). 성적 동기는 성관계를 하는 이유와 관련되어야 한다. 각본에서 행동적 측면은 관계 내에서 수용할 수 있는 성행위의 범위를 제시한다. 각본은 또한 성행위에 적합한 장소와 시간을 기술한다. 예를 들면, 하루의 언제, 집에서는 어느 방, 얼마나 자주 하는지가 포함될 수 있다. 마지막으로 각본에는 누가 성행위를 시작할 책임을 질 것인지에 대한 안내도 들어 있다.

동거할 때 상호 즐겁고 만족스러운 성각본이 협상되어야 한다. 이 협상은 쉽지 않은데, 그 이유는 성각본의 각 측면에 관한 불일치가 성생활의 기초가 되는 친밀성을 훼손할 수 있기 때문이다. 커플은 여러 면에서 의견이 다를 수 있다. 예를 들면, 성행위 동기에 대해 ("당신은 나를 사랑해서가 아니라 스트레스를 풀려고 성관계에 관심이 있어요."), 어떤 행위가 보살핌과 지지를 표현하는 데 적합한지에 대해 ("왜 내가 원하는 식으로 나를 즐겁게 해 주지 않나요?"), 성행위의 빈도에 대해, 성관계에 대한 책임을 누가 져야 하는지에 대해, 심지어 어디서 언제 성관계를 하는 것이 적절한지에 대해 등 의견이 다를 수 있다.

다른 말로 하면 성행위는 부부파트너에 대한 흥미와 관심을 소통하는 중요한 수단이다. 파트너들이 설정한 성각본은 이상적으로는 친밀의 기초를 잠식하기보다는 쌓는 방식으로 시간에 걸쳐 협상된다. 친밀감을 키우는 성각본이 의도가 아무리 좋다고 해서 잘 발전되는 것은 아니다. 커플이 성각본의 여러 측면에 대해 오해하고, 의견이 다른 경우가 많다. 이러한 경우 각본을 원위치하기 위해 개방적 의사소통과 협상이 필수적이다.

갈등관리하기　　분명히 어떤 친밀한 관계에서도 갈등이 존재할 잠재성은 매우 크다. 실제로 관계에서 갈등은 피할 수 없다(Sprey, 1978; Straus, 1979). 갈등(conflict)은 한쪽 배우자의 욕구나 기대가 상대배우자의 것과 다를 때 일어날 수 있다. 갈등은 가치관, 행동, 권력 또는 자원의 차이에 대한 다툼에서 생기는데, 여기서 한쪽 배우자가 상대배우자의 희생으로 자신의 목적을 성취하려는 것이다(Scanzoni & Polonko, 1980).

일반적으로 스트레스의 근원이 되는 것은 갈등을 만드는 잠재성을 갖고 있다. 스트레스는 직장의 압력이나 자연재해 등 가족 외적인 근원에서 생길 수 있다. 예를 들면, 동료와의 다툼을 집으로 가져와 분노의 안전한 타깃으로 지각되는 배우자에게 이를 대체할 수 있다. 다른 한편으로 집의 화재로 인한 손상을 만회하기 위해 가족예산을 어떻게 변경할지에 대해 커플의 생각이 서로 매우 다를 수 있다. 스트레스는 각 배우자의 발달적 변화 또는 예상하지 못한 질병이나 장애와 같은 내적 변화로 인해 가족 안에도 근원이 있을 수 있다.

제2장에서 언급한 것처럼 스트레스는 가족이 기본 과업을 달성하기 위해 사용하는 전략을 변경하도록 압력을 받는 수준으로 생각할 수 있다. 갈등을 종종 일으킬 수 있는 것은 커플이 수립한 전략을 변경하는 것이다. 커플은 일반적으로 결혼의 기본 과업에 대해 동의하는 편이다. 즉, 대부분의 부부 커플은 분명한 부부정체성, 가사관

리 그리고 서로를 위해 지지적인 정서적 환경을 만드는 것이 중요하다는 데 동의한다. 그러나 체계의 과업을 충족하는 데 사용해야 하는 전략에 대해 부부의 의견이 다를 때 갈등이 생긴다(Kantor & Lehr, 1975).

커플은 부부과업을 이루기 위해 전략을 협상하고 재협상해야 하는 요구에 계속 직면한다. 이것이 성공하려면 커플은 갈등관리를 위한 효율적인 전략을 발달시켜야 한다. 발달된 전략은 변하기 쉬우며 부분적으로는 각 배우자가 자신의 원가족에서 경험한 갈등관리 모델의 영향을 받는다. 고함을 지르는 가족이 있는가 하면 갈등을 깊이 논하기 전에 자리를 뜨거나 갈등이 있다는 것조차 부인하는 가족도 있다. 각 배우자는 자신의 원가족 경험에 기초하여 특정한 방식으로 갈등을 관리하는 성향을 결혼에 가지고 올 것이다. 이처럼 서로 다른 성향은 새로운 부부체계의 부부 모두가 수용할 수 있는 공유된 전략으로 재작업되어야 한다.

갈등관리를 사용하는 전략은 갈등과 연관된 의미의 영향을 더 많이 받는다. 의미란 배우자가 관계에서 갈등의 존재에 부여하는 중요한 해석과 의미를 말한다. 예를 들면, 어떤 커플은 부부갈등을 겁내며 이를 피하기 위해 여러 방법을 찾을 수 있다(Storaasli & Markman, 1990). 다른 커플은 관계에서 갈등은 피할 수 없다는 것을 쉽게 수용할 수 있는데, 이 관점을 갖고 있으면 갈등에 대해 개방적으로 토론하고 상호동의하는 해결책을 협상하는 갈등관리 전략을 쓰기 쉽다.

다른 예에서, 갈등이 있다는 자체가 개인적인 거부로 해석될 수 있다. 이것은 파트너에 대한 욕망과 기대가 자신의 개인 정체성의 핵심요소와 연관될 때 일어날 수 있다. 특정한 쟁점에 개인적인 투자가 클수록 정서적 에너지가 더 많이 투자되기 쉬우며, 관계전반에 대한 감정에 갈등을 일으킬 잠재력이 더 크다. 정서적 반응도 증가하는데, 그 이유는 자신의 입장에서 어느 정도 꺼려지나 과업이 어떻게 관리되어야만 하는가에 대한 배우자의 관점에 응하는 것이, 자신의 자아감이 심하게 거부되는 것으로 경험할 수 있기 때문이다.

예를 들면, 남편이 화장실 청소를 꺼리는 것에 대한 아내의 관점은 평범한 가사일이 어떻게 관리되어야 하는지에 대한 단순한 불일치 이상으로 볼 수 있다. 남편이 화장실 청소를 꺼리는 것을 아내는 자신에 대한 남편의 관점을 표현하는 것으로 보며, 그 표현이 별로 바람직하지 않은 것이다. 다르게 말하면, 이 갈등에 내포된 것은 아내 자신의 정체성 및 관계에서 자기에 대한 남편의 관점을 깊이 우려하는 것일 수 있다.

갈등에 부여한 의미가 개인적인 거부감정이 되면 커플은 서로에 대해 독선적이고 방어적인 다툼에 휩싸이기 쉽다. 이 다툼의 일반적인 특성은 나의 관점을 채택하도록 상대배우자에게 영향을 미치며 설득하거나 강요한다. 이러한 다툼에 투자하는 정서의 양은 과업이 어떻게 완수되어야 한다고 보는지에 대한 나의 비전과 개인으로서의 나의 비전 사이의 근본적인 연결을 보여 준다.

갈등을 개인적인 거부로 경험하는 배우자는 결혼 외부에 있는 타인과의 연합이나 동맹을 추구할 수 있다. 목적은 과업이 어떻게 관리되어야 할지에 대한 외부의 지지를 구하는 것뿐 아니라 파트너가 자신에 대해 갖고 있는 관점에 대해 확인을 받는 것이다. 예를 들면, 남편이 화장실 청소를 꺼려서 아내와 갈등이 생긴 것에 대해 자기 부모와 얘기한다면, 그는 자신의 정체성과 남자와 여자가 결혼에서 어떻게 행동해야 하는가에 대한 관점에 지지를 구하는 것이다.

요점을 넓혀 보면, 모든 커플은 갈등을 관리해야 한다. 이 갈등이 어떻게 관리되는가는 관계에서 친밀과 지지를 경험하는 수준에 큰 영향을 미칠 것이다. 배우자가 갈등관리를 위해 발전시키는 전략은 자신의 원가족에서 배운 모델에 기원한다. 갈등관리 전략은 배우자가 갈등에 부여하는 의미에 영향을 더 받는다. 관계에서 갈등은 불가피하다. 이를 이해하고 갈등을 상대방의 개인적 정체감에 대한 공격이 아닌 부부 과업을 관리하기 위해 사용하는 전략에 대한 다른 관점이라고 보는 것이, 친밀을 억제하기보다는 증진하는 갈등관리 전략을 만들 수 있다.

결 론

발달적 관점에서 보면, 결혼으로의 전환은 커플이 새로운 부부체계의 기본 과업을 수행하기 위해 필요한 많은 전략을 협상해야 하는 요구 때문에 복잡하다. 이 시점에서 커플에게 부여된 요구는 대체로 평범한 것들이다. 즉, 대부분의 커플은 이 전환기와 관련된 스트레스를 관리하는 데 필요한 자원과 능력을 갖고 있다(McCubbin et al., 1980). 동시에 요구가 일상적이라고 해서 이 시기에 다루어야 하는 쟁점의 중요성을 저평가해서는 안 된다. 부부체계의 과업을 수행하기 위해 발달된 전략은 커플이 자신들의 관계를 어떻게 느끼고 그들의 가족생활주기에 걸쳐 맞닿게 되는 평범하거나 특별한 스트레스와 긴장을 어떻게 다룰 것인가에 영향을 미친다.

보통 결혼 초기단계의 요구와 도전에 적응하는 것은 커플이 효율적인 전략을 협상하는 능력에 의해 촉진된다. 파트너는 제각기 자신의 원가족에서 가족체계 과업을 관리하는 독특한 전략과 모델의 경험을 결혼에 가져온다. 커플에게 도전은 이처럼 서로 다른 유산을 가족안정, 친밀경험, 소속감을 키우는 전략과 규칙체계로 합병하는 것이다. 이 과정에서 필요한 것은 효율적인 의사소통과 협상기술이다.

주요 개념

갈등(Conflict) 가치관, 행동, 가족 전략, 권력 또는 자원에 대한 불일치로 이 기간에 한쪽 배우자가 상대배우자의 희생으로 자신의 목적을 이루려는 것.

결혼(Marriage) 서로 다른 두 개의 원가족에서 자란 성인이 안정되고 장기간에 걸친 동거관계를 이루기 위해 결속하여 구성한 하나의 특정한 가족 하위체계.

반대역할(Counter-role) 개인이 자기역할을 수행한 방식의 결과로 파트너에게 부과한 행동에 대한 보완적 기대.

부부역할(Conjugal role) 배우자 개인의 사회적 위치와 관련된 행동에 대한 처방.

부부정체성(Conjugal identity) 결혼생활에서 개인이 배우자로서 관련되는 독특한 속성, 특질, 특성.

성각본(Sexual script) 성적 활동을 위한 청사진으로 성적 상황에서 어떻게 행동하는가를 안내하는 동기와 행동에 대한 최대 범위의 설명.

역할(Role) 하나의 사회적 위치와 관련된 행동에 대한 공유된 처방.

역할갈등(Role conflict) 부부역할과 책임에 대해 파트너 간의 불일치.

커플정체성(Couple identity) 커플이 외부세계 및 타인과의 관계에서 자신들을 규정하기 위해 설정한 의미의 틀. 여기에 포함되는 것은 각자의 부부정체성, 커플의 기본 가치관과 신념을 조직하고 행동지침을 제공하는 부부테마, 각 파트너의 부부역할로, 남편 또는 아내의 사회적 위치와 관련된 특정행동을 규정.

제9장

의사소통과 친밀감

의사소통은 친밀한 관계의 필수요소다. 본 장은 의사소통 이론의 주요 가정과 핵심 개념을 개관한다. 구체적으로 메시지(messages), 상위메시지(metamessages), 프레이밍(framing)이 의사소통 과정과 연관될 때의 개념을 개관한다. 더불어 의사소통 유형, 즉 개인이 타인과 의사소통하는 고유한 유형이 어떻게 지속적인 관계 안에서 근접성(closeness)과 친밀감(intimacy)에 영향을 미치는지에 대해 대략적으로 살펴본다. 의사소통 유형 형성에 영향을 미치는 요인을 성에 따른 차이에 초점을 두어 논의한다. 마지막으로 친밀감 경험을 촉진하는 의사소통 과정 요소에 대해 강조한다. 이와 관련하여, 확인(confirmation), 자기노출(self-disclosure), 상호교류 관리와 이들이 친밀감 경험에 미치는 영향을 자세히 논의한다.

의사소통과 친밀감

결혼생활의 여러 과업수행을 위한 전략을 확립하기 위해서는 많은 협상이 요구된다. 이러한 욕구에 대해 의식할 필요는 없지만 부부는 가계와 재정을 관리하고, 친구와 가족과의 경계 패턴을 형성하기 위한 규칙을 확립하도록 요구된다. 내적 경계가협의되어 상호 협의된 분리와 유대감을 확립하여야 한다. 부부는 또한 테마와 정체성을 확립하고 부부 역할 및 기대를 협상해야 한다. 이 모든 것을 성취하기 위해 부부는상호 의사소통 능력에 상당히 의존하게 된다.

모든 신혼부부의 주요 과업은 사적 메시지 체계(private message system)를 확립하는것이다(Tannen, 1986). 사적 메시지 체계란 친밀한 관계 내에서 의사소통을 위한 규칙의 체계다. 이 체계를 통해 부부관계는 확실히 구분되는 특성을 갖게 되고 앞으로발생할 많은 과업과 문제점에 대처하기 위해 필요한 전략을 조직화하게 된다. 사적메시지 체계는 부부관계에 대한 감정에도 영향을 미친다. 본 장에서 살펴볼 것처럼의사소통, 특히 부부의 사적 메시지 체계는 부부가 결혼 과업을 성공적으로 협상하는데 중요하다. 의사소통은 결혼 친밀감 경험을 향상 또는 방해하는 힘을 갖고 있고, 이점이 복잡하고 중요한 과정에 대한 이해를 제고해야 하는 이유다.

의사소통의 정의

의사소통(communication)은 우리가 의미를 창조하고 공유하는 상징적이고 상호교류적 과정으로 볼 수 있다(Galvin & Brommel, 1991). 타인과의 의사소통 시 우리는공유된 의미를 지니고 있는 단어와 다양한 비언어적 단서의 형태로 된 상징을 사용한다는 점에서 의사소통은 상징적이다. 의사소통 시 사람들은 서로에게 상호적인 영향을 미친다는 점에서 의사소통은 상호교류적이다(Galvin & Brommel, 1991). 의사소통에 참여하는 두 사람 모두 자신의 상호작용 패턴 확립에 기여한다.

따라서 의사소통은 상징을 사용하여 정보 교환을 포함하는 과정으로 여겨질 수 있다. 타인과 상호작용할 때, 우리는 '의사소통' 체계에 참여한다. 상호작용을 체계 내에서 일어난다고 보는 것은 우리가 개인으로서 의사소통을 만들기보다는 의사소통에 참여함을 의미한다(Watzlawick, Beavin, & Jackson, 1967). 의사소통 체계는 다른 모든 체계와 마찬가지로 상호의존성의 특징이 있다. 각각 참여자의 의사소통은 타인의 의사소통에 동시에 영향을 주고받는다.

이를 설명하기 위해 집안일을 꺼리는 아내에 대해 부부가 동의하지 않는 상황을 생각해 보자. 이러한 갈등이 발생할 때 남편은 아내가 해야 할 일이 무엇이고 얼마나 아내가 무신경한지 잔소리함으로써 불쾌감을 표현할 것이다. 다음으로 아내는 남편에게 그가 얼마나 잔소리꾼인지 말하면서 상호작용을 철회하는 것으로 반응한다. 아내가 상호작용을 철회할 때 남편은 잔소리를 더 한다. 남편이 잔소리를 할수록, 아내는 상호작용을 철회한다.

잔소리와 철회하기 패턴은 의사소통의 상호작용과 체계적 성격을 설명한다. 분명히 각 배우자의 의사소통은 타인의 의사소통에 영향을 주고, 동시에 타인의 의사소통에 영향을 받는다. 주어진 시간에 각 배우자의 행동은 타인의 행동을 위한 자극인 동시에 반응이므로 한 배우자의 행동이 다른 사람의 행동에 원인이 되는 것은 불가능하다(Watzlawick et al., 1967).

의사소통 체계 내에서 모든 행동은 의사소통이고 따라서 의사소통을 하지 않는 것은 불가능하다(Watzlawick et al., 1967). 이는 타인과 상호작용할 때 우리가 행동하고 말하는 모든 것(또는 행동이나 말을 하지 않는 것)이 정보전달 및 상호작용 과정에 영향을 미침을 의미한다. 우리가 무엇을 언제, 어떻게 말하는지, 말하면서 무엇을 하는지, 무엇을 말하기를 꺼리는지는 모두 우리가 말에서 타인이 이끌어 내는 의미에 기여하는 행동이다. 이러한 행동은 다음에 타인이 우리에게 어떻게 반응하고 어떻게 그 상호작용이 진행될 것인가에 영향을 미친다.

기본 개념: 메시지, 상위메시지, 프레이밍

상호작용 시 우리가 교환하는 정보는 메시지(messages)를 통해서 전달된다. 상호작용 이론가들은 각 메시지는 두 가지 수준—내용수준(content level)과 관계수준(relationship level)—에서 정보를 전달함을(Watzlawick et al., 1967) 제안하면서 메시지 전달에서의 복잡성을 강조한다. 내용수준은 단순히 메시지의 글자 그대로의 내용 또는 무엇이 전달되는지를 의미한다. 메시지의 언어적 내용은 "드레스 예쁘다(I like your dress)."라는 문장에서 확실하다. 관계수준은 어떻게 내용이 전달되는지를 의미한다. 어떻게 그 내용이 표현되는지에 포함된 정보는 메시지의 글자 그대로의 내용을 해석하기 위해 사용된다. 예를 들어, 비웃음이나 얼굴 찌푸림과 동반될 때 "드레스 예쁘다."라는 문장은 기분 좋은 미소와 진실한 억양으로 전달되는 문장과는 다른 의미를 전달한다. 한 개인이 타인에게 전달하는 메시지 중 관계에 대한 언급을 전달하지 않는 메시지를 생각해 내는 것은 거의 불가능한 일이다(Knapp & Hall, 2002). 어떤 사람이 우리의 외모를 모욕한다면, 그 사람이 우리를 좋아하지 않을 거라고 생각하게 된다.

상위메시지: 메시지 안에 메시지　어떻게 메시지가 표현되는가에 따라 전달되는 정보는 상위메시지(metamessage) 또는 메시지에 대한 메시지라고 한다. 상위메시지는 글자 그대로의 메시지와 동반되는 비언어적 단서로 전달된다. 상위메시지는 메시지가 어떻게 받아들여질 것인지, 우리가 그 메시지에 대해 얼마나 진지하며, 확신하고, 또 정직한지에 대한 정보를 전달한다. 예를 들어, 앞의 예에서, 비웃음, 얼굴 찌푸림, 미소 또는 목소리 억양이 상위메시지를 구성한다. 상위수준에서, "드레스 예쁘다."라는 문장은 그 화자가 진지한지 또는 솔직하지 못한지에 대해 아주 분명하게 함으로써 강조될 수 있다.

의사소통 체계 내에서 자아(the self), 타자(the other) 그리고 관계(the relationship)에 대한 정보는 계속해서 상위수준에서 교환된다. 다시 말하면 각 의사소통은 상위메시지, "나는 내 자신을 이렇게 보고 있어(This is how I see myself)." "나는 너를 이렇게 보고 있어(This is how I see you)." 나는 네가 나를 이렇게 보고 있다고 생각해 (This is how I see you seeing me)."를 전달하는 것으로 볼 수 있다(Watzlawick et al., 1967).

미국 가족 내에서 매일 수없이 발생하는 간단한 의사소통을 예로 들어 보자. 남편과 아내가 저녁을 먹기 위해 식탁에 앉으려 한다. 피클병이 식탁에 있고 아내는 그 병을 열기 위해 씨름하고 있다. 아내가 뚜껑과 씨름하는 것을 보면서 남편은 병을 가져가면서 아내를 향해 "내가 열게(Let me open that)."라고 말했다. 이 예에서 자아, 타인, 관계에 대해 전달된 정보를 인식할 수 있는가?

남편은 병을 가져가면서 "내가 열게."라고 말하는 방식으로 어떠한 정체감에 대한 권리를 주장한다. 확신에 차서 병을 가져가서 망설임 없이 연 후, 그 병을 열었을 때 얼굴에 자랑스러운 표정을 짓는다면 그 남편은 "나는 힘이 세고 능력이 있어."라고 말하고 있는 것이다. 이 행동은 스스로에 대한 남성적이고 자신감 있는 시각을 전달한다. 물론 남편이 망설이면서 병을 가져갔고 다소 긴장하면서 병을 열려고 했다면 이는 스스로에 대한 다른 시각을 전달한 것이다. 이 상황에서 남편의 행동은 자신의 강인함과 어려운 도전을 받아들이는 능력 면에서의 자신감에 대한 의심으로 볼 수 있다.

남편이 병을 가지고 가면서 "내가 열게."라고 말하는 방식은 또한 아내를 어떻게 보는지를 상대방에게 알게 해 준다. 만일 남편이 병을 가져가면서 짜증과 혐오의 표정을 짓고 있다면 아내를 약하고 무기력하며 능력 없다고 생각하고 있음을 아내에게 알려 주는 것일 수 있다. 어쩌면 남편은 아내가 병을 열지 못하는 것은 그녀가 어떤 사람인지와는 관련이 없음을 알려 줄 수도 있다. 병을 연 행동은 아내가 그 행동을 하지 못했다는 사실이 아니라 자신의 신체적 강인함에 주목했기 때문에 별 중요하지 않은 일을 한 것일 수 있다.

동시에 이러한 상호작용을 통해 남편은 아내에게 그들의 관계를 어떻게 바라보는가에 대한 정보를 제공한다. 남편이 다정하게 그 병을 가져가면서 부드럽게 "내가 열게."라고 말할 때 아내를 돕기 위해 자신이 거기 있었고 아내는 자신에게 의지할 수 있음을 알려 주는 것이다. 남편은 아내와의 관계를 지지적인 동반자 관계라고 본다.

만일 참을성 없이 공격적으로 병을 낚아채면서 경멸하는 얼굴 표정으로 병을 연다면, 그 남편은 아내와 부부관계에 대한 경멸감을 전달한다. 사실상 남편은 "이 관계는 너무 귀찮아. 너를 보살펴야 하는 건 짜증나는 일이야."라고 말하는 것이다. 아마 당신은 이렇게 많은 정보가 피클병을 여는 행동에 포함되어 있으리라고는 생각하지 못했을 것이다!

상위메시지와 비언어적 상징   의사소통은 넓게는 타인과 의사소통 시 사용하는 다양한 비언어적 상징(nonverbal symbols)과 단서에 의미를 부여하는 것과 관련이 있다. 예를 들면, 제스처, 몸의 움직임, 얼굴 표정, 눈 맞춤, 자세는 모두 상징적으로 중요한 정보를 전달한다. 타인에게 우리가 자신, 상대방 그리고 상대방과 나와의 관계를 어떻게 보고 있는지를 알려 주기 위해 이러한 상징을 자유롭게 사용한다. 예를 들어, 신뢰와 타인에 대한 개방성을 눈 맞춤으로 표현할 수 있다. 얼굴 표정은 온정, 편안함, 경멸 또는 무관심을 표현할 수 있다(Knapp & Vangelisti, 2005).

음색, 어조, 속도, 높이, 크기와 연관되어 있는 상징적 중요성도 있다. 음색은 열정 또는 무관심을 전달한다. 목소리의 크기와 높낮이는 심각성과 분노를 전달할 수 있다. 크기, 속도와 어조도 관계 내 권력과 권위를 확립 또는 강화하는 데 사용될 수 있다(Pearson, 1985). 더욱이 상위수준에서의 정보를 전달하기 위해 사회적 공간과 개인적 공간이 타인과의 상호작용에 사용된다. 부분적으로 친밀감, 관여, 흥미는 타인과 상호작용 시 가까이 다가감으로써 전달된다. 권력과 권위의 패턴은 개인적 공간을 사용하면서 확립되고 강화될 수도 있다. 예를 들면, 가벼운 신체적 접촉은 어떠한 맥락에서는 가까움과 연대를 표현할 수 있지만 다른 맥락에서는 우월성과 권위를 전달할 수 있다. 가벼운 신체적 접촉은 위협이나 적대감, 분노를 전달하기 위해 사용되기도 한다(Pearson, 1985; Knapp & Hall, 2002).

행동을 의사소통으로 보는 것은 우리가 비언어적 단서의 중요성에 대해 주의를 기울이게 한다. 비언어적 단서는 상징적 중요성을 지니므로 의사소통 과정에 중대한 영향을 미친다. 타인과 의사소통 시, 제스처, 얼굴 표정, 다른 비언어적 신호를 사용한다. 모든 다양한 행동은 정보를 전달하고 송신된 정보를 수식한다. 행동은 상위수준에서 그 메시지가 어떻게 해석되어야 하는지를 확립한다. 비언어적 행동은 우리가 나 자신과 배우자, 우리가 공유하는 관계를 어떻게 보는지에 대한 많은 정보를 전달한다.

메시지 프레이밍: 메시지가 어떻게 들리는가　　메시지를 보낼 때 우리는 타인이 '받기'를 원하는 정보 전달을 의도하는 단어와 행동을 선택한다. 그러나 우리가 타인과 의사소통 시, 타인이 듣는 것은 메시지에 대한 해석 또는 프레이밍(framing)에 달려 있다. 여기에서 프레이밍은 문자 그대로의 메시지에 동반되는 상위인지에 주어지는 의미를 말한다(Tannen, 1986). 분명히 어떤 사람의 상위메시지에 대한 의미 부여는 객관적인 것이 아닌 개인적이고, 주관적인 과정이다. 그러므로 각 개인은 한 행동에 서로 다른 의미를 부여한다(Wilmot, 1975). 상위메시지의 프레이밍이 다를 수 있다는 것은 두 사람이 상호작용할 때마다 오해가 어떻게 일어날 수 있는지에 대해 설명한다.

　우리가 말할 때 타인이 실제로 무엇을 듣는가를 통제할 수 없음을 고려한다면 의사소통의 복잡성이 더욱 강조된다. 예를 들어, 초가 켜져 있는 방에서 배우자와 친밀한 시간을 나누는 것이 기쁘다는 것을 전달하는 방법으로 배우자를 팔로 감싼다고 하자. 그러나 여러분의 배우자는 이 행동을 매우 다르게 해석하기도 한다. 배우자는 당신의 행동을 그저 성관계를 갖고 싶다는 신호로 프레임할 수 있다. 이러한 일이 발생할 경우, 즉 상위인지의 의도와 그 메시지가 프레임된 방법이 불일치할 때, 행동의 순수성은 오해를 초래한다.

　이 예시는 두 가지 주요점을 강조한다. 첫째, 서로 대화할 때 사람들이 부딪히게 되는 오해에 대한 논의의 핵심은 프레이밍이라는 개념이다. 둘째, 태넌(Tannen, 2001)이 제안한 것처럼 연결감을 증진하고자 하는 의도를 상대방이 통제 시도로 프레이밍할 때 많은 오해가 발생한다. 즉, 모든 대화는 연결과 통제 사이에 균형을 잡는 것을 수반한다. 똑같은 단어와 제스처는 송신자가 전달하려는 메시지와 메시지가 표현되는 특정한 방법, 그 메시지를 해석 또는 프레임하는 방식에 따라 통제 또는 연결의 표현일 수 있다. 같은 메시지가 연결 또는 통제의 표현일 수 있으므로 흔히 메시지의 의도가 프레임된 방식과 일치하지 않을 때 오해가 발생한다. 앞 예시에서 배우자의 몸에 팔을 둘렀을 때 당신은 아마 진심으로 관심과 연결의 메시지를 의도했을 것이다. 그러나 똑같은 행동이 실제로는 당신의 입장에서 배우자를 통제하려는 시도일 수 있기 때문에(즉, 배우자가 당신의 성적 욕구를 충족시키도록 하는 것), 그 메시지가 연결보다는 통제로 프레임될 때 오해가 발생한다.

이를 추가로 설명하기 위해 프레이밍과 연결, 통제의 측면이, 부모가 십대 자녀와 얘기할 때 종종 발생하는 오해를 어떻게 낳는지를 생각해 보자. 연결과 관심의 표시로 아들에게 "오늘 방과 후에 뭐할거니?"라고 묻는다고 가정해 보자. 그러나 통제를 원할 때도(즉, 내가 아들이 하려고 하는 일에 대해 허락을 할 것인지를 원할 때) 이 질문을 할 수 있다. 자녀는 이 메시지를 연결보다는 통제의 의도를 갖고 있다고 프레임할 수 있다.

대화양식

걷기와 같이 말하기는 어떻게 말하는지에 대한 질문을 멈추지 않는 채로 하는 일이다. 우리는 어떤 것을 말할 때 대체로 자연스럽게 이야기한다고 느끼지만 무엇을 어떻게 말하는지는 상당히 광범위한 가능성 중에서 선택된 것이다. 다시 말해 말하는 모든 것은 어떤 특정한 방식—목소리의 특정한 톤, 빠르기 정도, 어조와 크기—으로 말해야 한다. 우리는 말을 할 때 무엇을 말하기를 원하는지는 고려하지만, 상황이 그리 감정적이지 않을 경우에는 어떻게 말할지에 대해서는 거의 생각하지 않는다. 얼마나 크게 또는 빠르게 말할지에 대해서 생각하지 않지만, 상대방은 목소리의 크기와 빠르기로 말의 의미를 해석하고 그 의사소통이 무엇인가에 대해 생각할지를 결정하는 데 이 빠르기와 크기를 이용한다.

우리가 말하는 방식의 차이는 우리 모두가 각자 대화양식(conversational style), 즉 타인과 의사소통하는 독특한 양식을 발달시킨다는 사실을 나타낸다(Tannen, 1986, 2011). 우리가 메시지를 어떻게 해석하고 구성하는지는 이 대화양식에 반영된다. 즉, 대화양식은 상위수준에서 정보를 전달하기 위해 우리가 습관적으로 사용하는 단어와 방식이다. 또한 대화양식은 우리가 타인으로부터 받는 메시지를 어떻게 프레임하고 해석할지를 결정한다.

대화양식은 상당히 개별적이어서 일반화하기는 어렵다. 동시에 대화양식은 특정화된 일반적 차원에 따라 다양하다고 여겨진다. 그 차원 중 하나는 직접성의 정도다(Tannen, 1986). 어떤 사람들은 직접적인 방식으로 의사소통하는 것을 상당히 편안해한다. 우리는 상대방의 눈을 똑바로 쳐다보면서 자신과 상대방에 대한 생각과 느낌을 말한다. 아마도 진실을 말해야 한다고 키워졌기 때문일 것이다. 이와 유사하게 사회적 경험이 타인과는 이러한 방식으로 행동하는 것이 낫다는 것을 가르쳐 주었을 수도 있다. 이러한 양식을 받아들인 동기가 무엇이든 타인이 우리의 직접성을 어떻게 프레임할 것인지를 반드시 통제할 수 없다. 어떤 사람에게는 자신의 감정에 무신경한 사람으로 보일 수도 있을 것이고 또 어떤 사람은 이와 같은 행동을 정직함으로 보고 우리를 존중할 수도 있다.

한편, 어떤 사람들은 간접적으로 결정된 대화양식을 천성적으로 발달시킨다. 이러한 대화양식을 사용할 때, 실제로 의미하고 생각하고 느끼는 것에 대해서 힌트를 주는 경향이 있다. 정보를 천천히 드러내면서 우리가 한 말을 다르게 말한다든지 우리가 말하려는 의도를 다른 사람이 말하도록 시도하기도 한다. 간접적 의사소통을 하는 사람들은 "내가 너를 진짜 좋아하니까 너와 데이트하고 싶어."와 같이 '나(I)' 문장으로 말하지 않는다. 이런 사람들은 "있지, 우리가 같이 있을 때 재미있는 시간을 보내는 것 같아."처럼 '그것(it)' 또는 '너(you)'와 같은 문장을 사용한다. 그러고는 상대방의 반응을 살펴보기 위해 기다릴 것이다. 만일 상대방이 이 문장에 대해 아주 싫어하는 것 같지 않으면, 간접적 의사소통을 하는 사람들은 이 문장을 또 다른 문장, 예를 들면 "미래에 우리가 어떤 일을 같이 할 수 있을 거라고 생각해?"와 같이 말한다. 그 뒤 또 다른 긴 침묵이 이어지는데, 이 침묵은 그 말이 가져올 효과를 평가하고 사실상 상대방이 그 힌트에 따라 주기를 기대하면서 갖는 것이다. 충분한 시간이 흐르고 그 질문을 하도록 강요당했을 때에만 간접적 의사소통자들은 "그러니까, 나는 말이지, 어때? 네가 생각하기에 나랑 언젠가, 어쩌면 오늘 데이트 하러 가고 싶을 것 같아?"라고 말할 것이다.

상당히 개인화된 대화양식의 또 다른 차원은 우리가 타인에게 관여에 대해 어떻게 전달하는가 하는 것이다(Tannen, 1986). 어떤 사람들은 상대방이 의사소통 과정에 개입하기 원하는 것을 명확한 방식으로 의사소통한다. 이들은 관심을 전달하기 위해 신체적 접촉이나 상대방과 신체적 거리를 가깝게 유지하는 것과 같은 비언어적 단서를 제공한다. 한편, 어떤 사람들은 더 분리된 방식으로 의사소통한다. 이들은 타인에게 거리 유지를 원한다는 것을 암시하기 위해서 얼굴 표정과 자세를 사용할 것이다. 목소리 톤은 타인의 감정과 생각에 무관심하다는 인상을 전달할 수 있다. 여기에서 핵심은 의사소통 양식은 상대방이 자신의 감정과 생각에 무관심하다고 생각하게 할 수 있지만 이는 사실이 아니라는 점이다.

세 번째 대화양식의 차원은 개인의 메시지가 일치하는(congruent) 정도다. 메시지의 다른 요소(언어적/비언어적, 내용/관계)가 같은 의미를 전달할 때 그 메시지는 일치한다. 반대로 일치하지 않는 메시지는 의사소통의 다른 수준 사이에서 모순이 발생하는 메시지다. 예를 들어, 내가 "추워."라고 말하고 나서 재킷을 벗기 시작한다면 내가 한 말의 언어적 요소와 비언어적 요소는 서로 모순된다. 이처럼 "어떤 영화를 보든지 진짜로 상관없으니까, 네가 결정해."라고 말하고 나서 자신이 진짜 보고 싶은 영화를 말할 때까지 계속해서 상대방의 제안을 거부한다면, 내가 한 말의 내용요소와 관계요소는 모순된다. 내용수준에서 상대방을 결정자라고 지정했지만 관계수준에서는 사실상 내가 결정하기를 원하고 있다. 일치되지 않은 메시지는 반응을 어떻게 할지 어렵게 하므로 수신자에게 혼란과 불안감을 야기시킬 수 있다(Wilder & Collins, 1994).

대화양식은 메시지가 어떻게 받아들여지고 프레임되는지에 있어서도 다양하다. 대다수의 사람이 언어적 단서보다는 비언어적 단서에 더 많이 반응하는 경향이 있다(Watzlawick et al., 1967). 어떤 사람들은 의사소통의 비언어적 요소에 더 민감한데, 그들은 계속해서 타인들이 자신을 어떻게 생각하는지 결정하는 정보에 주의를 기울인다. 의사소통의 비언어적 요소에 별로 민감하지 않은 사람들도 있다. 이런 사람들은 개인적 가치에 대한 것으로 해석하지 않고 정보에 주의를 기울인다. 자아존중감(self-esteem) 또는 개인이 자신에 대해 얼마나 긍정적으로 느끼는가 하는지는 개인이 메시지를 어떻게 받아들이고 프레임하는지를 결정하는 데 중요한 역할을 한다. 개인의 자아존중감이 높을수록, 타인의 언어적 표현과 비언어적 표현에 개방적이며 타인과의 의사소통을 정확히 해석할 가능성이 높다(Satir, 1972).

절대적으로 옳거나 틀린 의사소통 양식은 없다. 메시지를 구성하고 프레임하는 하나의 방식이 다른 방식보다 더 우월하다고 말하는 것은 가능하지 않다. 그러나 이는 대화양식이 상호작용과 타인과 상호작용하는 능력에 영향을 미치지 않는다는 의미는 아니다. 대화양식은 필연적으로 사회적 관계를 어떻게 진행시킬지를 결정하는 데 도움을 준다. 서로 다른 대화양식을 갖고 있는 사람들보다는 비슷한 양식을 공유하는 사람들끼리 더 성공적으로 의사소통하는 것은 흥미로운 사실이다(Gottman, 1999). 비슷한 양식을 공유하는 것은 상호 이해와 친밀감을 발전시킬 가능성을 증가시켜 주고 오해, 긴장, 당혹스러움의 가능성을 감소시켜 준다.

메시지 형성과 프레임 방식에 영향을 미치는 요인

대화양식은 개인이 메시지를 송신하고 수신할 때 사용하는 고유한 경향을 반영한다. 대화양식의 개인화된 속성은 많은 각각 다른 요인에 영향 받는 것을 의미한다. 예를 들면, 타인과의 의사소통은 다른 상황과 환경을 수용하기 위해 수정된다. 말하는 상대, 상대방과의 관계 특성, 논의되는 주제 모두가 사용하는 대화양식에 영향을 미친다. 예를 들어, 상사와 이야기할 때는 마음 놓고 직접적인 대화양식을 사용할 수 있지만 배우자와는 그러기 쉽지 않다.

의사소통의 맥락이란 의사소통이 일어나는 물리적이고 사회적인 환경이다. 맥락은 어떻게 메시지가 형성되고 프레임되는지에 영향을 미친다. 어떤 사람의 배우자가 성적 욕구가 있는 맥락보다는 모든 사람이 듣도록 공개적으로 "사랑해."라고 하는 경우 그 말에 더 큰 중요성을 부여할 수 있다.

개인의 자아존중감과 자아 개념뿐 아니라 인간관계에 대한 욕구도 의사소통이 어떻게 형성되고 프레임되는지에 영향을 미치는, 상당히 개인화된 요인이다. 스스로에게 자신감 있고 확신이 있을 때, 우리는 더 직접적으로 의사소통하는 경향이 있다.

안전하다고 느낄 때, 타인이 나를 놀리거나 나에 대해 농담하거나 이상한 눈으로 쳐다보는 것에 대해 신경쓰지 않는다. 그러나 이와 같은 행동은 스스로에 대해 자신과 확신이 없을 때 상당히 많은 상징적 의미를 지닌다. 농담은 모욕으로, 쳐다보는 것은 적대감의 표현으로 프레임될 것이다.

앞에서 지적한 바와 같이 특히 자아존중감은 의사소통 과정에 상당한 영향력을 미친다. 낮은 자아존중감을 지닌 사람은 메시지를 부정적으로 프레임하는 경향이 있다(Satir, 1972). 예를 들어, 누군가 "보기 좋다."라고 말했을 때 자아존중감이 낮은 사람은 "평소의 내 모습은 보기 좋지 않았다는 뜻이야?"라고 반응한다. 이와 유사하게, 조용하고 침착하게 "가서 밥 먹자."라고 빠르게 말하면, 불안정한 사람은 그 조용한 행동을 흥미와 열정, 진실성이 없다고 판단해 "그냥 먹지 말자."라고 반응할 것이다. 다시 말해, 사람들이 계속해서 부정적인 방식으로 메시지를 프레임할 때 오해와 당황스러운 상호작용이 발생할 가능성은 상당히 증가한다.

문화와 민족성 또한 메시지가 형성되고 프레임되는 방식에 영향을 미친다. 의사소통에 대한 문화적 규칙은 다양하다. 눈을 피하는 것은 어떤 문화에서는 상대방에 대한 존경을 표하는 방법이 될 수 있지만, 다른 문화에서는 무관심과 무시의 표현으로 프레임된다. 다른 사람과 가까이 있는 것은 어떤 문화에서는 관심의 표현일 수 있지만, 다른 문화권에서는 적대감의 표현으로 프레임된다. 중요한 점은 문화적 규범과 민족적 규범이 개인의 대화양식에 통합되는 의사소통 규칙을 확립한다는 점이다. 모든 사람이 같은 규칙을 사용할 때, 상호작용은 더 원활하게 진행될 것이다. 서로의 규칙을 모를 때 오해의 가능성이 커지므로 상호작용이 당혹스러울 가능성이 높아진다.

원가족도 대화양식에 영향을 미친다. 가족체계는 우리의 의사소통 형성과 프레임 방법의 일부분이 되는 의사소통 규칙을 확립한다. 가족은 지지, 친밀감, 연대감, 분노를 포함한 많은 감정표현을 의사소통하는 방법에 영향을 미친다. 어떤 가족에서는 모든 사람이 동시에 이야기하고 서로 가까이 있는 것으로 지지와 연대감을 표현한다. 또 다른 가족에서는 연대감을 놀리고 농담하는 것으로 표현한다. 우리 각자는 의사소통에 대한 모델과 규칙을 제공하는 독특한 가족 맥락에서 성장한다. 타인이 이러한 모델과 규칙의 모든 뉘앙스를 공유할 가능성은 굉장히 낮다.

젠더에 근거한 대화양식의 차이점

타인과 상호작용 시 사용하는 대화양식에 영향을 미치는 많은 요인에 대해 논의했다. 젠더는 대화양식을 논의할 때 고려해야 하는 또 다른 주요한 요인이다. 연구들은 젠더에 따른 대화양식의 차이를 입증해 왔지만(Dindia & Canary, 2006; Dow & Wood, 2006 참조), 이에 앞서 몇 가지 주의할 점을 밝히도록 한다.

첫째, 대화양식에서 남녀 간에 차이가 있지만 그 차이점은 자주 과장된다. 예를 들어, 피어슨(Pearson, 1985)은 젠더와 상호작용에 대해 논의할 때 여성과 남성의 언어 차이점에 대한 상투적인 문구들은 실제 차이보다 더 과장되어 보인다는 사실에 주목했다. 피어슨은 "경쟁과 권력에 근거한 우리 문화의 속성으로 남녀 간 유사성보다 차이에 더 강조하는 사회에 살고 남녀 간의 언어화에서의 차이를 과장되게 인식하는 경향이 있다(p. 178)."라고 하였다.

둘째, 남녀 사이에 존재하는 대화양식의 실제 차이점을 논의할 때 지나친 일반화의 위험성에 대해 인지할 필요가 있다. 남녀 간 차이가 존재한다는 사실은 중요하다. 그럼에도 여성 간 대화양식에도 상당한 다양성이 존재한다는 것을 인식하는 것 또한 중요하다. 이와 유사하게 남성 간 대화양식 또한 매우 다양하다. 집단 간 차이에 대해 논의할 때, 특정한 집단 내 다양성을 간과하지 말아야 한다. 이는 집단 간 차이를 지나치게 일반화하는 경우에 발생할 수 있다. 지나친 일반화는 모든 남성의 대화양식은 비슷하고 모든 여성의 대화양식은 비슷하므로, 남성과 여성의 대화양식은 다르다는 생각을 낳을 수 있다. 이는 전혀 사실이 아니다.

남성과 여성의 대화양식에서 전형적으로 발견되는 차이는 대인관계에 관련된 성향의 성차를 반영한다. 이는 일반적으로 여성적인 의사소통은 남성적인 의사소통과 다름을 의미한다(Dindia & Canary, 2006; Dow & Wood, 2006; Wood, 2009). 연구들은 다음과 같은 여성적 의사소통의 일곱 가지 특성에 대해 밝히고 있다.

- 개인적 정보를 노출하고 타인에 대해 알아 가기
- 사람들 사이에서 평등함을 조성하려는 노력

- 지지, 연민, 동감, 동의를 표현하기
- 타인을 상호작용에 참여하도록 하고, 질문하고, 생각을 설명하도록 권유하면서 대화를 지속하기 위해 노력을 기울이기
- 눈 맞춤, 고개 끄덕이기, 흥미가 있음을 보여 주는 얼굴 표정으로 상당히 반응적이면서 비언어적인 표현하기
- 사건 또는 경험을 묘사할 때 구체적인 세부사항을 포함하기
- 얼버무리기, 한정하기, 덧붙여 물어보기와 같은, 의사소통을 조심성 있게 보이게 하는 대화양식을 사용하기

이와 대조적으로 남성적 의사소통의 여섯 가지 특성은 다음과 같다.

- 대화를 통제하려는 노력
- 목표달성, 문제해결, 전략고안과 같은 도구성
- 더 빈번하게, 오랫동안 말함으로써 대화를 주도하려는 시도
- 직접적이고 주장적인 방식으로 말하기
- 묘사의 일반화와 개념적 수준에 의지하면서 추상적 방식으로 말하기
- 정서와 노출의 제한적 사용

이러한 일반적 사항은 부부 의사소통에서도 존재하고, 이제까지 확립된 대화양식에 영향을 미친다. 일반적인 규칙에서 보면, 여성적인 대화양식을 갖고 있는 사람들은 타인과 관계를 갖기 위해 의사소통을 한다. 남성적 대화양식을 갖고 있는 사람들은 정보를 제공하고, 자신의 위치를 확립하며 권위를 주장하기 위해 의사소통한다. 다시 말하자면, 남성은 종종 정보의 제공이나 보고를 위해 의사소통을 한다. 남성의 대화양식은 직접적이고, 사람보다는 일(사업, 스포츠, 음식)에 관해 이야기하는 경향이 있다. 그리고 목적 지향적이며, 문제해결에 초점을 맞춘다. 그리고 남성은 문제를 해결하려 하면서도 도움을 구하거나 방향을 묻는 것을 덜 하는 것 또한 사실이다.

반대로 여성은 정보를 얻는다든지, 타인과 관계를 맺거나 라포를 형성하기 위해

말을 건다. 여성의 대화양식은 간접적이고, 일보다는 사람에 관해 이야기한다. 여성은 감정과 세부사항을 전달하고, 관계 지향적이다. 따라서 남성보다 다른 사람과 가벼운 신체적 접촉을 더 많이 하면서 관여와 라포를 격려하고, 상호작용을 하는 동안 더 많이 미소 짓고, 눈 맞춤을 한다(Wood, 2009).

성별에 따른 의사소통 행동에 대한 두 가지 주요 설명이 있다. 첫 번째 설명은 이러한 성차가 남성과 여성 사이에 지위 또는 권력 차이의 결과라는 점을 강조한다. 두 번째 설명은 의사소통 행동에서의 성차를 성별에 따른 사회화에 근거를 둔다.

상호작용 행동에서의 성차는 사회에서 남녀의 불평등한 지위와 권력을 반영한다(Dow & Wood, 2006; Wood, 2009). 종속적인 사회적 지위를 갖고 있는 사람들은 주저하고, 지지적이며, 타인의 욕구에 주의를 기울이는 행동을 더 많이 보인다고 연구들은 밝혀 왔다. 권력이 약한 사람들은 더 머뭇거리며 간접적으로 말하고, 타인을 편하게 해 주려고 한다. 높은 지위에 있는 사람들은 자신의 우세함과 지위를 강조하는 방식으로 의사소통을 한다. 이들은 상대방의 말을 가로채고, 더 오랫동안 말하고, 직접적인 주장을 할 가능성이 더 높다. 따라서 남성이 배우자의 말을 방해하고, 지시하고 더 오랫동안 말을 하는 것은 사회에서 더 높은 지위를 나타내는 것이라고 볼 수 있다. 이와 유사하게 질문하고 머뭇거리는 것과 같은 전형적인 여성적 의사소통 행동은 사회에서의 여성의 낮은 지위를 반영하는 것으로 볼 수 있다. 연구들은 성 그 자체보다는 지위가 의사소통의 행동을 설명하는 데 더 중요한 요인임을 밝히고 지위의 중요성을 강조한다(Ellyson, Dovidio, & Brown, 1992; Johnson, 1994).

성차의 존재에 대한 두 번째 설명은 사회적 기대, 역할과 관련된 남녀 사회화 경험에 초점을 둔다. 여성적 성역할은 여성에게 표현적이고 사회적 · 정서적 행동을 하도록 권장한다. 여성에게는 단정적이지 않고, 예의바르고, 친절하고, 사회적으로 반응해야 한다고 가르친다. 이와 반대로 남성에게는 도구적이고 감정적이지 않은 방식으로 행동해야 한다고 가르친다. 이러한 성에 따른 기대는 남녀가 앞에서 개괄한 특정한 대화양식을 받아들이는 결과를 낳는다. 또한 성에 따른 기대는 남녀가 갈등적이고 양립할 수 없는 상황에 처하도록 한다. 예를 들어, 성과 관련된 언어사용에 대한 기대로 인해 여성은 어떤 일을 해도, 하지 않아도 나쁜 상황에 처하는 경우가 있다.

만일 조용하고 주저하면서 말을 함으로써 사회적 기대에 따르는 경우, 중요하지 않으며 '여자처럼' 행동한다고 여겨질 것이고, 기대에 따르지 않으면 공격적이거나 남성적으로 보인다(Wood, 2009).

이 시점에서 남성과 여성의 대화양식의 차이를 논할 때 주의가 요구됨을 다시 한번 강조하겠다. 앞에서 언급한 바와 같이 분명히 남녀 간 다양성만큼이나 집단 내 다양성도 존재한다. 더불어 의사소통 행동에서의 성차는 상호작용하는 상대방의 성별과 관계(친밀한 배우자와 동료처럼)의 속성을 포함한 많은 요인에 의해 달라진다는 것을 연구들은 명백히 밝히고 있다. 예를 들어, 남녀 모두 동성과 이야기하는지 또는 이성과 이야기하는지에 따라 다른 말하기 유형을 사용한다(Guerrero, 1997; Hall, 1984; Johnson, 1994; Moskowitz, 1993). 이와 더불어 피츠패트릭, 뮬락과 딘디아(Fitzpatrick, Mulac, & Dindia, 1995)는 서로 모르는 이성으로 구성된 이인관계를 부부와 비교하였다. 그 결과 남성은 자신과 관계를 맺고 있는 여성 배우자에 맞추어 행동을 조정하였지만 낯선 사람에는 그렇지 않았다. 여성은 배우자와 낯선 사람에게 모두 행동을 조정하였다.

요약하자면 남녀가 의사소통을 위해 사용하는 유형은 '논쟁 대 관계맺기' '보고하기 및 라포형성' 또는 '경쟁 대 협동'으로 묘사되어 왔다(Tannen, 1990; Wood, 2009). 남성은 문제에 대해 자주 간단한 해결책과 유용한 조언을 찾는 반면, 여성은 문제를 논의하고 관심과 공감을 보여 줌으로써 친밀감을 만들려고 노력한다.

앞서 어떤 대화양식이 더 좋고 더 나쁘다고 말할 수 없다고 한 것처럼, 여성의 대화양식이 좋은지 아니면 남성의 대화양식이 좋은지 하는 것도 말할 수 없다. 그러나 남성과 여성의 대화양식의 차이는 분명히 타인과 관계할 때 경험하는 만족감에 영향을 미친다(Tannen, 1990). 이를 좀 더 설명하기 위해서 아내가 남편에게 저녁으로 무엇을 먹고 싶은지 물어보는 상황을 생각해 보자. 아내가 무엇을 먹고 싶은지 질문하는 목적은 남편에게 참여를 구하고 남편을 생각하고 있음을 알려 주는 데 있다. 그러나 남편은 이런 식으로 프레임하지 않을 수도 있다. 상위수준에서 자신이 익숙한 양식을 사용해서 남편은 이 질문을 단순하고 직접적인 반응을 요구하는 직접적인 질문이라고 여길 수도 있다. 따라서 남편은 단순하게 직접적이고 권위적인 방식으로 무엇을 저녁으로 먹기를 바라는지 말해 줄 것이다. 그러나 아내는 이러한 남편의 직접성을 위세를 부리려 하는 시도와 자신의 감정에 대한 무신경의 표현으로 프레임할 수 있다. 대화양식에서 이러한 차이는 오해의 원인이 되고, 결국 친밀감을 경험하는 데 어려움을 줄 수 있다.

결혼생활에서의 의사소통과 친밀감

　결혼생활은 의사소통이 필요하다. 부부는 하루 동안 배우자가 저녁에 회의에 갈 것인지 야구장에 갈 것인지에 대해 알아야 할 필요가 있을 수 있다. 배우자는 몇 시에 친구가 저녁을 먹으러 오는지, 누가 저녁 장을 볼 것인지, 손님들이 오기 전에 집을 누가 치울 것인지를 알아야 할 수도 있다. 일상에서는 누가 아이들을 목욕시킬 것인지, 잔디를 깎을 건지, 지하실을 청소할 것인지, 카펫을 빨 것인지, 가구의 먼지를 털 것인지, 공과금을 낼 것인지에 대해 협상하는 것이 포함된다. 결혼한 부부는 스케줄을 짜거나, 가족 모임을 계획하거나, 큰돈을 소비하는 것에 대해 결정해야 한다. 부부는 분명히 많은 양의 정보를 전달하기 위해 의사소통에 의지한다. 언어 정보의 교환 없이 결혼생활의 다양한 과업을 관리하는 것은 불가능하다.

　그러나 의사소통은 단지 기본적인 정보가 교환되는 수단일 뿐만 아니라 관계가 협상되고 규정되는 근거다. 우리가 배우자와 어떻게 말하는지가 관계에 대해서 어떻게 느끼고, 관계에 얼마나 몰입하고 있으며, 결혼한 개인으로서 자신의 정체감에 대해 얼마나 편안함을 느끼고 있는지에 대한 정보를 전달한다. 의사소통은 우리가 배우자와의 관계에 대해 신경 쓰고 있다는 메시지를 전달하여 지속적으로 이를 강화할 수 있는 것처럼 분리, 무관심, 관계에 대한 양가감정을 전달할 수도 있다.

　결혼한 부부의 1차 과업은 상호이해와 친밀감의 경험을 증진하는 사적 메시지 체계 또는 상호작용 유형 패턴을 확립하는 것이다. 결혼 의사소통 체계의 효율성은 명확하고 이해 가능한 메시지에 달려 있다. 결혼은 친밀한 관계이므로 효율적인 의사소통의 목표는 단순히 명확하게 의사소통하는 것보다 포괄적이다. 의사소통이 친밀감을 증진시키는 것 또한 중요하다. 즉, 우리는 배우자에게 그들이 관심 받고, 존중 받으며, 귀중히 여겨진다는 메시지를 전달해야 한다.

　의사소통은 복잡한 속성으로 인해 관계를 만들기도 하고 해체하기도 하는 힘을 갖고 있다(Tannen, 1986, 1990). 그러므로 친밀감 경험을 촉진하는 의사소통 과정의 요소를 살펴보는 것은 유용할 것이다.

확인하기

　의사소통 체계 내에서 배우자들은 정보를 주고 피드백을 받는 순환과정에 참여한다. 상위수준에서 두 배우자가 동시에 자아와 상대방, 그리고 관계에 대한 정보를 전달한다. 이때 각 배우자는 또한 상대방으로부터 자아, 상대방, 관계에 대한 피드백을 받는다. 예를 들어, 한 남성이 여성과 상호작용할 때, 그는 그에 대한 여성의 생각, 여성 자신에 대한 생각, 관계에 대한 여성의 생각에 반응한다. 그 남성의 반응은 피드백의 형태를 구성하고, 이는 다시 그 여성이 남성에 대해 어떻게 느끼고, 동시에 어떻게 그 남성과 상호작용할지에 영향을 미친다(Watzlawick et al., 1967).

　확인하기(confirmation)는 계속해서 상대방에게 우리가 그들을 가치 있게 여기고, 그들에게 관심이 있으며, 그들의 안녕에 깊은 관심을 공유하고 있다는 피드백을 제공할 때 발생한다. 확인하기는 관계에 대한 열정, 관계의 안녕에 대한 관심, 관계를 잘 되도록 하기 위한 깊고 지속적인 관여를 전달하는 것도 포함한다. 시버그(Sieburg)는 메시지가 다음의 기능을 수행할 때 확인하기를 한다고 제안하였다. 메시지가 상대방의 존재감에 대해 인지하고 있음을 표현하는 경우, 상대방을 환경 내에 있는 물체로 단순히 인지하기보다는 관계에서 고유한 사람으로 인지하는 경우, 상대방의 중요성을 알고 있음을 표현하는 경우, 상대방이 자신의 경험을 표현할 때 그 경험을 지지하는 경우다. 따라서 확인은 우리의 말을 통해 언어적으로 그리고 상대방을 향한 행동을 통해 비언어적으로 전달되는 상위메시지다. 확인하는 방식으로 행동할 때, 우리의 상호작용과 동반하는 중요한 상위메시지는 수용, 배려, 관심과 관여다. 배우자가 직장 문제를 의논할 때, 그 얘기를 주의 깊게 듣고 부드럽게 손을 잡아 주는 것은 우리가 배우자의 생각과 감정을 중요하게 여긴다는 것을 확실히 한다. 그러한 행동은 우리가 상대방과 그 관계 모두를 높게 평가하고 있다는 메시지를 보낸다.

확인하기라는 상위메시지를 받을 때, 우리는 자신에 대해 기분 좋게 여기고 관계에 대한 안정감을 느낄 수 있다. 향상된 자아존중감과 안정감은 친밀감을 형성한다. 친밀감은 상대방을 믿을 수 있고, 상대방의 이익을 염두에 두고 행동할 수 있게 하며, 더 개방적으로 관심사와 감정을 공유하고, 분노와 대립의 발생 위험을 감수할 수 있도록 한다. 결혼의 어려운 점을 더 잘 해결할 수 있을 때, 배우자와 깊고 지속되는 유대감을 공유하고 있음을 확신할 수 있다(Montgomery, 1981).

'피드백 상위메시지(feedback metamessages)'는 항상 관계를 맺고 있는 사람들 사이에 발생하는 상호작용의 일부분이다. 피드백이 확인하기일 때, 친밀감을 경험하고 확장하는 기초를 만든다. 피드백이 부정하기(disconfirming)일 때에는 불안정감과 불신이 친밀감의 기초를 무너뜨린다. 상대방의 생각과 감정을 무시하고 가치 없다고 치부하거나, 분노 때문에 상대방의 자아 개념을 공격하거나 우리의 이익을 위해 상대방의 관심을 철저하게 무시할 때 부정하기 패턴이 발생한다. 이러한 방식으로 배우자한테 반응하거나 행동할 때, 상대방이나 상대방과의 관계에 가치를 두지 않는다는 상위메시지를 전달한다.

확인하기를 하는 것이 관계에서 갈등이 없음을 의미하지는 않는다. 갈등은 어떠한 친밀한 관계에서도 피할 수 없는 부분이다. 상호작용이 확인하기 유형의 특성을 갖고 있을 때, 갈등은 관계의 친밀성 기초에 해를 입히지는 않는다. 관계를 둘러싼 정서적 환경이 안정감과 안녕감을 향상시키기 때문에 배우자들은 의견충돌에 대해 편하게 협상하고 갈등을 해결한다. 다시 말하자면, 상대방의 말에 동의하지 않을 수 있고, 상대방에 대해 화가 많이 날 수 있지만 이런 점에 대해 상위수준에서 나에게 상대방이 중요하고 우리 관계를 소중히 여기고 있다는 메시지를 전달하는 방식으로 의사소통할 수 있다.

자기노출

자기노출(self-disclosure)은 자아에 대한 개인정보를 드러내는 것을 포함하는 의사소통 과정이다. 물론 이는 자아 인식과 자아 노출이 긴밀하게 연결되어 있음을 의미한다. 우리의 행동, 동기, 강점, 단점과 우리가 보고 듣고 느끼는 것에 대해 인지하고 있는 정도까지, 자신에 대한 정보를 타인에게 노출할 수 있는 선택권을 넓힐 수 있고, 따라서 타인과의 친밀감 기회도 증가시킬 수 있다.

노출은 친밀감을 만드는 두 가지 수준에서 이루어진다. 내용적 수준에서 상대방이 우리에게 드러내는 정보는 우리가 그들을 더 잘 알게 하고 관계에 대한 불확실성을 줄여 준다. 이러한 과정을 통해 타인의 욕구와 기대를 더 잘 예측할 수 있다. 그리고 상대방의 기분과 감정을 더 잘 예상할 수 있다. 즉, 상대방을 더 완전하게 알게 되어 상대방에 대한 공감과 민감성이 생기게 된다.

자기노출은 또한 상위메시지를 전달한다. 노출은 개방적이며 정직하고 타인을 믿으며 그 관계를 더 발전시키고 싶다는 희망을 전달한다(Montgomery, 1981). 자기노출은 관계의 경계를 설정한다. 상위수준에서 자기노출은 관계가 특별함을 타인에게 전달한다. 결국 모든 사람과 친밀한 개인적 정보를 공유하지는 않는다.

자기노출과 관련해서 상호성 원칙(rule of reciprocity)이 존재한다. 이 원칙은 타인의 노출 정도와 자신의 노출 정도가 반드시 일치해야 함을 요구한다. 경험 중에 어떤 사람이 친밀하고 상당한 개인적 정보를 당신에게 말했지만 당신은 그것에 보답하는 데 관심이 없었을 때 어떻게 느꼈는지를 떠올려 보자. 부분적으로 상호성을 기대하고 있기 때문에 이러한 상황에서는 불편함이 발생한다. 양측 모두 상호성 원칙을 따르는 한, 개인정보를 노출하는 행동은 친밀감을 형성할 것이다. 그러나 노출이 상호적이지 않을 때, 상호성의 부재는 관계에 문제가 있다는 증거로 해석될 수 있다.

상호성 원칙은 일반적으로 여성이 남성보다 개방적이고 잘 드러내기 때문에 더 복잡해진다(Pearson, 1985; Tannen, 1990). 이러한 불일치는 상호성 원칙이 남성과 여성 사이의 상호작용에서 위반될 가능성을 증가시킨다. 자기노출에 대한 남녀 성향의 차이는 사회화와 개인의 대인관계에 대한 경향의 차이로 이해할 수 있다. 남아는 자율성과 독립성을 높게 평가하고 개인에 대한 정보를 드러내는 것을 나약함의 표시로 여기도록 사회화된다. 이러한 성향은 남성이 자기노출과 상호성 원칙을 따르는 것을 막는다. 반대로 여아는 상호연결감과 관여는 가치 있다고 사회화된다. 여아에게 자기노출은 타인과의 관계를 형성하는 방법이다.

이러한 차이로 인해 배우자들이 서로에 대해 당혹감과 긴장감을 느끼는 것은 놀라운 일이 아니다. 여성은 남성이 자기노출에 대해 꺼리는 것을 자신과 관계에 대해 중요하지 않게 여긴다는 증거로 자주 해석한다. 남성 입장에서는 자기노출에 대한 압력은 독립성을 침범하는 것으로 해석할 수 있다. 또 남성은 곤경에 처해 있다고 느낄 수도 있다. 한편으로 남성은 개인정보를 노출해서 보답하라는 압력을 느끼면서, 다른 한편으로는 이러한 노출을 개인적 나약함의 증거로 느낄 수 있다.

서로 다른 자기노출 유형이 상호작용에서 당혹스럽게 느낄 수 있는 가능성을 증가시키는 것은 분명하다. 불행히도 배우자들은 긴장감과 당혹스러움의 원인을 대화양식의 차이보다는 상대방에게 있다고 생각하는 경향이 있다(Tannen, 1990). 자기노출을 하지 않는 남편의 행동을 아내는 자신을 무시하는 증거로 해석하고 "진짜 나쁜 사람이야!"라고 결론 낼 수 있다. 남편은 감정을 노출하라는 아내의 압력을 독립성에 대한 침해라고 해석하고 "바라는 게 많은 잔소리꾼이야!"라고 결론 낼 것이다. 이러한 해석은 관계 내에서 경험하는 불화와 긴장을 고조시킬 수 있다.

상호교류 관리

결혼과정에서 오해는 불가피하다. 오해는 송신자가 의도한 것과 달리 메시지를 수신하거나 프레임하는 결과로 일어난다. 어떤 경우에는 의도되지 않은 단순한 행동이나 살짝 쳐다본 것에서 의미를 읽어 내기 때문에 오해가 발생한다. 상대방의 대화양식과 매우 다른 대화양식을 갖고 있을 때 발생하기도 한다.

갈등도 오해와 마찬가지로 발생할 수 밖에 없다. 우리는 상대방의 의견이나 다양한 과업이 어떻게 이루어져야 하는지에 대해 항상 동의하지 않는다. 상대방이 갖는 기대, 상대방이 책임을 수행하는 방식 또는 다른 수많은 문제점에 대해 동의하지 않을 수 있다.

부부는 불가피한 오해와 갈등을 다루기 위한 전략을 발달시켜야 한다. 일반적으로 **상호교류 관리**(transaction management), 즉 오해와 갈등을 관리하는 능력은 현실적인 의사소통 전략 및 상호작용에 대한 규칙을 확립하는 능력과 바라는 목표를 향해 나아갈 수 있도록 해 주는 의사소통을 유지하기 위해 필요한 자아 통제를 사용할 수 있는 능력, 이 두 가지 기술을 요구한다(Montgomery, 1981). 모든 부부가 오해와 갈등을 관리하는 전략을 확립하지만, 모든 전략이 똑같이 효율적이지는 않다. 또한 효율적인 전략을 알고 있다고 해서 아는 만큼 전략을 사용하지는 않는다.

그렇다면 대화의 상호교류를 성공적으로 관리하는 것과 관련된 요인은 어떤 것이 있을까? 상위의사소통, 수평화(leveling)/직접성(directness), 경청기술과 상황에 대한 적응력이 상호교류 관리를 위해 필요한 측면이다. 각 요인은 의사소통이 부부가 원하는 목표인 친밀감과 연결감으로 진행될 수 있게 하는 의사소통 과정을 구성한다.

상위의사소통

상위의사소통(metacommunication)은 의사소통에 대한 의사소통하기를 포함한다(Watzlawick et al., 1967). 상위상호작용은 상대방의 행동에 부여된 의미를 상대방과 함께 탐색하는 것을 가능케 하는 대화 전략이다. 상위의사소통을 할 때, 우리는 '수신한' 상위메시지에 대해 이야기하는 과정에 참여한다. 즉, 상대방의 의사소통을 어떻게 프레임했는지를 밝히고 사실상 그 사람이 무엇을 전달하려고 했는지에 대한 설명을 요청한다. 이러한 과정에서 참여자 각자가 상대방의 해석을 수정할 수 있는 기회를 갖는다는 점에서 오해의 가능성은 감소한다.

더불어 설명에 대한 요청으로 인해 더 깊고, 개방적인 대화 기회가 만들어진다. 즉, 상위의사소통은 의사소통 교환의 명료성에 대한 필요를 다룰 뿐 아니라, 의사소통 과정 자체가 관심과 관여라는 상위수준의 메시지를 전달한다. 상위의사소통은 타인에 대한 인간으로서 기본적인 존경과 관심을 전달하기 때문에 그 속성상 확인하기라고 할 수 있다(Tannen, 1990).

예를 들어, 아내는 다른 사람이 말할 차례를 가로채는 것은 절대 있을 수도 없는 가족에서 성장했을 수 있다. 이 아내는 남의 말을 가로채는 것을 예의 없고 부적절한 행동이라고 생각할 수 있다. 그러나 아내가 확실한 생각을 이야기할 때 남편은 말을 마무리하는 경향이 있다. 남편의 이러한 행동을 아내는 무관심과 참을성 없음을 나타내는 것이라고 프레임한다. 남편이 말을 방해할 때, 아내는 화가 나고 상처받을 수 있다.

실제로 그 남편은 관여와 관심을 전달하는 방식으로 아내의 말끝을 맺었지만 부부가 이러한 메시지를 프레임하는 다른 방식에 대해 공유하고 논의하지 않는다면 아내는 절대 그의 행동을 이처럼 해석하지 않을 것이다. 상위의사소통은 우리가 오해를 탐색하고 부조화와 갈등을 유지시키기보다는 친밀감을 향상하는 방식으로 프레임을 변화시킨다.

배우자의 상위메시지 프레임을 확인해야 한다는 것을 알고 있는 것이 이 전략을 지속적으로 사용하는 것을 보장하지는 않는다. 사람들은 스트레스를 받을 경우 방어적이고 덜 효율적인 방식으로 의사소통을 하는 경향이 있다(Satir, 1972). 역설적이게도, 가장 필요한 이 순간 상위의사소통을 사용하기가 더 어렵다. 상위의사소통이 어려운 만큼 긴장관리 과업을 수행해야 할 경우 이 기술을 사용하는 것은 혜택이 크다.

수평화/직접성

단순하고 당연한 얘기처럼 들리겠지만, 배우자들이 서로에게 직접적이고 개방적이며 정직하게 이야기할 수 있을 때, 즉 다른 사람과 동등하고 직접적일 때 대화 상호교류 관리는 더 용이해진다. 그러나 어떤 사람들은 생각과 느낌을 전달하는 데 어려움을 겪는다. 간접성이 우세한 대화양식을 가진 사람들은 자신의 생각과 느낌, 그리고 어떤 일이 일어났으면 하는 바람에 대한 약간의 단서만 제공할 것이다(Tannen, 1986). 이와 같은 의사소통의 간접적 패턴은 친밀감을 향상시키는 대신 오해의 가능성을 증가시킨다.

간접성은 무엇이 문제이고 해결책이 어떤 것이 되어야 하는지를 해석하는 데 상대방에게 전적인 책임을 지도록 함으로써 대인관계에서의 긴장감을 비효율적으로 관리하는 원인이 된다. 간접적인 방법으로 이야기할 때, 문제가 있는지, 문제는 무엇인지, 기대하는 것이 무엇인지를 알기는 어렵다. 평등한 관계에 있을 때, 즉 쟁점과 감정, 해결책을 직접적이고 개방적이며 정직하고 직설적인 방법으로 논의할 때, 상대방에 대해 더 잘 반응할 수 있다. 의사소통이 직접적일 때, 문제가 무엇이고 어떻게 느끼며 해결책은 어떤 것이어야 하는지가 전달된다. 확인하기와 비위협적인 방식으로 의사소통할 때, 상대방과의 협동을 이끌어 내고 친밀감을 향상하는 해결책을 촉진할 가능성이 있다.

경청하기

원하는 목표를 향해 흘러가도록 의사소통을 유지하는 것은 상대방과 수평화하는 능력뿐만 아니라 상대방의 말을 경청하는 능력에 의해서도 증진된다. 결혼생활의 상호의존적 속성은 상호 협의된 방식으로 문제를 해결하기 위해서 상대방의 관점을 고려해야 함을 의미한다. 그러나 기분이 나쁘거나 스트레스를 받을 경우 경청하기가 더 어려워진다. 분노와 방어는 상대방의 생각과 감정을 듣는 능력을 방해한다. 사람들은 상대방이 하는 말을 가로채면서 갈등을 자신의 감정과 생각으로 채운다. 상대방의 말을 이러한 방식으로 들을 경우, 상대방은 무시당했다고 느끼고, 이 느낌은 다시 그 사람이 나의 말을 어떻게 들을 것인가에 영향을 미친다.

경청하기는 친밀감을 향상하고 갈등을 관리하는 데 중요한 역할을 한다. 적극적이고 공감적으로 상대방의 말을 경청하는 것은 스트레스를 주기도 하지만, 이를 통해 상대방을 기분 나쁘게 하는 것이 무엇이고 어떤 변화를 원하는지를 이해할 수 있다. 이러한 방식의 경청하기는 관여와 확인하기의 상위수준 메시지를 전달하는 추가적인 이점이 있다. 경청하기는 상대방의 관점에 대해 관심을 갖고 있고 가치 있게 여기고 있음을 알게 한다.

상황적 적응성

일반적으로 문제가 발생할 때 이에 대해서 직접적으로 말하는 것에는 이점이 있지만, 중요하고 민감한 문제에 대해서 언제 어디서 말해야 하는지를 판단할 수 있는 것 또한 중요하다. 상황적 적응성(situational adaptability)은 다양한 사회적 상황에 따라 의사소통 방식을 조정하는 개인의 능력이다(Montgomery, 1981). 의사소통의 맥락은 상호작용이 어떻게 진행되는지에 영향을 미치므로, 우리와 관계에 중요한 쟁점에 대해 언제 이야기할지를 통제하는 능력은 중요한 기술이다. 예를 들어, 두 배우자 모두 이야기할 시간이 있을 때까지 대화를 미루는 것이 더 나을 때가 있다. 그 예로, 배우자가 출근하려 할 때 당신이 꺼낸 문제에 대한 대화를 기대하는 것은 합리적이지 않다. 이와 비슷하게 두 배우자 모두가 충분히 차분하게 서로의 관점을 객관적으로 더 잘 들을 수 있을 때까지 불만에 대해 이야기하는 것을 미루는 것이 나을 때가 있다.

또한 사적으로 이야기하는 것이 더 나을 주제를 공개적으로 말하는 것은 갈등을 심화하고 관계에 상당히 부정적인 영향을 미친다. 파티에서 아내의 행동이 남편의 신경을 건드리고 있다고 가정해 보자. 남편은 점점 화가 나서 모든 사람 앞에서 아내를 비난해서 그 갈등을 목격한 많은 친구와 아내를 매우 당황스럽게 할 수 있다. 그 대신, 남편은 파티장이 갈등에 대해 이야기할 시간과 장소가 아님을 인지하고, 이후에 자신의 분노에 대해 말할 수도 있다. 후자의 전략은 갈등을 표현하면서도, 갈등 해결의 가능성을 높이고, 이 갈등이 부부의 친밀감 수준에 미칠 수 있는 잠정적으로 부정적인 영향을 감소시킨다.

스트레스를 받을 때 이러한 판단을 하는 것은 어렵지만, 갈등에 대해 어떻게 언제 반응할지를 통제하는 것에는 분명히 이점이 있다. 갈등은 종종 사적인 문제다. 부모님이나 친구 앞에서, 또는 교회나 경기장에서 부부가 싸울 때처럼 갈등이 공공 영역에서 표출될 때 파괴성은 커진다.

결 론

부부가 의사소통 과정이 어떻게 친밀감 경험에 영향을 주는지를 이해하는 것과 관련하여 의사소통의 상위수준이 갖고 있는 영향력을 깨닫는 것은 중요하다. 실제로 우리가 무엇을 말하고 있는지보다 말하는 방식이 배우자가 관계에 대해 어떻게 느끼는지에 더 많은 영향력을 미칠 것이다. 우리 모두는 확인받고, 가치 있고, 존중받는다고 느낄 필요가 있다. 특히 배우자가 상대방에 의해 확인받고 있음을 느끼는 것은 중요하다. 이러한 메시지는 우리가 무엇을 말하는가보다는 어떻게 말하는가, 즉 상위메시지에 의해 주로 전달된다. 우리가 공감하면서 들을 때, 상대방에 대해 참을성을 발휘할 때, 사려 깊고 직접적인 방식으로 차분하게 이야기할 때 상대를 존중하고 그 관계에 관심을 갖고 있다는 상위수준의 메시지를 전달한다. 이러한 메시지는 관계 내에서 긴장과 갈등이 존재할 때에도 친밀감을 형성하게 한다.

또한 부부는 갈등을 관리하기 위한 의사소통 전략을 확립해야 한다. 제10장에서 더 자세히 논의되겠지만, 갈등은 친밀한 관계에서는 불가피한 것이다. 갈등 그 존재 자체보다는 갈등의 관리 방식이 관계에서 더 중요하다.

우리가 오해를 어떻게 다루고, 의견 차이를 협상하며, 갈등을 관리하는가 하는 것은 각 관계 체계에서 독특한 규칙과 전략에 의해 통제된다. 다른 규칙과 전략처럼 이러한 규칙과 전략은 경우에 따라 효율적일 수도 있고 덜 효율적일 수도 있다. 그 규칙과 전략이 효율적일 경우 부부는 차이를 해결할 수 있을 뿐 아니라 이해와 친밀감이 증진된다. 반대로 비효율적인 의사소통 전략은 적대적이고 무시하는 교환, 공감 부족, 갈등회피 또는 통제 불능, 비효율적인 문제해결을 포함한다.

주요 개념

대화양식(Conversational style) 타인과 상호작용할 때 개인이 메시지를 형성하고 프레임하는 독특한 방식

메시지(Messages) 의사소통 시 교환되는 정보. 메시지는 내용수준과 관계수준, 두 가지 수준에서 정보를 전달함.

비언어적 상징(Nonverbal symbols) 행동에 부여되는 상징적 가치를 갖고 있는 상호작용에 수반되는 제스처와 행동.

사적 메시지 체계(Private message system) 친밀한 관계 내에서의 상호작용에 대한 규칙 체계. 사적 메시지 체계는 부부관계에 고유한 특성을 부여하고, 앞으로 과업과 문제점이 있을 경우 필요한 전략을 조직화하는 데 도움을 주고, 부부가 관계에 대해 어떻게 느끼는지에 영향을 줌.

상위메시지(Metamessages) 메시지가 표현되는 방식에서 전달되는 정보. 즉, 메시지에 대한 메시지. 상위메세지는 글자 그대로의 메시지에 수반되는 행동과 비언어적 단서로 전달됨.

상위의사소통(Metacommunication) 의사소통 과정에 대한 의사소통. 명확성을 높이고 친밀감을 경험할 수 있도록 하는 의사소통 과정에 대해 이야기하는 과정.

상호교류 관리(Transactional management) 친밀감을 향상하고 갈등을 관리하는 상호작용 과정의 일부분. 현실적인 의사소통 전략과 상호작용 규칙을 확립하고 원하는 목표를 향해서 의사소통이 진행될 수 있는 데 필요한 자기통제를 할 수 있는 능력.

상호성 규칙(Rule of reciprocity) 타인의 개방과 스스로에 대한 개방 정도를 동일하게 하는 경향.

상황적 적응성(Situational adaptability) 다양한 사회적 상황에 맞추어 상호작용 방식을 조정하는 개인의 능력.

일치하는(Congruent) 모든 상이한 요소(언어적/비언어적, 내용/관계)가 같은 의미를 전

달할 때 메시지는 일치함.

의사소통(Communication) 지속적인 상호작용 패턴을 통한 의미 창조 및 공유를 포함하는 상징적이고 상호교류적인 과정.

의사소통의 관계수준(Relationship level of communication) 메시지의 내용이 어떻게 표현되는가에 포함된 정보가 메시지의 글자적 내용을 해석하는 방식을 결정하는 데 사용되는 방법

의사소통의 내용수준(Content level of communication) 메시지 또는 의사소통되는 글자 그대로의 내용.

자기노출(Self-disclosure) 자아에 대해 개인적 정보를 드러내는 과정.

자아존중감(Self-esteem) 자신에 대해 개인이 갖는 긍정적 감정의 정도. 개인의 자아존중감이 높을수록 타인에 대한 언어적 · 비언어적 표현에 대해 개방적이며 타인의 의사소통을 정확히 해석할 가능성이 높음.

프레이밍(Framing) 글자 그대로의 메시지에 수반되는 상위메시지에 부여되는 의미. 어떤 사람의 상위메시지에 대한 의미부여는 객관적 사건이 아닌 개인적이고, 주관적인 과정. 그러므로 각 개인은 어떤 행동에 타인이 부여한 의미와는 다른 의미를 부여함.

확인하기(Confirmation) 상대방이 가치 있다는 메시지를 전달하는 의사소통 피드백 유형. 또한 확인하기는 관계에 대한 열정, 관계 안녕에 대한 관심, 관계가 잘 되도록 할 수 있게 하는 데 대한 깊고 지속적인 몰입을 전달하는 것을 포함함.

제10장
결혼에서의 갈등

본 장에서는 부부관계의 일반적 갈등영역과 갈등원, 부부가 갈등을 다루는 데 이용하는 전략 형성요인 등을 살펴보고자 한다. 연구에 의하면 부부가 지적하는 일반적인 불일치 주제는 돈, 가사일 분담, 성문제 등이다. 그러나 부부간의 갈등은 이러한 주제에만 국한된 것은 아니다. 아주 사소한 것을 포함하는 광범위한 이슈가 불일치의 중요한 분야가 될 수 있다. 갈등의 기저에 있는 갈등원은 불일치하는 역할 기대, 결속과 개별성 간의 상충된 욕구로 인한 긴장, 공정성과 평등의 관계규범 위반 등이 포함된다. 갈등을 다루는 전략 선택에 영향을 미치는 요인으로는 개인이 갈등 상황에 가져오는 목표, 불일치와 긴장의 갈등원이 형성되는 방식, 갈등에 개입되었을 때 배우자가 서로에게 하는 대화방식 등이다.

본 장 후반부에는 처벌 위협과 권력으로 타인을 통제하는 방식에 의존하는 갈등관리 전략인 부부폭력을 다룰 것이다. 부부폭력과 관련하여 폭력의 발생률과 발생 및 관련 요인을 개략적으로 살펴볼 것이다. 특히 폭력 사용을 촉진하는 문화적 규범의 존재, 폭력에 대한 가족 유산, 갈등 상황에서 남성이 폭력을 사용하기 쉽도록 만드는 개인적 특성, 결혼에 존재하는 긴장과 갈등에 추가되는 상황적 스트레스, 관계 안의 갈등을 적정하게 통제하거나 감소시키기보다는 증가시키는 갈등관리 패턴 등 아내 구타와 관련된 요인에 대해 논의할 것이다.

결혼에서의 갈등

갈등이란 파트너들이 관계에서의 어려움의 원천으로 규정하는 배우자 간의 차이를 의미한다(Fincham & Beach, 1999). 오래 지속되는 친밀한 관계에서도 갈등은 불가피하게 존재한다. 결혼관계 안에서 수행해야 할 수많은 과제는 오해와 불일치, 갈등이 일어날 수 있는 상황을 제공한다. 갈등이 있다는 것은 결혼 전략이 필요하며 규칙이 조정될 필요가 있다는 신호다. 결과적으로 갈등(conflict)은 결혼체계의 스트레스의 근원으로 간주될 수 있다. 스트레스와 마찬가지로, 갈등도 좋거나 나쁜 것이 아니다. 그보다 갈등이 친밀한 관계에 영향을 미치는 방식은 갈등관리 방식에 달려 있다. 결혼의 정서적 분위기를 관리하기 위해서는 갈등을 다루기 위한 전략수립이 매우 중요하다. 성공적인 갈등관리 전략은 부부에게 서로 간의 이해도를 높이며, 차이를 해결하고, 친밀감을 키울 수 있도록 하는 의사소통을 가능하게 한다. 건설적으로 갈등을 다루었을 때 갈등과 긴장의 근원이 재협상되고, 상호작용의 결혼패턴은 좌절과 긴장을 감소시키는 방식으로 조정된다.

갈등의 영역

결혼 관련 연구에서 가장 많이 연구되는 주제 중 하나는 배우자 간 갈등이다. 정신건강, 신체건강, 가족건강을 위한 시사점을 생각할 때, 갈등에 대한 이러한 초점은 이해할 만하다. 예를 들어, 결혼갈등은 우울증상의 시작, 불안장애, 섭식장애, 폭음, 남성 알코올중독 등과 관련되어 있다. 기혼자가 비혼자보다 평균적으로 더 건강하지만, 결혼갈등은 부실한 건강과 특정 질병(암, 심장병, 만성통증 등)과 관련되어 있다. 이것은 아마 갈등 시기의 적대적 행동이 면역과 호르몬, 심혈관 기능의 변화와 연관되어 있기 때문일 것이다. 미국의 기혼부부 25% 이상에서 신체적 공격이 발생하며, 상당수 개인에게 심각한 신체적 손상을 가져온다. 또한 결혼은 살인이 일어나는 가장 일반적인 대인관계 맥락인데, 여성이 배우자에게 살해되는 경우가 다른 경우보다 많다. 마지막으로 결혼갈등은 부실한 양육, 자녀에 대한 부실한 적응, 부모-자녀 및 형제자녀 간의 갈등 가능성의 증가 등 중요한 가족 결과(family outcome)와 관련되어 있다(Fincham, 2009).

지난 25년간의 연구는 부부갈등을 발생시키는 이슈에 대해 상대적으로 일관성 있게 보고하고 있다(Bradbury, Rogge, & Lawrence, 2001; Klein, Pleasant, Whitton, & Markman, 2006). 이러한 이슈가 포함하는 것은 부부가 함께 보내는 질적 시간(quality time)의 부족, (실제 혹은 지각된) 불공정한 가사분담, 자녀양육에서의 불일치, 한쪽 또는 양쪽 배우자의 성적 만족감 부족, 예산이나 소비·저축·수입에 대한 재정적 어려움, 처가나 시댁 등 친족과의 어려움, 아동기에서 성인기로 전달된 이전의 고통스럽거나 트라우마적 사건 등이 있다. 이러한 이슈가 게이나 레즈비언, 이성애 커플 모두에게서 일어난다는 것에 주목하여야 한다(Kurdek, 2004). 전 생애적 파트너십은 보편적인 불평과 긴장을 동반한다.

금전, 집안일, 성문제 등이 일반적으로 언급되는 갈등의 주제이지만, 이러한 주제가 부부갈등 영역의 전부는 아니다. 사회과학자들은 매우 다양한 사소한 이슈(개인의 습관이나 선호, 일상 삶의 매너를 포함하는 일들)가 현재 관계에서의 갈등영역이 된다는 의미로 '엄청난 사소한 일(tremendous trifles)'*이라는 용어를 만들어 냈다. 휴가를 어디로 갈지, 어떤 회사의 참치를 살지, 치약 뚜껑을 열어 놓는 것, 변기 시트를 어떻게 해야 할지 등의 이슈에 대해서 부부는 불일치하고 심지어 다투기도 한다. 때문에 부부가 무엇에 대해 다투는지 구체적으로 목록을 작성하고 논의한다는 것은 사실상 불가능하다.

결과적으로 부부가 불일치하는 것이 무엇인가를 이해하는 것보다 갈등원을 이해하는 것이 더 중요하다. 결혼관계에서의 갈등원에 대한 이해는 부부가 다투는 원인에 대한 자세한 정보를 제공해 주며, 결혼생활에서의 친밀감을 위해서 이러한 정서

---

* tremendous trifles: 일상적이며 사소한 일임에도 부부관계에 엄청난 파장을 일으킬 수 있는 중요한 의미를 가진다는 역설적 표현.

를 관리해야 하는 중요성과 함께 갈등이 동반되는 긴장과 좌절이 무엇인가를 더 잘
이해하게 해 준다.

결혼에서의 갈등원

모든 부부는 갈등관리를 위한 건설적 전략을 개발할 필요가 있다. 갈등의 성공적
관리는 갈등원에 대한 이해에서 출발한다.

역할기대와 갈등

부부관계의 각 배우자는 어떤 식으로 결혼과제가 할당되고 수행되어야 하는지에 대
해 독특한 비전을 가지고 결혼생활을 시작한다. 이후 부부는 역할기대(role expectations)
의 일치를 위해 협상해야 하는 과제에 직면한다. 현대사회에서의 결혼역할은 과도기
에 있으며, 더 이상 사회적으로 분명하게 제시되지 않는다는 점에서 역할과 책임 할당
에 대한 합의에 이르는 것은 더욱 어려워졌다(Burr, Leigh, Day, & Constantine, 1979).
결과적으로 결혼 초기 역할갈등의 가능성은 매우 높아졌다.

예를 들어, 전통적인 역할기대를 가지고 결혼한 남성의 경우 본인이 정원 일은 할
수 있지만 가사일은 기대하지 않을 수 있다. 또한 처가나 시댁의 가족과의 관계를 유
지하는 것은(카드를 보내거나 생일 선물을 보내는 등) 아내가 책임을 져야 하며, 남성 자
신은 금전적 결정에 책임이 있고, 성적 접촉을 시작하는 것은 아내와 본인이 평등한
책임을 공유하는 것으로 기대할 수 있다.

반면, 그의 아내는 결혼하면서 좀 더 현대적인 역할기대를 가지고 있을 수 있다.
자신과 남편이 성적 접촉을 시작하는 것에 평등하다는 점은 동의할 수 있다. 하지만
금전 관리방식에 대해서는 남편에 동의하지 않을 수 있다. 더 나아가 남편이 정원 일
뿐만 아니라 가사일도 함께해야 한다고 기대할 수 있다. 결과적으로 기대가 다른 영
역에서 갈등이 발전될 가능성이 클 것이다. 갈등관리는 부부가 결혼 과제의 할당 및

분배와 관련된 합의에 이르는 것이 필요하다.

심지어 부부가 과제의 할당에 동의할지라도 과제를 수행하는 방식에서는 일치하지 않을 수 있다(Burr et al., 1979). 일주일에 두 차례는 화장실 청소를 해야 한다고 믿는 남편은 2~3주에 한 번만 청소해도 된다고 생각하는 아내에 대해 화가 날 수 있다. 더러운 냄비와 팬은 식사 후 바로 닦거나 치워 버려야 한다고 기대하는 아내는 하룻밤 동안 세제에 담가 두는 것이 바로 치우는 것과 같다고 믿는 남편에 대해 화가 날 것이다.

분명한 것은 역할 과제에 대한 이러한 기대 차이가 관계 내의 지속적인 긴장과 갈등원이 될 수 있다는 점이다(Sabatelli & Chadwick, 2000). 물론 모든 역할갈등이 갈등을 초래하지는 않는다. 이런 종류의 불만은 부부로 하여금 배우자의 기대와 다른 배우자의 행동의 합법성에 대한 논의를 본질적으로 포함하는 협상과정에 진입하도록 한다(Sabatelli, 1988; Scanzoni, 1979a). '불평하는 배우자'는 '불쾌하게 하는 배우자'의 부적절한 행동방식에 주의하며 맹렬히 협상에 임하는데, 이는 불쾌하게 하는 배우자의 행동과 불평하는 배우자의 기대가 일치하지 않는다는 것을 의미한다. 만일 불쾌하게 하는 배우자가 자신이 비난받는 행위를 진실하고 합법적인 것으로 본다면 협상과정은 간단하다. 즉, 모든 불평이 질질 끄는 협상은 아니다. 불평을 합법적인 것으로 볼 때, 불쾌하게 하는 배우자는 자신의 행동을 불평하는 배우자의 기대에 맞추기 위해 조정하는 노력을 하기만 하면 된다.

예를 들어, 일과 양육 사이에서 균형을 잡기 위해 애쓰는 아내는 배우자가 충분히 가사일을 하지 않는다고 불평할 수 있다. 아내는 가정과 일터에서 자신에게 부과된 모든 요구에 주의하며 자신의 불평을 합리화한다. 더 나아가 남편이 집에서 하는 일은 자신이 하는 일에 미치지 못한다는 것을 입증하며 불평을 합리화한다. 남편의 행동에 대한 아내의 이야기가 시사하는 점은 남편의 행동이 아내가 남편에게 기대하는 합리적인 가사노동의 양에 미치지 못한다고 보는 것이다. 비록 이러한 불평이 관계에 긴장을 가져오지만, 만일 남편이 아내가 불평하는 것의 합법성을 인정하고 아내의 기대에 맞추도록 자신의 행동을 조정하고자 노력한다면, 불평은 중화되고 관계의 조화는 회복된다.

그러나 불쾌하게 하는 배우자가 배우자의 현실에 대한 관점에 동의하지 않을 수도 있다. 배우자 자신의 행동에 대한 평가가 틀렸다고 생각할 수 있고, 상대방의 기대가 비현실적이라고 볼 수도 있다. 이 중 하나가 발생했을 때 불평을 둘러싼 협상은 보다 복잡해진다. 양쪽 배우자 모두 상대방의 상황에 대한 현실구성이나 관계가 왜곡되었다고 보는 시각을 고수한다. 각 배우자는 자기 입장의 합법성을 주장한다. 불평하는 배우자는 불쾌하게 하는 배우자가 행동방식을 바꾸어야 한다고 주장한다. 불쾌하게 하는 배우자는 불평하는 배우자가 기대를 조율해야 한다고 주장한다. 이러한 협상은 시간 소모적이며 종종 교착 상태와 난국을 초래한다. 질질 끄는 협상은 평화롭게 해결될 수도 있지만, 정서적 긴장과 부정성 증가를 동반하는 갈등으로 번져 나갈 가능성도 있다(Gottman, 1994).

연결과 분리의 상충된 욕구

모든 사람이 개인적 욕구를 가졌다는 것은 새로운 사실이 아니다. 가장 기본적인 욕구 중 하나가 친밀감, 가까움, 결속, 동지애, 성적 만족감에 대한 욕구이며, 이는 우리가 타인과 연결되어 있다는 느낌의 중요성을 반영하는 것이다. 연결성에 대한 이러한 욕구는 가족, 친구, 사랑하는 사람과의 기본적인 관계에 참여함으로써 만족된다. 결혼은 성인에게 더욱 중요한 관계다. 이러한 관계는 안정감과 소속감, 동반자와의 성적 만족을 줄 수 있다. 동시에 사람은 사생활, 자율성, 독립성에 대한 욕구를 가지는데, 이는 경험과 개별성의 욕구를 반영하는 것이다. 모든 사람은 주기적으로 타인의 요구나 필요에 응하지 않은 채, 자신만을 위한 시간과 일, 여가에서 독립적이며 자율적으로 행동할 시간이 필요하다.

그러므로 연결의 욕구는 분리의 욕구와 공존한다. 이러한 욕구는 배우자의 욕구가 다른 배우자의 욕구와 상충하지 않는 한 평화롭게 공존한다. 연결과 분리에 대한 욕구가 타인의 그것과 상충될 때 갈등이 강화될 가능성이 발생한다. 예를 들어, 혼자 있고자 하는 한쪽 배우자의 욕구는 함께 산책하고자 하는 다른 배우자의 욕구와 상충될 수 있다. 친구들과 밖에서 놀고 싶은 한쪽 배우자의 욕구가 집에서 둘만 조용히

낭만적인 시간을 보내고자 하는 다른 쪽 배우자의 욕구와 상충될 수 있다. 모든 부부의 도전은 이 두 가지 욕구 서로에게 균형을 잡는 것이다(Kantor & Lehr, 1975).

연결과 분리에 대한 갈등적 욕구는 서로에게 이익이 되는 방식으로 풀기가 쉽지 않은 관계상의 문제를 낳는다. 결혼배우자들은 상호의존적 체계로 이루어져 있으므로 한쪽 배우자의 연결성 교착 욕구는 말 그대로 다른 배우자의 노력을 요구한다. 일터에서 경험한 문제에 대해 배우자와 이야기하고자 한다면 배우자가 기꺼이 경청하고자 해야 한다. 배우자와 이야기하고자 하는 때가 하필 배우자가 혼자 있고 싶어 하거나, 잠을 자고 있거나, 텔레비전 재방송을 보고 있는 때라면, 부부는 서로 불화한 채 끝날 것이다.

그런 상황에서 양쪽 배우자 모두 상대방이 자신의 욕구를 만족시켜 줄 마음이 없다고 느끼게 된다. 각 배우자는 상대가 자신의 욕구와 상반되는 방식으로 행동하도록 요구당한다고 느낄 수 있다. 따라서 갈등원은 두 배가 되는데, 배우자의 욕구가 만족되지 않으며, 갈등을 해결하려면 한쪽 배우자가 자신의 욕구를 포기하든지, 상대배우자의 욕구를 포기하도록 납득시키든지 해야 한다. 각 배우자는 자기 이익과 상대배우자의 이익 간의 균형이 필요하기 때문에 상충되는 욕구를 관리하는 과정은 복잡하다.

대조적이며 상충되는 욕구가 상호작용 패턴을 세워 가는 방식은 흥미롭다. 본질적으로 거리 규제 패턴은 많은 부분에서 연결과 분리의 공존 욕구가 관리되는 방식에 영향을 받는다. 이러한 욕구가 균형을 이룰 때 부부는 편안하게 연결과 분리 패턴으로 움직인다. 연결과 개별 욕구가 상충될 때, 연결을 갈망하는 배우자는 외로움과 고립감을 느끼기 쉽다. 그러면 이 배우자는 더욱더 요구적인 방식으로 행동할 가능성이 커진다. 분리를 원하는 배우자는 종종 배우자와 거리를 둠으로써 증가된 부담에 반응할 것이다. 한쪽 배우자가 거리를 둘수록, 다른 쪽 배우자는 더욱 쫓아간다. 배우자가 쫓아갈수록 다른 쪽은 더욱 거리에 대한 부담을 느낀다. 이러한 쫓아가기-거리두기 패턴은 관계에서 긴장과 좌절을 초래한다. 양쪽 배우자 모두 부부관계에 불만족하고, 문제에 대해 배우자를 비난하기 쉽다(Napier, 1988).

연결과 분리의 상충된 욕구로 인한 긴장은 결혼체계 내의 또 다른 스트레스 근원

으로 간주될 수 있다. 이 스트레스는 부부가 상충된 욕구를 재협상해야 하고 체계 안
의 조화를 회복할 방법을 찾아야 한다는 신호다. 체계를 위협하는 것은 연결과 분리
의 상충된 욕구의 존재가 아니라, 친밀감을 증진하거나 또는 고통을 증가시키는 스
트레스를 관리하는 전략이다.

공정성, 평등 그리고 갈등

결혼에서 일어나는 패턴과 역동은 주제와 가치, 비교수준에 대한 배우자의 인지적
지향성에 의해 지배된다. 인지적 지향성은 수용할 만한 행동과 적절한 행동의 윤곽
을 잡아 준다. 우리는 관계가 이러한 지향성을 따르는 방식으로 구조화될 것을 기대
한다. 부부가 결혼관계에 가져오는 분명한 지향성은 **공정성**(fairness; Blau, 1964;
Homans, 1961)과 **평등**(equity; Walster, Walster, & Berscheid, 1978)에 대한 강조다. 이
규범을 어기는 것은 친밀한 관계의 근본적이며 지속적인 갈등원이 된다.

미국 문화권에서는 관계의 보상과 비용이 비례할 때 관계는 공정한 것으로 인식한
다. 한쪽 배우자가 관계에서 얻는 이익과 보상이 다른 쪽이 얻는 이익, 보상과 비슷
할 때 관계가 평등하다고 인식한다. 한쪽 배우자가 다른 쪽 배우자보다 더 많은 이익
을 관계로부터 얻을 때 관계는 불평등한 것으로 경험된다. 그러므로 공정성과 평등
은 상호관련되어 있지만 미묘하게 다른 관계 지향성을 가진다. 이는 모든 관계가 공
정성과 평등의 정도로 특징지어진다는 것을 의미한다. 어떤 관계는 분명히 공정하며
평등하다고 지각될 것이다. 이런 상황에서 배우자가 관계로부터 얻는 이익은 자신이
관계에 투입하는 이익, 그리고 배우자가 관계로부터 가져가는 이익과 우호적으로 맞
먹을 것이다.

그러나 불공정하고 불평등하다고 지각되는 관계도 있다. 이런 관계에서는 배우자
가 관계로부터 얻는 이익이 자신이 관계에 투입하는 것과 맞먹지 않으며 배우자가
더 유리한 거래를 하고 있다고 느끼기 때문에 갈등의 가능성은 높다.

더불어 관계가 불공정하다고 생각함에도 평등하다고 느낄 수 있다. 이런 상황은
개인이 보상 없이 관계를 위해 열심히 노력하지만(관계를 불공정하다고 느끼는 이유),

상대배우자도 보상 없이 노력한다고 느낄 때(관계가 평등하다고 느끼는 이유) 발생한다. 더 나아가 관계는 평등하지만 불공정하다고 지각될 수도 있는데, 투입(input)이 산출(output)과 비슷하지만, 배우자의 이익이 더 크다고 느낄 때가 그러하다.

이러한 차이는 복잡해 보이지만, 이 개념을 구별하는 것은 결혼에서 갈등원이 기능하는 방식과 갈등원이 부부 상호작용에 영향을 미치는 방식을 이해하는 데 중요하다. 불의와 불평등에 대한 경험은 스트레스와 긴장을 낳는다. 스트레스와 긴장은 개인이 관계의 공정성과 평등을 회복하고자 행동할 때 상호작용 패턴에 영향을 미친다. 공정성과 평등을 회복하고자 하는 노력은 관계의 비용을 낮추고, 관계에서 초래되는 이익을 높이며, 관계로부터 배우자가 얻는 이익을 낮추도록 고안된 행동을 포함한다.

예를 들어, 아내가 집에서 청소, 쇼핑, 요리, 자녀양육 등으로 열심히 일하는데 자신에게 돌아오는 이익은 별로 없다고 느끼는 경우를 생각해 보자. 불공정의 결과로 경험하는 좌절과 스트레스에 대한 반응으로 아내는 관계가 공정해지도록 행동한다. 이는 그녀가 관계에 쏟는 것들의 감소를 동반할 수 있다. 단지 불공정 경험에 기여하는 모든 또는 일부 과제를 멈출 수도 있다. 이는 배우자에게 문제를 일으킬 수 있다. 아마 관계에서 얻는 배우자의 이익이 감소될 것이다. 다른 한편, 아내는 그녀가 관계에서 얻는 이익을 증가시키는 시도를 함으로써 그녀가 투입하는 일을 좀 더 가치 있는 것으로 만들 수 있을 것이다. 이를 위해 남편에게 매주 둘만 외식을 하자고 하거나, 취미나 개인 흥미를 위한 여가시간을 더 갖자고 제안하는 것 등 더 많은 요구를 할 수도 있다(이것이 배우자의 관계 경험에 영향을 미치는 방식에 주목하라.).

그러므로 불공평이나 불평등의 경험은 갈등의 원천이며, 이 갈등을 해결하려는 노력은 종종 상호작용 패턴을 변경시킨다. 새롭게 출현한 패턴은 지각된 불공평과 불평등이 가져온 스트레스를 다루려는 부부의 노력을 반영한다. 공정성과 평등을 회복하고자 하는 노력은 관계를 위해 건설적일 수도 있고 파괴적일 수도 있다. 한쪽 배우자가 자신의 역할행동을 변화시키거나 상대방이 변화되길 기대할 때, 이러한 변화나 요구가 결혼체계 도처에 울려 퍼진다. 배우자에 대한 배려 없이 변화가 이루어진다면 이는 관계의 고통의 가능성을 증폭시킬 뿐이다. 변화가 협상된 것이고 양쪽 배우자의 협력을 반영하는 것이라면 고통의 가능성은 줄어든다.

갈등관리의 역동

갈등의 침투성을 생각할 때, 갈등을 관리하는 방식이야말로 결혼 안에서 경험하는 친밀감의 정도를 결정짓는 주요요인이다. 갈등 그 자체가 관계를 위해 반드시 나쁜 것은 아니다. 갈등은 종종 관계가 두 배우자의 욕구에 최적으로 반응하기 위해 요구되는 변화와 재조직을 촉진하는 데 필요하다. 건설적으로 관리될 때 갈등은 도움이 되는 변화를 가져오지만, 파괴적으로 관리된다면 좌절, 긴장, 갈등의 수준을 계속 증가시키는 데 기여하는 상호작용 패턴의 도화선에 불을 붙이며 친밀감의 기초를 부식시킨다.

갈등을 관리하는 시도는 전략의 선택을 반영하며, 개인은 각각 다른 독특한 전략을 발전시킨다. 이러한 전략은 어디서 오는가? 그것은 어떻게 발전되는가? 많은 요인이 개인이 갈등관리에 사용하는 전략을 형성한다.

갈등관리 목표

갈등해결의 전략은 관계에 대한 우리의 목표에 의해 부분적으로 결정된다. 이것은 우리의 행동이 고의적이며, 우리의 액션은 특정한 목표와 목적을 반영한다는 것을 의미한다. 이는 갈등 상황에서 특히 더 그러하다. 우리가 항상 갈등관리 목표(conflict-management goals)를 의식하는 것은 아니지만, 그럼에도 우리는 기저에 있는 동기와 목적을 드러내는 방식으로 행동하고 말하는 경향이 있다. 어떤 결혼체계에서 갈등은 스트레스 직면과 관리 또는 강화의 목표를 가지고 관리된다. 다른 부부의 목적은 상당히 다를 수도 있다. 어떤 부부는 모든 갈등원을 줄이고 싶어 하는 반면, 어떤 부부는 갈등이 배우자를 이기거나 통제하는 목적에 의해 지배되는 경쟁의 종류라고 본다.

친밀감 관리　　조화를 회복하고 친밀감을 유지하는 것이 갈등관리의 목표일 때, 전략은 타협과 협력에 강조를 두는 경향이 있다(Mace, 1983; Sanders & Suls, 1982). 이런 경우 양쪽 배우자의 욕구에 반응적인 관계를 만들기 위해 자신의 경험과 협상에 대해 배우자와 개방적으로 이야기하는 경향이 있다. 행동과 갈등관리를 위한 접근은 배우자에 대한 연대와 흥미, 걱정, 지지의 메타메시지를 전달한다.

　이러한 메타메시지는 배우자의 협력을 끌어낼 가능성이 높은 상호작용 패턴을 정립하는 데 도움이 된다. 개방적이고 정직하며 비요구적인 방식으로 갈등 상황에 접근할 때 한쪽 배우자는 부정적이거나 방어적으로 반응할 가능성이 적으며, 배우자와 상호 동의할 수 있는 해결책을 찾기 위해 노력할 가능성이 높아진다. 협동적 방식으로 배우자를 갈등으로 끌어들일 때, 상대방의 감정과 욕구에 대해 대응할 기회가 주어진다. 배우자가 수용적인 분위기가 아닐 수도 있기 때문에 성공한다는 보장은 없다. 그러나 이런 방식으로 상황에 접근하는 것은 파괴적인 전략이 제공하는 것보다는 더 많은 기회를 제공한다.

　예를 들어, 남편은 집에서 아이들을 돌보고 음식을 준비하며 이 모든 것이 다소 불공정하다고 느낀다. 아내는 남편에게 전화해 동료들과 함께 술을 마시고 좀 늦게 집에 들어간다고 말한다. 이런 상황에서 남편은 그가 해야 하는 일이 불공정할 뿐만 아니라 아내가 훨씬 나은 거래를 하고 있다고 느낄 수 있다. 아내가 집에 돌아왔을 때 남편이 아내를 대하는 방식은 상황에 대한 그의 목표에 의해 결정될 것이다. 만일 목표가 조화를 회복하고 친밀감을 증진하는 것이라면, 비록 그가 상처받고 화가 났을지라도 그는 자신의 감정을 분명하게 말하고 아내가 그의 욕구에 반응할 기회를 주는 방식으로 이야기할 것이다. 긴장을 해결하기 위해 협력하는 방식으로 비반응적이고 진실한 관심을 전달하여 남편은 갈등에 대해 친밀성을 강화할 수 있는 가능성을 증가시킨다. 만일 그러지 않고 남편이 아내의 삶을 비참하게 함으로써 '앙갚음'을 시도한다면, 그는 아내가 집에 올 때까지 부루퉁한 채 있으며("얼씨구, 이제야 집에 오셨군!") 그녀의 둔감함에 대해 불평할 것이다. 이 과정에서 남편은 욕설을 하고, 괜히 결혼했다고 반복해 말하며, 이혼했더라면 삶이 훨씬 더 나을 것이라고 생각한다. 이러한 전략을 사용한다면 '영원히 행복하게' 산다는 것은 점점 더 어려워진다.

갈등 제거하기　　갈등의 제거가 갈등관리의 목표일 때, 갈등 부인, 갈등이 유도되는 상황 회피, 분노의 억압 등이 부부의 전략 선택을 지배하는 주제가 된다. 이런 상황에서 부부는 종종 갈등과 분노의 표현이 관계에 돌이킬 수 없는 손상을 입힐 것이라고 믿게 된다. 부부는 어떤 비용을 지불하고라도 상호우애나 유사상호성(pseudomutuality)을 유지하는 상호작용 패턴을 정립한다. 그러나 이러한 관계는 갈등에 대한 두려움이 배우자와 가까워지는 경험을 너무 위험하게 만들기 때문에 진정한 친밀감이 결여되어 있는 경우가 종종 있다(Wynne, 1988).

갈등회피나 유사상호성의 주제를 둘러싸고 자신을 조직하는 부부는 갈등이 생기는 상황을 회피하고 어떤 분노도 일어나지 않도록 억압하는 경향이 있다. 이것이 바탕에 깔린 목적이라면, 관계에 스트레스가 되는 주제를 회피하고, 배우자를 화나게 하는 행동을 자제하며, 어떤 분노도 발생을 최소화할 수 있다. 한쪽 배우자는 재빨리 상대배우자의 관점에 동의하며, 자신이 잘못했다고 스스로 인정하고 사과하며 "다시는 그렇게 행동하지 않겠다."고 약속한다. 요컨대 분노를 분산할 수 있는 것이라면 무엇이든 하며 직면을 회피한다.

그러나 갈등을 회피하는 과정에서 배우자 및 관계의 친밀감을 위협할 수 있는 무례하고 대조된 메타메시지가 소통된다는 점에 주목해야 한다. 즉, 갈등 회피와 분노의 결과에 대한 위험을 감수하지 않고자 하는 결과로 관계는 강렬한 정서를 인내할 수 있게 해 주는 존중과 배려의 필수적 기초를 쌓지 못한다. 배우자들은 자신이 건설적으로 갈등관리를 할 만큼 충분히 숙련되어 있지도 않고, 갈등이 일시적으로 관계를 불안정하게 만들 수 있는 효과를 감수할 만큼 서로에 대한 헌신이 충분히 안전하지 않음을 간접적으로 인정하는 것이다.

만일 "갈등을 회피하는 것이 뭐가 잘못된 것인데요?"라는 질문이 떠오른다면, 다음을 고려해 보라. 갈등은 배우자들이 그들의 관계에서 미해결된 스트레스에 대해 서로에게 주의를 주는 매개다. 관계의 성장과 대인관계의 친밀감은 타인의 만족되지 않은 욕구와 기대를 기꺼이 조정하고자 하는 것을 필요로 한다. 우리가 갈등을 최소화하고 감정을 억압하고자 할 때, 갈등이 결여되어 있을 뿐만 아니라 배우자의 욕구에 비반응적인 경직된 상호작용 패턴을 정립한다. 친밀감은 위험을 기꺼이 감수하고

자 하는 것을 필요로 한다. 가족생활의 지속적인 요구에 맞추고 변화로 나아가는 관계를 위해서, 부부는 직면하는 스트레스와 갈등에 맞춰 부부 상호작용 패턴을 조정하는 데 개방적이어야 한다. '고통 없이 얻는 것은 없다.'라는 격언은 삶의 많은 부분에 적용된다.

무슨 수를 써서라도 이기기!   어떤 부부에게 갈등의 목표는 권력과 우위를 지배하는 것이다. 즉, 배우자에게 이기고 배우자를 굴복시키는 것이다. 좀 더 광의의 수준에서 승리의 목표는 타인을 통제하는 노력으로 이해할 수 있다. 이기는 것이 목적이 될 때, 권력과 통제 전략이 관계를 지배한다.

권력(Power)에 대해 이야기할 때, 합법적 권력과 비합법적 권력을 분명히 구별해야 한다(Emerson, 1976; Scanzoni, 1979b). 어떤 결혼에서든 권력은 배분되어야 하는데, 즉 배우자는 결혼의 다른 분야와 영역에서 통제권을 가져야 한다. 한쪽 배우자는 월간 예산을 맞추는 데 책임을 짐으로써 돈이 어떻게 배분되고 소비되는지 통제할 수 있다. 다른 쪽 배우자는 쇼핑, 식사계획, 집안일 등을 통제하면서 가정의 일상관리를 책임질 수 있다. 그러나 이 영역 안의 권력 표현이 합법적이기 때문에 개인이 맡는 통제는 관계의 위협으로 경험되지는 않는다.

배우자의 권력이 관계 안에서 협상될 때 권력은 합법화된다(Scanzoni, 1979b). 합법적 권력은 양쪽 배우자 모두 적절하고 수용 가능한 권력의 표현에 동의한 것이기 때문에 문제가 되지 않는다. 반면, 불법적 권력의 표현은 양쪽 당사자가 동의한 바 없이 배우자나 관계를 통제하려는 시도다. 배우자의 투입이나 욕구, 흥미에 대한 배려 없이 배우자를 지배하고 통제하려는 시도는 불법적 권력의 표현으로, 승리와 관련된 갈등관리 전략이라는 특징이 있다. 이기고자 하는 시도는 배우자 욕구의 중요성을 무시하고, 자신의 욕구만을 충족하는 방식으로 배우자를 통제하려는 시도다.

예를 들어, 아내가 남편을 통제할 때 남편에게는 두 가지 선택(따르든지 저항하든지)이 주어진다. 남편이 순응할 때 그는 자신의 권위와 중요성을 무시하는 과정에 참여하는 것이다. 본질적으로 그는 아내에게 자신을 통제할 권한을 준 것이다. 이 결정의 결과는 종종 적대감을 품게 하고 통제당한다는 느낌을 갖게 한다.

　다른 한편, 남편이 이 상황에서 아내의 통제 시도에 적극적으로 반항할 때 그는 권력 투쟁에 참여하게 된다. 아내와 반대쪽에 서서 통제를 반대하는 노력을 한다. 권력 투쟁 속에서 각 배우자는 협상할 수 없는 경직된 위치를 고수하고, 각자 상대의 위치를 승인하지 않는다. 이러한 유사한 저항패턴은 갈등을 고조시키고, 친밀감의 기초를 부식시키기 쉽다(Watzlawick et al., 1967).

　목표가 통제 중에 하나라면 개인이 가져올 수 있는 전략은 많다. 연결과 개별의 욕구가 상충되는 상황을 생각해 보자. 조용한 토요일 오후에 남편은 아내와 성관계를 하고 싶어 한다. 그러나 아내는 직장에서 고된 한 주를 보냈기 때문에 책을 읽거나 쉬면서 혼자만의 시간을 갖고 싶어 한다. 이 갈등관리의 목표가 친밀감을 키우는 것이라면 남편은 갈등을 협력적으로 해결할 절충안을 찾아야 할 것이다. 그러나 만일 목표가 이기는 것이라면 그는 아내에게 그녀의 욕구보다 자신의 욕구를 충족하려고 할 것이다.

　예를 들어, 남편은 아내에게 그녀가 그리웠다고 말하면서 아내가 그녀의 욕구 안에만 머물러 있는 것은 좀 이기적인 것 같다고 넌지시 말한다. 이런 방식으로 남편은 아내의 죄책감을 유도하며 그의 이익을 위해 아내의 죄책감을 이용할 수 있다. 이와 유사하게, 그는 아내가 자신의 욕구를 포기하고 남편의 욕구 편에 서도록 하기 위해 의무감과 채무감을 느끼도록 시도할 수도 있다.

　배우자를 통제하기 위해 갈등 상황에서 여러 가지 강압적이며 통제적인 전략이 사용될 수 있다. 이러한 전략이 항상 공격적인 것만은 아니다. 그러나 일단 권력투쟁이 시작되면 패턴과 역동은 고조될 수 있으며 점차 공격적으로 되어 갈 수 있다. 배우자끼리 서로를 모욕하고 욕설을 하며 위협하며, 상징적이고 문자 그대로 통제를 갖기 위해 서로에게 가끔은 신체적 학대를 행한다. 이런 시나리오에서는 누구도 상대에게 굴복하지 않을 것이다. 이러한 상황에서는 역설적으로 양쪽 배우자의 욕구 모두 불만족스러운 상태로 남게 된다.

　특정 책략 사용과 관계없이 자신의 위치를 깨달을 때, 통제 전략은 관계를 손상시키는 상호작용 패턴에 불을 붙인다. 한쪽 배우자가 무찌르고 지배하고 통제하며 이

기려고 시도할 때, 다른 쪽 배우자는 가치 절하되고 무시되고 당연시된다는 느낌을
갖는다. 신뢰와 친밀감의 기초는 점차 침식된다.

틀 짜기: 인과관계의 속성

갈등을 관리하기 위해 사용되는 전략은 배우자의 행동 탓으로 돌리는 의미와 중요
성에도 좌우된다. 갈등이 불가피하기 때문에 그것이 어떤 방식으로 틀 짜기가 되는
가는 갈등이 관리되는 방식에 영향을 미친다. 배우자가 서로에게 다른 기대를 갖고
있는 경우를 예로 들어 보자. 기대에 따르려는 배우자의 실패를 자신을 불행하게 만
들려는 고의적인 노력으로 이해한다면, 이기기 위해 관계를 떠나겠다고 위협할 수도
있다. 이러한 차이가 결혼생활에서 기대되는 일반적 측면으로 이해된다면, 배우자들
은 절충안에 조용하게 협상하기 쉽다.

갈등이 분출하면 원인을 찾는 것은 자연스러운 일이다. 사람들은 자신의 행동에
대해 이치에 맞는 이유를 가지고 있다고 믿는 경향이 있다. 대조적으로 사람은 관계
에서 잘못된 것이 있으면 뭐든 배우자 책임이라고 믿고, 배우자 행동의 부정적이고
영구적인 특성으로 돌리는 경향이 있다(Christensen & Jacobsen, 2000; Fincham &
Beach, 1999). 예를 들어, 집에 늦게 들어간다고 아내에게 미처 말하지 못한 남편은
자신의 행동 원인을 정신없는 하루 일과 탓으로 돌릴 것이다. 그러나 아내가 남편에
게 말하지 못한 경우에 남편은 이 행동의 원인을 남편에 대한 아내의 만성적인 둔감
성과 무관심으로 돌리기 쉽다.

관계의 부정적인 면의 책임을 배우자의 책임으로 보고, 배우자 행동의 부정적, 영
속적 속성 탓으로 돌리는 경향은 종종 결혼 친밀감의 기초를 부식시키는 갈등관리
전략에 불을 붙인다. 배우자들은 서로를 공격하고, 서로의 행동을 비판하며, 욕하거
나, 원인이 된 자극을 서로의 행동으로 돌림으로써 서로를 위협한다. 이러한 반응은
갈등을 증폭시키고 관계의 질을 손상시킨다.

귀인과정이 관계에 대한 일반화된 감정에 영향을 받는다는 것은 분명하다. 관계의
일반적인 감정 톤은 배우자의 행동에 대한 상대배우자의 지각을 거르는 필터로 작용

한다(Fincham, 2000; Fincham & Beach, 2002). 배우자들은 관계에 만족할 때 긍정적 행동의 의미는 증폭시키고 부정적 행동의 의미는 감소시키는 경향이 있다. 반면, 관계에 불만족할 때 부정적 행동의 의미는 증폭시키고 긍정적 행동의 의미는 줄이는 경향이 있다.

다시 말해 행동이 틀 짜기 되는 방식과 배우자가 관계에 대해 느끼는 방식 간에는 깊은 관련성이 있으며, 이 두 요인은 갈등이 관리되는 방식과 중요한 연관성이 있다. 갈등은 관계에 스트레스를 가져오며, 불행하게도 개인이 스트레스를 받고 있을 때 귀인 부정성이 증가하고 갈등의 의미를 증폭하는 경향이 있다. 이러한 부정성은 갈등관리를 위해 덜 건설적인 전략을 사용하는 결과를 초래하는 경향이 있으며, 이는 차례로 관계의 질을 손상시킨다. 관계의 질이 부식되면 귀인은 더욱 부정적으로 되며 갈등관리 전략도 더욱 효과가 떨어진다. 점차 더 끊기 어려운 '악순환'이 성립되는 것이다.

결혼의 성공과 실패로 이끄는 상호작용 패턴

이제 부부가 어떻게 건설적 또는 파괴적 방식으로 갈등을 관리하는지를 살펴본 갈등관리에 대한 연구로 주의를 돌리고자 한다. 우리 관점에서 지금까지 이 분야에서 가장 영향력 있는 연구자는 존 가트만(John Gottman)과 동료들이다(Gottman, 1994; Gottman, Coan, Carrère, & Swanson, 1998; Gottman & Levenson, 1999a, 1999b; Gottman & Silver, 1999). 가트만의 연구는 고통받는 부부와 그렇지 않은 부부간에는 차이가 있는 갈등관리의 스타일이 존재한다는 것을 탐색한다. 다음에서 우리는 가트만이 찾아낸 성공적인 부부와 성공적이지 않은 부부를 구별하는 요인을 살펴볼 것이다.

네 가지 재앙

네 가지 재앙(Four Horsemen of the Apocalypse)**이라고 이름 붙은 네 가지 부정
성 진행은 성공적이지 않은 부부의 갈등관리를 특징짓는다. 비록 모든 사람이 어느
시기에는 이러한 부정적인 소통 패턴에 개입하지만, 고통받는 부부는 더 많이 개입
하며, 네 가지 재앙에 많이 참여할수록 이혼 궤도가 빨라진다. 이러한 패턴은 다음과
같다.

- 비판　　"당신은 대체 뭐하는 사람이에요?"
- 방어　　"그래요? 당신이 한 일은 어떻고?"
- 경멸　　"완전히 바닥까지 갔군."
- 담쌓기　높은 생리적 각성과 함께 '이런 말을 하다니 믿을 수 없군.'과 같은 생각
　　　　　을 하며 문을 닫아 버림

비판은 특정 행동보다는 보통 인간성이나 특성과 관련된 것을 포함한다. 비판은
개인적인 불평으로 생각될 수 있다. 이러한 비판은 배우자의 자기개념과 정체성을
향한다. "퇴근해서 옷을 마루에 벗어 놓으면 제가 힘들어요."라고 말하는 대신 "당신
은 나를 너무 배려하지 않아." 또는 "당신은 너무 게을러."라는 말로 배우자를 향한
사적인 공격으로 비판을 사용하는 경향이 있다. 이런 사적인 공격은 방어나 모욕, 어
쩌면 철회와 같은 정서적으로 반응을 야기한다.

방어는 자신의 문제행동에 대해 책임지지 않은 채 비판을 막으려는 시도에서 나온
다. 방어적 반응은 변명을 하거나, "네, 하지만…"과 같은 반응을 하거나, 같은 말을
반복하거나, 불안해하며 경직된 자세를 취하는 것 등을 포함한다. 또 다른 방어적 반

** 'Four Horsemen of the Apocalypse'를 직역하면 요한계시록의 네 기사, 즉 성서에 나오는 인류의 4대
　재앙을 의미하지만, 문맥상 부부관계에서 좋지 않은 암시로 일어날 수 있는 '네 가지 재앙'으로 의역
　한다.

응은 배우자에 대한 맞비판이다(비판에 대해 비판으로 맞대응). 일반적으로, 불행한 부부의 비판은 부정성(negativity)의 폭포로 이어지는 배우자 쪽의 방어적 반응을 동반한다.

경멸은 배우자를 모욕하고 심리적으로 학대하려는 시도로, 모욕, 욕하기, 적대적 유머, 다양한 비언어적 조롱 등을 포함한다. 가트만의 연구는 비판과 방어적 반응이 부부로 하여금 서로 간에 더 깊은 수준의 모욕으로 발전될 수 있는 부정성을 구축할 수 있다는 것을 분명하게 밝힌다. 배우자에 대한 모욕의 증가는 관계가 원상태로 돌아가는 데 중요한 반환점이 된다. 이 지점에서 부부는 자신을 괴롭히는 배우자의 면에만 더욱 초점을 둔다. 부부는 배우자에 대한 융통성 없고 부정적인 관점을 발전시키는 경향이 있다. 이런 패턴이 펼쳐질 때, 부부는 관계에 희망이 있다는 것을 점점 더 믿기 어려워진다.

담쌓기는 의사소통이 완전히 깨졌을 때 발생한다. 담쌓는 쪽의 배우자는 관심을 잃고, 상대를 무시하며, 철회하고, 소통을 최소화한다. 거리 두는 행동이 표준이 되면 결혼은 깨지기 쉬워진다.

정서적 이탈

네 가지 재앙은 친밀하고 지속적인 관계에 해로운 반면, 부부가 정서적으로 이탈되는 것에도 손상을 준다(Driver, Tabares, Shapiro, Nahm, & Gottman, 2003). 정서적으로 멀어진 부부는 극단적인 부정성을 보이지 않고 네 가지 재앙을 사용하지도 않는 듯하다. 그 대신 긍정적 정서가 완전히 결여되어 있다. 이들에게서는 행복한 부부에게 보이는 흥미, 애정, 유머, 배려 등은 거의 보이지 않는다. 정서적으로 멀어진 부부는 표면적으로는 괜찮아 보이나 실제로는 문제가 전체 관계를 독성화시키지 않기 위해 노력하느라 매우 고통받는다. 이 회피의 대가는 친밀감의 부식과 상호작용에서 공유된 긍정적 감정의 결여다. 이러한 관계는 배우자가 거리를 둘수록 천천히 위축된다.

터 짐

갈등이 네 가지 재앙이나 정서적 이탈로 오염될 때, 한쪽 또는 양쪽 배우자가 정서적·신체적으로 압도되는 것은 보편적이다(Gottman, 1994). 개인이 정서적·신체적으로 압도되는 시점에서 가트만이 말하는 터짐(flooding)의 상태가 된다. 터짐의 시점에서 손바닥에 땀이 나기 시작하며, 심장박동이 분당 90회 이상 뛰며, 호흡은 얕고 불규칙해진다. 생리적 증상과 함께 배우자는 분명한 사고나 건설적인 대화가 어려워진다. 터짐 상태에서 개인의 주된 초점은 '더 이상 참을 수 없어.' 또는 '왜 나를 공격하는 거지?'와 같은 생각이 동반된 자기보존이다. '터짐'의 시점에서 개인이 정보를 취하거나 타인에게 반응하는 것은 불가능해진다.

달리 말해서 터짐은 갈등 중에 발생할 수 있는 비상사태다(Driver et al., 2003). 터짐은 여성보다는 남성에게 더 보편적이지만, 논쟁 중에 남편이나 아내에게 발생할 수 있다. 가트만과 동료들은 성공적 부부들이 터짐을 존중과 배려로 다룬다는 것을 발견했다. 이런 의미에서 터짐의 최선의 치료제는 최소 20분 정도 갈등으로부터 잠시 쉬는 것이다. 타임아웃 후에 시의적절하게 갈등으로 돌아가야 한다. 만일 부부가 논쟁으로 돌아가지 않는다면 시간이 지나면서 터짐을 피하기 위한 이러한 휴식이 담쌓기나 관계를 손상시키는 방식이 될 수 있다.

부정적 상호성

가트만에 의하면, 부정성이 반드시 관계를 손상시키는 것만은 아니다. 친밀한 관계에 있는 모든 개인은 종종 파트너에게 부정적 방식으로 반응한다. 그러나 부정성이 더 높은 부정성을 유발하는 식의 부정적 고조 패턴은 관계에 해롭다. 이러한 쌍방적인 부정적 패턴은 각 배우자가 상대방에게 더욱 해롭고 심한 반응을 하는 특징을 갖는다. 각 배우자가 상대방에게 이기기 위해 앙갚음을 하는 것과 같다. 부정적 고조 패턴은 종종 네 가지 재앙과 결합하여 나타나기도 한다. 즉, 한쪽 배우자로부터의 부정적 정서는 경멸과 방어 또는 비판으로 응대할 것이다.

행복한 부부의 갈등 스타일

가트만의 연구는 적응적 부부가 불만이 더 적지만은 않다는 것을 분명하게 보여 준다. '안정화'된 또는 좀 더 성공적 관계에 있는 부부도 불만은 있고, 많은 전문치료사나 가족생활교육자가 제안하는 성공적인 방식으로 불만을 다루지 않는 경우도 종종 있다. 가트만은 안정된 패턴에 맞는 세 가지 스타일의 결혼을 규명했는데, 인정된 부부(validating couple), 불안정한 부부(volatile couple), 갈등감소형 부부(conflict-minimizing couple) 등이다(Gottman, 1994).

인정된 부부 스타일은 일반적으로 대부분의 전문가가 갈등관리의 건설적 스타일이라고 동의하는 갈등관리 스타일이다. 이 패턴의 부부는 낮은 수준의 부정적 표출 정서를 보인다. 서로를 존중하며 경청하고, 배우자의 감정을 수용한다. 메타 의사소통과 배우자의 '정서 온도'를 알기 위한 감정 탐사를 사용하는 경향이 있다(Gottman, 1994). 또한 꼭 열정적인 것은 아니지만 인정된 부부는 둘이 함께 하는 삶에 대해 상당히 행복하고 서로에게 많은 지지와 공감을 보여 준다.

불안정한 부부는 강렬한 정서로 특징지어진다. 이들은 서로 대항하고 '불쾌하게 하는 배우자'가 '불평하는 배우자'의 관점을 따르도록 설득하려고 논쟁한다. 가트만에 따르면, 높은 수준의 열정과 낭만, 만족은 이 불안정한 그룹의 특징이다. 이들 부부는 자신의 관계에 열정적이지만, 이 열정은 갈등이 되어 넘친다. 또한 이들은 가끔 공격과 맞대응, 분노로 특징지어지는 씁쓸한 논쟁을 하면서도 연결감과 진솔한 친밀감을 유지한다.

갈등감소형 부부는 갈등을 최소화하거나 회피하는 경향이 있다. 해결할 수 있는 문제임에도 미해결된 고통과 함께 산다. 가트만에 의하면 이들은 갈등 작업을 하는 데 필요한 기술이 부족한 부부다. 그들의 갈등관리 스타일이 이상적인 것은 아니지만, 자신들의 관계가 높은 수준의 부정성과 소원함에 지배되지 않도록 관리하고 있다. 따라서 그들은 결속과 친밀감을 유지할 수 있다.

그러면 어떻게 건설적인 방식으로 갈등을 관리하지도 않는 부부가 이혼을 피하는지에 대한 질문이 제기된다. 가트만은 성공적 부부와 그렇지 않은 부부를 비교할 때 부정적 상호작용에 비해 긍정적 상호작용의 비율이 더 높게 유지됨을 발견하였다. 더 나아가 성공적 부부는 갈등해결의 양립 가능한 스타일을 갖는 경향이 있었다.

가트만의 연구가 밝힌 것은 만족스러운 부부의 경우 그들의 결혼이 얼마나 이상적인 것에 견줄 만하든, 긍정적 대 부정적 상호작용을 5:1의 비율로 유지한다는 것이다. 긍정적 상호작용과 부정적 상호작용 간에 충분히 높은 균형을 유지하는 것은 파괴적이며 비효과적인 갈등관리가 체계의 전반적인 건강을 위협하는 시기를 극복할 수 있도록 해 준다. 성공적 부부는 항상 완벽하지는 않더라도, 자신의 비판적인 갈등을 충분히 긍정적 방식으로 다룬다.

행복한 부부가 불행한 부부와 다른 두 번째 방식은 다툼 스타일 간의 맞춤 또는 양립성과 관련이 있다. 부부는 서로 동의하지 않는 방식에 대해 동의한다. 대조적으로 긍정적 대 부정적 상호작용 비율이 충분히 높게 유지되지 못하는 부부는 다툼의 스타일이 다른 경향이 있다. 예를 들어, 한쪽 배우자는 쫓아가고 다른 배우자는 거리를 둔다. 한쪽 배우자는 감정을 처리하고 해결책을 찾고 싶어 하는데, 다른 쪽 배우자는 그런 주제에 대해 이야기하는 것이 어렵다.

매칭이 잘된 갈등관리 스타일은 왜 관계상의 더 나은 결과와 관련이 있을까? 매칭이 잘못된 다툼 스타일은 타인의 행동에 대해 매칭이 잘못된 해석을 초래하기 쉽다. 양쪽 배우자 모두 상대방에 의해 자신의 개인 정체성이 평가절하되었다고 느끼거나 관계를 중요하게 생각하지 않는다는 느낌을 받기 쉽다. 예를 들어, 갈등을 회피하는 배우자에게 적극적으로 관여하려고 노력하는 것은 양쪽 배우자 모두에게 쉽게 좌절의 근원이 될 수 있다. "나는 당신을 쫓아다니고 내 불만에 대해 당신과 이야기하려고 노력해요. 당신이 나에게 거리를 둘 때 나는 무시당하는 것 같아요. 또 내가 당신에게 고함지르고 당신이 철회할 때, 당신이 우리 관계를 중요하게 여기지 않는다고 느껴요. 역으로 당신은 내가 당신에 대해 불평하거나 당신이 선호하는 갈등 해결 방식을 내가 존중해 주지 않을 때 무시당한다고 느껴요. 당신은 내가 우리 관계를 중요하게 여기지 않는다고 항상 느껴요(만일 내가 그랬다면 왜 다투자고 하겠어요?)."

대조적으로, 매칭이 잘된 다툼 스타일은 상대배우자에 대한 관여, 연결성, 기본적 존중 등의 메타수준의 메시지를 소통한다(Watzlawick et al., 1967 참조). 매칭이 잘된 부부는 배우자보다 해결해야 할 주제에 초점을 두는 경향이 있다. 다른 한편, 매칭이 잘못된 부부는 주제(예: 가사)에 대한 초점에서 벗어나 배우자가 갈등관리에 접근하는 부적절한(다르다는 의미) 방식에 대해 초점을 두는 경향이 있다. 매칭이 잘된 스타일이 항상 갈등을 건설적으로 다룬다는 의미는 아니다. 그러나 매칭이 잘된 스타일은 긴장과 부정성을 고조하는 데 덜 기여하는 경향이 있다.

해결할 수 있는 문제, 해결할 수 없는 문제

가트만은 행복한 부부에 대한 신화는 이들이 불일치하는 문제를 해결할 수 있다는 점이라고 주장한다. 가트만은 행복한 부부나 불행한 부부 모두 해결 가능한 문제뿐만 아니라 해결할 수 없는 문제를 가지고 있다는 것을 발견했다. 해결 가능한 문제는 해결책이 있는 반면, 해결할 수 없는 문제는 결코 풀리지 않을 지속적인 이슈다. 이러한 영속적 문제는 종종 근본적인 인성, 문화, 종교적 차이 또는 각 배우자의 본질적인 욕구에서 초래된다. 한쪽 배우자는 배 타고 낚시 가는 것을 좋아하는 반면, 다른 쪽 배우자는 문화생활이나 도시생활을 즐길 수 있다.

성공적 관계와 비성공적 관계를 나누게 하는 것은 성공적 관계에 있는 사람들은 두 가지 문제 패턴 간의 차이와 이를 그들이 다르게 다룬다는 것을 이해하고 존중한다는 점이다. 성공적 부부는 영구적 문제를 수용하는 법을 배움으로써 다룰 수 있다. 영속적 문제에 대해 논의하는 목적은 정체상태를 만들기 위해서가 아니라 배우자의 관점을 수용하는 분위기를 만들기 위해서다. 따라서 목표는 문제를 해결하고자 함이 아니라 부부가 개방적으로 이야기하고 어느 정도 평화를 얻는 방법을 찾고자 함이다 (Driver et al., 2003).

정체된 부부는 각자의 입장에 경직되게 고착되어 있다. 결과적으로 그들의 논의는 긍정적 정서를 매우 적게 포함한다. 시간이 지날수록 이러한 부부는 어떤 절충이나 평화에 도달하지 못함에 대해 거부당함과 압도됨, 희망 없음을 느끼게 된다.

영향력을 수용하기

성공적 부부가 갈등을 다루는 한 가지 방식은 서로의 영향력을 수용하는 것이다. 가트만은 관계에서 이기기 위해 논쟁을 하는 중에 각 배우자가 기꺼이 양보하고자 하는 것을 묘사하기 위해 이 용어를 사용한다(Driver et al., 2003). 그러나 승리를 양보하는 것을 상대방의 일시적 기분에 항복하는 것으로 오해해서는 안 된다. 그보다 영향력을 수용하는 것은 상대방의 입장에 동의하는 지점을 찾는 능력이다. 그것은 배우자의 관점을 보는 능력 또는 배우자가 왜 그렇게 느끼는지에 대해 이해하는 능력을 반영한다. 영향력을 수용하는 것은 어려운 일인데 이는 관계에 엄청난 긍정적인 영향을 미친다. 배우자가 갈등의 어떤 지점에서 양보할 때 부부는 자신이 커플로서 협력할 수 있다는 것을 깨닫는다. '문제'였던 것은 이제 부부가 한 팀으로 정복할 수 있는 주제가 된 것이다.

회복 시도

영향력을 수용하는 것과 더불어 성공적 부부는 가트만이 '회복 시도'라고 언급한 방법을 통해 갈등과 잘못된 의사소통을 다룬다. 회복 시도(repair attempts)는 부정적 고조를 감소시키는 상호작용으로 정의된다. 갈등으로 붕괴된 결속과 연결성을 회복하는 능력은 지속적인 관계의 안녕을 위해 본질적이다. 회복 시도의 예로 사과하기, 유머, 애정, 주제 바꾸기 등이 있다. 이러한 상호작용은 논쟁의 내용과 관련해 필수적인 것은 아니지만 일시적 경감을 제공할 수 있다.

성공적 부부는 불행한 부부보다 갈등기 동안 그리고 갈등에 앞서 더 자주 회복 시도를 사용한다는 점이 흥미롭다. 일찍 회복 시도를 하는 것은 갈등이 부정적으로 진행되기 전에 예방할 수 있는 한 가지 방법이다. 반대로 불행한 부부는 회복을 위한 어떠한 시도를 하기 전에 논쟁이 뜨거워져 불화가 초래될 때까지 기다린다. 또한 불행한 부부는 자주 부정적인 방식으로 말을 꺼내고 그렇게 해석하여 회복 시도에 응대한다(Driver et al., 2003).

향하기

부부의 갈등관리 방식에 대한 연구뿐만 아니라, 가트만과 동료들은 친밀한 파트너들 간에 일어나는 지속적이며 일상적인 상호작용에 대해 연구했다. 친밀한 파트너들 간의 일상적 상호작용은 가트만과 동료들이 부르는 정서적 시도(emotional bids)의 특징을 가진다. 정서적 시도는 부부 중 누군가 일상 대화를 통해 배우자와 접촉을 시도할 때 일어난다. 파트너는 이러한 정서적 시도에 대해 배우자에게 '향하기' '외면하기' '맞서기' 등의 방식으로 응대할 수 있다. 예를 들어, 배우자에게 "새장 위의 새 좀 봐요."라고 말하거나 "내가 오늘 누구를 만났는지 알아요?"라고 말함으로써 배우자와 상호작용을 시도할 수 있다. 이러한 대화 시도는 상호작용의 기회를 창출하고 커플로서 부부를 정의하는 데 도움이 된다. 이러한 대화 시도가 긍정적으로 대응될 때 상호작용은 부부간의 연결감을 강화한다. 이런 시도에 반응이 없거나 부정적인 반응("새장의 새 같은 걸로 왜 날 괴롭혀요?")이 올 때 친밀감의 경험은 손상된다.

말할 것도 없이 행복한 부부에게 배우자의 정서적 시도를 무시하는 경우는 거의 없다. 상호작용에 대한 열망은 더 많은 상호작용을 낳고, 연결감과 우정을 증가시킨다. 특별히 장난스러운 시도는 행복한 부부의 특징으로, 좋은 의도의 지분거림이나 신체적 스파링 같은 형태를 나타낸다. 예를 들어, 남편은 아내의 잘못된 문법에 지분거리며 응대해 구겨진 냅킨을 아내에게 던질 수 있다. 많은 면에서 이러한 일상적인 상호작용은 현재 관계의 정서 수준에 기여할 수 있다. 따라서 전반적인 관계의 질은 이런 사소한 순간에 영향을 받는다.

과거를 다시 적기

가트만과 동료들은 부부의 과거에 대한 묘사가 부부관계의 미래에 대한 지표가 된다는 것을 발견하였다(Driver et al., 2003). 그들은 배우자와 관계에 대해 부정적 관점에 고착된 부부는 종종 과거를 다시 적는데, 과거에 일어난 부정적인 일들에 대해서만 기억하고 말하게 된다는 것을 발견했다. 반대로 행복한 부부는 그들의 좋았던 기억을 강조한다. 그들이 좋아했던 초기의 일을 회고하며, 시간이 지나며 관계에서 경험한 기쁨을 강조한다.

즉, 대부분의 부부는 높은 기대와 희망을 가지고 결혼생활을 시작한다. 결혼이 삐걱거리게 되면 역사는 안 좋은 쪽으로 다시 적힌다. 예를 들어, 아내는 남편이 약혼식 파티에 30분이나 늦게 온 것에 대해 회고한다. 남편은 서른 번째 생일에 아내가 자신을 어떻게 실망시켰는지 회고한다. 이처럼 최악의 기억을 하면서 불행한 부부는 과거에 대해 기억하는 것이 어려워진다. 가트만에 따르면, 과거에 대한 이러한 부정적 기억화는 불행한 미래에 대한 높은 예측원이라고 한다.

긍정적 정서 가산점

성공적 부부관계는 가트만이 말하는 **긍정적 정서 가산점**(Positive Sentiment Override: PSO)의 특징이 있다. 이는 성공적이고 행복한 부부가 창출하는 정서적 분위기를 의미하는 것으로, 갈등이 관계에서 만드는 부정적 효과를 무력화할 수 있다. PSO는 배우자의 삶의 세계에 대한 선호, 경외, 그리고 착한 지식에 기반해 구축된다. PSO는 부부가 과거의 사건과 새로운 주제를 보는 방식을 걸러 주는 필터라고 볼 수 있다. 이런 말을 들어 본 적이 있는가? "만일 당신이 누군가를 싫어한다면 포크를 잡는 방식에도 당신은 화가 날 것이다. 그러나 당신이 누군가를 좋아한다면 그가 당신의 무릎에 접시를 엎는다고 해도 개의치 않을 것이다." 이것이 바로 PSO때문이다.

PSO와 갈등관리가 서로에게 영향을 미친다는 점이 중요하다. 효과적인 갈등관리는 PSO를 증가시키는 정서적 분위기를 만든다. 차례로 PSO의 존재는 부부가 좀 더 건설적인 방식으로 갈등에 접근할 수 있도록 유도한다. 그들은 적절하게 주제를 가져옴으로써 갈등의 시작을 완화하며, 영향력을 수용하고 회복 시도를 하는 경향이 있다. 즉, 시간에 따른 효과적인 갈등관리가 PSO를 창출하는 것인지, 아니면 PSO가 성공적 부부로 하여금 시간이 지나면서 효과적으로 갈등관리를 하도록 만드는 것인지 알기 어렵다. 이러한 요인 모두 성공적 부부에게는 존재하며, 명백하게 이런 요인이 상호의존적으로 연결되어 있다.

불행한 부부관계의 특징이 부정성과 부정적 정서의 폭포라는 것은 말할 필요도 없다. 불행한 부부에서 이러한 부정적 정서는 긍정적 사건이 일어났을 때, 그것을 무력화한다. 즉, 부부가 관계에 대해 부정적 관점을 고수하기 때문에 긍정적 사건은 최소화되며 부적절하고 중요하지 않은 것으로 구조화된다. 이런 환경에 있는 부부는 그들이 함께했던 역사를 덜 좋은 쪽으로 다시 적게 되고, 함께했던 시간을 기억하는 것이 어려워지고, 쉽게 침수되며, 네 가지 재앙을 사용하고, 서로 정서적으로 소원해지는 경향이 있다.

젠더, 대화 스타일, 갈등관리

갈등관리 스타일에서의 양립성 및 그것과 디스트레스(distress) 간의 관계에 대한 논의는 갈등관리에서의 젠더 차이로 주의를 돌리게 한다. 만일 남성과 여성의 갈등관리 방식이 다르다면, 젠더에서 유래된 비양립성은 관계에서의 만족 및 디스트레스의 전반적인 수준과 관련해 검토되어야 한다.

제9장에서 보았듯이, 여성과 비교해 남성에 대해 일반화할 때에는 극도의 주의를 기울여야 한다. 모든 남성이 특정 방식으로 갈등을 다루고, 모든 여성이 다른 방식으로 갈등을 다룬다는 식의 인상은 주고 싶지 않다. 명백하게 이는 오해를 불러일으킬 수 있다. 갈등관리 스타일에서 젠더 차이를 이야기할 때, 남녀 간의 차이를 과장하고 싶지 않으며, 관계에서의 남성과 여성의 양극화를 초래할 수 있을 때는 특히 그러하다.

그러나 실제로 남성과 여성의 갈등관리 스타일(그들의 친밀한 관계경험 방식에 영향을 미칠 수 있는)에 중요한 차이가 있다고 제안하는 '증거의 무게'에 대항해 우리는 이러한 우려에 균형을 유지하고자 한다(Gottman, 1994; Tannen, 1990, 1996 참조). 연구는 남성과 여성이 종종 친밀감을 표현하는 방식에서 다르다고 주장한다. 또한 갈등을 다룰 때 종종 대인 긴장을 관리하는 다른 전략을 사용하기도 한다(Gottman, 1994). 이러한 스타일의 차이는 전생애적 파트너십에 있는 남성과 여성 간의 긴장 고조에 기여할 수 있다.

남성과 여성은 종종 친밀감을 규정하는 방식과 중요한 지표에서 차이를 보인다 (Bem, 1993 참조). 구체적으로 여성은 언어적 소통으로 친밀감을 정의하는 경향이 있다. 여성은 말을 함으로써 가까움을 표현한다. 여성은 대화와 정서공유, 개인적인 주제에 대한 이야기, 심층적인 대화를 함으로써 연결성을 창출한다.

반면, 남성은 가까워지기 위해 대화를 사용하는 경향이 덜하다. 남성은 팀 스포츠나 프로젝트 작업과 같이 종종 뭔가를 함께함으로써 연결된다. 많은 소년이 성장하는 '마구잡이 난투'의 세계에서 관계란 활동을 중심으로 전개된다. 누군가를 좋아한다면 공유하는 활동을 통해 표현한다(Bem, 1993).

따라서 남성도 여성만큼 전생애적 파트너십에서의 친밀감을 갈망하지만, 연결성을 표현하는 데서 선호하는 방식이 달라 불평과 불만족을 초래할 수 있다. 아내가 남편에게 감정에 대해 이야기 좀 하자고 할 때, 아내는 친밀감의 선호를 보여 주고 있다. 이처럼 남편도 아내에게 함께 산책이나 낚시를 가자고 하는 것은 친밀감을 보여 주는 것이다. 이렇게 서로 다른 선호로 인해 배우자가 친밀감의 표현에 대한 기대를 만족시켜 주지 못했다고 느끼게 될 때 관계에 문제가 존재하게 된다.

친밀감의 표현방식에 대한 각 배우자의 생각이 젠더에 묶여 있고 따라서 개인 정체성에 묶여 있을 때, 이러한 불만의 협상은 어려워진다. 남성과 여성은 자신의 배우자가 가까움을 표현하는 '옳은 방법'을 이해하는 데 어려움이 있다는 것에 진심으로 놀란다. 남성은 왜 배우자가 함께 무엇인가를 하는 것에 만족하지 못하는지 이해할 수가 없다. 여성은 배우자가 함께 대화를 나누는 것뿐인데 왜 그렇게 불편해하는지 이해할 수가 없다. 이러한 차이가 건설적으로 협상되지 못한다면, 정서적으로 고조된 결말의 가능성은 존재한다.

더 나아가, 젠더와 갈등관리 스타일에 대한 연구는 갈등이 일어났을 때 남성과 여성의 차이[(a) 그들이 잠재된 또는 예측된 갈등에 반응하는 방식, (b) 실제로 갈등을 관리하는 방식]에 의해 대인관계의 긴장이 종종 증폭된다고 제안한다(Gottman, 1994; Tannen, 1990). 여성이 갈등관리 모드에 진입할 때, 그들은 주제에 관한 대화를 추구한다. 대화는 문제에 대한 해결이다. 남성이 갈등관리 모드에 진입하면, 갈등이 친밀감을 손상시키는 것을 예방하는 데 과잉 초점을 두기 때문에 친밀감과 관련된 선택을 제한한다. 남성은 친밀감으로부터 회피하거나 철회하는 것을 선호하는데, 때로는 어떤 비용을 치르더라도 그렇게 한다.

결과적으로, 일반적인 잘못 매칭된 갈등관리 패턴은 많은 관계에서의 부정성을 증폭시키는 도화선이 된다. 여성은 쫓아가고 남성은 도망간다. 여성은 거리두기를 관심의 결여라고 해석한다. 여성은 말하지 않으려고 하며 철회하고 회피하는 남편에 대해 걱정하는 목소리를 낸다. 이러한 여성은 폐쇄된 느낌을 받으며, 남편이 관계에 대해 무관심하다고 느끼기 시작한다. 이러한 여성에게 대화의 부족은 배려의 부족과 마찬가지다.

다른 한편 남성은 아내가 너무 많이 화를 낸다고 불평한다. 아내가 이야기하자며 쫓아다니는 것에 들볶인다고 느낀다. 남성은 평화와 조화를 원한다. 그들은 갈등시기 동안 관계에서의 위기의 핵심으로 보이는 정서적 긴장을 최소화하기 위한 노력으로 배우자로부터 거리를 둔다.

이러한 갈등관리의 서로 다른 차이의 결과로 각 배우자는 상대배우자를 문제로 바라보게 될 수 있다. 이것은 궁극적으로 경멸과 고통의 기초가 되는 비판과 부정성의 패턴에 불을 붙인다. 정말 문제는 관계에 있다. 이는 대인관계의 긴장을 다룰 때 남성과 여성이 사용하는 전략을 맞추지 못하는 데서 초래된 것이다.

대인관계의 긴장을 푸는 서로 다른 모드와 관련하여 남성은 단지 갈등과 여성을 다룰 만큼 무장되어 있지 않기 때문에 갈등 상황에서 철회하는 경향이 있다는 가트만(Gottman, 1994)의 결론은 흥미롭다. 가트만의 말을 인용하면, "갈등의 바다에서 여성은 헤엄치지만 남성은 가라 앉는다(Gottman, 1994, p. 140)." 이 관찰을 설명하기 위해 가트만은 문화적 요인과 생물학적 요인 모두에 주목하였다.

문화적으로 볼 때, 소년과 소녀가 성장과정에서 정서를 자극하는 상황을 다루는 능력을 다르게 습득하게 되는 방식을 사회화 관습에서 규명하는 것은 어렵지 않다. 유아기부터 소녀는 넓은 범위의 정서를 다루며, 감정에 대해 이야기하는 것을 통해 갈등을 다루도록 격려된다. 대조적으로 소년은 감정을 억압하도록 사회화된다. 이야기하는 것(특히 감정에 대해)은 소녀가 하는 활동이다. 소년은 '여자애처럼 행동'하면 조롱거리가 될 것이라는 발달적 위치 속에서 성장한다(Kupers, 1993). 즉, "너 여자애처럼 행동한다!"는 말은 소년이나 젊은 남성에게 할 수 있는 최악의 말이다.

　놀랍지 않게도 소년과 소녀가 성장해 전생애적 파트너십에 진입할 즈음이 되면, 그들은 감정을 표현하는 위치의 중요성으로 볼 때 스펙트럼의 반대쪽에 있게 된다. 남성은 정서적으로 약하고 상처받기 쉬운 경향이 있는 반면, 여성은 자신의 감정을 어떻게 말로 해야 하는지에 대해 인생 초기에 학습되어 있다(Gottman, Katz, & Hooven, 1997). 결과적으로 남성과 여성은 매우 다른 방식으로 갈등에 접근하며, 남성의 경우 감정이 자극되는 상황을 다루게 되면 좀 더 쉽게 압도되는 경향이 있다.

　더불어 가트만과 레븐슨(Gottman & Levenson)은 왜 남성이 여성보다 감정이 자극되는 상황에서 더 쉽게 철회하는 경향이 있는지에 대한 생리학적 이유를 제공한다(Gottman & Levenson, 1992; Levenson & Gottman, 1983 참조). 이 연구는 여성보다 남성의 생리학적 취약성이 훨씬 크다고 강조하며, 이 취약성 때문에 남성이 갈등 상황을 회피하는 것이 보다 적응적일 수 있다고 주장한다. 이외에도 가트만은 수컷의 자율신경체계가 암컷과 다르다고 시사했다. 수컷은 암컷보다 정서반응이 더 강하고, 감정적 분노에서 회복되는 데 더 오래 걸린다. 일단 흥분하면 남성은 여성보다 오랫동안 각성상태가 유지되고 가라앉는 데 시간이 오래 걸린다. 이는 남성이 여성보다 반응적인 상태에서 더 많은 시간을 소비한다는 것을 의미한다.

　종합하면 이러한 문화적 · 생물학적 요인이, 긴장이 생겼을 때 남성이 여성보다 훨씬 더 '담쌓기'를 하기 쉬운 이유를 설명해 준다(Gottman, 1994). 여성은 스트레스에 상대적으로 취약하지 않아 남성보다 갈등을 덜 강렬하게 경험한다. 전형적으로 여성은 남성보다 감정에 압도되어 자칫 감정이 이성적 사고를 장악할 수 있는 상황을 다룰 때 더 나은 기술을 가지고 있다. 대조적으로 남성은 여성보다 훨씬 쉽게 정서가 자극되는 상황에 압도된다. 이런 경향은 문을 닫아 버리고 철회하는 것이다. 불행하게도 남성의 철회는 종종 대인관계의 긴장을 증가시킬 뿐이다.

　문화적 · 생물학적 요인으로 인해 갈등관리에서 남성이 여성보다 덜 무장되어 있다는 사실은 잘못된 갈등관리에 따른 긴장고조에 대해 남성이 책임이 있다는 것으로 이용되어서는 안 된다. 갈등이 고조되는 것은 남성이 여성보다 갈등관리에 제대로 무장되어 있지 않기 때문이 아니라, 갈등관리에 대한 남성과 여성의 선호하는 스타일의 '적합성 결여' 때문이다. 관계에서 부정성의 폭포로 이끄는 것은 이러한 적합성의 결여다.

부부폭력

결혼에서의 갈등원이나 갈등관리에 대한 논의는 부부폭력에 대한 논의 없이 완성되지 못한다. 폭력은 타인을 통제하는 방식으로 처벌 위협과 권력에 의존한 갈등관리 전략이라 할 수 있다. 강압적이고 권력으로 주도한 갈등관리 전략은 신체적 공격, 언어학대, 다른 패턴의 심리적 폭력 등 다양한 형태를 포함한다.

발생률

아동학대와 같은 가정폭력의 다른 패턴과 마찬가지로, 배우자 학대에 대한 실제 자료를 얻는 것은 불가능하다. 이러한 사건은 사적으로 일어나며, 희생자의 수치심이나 두려움 때문에 종종 비밀로 부쳐진다. 더 나아가 배우자 구타에 관한 사용 가능한 자료는 신뢰하기 어려운데, 왜냐하면 그 자료는 자기보고식 설문에서 오며 설문이 익명과 비밀보호를 보장한다고 해도 사람들은 종종 사회적으로 수용하기 힘든 행동은 인정하지 않기 때문이다. 게다가 배우자 구타에 대해 우리가 아는 지식은 많은 것이 도움을 구하는 피해자나 사법체계에 알려진 가해자로부터 오는 것이기 때문에 이 또한 제한되어 있다. 우리는 이 집단이 모든 피해자나 가해자를 어떻게 대표하는지에 대해 알 길이 없다.

신뢰할 만한 자료 확보의 어려움은 배우자 구타 발생률이 실제 발생보다 축소 보고되었을 것이라는 점을 시사한다. 이런 선상에서 카우프만과 스트라우스(Kaufman & Straus, 1990)는 부부구타의 7% 이하가 공식적으로 보고된다고 추정한다. 비록 통계치는 부정확할 수 있어도 배우자 구타가 보편적인 관습이라는 점은 밝혔다. 다음 내용을 생각해 보자.

- 1985년 전국가구조사(National survey of household representative of the general population)에서 스트라우스와 겔레스(Straus & Gelles, 1986)는 미국부부의 16%가 설문조사 전에 최소 한 번은 폭력을 경험했다고 밝혔다. 모든 남편의 3%는 심한 아내구타(발로 차기, 때리기, 주먹이나 다른 물건으로 치기, 칼이나 총으로 위협하기 또는 실제로 칼이나 총을 이용하기 등)를 인정했다.

- 대조적으로 전국범죄피해자조사(National Crime Victimization Survey)는 배우자 폭력범죄의 91%가 남편 또는 전 남편이 아내를 공격한 것이라고 했다. 또한 공격당한 아내의 32%가 남편에게 6개월 이내에 다시 폭행을 당했다(Langan & Innes, 1986).

- 또 다른 전국적인 부부 표집에서는 28%가 결혼 중의 특정 시기에 폭력을 경험한 것으로 나타났다(Sugg & Inui, 1992).

- 열네 쌍의 부부 중 한 부부에게서 심각하면서 반복적인 폭력이 발생하며(Dutton, 1988), 보고되기 전에 평균 35회의 발생건수가 있었다(Avis, 1992).

- 결혼에서의 공격성에 대한 종단적 연구는 표집대상 부부 중 50% 이상이 결혼 전에 어떤 패턴의 신체적 공격성을 보고하였다고 밝혔다(O'Leary, Malone, & Tyree, 1994). 이는 갈등관리 전략으로 폭력의 사용이 많은 관계에서 매우 초기부터 시작된다는 점을 시사한다.

아내에 의한 신체폭력도 존재하는 것이 사실이지만, 아내가 남편을 구타하는 경우 신체적 손상을 입힐 가능성이 덜하다. 남편과 아내가 폭력적 교환에 관여했을 때, 아내가 남편보다 부상을 입을 가능성이 더 크다(Barnett, Miller-Perrin, & Perrin, 1997). 실제로 스트라우스와 겔레스(Straus & Gelles, 1986)는 아내구타가 남편구타보다 더 자주 숨겨지며, 사실 아내가 남편보다 피해자인 경우가 훨씬 더 많다고 경고한다. 남성은 여성보다 자신의 폭력적 행동의 빈도와 강도를 최소화하며 축소 보고하는 경향이 있다(Dutton & Hemphill, 1992; Riggs, Murphy, & O'Leary, 1989).

부부폭력과 관련된 요인

여성이 남성보다 더 자주 폭력에 의한 피해자가 되기 때문에 아내구타를 초래한 요인에 대해 훨씬 더 많은 주의가 집중되어 왔다. 다음은 아내구타 가능성에 기여하는 요인에 대한 사회과학자들의 요약이다. 폭력 사용을 촉진하는 문화적 규범의 존재, 폭력의 가족유산, 갈등에 직면했을 때 남성이 폭력 사용을 쉽게 만드는 개인적 특성, 결혼 안에 있는 긴장과 갈등에 더해진 상황적 스트레스, 관계에서 갈등을 적절히 통제하거나 감소시키는 대신 갈등을 고조시키는 갈등관리 결혼패턴 등이 그 요인이다.

문화 규범   한 사회의 지배적인 가치와 태도는 가족 내 상호작용 패턴에 영향을 미치며, 따라서 가족체계 안에서 수용할 수 있는 갈등관리 전략을 규정하는 데 도움이 된다. 예를 들어, 스트라우스(Straus, 1974, 1977)는 아내구타의 원인을 미국 사회의 구조에서 찾을 수 있다고 믿었다. 그는 다음과 같은 사회적 요인의 조합이 아내구타에 책임이 있다고 보았다.

- 미국은 근본적으로 기득권을 유지하고, 바람직한 변화를 성취하기 위해 폭력 사용이 수용되는 국가다.
- 미국부모가 전형적으로 사용하는 자녀양육 패턴이 아이들이 폭력적이 되도록 훈련시킨다.
- 갈등을 다루기 위한 폭력 사용의 수용과 신체적으로 공격적인 자녀양육 패턴의 사용은 가족 안의 폭력을 합법화시키며, 성의 가장 기본적인 수준부터 폭력을 구축하고, 사랑과 폭력 간의 연결을 만들며, 남성지배가 위협받을 때 지배를 유지하기 위해 신체적 권력을 사용하는 경향과 함께 가족체계의 남성지배적인 본성을 강화한다.
- 가족체계, 경제체계, 사회서비스, 사법체계 등에 내재된 성적 불평등이 많은 여성을 야만적인 결혼 안에 가두는 데 효과적이다. 이들이 도움을 구하거나 결혼을 벗어날 수 있는 방법이 없다.

폭력의 가족유산   사회과학자들은 오랫동안 가족상황에서의 폭력에 기여하는 주요 요인이 폭력을 쉽게 발생하도록 만드는 원가족에서 유래한다고 주장해 왔다. 아내를 때리는 남편은 종종 부모에게 맞았거나 아버지가 어머니를 구타하는 것을 보고 성장한 가정 출신이다(Doumas, Margolin, & John, 1994; Hotaling & Sugarman, 1990). 그러나 폭력의 가족유산과 부부폭력 간에 관계가 있기는 하지만, 폭력을 경험한 모든 아동이 자라서 가해자가 되는 것은 아니다.

폭력에 노출된 적이 있는 사람이 그렇지 않은 사람보다 분명 갈등관리에 폭력적 전략을 사용하기 쉽지만, 실제로는 폭력의 유산에 노출된 사람 중 소수만이 배우자에게 폭력적으로 행동한다(Gelles & Straus, 1988).

가해자의 개인적 특성   겔레스와 스트라우스(Gelles & Straus, 1988)는 아내학대자로 규명된 남편에 대한 연구를 요약해, "구타하는 남편의 특성 중 가장 확실하게 말할 수 있는 것은, 자신을 부적절하게 느끼며 자신이 지배적이면서 권력을 갖기 위해 폭력을 문화적으로 수용 가능한 방식으로 보고 있다는 것이다(p. 89)."라고 주장했다. 놀랍지 않게도 가해자는 우울증, 낮은 자존감, 잘못된 의사소통(자기주장), 문제해결 기술 등 여러 심리적 문제를 가지고 있는 것으로 나타났다(Dutton, 1995; Holzworth-Munroe, Stuart, & Hutchinson, 1997). 더 나아가 가해자의 부적절감은 아내가 지위나 위신에서 앞서갈 때 더욱 증폭되는 것으로 나타났다(Gelles & Straus, 1988). 표면적으로는 부적절감을 느끼는 남성은 그의 권력과 권위의 결여를 보상하는 방식으로 언어적·신체적으로 공격적인 갈등관리 전략을 사용하는 경향이 있다.

상황적 스트레스와 부부폭력   가족체계 안의 스트레스 수준을 높이는 요인은 부부폭력과 관련되어 있다. 일반적으로 낮은 취업, 낮은 교육수준, 낮은 임금 등과 같은 요인이 높은 수준의 결혼갈등 및 부부폭력의 증가된 발생률과 관련되어 있는 것으로 관련 연구는 주목했다(Dibble & Straus, 1980; Gelles & Straus, 1988; Hoffman, Demo, & Edwards, 1994). 비록 학대에 대한 공식적인 보고는 빈곤한 가족이 더 폭력적인 경향이 있다고 지적하고 있지만, 겔레스와 스트라우스(Gelles & Straus, 1988)는 이런 자료가 저임금 가구 내의 가정폭력에 대한 실제 발생률을 왜곡한다고 하였다. 왜냐하면 빈곤한 사람들이 공개적으로 확인되고 가해자로 명명될 위험이 더 크기 때문이다. 가정폭력이 빈곤층에서 더 일반적인 것이 사실일지라도, 빈곤층에서의 학대 수준과 고소득층과의 차이는 십중팔구 과장된 것이다.

연령도 아내구타와 관련이 있는데, 18세에서 24세의 젊은 여성이 가장 구타당하기 쉽다(Barnett et al., 1997; Straus & Sweet, 1992). 일찍 결혼한 부부, 특히 십대 부부는 어느 정도 늦게 결혼한 사람들보다 결혼 과도기에 스트레스를 받기 쉽다. 더 큰 스트레스는 갈등이 제대로 관리되지 않을 가능성을 증가시킨다.

마지막으로 과도한 음주도 종종 아내학대와 관련되어 있다. 알코올중독은 개인의 행동을 변화시키는데, 손상된 판단, 기분의 요동, 공격적 충동의 탈억제 등을 초래한다(Nace & Isbell, 1991). 그런 행동적 변화는 폭력이 일어날 가능성을 증가시킨다. 과도한 음주는 또한 직접적으로보다 간접적으로 아내구타에 기여하는 스트레스를 일으키는 요인이다(Edelson, Miller, Stone, & Chapman, 1985). 이런 의미에서 과도한 음주는 부부 다툼의 주요 주제 중 하나가 되기 때문에 남편과 아내 간의 스트레스를 증가시킨다. 음주 갈등은 특히 남편이 과음했을 때 갈등관리 전략으로서 폭력 사용의 가능성을 증가시킨다.

부부역동 및 갈등고조   부부폭력은 갈등관리 전략이 갈등수준을 억제하거나 해결하는 것보다 고조시키는 관계체계에서 발생하기 쉽다. 이런 상호작용 패턴은 종종 대칭적 상호작용 패턴이라고 언급된다(Watzlawick et al., 1967). 대칭적 관계(symmetrical relationships) 안에서 어떤 배우자도 상대에게 양보하지 않는다. 관계는 각 배우자의 목표가 상대가 틀렸다는 것을 증명하려는 권력투쟁에 지배된다. 그런 체계에서 어떤 배우자도 뒤로 물러서지 않기 때문에 각 배우자의 스트레스와 공격성은 쉽게 고조된다. 언어적 공격은 점차 공격적이며 무례해진다. 만일 패턴이 지속되고 갈등이 더욱 고조되면, 폭력 사용까지 갈 수 있다(Babcock, Walz, Jacobson, & Gottman, 1993; Burman, John, & Margolin, 1992).

부부폭력과 관련된 상호작용 패턴과 갈등관리는 확인된 순환을 따르는 것으로 알려져 있다(Walker, 1979, 1984). 이 순환은 관계의 좌절과 긴장의 누적에서 시작된다. 갈등은 몇 가지 주제로 발전될 수도 있다. 만일 이 시점에서의 관계패턴이 대칭적 패턴에 지배된다면 긴장의 누적은 빠르게 폭발 또는 위기단계로 고조될 수 있다. 부상이 발생하는 것은 바로 이 폭발단계다. 예를 들어, 남편은 아내에게 교훈을 가르치려고 한다. 남편은 아내를 아내 방에 넣고 싶어 하거나, 남편 삶의 모든 문제의 근원이 아내라고 볼 수도 있다. 많은 경우, 한쪽 또는 양쪽 배우자가 개입된, 반복되는 구타가 발생한다(Walker, 1984).

공격성과 폭력의 폭발은 신혼기 이후 따라오는데, 가해자는 종종 사죄하며 용서를 구한다(Walker, 1984). 다시는 그러지 않겠다고 약속을 하곤 한다. 불행히도 많은 여성이 남편을 믿는다. 그러나 어느 정도 시간이 지나면 순환이 다시 시작되고, 결과적으로 관계에서 갈등관리를 위한 반복적인 전략이 된다.

많은 경우에 아내가 남편과의 대칭적 싸움보다 상보적 관계(complementary relationship)를 형성함으로써 폭력을 억제할 것이라는 점을 지적하는 것은 중요하다. 즉, 아내는 가해자를 만족시키며 그의 요구를 들어주어 잠잠하게 하려고 노력할 것이다(Walker, 1979). 갈등의 수준은 그러한 보완적 갈등관리 패턴에 의존하여 한동안 억제될 수 있다. 그러나 이 전략에도 불구하고 좌절과 갈등의 수준이 올라가면 아내는 결과적으로 배우자와의 관계에서 대칭적 입장을 취할 수도 있다. 즉, 아내는 더 이상 배우자에게 굴복하거나 만족시키려고 분투할 수 없는 지점에 도달할지도 모른다. 이렇게 되면 폭력의 폭발이 빠르게 따라올 수 있다. 아내는 번갈아가며 가해자의 폭력분출을 발견할 때만 보완적 입장을 유지할 수도 있다. 이 과정의 불행한 결과로 많은 여성이 학대를 막는 것뿐만 아니라 학대에도 자신의 책임이 있다고 믿게 된다(Andrews & Brewin, 1990; Walker, 1984). 자신이 남편을 다루는 데 좀 더 기술이 있다면 학대는 결코 일어나지 않을 것이라고 믿는다. 용서를 구하는 것은 남성이 자신의 행동의 부적절성을 인정하는 하나의 방식이지만, 이 사과에 종종 자신의 행동에 대한 변명과 합리화가 동반된다는 것은 흥미롭다(Wolf-Smith & LaRossa, 1992). 이러한 변명과 합리화는 행동에 책임을 지고 싶어 하지 않는 신호로 보인다. 남편이 "미안해. 하지만 당신이 나와 논쟁을 하지 말았어야 했어."라고 말할 때 그는 배우자도 자신의 행동에 책임이 있다는 것을 시도하는 것이다.

학대관계에서 발견되는 부부역동에 대한 초점은 많은 요인이 부부폭력의 가능성을 강화하는 데 연합된 것임을 보여 준다. 그러나 여성이 폭력적 결과로 이끄는 체계에 참여하고 있다고 보는 것이 여성 또한 학대에 책임이 있는 것으로 해석되어서는 안 된다. 모든 경우에 남성은 자신의 폭력적 행동을 통제하지 못한 것에 대해 책임을 져야 한다. 그러나 동시에 폭력적 결혼체계를 특징짓는 역동의 규칙과 상호작용패턴을 이해하는 것은 중요하다.

결 론

성공적 갈등관리와 친밀감 경험 사이의 중요한 관련성 때문에, 결혼갈등 주제에 많은 관심이 주어져 왔다. 결혼생활에서 너무 많은 잠재적 근원이 있기 때문에 갈등을 회피하는 것은 불가피하다. 대부분의 결혼에서 직면하는 도전 중 하나는 갈등관리를 위한 성공적인 전략을 발전시키는 것이다. 어떤 전략은 비효과적이며 관계의 질을 손상시킨다. 갈등관리에 비효과적인 전략은 긴장과 스트레스를 증폭시키며, 반감을 키우고, 신뢰와 헌신을 손상시키며, 부부폭력을 초래할 수 있다. 이와는 대조적으로 효과적인 갈등관리는 이해와 친밀감을 키워 준다. 이는 부부로 하여금 서로 편안하게 연결되어 있음을 유지하면서 동시에 다르게 남아 있을 수 있도록 해 준다.

많은 면에서 의사소통과 갈등관리는 동의어다. 갈등을 성공적으로 관리하기 위해서 부부는 효과적인 의사소통 기술을 사용해야 한다. 그럼에도 부부가 양립할 수 없는 기대, 연결과 분리의 상반된 욕구, 불공정과 불평등에 대한 불일치한 지각 등의 스트레스를 다루기 위해 잘 소통해야 한다고 단순히 주장하는 것은 복잡한 과정에 대한 총체적 비약이다. 교육자는 부부에게 (기혼이든 아니든) 좋은 의사소통의 중요성에 대해 너무 자주 조언한다. 우리는 이런 조언이 한 발 더 나아가 부부가 관계에서의 갈등원에 대해 개방적으로 소통하는 것의 중요성을 더욱 강조해야 한다고 믿는다.

예컨대, 서로에 대한 기대를 개방적으로 이야기하는 것은 어떤 사적 관계에서든 협상과정의 본질이라고 할 수 있다. 성공적 갈등관리는 개방적이며 직접적이고 정직한 방식으로 개인과 관계의 갈등원에 대해 기꺼이 이야기하고자 하는 데서 시작된다. 문제에 대해 논의할 때 비방어적이며 비반응적인 상태를 유지하는 것이 요구되며, 친밀감의 기초를 부식시키는 경직되고 보상 없는 상호작용 패턴에 빠지지 않아야 한다. 이를 위해 배우자는 자신의 욕구를 기꺼이 노출하고, 자신이 배우자의 행동을 틀에 넣는 방식을 드러내며, 그들 사이에 일어나는 과정에 대해 기꺼이 메타의사소통을 해야 한다. 마지막으로 배우자들은 파괴적으로 완성하거나 수동적으로 서로를 회피하기보다 평화적으로 공존할 수 있는 관계를 세우기 위해 기꺼이 협상하고 절충해야 한다.

주요 개념

갈등(Conflict) 상충되는 목표나 전략에서 오는 가족원들 간의 긴장. 스트레스처럼 갈등은 좋거나 나쁜 것이 아니며, 상호작용 패턴의 재조정의 필요성에 대한 신호임.

갈등감소형 부부(Conflict-minimizing couples) 갈등의 감소나 회피 때문에 미해결된 문제의 고민을 가지고 있지만, 그럼에도 가깝고 친밀하게 사는 부부.

갈등관리 목표(Conflict-management goals) 개인이 갈등관리 전략의 선택에 영향을 미치는, 갈등 상황에 가져오는 목표.

감정 구슬(Emotional bids) 부부 중 한 명이 일상적인 대화를 통해 상대방에게 접촉을 시도할 때, 배우자는 감정 구슬에 '향하기'로 대응할 수도 있으며 '몸 돌리기'로 대응할 수도 있음.

공정성(Fairness) 관계로부터 얻는 보상이 비용에 비례할 때, 즉 배우자가 관계에 투입하는 것과 가져가는 것이 비슷하다고 지각할 때 공정하다고 느낌.

권력(Power) 합법성의 정도에 의해 구별되며, 타인의 행동이나 관계를 통제하려는 개인의 노력을 의미한다. 권력은 한쪽 배우자의 권위가 관계 안에서 협상될 때 합법화되며 권력에 대한 불법적인 표현은 양쪽이 동의한 권위 없이 배우자나 관계를 통제하려는 노력에서 드러남.

긍정적 정서 가산점(Positive Sentiment Override: PSO) 관계에서 갈등이 만든 부정적 효과를 무력화하는, 성공적이며 행복한 부부에 의해 만들어진 정서적 분위기. PSO는 부부가 과거의 사건을 기억하고 새로운 문제를 다루는 방식의 필터로 간주할 수 있음.

네 가지 재앙(Four Horsemen of the Apocalypse) 비난, 방어, 모욕, 철회로 특징지어진 상호작용 패턴으로 부정성 증가와 관계종결까지도 초래할 수 있음.

대칭적 관계(Symmetrical relationships) 배우자가 상대에게 굴복하지 않으려는 의지로 특징지어지는 상호작용 패턴.

불안정한 부부(Volatile couples) 비난과 맞대응, 치미는 분노로 특징되는 씁쓸한 논쟁에도 불구하고 연결감과 친밀감을 유지할 수 있는 부부.

상보적 관계(Complementary relationships) 한쪽 배우자가 기꺼이 다른 쪽을 따르는 특징을 갖는 상호작용 패턴. 한쪽 배우자는 지위를 주장하고 다른 쪽은 동의함.

역할기대(Role expectations) 사람들의 관계 과제가 분배되거나 수행되는 방식과 관련해 가져오는 기대.

유사상호성(Pseudomutuality) 갈등에 대한 두려움이 타인에게 가까이 가는 경험이 너무 위험하게 느껴지기 때문에 친밀감이 결여된 채 상호성과 조화의 측면을 유지하는 상호작용 패턴.

인정된 부부(Validating couples) 서로에게 존중된 경청과 상대의 감정에 대한 인정에 의해 가까움과 친밀감을 유지하는 부부.

터짐(Flooding) 개인이 갈등으로 인해 정서적으로, 신체적으로 압도되어 초래되는 비상사태. 터짐의 시점에서 개인은 정보를 취하거나 타인에게 반응하는 것이 불가능해짐.

평등(Equity) 한쪽 배우자가 관계로부터 얻는 이익이나 보상이 다른 쪽의 그것과 비교될 때, 한쪽 배우자가 다른 쪽보다 관계로부터 더 큰 이익을 얻을 때, 관계는 불평등한 것으로 경험됨.

회복 시도(Repair attempts) 갈등의 부정적 고조를 감소시키는 상호작용. 회복 시도의
　　예로는 사과, 유머, 애정, 주제 바꾸기 등이 있다. 이러한 상호작용이 논쟁의 내
　　용과 반드시 관련될 필요는 없으며, 단지 잠시의 유예를 제공함.

제11장

아동기 가족: 부모기 전환

본 장은 부모기 전환기 동안 가족체계 내에서 발생하는 변화에 초점을 둔다. 제10장에서의 다세대적 발달관점과 일치하도록 본 장에서는 어떻게 자녀출생이 가족체계 구조에 영향을 미치는지에 대해 개관한다. 본 장에서는 자녀가 있는 모든 가족은 앞서 논의된 동일한 기본 과업에서의 변화를 협상해야 한다고 본다. 자녀출생은 부모역할과 책임을 맡게 됨에 따라 가족테마를 재협상하고 개인의 정체성을 재작업해야 할 필요를 초래한다. 부모기 전환은 가족의 외적, 내적 경계의 재작업을 요구한다. 자녀가 있는 가족은 물리적 환경을 유지하기 위해 새로운 전략을 고안해야 한다. 마지막으로 자녀의 존재는 가족의 정서적 환경을 변화시키므로 친밀감과 가족 응집성을 유지하고 갈등의 부정적 결과를 감소시킬 수 있는 전략을 개선해야 한다.

발달경로 중 하나로서의 부모기

가족체계에 대한 자녀의 영향에 대해 논의하기 전에, 몇 가지 점을 이야기할 필요가 있다. 먼저, 현재 미국 가족은 다양한 범위의 발달경로를 따르고 있다. 35년 전에는 95%에 가까운 부부가 언젠가는 자녀를 갖기를 원했다(Glick, 1977). 오늘날에는 많은 부부가 이러한 전통적 가족 발달경로에 의문을 품는다. 예를 들어, 통계에서 보면 미국 내 여성의 약 20%가 자녀 없이 가임기 기간을 끝낼 것임을 암시한다. 이는 1976년보다 2배에 가까운 수치다(U.S. Census Bureau, 2003b).

상당한 비율의 여성에게 있어 무자녀는 개인 선택의 문제다. 자녀를 키우지 않거나 자발적 무자녀에 대한 결정은 현대사회에서 자녀의 중요성과 관련된 태도 및 가치 변화와 연관된다. 새로운 사회적 규범은 개인주의, 교육과 수입 등에서 남성과 여성에 대한 평등한 기회, 성행동과 출산, 가족 형성에 대한 선택의 자유에 근거하여 발현되고 있다(Gold & Wilson, 2002). 이러한 새로운 문화적 규범 성향은 여성에게 과거에 존재하지 않았던 선택을 제공한다.

부모기 맥락의 변화

부모가 되는 사람들이 마주하게 되는 사회적 환경 또한 30년 전과 확연히 다르다. 결혼과 부모기에 대한 사회적 태도가 눈에 띄게 변화하였다. 예를 들어 성공, 재미, 독립성을 강조하는 새로운 가치 성향은 양육 책임감과 직접적으로 상반되는 관심과 행동을 포함하기 때문에 자녀양육에는 방해가 될 수 있다(Simons, Whitbeck, Conger, & Melby, 1990). 또한 변화하는 문화적 가치 성향은 전통적으로 새로 부모가 되는 사람들이 받을 수 있었던 지지 기반을 흔들면서 부모기 전환을 더 어렵게 할 수도 있다.

그뿐만 아니라 현대 생활을 결정하는 많은 사회적 변화는 양부모 가족 내에서의 가족발달 과정까지 상당한 영향을 미친다. 현대의 많은 부부는 종종 자녀를 양육하기 전에 자신의 교육을 끝마치고 커리어를 확립하기를 원하므로 부모됨을 연기한다. 그리고 남편은 생계부양자이고 아내는 가정관리자라는 전통적 역할을 잠재적인 만족감, 스트레스, 요구 때문에 많은 가능성 있는 다른 역할들로 대신한다. 현재 대다수의 여성이 가정 밖에서 직장생활을 하고 있고, 이는 여성에게 직장, 결혼, 가정관리, 양육이라는 요구 사이에 균형을 세심하게 협상할 것을 요구한다. 또한 이러한 변화는 어떤 남자들에게 남편과 아버지로서의 자신의 역할을 재고하고 재협상할 필요에 대해 생각하게 한다.

아동기 가족구조의 다양성

아동기 가족에서 발견되는 구조적 다양성을 염두에 두면서 핵가족체계에 사는 사람들만이 부모가 된다고 가정하지 않아야 한다는 점은 중요하다. 부모기가 전통적 핵가족 관점에서만 논의될 경우, 대안적인 구조로 이루어진 가족이 겪게 되는 독특한 체계적 도전은 불분명해진다. 예를 들어, 다음 사실을 생각해 보자. 2001년에 미국 아동의 26%가 한부모가구에서 살고 있었다. 이 아동들의 78%는 어머니와 살고 있었다(U.S. Census Bureua, 2005a). 이 어머니들의 일부는 미혼의 십대였으며, 어떤 경우에는 그 자녀의 아버지와 결혼하지 않은 채 살고 있었고 또 어떤 경우는 자녀를 혼자 키우기로 결심한 성인이었다(Seltzer, 2000). 또 다른 미국 아동의 4%는 부모 중 누구와도 같이 살지 않았다. 이 중 가장 많은 아동이 조부모와 살았고(48%), 어떤 경우는 친척(38%), 위탁부모(9%), 또는 친척이 아닌 사람들(9%)과 살고 있었다(U.S. Census Bureau, 2005a). 이러한 각각의 가족구조는 아동의 존재로 인한 어려움과 맞닥뜨리면서 잠재적 만족감, 스트레스와 요구를 동반한다.

모든 가족의 적응은 독특한 가족구성과 구조, 상황으로 인해 형성되고 제한된다. 이러한 쟁점을 민감하게 감지하기 위해 본 장에서는 아동기 가족이 경험하는 기본적인 어려움을 논의한다. 이혼가족, 한부모가족, 재혼가족이 겪는 어려움은 제16, 17, 18장에서 더 자세히 다룰 것이다.

아동기 가족이 겪게 되는 어려움

다세대 발달 관점에서 부모기 전환은 가족 전체에 영향을 준다. 부모기는 가족이 이인 체계에서 삼인 체계, 즉 이미 형성된 부부 하위체계에 부모 하위체계 추가로의 전환을 의미한다. 가족 내에서 자녀세대와 부모세대 사이에 세대 간 경계가 처음으로 생겨난다. 이러한 체계 구조 안에서의 기본적 변화를 고려하기 위해 새로운 상호작용 패턴이 확립되어야 한다. 배우자는 이미 확립된 부부역할에 부모역할을 추가하고, 역할들의 달라진 책임감에 시간과 에너지를 어떻게 분배해야 하는지 재협상해야 한다. 가족의 기본 과업은 새로운 측면을 갖게 되고 이전 전략은 이러한 변화를 고려하기 위해 수정되어야 한다.

부모기에 동반하는 정체성 과업

가족 테마변화 가족이 발달적으로 성인 중심에서 아동 중심 체계로 이동하면서 이전 부부관계를 통제하던 테마는 변화를 겪게 된다. 그러나 가족들이 갖고 있는 아동에 대한 관점과 부모양육 경험에 대한 중요성은 매우 다르다. 어떤 가족은 자녀양육과 가족의 이름(family name)을 전달한다는 것을 존재의 주된 이유로 본다. 다른 사람들은 자녀양육을 필요하긴 하지만 불편한 것으로 여길 수도 있고, 또 다른 경우에는 참을 수 없는 저주로 볼 수도 있다. 당연히 한 가족 내에서 자녀와 관련된 우세한 테마는 자녀를 얼마나 가치 있게 여기고, 자녀를 어떻게 대우할 것인지를 의미한다. 어떤 가족은 자녀에 우선순위를 두고 다른 무엇보다 자녀의 욕구를 우선시할 것이다. 어떤 가족은 자녀에 대한 순위를 낮게 두고 다른 흥미나 행동에 집중하는 것을 선택할 것이다. 또 어떤 가족은 자녀의 욕구와 자신의 개인적 욕구, 그리고 배우자 및 확대가족의 욕구 사이에 균형을 맞추려고 하기도 한다. 가족은 또한 아동의 욕구를 어떻게 설정하고 이러한 욕구를 만족시키기 위해 어떠한 전략을 사용하는지에 있어서도 매우 다양하다.

앞서 지적한 바와 같이 가족이 확립한 부모역할과 자녀양육 테마는 부모가 자신의 원가족에서 경험한 테마(themes)와 유산(legacies)에 많은 영향을 받는다. 존중받고, 확인받고, 평등하며 공평하게 대우받은 부모는 자녀에게 이와 유사한 테마를 확립할 가능성이 높다(Curran, Hazen, Jacobvitz, & Feldman, 2005; Serbin & Karp, 2003). 거부, 고립, 갈등, 적대감을 경험했던 부모는 자신의 생식가족에서 이러한 주제를 유지하거나 자녀가 비슷한 경험을 하지 않는 것을 확실히 하기 위해(최소한 의식적으로는) 많은 노력을 하게 된다. 후자의 선택은 부모-자녀의 강한 정서적 결합을 발달시켜 자녀들의 응석을 지나치게 받아 줌으로써 결혼 또는 다른 핵가족 관계가 무시되는 일종의 자녀중심 체계로 이끌 수 있다(Carter, 2005).

부모역할 정체감 확립   우리 사회에서 부모기의 시작은 결혼보다 성인 지위 성취에 대한 가장 정확한 표시라고 논의되어 왔다. 결혼은 끝낼 수 있지만 한 번 부모가 된 이후에는 대부분 물릴 수 없다(Rossi, 1968). 자녀를 양육하는 것은 장기간의 집약적이고, 무엇보다도 평생 동안의 헌신이다. 또한 부모기는 규범적으로 기대되는 생활주기를 거치고 있음에 대한 인정을 제공한다.

부모기 전환과 함께하는 정체성 변화가 많은 영향을 가져오는 것은 분명하다. 또한 이러한 전환시기가 잠재적으로 매우 스트레스적이라는 것도 확실하다. 아이가 태어나는 순간부터 부모는 부모로서의 정체성에 동반되는 역할에 대한 책임감을 어떻게 수행할 것인지와 관련하여 많은 중요한 결정을 해야 한다. 부모는 자녀를 위해 목표를 설정하고 자녀의 욕구가 무엇인지에 대한 관점을 발달시키며, 욕구충족을 촉진하기 위한 전략을 수립해야 한다.

일반적으로 네 가지 요인이 부모기 전환을 얼마나 쉽게 경험하는지에 영향을 끼친다. 첫째, 부모가 되기 원한 정도, 둘째, 부모역할을 위해 받은 기대된 사회화나 훈련의 정도, 셋째, 부모기에 대한 역할 요구의 명확성, 넷째, 전환기 부모가 이용 가능한 지지의 정도다(Steffensmeier, 1982). 몇십 년간 가족사회학자는 대부분의 성인이 받는 기대된 사회화나 자녀의 욕구충족과 자녀양육 기술에 대한 공식적·비공식적 훈련은 상당히 제한적임을 지적해 왔다(Rossi, 1968). 이로 인해 부모는 신생아를 대상으로 실험하면서 양육에 대해 배워야 하는 스트레스 상황에 있게 된다.

더불어 부모역할은 명백하지 않다. 오늘날의 어머니와 아버지 역할은 과거와 달리 일과 결혼이라는 경쟁적인 역할 요구에 영향을 받는다. 역할모델 없이, 부모들은 풀타임 직업, 결혼, 부모기 몰입에 있어 균형을 이루는 방법을 찾아야 한다. 더불어 자녀에게 점차 무관심하고 부모에게 지지적이지 않은 것처럼 보이는 사회적 맥락 내에서 이러한 균형을 이루는 방법을 찾아야 한다.

정보와 지지의 부족, 그리고 현대 역할모델의 부족 등의 복합적 요인이 조합된 결과로 부모들은 예상치 않은 요구에 종종 맞닥뜨린다. 따라서 자녀 출생과 함께 오는 갑작스러운 역할 변화로 많은 부모가 스트레스를 받는다는 사실은 놀랍지 않다. 1950년대부터 현재까지 부모기 전환을 연구하는 학자들은 관련 스트레스에 대해 일관되게 기술해 오고 있다. 남성과 여성 모두가 공통적으로 보고하는 문제에는 수면습관 방해, 피로, 지나치게 많은 일, 재정문제의 증가, 그리고 어떤 사람에게는 시가나 처가의 간섭 등이다. 처음 엄마가 된 사람들은 초조해 하거나 심란해 한다든지, 그리고 외모가 변화하는 것에 대한 걱정도 보고하였다.

인종에 관계없이 어머니는 일관되게 부모기 전환 시 아버지보다 더 많은 어려움을 경험함이 밝혀졌다(Florsheim et al., 2003). 특히 출산 후 우울증은 심각한 위험요인으로 처음 어머니가 된 사람들의 8%에서 15% 사이가 영향을 받는다고 밝혀졌다 (Feeney, Alexander, Noller, & Hohaus, 2003). 부모는 시간 부족, 양육과 직장의 요구 사이에서 균형 잡는 것과 자녀를 봐 줄 사람을 찾는 것에 어려움이 있으며 가사노동 분담 갈등에 대해 불만이 있다고 연구들은 보고하고 있다(Arendell, 2000; Helms-Erikson, 2001; Kluwer & Johnson, 2007).

그러나 부모기 전환기 동안 부모의 경험은 두 사람의 불만을 합친 것 이상이다. 새로 부모가 된 사람들은 종종 이 시기를 긍정적이고 특별하게 바라보면서도 상당한 불편함과 스트레스를 경험한다(Demo & Cox, 2000). 일반적으로 자녀는 삶에 대한 의미, 목표의식, 성취감, 몰입감 그리고 가치를 가져다준다. 여성에게 목표의식은 자녀가 자신을 필요로 하고, 매우 중요하다는 생각에서 비롯된다(Arendell, 2000). 자녀는 또한 가족의 이름과 전통, 유산이 후대에도 존재할 것임을 확신시켜 주면서, 과거와 미래 사이에 지속성을 제공한다. 이와 유사하게 자녀는 부모에게 확대가족과의 더 강한 유대를 제공한다. 부모는 자녀가 성장하고 발달하는 것을 바라보면서 큰 기쁨을 가지며, 자녀는 삶에 대한 변화와 자극을 가져다준다. 성공적인 자녀양육은 성취의 근원이 되며 부모기는 또한 가치를 안내하고, 가르치며 전수할 기회를 제공하기도 한다(Demo, 1992).

정리하자면 부모기 역할과 책임감은 성인 정체성의 재조정을 요구한다. 더불어 이러한 새 역할에 대한 투자는 불가피하게 다른 개인적 관심사와 역할 책임에 영향을 미친다. 한 연구에서 자녀가 태어나기 전인 임신기와 그 이후 2년 뒤에 자신의 모습을 배우자/연인으로서의 자아, 근로자로서의 자아, 부모로서의 자아, 이렇게 세 부분으로 나뉜 파이차트를 이용해서 묘사해 달라고 부모에게 요청했다. 예상했던 대로, 배우자/연인으로서의 자아 비율은 남성은 28%에서 21%, 여성은 30%에서 18%로 감소하였다. 남성의 부모로서의 자아는 5%에서 24%로, 여성의 경우는 11%에서 38%로 증가하였다. 근로자로서 자아는 여성은 19%에서 11%로 감소한 반면에 남성은 28%에서 33%로 증가하였다(Cowan & Cowan, 2000). 이러한 결과는 남성과 여성의 경험에서의 차이뿐 아니라 가족생활주기의 중요한 시기 동안 개인 정체성에서 상당한 변화가 있음을 강조한다.

아동 정체감 발달　　부모는 자녀의 정체감을 형성하는 과업에 직면하게 된다. 부모는 각 자녀가 가족체계로 들어올 때마다 스스로의 기대와 이상화된 이미지를 양육 경험으로 끌어들인다. 각 자녀를 어떻게 보는가 하는 것은 여러 요인에 따라 달라진다. 예를 들어, 자녀의 성별, 외모, 출생순위, 부모의 바람, 희망, 기대, 미해결된 개인적 갈등은 각 부모가 특정한 자녀의 이미지를 형성하는 데 부분적으로 작용한다(Bagarozzi & Anderson, 1989). 더불어 특정한 역할기대는 부모의 아동에 대한 이미지와 함께 따라온다. 어떻게 가족이 기능해야 하는지에 대한 부모의 이미지에 적합하도록 자녀는 특정한 역할을 수행하고 고유한 부분을 실천하도록 기대된다.

그러나 각 자녀에 대해 동일한 이미지나 어떻게 전체 가족이 기능해야 하는지에 대해 양부모가 똑같은 이미지를 가질 가능성은 매우 낮다. 어느 정도의 불일치와 갈등은 필연적이다. 이러한 차이를 성공적으로 해결하고 각 자녀에 대해 합의된 정체감을 형성할 가능성은 얼마나 부모가 효율적인 의사소통과 협상 기술을 성공적으로 발달시키는지에 달려 있다. 부모가 자녀에 대한 기대에 동의할 수 있을 때, 그 자녀의 훈육 규칙과 적절한 행동에 대한 기준이 명확해진다.

부모가 자녀에 대한 기대와 관련한 차이를 해결할 수 없다면, 자녀는 자신이 부모의 권력 다툼의 중간에 끼여 있음을 알게 된다. 이러한 상황하에서 자녀는 여러 가지 의미를 상징하게 된다. 자녀는 가족의 내전이 일어나는 '전장(battleground)'이 될 수도 있고, 승리한 부모에게 주어지는 '상(prize)'이 될 수도 있다. 이런 경우 자녀가 한 부모가 갖고 있는 자녀에 대한 이미지를 따를 때, 부모의 동맹자가 될 수 있다. 이러한 순응(confirmity)의 교환에서 자녀는 가족 내에서 지지와 권력, 영향력을 얻게 된다. 다른 예로, 자녀는 부모 다툼의 결정권자 또는 심판관이 될 수 있다. 종종 부모의 갈등적이고 상반된 기대에 순응하려고 하는 자녀는 심리적 증상이나 다른 적응적 문제점을 발달시킨다. 그 자녀가 어떤 행동을 취하든지 한 부모로부터는 용인될 수 있지만 다른 부모에게는 거절될 수 있다(Bagarozzi & Anderson, 1989).

가족경계의 변화

가족 및 친구와의 거리 재협상 체계에 자녀가 추가됨은 일반적으로 가족 외적 경계에서의 변화를 동반한다. 이전에 상대적으로 폐쇄적인 경계는 타인과 부부를 구별하고 부부가 새로운 가족체계와 부부 정체성을 확고히 하는 데 도움을 주었다. 그러나 이러한 폐쇄적 경계는 각 배우자의 원가족이 더 많이 개입할 수 있도록 재협상되어야 한다. 확대가족으로부터의 지지, 특히 처음 부모가 된 사람들에게 부모의 지지는 부모기 전환을 관리하는 데 중요한 요인으로 알려지고 있다(Best, Cox, & Payne, 2002). 이와 마찬가지로 자녀양육으로 인한 요구로 인해 친구와 함께 보낼 수 있는 시간이 부족할지라도, 처음 부모가 된 사람들에게 친구는 중요한 관계일 수 있다. 이는 특히 집에서 자녀를 키우는 여성에게 중요할 것이다. 처음 부모가 된 많은 사람이 출산 준비는 하면서도, 상대적으로 자신이 마주치게 될 과업에 대해서는 준비가 되어 있지 않다. 확대가족과 친구들은 처음 부모가 된 사람들에게 정서적 지지와 안내의 주요한 자원이 될 수 있다.

부모기 초기는 부모 가족체계의 과거와 미래의 관계에 대한 재배치를 요구하는 시기로 생각될 수 있다. 자녀의 출생은 부모 자신의 부모가 조부모가 되고 형제들이 고모나 이모 또는 삼촌이 되는 것을 의미한다. 이 책의 뒷부분에서 분명히 설명하겠지만, 노년기 성인의 중요한 발달 주제 중 하나는 가족의 연속성과 자신이 평생 학습했던 지식, 전통, 기술을 미래 세대에게 전수하는 것이다. 그러므로 가족의 가장 새로운 구성원의 성장과 발달로 인해 윗세대가 가질 수 있는, 증가된 임무가 수용될 수 있도록 부부체계 경계는 수정되어야 한다.

그러나 친구와 확대가족의 개입은 가족 내에서 부모 자신의 임무와 균형을 이루어야 한다. 확대가족 및 친구에 대한 지나친 의존은 자율성과 부모로서의 효능감을 해칠 수 있다. 부모 중 한 명 또는 두 명 모두의 원가족 또는 친구의 지나친 개입은 자녀의 욕구를 희생시켜 가면서 이러한 관계에 정서적 에너지를 투자함으로써 자녀를 방임하는 결과를 낳을 수 있다(Florsheim et al., 2003). 자녀의 출생은 또한 3세대 간 갈등을 발전시킬 수 있는 기회를 만들기도 한다. 조부모는 한쪽 또는 양쪽 부모에 대응해서 자녀와 공동전선을 펼 수 있다. 극단적인 경우에 이러한 갈등은 확대가족과의 정서적 단절로 이어질 수 있다.

반대로, 지나치게 적은 확대가족 및 친구의 개입은 안내와 지지의 상실, 그리고 확대가족의 과거 역사 및 전통과 단절 위험의 원인이 될 수 있다. 확대가족의 제한된 개입으로 인해 부모 중 한 명 또는 양부모가 부부관계를 희생시키면서 자녀와 너무 얽히게 되는, 지나치게 아동중심적인 가족이 될 수도 있다(Carter, 2005; Coltrane, 2000; Feinberg, 2002).

성공적으로 핵가족과 확대가족체계 및 친구 사이의 균형 잡힌 경계를 협상한 부부는 가족단위로서 의미 있는 타자들과의 자유로운 상호작용을 하면서도 가족단위로서의 일체감을 유지할 가능성이 높다. 이러한 체계의 특성은 세대 간, 세대 내 갈등의 최소화, 세대 간 연속성, 만족할 만한 수준의 지지와 안내다. 부부관계는 윗세대의 높은 수준의 미해결된 갈등에서 벗어나 배우자와 자녀 모두의 개인적 욕구를 더 잘 충족시킬 수 있다.

부부경계 재배치   자녀가 있는 부부는 자녀의 욕구에 반응하는 동시에 부부관계를 유지해야 하는 어려움이 있다. 어린 자녀로 인해 부모는 돌봄, 모니터링, 수유, 기저귀 갈기, 옷 입히기와 같은 높은 신체적 요구를 받는다. 자녀는 애정과 애착, 건강에 대한 걱정, 자녀의 욕구에 대한 최선의 반응이 무엇인지에 대한 염려 등과 같은 강한 정서적 반응을 이끌어 낸다. 배우자와 보내는 시간이 줄고 자녀와 함께하는 시간이 늘어나는 것은 이러한 환경의 결과다(MacDermid, Huston, & McHale, 1990). 이는 자녀의 연령과 관계없이 자녀의 일상에 남성보다 많이 관여하고 투자하는 여성에게 더 많이 해당된다(Feinberg, 2002).

초기 부모기가 많은 부부에게 부부 상호작용의 질 및 결혼만족도가 감소하는 시기임을 연구들은 일관되게 기술하고 있다(Belsky & Kelly, 1994; Helms-Erikson, 2001; Kluwer & Johnson, 2007). 평균적인 감소 수준이 그리 크지는 않지만, 이러한 일관된 결과는 주목할 만하다. 더불어 부부 상호작용의 질과 결혼만족도 감소에 대한 많은 이유가 가정되고 있지만, 서로에게보다는 자녀에게 더 많은 시간을 헌신하도록 요구하는 것이 그 한 요인이다(Cowan & Cowan, 2000). 이러한 가족생활주기 단계를 가장 성공적으로 관리하는 부부는 양육 책임과 성인과의 지속적인 동지애, 친밀감, 의사소통에 대한 부부관계에서의 욕구 사이에 균형을 맞출 수 있는 사람들이다(Paley, Cox, Kanoy, Harter, Burchinal, & Margand, 2005; Van Egeren, 2004).

또한 부부는 부모와 배우자로서의 책임감과 분리성에 대한 개인적 욕구 사이에 균형을 이루어야 한다. 결혼생활과 부모 역할에서의 책임감과 요구가 증가됨에 따라 개인이 일반적으로 혼자서, 또는 최소한 주요한 타자와 따로 활동하는 개인 관심사와 활동을 할 수 없게 된다. 그러나 분리성에 대한 개인의 욕구는 따로 활동할 수 있는 것 그 이상의 것을 요구한다. 개별성에 대한 욕구는 자신의 인성발달에 개인과 자아의 독립된 부분이 얼마나 중요하다고 평가하는 정도까지를 포함한다(Grossman, Pollack, Golding, & Fedele, 1987). 처음 부모가 된 사람이 자신과 배우자의 개인적 욕구를 인지하고 인정하는 것은 부모기 전환의 성공적 전이에 대한 좋은 징조다. 상대

배우자의 개별성에 대한 욕구를 인지하는 체계를 협상하는 것은 특히 여성에게 중요할 수 있는데, 이는 일반적으로 여성이 자녀 양육을 위해 사용하는 시간에 대한 가장 많은 요구를 경험하기 때문이다(LaRossa & LaRossa, 1981).

일과 가족 간 경계   대부분의 가족에게 일과 가족 사이에 경계는 어린 자녀의 존재로 인해 바뀌게 되는데, 이는 특히 양 부모가 모두 일을 할 경우 더욱 그러하다. 부인의 취업에 관계없이 대부분의 가족은 자녀 출생 이후 재정적 스트레스의 증가를 경험한다. 더불어 남성은 여성보다 부모기의 재정문제에 더 많은 영향을 받는 것으로 보인다. 대부분의 남성은 좋은 아버지가 되는 것은 좋은 생계 부양자가 되는 것으로 믿고, 이러한 믿음은 아버지가 더 오랜 시간 일하는 것으로 나타난다. 어떤 경우에는 남성은 가족을 더 잘 부양하거나 부인이 자녀를 양육하기 위해 집에 있을 때 손실된 수입을 보충하기 위해 직업을 바꾸는 것으로 보고된다(Coltrane, 2000; Sanchez & Thomson, 1997).

여성이 어머니가 될 때, 많은 사람은 일과 양육 사이에서 시간의 균형을 이루는 데 어려움을 겪게 된다. 많은 어머니는 가정 밖에서의 일을 그만두거나 노동 시간 단축을 선호한다고 보고한다(Cowan & Cowan, 2000). 이는 어머니가 아버지에 비해 자녀 양육에 더 많이 관여하고 비용이 적정하면서도 질 좋은 보육에 대한 걱정을 더 많이 하기 때문일 것이다(Arendell, 2000). 그러므로 남성이 자신의 직업에 더 많이 몰입하게 되는 반면, 여성은 가정에 더 몰두하게 된다. 이러한 과정에서 여성은 만족감과 사회적 지지를 위한 중요한 자원을 포기할 수도 있다. 여성이 노동시장에 참여하지 않음은 대인관계 및 경제적 자율성의 상실, 그리고 다른 성인과의 사회적 접촉이 더 적음을 의미한다. 실제로 많은 여성에게 일은 사회적 지지와 자율성의 긍정적 자원이 될 수 있으며 더 나은 정신건강과 심리적 안녕으로 전환될 수 있음을 연구들은 밝히고 있다(Arendell, 2000; Hochschild, 1997).

많은 어머니가 가정 밖에서 하는 일을 줄이고 싶어 하지만 대다수 여성에게는 꽤 오랜 시간 동안 이것이 이루어지지 않았다. 여성의 80% 정도가 첫 자녀 출산 전에 일을 하고 있으며, 이들 중 1/3이 출산 후 6개월 이내에 복직한다(Bianci, 2000). 그리고 대다수가 일 년 이내에 복직한다. 더불어 임신기 동안 미취업했던 여성의 1/4이 출산 후 일 년 이내에 노동시장에 진입한다(Smith, Downs, & O'Connell, 2001).

가정 밖에서 일을 계속할 경우, 어머니는 대체로 집에 있을 때에는 자녀양육을 책임지고, 집 밖에서는 보육시설이나 아이를 맡아 줄 사람을 마련하는 것에 대한 주요 책임을 진다(Coltrane, 2000; Duxbury, Higgins, & Lee, 1994; Singley & Hynes, 2005). 일하는 부모, 특히 일하는 어머니가 겪는 많은 요구는 배우자 간 역할갈등 가능성을 높인다. 역할갈등(role conflict)은 배우자가 부부역할과 책임에 대해 동의하지 않을 때 존재한다. 즉, 부부가 여러 과업을 누가 수행해야 하는지 또는 어떻게 과업을 수행할 것인지에 대해 불일치하는 것이다. 부모기로 인해 요구가 많아지고 시간에 쫓기므로 부모들은 적극적으로 대립하고 재협상할 가능성이 있다. 예를 들면, 부부는 양육과업을 수행해야 하는 지금, 과거에 비해서 누가 청소를 하고, 저녁을 하고 잔디를 깎을 것이냐에 대해 더 많이 싸울 것이다.

일과 결혼의 요구 사이에 균형을 맞추는 일은 역할긴장을 초래한다. 역할긴장(role strain)은 남편 또는 아내가 자신의 가족역할 책임이 무엇인지에 대한 명확한 생각을 갖고 있지만 자신의 기대에 만족하는 방식으로 역할수행을 못할 때 존재한다(Burr et al., 1979). 역할긴장은 종종 죄책감을 동반한다. 다시 말하면 자신의 개인적 역할 기준에 따라 생활하지 못할 때, 그 결과는 자신의 역할수행에 대한 죄책감이 될 수 있다.

맞벌이 부부관계에서 일과 관련된 요구가 많으므로 부부역할과 가족역할을 충족시키는 것에 방해받을 때 부모와 배우자들은 특히 역할긴장과 죄책감을 느끼기 쉽다. 연구들은 특히 취업모가 역할긴장을 느낄 가능성이 있음을 분명히 제시하고 있다(Barnett & Shen, 1997; Milkie & Peltola, 1999). 여성은 가족과업에 대한 주요 책임을 맡도록 사회화되므로, 가족돌봄에 대한 자신의 기대에 못 미칠 수 있다. 취업모들은 종종 자녀와 더 많은 시간을 보내고 더 직접적으로 자녀양육에 관여하기를 원하지만, 이를 할 수 없을 때 역할긴장과 죄책감이 확대될 수 있다.

또한 일과 가족생활의 대치되는 요구는 배우자, 특히 여성에게 역할부담(role overload)을 가져올 수 있다(Menaghan & Parcels, 1990). 부담을 느끼는 사람은 자신이 맞닥뜨리는 대치된 요구를 충족시키는 것이 불가능하다. 역할부담은 종종 불안과 삶에 대한 통제감 상실을 동반한다. 사람들은 많은 요구와 서로 대치되는 요구를 해결하려고 노력할 때 절망감과 무기력함을 느끼기 시작할 수 있다.

역할부담, 역할긴장, 역할갈등은 당연히 서로 연관되어 있다. 부담을 느끼는 사람들은 자신의 내적 기준에서 역할 중 많은 부분을 수행하지 못하고 있고, 이는 역할긴장 경험에 원인이 된다. 또한 부담을 느끼는 사람들은 책임을 배우자에게 돌림으로써 그 부담을 감소시키려 하고, 따라서 역할갈등에 대한 가능성은 높아진다. 이러한 개념을 구분하는 것은 부부가 일, 결혼생활, 부모기의 요구에 균형을 맞출 때 다루어야 할 문제점의 복잡성을 강조하므로 중요하다.

분명히 일과 가족의 요구 사이에서 균형을 잡는 새롭고 적절한 방법을 발전시키는 일은 결혼한 부부가 당면한 과제다. 많은 부부는 성공적인 역할모델 없이 시행착오를 통해 대치되는 두 요구의 균형을 이루게 하는 만족스러운 방법을 찾기 위해 노력해야만 한다. 부부들이 개인에게 주어지는 부담감을 줄이고 관계 내에서 친밀감의 경험을 증진하는 전략을 실행하기 위해 고군분투하는 과정에서 이루어지는 이러한 노력은 아동기 자녀가 있는 부부에게는 압력이 될 수 있다.

아내의 취업에 대한 연구를 고찰하면 배우자의 지지가 맞벌이 가족체계 성공의 열쇠임을 확실하게 알 수 있다(Arendell, 2000; Glade, Bean, & Vira, 2005; Perry-Jenkins, Repetti, & Crouter, 2000). 결혼 만족도에 영향을 미치는 것은 아내의 취업 그 자체가 아니라 '남편의 협조 법칙(the law of husband cooperation)'이다(Bernard, 1974). 남편의 협조는 아내 취업에 대한 긍정적인 태도와 가사 및 자녀양육 과업에 협조를 포함한다(Bernardo, Shehan, & Leslie, 1987; Gilbert, 1988). 배우자의 지지를 거의 또는 전혀 받지 못하는 어머니는 지지를 받는 어머니보다 자신의 역할로 인해 더 많은 스트레스를 받는다(Glade et al., 2005; Perry-Jenkins et al., 2000).

여성에 대한 일 부담 중 일부는 남성이 가족과업을 수행하는 데 더 많은 책임을 지는 경우 확실히 감소한다. 최근의 어떤 연구는 남성이 가사와 가정일에 더 많이 참여하고는 있지만, 많은 여성의 과부하와 긴장 경험을 상쇄시키기에는 아직 충분치 않다고 제안한다.

요약하자면 아동기 가족은 다른 많은 가족처럼 상호 연결된, 상호의존적인 체계로 볼 수 있다. 이 체계에 자녀의 출생과 자녀가 가져오는 가족에 대한 추가적 요구는 이전 관계가 재협상되어야 함을 의미한다. 확대가족의 더 많은 참여에 대한 욕구는 핵가족의 응집성과 안정성의 유지에 대한 욕구와 균형을 이루어야 한다. 남편과 아내 사이의 친밀감은 서로에 대한 배우자의 신체적·정서적 욕구뿐 아니라 자녀의 욕구를 고려하도록 재협상되어야 한다. 또한, 각 배우자의 개별성과 분리성에 대한 욕구는 부모가 되고 배우자가 되는 것에 수반되는 책임감과 균형을 맞추어야 한다. 마지막으로 부모의 일에 대한 책임감 관리는 부부관계를 유지하고, 자녀의 욕구를 충족시키며, 서로의 개별성과 분리성에 대한 욕구뿐 아니라 친밀성과 지지에 대한 욕구를 존중하는 데 대한 전략에 영향을 미치고 또한 영향을 받는다.

가사관리

가사관리 전략 재협상　　가족에 자녀가 추가되는 것은 자녀양육의 과업을 포함하지 않더라도 가사관리 과업의 상당한 증가를 가져온다. 빨랫감, 식사준비(우유타기, 이유식), 세탁 및 설거지(우유병, 기저귀 등), 쇼핑(이유식과 양육 관련 물건 등)을 더 많이 해야 하는 것은 추가되는 일 중 일부분이다. 남성이 부모기에 동등한 파트너로 참여한다는 현대의 평등주의적 결혼에 대한 이미지에도 불구하고, 아동기 부모에 관한 연구들은 계속해서 이와는 다른 결과를 보여 주고 있다. 자녀 출생 이전에 집안일을 얼마나 도왔는지에 상관없이, 남편들은 자녀 출생 이후에 증가된 일의 양에 비해 집안일을 덜 하는 경향이 있다. 이러한 현상을 '성역할의 전통화(traditionalization of sex roles)'라고 한다. 본질적으로 이 현상은 부모기 진입으로 남성과 여성의 역할이 점차 분리되는 경향이 있음을 의미한다(Glade et al., 2005; Johnson & Huston, 1998; MacDermid et al., 1990; Van Egeren, 2004).

라로사와 라로사(LaRossa & LaRossa, 1981)는 남성과 여성의 성역할 사회화에서 남성은 '역할과 거리 두기(role distancing)'로 반응하는 반면 여성은 어머니 역할을 받아들이도록 한다고 추론하였다. 또한 이 시기에 증가된 요구로 인해 모든 과업과 책임감을 나누는 것은 부부에게는 비효율적일 수 있다는 해석도 있다. 전통화는 각 배우자의 배경과 훈련이 남성 또는 여성에게 전통영역에서의 더 많은 기술과 훈련을 제공하기 때문에 발생할 수 있다. 자연적으로 여성이 임신, 출산, 출산 후 회복과 어떤 경우에는 모유수유에 관여하는 것 또한 여성의 경험이 남성의 경험과 달라지는 데 기여할 수 있다.

가능한 또 다른 해석은 일과 가족경계와 관련되어 발생하는 변화다. 자녀양육을 위해 가정에 남게 되는 여성과 노동참여를 늘리는 남성에게, 생계부양자로서의 남성과 가사담당자로서의 여성이라는 전통적인 가사분담 쪽으로 재구조화된다. 가사분담과 관련된 협상은 각 배우자가 상대적으로 분리된 영역에 배분하는 시간에 기초한다. 기존 연구들은 여성과 남성이 노동자로서(유급노동과 가사노동의 합산) 소비하는 총 시간의 양은 거의 동일함을 밝혀 왔다. 그러나 여성은 남성보다 더 많이 유급노동과 가사노동 사이를 왔다 갔다 하면서 자신의 시간과 노력을 이동한다. 일반적으로 가족생활의 유지를 확인하는 것에 대해 책임감을 느끼는 사람은 여성이다(Shingley & Hynes, 2005).

일반적으로 남녀가 똑같은 시간을 일하는 데 사용하고 있다는 통계에도 불구하고, 어머니는 자녀가 출생하기 전에도 그리고 그 이후에도 계속해서 남편보다 더 많은 시간을 가사일 하는 데 소비한다. 남편의 전반적인 가사참여는 자녀 출생 전보다 아주 조금 증가하는 경향이 있다(Belsky & Kelly, 1994). 따라서 어머니는 남편에 비해 계속해서 3배에서 4배가량 더 많은 일을 한다. 단지 부모가 된 현재 할 일이 더 많을 뿐이다(Coltrane, 2000; Hochschild, 1997). 덧붙여 일의 속성에 있어 남성과 여성 사이에 상당한 차이가 존재한다. 여성은 청소, 설거지, 이부자리 마련하기, 요리, 쇼핑, 세탁, 정리하기와 같은 반복적이고 일상적인 일을 하는 반면, 남성은 집수리, 쓰레기 내놓기, 잔디 깎기, 정원일 등과 같이 자주 있지 않고 불규칙적인 업무를 더 많이 담당한다(Johnson & Huston, 1998; MacDermid et al., 1990).

가계 재정관리   어떤 방법으로 측정하더라도 자녀를 키우는 것은 돈이 많이 드는 일이다. 자녀양육에 드는 실제 비용은 인플레이션으로 빠르게 변화하므로 자녀를 키우는 것이 얼마나 비싼지를 측정하기 위해 일반적인 법칙을 사용할 수 있다. 태어날 때부터 18세까지 자녀를 키우는 데 드는 평균적인 **직접비용**(direct costs)은 가계의 평균 수입의 3배 또는 4배가량이다(Miller & Myers-Wall, 1983). 직접비용은 출산, 식료품, 의류, 주거, 교육에 드는 현금지불 경비를 포함한다. **간접비용**(indirect costs)까지 고려한다면 자녀를 키우는 실제 비용은 더 증가할 것이다. 간접비용은 자녀를 양육하기 위해 가정에 있는 어머니들이 포기한 잠재적 임금과 일하는 어머니들이 소비하는 아동보육 추가 비용을 포함한다. 아동보육은 현재 주거, 식료품, 세금 다음으로 네 번째로 높은 가계소비로 측정된다(Allegretto, 2005).

이처럼 가계에 새로 추가된 비용은 우선순위를 재측정하고 가계관리 전략을 재협상할 것을 요구하면서 많은 부부가 현재 갖고 있는 자원에 분명 부담을 준다. 소득에서 기본 생활비를 뺀 잔액은 부족해지고, 이는 부부와 개인의 여가 활동에 영향을 미친다. 아내가 유급 노동을 하지 않으면서 가사일을 하고 남성이 주 생계부양자 역할을 맡게 되는 변화는 이전 부부관계에서 존재했던 권력과 통제의 균형을 변화시킬 수 있다. 아내의 자존감과 유능감이 변화하고 정서적 지지와 지원을 받기 위해 남편에게 의존하는 감정의 변화로 의사결정 전략 또한 변화할 수 있다. 이는 아내가 노동시장을 떠날 때 수반되는 흔한 반응이다(Cowan & Cowan, 2000).

앞서 밝혔던 것처럼 비록 남편과 아내 모두에게 경제적 문제는 중요하지만 아내보다는 남편이 더 강하게 느낀다. 이러한 차이는 적어도 부분적으로 주 생계 부양자로서 남성이 경험하는 책임감의 증가와 관련되어 있다. 연구에 따르면 증가된 경제적 압력은 남성이 더 우울해지고 자녀를 '어렵다고' 인식할 가능성을 높인다(Simons et al., 1990). 이러한 압력은 결과적으로 남성이 아내와 자녀 모두에게서 멀어지게 만들 수 있다(Belsky & Kelly, 1994). 이러한 변화를 위한 성공적인 해결책은 부부가 이전 교제기간과 결혼 초기에 만족할 만한 의사소통과 의사결정 체계의 성공적 수립 정도에 부분적으로 달려 있다.

가족의 정서적 분위기 관리하기

부부관계 질 관리 앞서 밝힌 바와 같이, 연구들은 많은 부부가 부모가 된 이후에 확실하게 결혼의 질에 있어서 감소를 경험한다는 사실을 정립해 왔다(Belsky & Kelly, 1994; Helms-Erikson, 2001; Kluwer & Johnson, 2007). 일반적으로 결혼 질의 변화는 부부가 자녀 출산 이후 경험하는 의사소통 패턴, 친밀감 수준, 함께하는 우애적 활동 정도의 변화 때문일 수 있다. 또한 이미 살펴본 바와 같이 의사소통, 친밀감, 함께하는 시간은 남편과 아내의 부모에 대한 사회화, 자녀의 욕구를 충족하기 위해 요구되는 시간과 에너지의 양, 다양한 역할(배우자, 부모, 노동자, 가정주부)의 상반되는 요구, 부모기 경제적 압력(아내가 유급노동에서 벗어난 것, 자녀양육을 위한 추가 비용)과 같은 여러 요인에 영향을 받을 수 있다. 아동의 기질 차이, 즉 아동이 얼마나 조용하고, 건강하고, 식사와 수면 주기에서 규칙적인지 또는 건강하지 않거나 일상 리듬에서 불규칙한지도 앞 목록에 추가될 수 있다(Belsky & Kelly, 1994).

그러나 벨스키와 로빈(Belsky & Rovine, 1990)이 밝힌 바와 같이 "비록 평균적으로 영유아기 3년 동안 결혼의 질이 신뢰성 있게 조금 악화되기는 하지만, 결혼에서의 변화는 중심경향성을 고려할 때보다 훨씬 더 다양하다(p. 18)." 즉, 부부가 부모가 되는 결과로 모든 결혼이 악화되지는 않는다. 어떤 부부는 많은 디스트레스를 경험하고, 다른 부부는 중간 정도의 디스트레스를, 그리고 또 다른 부부는 디스트레스를 거의 경험하지 않는다. 어떤 부부는 여전히 긍정적으로 자신들의 관계를 평가하면서 앞서 제시한 많은 요구를 경험하기도 하지만, 또 어떤 부부는 추가된 압력으로 인해 자신들의 결혼이 상당히 불만족하다고 느낀다. 이러한 부부들을 어떻게 구별할까? 무엇이 부부가 이 발달 시기를 상대적으로 별 피해 없이 생존할 수 있게 하는가?

일반적으로 자녀 출산 후 만족할 만한 결혼생활을 하는 부부는 자녀 출산 전에 더 긍정적인 관계를 갖고 있는 부부다(Belsky & Kelly, 1994; Helms-Erikson, 2001; Kluwer & Johnson, 2007; Van Egeren, 2004). 가장 성공한 부부의 관계는 앞 장에서 묘사된 것과 같은 특성으로 특징지어진다. 즉, 이러한 부부들은 근접성, 몰입감, 친밀감, 공유된 권력과 의사결정, 서로의 개인성과 독특성에 대한 존중을 성취했을 가능성이 더 크다.

또 다른 주요 요인은 배우자들이 갖는 양육경험에 대한 기대다. 부모기가 결혼에 미칠 영향에 대해 현실적으로 평가하는 배우자들은 이후 어떤 일이 다가올지에 대해 정확히 예상치 못한 사람들보다 더 만족하는 경향이 있다. 즉, 부모가 자녀가 가져올 요구(기저귀 갈기, 수유하기, 빨래하기, 불규칙한 수면 패턴, 성인과의 사회적 상호작용 기회 감소, 여가시간 감소)를 정확히 예상하고 있을 때, 배우자와의 관계에 더 만족하는 상태에 머무르는 경향이 있다(Belsky & Kelly, 1994; Kalmus, Davidson, & Cushman, 1992). 부모기에 여성이 가장 많은 요구를 경험하고 결혼 만족도에서 가장 많은 하락을 경험하므로 정확하게 어떤 일이 생길지 예상하는 것은 여성에게 더 중요한 듯 보인다(Belsky & Kelly, 1994; Cowan & Cowan, 2000).

마지막으로 또 다른 주요 요인은 남편과 아내가 배우자로서 그리고 부모로서의 역할과 책임감에 대해 비슷한 성향을 공유하는 정도다. 예를 들어, 비전통적 성역할 태도를 공유하고 있는 부부는 배우자의 실제적 가사에 참여(특히 남편의 참여)가 상대방의 기대와 일치하는 한 서로에게 만족하는 경향이 있다(MacDermid et al., 1990). 그러나 앞서 기술한 것처럼 대부분의 남성이 가사일과 자녀양육에 평등하게 참여하지 않는다는 점에서 이러한 상황은 상대적으로 드문 경험일 수 있다. 남편이 실제로 여성의 기대에 부합하지 않는다는 점에서 비전통적 성역할 태도와 가치를 지닌 여성이 불만족할 가능성이 더 높다. 반대로, 좀 더 전통적인 성향을 가진 여성은 남편이 가사일이나 자녀양육을 하는 데 자신을 도와주지 않는 것을 사실상 더 선호할 수도 있다. 어떤 여성은 자녀양육이나 가사일을 자신만의 전문적이고 자신 있는 영역으로 인식하므로 남성과 공유하지 않는 것을 선호한다. 또 어떤 여성은 남편의 참여를 권유한 후, 이러한 권유가 혼자 일을 했을 때보다 더 많은 일을 해냈음을 모니터링해야 한다고 생각한다. 그러나 여전히 또 어떤 사람은 남편이 '도와주는 것'에 대한 대가를 지불하는 것을 꺼리기 때문에 배우자에게 도움을 받고 싶어 하지 않는다. 즉, 남편은 보상으로 아내가 들어주기를 꺼리는 어떤 부탁(예: 성관계, 비싼 물건 사기)을 요구할 수도 있다(LaRossa & LaRossa, 1981).

따라서 다시 한 번 말하자면 주요한 요인은 부부가 얼마나 적절하게 부모기 역할에 대해 계획했는가와 추가된 요구에 몰입해 왔는가 하는 점이다(Belsky & Kelly, 1994). 의사소통 개방성이 높고 자녀 출산 전 서로에 대한 기대감을 더 명확히 협상했을 경우, 이 부부들은 전환기 동안 서로에게 더 만족한 채로 있을 가능성이 높다. 또한 연구들은 일관되게 조화로운 결혼생활이 더 민감한 양육과 더 온정적인 부모-자녀관계와 연관이 있을 수 있음을 알려 왔다. 대조적으로 지지적 관계가 적은 경우는 자녀에 대해 지속적인 지시, 안내, 훈육을 제공할 수 없다(Gable, Belsky, & Crnic, 1992).

요약하자면, 자신의 기대를 협상하고 기대와 경험을 서로에게 맞추는 부부의 능력 또는 무능력은 자녀가 결혼생활에 어떠한 영향을 미치는지를 이해하는 데 중요하다(Sabatelli, 1988). 이는 자녀와 양육이 결혼에 미치는 영향을 생각할 때 고려해야 할 몇 가지 주요한 점을 제안한다. 첫째, 자녀의 존재와 자녀양육과 관련된 요구는 부모가 결혼생활에서 정서적 분위기를 관리하는 노력에 분명하게 영향을 미친다. 자녀는 가족체계를 분명히 변화시킨다. 둘째, 부부는 부모기의 증가된 요구에 맞추어 배우자에 대한 기대를 종종 변화시킨다. 만족도의 감소는 배우자가 이러한 기대에서의 변화에 반응적이지 않은 경우 발생한다.

이와 동시에 자녀는 배우자의 결혼 만족도 감소에 원인이 아님을 강조하는 것이 중요하다. 다른 스트레스처럼 자녀는 기대에 의한 갈등의 가능성을 증가시키는 요구를 결혼으로 끌어들일 수 있다. 따라서 부부가 자신의 기대를 논의하고 건설적으로 의견의 차이점을 관리하는 데 실패할 때 만족도는 감소한다. 이와 관련해서 부모기 전이시기 동안 활기 있는 결혼생활을 유지하는 가장 처음 단계는 부부가 결혼에서 경험하고 있는 것에 책임을 지는 것이다. 따라서 단순히 자녀를 비난하기보다는 자신들의 경험에 대해 책임지는 것은 중요하다.

만족스러운 성관계 유지   부부가 서로의 성적 욕구를 충족하기 위해 발전시켜 온 전략은 일반적으로 자녀의 출생과 함께 변화를 거친다. 부부중심 체계에서 자녀중심 체계로의 변화는 이 시기 동안 경험하는 전반적인 결혼의 질 감소와 함께 필연적으로 부부의 성적 관계에 영향을 미친다. 성적 상호작용의 빈도는 임신기 동안 감소해서 자녀 출산 후 몇 주 어떤 경우에는 몇 달 후에 다시 증가하는 경향이 있다. 출산 후 성행위의 결정요인에 대한 연구에서 일치하는 결과가 적긴 하지만, 대부분의 연구는 부모기가 대다수 부부의 성생활을 변화시킴을 제안한다(Francoeur & Noonan, 2004). 부모는 부모가 아닌 사람들보다 낮은 수준의 성적 만족도를 보고하는 경향이 있음을 많은 연구를 포함한 최근의 통계적 분석은 밝히고 있다. 그러나 대체로 이러한 성행동과 만족도 변화에 대한 정확한 이유는 아직 알려지지 않았다(Harvey, Wenzel, & Sprecher, 2004).

성관계에서의 이러한 변화가 부부에게는 어렵거나 맥빠지는 것이지만 대부분의 부부는 이 변화를 이해할 수 있는 것으로 받아들인다(Cowan & Cowan, 2000). 많은 부부에게 이러한 변화는 단지 일시적이어서 임신기 후반기와 자녀 출산 후 처음 몇 달간에 제한된다.

제8장에서 밝힌 바와 같이 성(sexuality)의 주요한 의의는 결혼관계의 특별함을 상징적으로 의사소통하고 배우자 간에 특별한 연대를 규정하는 기능이다. 자녀의 출생과 함께 이러한 특별한 연대는 부모와 자녀 간에 새로이 형성되는 정서적 연대감을 고려하도록 수정되어야 한다. 이와 같은 경쟁적인 정서적·신체적 요구를 고려하여 성적 관계를 일시적으로 변화할 수 있는 부부는 초기 전환기가 지나간 이후에 만족할 만한 성적 관계를 재개할 가능성이 더 크다. 이러한 부부는 또한 부모가 되는 경험을 공유하고 아이가 더 많이 반응적이 됨을 즐기는 것으로 인해 새로운 친밀감을 경험할 가능성이 크다(Cowan & Cowan, 2000).

여가 활동 관리   어린 자녀가 있는 가계를 관리하는 데 요구되는 부가적인 시간과 노력은 여가 활동에 많은 시간이 남지 않음을 의미한다. 그러나 부부 결혼의 생존력, 강도 및 질, 그리고 배우자 개개인의 안녕은 개인적인 관심과 활동, 애정적인 활동에 부부가 함께 소비하는 충분한 시간에 달려 있다. 가족은 유급노동, 가사관리, 자녀양육이 가족체계에 부여하는 요구 사이에 균형을 이루면서도 여가에 대한 욕구를 고려하는 전략을 고안해야 한다.

불행히도 대부분의 여성은 자녀 출산 이후에 결혼이 로맨스보다는 동반자적 관계가 되어 가고 남편이 자신에게 충분한 관심을 보이지 않는다고 보고한다(Belsky & Kelly, 1994). 즉, 외식이나 영화보기, TV를 함께 보거나 단둘이 친밀한 시간을 보내는 것과 같은 여가 활동보다는 가사관리와 양육과 같은 도구적 과업에 몰두하면서 부부로 함께 보내는 대부분의 시간을 소비한다(MacDermid et al., 1990). 많은 요인이 이러한 변화를 설명할 수 있다. 그중 한 요인은 필수적인 일, 가사일, 양육에 대한 책임을 완수한 후에 더 많은 활동을 위한 에너지와 열정의 부족이다. 여가 활동을 위해 필요한, 자녀와 멀어져 있는 시간은 특히 가정 밖에서 풀타임으로 일하는 여성에게 원치 않는 희생으로 경험될 수 있다. 마지막으로 여가 활동은 베이비시터 비용뿐 아니라 여가 활동을 하기 위한 돈까지 필요로 한다는 점에서 비용이 많이 든다. 자녀를 키우는 데 추가된 비용은 여가 활동에 대한 소비를 부부의 형편보다 더 사치스럽게 만들 수도 있다.

새로운 영역의 갈등관리   부모기로의 진입은 잠재적 갈등의 많은 근원으로 가득함이 명백할 것이다. 잠재적 갈등의 근원 중 하나는 확대가족과의 관계다. 가족체계에 자녀의 추가는 세대 간 영향을 가족체계에 미친다. 양가 부모는 조부모의 역할을 갖게 되면서 변화를 겪게 된다. 배우자들은 가족 내에서 조부모가 수행하도록 기대되는 역할에 대해 동의하지 않을 수 있다. 이와 유사하게 조부모는 성인자녀가 갖고 있는 자신들의 가족 내 역할과 다른 기대를 갖고 있을 수 있다. 예를 들어, 양가의 부모가 새로운 부모를 위해 배우자 중 한 명 또는 둘 모두에게 참견으로 보이는 '도움이 되는 조언'을 하거나 아이를 키우는 데 도움을 주기 위해 방문의 빈도를 높일 수 있다. 어떤 경우에는 새로 부모가 된 사람들이 조부모로부터 실제로 받는 것보다 더 많은 관심과 도움을 기대할 수도 있을 것이고, 이 경우 새로운 부모들은 거부당하고, 무시당하며, 중요치 않다고 느낄 수 있다. 부모기로의 전이 동안 스트레스의 근원으로 시댁 또는 처가와의 문제를 밝히고 있다. 이는 새로 부모가 된 사람들이 서로 받아들 수 있는 확대구성원의 개입 정도를 재협상하는 것이 중요함을 지적한다(Carter, 2005).

부분적으로 각 배우자들이 자신의 원가족으로부터 성취했던 개인화의 정도가 이러한 재협상의 성공을 결정한다. 성공적이지 못한 개인화 노력은 부모나 시댁 또는 친정과의 고양된 갈등으로 이끌 수 있다. 해결되지 않은 의존 욕구와 부모를 향한 분노감이나 거부감 또는 고립감은 결혼으로 전이되고, 이전의 갈등이 결혼생활에서 다시 재현된다. 예를 들어, 부모가 특정한 자녀에 대해 "태어나는 그날부터 문제야."라고 한다든지, "얘는 걔 엄마(또는 아빠)랑 똑같이 짜증나는 성격이야."라고 하는 말을 임상 인터뷰에서 듣는 것은 드문 일이 아니다. 한 자녀에 대한 이러한 이미지는, 인생의 상당히 초기에 형성되고, 시간이 흘러감에 따라 강화될 수 있으며 자녀의 정체성의 주요요소이면서 이후 자녀 발달에서 부모-자녀 갈등의 전조가 될 수 있다.

갈등은 또한 어떻게 부부가 자녀양육에 대한 요구와 친밀하고 지지적인 결혼관계 유지에 대한 요구를 최선으로 유지하는가에 따라 발달할 수 있다. 지나치게 결혼에 집중하는 경우, 즉 자녀의 요구를 거부할 정도로 결혼에 지나치게 집중하거나 결혼생활의 요구를 거부하면서 자녀에 지나치게 집중하는 것은 거부감, 분노감, 고립감을 더욱 유발하여 가족의 정서적 환경을 심각하게 해칠 수 있다.

부모기로의 전이는 또한 각 배우자의 개별화 및 분리화 욕구와 가족과의 연결감 욕구에 대한 재협상을 요구한다. 우세한 사회적 가치와 문화적 가치, 그리고 사회화 경험은 남성은 좀 더 자유롭게 개별화 과업, 여가 활동이나 가정 밖에서의 책임감에 참여할 수 있도록 하는 반면에 여성에게는 가족 책임감을 더 많이 지도록 요구하면서 잠재적인 갈등을 부채질한다. 라로사와 라로사(LaRossa & LaRossa, 1981)는 부모기로의 전이기간 동안 배우자 사이에 주요한 갈등의 원인은 자유시간 부족과 이처럼 부족한 자원이 어떻게 재배치될 것인가와 관련되어 발생하는 차이점이라고 주장했다. 이들은 아동이 생존을 위해 성인에게 전적으로 의지하고 지속적으로 보살핌을 받아야 하는 욕구로 인해 양육은 상당한 시간을 요구한다고 제안하였다. 이러한 상당한 시간에 대한 요구는 가족체계에 주어진 일, 가사관리, 여가 활동 또는 사회활동에 시간을 배분하는 요구와 함께 배우자의 이익과 관련된 갈등이 필연적임을 의미한다.

마지막으로 부부는 자녀에 대한 어떤 이미지 또는 어떤 가치가 자녀에게 전달되어야 하는지에 대해 생각이 다를 수 있다. 한 배우자는 자녀가 의사나 스타 운동선수 또는 회계사가 되기를 바라는 반면, 또 다른 배우자는 자녀가 가족기업을 계승하거나 대통령이 되기를 바랄 수도 있다. 한 배우자는 자녀의 행동을 재미있다고 볼 수 있는 반면, 또 다른 사람은 같은 행동을 존경심이 없고 비꼬는 것으로 볼 수 있다. 부부가 인종이나 종교적 배경이 다를 경우 어떠한 가치를 자녀가 따르기를 기대하는지에 관련해서 갈등이 발생할 수 있다. 부모는 선호하는 양육방식이 다를 수도 있다. 즉, 한 사람은 좀 더 허용적인 방식을 선호하는 반면, 또 다른 사람은 좀 더 권위주의적 방식을 선호할 수 있다. 다시 한 번 말하지만, 부부가 결혼생활 초기에 확립했던 전략과 규칙은 자녀에 대한 서로 다른 기대와 이미지를 재협상하는 데에 성공 또는 실패 정도에 많은 영향을 미칠 것이다.

결 론

　가족생활주기의 신혼기 동안 확립된 패턴과 역동성은 자녀존재에 의해 모두 영향을 받는다. 가족체계의 과업은 자녀로 인해 가족 및 개인 정체성, 내·외적 경계, 가계 유지 전략의 재작업을 필요로 한다. 부모기와 연관된 스트레스와 긴장은 결혼관계에도 영향을 미친다. 부부는 자녀를 위한 공간을 마련하면서도 자신들의 관계에 대한 공간도 쓸 수 있도록 유지하여야 한다. 여가시간도 영향을 받는다. 동료감과 성적 친밀감의 패턴도 반드시 재조정되어야 한다. 부부는 반드시 결혼의 기초를 흔들기보다는 친밀감을 촉진하는 방향으로 긴장과 갈등을 협상해야 한다.

　그러나 이러한 스트레스로 인해, 체계는 평범한 일상의 어려움에 맞닥뜨리게 되는 것이 일반적이라는 점이 강조되어야 한다. 체계의 향후 적응에 대해 중요한 영향력을 미치는 것은 부부가 일상적인 요구를 다루기 위해 선택하는 대처 전략이다. 제2장에서 논의한 바와 같이 자원이 풍부한 가족체계는 부모기의 요구를 최소한의 불안감과 디스트레스로 적응할 수 있을 것이다. 반대로 대처 자원이 부족한 체계, 예를 들어 응집성이나 지지가 부족한 체계 또는 자존감이나 자기효능감이 부족한 개인으로 이루어진 체계는 자녀가 가족체계로 진입할 때 동반되는 요구의 축적으로 인해 더 당황하게 될 것이다. 사실 본 장을 통해 아동기 가족체계가 맞닥뜨리는 어려움을 개괄하려는 노력은 이러한 어려움에 대한 지식이 부부가 가족생활주기의 이 단계에 더 잘 대처하도록 도움을 줄 것이라는 믿음으로 시작되었다.

주요 개념

간접비용(Indirect costs) 자녀를 양육하기 위해 가정에 있는 어머니가 포기한 잠재적 임금과 취업 모가 소비하는 아동 돌봄 추가 비용.

역할갈등(Role conflict) 부부역할과 책임감, 그리고 누가 과업을 수행해야 하며 그 과업이 수행되어야 하는 방법에 대한 불일치.

역할긴장(Role strain) 한 사람이 자신의 역할 책임감에 대한 확실한 아이디어를 갖고 있으나 스스로의 기대를 만족하는 방식으로 책임감을 완수하지 못할 때 경험하는 긴장감.

역할부담(Role overload) 한 사람이 마주하는 상이한 모든 요구를 충족하는 것이 불가능함을 알게 되는 것. 역할부담은 흔히 불안감이나 인생에 대한 통제감 상실을 동반함.

직접비용(Direct costs) 출산, 식료품, 의류, 주거, 교육을 포함하는 아동양육을 위한 현금지출경비.

제12장
부모-자녀관계 체계

자녀를 키우는 것은 자녀양육과 자녀행동 통제를 위한 전략의 발달을 요구한다. 지지, 온정, 수용, 격려는 양육 전략을 통해 전달된다. 통제 전략은 자녀를 위험에서 보호하고 자녀가 사회에서 적절한 방식으로 행동할 수 있도록 사회화하는 데 필수적이다. 부모가 자녀양육과 통제를 위해 선택하는 전략은 부모양육 형태를 통해 분명하게 드러난다.

권위주의적 유형은 상당히 통제적이지만 전반적으로 온정이 부족하다. 허용적 유형은 통제가 부족하며 지나치게 간섭적이거나 방임적일 수 있다. 권위적 유형은 자녀만의 생각과 감정, 능력을 인정하면서도 자녀 행동에 대한 분명한 부모의 지침을 설정하는 방법으로 온정과 통제가 조합되어 있다. 부모양육 유형은 첫째, 부모 자신의 발달적 역사와 심리적 · 대인관계적 자원, 둘째, 기질, 성별, 연령과 발달상태를 포함하는 자녀만의 특성, 셋째, 스트레스의 맥락적 근원과 가족이 이용가능한 지지의 세 가지 주요요인에 의해 결정된다.

부모가 자녀를 올바르게 양육하고 통제하는 능력에 의해 부모양육 유형의 효과성은 궁극적으로 결정된다. 이러한 점에서 아동학대와 방임은 비효율적 부모양육 유형의 예로 볼 수 있다.

부모-자녀관계 체계

이제부터 부모와 자녀관계에서 발견되는 상호작용 패턴으로 관심을 옮기려 한다. 부모와 자녀 간 상호작용에는 상당한 다양성이 있음은 논의할 여지가 없다. 그러나 이러한 다양성을 이해하기 위해서는 체계의 과업과 전략 사이의 관계를 염두에 둘 필요가 있다. 부모와 자녀는 가족체계 내에서 하위체계를 이룬다. 이러한 하위체계 내에서, 부모에게 자녀의 정서적·신체적·사회적·심리적 요구에 주의를 기울여야 하는 업무가 부과된다. 부모는 이러한 과업을 완수하기 위한 전략을 발달시켜야 하고 부모가 선택하는 전략은 특정한 부모양육 유형에서 분명해진다.

부모양육 유형의 차원

개인은 부모됨에 관련하여 부모역할의 요구와 책임감을 만족시키기 위한 전략을 발전시켜야 한다. 부모양육은 자녀의 발달에 영향을 미치기 위해 개별적으로 또는 부부가 함께하는 많은 행동을 포함하는 복잡한 활동이다. 체벌이나 책을 크게 읽어 주기와 같은 특정한 부모양육 행동이 자녀 발달에 영향을 미칠 수 있지만, 따로 떼어서 하나의 특정한 행동을 살펴보는 것은 오해의 소지가 있을 수 있다. 많은 연구자는 개별적 부모양육 행동은 양육의 전반적인 유형보다 자녀의 안녕을 예측하는 데 덜 중요함을 지적해 왔다(Darling & Steinburg, 1993; Maccoby & Martin, 1983).

부모양육 유형의 개념은 부모-자녀관계에서 일어나는 역동을 이해하는 데 가장 중요하다. 부모양육 유형이라는 구성개념은 부모가 자녀를 양육, 통제, 사회화하기 위한 시도에서 일반적인 다양성을 의미한다. 많은 연구자가 부모양육 유형을 기술하기 위해 바움린드(Baumrind, 1991a)가 개발한 부모양육 유형을 사용한다. 바움린드의부모양육 유형을 분류하는 방식을 이해하는 데 두 가지 중요한 점이 있다. 첫째, 부모양육 유형은 부모양육에서의 일반적인 다양성을 기술하기 위한 것이다. 다시 말해, 바움린드가 개발한 부모양육 유형 분류는 학대적이거나 방임적인 가정에서 관찰되는 것과 같은 일탈적인 부모양육을 포함하는 것으로 이해하지 말아야 한다. 둘째, 바움린드는 보통의 부모양육은 통제라는 이슈를 중심으로 이루어진다고 가정하였다. 부모가 어떻게, 어느 정도로 자녀를 통제하거나 사회화하려고 하는지에 대해서는 다를 수 있지만, 자녀에게 영향을 미치고 자녀를 가르치고 통제하는 것이 모든 부모의 주요 역할임을 가정한다(Darling & Steinburg, 1993).

부모양육 유형은 부모양육의 두 가지 주요한 요소를 포함한다. **부모의 반응**(parental responsiveness)과 **부모의 요구**(parental demandingness)다(Maccoby & Martin, 1983). 부모의 반응[또는 부모의 온정(warmth) 또는 지지(supportiveness)라고도 함]은 '부모가 관심을 보이고 지지하며, 자녀의 특별한 욕구와 요구에 집중하고 지원하며 따름으로써 의도적으로 개별화, 자기규제, 자기주장을 함양하려는 정도'를 의미한다(Baumrind, 1991a, p. 62). 신체적, 언어적으로 부모가 자녀와 상호작용하는 방법에서 반응과 온정이 나타난다. 예를 들어, 수용의 신체적 표현은 안아 주기, 쓰다듬기, 어루만지기, 뽀뽀하기를 포함한다. 온정의 언어적 표현은 찬사 보내기, 칭찬하기, 자녀에게 또는 자녀에 대해 좋은 점 얘기하기를 포함한다(Rohner, 1986).

부모의 요구[또는 '행동통제(behavioral control)'라고도 함]는 '성숙에 대한 요구, 감독, 훈육 관련 노력, 순종하지 않는 자녀에게 기꺼이 맞서려 하는 것을 통해 부모가 가족으로 통합될 수 있도록 자녀에게 하는 요구(Baumrind, 1991a, pp. 61-62)'다. 부모는 자녀를 위험으로부터 보호해야 하는 책임이 있다. 자녀는 충동조절, 타인의 권리 존중, 사회규범과 관습의 명령에 반응하는 것을 배울 필요가 있다. 즉, 부모는 자녀가 연령에 적합한 방식으로 행동하도록 가르치기 위한 부모양육 전략을 발전시켜야 한다.

네 가지 부모양육 유형

부모의 요구와 반응 차원이 높은지 낮은지에 따라 분류함으로써 부모양육 형태의 네 가지 유형이 나온다. 그 네 가지는 허용적(indulgent), 권위주의적(authoritarian), 권위적(authoritative), 방임적(uninvolved) 유형이다(Maccoby & Martin, 1983). 각각의 부모양육 유형은 자연스럽게 발생하는 부모의 서로 다른 가치관, 행위, 행동 유형을 반영한다(Baumrind, 1991a, 1991b).

허용적[또는 '관대한(permissive)'이나 '비지시적인(nondirective)'이라고도 함] 부모는 반응적이지만 요구적이지는 않다. 이 부모들은 관대하고, 성숙한 행동을 요구하지 않으며, 대립을 피한다(Baumrind, 1991a, 1991b). 허용적 부모는 민주적 부모와 비지시적 부모의 두 가지 유형으로 나눌 수 있다. 이 두 유형 중 민주적 부모는 관대하긴 하지만 비지시적 부모보다 자녀에게 더 공들이고, 개입하며 몰두한다(Lamborn, Mounts, Steinberg, & Dornbusch, 1991). 즉, 민주적 부모는 비지시적 부모보다 최소한 자녀가 가족규칙을 알 수 있도록 노력을 기울이고 합리성에 대해 설명한다.

권위주의적 부모는 상당히 요구적이고 지시적이지만 반응적이지 않다. "권위주의적 부모는 복종 중심적이며 지위 중심적이다. 그리고 자녀가 자신의 명령에 무조건 복종하기를 기대한다(Baumrind, 1991a, p. 62)." 이 부모들은 명확히 기술된 규칙이 있는, 잘 정리되고 구조화된 환경을 제공한다. 일반적으로 이러한 부모의 의도는 자신이 옳다고 생각하는 것과 상충하는 방식으로 자녀가 행동하거나 생각하는 경우 자녀의 자아의지를 제한하는 것이다. 권위주의적 부모는 강요의 정도에 따라 다르다(Darling & Steinburg, 1993). 즉, 어떤 권위주의적 부모는 지시적이지만 자신의 권력을 사용하는 데 강압적이거나 독재적이지 않은 반면, 어떤 권위주의적 부모는 상당히 통제적이고, 지시적이며, 강요적이다.

권위적 부모는 요구적이면서도 반응적이다. "권위적 부모는 자녀행동을 모니터하고 명확한 기준을 전달한다. 이 부모들은 자기주장이 강하지만 강요적이거나 제한적이지 않다. 이 부모들은 체벌보다는 지지를 통해 훈육하고 자녀가 자기주장이 강하며 사회적으로 책임감 있고, 자기규제를 하며, 협조적이기를 바란다(Baumrind, 1991a, p. 63)." 즉, 이 부모들은 양육적이면서 자녀를 통제하는 데 체벌보다는 긍정적 강화에 주로 의존하는 경향이 있다. 권위적 부모는 기꺼이 자녀에게 지시하고 통제하지만 자녀의 생각, 감정, 발달 능력에 대해 인식하고 있음을 보여 주는 방식으로 지시하고 통제한다. 이 부모들은 자녀에게 성숙하고, 책임감 있으며, 독립적인 행동을 요구하고 훈육이나 가족규칙의 선택 이유를 설명한다.

　방임적 부모는 반응과 요구가 모두 낮다. 어떠한 면에서 이 부모들은 방임적이면서 관대하다고 생각할 수 있다(Lamborn et al., 1991). 자녀는 행동에 대해 어떠한 명백하게 규정된 규칙을 받지 못하고, 관심을 아주 조금 또는 전혀 받지 못한다. 자녀는 감독을 받지도 않고 수용과 확신에 있어서 부족하다. 수용과 명확한 안내 또는 기준이 모두 부족한 것은 자녀를 혼란스럽고, 불안하며, 자기통제를 위한 기준을 내면화할 수 없도록 한다(Baumrind, 1991a, 1991b).

　반응과 요구에서의 차이와 함께, 부모양육 유형은 세 번째 측면인 심리적 통제 정도 차이에 따라 달라진다. 심리적 통제(psychological control)란 죄책감 유발(guilt induction), 애정 철회(withdrawal of love)나 비난(shaming)과 같은 부모양육 행동을 사용하여 심리적 · 정서적 발달을 저해하는 시도를 통해 자녀를 통제하는 것을 의미한다(Barber, 1996, 2002). 권위주의적 유형과 권위적 유형의 주요한 차이점은 심리적 통제 측면이다. 두 유형 모두 자녀에게 높은 요구를 하고 옳은 행동을 하며 부모의 규칙에 따를 것을 기대한다. 그러나 권위주의적 부모는 의심의 여지없이 자녀에게 자신의 판단과 가치, 목표를 수용할 것을 기대한다. 반면, 권위적 부모는 자녀와 함께 판단, 가치, 목표 등을 주고받는 것에 대해 개방적이며 더 많은 설명을 한다. 따라서 권위주의적 부모와 권위적 부모 모두 행동통제는 동일하게 높지만, 권위적 부모는 심리적 통제가 낮은 반면, 권위주의적 부모는 높은 경향이 있다.

자녀에게 미치는 영향

　부모양육 형태는 사회적 유능감, 심리적 발달, 도구적 유능감(즉, 학업성취)과 문제행동의 영역에서 자녀의 안녕감을 예측하는 것으로 밝혀지고 있다. 많은 연구가 온정, 지지, 논리적 추론, 명확한 의사소통, 적절한 모니터링과 개입으로 특징지어지는 부모양육 유형은 자녀의 긍정적인 발달 결과와 연관이 있음을 기술하고 있다(Darling & Steinburg, 1993). 부모 인터뷰, 자녀 작성 보고서, 부모관찰을 기초로 한 이 연구들은 부모가 권위적인(반응적이고 적절하게 요구적인) 아동과 청소년은 그렇지 않은 또래보다 스스로에 대해 도구적으로 유능하다고 평가하였으며 객관적 측정에서도 그렇게 평가되었다. 반대로 방임적인 부모의 부정적 영향은 취학 전 시기와 같은 이른 연령에서도 확실하게 나타나며 청소년기에서 초기 성인기까지 계속된다(Darling & Steinburg, 1993).

또한 연구는 높은 수준의 심리적 통제가 자녀의 부정적 결과와 연관 있음을 밝히고 있다. 불안, 우울, 외로움이나 혼란과 같은 내재화된 문제가 가장 두드러진다. 적절치 않은 행동통제가 높은 수준의 심리적 통제와 함께 사용될 때, 행동화, 약물사용, 무단결석과 반사회적 행동과 같은 외현화된 행동을 흔히 보인다. 부모의 강요, 죄책감 유발, 애정 철회를 포함하는 심리적 통제는 자녀가 독립적이거나 건전한 자아감과 개인적 정체감을 발달시킬 수 있는 능력을 방해하여 심리적 발달을 저해하는 것으로 보인다(Barber, 2002).

결론적으로 부모양육 유형에 관한 연구의 고찰을 통해 권위적 양육이 도구적 유능감과 사회적 유능감 모두와 관련이 있으며, 발달단계와 연령에 상관없이 낮은 수준의 문제행동과 일관성 있게 관련됨을 알 수 있다. 분명히 부모양육 유형은 환경과 지역사회의 넓은 범주에서 자녀 안녕을 예측하는 부모 기능에 대한 확고한 지표를 제공한다. 부모의 반응과 요구는 좋은 양육의 주요한 요소다. 정서적 반응과 자녀의 자율성에 대한 지지와 균형을 이룬, 명확한 부모 요구를 지닌 권위적 양육은 초기 아동기에서 청소년기까지 긍정적 아동발달을 예측하는 가장 일관적인 가족 관련 변인이다.

부모양육 유형의 결정요인

부모양육 유형은 부모가 부모역할과 관련된 과업수행을 위해 노력하면서 사용하는 독특한 전략을 나타낸다. 벨스키(Belsky, 1984)는 부모가 사용하는 양육유형의 결정요인을 기술하는 개념적 모델을 제안하였다. 이 모델에서 양육유형의 많은 결정요인은 부모의 개인적인 심리적 자원, 자녀의 고유한 특성, 스트레스와 지지의 맥락적 원인의 세 가지 차원으로 요약된다.

부모와 관련된 요인

　부모 자신의 발달적 역사 또는 가족 유산이 자신의 부모양육 유형을 끌어내는 자원에 상당한 영향을 미친다. 구체적으로, 이전 원가족과의 경험은 부모양육 형태와 관련 있는 두 가지 주요자원, 즉 부모 개인의 심리적 건강과 성격에 영향을 미친다. 이러한 점에서 심리적 건강, 성격과 자녀에게 사용하는 양육행동은 원가족에서의 분화수준에 영향을 받다. 잘 분화된 가족체계는 자율성과 친밀성에 대한 높은 수준의 용인을 특징으로 한다. 이러한 가족체계에서는 개개인이 자신의 생각을 말하고, 연령에 적합한 과업에 대해 책임을 지며, 타인의 욕구에 민감하고, 서로에 대한 확인과 존경을 전달할 것을 격려한다. 이러한 역동성은 부모기 요구를 다루는 데 필요한 심리적 자원과 대인관계적 자원을 개인에게 제공한다. 이러한 사람은 상대적으로 미분화된 가족 출신인 사람보다 자녀를 효율적으로 양육하고 통제하는 데 필요한 인내심, 의사소통기술, 공감, 민감성을 가질 확률이 더 높다.

　벨스키에 따르면, 효율적인 부모는 탈중심적이고 타인의 관점을 정확하게 평가할 수 있다. 이들은 타인과 공감할 수 있으며 양육중심적이다. 이러한 특징을 가질 때에만 방임적 또는 허용적-관대한 부모양육에서처럼 책임에서 물러나 있거나 아동학대나 권위주의적 부모양육과 같이 절대적 권력에 의존하지 않으면서 부모양육의 요구에 반응할 수 있다. 더불어 이러한 방식으로 기능하기 위해서 부모는 자신의 삶과 운명에 대한 통제감을 경험하고 자신의 심리적 요구가 충족됨을 느낄 필요가 있다. 부모양육의 핵심은 특히 아동기에는 주는 것(giving)이므로, 성장하면서 확인과 개인화를 증진시키는 상호작용 패턴에 노출된 사람들은 민감하고, 개인화를 증진하는 방법으로 자녀와 관계를 맺을 가능성이 높다(Belsky, Steinburg, & Draper, 1991).

자녀와 관련된 요인

부모가 자녀에게 영향을 미칠 뿐 아니라 자녀 또한 부모에게 영향을 미친다. 부모로부터 다른 반응을 이끌어 내는 요인 중에는 자녀의 젠더와 연령 또는 발달상태와 같은 요인이 있다. 예를 들어, 여아는 종종 가족 유대를 친밀하게 유지하고 더 의존적이도록 격려받는 반면, 남아는 더 많이 탐색하고 성취하며 경쟁적이고 독립적이도록 격려된다(Bates & Pettit, 2007). 이러한 자녀 특성은 여아와 남아가 양육되는 방법, 더 구체적으로 말하자면 통제되는 방법을 결정하도록 돕는다. 이와 더불어 기분, 행동수준, 산만 정도, 주의 지속 기간, 새로운 상황에 대한 적응 정도, 반응강도, 접근-회피 패턴, 신체기능의 유연성 등의 특성을 포함하는 자녀의 기질도 부모양육 형태에 영향을 미친다.

그러나 자녀 특성이 성인의 부모양육 유형에 미치는 직접적 효과만을 염두에 두는 것은 충분치 않다. 부모 행동에 대한 자녀의 영향은 사실 양방향적이며 상호의존적이다. 이는 부모양육 유형은 자녀의 기질뿐 아니라 그 기질이 부모에게 미친 영향에 의해 영향을 받으며, 그 부모의 특성은 다시 부모의 자녀 요구에 대한 반응에 영향을 준다는 것을 제안한다. 따라서 효율적인 부모양육을 결정하는 데 중요한 요인은 자녀와 부모 특성 사이의 '적합도(goodness of fit)'다. 예를 들어, 정서적으로 표현적인 자녀는 안전감을 느끼기 위해서는 많은 신체적 자극과 편안함을 요구할 수 있다. 이러한 아동은 부모가 애정을 표현하는 데 신체적 제스처를 할 때 더 잘 반응할 것이다. 그러나 자녀는 신체적 제스처보다 지지와 위로를 언어적으로 표현에 의지하는 부모에 대해서는 덜 반응적일 것이다. 이처럼 언어적으로 더 많이 표현하는 부모는 자신과 비슷한 표현방식을 선호하는 자녀에게 그렇지 않은 자녀보다는 더 긍정적으로 표현할 것이다. 다시 한번 말하지만, 중요한 요인은 특정한 자녀의 기질 또는 자녀의 특성뿐 아니라 부모의 기질 및 특성과 그 아동의 특성이 얼마나 잘 상호작용하는가다. 부모와 자녀의 적합도가 좋을수록 부모-자녀 상호작용의 질이 더 좋아질 가능성이 크다(Belsky, 1984).

스트레스와 지지의 맥락적 출처

부모기의 일반적인 요구는 자녀를 보호하고 발달하는 신체적 · 사회적 · 정서적 · 심리적 욕구에 주의를 기울이는 양육과 통제, 돌봄과 민감성 패턴 확립이다. 일반적인 규칙으로, 스트레스를 받은 부모는 자녀에게 덜 반응적이다(Belsky, Youngblade, Rovine, & Volling, 1991). 자녀가 있는 가족이 '지속적인 전담체계(continual coverage system)'(LaRossa & LaRossa, 1981)를 형성하고 있음은 부모가 자녀의 계속되는 요구를 빈번하게 수용하려는 노력을 하는 동안 상당한 정도의 일상적 스트레스를 경험한다는 뜻이다. 그래서 일상적인 부모기의 요구를 성공적으로 관리하는 것은 스트레스와 지지의 맥락적 근원에 의해 영향을 받는다.

벨스키는 결혼관계, 사회적 관계망, 직장환경의 중요성을 잠재적인 스트레스와 지지의 주요한 맥락적 출처로서 강조한다. 이러한 맥락적 요인이 부모기의 일상적인 과업을 복잡하게 하고 악화시킬 때는 스트레스원으로 작용한다. 또한 이러한 요인이 부모가 부모기 과업을 수행할 수 있게 하는 상호작용의 패턴을 결정하도록 도울 때에는 대처 자원으로 기능한다. 맥락적 요인은 부모양육 유형을 결정하는 데 도움을 주는 방향으로 작용한다.

결혼생활과 부모양육　　결혼을 부모지지체계로 볼 때, 결혼생활이 지지의 두 가지 기본 형태, 즉 정서적 지지와 도구적 지지를 제공하는 것은 확실하다. 정서적 지지는 부모가 사랑받고, 존중받으며, 가치 있게 여겨지고 있음을 전하고 이는 다시 부모가 돌봄역할에 가져오는 인내의 정도에 영향을 미친다. 도구적 지지는 부모역할에서 사용할 수 있는 에너지를 허용하는 재화와 서비스의 제공을 포함한다. 따라서 일반적으로 돌봄 역할을 주로 맡게 되는 여성에게 남편과의 관계는 부모양육의 즐거움에 많은 영향을 미치는 주요한 지지자원이 된다. 동시에 부부관계의 질은 그 자체가 관계에 포함되어 있는 발달의 역사와 성격의 결과다.

벨스키와 켈리(Belsky & Kelly, 1994)는 결혼관계의 질과 부모양육 태도 및 행동 사이에 중요한 관계를 지지하는 많은 연구를 고찰하였다. 일반적으로 이 연구들은 불행한 결혼생활을 하는 부모는 양육에 대해서 더 부정적인 태도를 지니고 자녀에 대해 덜 온정적이고 덜 지지적인 방법으로 행동하는 경향이 있음을 제안하였다. 즉, 결혼 스트레스와 갈등은 부모-자녀 상호작용 패턴에 영향을 미치면서 체계를 통해 퍼져 나간다. 예를 들어, 어떤 경우에 부모는 자녀를 정서적 지지원으로 사용함으로써, 즉 세대 간 연합에 끌어들이는 것으로 결혼 불화에 대처하고자 시도할 수 있다. 또 다른 경우 부모는 결혼 스트레스에 대해 자녀를 탓할 수도 있다. 어떤 상황이든 잘못된 부부 스트레스 관리방법 때문에 자녀 욕구에 주의를 기울일 수 있는 부모의 능력은 위협받는다.

부모 간 갈등이 자녀 발달에 부정적 영향을 미친다는 사실이 밝혀졌다는 것은 놀라운 일이 아니다. 부모 사이의 갈등이 더 빈번하고, 치열하고 오래 지속될 때 자녀가 정서적 · 행동적 어려움을 경험할 위험이 증가한다(Cummings & Davies, 1994). 부부갈등이 있을 때 함께 있는 것 또한 자녀가 대인관계 기술 부족과 낮은 사회적 유능감을 보일 위험을 증가시킨다(Cummings, Davies, & Campbell, 2000). 마지막으로 모든 연구에서 공통적으로 밝혀지지는 않았지만, 흥미롭게도 몇몇 연구에서는 부모의 성(sex)과 자녀의 성(sex) 사이의 상호작용 관점을 보여 준다. 이 연구들에서 결혼 갈등은 같은 성의 부모-자녀관계보다 반대 성의 부모-자녀관계에 더 많은 영향을 미칠 수 있음을 제시한다(Cox, Paley, & Harter, 2001).

사회적 관계망과 부모기   결혼관계가 부모에게 가장 주요한 사회체계라면, 부모와 그들의 친구, 친척, 이웃 간의 대인관계는 두 번째로 주요한 사회적 지지체계가 된다. 사용할 수 있는 타인으로부터의 지지와 효율적인 부모-자녀관계 사이에 관계에 대한 많은 증거가 있다. 사회적 지지는 부모 효능감 향상, 언어적 · 정서적 반응 증가, 통제를 위한 체벌에 대한 부모의 의존성 감소, 자아존중감 증가, 자녀에 대한 인내심과 민감성 증가와 연관된다(Belsky et al., 1991).

이러한 결과는 사회적 관계망이 부모에게 대처 자원 역할을 한다는 점에서 이해할 수 있다. 사회적 관계망은 배우자와 마찬가지로 도구적 · 정서적 지지원의 역할을 할 수 있다. 예를 들어, 가족, 친구, 이웃은 부모에게 정보를 제공하기도 한다. 이 정보는 다른 발달시기에 해야 하는 기대, 추천된 훈육 전략, 자녀에게 학교공부를 도와줄 수 있는 아이디어부터 지역사회에서 일어나는 특별활동 스케줄까지 모든 것을 포함한다. 이들은 자녀 돌봄을 도와줄 수도 있는데, 이는 '지속적으로 전담'해야 한다는 부담감을 덜어 줄 수 있다. 이와 더불어 사회적 지지는 사회적인 접촉을 통해서 얻어질 수 있다. 특히 힘들 때 가끔 부모는 성인과의 교제와 대화를 이용할 수도 있다.

　일과 부모기　　직장, 결혼, 부모기의 요구 사이에 균형을 이루는 것은 대부분의 부모에게 상당한 도전이다. 이러한 점에서 일의 맥락은 부모에게 부모기 도전을 더 복잡하게 하는 스트레스의 근원이 되거나 또는 부모가 일과 가족 생활 사이에 대치되는 많은 요구의 균형을 이루려는 노력을 돕는 지지원이 된다. 예를 들어, 회사가 지원하는 보육은 학령전기 아동의 부모에게 경제적이고 안전한 자녀돌봄을 제공한다. 이는 질 좋고, 비용 면에서 효율적인 아동 보육시설을 찾는 것과 관련된 불안감을 어느 정도 감소시키는 데 도움이 된다. 이와 유사하게, 부모가 아프거나 결석한 자녀를 돌보기 위해 일하는 시간을 조정할 수 있게 허용하는 고용주는 이러한 일상적인 요구가 만들어 내는 부가적 스트레스를 감소시키는 데 도움을 줄 수 있다.

　더불어 부모의 일에 대한 태도, 즉 일을 즐기는 정도와 일이 긍정적으로 자아개념에 기여하는 정도는 어떻게 부모양육 역할과 책임에 접근하는가에 영향을 미친다. 예를 들어, 일하는 아버지보다는 일하기를 원하는 실직한 아버지들 사이에서 자녀학대 발생건수가 높다. 또한 일에 대한 몰입이나 많은 시간과 에너지를 일하는 데 헌신하는 것은 자녀에 대해 남성이 더 많이 짜증내고 참을성 없이 되는 것과 관련된다. 일하는 여성에게는 고용 상태에 만족하는 정도가 부모기 경험에 중요한 영향을 미친다. 직장에 만족하는 여성보다 그렇지 않은 여성은 부모양육 역할을 덜 유능하게 수행하고 부적응 자녀가 있을 수 있음이 보고되고 있다(Belsky et al., 1991).

　요약하자면, 부모기 요구는 많고 다양하다. 또한 부모가 이러한 요구를 충족하기 위한 전략을 선택하는 데 많은 요인이 분명 도움을 줄 수 있다. 벨스키(Belsky, 1984)는 개인적 자원과 맥락적 자원이 부모가 사용하는 부모양육 유형에 상당한 영향을 준다고 확신했다. 이는 부모의 개인적 적응이 긍정적이고 결혼 및 기타 지지체계를 사용할 수 있을 때 부모기 스트레스와 요구는 상당 부분 관리될 수 있음을 제안한다. 반대로, 긴밀한 결혼체계 및 그 외 지지체계의 부재 또는 부모사이에 지속적인 심리적 문제의 존재는 부모가 효율적으로 자녀의 정서적 · 신체적 · 사회적 · 심리적 욕구를 충족하지 못할 가능성을 증가시킨다.

젠더와 부모양육 유형

모든 다른 역할과 마찬가지로 남성과 여성은 부모기의 역할에 대해 종종 다르게 접근한다. 부부는 이러한 차이점에 대해 부모 각자가 부모양육 과업을 어떻게 다룰 것인지, 그리고 가족체계 내에서 부모의 책임을 어떻게 분배할 것인지와 관련하여 일치점에 도달하도록 협상해야 한다.

선행연구는 부모양육 유형에서 성차가 존재함을 지지한다. 예를 들어, 아동기 부모에 대한 연구는 남편이 해 주지 않는 한, 어머니는 자녀가 요구하는 것을 대부분 지속적으로 전담하고 일반적으로 여유시간도 이를 위해 사용함을 제안한다. 아버지보다 어머니는 더 많이 돌봄을 제공하고, 자녀에게 주의를 기울이고 반응하며 자녀를 보호하고 안아 주고 달래며 편안하게 한다(Darling-Fisher & Tiedje, 1990; Johnson & Huston, 1998; Marsiglio, Amato, Day, & Lamb, 2000).

아버지의 자녀돌봄 참여는 질적으로 다르다. 아버지는 자녀와 단둘이 거의 있지 않으며, 두 부모가 함께 있을 때 어머니는 전형적으로 아버지와 어린 자녀 사이에 일어나는 일을 관리하고 모니터링한다(Pleck, 1997). 아버지는 덜 반복적이고, 덜 중복되고, 덜 지루한 활동에 참여할 가능성이 높다(Lamb, 2004; Marsiglio et al., 2000). 한 연구에서 어머니는 자녀와 함께하는 시간 중 10%를 놀이에 사용하는 반면, 아버지는 50%를 사용하는 것이 밝혀졌다(LaRossa & LaRossa, 1981). 놀이는 좀 더 반복적인 매일하는 자녀돌봄 일보다는 더 깔끔하고, 덜 요구적이며, 더 새로운 활동이다. 또한 남성이 자녀돌봄에 참여할 때, 자신의 참여가 평등하게 역할을 공유하는 것이기보다는 아내를 돕는 것이라고 보는 경향이 있다(Blain, 1994; Coltrane, 1996; Hawkins,

Roberts, Christiansen, & Marshall, 1994).

어린 시절의 사회화 경험은 부모기에 대한 남성과 여성의 다른 접근에 중요한 역할을 하는 것으로 보인다. 대부분의 남성은 아버지가 어린 자녀를 돌보는 데 참여하지 않은 가정에서 성장했으므로 부모양육에 대한 역할모델이 부족하다(Palkovitz, 2002). 그러나 남성의 양육에 대한 접근이 변화하는 조짐이 있다. 예를 들어, 최근 연구는 취학 전 자녀가 있는 30대 이하의 남성이 더 많은 자녀돌봄을 하고 있음을 지적했다. 아내가 더 오랜 시간을 일하거나(Almeida, Maggs, & Galambos, 1993; Demo & Acock, 1993; Greenstein, 1996) 배우자의 직장 스케줄이 다를 때 특히 그렇다. 또한 대부분의 남성은 양육이 자신에게 중요한 역할이라고 보고한다. 그러나 여전히 남성은 자신의 주 부모역할은 좋은 부양자가 되는 것이라고 여긴다(Perry-Jenkins et al., 2000).

여성이 남편에게 갖는 부모역할 여부와 그 정도에 대한 기대 또한 사회화 경험의 기능이다. 우리 문화에서 여성이 남성보다 양육에 더 많은 책임감이 있다고 인식되므로(Simons et al., 1990), 많은 여성은 여전히 남성이 가사와 자녀돌봄에 많이 참여하는 것을 기대하지 않는다(Demaris & Longmore, 1996; Lennon & Rosenfield, 1994; Marsiglio et al., 2000). 그러나 여성이 배우자가 더 적극적으로 양육에 참여하기를 기대할 때, 남성은 확실히 더 적극적으로 참여한다(Simons et al., 1990). 즉, 아내가 남성의 참여가 중요하다고 믿지 않는 한, 남성은 보통 아내에게 자녀양육의 문제를 미룬다. 남성이 자녀돌봄 책임에 더 평등하게 참여할 때, 흥미롭게도 남성과 여성은 더 비슷한 방식으로 부모기를 경험한다. 남성도 여성과 마찬가지로 친밀하고 풍요로운 자녀와의 관계를 수행하는 것을 즐기며, 양육참여로 인한 당혹스러움, 지겨움, 소진, 걱정을 보고한다(Thompson & Walker, 1989).

아버지가 변화하고 있다는 결론은 맞는 말이다. 즉, 아버지 참여와 관련된 규범은 확실히 변화하고 있고, 아버지는 오늘날 그 어느 때보다 자녀양육에 더 많이 개입하도록 기대된다. 규범이 바뀌어도, 가족요인이 아버지 참여의 주요 결정요인인 것 또한 확실하다. 어머니는 문지기(gatekeeprs) 역할을 통해 아버지 참여를 촉진할 수도, 저해할 수도 있다. 더불어 결혼관계의 질은 아버지 참여의 또 하나의 요인이다. 결혼

관계가 긍정적일 때, 아버지 참여수준은 높아진다(Parke, 1996).

민족적 부모양육과 소수자 부모양육

벨스키(Belsky) 모델이 제안한 바와 같이 부모양육은 다양한 맥락에서 일어난다. 부모-자녀에 관한 초기 연구 대부분이 현대사회의 특징인 문화적 · 구조적 다양성을 간과한 채 백인 중산층 가족을 연구했다. 현재 문화, 민족성, 소수자 지위는 부모기의 구조와 경험을 모두 형성할 수 있음이 인정되고 있다(Parke & Buriel, 2002).

문화는 부모가 자녀와의 관계에 끌어들이는 가치, 태도, 신념, 목표를 형성함으로써 부모의 양육유형에 영향을 미친다. 자녀양육은 문화에 영향을 받을 뿐 아니라 문화가 부모에게서 자녀로 전이되는 수단이기도 하다(Harkness & Super, 2002). 이는 미국 주류사회 이외의 문화적 출신의 부모는 아마도 주류사회와 공통되지만 또한 독특한, 뚜렷한 신념, 태도, 가치, 부모양육 태도를 지니고 있을 것이다. 이러한 독특한 특성은 자녀의 삶에서 가족의 역할과 정의와 같은 기본적 이슈를 의미한다. 그 특성은 자녀발달을 결정짓는 부모의 신념을 포함하는데, 이 신념은 무엇이 또는 누가 발달을 촉진하거나 방해하는지, 발달의 어떤 측면이 얼마나 중요하고, 가장 중요한 측면은 무엇(즉, 훈육 또는 지능)인지, 그리고 어떻게 각 영역에서 유능감이 정의되는지를 포함한다. 예를 들어, 어떤 문화집단에서는 교육을 가치 있게 생각하기 때문에 자녀에게 선생님에 대한 존경과 지식을 심어 주기 위해 노력한다. 한편 다른 집단에서는 자녀의 창조성과 자발성을, 반면 또 다른 집단에서는 존중과 순종에 가치를 둘 수도 있다. 다양한 가치와 신념은, 소수민족인 부모가 생각하는, 자녀에게 가장 이득이 되는 것이 무엇인지에 따라 결정된다(Garcia-Coll & Pachter, 2002).

물론 문화는 확정적인 것이 아님을 지적하는 것은 중요하다. 즉, 문화의 부모양육 과정에 대한 영향은 사람에 따라 그리고 상황에 따라 명백하게 다를 수 있다. 제5장에서 제시된 상위관점은 우리에게 특정한 집단의 모든 구성원이 모두 같은 방식으로 행동하지 않음을 상기시켜 준다. 문화를 기준으로 얼마나 강하게 자신을 분별하는지에 대해서 집단의 구성원들 사이에는 개인차가 있을 것이다. 이는 부분적으로 다양한 문화변용(acculturation) 때문이다.

또한 소수인구와 주류사회에서 관찰되는 부모양육 과정 사이에는 차이뿐 아니라 공통점도 있다는 것이 처음부터 강조되어야 한다. 이러한 기본적 부모양육 과정은 민족성, 인종, 소수 지위에도 불구하고 대부분의 가족에서 공유된다(Garcia-Coll & Pachter, 2002). 그러나 문화에 의해 형성되는 독특한 요인이 있다. 문화적으로 특정한 부모양육 유형이 단순히 다르기보다 일탈적이거나 역기능적이라고 여겨질 때 독특한 부모양육 전통은 문화적 집단 구성원과 주류사회 구성원 사이에 긴장을 야기할 수도 있다.

예를 들어, 가르시야 콜과 패처(Garcia-Coll & Pachter, 2002, p. 1)가 보고한 다음의 상황을 생각해 보자.

> 로사는 최근 가족과 함께 도미니카 공화국에서 이민 온 4세 여아다. 로사와 5세 언니는 자주 부모의 침실에서, 한 침대에서 부모와 같이 잔다. 한 교회 사람이 로사가 일요 학교 프로젝트로 그린 아버지 옆에서 자고 있는 그림을 보고 걱정하여 부모와 대화를 나누었다. 로사의 부모는 화가 났고 그가 하는 걱정을 이해하지 못했다. 로사의 부모에게 예배와 교회 커뮤니티는 항상 중요했지만, 진정으로 교회에 속하는지에 대해 의문을 품었다.
>
> 7세 흑인 아동 마빈은 수업시간을 방해하고 운동장에서 어린 아동에게 공격적이다. 자주 약물과 관련된 폭력이 발생하는 시카고의 공공주택에서 어머니와 할머니가 마빈을 키웠다. 이 가족은 주택단지에서 잘못된 행동을 했을 경우 그 대가가 잠재적으로 높기 때문에 훈육을 위해 체벌과 밥을 주지 않는다고 했다. 교사는 이 가족이 마빈의 학교에서의 행동을 '걱정할 것이 전혀 없는' 그리고 '그저 현실세계에 대한 연습'이라고 확실히 일축하는 것에 대해 당혹스러웠다(p. 189).

이러한 예시는 부모양육 유형이 가족의 문화적 맥락에 뿌리박혀 있고 아직도 가끔씩 부모양육 유형에 대한 판단은 부모가 사회의 주된 규범을 따르는지 여부에 기초한다는 것을 보여 준다. 소수자 또는 이민자 부모의 문화적 전통과 주류 문화의 부모 사이에서 긴장은 분명하게 존재한다. 확실히 문화와 민족성, 소수자 지위가 어떻게 부모양육에 접근하는가에 대한 이해는 부모양육 유형을 이해하고 부모양육의 효율성을 판단하는 데 필수적이다.

요약해 보면, 한 소수자 집단이나 민족집단이 신봉하는 태도나 행동은 자녀의 유능성과 어떤 특정한 사회적 맥락 내에서 사회적으로 적응적인 행동을 증진시키기 위해 발달되는 표준화된 공식으로 여겨질 수 있다(Garcia-Coll, 1990; Ogbu, 1981, 1987). 그리고 다양한 민족집단과 소수자 집단을 특징짓는 전통적인 자녀양육 태도, 가치, 행동에 대해 이해하는 것은 확실히 중요하다.

아프리카계 미국인, 히스패닉계 미국인, 아시안계 미국인 가족에서 발견되는 주된 부모양육 가치와 신념 몇 가지를 다음에서 개관하려고 한다. 이를 제시하기 앞서, 다시 한 번 상이한 민족집단과 소수집단에 관해 과일반화 금지를 조심스럽게 촉구할 필요가 있다. 즉, 집단 내 다양성과 개인차를 염두에 둘 필요가 있다. 그러나 한 집단의 역사, 뿌리, 부모양육 규범을 살펴봄으로써 어떤 측면이 주류 사회 안에서 신봉되는 부모양육 규범과 일치하는지 또는 불일치하는지를 기술할 수 있다. 이는 어떠한 부모양육 영역이 집단의 전통적 행동과 국가 내 다수의 행동 사이에 갈등과 불화를 조성할 가능성이 가장 클지에 대한 통찰력을 줄 수 있다. 즉, 서로 다른 문화집단 내에서 보이는 전통적인 태도, 가치와 부모양육 행동에 대한 개관은 부모뿐만 아니라 사회문화적 민감성을 위해 힘쓰는 임상가, 사회사업가, 연구자들을 위한 길잡이 역할을 해 줄 수 있다.

아프리카계 미국인 부모

편견과 차별의 대상이 되어 온 역사 때문에 많은 아프리카계 미국인 부모는 긍정적인 인종 정체성과 친인척 관계망의 중요성을 인지하고 있다. 예를 들면, 아프리카계 미국인의 자녀양육 우선순위는 자녀의 개인적 정체감과 자존감을 함양하고 문화적 유산과 더 넓은 친인척 관계망 및 지역사회 내 소속에 대한 인식을 증진시키는 것이다(Thomas, 1993). 사회화의 우선순위는 종종 자녀의 아프리카계 미국인이라는 의식과 정체감을 높이는 것을 포함하는데, 이는 사회구성원으로서 자부감과 유능감을 고양시킬 수 있다(Billingsley, 1974). 가족구성원과 지역사회 내 책임을 지닌 사람들은 아동에게 돌봄, 보호, 안내와 훈육을 제공하기 위해 자주 모인다. 이러한 공동 노력은 아동을 도시 환경에서 키우는 어려움과 위험으로 인해 특히 더 적응적으로 기능할 수 있다. 아동이 준비되기 전에 어른의 책임을 떠맡기를 요구받기보다는 놀 수 있고 아이가 될 수 있는 기회를 제공하는 데 강조점이 있을 것이다. 자녀가 효율적으로 순종과 어른에 대한 존경심을 배우는 것 또한 일반적으로 장려된다(Willis, 1992).

훈육 행동의 폭넓은 다양성이 아프리카계 미국인 가족 안에서 발견되지만 몇몇 학자는 제한적이고 즉각적으로 복종하기를 기대하는 경향을 기술하였다(Julian, McKenry, & McKelvey, 1994; Peters, 1985). 이러한 부모의 훈육 행동, 특히 낮은 사회경제적 지위를 가진 부모의 훈육 행동은 부분적으로 폭력과 반사회적 행동의 위험성이 상대적으로 보편적인 이웃에서 성장하는 것에 대한 결과로 인해 필수적인 것으로 받아들여지고 있다(Kelley, Power, & Wimbush, 1992). 또한 훈육은 아프리카계 미국인 아동에게 어떻게 사회의 규칙을 따라야 하는가를 이해하도록 가르치는 역할을 하는 것으로 기술되어 왔다(Willis, 1992). 현시대의 훈육 행동은 상당히 다양한데, 이는 사회경제적 지위, 사회적 지지, 이웃의 안전과 폭력성 정도, 종교 여부에 영향을 받음을 말하는 것으로 충분하다(Kelley et al., 1992). 인종 사회화를 제공하고 아동에게 차별, 인종주의와 편견에 대처하는 방법을 가르치는 것 또한 많은 아프리카계 미국인 부모에게 중요하다(McAdoo, 1991).

히스패닉계 미국인 부모

히스패닉계 미국인 가족은 자녀에게 양육적이고, 온정적이며, 평등적인 경향이 있다. 아동은 종종 관대하게 대해지고, 부모양육 행동은 상당히 허용적인 것처럼 보인다(Vega, 1990). 아동에 대한 태도는 조기 성취나 발달단계를 달성하는 데 강조를 두기보다는 다독이는 데 있다(Zuniga, 1992). 부모가 영아나 어린 아동에게 허용적이고 관대할 수 있지만, 아동이 성장함에 따라 순종에 대한 강조는 더 권위주의적 유형으로 변화한다. 양육 맥락에서 높은 수준의 엄격함은 자녀를 보호하고 성인에 대한 존경을 심어 주려는 바람 때문이다(Garcia-Preto, 2005).

히스패닉계 미국인 가족 안에서는 일반적으로 친밀한 모자관계, 대인관계의 반응성, 적합한 행동과 위엄의 발달을 강조한다(Harwood, 1992). 확대가족 거주 형태와 가족의 상호의존성 및 친밀성 간의 조합을 볼 때 히스패닉계 아동이 부모 침실이나 침대를 함께 사용하는 것은 이상한 일이 아니다. 즉, 자녀양육에 대한 이러한 접근은 가족구성원에게 독립성과 개인성보다는 상호의존성을 강조하는 문화적 가치와 일치한다(Ronald, 1988). 잘 교육된 아동은 일반적으로 트란퀼로(tranquilo), 오베디엔테(obediente), 이 레스페투오소(y respetuoso), 즉 평온하고, 순종적이며 성인을 존경한다고 여긴다(Briggs, 1986). 따라서 자녀가 인간관계 기술에 통달하고, 존경과 품위로 타인과 상호작용하며 관계를 맺는 것에 대한 중대함을 이해하도록 격려하는 것이 중요하다.

아시안계 미국인 부모

일반적으로 아시아계 출신 가족 내에서의 부모양육의 주요 목표는 성격의 적절한 발달(Ho, 1981)과 형식적 학업 교육을 포함한다(Dung, 1984). 영아기와 유아기 동안 부모는 상당히 온화하고, 양육적이며, 허용적인 경향이 있는데, 이는 아동이 일반적으로 옳고 그름의 차이를 이해하지 못한다고 믿기 때문이다(Chan, 1992). 그러나 일단 아동이 '이해할 수 있는 나이(age of understanding)'(3~6세)에 도달하면 부모는 덜 관대해진다. 즉, 부모는 더 엄격한 행동을 기대할 수도 있다. 예를 들면, 정서적 성숙, 자아통제, 사회적 예절을 일찍 깨우치는 것은 아마 초기 아동기 아시안계 미국인에게 우선순위로 여겨질 것이다. 부모는 이러한 행동을 자녀 자신뿐 아니라 가족에게까지 나타날 수 있도록 다양한 방법으로 가르치고(Suzuki, 1980), 이는 도덕적 의무감과 가족에 대한 충성심을 고취한다(Chan, 1992).

개인적 출세, 더 높은 사회적 지위, 부, 가족에 대한 존경을 성취하고 차별을 극복하기 위한 방법으로 학문적인 노력이 상당히 강조될 수 있다(Lum & Char, 1985). 아시안계 미국인 가족의 가치와 사회화 우선순위는 몇몇 주류 가치와 일치하고(예: 학문적 성취와 열심히 일하는 것), 양쪽 문화에 대한 정체감을 촉진하거나 아시안계 미국인 가족의 미국계 사회에 대한 동화를 증진시킬 것이다(Garcia-Coll & Pachter, 2002).

부모양육 유형의 효율성: 아동학대와 방임

부모양육 유형의 효율성은 궁극적으로 자녀의 정서적·신체적·사회적·심리적 발달을 지지하는 방법으로 자녀를 적절하게 통제하고 양육하는 부모의 능력에 의해 결정된다. 이러한 욕구에 주의를 기울임으로써 부모는 자녀에 대한 관심과 수용을 전달한다. 효율적 부모양육 전략을 통해 전달된 확인(confirmation)의 결과로 자녀는 스스로를 긍정적으로 여기고, 자신의 유능감에 대해 믿고, 일과 생활에 대해 긍정적 태도를 발전시키며 자신이 사랑받을 가치가 있고 타인을 사랑할 수 있다고 믿게 된다(Parke, 2004).

모든 부모양육 유형이 확인을 동등하게 전달하지는 않으므로 똑같이 효율적이지 않다. 비효율적 부모양육 유형은 아동이 신체적·사회적 또는 심리적 상처의 위험에 놓이게 한다(Kandel, 1990). 아동학대와 방임 또한 비효율적 부모양육 유형의 예로 볼 수 있다. 즉, 부모가 사용한 전략이 적절하게 자녀를 양육하고 통제하지 못해서 이로 인해 자녀는 신체적, 사회적 또는 심리적 상처의 위험에 놓이게 된다.

아동학대와 방임에 대해 완전히 합의된 정의는 없다. 일반적으로 학대(abuse)라는 용어는 부모나 다른 양육자에 의해 자녀가 의도적인 상해를 입는 상황을 의미하는 데 사용된다(Rohner, 1986). 방임(neglect)은 적절한 돌봄이나 감독이 부족하여 아동을 해하는 것을 의미한다. 얼마나 많은 미국 아동이 학대를 당하는지에 대해서 아는 것은 사실상 거의 불가능하지만 공공기록에서 나온 최근 수치는 1,000명당 12명의 아동이 아동학대 희생자임을 시사한다. 기록된 사건 중에서 방임이 대략 63%, 신체적 학대가 17%, 성적 학대가 9%, 정서 학대는 7%를 차지한다(Cicchetti & Toth, 2005;

Cicchetti & Valentino, 2006). 하지만 많은 자녀학대 사건은 자신을 보호할 수 없어서 경찰과 사회서비스 기관에 알려지지 않은 희생자를 포함하기 때문에 많은 연구자는 실제 수치는 더 높을 것으로 생각한다.

부모양육 유형의 결정요인

아동학대와 방임을 비효율적 자녀양육 유형으로 생각하는 것은 학대와 방임이 다양한 원인에 의해 결정됨을 제안한다. 일반적으로 벨스키 모델에 따르면, 부모의 심리적 자원, 아동의 특성, 스트레스의 맥락적 근원 모두가 학대적이거나 방임적인 부모양육 유형을 사용하는 데 기여한다. 가족체계 내에서 부모가 자녀를 희생양이 되도록 하게 하는 상호작용 패턴의 존재를 이 목록에 추가할 수 있다.

부모의 특성 부모가 자녀를 학대하는 요인으로 자주 언급되는 것은 자신이 아동기에 학대받은 과거 또는 특정한 개인적 특성이다. 가장 많이 지적되는 학대부모의 세 가지 개인적 특성은 우울, 불안, 반사회적 행동이다(Gelles, 1998). 분노조절 문제, 낮은 욕구불만 내성, 낮은 자아존중감, 공감 부족과 경직성도 포함된다(Barnett et al., 1997; Wiehe, 1998). 이전 연구는 학대부모가 정신 관련 질환을 가질 가능성이 있다고 밝혔지만 최근 연구는 매우 적은 비율만이 진단 가능한 정신적 문제를 갖고 있음을 발견하였다(Gelles, 1998). 자녀를 학대하는 대부분의 부모가 심리적인 문제가 있음을 제안하는 것은 그 자체로는 충분치 않다.

연구자들은 부모가 학대받은 과거의 경험이 아동학대의 주 원인임을 주장해 왔다(Ayoub & Willett, 1992; Milner & Chilamkurti, 1991; Whipple & Webster-Stratton, 1991). 그러나 학대받은 경험이 반드시 자신의 자녀를 학대할 것을 의미하지는 않는다. 최근 연구에서 학대의 세대 간 순환은 제한된 수의 가족에서만 발견된다. 아동기에 학대받은 부모는 그렇지 않은 부모보다 세 배 더 자녀를 학대할 가능성이 큰 반면, 아동기에 학대받은 부모의 30%만이 사실상 자녀를 학대한다(Kaufman & Zigler, 1993).

학대부모에 관한 연구는 또한 이들이 자주 자녀가 할 수 있는 것에 대해 비현실적 기대를 갖고 있거나 효율적인 자녀관리 전략이 부족함을 발견하였다(Milner & Chilamkurti, 1991; Wiehe, 1998). 이러한 부모들은 쉽게 자녀에 대해 언짢아 하며 자녀의 일상적 행동을 의도적인 불복종이나 계획된 악의의 증거라고 생각한다. 이러한 상황에서 비현실적 기대와 자녀의 행동을 다룰 수 없는 무능력은 부모-자녀관계 내 긴장을 고조시키고, 따라서 학대 가능성의 원인이 된다.

자녀의 특성   자녀의 어떠한 특성이 학대를 유발할 수 있다는 가정이 있다. 분명히 '학대를 일으키는' 아동의 존재에 대한 연구가 아직은 확실치 않지만(Ammerman, 1990), 어떤 아동은 학대를 유발하는 지점까지 당혹감을 유발할 수 있다고 한다. 예를 들어, 부모는 통제하거나 양육하기 어려운 기질의 아동을 학대할 가능성이 높다. 다루기 힘들고 달래기 힘든, 출생 시 저체중 아기는 다른 영아에 비해 학대받을 가능성이 높다(Ayoub & Willett, 1992; Weiss, Dodge, Bates, & Pettit, 1992). 이와 유사하게 장애를 가진 아동은 더 많은 주의를 요하고[예를 들어, 정신이나 신체적 장애 또는 발달장애(development deviations)를 가진 아동], 이들은 학대의 희생자가 될 가능성이 더 높다(Barnett et al., 1997).

그러나 여기서 염두에 두어야 할 중요한 사항은 자녀의 특성은 학대에 대해 책임이 있지 않다는 것이다. 부모는 양육 전략의 선택에 책임이 있다. 자녀의 어떠한 특성이 학대를 유발할 수 있다는 것은 무엇보다도 스트레스와 부모양육 유형의 관계를 보여 준다.

맥락적 스트레스와 학대   맥락적 스트레스의 근원과 사회적 지지 부재는 학대부모양육 유형에 기여하는 요인이라고 여겨진다. 연구자들은 부모가 생활 스트레스와 책임으로 과부하될 때 아동학대가 자주 발생함을 밝혀 왔다(Whipple & Webster-Stratton, 1991). 학대부모는 지지원으로부터 종종 떨어져 있다(Milner & Chilamkurti, 1991). 예를 들어, 학대부모는 지지를 요청할 수 있는 지역사회나 친척 또는 가까운 친구가 거의 없는 경우가 많다(Garbarino & Kostelny, 1992). 이와 함께 학대부모는 비학대부모보다 빈곤하거나 실직 상태이며 술을 과용하고, 법적 문제를 경험하고 있으며 불화와 갈등이 많이 있는 결혼생활을 할 가능성이 높다(Ayoub & Willett, 1992; McLoyd, 1990).

스트레스가 학대에 책임이 있는 것은 아니지만 자녀로 인해 경험하는 당황스러움에 기여할 수 있음을 아는 것은 중요하다. 또한 스트레스는 부모가 적대적 충동을 조절하거나 자녀의 행동을 감독할 수 있는 능력을 감소시킬 수 있다. 예를 들어, 출근시간에는 늦었고 차도 고장 나고, 요즘 상사가 자신을 혼내고, 자녀를 보육시설에 데려다 주는 도움을 부탁할 수 있는 사람이 이웃에 하나도 없는 부모를 생각해 보자. 이러한 조건에서 부모는 자녀의 못된 행동에 과하게 반응할 가능성이 높고 자녀의 안전을 감독할 가능성은 낮다. 부모는 적은 스트레스 상황에 있을 때만큼 주의 깊게 자녀를 감독하지 않을 수도 있고, 밥을 주지 않을 수도 있다.

가족의 역동성   이 책에서는 가족이 완수해야 하는 기본 과업 중 하나는 정서적 환경 관리라는 관점을 유지해 왔다. 정서적 환경관리는 가족이 결혼 및 가족생활에 수반하는 대인관계 스트레스와 긴장을 관리하는 전략을 발전시킬 것을 요구한다. 학대가족 내에서 스트레스와 갈등을 관리하는 전략은 아동을 직접적으로 위험에 처하게 한다(Silber, 1990). 예를 들면, 이러한 위험은 부부갈등이 아동에게 우회될 때 발생한다(Minuchin, 1974). 이 상황에서, 남편과 아내는 둘 사이의 긴장을 직접 다루기보다 서로에 대한 적대감이 아동에게 향하게 한다. 아동은 본질적으로 가족 희생양이 된다(Pillari, 1991; Vogel & Bell, 1968). 이러한 희생양은 가족 내 스트레스에 대해 책임을 진다.

다시 말하자면, 자녀들이 가족 내 긴장과 갈등에 대해 책임을 지게 되는 것이다. 갈등관리를 위한 전략으로 가족 긴장에 대한 비난을 아동에게 투사할 때 가족은 종종 신체적으로 공격적이며 정서적으로 거부하는 방향으로 자녀를 다루게 된다. 이러한 희생양 만들기는 가족체계가 정서적 평형성(equilibrium)을 이루는 데 도움을 준다. 그러나 이 평형성은 자녀의 신체적 안녕과 정서적 안녕의 대가로 이루어진다.

아동학대의 결과

　다양한 요인으로 인해 사용되는 비효율적 부모양육 유형으로 아동학대와 방임을 보는 것은 유용하다. 그러나 특정한 부모양육 유형의 효율성은 연속선상에 존재하는 것으로 볼 수 있음을 기억해야 한다. 학대적인 부모양육뿐만 아니라 모든 부모양육 유형은 효율성으로 판단할 수 있다. 어떤 유형은 다른 유형에 비해 확실히 효율적이지 않은 반면, 최적에 미치지 못하는 모든 유형이 학대적이거나 방임적이지 않을 수 있다. 부모양육 유형의 효율성을 논의하는 데에는 미묘한 구분이 필요하다. 일반적인 규칙이 더 효율적인 부모양육 유형은 아동발달에 가능성을 최적화한다. 이러한 체계 안에 있는 아동은 아동기와 성인기 요구에 잘 적응할 수 있도록 돕는 개인적 · 심리적 자원을 발달시킨다.

　그러나 학대와 방임에 노출된 아동은 자신의 욕구에 대해 무관심하고 거부하는 맥락 안에서 성장한다. 이러한 아동이 확인받고 가치 있게 여겨진다는 감정을 느끼기는 어렵다. 반복적이고 지속적으로 거부에 노출된 결과, 아동의 행동은 점점 적응과 멀어지는 경향이 있다. 예를 들어, 온정 및 양육의 부재와 지속적인 거부는 아동이 정서적으로 무반응적이고, 적대적이며, 공격적이 되어 가는 것과 관련이 있다(Barnes & Farrell, 1992; Cassidy et al., 1992; MacDonald, 1992). 이러한 아동은 낮은 자아존중감과 부정적 자아 적절성(self-adequacy)을 발달시킬 확률이 높다. 이들은 또한 부정적 세계관을 발전시키고 정서적으로 불안정해질 확률이 더 높다(Chu & Dill, 1990; Rohner, 1986; Shearer, Peters, Quayman, & Ogden, 1990; Swett, Surrey, & Cohen, 1990). 다시 말해서, 학대는 이후 세대의 기능을 저해하는 가족유산을 확립할 수 있다.

주요 개념

권위적 부모양육(Authoritative parenting) 양육적이고 자녀를 통제하기 위해 체벌보다는 긍정적 강화에 주로 의존하는 부모양육 유형. 자녀에 대한 직접적 통제는 자녀의 사고, 감정, 발달능력을 의식하고 있음을 보여 주는 방향으로 달성됨. 권위적 부모는 통제할 뿐만 아니라 사랑을 주면서, 자녀에게 성숙하고, 책임감 있으며, 독립적인 행동을 요구하는 경향이 있음.

권위주의적 부모양육(Authoritarian parenting) 미리 정해진 일련의 기준에 따라 자녀의 태도와 행동을 형성하고, 통제하고, 평가하려는 부모양육 유형. 권위주의적 부모는 권위에 대한 순종을 가치 있게 평가하며 체벌적이고 강제적인 훈육방법의 사용을 선호하는 경향이 있음.

방임(Neglect) 적절한 돌봄이나 적합한 감독의 부족으로 아동에게 해를 미침.

방임적 부모양육(Uninvolved parenting) 방임과 관대함으로 특징지어지는 부모양육 유형. 아동은 행동에 대한 확실히 규정된 규칙을 부여받지 못하고 관심을 거의 또는 전혀 받지 못함.

부모의 반응(Parental responsiveness) 자녀양육 유형의 한 측면['부모의 온정(warmth)' 이나 '지지(supportiveness)'라고도 함]. 이는 자녀의 특별한 욕구와 요구에 주의를 기울이고, 지지하고 따름으로써 부모가 의도적으로 자녀의 개별화, 자아규제, 자기주장을 발전시키는 정도를 의미함.

부모의 요구(Parental demandingness) 부모양육 유형의 한 측면('행동 통제'라고도 함). 이는 성숙에 대한 요구, 감독, 훈육 노력과 복종하지 않는 아동에게 기꺼이 맞서는 것을 통해 부모가 자녀에게 갖는 가족 전체로의 통합에 대한 기대를 의미함.

심리적 통제(Psychological control) 죄책감 유발(guilt induction), 애정 철회(withdrawal of love)나 비난(shaming)과 같은 부모양육 행동을 사용하여 자녀의 심리적 · 정서적 발달을 저해하는 시도를 통해 자녀를 통제하는 것을 의미함.

학대(Abuse) 부모나 다른 주 양육자가 의도적으로 자녀에게 상해를 입히는 것.

허용적 부모양육(Indulgent parenting) 아동의 행동에 대해 거의 또는 전혀 통제를 하지 않는 부모양육 유형. 아동은 상당히 많은 개인적 자유가 부여되지만 제한은 거의 주어지지 않음.

제13장
중년기의 가족과업

　본 장은 가족생활주기상 중년기 부부, 부모, 자녀가 마주치는 도전과 요구에 대해 개괄적으로 살펴본다. 부부체계는 지속적이고 변화하는 부모됨의 요구에 계속 적응해야 하는데, 자녀의 진수(launching)*에 따른 변화에도 적응해야 한다. 더욱이 부부는 직업과 결혼생활이라는 경쟁적인 요구에 계속 균형을 이루어야 할 필요성도 해결해야 한다.

　본 장은 개별화과정에 대해 논의한다. 개별화과정은 어떻게 부모-자녀관계가 확립되는가에 영향을 미치는 일생 동안의 발달과정이다. 중년기에 자녀가 청소년기를 지나 가족으로부터 독립함에 따라 부모와 자녀는 그들의 관계를 변화시켜야 하는 도전에 직면한다. 이러한 변화는 복잡하다. 왜냐하면 재둥지 가족(renested family)이라고 일컫는 현상, 즉 현대의 많은 자녀가 이십대에 일시적으로 집을 떠났다가 다시 집으로 돌아오는 현상 때문이다. 일단 자녀가 독립하고 더이상 부모의 집에 살지 않으면, 부모와 자녀는 성인 대 성인관계를 발전시켜야 하는 과업을 갖게된다. 이렇게 특별한 과업이 어떻게 관리되는가는 부모와 성인자녀 간에 경험되는 친밀성에 영향을 미친다.

---

* '자녀의 진수'의 영어표현은 'launching children'으로서 자녀가 집을 떠남을 의미하며, 본 책에서는 문맥에 따라 의미상 편안함을 전달하기 위해 '자녀의 독립' 혹은 '자녀의 진수'로 번역함.

중년기의 가족과업

중년기는 일반적으로 부모의 나이로 정의되며, 대략 40대 중반에서 60대 중반까지에 해당한다. 이 시기는 자녀가 청소년기와 초기 성인기의 발달과업을 마치고, 원가족을 떠나서 직업을 갖고, 결혼을 하여 자녀를 출산하는 시기이기도 하다. 중년기는 초기 성인기같이 급속하고 극적인 변화를 보이지는 않지만 그럼에도 이 기간에 가족체계가 직면하는 도전은 아주 많으며 이 기간이 스트레스가 되는 것은 분명하다. 이 기간에도 가족은 기본 과업을 수행하기 위해 전략을 바꾸어야 한다. 가족의 내적·외적 경계선이 충분히 융통적이어서 청소년 자녀의 높아지는 개별화 경향, 가족으로부터 초기 성인기 자녀의 독립, 며느리와 사위와 손자녀가 가족체계의 일원이 되는 것, 중년기 성인과 노화되어 가는 약한 부모의 관계에서의 변화에 적응할 수 있어야 한다. 가족의 정체성, 정서적 분위기, 가정관리 전략은 부모됨의 책임에 집중하는 비중은 줄이고, 부부관계를 주요 하위체계로 다시 부각시키도록 변화되어야 한다.

평균수명의 증가와 평균 가족원 수의 감소는 현대의 부부가 이전 세대보다 가족생활주기상 자녀양육 후의 단계를 더 길게 보내야 함을 의미한다. 가족생활주기의 중년기 단계는 부모됨, 결혼생활, 직업, 확대가족 및 친구와의 관계 사이의 상호의존성을 상당히 극적인 방식으로 강조하고 있다. 자녀양육에 소요된 시간과 에너지의 양이 줄어들면서, 배우자, 직업, 부모, 친구와의 관계가 그 공백을 메울 수 있도록 변화해야 한다. 남편과 아내는 자신의 결혼생활을 돌보고, 직업 관련 책임을 완수하고, 노부모와의 관계를 재정립하기 위해 새로운 전략을 개발해야 한다. 이 시간 동안 부닥치게 되는 많은 스트레스는 본질적으로 정상적이지만, 스트레스가 증가하면 가족체계의 가장 중요한 자원도 감당하기 어려워질 수 있다.

중년기의 부부관계

부부체계는 가족체계의 중심에 있는 유동적이면서도 역동적인 체계다. 가족체계가 경험하는 어떤 스트레스원이든 부부체계에 폭넓은 영향을 미칠 것이며, 부부 입장에서의 적응을 요할 것이다. 결혼한 사람들이 배우자, 자녀, 확대가족구성원, 고용주 등 다중의 책임에 특히 도전을 받는 시기도 바로 중년기다. 이같은 다중의 책임은 결혼생활에 대한 지속적인 스트레스원이 된다. 이러한 스트레스가 어떤 것은 좋고, 어떤 것은 나쁘다고 일률적으로 말할 수는 없지만 스트레스를 관리하는 방식은 부부관계의 질에 영향을 미칠 것이다.

자녀의 독립이 결혼생활에 미치는 영향

오늘날 부부는 결혼생활의 반 이상을 가족생활주기상 자녀 독립 후 단계에서 보낸다고 밝혀졌다. 이는 자녀의 독립(launching)이 많은 결혼한 성인의 생활에 중요한 전환점이 됨을 의미한다. 부부가 부모됨의 요구를 더 이상 다룰 필요가 없을 때, 많은 부부가 부부관계 문제에 관심과 에너지를 다시 돌리기 시작한다(Carter & McGoldrick, 2005a).

지난 수년간 '빈둥지(empty-nest)'와 관련된 위기의 정도에 대해 많은 추측이 있었지만, 연구문헌은 대체로 자녀의 독립이 여성에게는 위안, 성장의 기회, 결혼만족도와 성취의 증가기간으로 경험된다는 결론을 지지한다(Blacker, 1999; Mitchell & Helson, 1990). 그래서 가족생활주기의 자녀양육 단계에서 벗어나는 것이 어머니 입장에서 깊은 역할상실감을 수반하는 것은 결코 아니다. 반대로 어머니는 결혼생활의 나머지 반 동안 자유로움의 증가와 여러 가지 도전을 기대하게 된다(Devries, Kerrick, & Oetinger, 2007; Gorchoff, Oliver, & Helson, 2008; Proulx & Helms, 2008).

빈둥지 단계에 대한 아버지의 반응에 관해서는 알려진 바가 거의 없다. 어떤 연구에서는 아버지들이 부모됨의 책임감 변화에서 거의 어려움을 겪지 않는 것 같다고 밝힌 반면(Proulx & Helms, 2008), 또 다른 연구에서는 아버지들이 어머니들보다 빈 둥지 시기에 정서적으로 준비가 덜 된 것 같다고 하였다(Gorchoff et al., 2008). 재미 있는 것은 자녀의 독립에 부정적인 영향을 받는 아버지는 자녀의 삶에 개입할 기회 를 잃었다고 느낀 사람이라는 점이다. 다른 말로 하면, 자녀 독립 전에 아버지가 자 녀에게 어떻게 개입하였는가를 보면 아버지가 자녀 독립에 대해 어떻게 적응하는가 를 예측할 수 있다.

이런 연구로부터 내릴 수 있는 전체적인 결론은 어머니와 아버지 모두 빈둥지 경 험을 부정적으로보다 긍정적으로 더 자주 평가한다는 것이다(Gorchoff et al., 2008; White & Edwards, 1993). 하지만 모든 부부가 자녀의 독립에 적응을 잘한다고 결론짓 는 것은 잘못이다. 예를 들어, 한 연구에서는 10%의 부모가 첫 자녀의 독립에 대해 부정적으로 반응하였다(Anderson, 1988). 분명한 것은 자녀의 독립이 결혼생활에 어 떤 영향을 미치는가는 자녀들이 부부체계의 기능에 얼마나 중심역할을 했는가에 달 려 있다. 자녀의 독립이 덜 기능적인 가족체계가 되는 데 어떠한 영향을 미치는가를 이해하는 데 임상연구 문헌은 특히 도움이 된다.

자녀로 하여금 일상생활에 대한 의미와 목적의식을 제공하도록 한 부부에게 자녀 의 독립은 분명 큰 위기가 될 수 있을 것이다. 자녀를 통해 대리 삶을 살았던 부모 혹 은 자녀와 자신을 지나치게 동일시한 부모는 자녀가 집을 떠날 때 삶이 아주 공허해 질 수 있다. 자녀의 독립이 어떤 부부에게는 존재적 위기를 나타내는 것일 수도 있 다. 자녀가 떠나고 자녀가 부모를 덜 필요로 하게 되면서 삶은 의미를 상실하게 되는 것이다.

이와 마찬가지로, 부부갈등을 안정시키기 위해 자녀에게 의존한 부부도 자녀의 독 립에서 스트레스를 받을 것이다. 이런 결혼생활에서 자녀는 부부간 정서적 거리를 조절하기 위해 관여한다(Byng-Hall, 1980). 이 경우 자녀는 부부갈등 시 심판역할을 할 수도 있고, 부부간 긴장이 높을 때 자신에게 주의를 돌리도록 하기 위해 잘못된 행동을 할 수도 있으며 혹은 세대 간 연합과 삼각관계에 개입하여 부모 중 한 편을 지 지하고 다른 편을 반대하도록 요구될 수도 있다(Anderson, 1990). 이런 부부에게 자 녀의 독립은 부부갈등을 직접 다루어야 함을 의미하며 혹은 삼각관계를 유지하기 위해 또 다른 거리 조절자(예: 어떤 다른 사람, 취미, 직장에서의 초과근무)를 찾아야 함을 의미한다(Bowen, 1978; Byng-Hall, 1980).

두 경우 모두 부모는 자녀의 독립을 막기 위해 상당한 노력과 에너지를 투자할 것이다. 그런 부모들은 집을 떠나는 것이 불효와 다를 바 없고, 그래서 죄책감이 들게 하는 메타메시지를 보낼지 모른다. 그렇지 않으면 자녀가 집에 머물도록 하기 위해 가족 내 위기를 조장할 수도 있다. 어머니가 신경쇠약에 걸리든가 아버지가 병에 걸릴 수도 있는 것이다. 마찬가지로, 부모는 자녀가 완전한 심리적 독립을 못하게 하는 하나의 방법으로서 그들에게 정서적으로나 경제적으로 의존하도록 조장할 수도 있다(Anderson & Fleming, 1986). 같은 이유로, 진정한 체계이론적 방식에서 보면 자녀들은 집을 떠나기 위한 자신의 노력을 고의로 훼방할 수 있다(Haley, 1980). 자녀들은 약물남용, 우울증, 자살사고 같은 문제를 갖게 되어 독립을 미룰 수도 있는 것이다.

자신에게 의미와 목적의식을 부여하거나 갈등 있는 결혼생활에서 완충제 역할을 하도록 자녀의 존재에 의존하였던 부부, 그리고 자녀를 위해서 결혼생활을 유지하였던 부부간에는 차이가 있다. 자녀 때문에 결혼생활을 유지하는 부부는 '사명을 띤 부모(parents on a mission)' (McCullough & Rutenberg, 1989)라고 할 수 있다. 이런 부모는 자녀를 떠나 보낼 때 특별히 어려운 시간을 보내지는 않을 것이다. 사실 자녀의 독립을 즐거운 마음으로 기대하고 있을지도 모른다. 사명을 완수한 이 부모는 불만족한 부부관계를 자유롭게 재협상하고, 종종 이혼으로 끝내기도 한다.

초기 성인기 부부에게 이혼이 가장 흔하지만, 이혼은 상당수 중년기 부부에게도 영향을 미친다. 미국 여론조사에서 출판한 자료(U.S. Cencus Bureau, 2007b)는 미국에서 특정 해 이혼의 27%는 45세에서 64세 사이의 남성에 해당하고, 반면 18%가 같은 연령대의 여성에 해당한다고 보고한 바 있다. 이 자료에 의하면, 중년기 이혼율은 1970년 이래 2배 증가하였다.

중년기 부부의 높은 이혼율을 설명하는 데 도움이 되는 두 가지 요인이 있다(Shapiro, P. G., 1996). 한 요인은 자녀를 매일매일 책임질 일이 없어질 때 새롭게 찾은 자유다. 시간, 에너지, 경제적 자원의 증가는 변화를 위해 필요한 요소가 될 수 있다. 또 다른 요인은 배우자 한 명이나 두 명 모두 남아 있는 삶을 이방인 혹은 싫은 사람과 함께 보낼 때 예견되는 불쾌감 때문에 이혼하려고 할 수도 있다(Blacker, 1999).

자녀가 부부관계에서 하였던 역할을 고려하지 않고서 부부가 자녀 독립이라는 어려움에 어떻게 적응할 것인가를 말할 수는 결코 없다. 대부분의 부부는 자녀가 후기 청소년기를 거쳐 갈 때 부모됨 이후의 기간에서 나타나는 어려움으로 이동할 준비를 한다. 하지만 부부가 삶에 대한 유일한 의미와 목적의식을 부여하기 위해 혹은 결혼생활을 안정시키기 위해 자녀에게 의존한다면, 빈둥지 시기는 가족체계에 위기를 불러올 수 있다.

직업과 결혼생활의 요구에 균형 이루기

직업, 결혼생활, 그리고 가족생활의 연관성은 가족생활주기의 모든 단계에서 모든 부부에게 하나의 쟁점이 된다. 중년기도 예외는 아니다. 생활주기의 다른 단계에서와 같이, 이 단계에서도 가족의 전략이 수정되어야만 부부가 직장에 대한 책임을 계속 수행할 수 있고, 또 결혼생활과 전체로서의 가족의 효과적 기능에 필수적인 기본 과업을 수행할 수 있다. 이 기간에 나타나는 수많은 요인은 직업과 가족의 균형을 이루기 위한 부부의 능력을 촉진할 수도 있고 반대로 방해할 수도 있다.

한 가지 고려할 사항은 많은 부부가 중년기에 최대의 수입을 올릴 것이라는 점이다. 예를 들어, 45세에서 54세 사이의 연령은 어떤 연령보다 평균 가계수입이 최고였다(U.S. Census Bureau, 2001a). 자녀가 아직도 집에 남아 있는 부부에게 수입의 증가는 후기 청소년기 양육 혹은 초기 성인기 자녀의 독립에 드는 추가 비용(예: 옷값, 용돈, 대학등록금, 결혼비용)에 모두 충당될 수 있다. 빈둥지 시기에 도달한 부부에게 높아진 수입은 더 높은 자유와 신나는 기분을 느낄 수 있게 하는 것으로 자주 보고된다. 그전에는 자녀 때문에 희생하였던 여행, 여가 활동 혹은 특정품의 구매에 필요한 돈이 더 많아질 것이다. 부부가 부모역할로 더 이상 관계를 맺을 수 없을 때 생기는 스트레스는 이전에 돈이 부족하여 못하였던 활동을 새롭게 시도함으로써 줄어들 수 있다.

　중년기는 또한 남성의 직업 요구에 자주 변화가 일어나는 때이기도 하다. 일부 남성은 이전 단계에서와 같은 강도로 직장생활을 계속하는 반면, 많은 남성이 자신의 직업 목표를 달성하였거나 현재 직업을 자신이 도달하고 싶어 하는 최고 수준으로 받아들일 것이다(Levinson, 1986). 대부분의 중요한 승진은 더 젊은 남성 몫이다. 노화의 신체 신호(예: 피로, 병의 회복속도 감소)는 남성으로 하여금 한때 계획했던 모든 것을 성취하기에는 시간, 능력, 기회가 없다는 깨달음을 갖게 할 것이다(Aldous, 1978). 회사가 재편되고 축소되면서 높은 지위에 있는 나이 많은 남성은 실직하거나 조기 은퇴의 압력에 시달릴 가능성도 크다. 어떤 남성은 새로운 활동으로 관심을 돌리기로 결심하기도 한다. 아주 새로운 커리어를 시도하기로 결정하는 남성도 있다.

　이 시기에 남성이 직면하는 실제적인 요구가 무엇이든, 많은 남성은 이러한 스트레스를 부부관계에 끌어들일 것이다(Barnett, Marshall, & Pleck, 1992). 스트레스를 관리할 수 있는 결혼생활의 능력은 부부가 가족생활 초기 단계 동안 확립할 수 있었던 관계의 종류에 달려 있다. 안정적이고, 친밀하며, 지지적인 결혼생활은 중년기의 스트레스에 대한 남성의 적응을 예측하는 가장 강력한 요인 가운데 하나라는 점이 밝혀졌다(Gottman et al., 1998; Gottman & Levenson, 1992; Pasch & Bradbury, 1998). 강력한 부부관계의 지원이 없는 남성은 혼외관계를 맺음으로써, 스포츠카나 요트 같은 물질의 소유에 사로잡힘으로써, 혹은 다른 형태의 전환을 추구함으로써 대처하려고 할 수 있다(McCullough & Rutenberg, 1989).

　직업과 가족생활의 균형에 관한 스트레스는 여성이 중년기에 처음으로 직업세계에 들어갈 때도 크다고 할 수 있다. 이런 부부체계 안에서, 아내는 남편이 직업에서 벗어나 가족이나 다른 흥밋거리에 주의를 돌리기 시작하는 시기와 같은 시기에 새로운 직업의 스트레스와 도전을 받게 되는 것이다. 인생의 이 시점에서 부부가 서로 다른 목적이나 관심거리를 가지고 있다고 지각하는 것은 부부갈등의 수준을 증가시킬 수 있다. 이런 부부는 후기 중년기가 되어서야 직업에 대한 투자를 균형 있게 할 수 있고 혹은 초점을 다른 활동의 공유로 돌릴 수 있다.

　물론 대부분의 여성은 중년기 전에 직업세계로 들어간다. 이런 여성은 중년기 동안 역할긴장과 역할부담을 덜 경험할 수 있다. 왜냐하면 그들은 더 이상 부모됨과 직업요구 간 균형을 이룰 필요가 없고 스스로 선택한 직장에서 이미 자리를 잡고 있기 때문이다. 이런 여성에게 직업의 긍정적 혜택(더 높은 수준의 도전, 통제감, 자존감, 사회적 관계)과 함께 역할긴장 및 역할과중의 감소로 중년기는 개인적 만족감이 증가하는 시간이 될 것이다. 병들고 늙은 부모에게 관심을 기울이거나 위기를 겪고 있는 성인자녀를 지원하는 것같이 또 다른 요구가 그 상황을 복잡하게 만들지 않는 한 말이다(Blacker, 1999).

그러나 모든 여성이 다 자기 직업을 좋아하는 것은 아님을 눈여겨 볼 필요가 있다. 많은 여성은 먹고살기 위해서는 일을 해야 한다고 느끼기 때문에 일을 한다. 많은 여성은 자율성과 개인적 통제권이 별로 없고 요구는 많은 낮은 지위의, 낮은 임금의, 단순한 직업에 종사한다(Baruch, Biener, & Barnett, 1987). 이러한 환경이 만들어 내는 스트레스는 피로와 짜증을 불러일으키고 일상적인 가사노동을 제대로 하지 못하게 하여 결국 남편과 아내 간 다툼과 갈등을 일으킨다(Hughes, Galinsky, & Morris, 1992; Spitze, 1988).

그러므로 남성이나 여성의 일이 결혼생활의 질에 영향을 미치는가의 여부는 문제가 아니다. 직업이 결혼생활에 미치는 영향은 생활주기의 초기 단계에 확립된 전반적인 결혼생활의 질, 남성과 여성이 자기 일에 얼마큼 만족하는지, 그리고 부부가 중년기 동안 직장에서 일어날 수 있는 변화를 어떻게 협상하는가에 의해 더 많이 결정된다. 이 시기는 역할긴장과 역할과중이 줄어드는 시기가 될 수 있고 결혼생활에 더 많은 시간과 에너지를 투자할 기회가 될 수 있다. 이 시기는 또한 부부관계는 별로 달라지지 않은 채 부모역할 책임이 줄어들면서 생기게 되는 공허감을 새로운 요구(새로운 혹은 증가된 직업요구, 노부모의 요구, 새로 생긴 외부활동에 대한 관심)로 채울 수 있는 시기가 될 수도 있다. 마지막으로, 이 시기는 남편과 아내가 별도의 방향으로 나아갈 수 있는 시기이기도 하다. 한 사람은 결혼생활에 재투자하기를 원하고, 다른 사람은 가정 밖의 경험을 추구하고 싶어 할 수도 있다.

중년기의 부모-자녀 역동

중년기의 상당 부분은 부모됨 과업의 완수와 자녀 독립에 전념한다. 많은 부모의 목적은 성숙하고 책임 있는 자녀를 키워 내는 것이다. 즉, 스스로를 보살피고 독립적으로 생각할 수 있고, 사회적으로 적절한 방식으로 행동하고, 성인기의 다양한 역할과 책임을 유능하게 떠맡을 능력이 있는 자녀를 키워 내는 것이 목적이다. 자녀는 이런 능력을 가지고 태어나는 것이 아니기 때문에 부모는 아동기 동안 그리고 성인기로 진입하면서 자녀의 신체적·사회적·정서적·심리적 발달을 안내할 전략을 고안할 책임을 맡게 된다.

개별화와 평생 부모됨의 도전

제6장에서 살펴보았듯이 개별화는 평생의 발달과정이다(Allison & Sabatelli, 1988; Anderson & Sabatelli, 1990). 자녀는 태어나면서부터 부모 및 다른 가족구성원과의 관계 맥락에서 자신의 개성을 확립하는 과정을 시작한다. 부모의 과업은 자녀의 개성 표현을 지원하는 것이고, 동시에 자녀의 안전한 발달을 보장하기 위해 지지, 양육, 지도의 기초를 제공하는 것이다. 이상적인 부모됨 전략은 아동기의 요구에 대처하는 데 필요한 자신감과 기술을 발전시키는 것이고, 또 성인으로서 기능하는 데 필요한 사회적·심리적 성숙을 발전시키는 것이다.

일반적으로 부모-자녀관계에 존재하는 스트레스는 두 가지 주요한 내적 원천에서 비롯된다. 그것은 발달적 요구와 능력에 대한 자녀의 관점의 변화, 부모가 자녀에 대해 갖는 발달적 요구의 변화다. 다양한 시기에 자녀는 나이도 들고 능력도 높아지기 때문에 자신의 삶에 대해 더 큰 통제를 표현할 수 있어야 한다고 느끼게 된다. 또 어떤 시기에는 부모가 자녀에 대한 기대를 변화시킬 것이다. 부모는 자녀가 여태 그랬던 것보다 삶의 어떤 부분에 대해 더 큰 책임을 맡도록 기대할 것이다. 어떤 경우든 부모-자녀 간의 기존 상호작용은 발달적 스트레스원에 반응하여 변화해야 한다.

예를 들어, 중기 아동기와 초기 청소년기를 거치면서 자녀의 인지능력이 성숙해짐에 따라 자녀는 또래관계에 존재하는 순응에 대한 규범과 압력을 점점 더 많이 자각하게 된다(Dodge, Pettit, McClaskey, & Brown, 1986). 10세 딸이 화장을 해도 되도록 부모에게 압력을 가할 수 있다. 12세 아들은 세탁하지 않아서 무릎에 구멍이 난 청바지를 입고 있는 것을 보여 주지 않기로 결정할지 모른다. 부모는 10세 아들이 부모가 반복해서 말하지 않아도 스스로 학교 갈 시간에 일어날 나이가 되었다고 할지 모른다.

그래서 중년기 동안 부모와 자녀는 이전의 전략이 더 이상 쓸모없어짐에 따라 어떻게 상호작용할 것인가를 조절하는 규칙과 전략을 바꾸어야 하는 도전에 계속 직면한다. 다시 말해, 이전의 전략은 자녀의 현재 나이, 능력 혹은 요구에 더 이상 맞지 않게 된다. 이러한 변화를 협상함에 있어서, 모든 전략이 그러하듯이, 다소간 효과가 있는 전략이 확립된다. 어떤 경우에는 선택된 전략이 자녀의 자신감과 유능감을 약화시키기도 한다. 부모는 자녀의 심리적 · 정서적 발달을 희생시키고서라도 자녀를 엄격하게 통제하기도 한다. 자녀가 요구하는 적절한 지도와 지원을 주지 못할 수도 있다. 이처럼 개별화를 방해하는 양육과 통제 패턴은 결국 자녀가 성인 역할과 책임을 성숙하게 해 나갈 능력의 발전을 방해한다.

또 다른 경우에는 자녀의 자율성과 자신감을 발전시킬 수 있도록 전략이 만들어진다. 자녀의 연령과 능력이 증가함에 따라 더 많은 자율성과 책임감을 갖도록 점차 기대하게 된다. 부모는 자녀를 신뢰하고, 자녀는 부모의 신뢰와 승인을 지키기 위해 노력한다. 이러한 조건에서 부모-자녀관계는 친밀성과 만족감이 주로 지배하는 경향이 있다. 자녀는 양육과 지지를 받는다고 느끼고, 부모는 부모로서의 역할에 대해 만족스럽고 충만감을 느낀다.

요약하면, 자녀의 발달적 요구와 부모의 과업이 부모-자녀관계의 상호작용에 어떻게 영향을 미치는가에 대해 포괄적인 관점을 가질 필요가 있다. 이 점에서 부모와 자녀관계를 지배하는 역동을 이해하기 위해서는 자녀가 태어나면서부터 부모로부터의 개별화과정에 개입한다고 보는 것이 도움이 된다. 발달적으로 자녀는 연령에 적합한 방식으로 자신의 개성을 표현하고자 노력한다. 체계이론적 관점에서 볼 때, 이와 같이 자녀가 발달적으로 적합하게 개성을 표현하기 위해서는 부모됨 전략을 지속적으로 조절할 필요가 있다. 결국 자녀가 개인 생활주기를 거쳐 감에 따라 부모와 자녀는 서로의 상호작용 패턴에 영향을 미치고 관계를 발전시키게 된다.

부모-청소년 자녀관계

청소년 자녀가 있는 가족은 자녀가 성인으로서의 삶을 시작하도록 준비하고 돕는데 관여한다. 이 시기 동안 가족체계의 주요 발달과업은 자녀가 가족의 안팎을 넘나들 수 있도록 가족경계선의 융통성을 키우는 것이다(Carter & McGoldrick, 2005a; Preto, 2005). 청소년 자녀는 부모와 타 가족원들로부터 분리되어 정체성을 탐색하고 개성을 발전시킬 필요가 있다. 청소년 자녀는 가족 밖의 여러 관계를 탐색하여 사회적 관계와 친밀감 능력을 발전시킬 필요가 있다. 그들이 이러한 과업을 수행해 감에 따라 삶에 대한 더 큰 자율성과 통제감을 계속 요구할 것이다. 동시에 부모는 자녀가 자신에 대해 더 큰 책임을 떠맡을 수 있음을 보여 줄 때만이 자녀의 자율성 요구를 허용할 것이다. 개성화 과정을 둘러싼 이 같은 밀고 당김으로 부모-자녀관계는 더 많이 변화하게 된다(Allison & Sabatelli, 1988; Youniss & Smollar, 1985).

청소년기 동안 부모됨 전략은 스트레스와 갈등의 가능성 때문에 바뀌게 된다. 하지만 동시에 청소년 자녀와 부모 간의 스트레스와 갈등의 양을 과도추정할 필요는 없다. 대중매체와 대중문학은 대체로 부모와 청소년 자녀관계가 심한 갈등과 청소년의 반항으로 얼룩진 것으로 묘사해 왔다. 사회과학 분야에서도 20세기 대부분 동안 지배적인 관점은 청소년이 이전이나 이후 생활주기 단계보다 심한 격동이 있다고 하였다(Gecas & Seff, 1990). 사실 청소년에 관한 주요 논문의 반 이상은 여전히 비행, 약물남용, 학교문제, 정신건강 같은 문제행동에 초점을 맞추고 있었다(Furstenberg, 2000). 그러나 문헌 고찰에 의하면, 대체로 청소년기를 과도한 갈등의 시기로 보는 관점을 지지할 수 없었다. 당연히 이 시기 동안 일정 비율의 청소년은 심한 갈등과 많은 문제행동을 경험한다. 그러나 4분의 3 정도의 청소년과 그 가족에게 청소년기 전환은 거의 문제가 없는 것으로 밝혀졌다(American Medical Association, 1990;

Helsen Vollebergh & Meeus, 2000; Henricson & Roker, 2000). 더욱이 문제행동을 한 많은 청소년은 실험적으로 일정 시간 동안만 그렇게 하였다(Coie, 1996; Furstenberg, 2000; Jessor, 1993).

부모-자녀관계는 확실히 지속적인 특징이 있다. 가족체계가 아동기 내내 개별화를 진작시켰을 때, 청소년기가 심한 긴장과 갈등으로 얼룩질 것이라고 기대할 이유가 없다. 자율성과 독립에 대한 탐구에도 불구하고, 대부분의 청소년은 부모에게 깊은 사랑, 애정, 존중감을 가지며, 이는 부모가 그들에게 가지는 감정에 대한 화답이기도 하다. 실제로 가족문제가 발달주기의 어떤 다른 단계보다 청소년기에 더 심하다는 증거는 없다(Steinberg, 2005).

이것은 부모와 청소년 자녀 간에 일어나는 불가피한 갈등을 묵인하자는 뜻은 아니다. 대개 부모와 청소년 자녀 간 갈등의 근본적인 원천은 청소년이 자기 삶을 더 많이 통제하려고 계속 요구할 때 생기는 긴장일 것이다. 더 많이 통제하려는 시도는 많은 요인을 포함한다. 누구와 시간을 보낼지, 언제 집에 가고 오는지, 어떻게 옷을 입는지, 어떤 헤어스타일을 하는지, 언제 데이트하고, 누구랑 데이트하며, 어디로 데이트하러 가는지에 관해 통제하고자 시도한다. 하지만 아동기 내내 개인적인 통제를 둘러싼 모든 갈등처럼 이러한 이슈도 부모됨 전략이 청소년 자녀의 변화하는 발달적 요구와 능력에 적응하도록 조정되면 결국에는 잘 해결된다(Collins, Laursen, Mortensen, Luebker, & Ferreira, 1997; Steinberg, 2005).

대부분의 부모-자녀관계가 심한 갈등의 특징을 보이지는 않을 테지만, 이 시기는 부모와 자녀에게 스트레스가 되는 시간임에는 의심의 여지가 없다. 청소년의 자율성(부모가 당연하게 여기는 것보다 더 많은 자유를 요구함), 부모의 충고를 지키지 못하는 것, 일탈행동(부모의 규범에서 벗어난 행동)은 모두 부모가 갖는 스트레스의 주요 이유다(Furstenberg, 2000; Henricson & Roker, 2000). 연구결과에 의하면, 청소년기 동안 자녀가 독립성을 표현하도록 허용하는 것이 부모 입장에서는 청소년기 전에 자녀의 개별화를 지원하는 것과는 질적으로 다르게 경험된다. 이렇게 지각하는 부분적인 이유는 청소년 자녀가 자기 삶을 통제하도록 허용한 결과는 더 어린 자녀가 나이에 맞게 행동하도록 허용하는 것과 관련된 결과보다 더 클 수 있기 때문이다. 5세 자녀가

학교에 가기 위해 혼자 옷을 입도록 놔두어서 생기는 결과는 16세 자녀가 데이트할
때 차를 운전하도록 허용하는 것만큼 크지 않을 것이다.

자녀독립기 동안 부모-자녀관계의 변화

청소년기에서 초기 성인기로의 전이는 자녀의 독립에 의해 구분된다. 이 시기 동안
자녀는 가족으로부터 물리적으로 독립하며 성인역할과 책임을 맡는다. 이 시기 동안
부모가 맞닥뜨리는 도전은 자녀가 집을 떠나는 것을 수용하는 것이다(Anderson, 1988,
1990; Anderson & Fleming, 1986a; Carter & McGoldrick, 2005a). 이 점에서 청소년기로
부터 초기 성인기로의 전이는 자녀뿐만 아니라 부모에게도 하나의 발달단계가 된다.
부모는 자기 역할과 정체성을 변화시켜 개별화과정에 참여해야 한다(McCullough &
Rutenberg, 1989; Stierlin, Levi, & Savard, 1971).

이러한 변화를 수행할 수 있는 부모의 능력은 부모 자신의 발달적 유산과 관련이
있다. 다시 말하여 부모가 자기 부모로부터의 개별화에 성공 혹은 실패했는가는 자기
자녀와의 관계 변화를 수용할 수 있는 능력과 아주 중요한 연관이 있다(Framo, 1976,
1981; Stierlin, 1981). 부모와의 경험은 개별화 유산의 기초가 된다. 성공적으로 개별화
경험을 하였다면, 자녀의 독립을 더 편안하게 받아들이는 경향이 있다. 반대로 성공
적인 개별화 경험이 없는 부모는 흔히 자녀의 독립에 대해 자신의 미해결된 갈등을
되풀이하여 큰 긴장을 일으킨다. 이러한 상황에서 부모는 자녀가 가족에서 조기에 독
립하도록 밀어내거나 자녀가 계속 의존하도록 조장하여 자녀의 독립을 방해한다.

그래서 자녀가 청소년기를 보내는 동안 부모-자녀관계에서 적절하게 일어나는
변화는 자녀의 신체적 건강뿐 아니라 사회적 · 정서적 · 심리적 건강과 안녕을 촉진
한다. 개별화 과정의 요구는 부모로 하여금 자녀의 자율적인 행동과 개성의 표현을
격려하고 지지하도록 만든다. 부모는 자녀의 어찌할 수 없는, 반드시 필요한 분리를
수용해야 한다. 이러한 변화를 수용할 수 있는 능력은 부모가 원가족에서 물려받았
던 다세대 간 유산에 깊은 영향을 받는다. 자기 부모에 대한 높은 수준의 불안, 정서
적 반응성, 미해결된 분노는 자녀의 성인 지위를 수용할 수 있는 부모의 능력을 방해

한다. 분화수준이 낮은 가족에서 세대 간 대물림은 지속되고, 자녀는 위험에 처하게 된다.

재둥지 가족   자녀 진수기 동안 부모-자녀관계에서 일어나는 변화가 최근에 더 복잡해진 경향이 있다. 즉, 오늘날 많은 자녀가 20대에 일시적으로 집을 떠났다가 나중에 다시 돌아오는 경향이 있다. 대중매체는 이러한 성인자녀를 표현하기 위해 '부메랑 자녀'라는 용어를 만들었다. 가장 최근의 여론조사 결과에 의하면, 18세에서 24세 사이 남성의 56%와 여성의 43%가 혼자 살아가기 전에 적어도 한 번은 부모에게 다시 돌아와 살고 있다(U.S. Census Bureau, 2005a). 미국 가구조사에 의하면, 부메랑 자녀의 수는 증가추세에 있고, 지난 50년 동안 2배가 되었다. 이는 20대 자녀가 있는 부모의 30%는 적어도 집에 사는 젊은 성인자녀가 한 명(혹은 그 이상)은 있다는 뜻이다(Aquilino, 1990). 대개 이러한 **재둥지 가족**(renested family)은 성인자녀가 이혼하거나, 실직하거나, 커리어의 방향을 바꿀 때 일어나는 일시적인 현상이다(Goldscheider, 1997; Mitchell & Gee, 1996).

흥미롭게도 아킬리노와 셔플(Aquilino & Supple, 1991)은 19세에서 34세 성인자녀가 집에서 사는 대부분의 부모는 그 방식에 만족한다고 하였다. 하지만 이 연구자들은 문제를 일으키는 두 가지 중요한 요인이 있다고 하였다. 첫째, 자녀의 실직 혹은 부모에 대한 경제적 의존이 부모-자녀 간 갈등의 기회를 증가시켰다. 둘째, 이혼이나 별거하여 집으로 들어온 자녀가 있는 경우—특히 아이를 데리고 들어온 경우—전반적인 생활조건에 대한 부모의 만족감이 줄어들었다.

연구자들은 어떻게 부메랑 자녀가 부모의 결혼만족에 영향을 미치는가에 관심을 기울여 왔다. 연구결과에 의하면, 성인자녀가 집에 단지 있는 것 자체는 결혼만족의 감소와 항상 관계되지는 않지만 부모와 자녀 간의 갈등이 부부생활로 번지는 경향이 있다(Suitor & Pillemer, 1987). 다시 말해서 높은 수준의 부모-자녀 갈등은 높은 수준의 부부갈등과 관련이 있는 경향이 있다. 마찬가지로 자녀가 한두 번 집으로 돌아올 때는 부모가 결혼만족을 유지할 수 있지만, 자녀가 계속해서 집을 떠나고 돌아오는 것을 반복할 때는 결혼만족도가 떨어졌다(Mitchell & Gee, 1996).

이러한 경향이 20~30년 동안 계속될 것(Goldscheider, 1997; Schnaiberg & Goldenberg, 1989)이라고 기대된다는 점은 우리가 가족생활주기에서 주요 변화를 경험하게 될 것임을 의미한다. 이런 변화가 가족에게 스트레스가 되는 정도는 부모와 자녀 모두 자녀의 진수가 언제 일어날 것인가에 관한 기대를 수정할 수 있는지 여부에 달려 있다. 어떤 경우든 부모가 자녀 독립의 지연을 당연히 받아들이는 지점에 있다 하더라도 집에 성인자녀가 있다는 사실은 부모-자녀관계에 분명한 도전이 될 것이다. 부모는 자녀의 지속적인 기능적 · 경제적 의존에도 불구하고, 자율성과 심리적 독립에 대한 성인자녀의 욕구를 지원하기 위한 방법을 찾아야 할 것이다.

부모기 이후의 부모-자녀관계

자녀가 집을 떠나고 더 이상 부모 집에 살지 않게 되면, 부모와 자녀는 성인 대 성인의 관계를 발전시켜야 하는 과업에 직면한다(Blacker, 1999). 이전 단계에서와 마찬가지로 이러한 전환은 천천히 일어난다. 앞으로 부모와 성인자녀 간에 경험되는 친밀감의 수준이 위기에 처하게 된다.

성인자녀와 부모 간의 친밀감은 다른 관계에서와 마찬가지로 서로에 대한 수용과 상호존중을 바탕으로 한다. 개별화를 진작시키는 가족에서 자녀는 수용받고 존중받는다고 느끼는데, 그 이유는 자신의 정체성을 통제하도록 허용되고 또 나이에 적합한 방식으로 살도록 허용되기 때문이다. 반대로 개별화를 억제하는 가족은 지원과 존중을 나누지 않는 상호작용 패턴의 특징이 있다. 이러한 상호작용 패턴이 만드는 분노와 지속적인 반감은 성인기 내내 계속될 것이고 지속적이고 친밀한 부모-자녀관계를 만드는 데 장애가 될 것이다(Boszormenyi-Nagy & Krasner, 1986).

부모-자녀관계는 자녀가 성인기로 가져가게 될 발달적 유산의 주요 건축가다. 개별화를 진작시키는 가족체계에서 부모와 자녀 간의 권위관계는 자녀가 나이에 맞는 방식으로 자신의 자율성을 허용하도록 계속 재협상된다. 개인적인 권위관계가 점진적이고, 나이에 걸맞으며, 성공적으로 재작동하면 자녀의 성장과 적응이 촉진되고 가족구성원 간의 상호성과 연결성이 지속적으로 조장된다.

부모와 성인자녀 관계에서 개인적 권위에 초점을 두는 것은 윌리엄슨(Williamson, 1981)의 세대 간 발달이론의 초석이다. 윌리엄슨(Williamson, 1981, 1982)과 동료들(Bray, Williamson, & Malone, 1984)에 의해 발전된 바대로, 개인적 권위는 위계적인 부모-자녀관계를 끝내고 그 대신 대칭적이고 동료 같은 관계를 확립하는 것이다. 이러한 전이는 개인과 그들의 가족 모두에게 개인과업일 뿐 아니라 가족체계 과업으로 여겨진다(Bray et al., 1984; Williamson, 1981).

이러한 전환의 핵심에는 부모-자녀관계의 권력 재분배가 있다. 권력에서 이러한 변화를 성취하는 것은 복잡한 발달과업으로서 보통 성인자녀가 40, 50대가 되어서야 완수된다. 이러한 변화를 이루기 위해 윌리엄슨(Williamson, 1981)은 성인자녀가 다양한 이슈에 숙달해 있을 필요가 있다고 말했다. 예를 들어, 성인자녀는 부모를 부모로서가 아니라 인간으로 봐야 한다. 부모역할 뒤에 있는 인간을 보게 되면 성인자녀가 자기를 부모의 자녀로 보는 대신 한 사람의 동료로서 부모와 관계를 맺는 데 도움이 된다. 이는 부모의 보호를 받을 필요를 포기하고 또 부모의 지도로부터 자유로워지는 데 대한 두려움을 관리하는 것을 포함한다. 성인자녀가 부모의 거부나 반대를 염려할 때는 그런 두려움이 다루어져야 한다. 성인자녀는 부모의 반응을 두려워하지 않고 의사결정을 할 수 있어야 한다.

이러한 전이가 부드럽게 진행되기 위해서 부모는 성인자녀를 자녀가 아닌 하나의 인간으로 봐야 한다. 부모는 자녀 역할을 뒤돌아보고 거기 있는 사람을 보아야 한다. 부모는 충족되지 않은 기대를 내려놓을 필요가 있고, 성인자녀를 그저 그 존재로 받아들여야 할 것이다. 또한 이 과정은 부모로 하여금 부모를 필요로 하는 것을 극복할 것을 요한다. 부모가 부모로서의 권위를 더 이상 행사하지 않을 때, 성인자녀가 부모와 함께하려는 선택을 자발적으로 하지 않을 것이라는 두려움을 느낄지 모른다. 그래서 부모는 자녀와 동등해지는 것에서 비롯되는 유기 불안을 해결할 필요가 있을 것이다. 마지막으로 성인자녀와 부모 모두 서로 동등한 관계를 맺는 것에 대한 불안을 다루어야 할 것이다.

부모-자녀관계가 재협상됨에 따라 나타나는 것은 부모가 자녀를 어떻게 바라보고 또 자녀가 부모를 어떻게 바라보는가에 대한 내적인 심리적 변화다. 이 역시 부모-자녀관계의 상호작용 패턴에서의 변화를 요할 것이다. 체계이론적 수준에서 볼 때, 개인적 권위의 발전은 두 세대 간 권력의 근본적인 재분배를 포함한다(Bray et al., 1984). 권위의 위계구조를 재협상하면 성인자녀는 정서적 노력에 압도되는 느낌 없이 부모와 가까운 관계를 유지하면서도 정서적 자유로움을 느낄 수 있다(Williamson, 1981). 위계적인 부모-자녀관계를 끝내면 자녀와 부모관계에서 동등성을 확립하게 된다(Bray et al., 1984; Williamson, 1981). 친한 친구 사이에서와 같이 부모와 자녀 간에 애정과 신뢰감이 나타날 것이다. 진정한 친밀감, 즉 서로에 대한 애정, 이타심, 개방성, 정직, 존중으로 구성되는 정서적 친밀감이 생겨날 것이다.

세대 간 관점에서 보면 성인자녀가 부모와 경험하는 관계는 시간이 지남에 따라 가족에서 경험하는 상호작용 패턴을 드러내는 것이다. 적절히 기능한다는 것은 개인적 권위의 전이가 부모와 자녀 간 권력의 역동에서 정상적이고 기대되는 변화로 경험된다는 것이다. 이런 형태의 가족에 속한 성인자녀는 이러한 변화가 시간이 흐름에 따라 쉽게 전개되는 과정으로 말하는 경향이 있다. 그러나 덜 적절하게 기능하는 가족에서 이러한 변화는 여러 어려움으로 가득 차 있는 경향이 있다. 부모와 성인자녀는 서로 동료 같은 관계를 발전시키기 위해 노력하지만 성공하지 못하고, 위계적인 부모-자녀관계로 그대로 남아 있는 경우가 많을 것이다.

개인적 권위관계의 재작업을 지속적으로 해결하지 못하면 성인자녀는 불안감, 죄책감 혹은 분노에 쉽게 압도되지 않으면서 부모와 접촉하는 능력을 갖지 못한다. 이와 같이 높은 수준의 정서적 반응은 성인자녀가 부모의 요구나 기대에 순응하도록 만들지 모른다. 혹은 매우 반응적인 성인자녀는 부모에게 반항하거나 일시적으로 부모와 정서적 혹은 물리적으로 거리를 두려 할지 모른다. 자녀가 자신의 욕구를 희생하거나 반항하는 이러한 두 가지 대표적인 반응은 부모-자녀관계에서 경험되는 불안수준을 높이기 위한 유일한 대안으로 경험되기도 한다.

요약하면, 자녀에 대한 부모의 통제와 지배는 부모의 권력이 부모와 자녀 모두에게 정당하게 받아들여질 때만 친밀감을 갖게 할 수 있다. 대부분의 부모-자녀관계에서 자녀가 부모의 통제 시도를 참을 수 없게 되는 때가 오고, 또 부모가 자녀의 계속

되는 의존을 참을 수 없게 되는 때가 온다. 바로 그때가 부모와 자녀관계를 더욱 성인 대 성인 수준으로 재구축해야 할 때다.

부모나 성인자녀가 둘의 관계에서 가져야 하는 권력과 통제의 적합한 정도에 동의할 때, 수용과 상호존중이 따라온다. 권력의 적합성에 대해 부모와 자녀가 동의하지 못할 때 갈등이 일어나고, 상호작용은 서로 거부하는 유형이 되며, 각 측은 상대의 정체성을 통제하려는 시도로 상대를 보게 된다. 이렇게 서로 반대하는 입장이 굳어지고, 고정되고, 협상할 수 없게 될 때, 권력싸움이 일어나고 부모-자녀관계에는 친밀성이 없어질 것이다.

모든 자녀와 부모가 중년기에 성인 대 성인의 관계를 발전시키는 데 어려움이 있겠지만, 이러한 발전에 대한 시간표를 일반화시키기는 어렵다. 문화, 성별, 계층, 민족성은 부모-자녀관계에서 적합하다고 수용되는 부모의 권위 정도에 영향을 미칠 수 있기 때문이다. 예를 들어, 가부장적인 이탈리아계 가족에서 아버지는 아이들이, 그리고 성인인 아들과 딸까지도 말을 잘 듣고 복종하기를 기대한다(Giordano et al., 2005). 아버지의 권위가 적합한 것으로 수용되면, 아버지의 권력과 통제가 부모-자녀관계에서 친밀감 가능성을 약화시키지 않는다.

성인자녀와 부모 간의 관계는 다양한 방법으로 구축될 수 있고, 친밀하게 경험될 수 있다. 그러나 일반적으로 부모와 자녀 모두 그들의 관계가 보다 더 상호적이고 동등한 수준에서 이루어지기를 기대하는 때가 올 것이다. 이러한 변화의 시간표는 상당히 다를 것이고 후기 청소년기 동안 반드시 일어나지는 않을 것이다. 아마 보다 더 규범적으로 그러한 변화는 성인자녀가 자신의 자녀를 갖게 되고 사십대에 들어서서야 일어나게 될 것이다(Williamson, 1981).

시간이 지남에 따라 부모-자녀관계에서 직면하는 과업에 지속성이 존재한다는 점은 분명하다. 부모-자녀관계 체계는 각 발달단계마다 자녀의 개별화 욕구에 도전을 받는다. 잘 분화된 가족체계의 특징이라 할 수 있는 온정, 민감성, 공감, 융통성이 있는 부모-자녀 하위체계는 자녀가 점점 더 성숙하고 자율적인 방식으로 행동할 수 있도록 한다. 상호적으로 자녀가 받는 지지와 격려는 부모 및 타인과 친밀한 관계를 맺을 수 있도록 돕는다.

게다가 성인자녀와 부모 간의 성인 대 성인관계의 확립은 가족체계에 울려 퍼져서 파급효과를 일으키며 그 이후의 가족발달이 전이되는 방식에 영향을 미친다(McCullough & Rutenberg, 1989). 예를 들어, 부모가 성인 대 성인 수준에서 자녀와의 관계를 재협상할 때, 자녀의 배우자 선택이나 신혼기 부부관계를 방해하는 경향이 더 적다(McGoldrick, 2005b). 부모-자녀관계의 질은 조부모와 손자녀관계에서 허용되는 관계에도 영향을 미칠 수 있다. 부모와 친밀감이 부족한 성인자녀는 자녀가 조부모와 긍정적 관계를 맺지 못하게 할 수 있다. 마찬가지로 이러한 조부모는 손자녀를 완전히 거부하거나 혹은 부모에 대항해서 손자녀와 연합관계를 형성하려 할지 모른다.

중년기의 여러 요구

자녀의 진수가 중년 성인세대의 요구를 감소시킬 것처럼 보이지만, 그것은 실제로 체계 차원에서 적응을 요하는 일련의 변화가 시작됨을 알리는 것이다. 우선 모든 자녀가 동시에 독립하는 것은 아니다. 한 자녀가 아직 집에 있거나 집을 떠나는 과정 동안, 또 다른 자녀는 결혼을 할지 모른다. 한 자녀가 처음으로 부모가 되는 동안, 또 다른 자녀는 이혼을 할지 모른다. 이 시기 동안 가족이 계속해서 재작동할 수 있도록 가족의 경계와 관계에는 지속적으로 들어감과 나감의 흐름이 있다. 이렇게 수없이 나가고 들어감에 적응하는 것이 중년성인기 동안 가족체계가 마주치는 주요 도전 가운데 하나다(Carter & McGoldrick, 2005a).

이 시기는 중년의 성인자녀가 그들의 지원과 도움을 점점 더 많이 필요로 하게 되는 노화하는 가족구성원의 네트워크와 연결되어 있다는 점에서 훨씬 더 복잡한 시기다. 모든 가족체계에는 연약한 노인이 도움과 보살핌을 필요로 할 시기가 있다. 이 시기가 될 때, 가족체계는 노화가 부여하는 요구에 대처할 전략을 발전시켜야 한다. 노년기 가족을 다루는 제14장에서 이 문제를 자세히 다루겠지만, 도움과 지원을 요구하는 노인 가족원의 욕구에 대처하는 일은 흔히 중년의 성인자녀에게 부여된다.

가족의 전이는 타 전이기와 별도로 발생하지 않기 때문에 중년 부부가 직면하는 이슈는 쉽게 누적될 수 있다. 중년 부부가 직면하는 일련의 요구는 자녀들로부터 비롯되며, 또 다른 요구는 노화하는 부모로부터 비롯된다. 가족체계의 노년세대와 젊은 세대의 발달적 요구 사이에 끼여 있음을 나타내는 양세대 압박(generational squeeze)은 중년 성인세대에게 많은 스트레스를 부여한다(Marks, 1996, 1998). 이러한 일이 일어날 때, 자원과 지원은 가장 많이 필요한 사람에게 향하는 경향이 있다(Aldous & Klein, 1991; Ward, Logan, & Spitze, 1992).

결론적으로 보다 폭넓은 가족체계이론적 시각에서 가족생활주기의 중년성인기는 수많은 가족발달 전이와 함께 일어난다. 자녀의 진수는 중년성인이 가족체계의 책임에서 완전히 벗어나게 하지 않는다. 가족 내 젊은 세대와 노인세대의 요구에 대처하기 위해 전략과 규칙을 발전시켜야 할 요구가 지속적으로 중년세대에게 부여된다. 이러한 요구는 가장 자원이 많은 가족에게도 스트레스가 될 것이며, 가족생활주기의 그 어떤 단계에서보다 더 큰 적응을 요할 것이다. 그러나 중년기는 가족에게 많은 도전과 기회를 제공하여 새롭고 다양한 방식으로 부부관계와 부모-자녀관계를 향상시킬 잠재력을 갖는 시기이기도 하다.

주요 개념

빈둥지(Empty nest) 모든 자녀가 자기 삶을 살기 위해 집을 떠난 후의 가족생활주기.

양세대 압박(Generational squeeze) 중년 성인이 아직 의존하고 있는 자녀의 요구와 노약한 부모의 요구를 동시에 충족시켜야 할 책임이 있는 상황.

재둥지 가족(Renested family) 집을 떠났던 성인자녀가 부모와 함께 살기 위해 집으로 다시 돌아오는 상황.

진수(Launching) 첫 자녀가 집을 떠나는 것으로 시작하여 모든 자녀가 자기 삶을 살기 위해 집을 떠나는 시기로 끝나는 가족생활주기상의 시기.

제14장
노년기 가족

　중년기 성인과 가족은 후기 성인기로 진입하면서 많은 변화에 직면한다. 앞에서 보여 준 체계와 마찬가지로 노화의 도전은 가족의 다양한 하위체계 간 또는 안에서 스트레스를 주는 상호작용 패턴으로 볼 수 있다. 개인이 은퇴하면서 결혼 하위체계 안의 결혼 전략과 규칙을 재조정하는 것이 필요하다. 나아가 노화와 관련된 변화는 부부로 하여금 여가, 우호성, 지지 패턴 등을 조정하도록 도전한다.

　세대 간 관점에 따르면, 손주의 출생은 상징적으로 가족 위계 안에서 구심점과 권력이 노년세대에서 중년세대로 이동하는 것을 의미하기 때문에 조부모기는 노년기 가족의 맥락에서 논의된다. 노화과정이 진행됨에 따라 노부모와 성인자녀는 변화하는 발달적 욕구와 노화세대의 능력에 맞추기 위해 그들의 관계를 전환하는 과제에 직면하게 된다. 이런 면에서 부모-자녀관계는 노부모의 변화하는 의존성과 허약함에 맞추어야 한다. 관계는 양쪽 세대의 욕구가 수용되면서 친밀감의 경험이 증진될 수 있도록 재구조화되어야 한다.

노년기 가족

의학기술 발달과 영양상태 개선은 가족원의 수명을 연장해 왔다. 예컨대 기대수명이 1970년 출생한 남성은 67.1세, 여성은 74.7세였는데, 2004년 출생한 남성은 75.2세, 여성은 80.4세로 늘어났다. 2030년경에는 미국에 아동보다 노인이 더 많아질 것이며, 85세 이상 집단이 가장 빨리 증가하는 인구단위가 될 것이다(U.S. Census Bureau, 2008).

더 많은 가족원이 초고령까지 살게 됨에 따라 더 많은 성인이 3세대, 4세대, 심지어 5세대 가족원이 될 것이다. 이는 그 어느 때보다 오랜 시간 동안 가족원이 다양한 역할과 관계를 경험하게 될 기회가 생긴다는 의미다. 예를 들어, 60% 이상의 미국의 나이 든 성인이 기혼이며, 약 90%는 생존한 자녀를 두게 된다. 성인자녀를 둔 사람들 중 94%는 손주를 두고 있으며, 60%는 증손주를 두게 된다(U.S. Census Bureau, 2008).

나이 든 가족원의 유용성은 세대를 관통해 더 훌륭한 가족지속성과 안정성, 지지의 기회를 가져온다. 바꾸어 말하면, 발달과정에서 개인이 직면한 주제와 가족체계가 경험하는 주제를 별개로 보는 것은 불가능하다. 개인과 가족은 상호의존적으로 연결되어 있다. 개인이 연령과 생애단계에 맞추어진 발달적 주제를 잡고 있을 때, 가족체계는 이러한 변화하는 발달적 의제를 고려한 전략과 규칙을 발전시키도록 압력을 받는다. 개인과 가족의 상호의존성은 생애주기의 모든 단계에 존재한다. 이 그물 같은 발달적 주제와 의제가 나이 든 성인으로 이루어진 가족체계에서 또다시 존재한다는 것은 놀라운 일이 아니다.

본 장은 중년기 성인이 노년기로 진행되면서 가족체계 안에서 일어나는 변화에 대해 살펴본다. 앞 장에서 살펴본 체계와 마찬가지로 가족생활주기의 후기도 지속성과 변화라는 특징을 갖는다. 즉, 이 시기의 배우자 간 및 부모-자녀 간 상호작용 패턴은 오래전 확립된 상호작용 패턴에 토대를 두고 있다(Allen, Blieszner, & Roberto, 2000; Roberto, 2006). 동시에 이 시기에 가족체계가 직면하는 독특한 도전은 존재하는 전략과 규칙의 재조직을 요구하면서 확립된 상호작용 패턴에 스트레스를 가한다.

후기 성인기의 결혼

결혼관계는 후기 성인기에 배우자가 경험하는 변화에 의해 도전을 받게 된다. 배우자는 독특하지만 예측 가능한 방식으로 노화과정을 경험한다. 즉, 노화과정에 동반되는 예측 가능하거나 규범적인 발달적 변화와 역할 전이기가 있다. 개인은 일터에서 은퇴한다. 그들은 노화의 결과로 속도를 낮추고 궁극적으로는 노쇠해진다. 이러한 사건이 개인의 역할과 정체성, 건강 등을 변화시킬 것으로 생각되지만, 부부체계 또한 기본적인 과제를 수행할 전략을 재조직함으로써 이러한 변화에 맞추어야 한다. 부부가 나이 들수록 결혼 하위체계의 경계와 정체성, 정서적 환경, 가사 관리에 대한 접근 등 모든 것이 변화하게 된다.

일과 가족생활 간의 경계의 재균형

일과 가족생활의 경계가 결혼생활주기의 각 단계마다 재협상되어야 한다는 것은 분명하다. 후기 성인기 동안, 가족과 일의 균형은 은퇴(retirement)로 인해 변화된다. 은퇴란 임금 고용으로부터의 신체적 철회 및 개인 정체성에 대한 일의 중요성의 심리적 재방향성을 의미한다. 모든 개인이 은퇴하는 것은 아니지만, 은퇴자의 수와 은퇴기에 소비되는 시간이 길어지고 있다. 기대수명이 계속 높아지기 때문에 65세에 은퇴하는 사람은 평균 18~20년, 즉 인생의 25%를 은퇴자로 보낼 것으로 예상된다(U.S. Census Bureau, 2007a). 여성이 남성보다 더 오래 생존하는 경향이 있기 때문에 일하는(고용된) 여성은 삶의 더 많은 부분을 은퇴기로 소비할 것이다.

일반적으로 대부분의 노동자는 은퇴를 고대하고 은퇴에 적응하는 데 상대적으로 어려움이 거의 없는 것처럼 보인다. 연구에 의하면 많은 은퇴자가 은퇴준비에 재정적 강조에만 초점을 둘 것이 아니라 심리적 측면을 포함했어야 했다고 회고하였다. 은퇴는 주요한 삶의 변화이며, 은퇴에 성공적으로 대처하는 사람은 낙천적이며, 새로운 도전에 직면하는 데 적극적이며, 신체적으로 활동적인 경향이 있다(Rosenkoetter & Garris, 2001; Sharpley & Yardley, 1999). 일에 자신의 정체성을 높게 투자한 사람이나 미숙한 상태에서 은퇴가 강요된 사람이 가장 큰 어려움을 겪는다(Szinovacz & Washo, 1992; Zimmerman, Mitchell, Wister, & Gutman, 2000).

대부분 은퇴가 개인의 사적 정체성의 변화만을 요구하는 것 같지만, 부부체계에도 분명히 영향을 미친다. 예를 들어, 연결과 분리의 협상패턴이 변화됨으로써 결혼 하위체계의 정서적 환경이 변화될 수 있다. 부부가 함께 무엇인가를 할 수 있는 기회가 증가될 수도 있다. 어떤 부부는 이 기회를 환영하지만, 어떤 부부는 함께하는 교제에 대한 동일한 기대를 공유하지 않기 때문에 긴장을 경험할 수도 있다.

배우자와 거리를 두거나 관계의 긴장과 갈등을 중재하는 수단으로 일에 의존했던 부부는 은퇴에 의해 가장 크게 영향을 받는다. 어떤 부부에게 일은 서로에게 거리를 유지하는 방법인데, 이는 부부가 평화롭게 공존하는 데 필수적이다. 은퇴는 분리와 연결 간의 이 미묘한 균형을 불안정하게 만들 수 있다.

더 나아가 은퇴는 조직과 가구의 운영을 변화시킬 수 있다. 재정적 우선순위가 바뀔 수 있으며, 소비패턴도 재조직화된다. 이 재조직의 시기는 결혼체계 내의 스트레스와 갈등 가능성의 증가가 동반될 수 있다(Szionvacz & Schaffer, 2000).

은퇴가 가정 내외의 활동 공유를 제공하는 시기이지만, 연구문헌은 남편의 가사활동 참여가 충분히 늘지 않는다는 것을 보여 준다. 그보다 남편은 은퇴 전에 수립된 패턴(많은 부분이 전통적으로 분담된)을 지속한다. 이것이 시사하는 바는, 비록 덜 전통적인 집안의 과제는 노인기 결혼에서 어느 정도 공유가 일어나지만, 결혼 초에 수립된 가사분담 노동 패턴을 은퇴 후에도 계속 따른다는 것이다(Szionvacz, 2000).

은퇴가 복합적 결혼문제를 일으킨다는 대중의 생각에도 불구하고, 은퇴 전이기에 걸쳐 부부관계에는 상당한 지속성이 있다(Allen et al., 2000). 은퇴는 은퇴 전에 존재했던 결혼만족과 질의 패턴을 강화하는 경향이 있다. 대부분의 부부는 은퇴로부터 혜택을 받는다. 탈은퇴기에 결혼관계의 향상은 스트레스 감소와 교제를 위한 더 많은 시간과 관련이 있다. 만일 남편이 아내보다 앞서 은퇴하고 부부가 전통적인 성역할 태도에 머무른다면 결혼만족도가 낮아지기도 한다. 놀랍지 않게도, 배우자가 은퇴 후 삶을 구조화하는 방식에서 비현실적이거나 다른 기대를 가지고 은퇴에 접근할 때 문제가 발생할 수 있다(Moen, Kim, & Hofmeister, 2001; Myers & Booth, 1996; Vinick & Ekerdt, 1991).

마지막으로 은퇴의 매력 또한 결혼관계의 질에 의해 영향을 받는다는 것은 흥미롭다. 가까운 관계를 즐기고, 취미를 공유하고, 서로 함께하는 시간을 원하는 사람은 좀 더 은퇴하는 것을 좋아한다. 갈등이 깔린 관계에 있는 부부는 둘이 함께 더 많은 시간을 보내야 하는 것을 두려워할 수도 있고, 따라서 은퇴를 연기할 수도 있다. 어떤 남편은 은퇴가 결혼에서의 그의 권력 지위를 손상시킬 수 있다는 점을 두려워하고, 그런 이유로 은퇴를 미루기도 한다(Szinovacz & DeViney, 2000).

노화에 따른 신체적 변화에 대처하기

비록 노화과정이 개인마다 다른 방식으로 영향을 미치지만, 노화과정에 동반되는 뚜렷한 신체적 변화가 있다. 모든 성인은 늙고, 노화가 가져오는 신체적 변화에 대처해야 한다. 가족체계적 관점에서 이러한 신체적 변화는 결혼체계의 도전을 보여 준다.

노화과정에는 **행동감속**(behavioral slowing, 자극에 반응하는 속도 감소)과 시각, 청각, 미각, 촉각, 후각 등 감각의 변화가 동반된다. 이러한 생리적 변화는 결혼의 정서적 분위기를 극적으로 변화시킬 가능성이 있다. 여가와 오락, 교제와 성생활 모두 노화에 따른 신체적 변화에 의해 영향 받을 수 있다(Carter & McGoldrick, 2005b).

예를 들어, 나이 든 성인은 섹스에 관심이 없다는 고정관념이 있다. 비록 노화와 함께 성적 활동이 겉으로 보기에는 감소하지만 대부분의 나이 든 성인은 후기 성인기 내내 성적(性的)으로 활발하다(Alline & Johnson, 2002; Mezey et al., 2001). 동시에 노화에 동반된 생리적 변화는 부부의 성적 각본을 변화시키도록 도전한다. 예를 들어, 종종 남성은 사정을 위한 시간과 자극이 더 필요할 수 있다. 여성은 노화가 일어나면서 질 조직 능력이 떨어지고 매끄럽기 위해 인위적인 윤활제가 필요할 수 있다. 이러한 생리적 변화가 부부의 성각본에 통합되기 위해서 부부는 변화에 대해 이야기하고, 변화된 기대와 욕구에 대해 개방적으로 논의할 수 있어야 한다.

공유하는 여가와 오락활동 또한 변화될 수 있다. 이러한 변화가 결혼관계에 미치는 효과는 원인으로 보는 상징적 의미에 의해 결정될 것이다. 예를 들어, 함께 연극과 뮤지컬 공연에 가는 것을 좋아하는 부부의 경우, 한쪽 배우자가 청력을 많이 잃게 되면 이 활동을 바꾸어야 할 수 있다. 어떤 부부는 배우자의 청력상실에 대해 유머와 품위로 적응할지도 모른다. 다른 부부는 이 변화를 결혼관계의 조화를 손상시키려는, 청력이 손상된 배우자 쪽의 고의적 노력, 즉 배우자에 대한 적개심의 표현으로 생각할 수도 있다. 스트레스의 근원을 배우자보다 노화과정으로 돌릴 수 있는 것은 부부가 결혼의 활력과 조화를 유지할 수 있도록 하는 요인이다.

여기서 요점은 노년기 동안의 성과 오락활동에 대한 관심이 기존의 관심 패턴에 토대를 둘 것이라는 점이다. 관심사는 지속적인 경로를 따르며, 노화와 관련된 생리적 변화는 부부 상호작용 패턴의 재협상을 요구한다. 가족생활주기의 초기에 필요했던 바로 동일한 의사소통 기술과 능력이 노년기에도 역시 필요하다.

결혼체계 내에서 쇠약함에 대처하기

대부분의 기혼부부가 후기 성인기에 도달할 즈음, 그들의 자녀는 일반적으로 집을 떠나 독립적인 가구를 형성한다. 우리 사회의 전형적인 노인 가족은 남편과 아내로 이루어져 있다. 노인가구의 약 2/3 정도가 혼자 산다(U.S. Census Bureau, 2007a).

일시적 질환과 만성적 질환, 쇠약함(frailty) 등은 노인가구가 직면하는 문제다. 더 높은 연령까지 살 사람은 사회적 · 심리적 · 신체적 지지를 위한 주 부양자로 종종 가족원의 도움에 의존해야만 한다. 연구문헌은 여성이 만성질환이나 기능적 손상을 가진 가족원을 위한 주 부양자라는 점을 분명하게 지적한다. 케어 매니지먼트를 담당하는 남성과 비교해 볼 때, 약 3/4의 부양자가 실제적 돌봄 실천을 제공하는 여성이다. 즉, 여성이 남성보다, 아내가 남편보다 쇠약한 노인에 대한 주 부양자임을 문헌은 분명하게 기록하고 있다. 이런 차이가 성역할의 산물(여성의 역할에서의 돌봄 강조)이라고 생각할 수도 있겠지만, 돌봄 역할을 수행하고자 하는 의지가 다르다는 것만으로는 설명될 수 없다. 남편과 아내는 일반적으로 의존적인 배우자의 욕구에 대해 동일하게 반응한다. 그러나 연령과 수명의 차이 때문에 아내가 남편보다 부양자가 되기 쉽다. 즉, 여성이 일반적으로 남성보다 오래 살며 남편보다 더 젊은 경향이 있다(Roberto & Jarrott, 2008; Walker, Manoogian-O'Dell, McGraw, & White, 2001).

이미 제13장에서 논의한 것처럼 노부부는 전형적으로 자녀가 집을 떠난 후에 결혼 만족이 높아지는 것을 경험한다. 그들은 일반적으로 우애와 배우자의 지지를 중요시한다. 배우자의 쇠약함은 돌봄 제공에서 오는 긴장이 우애와 지지의 상실과 결합되면서, 결혼관계 안의 주요한 스트레스원이 된다. 일반적으로 부양자가 된 배우자는 상대배우자의 예전 방식을 그리워하며, 자신이 아프면 어떻게 하나 걱정하고, 우울해질 가능성이 있으며, 돌봄 관련된 일을 하며 신체적 고됨을 느낀다(Bedford & Blieszner, 1997). 예를 들어, 한 연구에 의하면, 부양자인 배우자에게서 발견되는 우울증 비율은 비교집단에 비해 6배나 높다고 한다(Cannuscio, Jones, Kawachi, Colditz, Berkman, & Rimm, 2002). 비록 남편과 아내가 돌봄과 관련하여 비슷한 부담 수준을 보고하는 경향이 있지만, 아내가 우울증과 결혼만족도의 감소를 더 높게 보고한다(Beach, Schulz, Yell, & Jackson, 2000).

연구는 이 시기의 아내가 남편에 비해 삶에서 부양자 역할에 대해 스트레스를 받으며 제약적인 것으로 본다고 시사하고 있다. 여성은 가족생활주기 초기에 부양자 역할을 하고, 후기에 또다시 이런 역할을 수행해야 하는 것에 대해 분노하게 되는 것인지도 모른다. 대안적으로 남편이 정서적으로나 신체적으로 아내보다 강해야 한다는 사회규범이 의존적인 남편과 돌보는 아내가 경험하는 불편함을 증가시킬 수도 있다. 더불어 후기의 아내는 사회적 관계가 넓어지는 경향이 있기 때문에, 나이 들면서 더욱 아내에게 의존하는 남편보다 돌봄에 동반한 사회적 연대나 기회의 상실을 개인적 고통의 근원으로 경험할 수 있다. 많은 여성이 배우자의 쇠약함에 대응해 일하는 시간을 줄이거나 직장을 관두는데, 이는 여성의 사회적 연대나 지지의 상실감에 기여할 수 있다(Bedford & Blieszner, 1997; Roberto & Jarrott, 2008).

중요한 점은 부양자의 요구가 결혼체계에 상당한 스트레스로 나타난다는 점이다. 부부는 그들이 쇠약해지고 돌봄이 필요해짐에 따라, 변화하는 욕구와 배우자의 기대를 고려한 새로운 관계 패턴을 협상해야 한다. 의존과 권력의 이동이 그것이다. 정서와 지지의 패턴도 변한다. 동시에 이러한 돌봄 계약에는 깨지기 쉬운 부분이 있는데, 부양자 역시 연령과 관련된 건강문제를 가지고 있기 때문이다. 부양 배우자는 종종 상대의 질환에 집중해 본인의 건강 욕구를 소홀히 한다. 이 과정에서 사회적 고립에 취약해진다(Beach et al., 2000; Friesen, 1996). 쇠약함에 대처하는 것은 배우자 돌봄 관리만의 문제가 아니라 자신의 사회적 욕구 및 건강 관련 욕구관리의 문제이기도 하다. 명백하게 이것은 대부분의 기혼부부의 자력에 대한 도전이 될 수 있다.

후기 세대 간 역동

부모와 자녀 간의 세대 연대는 각 세대의 발달적 의제에 따라 움직인다. 제13장에서 논하였듯이, 중년의 성인에게 자녀가 집을 떠나는 것은 결혼체계의 재협상 및 노인 가족원의 욕구와 배려에 대한 주의 전환을 동반한다. 가족 안의 중간성인세대는 활동, 에너지, 자원이 그들을 중심으로 흐르기 때문에 가족바퀴의 허브라고 할 수 있다. 그들이 체계 안에서 리더십과 권력의 지위를 가질 때 가족응집성과 안정성이 유지된다.

동시에 가족생활주기의 규범적 과정에서 노년기 가족원은 가족체계의 역할 이동을 수용해야 한다(Carter & McGoldrick, 2005a). 중간세대의 구심점을 위한 공간을 만들기 위해 노년기 가족원은 가족체계 내에서 예전의 중심적 역할을 기꺼이 포기해야 한다. 후기성인 세대의 구심점 이동은 세대 간 역할과 관계의 많은 변화 속에서 집결된다. 노년기 성인의 정체성은 그가 조부모가 되면서 전환된다. 더 나아가, 나이 든 가족원이 은퇴하고 노화에 따른 신체적 변화에 직면하게 되면, 지지와 상호연결의 재정적 · 기능적 · 정서적 패턴이 이동된다.

조부모기

　조부모기는 보편적으로 논의되는 후기 성인기 문제인 한편, 대다수 성인이 중년기에 처음 경험해 본다는 것은 분명하다. 조부모기(grandparenthood)는 가족 안에서 일어나는 세대 연대 전환에 상징적이기 때문에 노년기 가족 맥락에서 논의되는 역할 전이다. 규범적 가족발달 관점에서 볼 때, 조부모기 역할은 상징적으로 노년세대를 주요 부양자의 지위에서 해방시켜 주며, 젊은 세대와의 관계에서 이차적이며 책임감이 덜어지는 지위에 위치한다. 조부모기는 가족 위계 안에서 구심점과 권력이 노년세대로부터 중년세대로 전환됨을 의미한다.

　흥미롭게도 1900년대에 태어난 아동 중 1/4이 네 명의 조부모 모두 생존해 있었고, 그들이 15세가 되었을 때는 50명 중 한 명만이 네 명의 조부모의 생존을 경험했다. 그에 비해 1990년대 초에는 12세 중 약 1/3이 네 명의 조부모가 생존해 있었고, 그들이 성인이 되었을 때에도 약 70%가 최소한 두 명의 조부모가 생존해 있었다(Szinovacz, 1998). 이것은 그 어느 때보다도 많은 노인이 손주와 접촉할 것임을 의미하며, 기대수명이 더 길어지기 때문에 조부모기의 기간을 더 오래 경험하게 될 것이다.

　현대사회에서 조부모 역할은 모호하다. 이 역할이 의미하는 바와 가족체계 안에서 어떻게 기능하는 것인지 종종 불분명하다(Cherlin & Furstenberg, 1986). 이러한 모호성은 조부모 역할의 규정 방식에 상당히 다양한 차이를 초래한다. 조부모의 주요한 발달적 도전은 조부모 역할의 의미를 정의하고, 다음으로 그것을 규정하는 필수적 전략을 발전시키는 것이다.

　예를 들어, 조부모는 자신의 역할을 '예비 부모'(아동을 양육하고 필요할 때 돌봄을 제공하는)나 '가족 중재자'(가족갈등을 중재하는), 또는 '가족 역사가'로 정의할 수 있다(Cherlin & Furstenberg, 1986). 역할을 정의하는 각각의 방식은 역할이 수행되는 방식에 대한 시사점을 갖는다. 예를 들어, 예비부모는 현대 인기 있는 조부모 이미지를 충족시킨다. 예비부모는 부모와 갖는 관계를 침해하지 않는 사랑스러운 노인으로 비추어진다. 이런 조부모는 손주를 자주 보고, 돌봄이 필요할 때 돌보아 주며, 손주에게 재미와 오락의 기회를 제공해 준다. 가족 중재자는 다양한 가족원의 문제를 따라잡고, 문제가 발생했을 때 자신을 자원으로 제공함으로써 확대가족 안에서 좀 더 중심적 역할을 유지하려고 노력한다. 가족 역사가는 젊은 세대에게 가족의 정체성과 전통, 유산을 전수해 주는 역할을 맡는다.

비록 조부모 관계의 스타일과 패턴은 다양하지만, 일반적으로 조부모는 손주와의 관계를 중요시하고 그 역할에서 만족감을 갖는다. 그러나 조부모로 하여금 그의 역할을 정의할 수 있도록 해 주는 문화의 융통성에 잠재적 문제가 없는 것은 아니다. 앞 장에서 주목했듯이, 갈등과 긴장은 가족원이 역할이 수행되는 방식에 대해 서로 다른 관점을 가질 때 발전된다. 조부모 역할도 다르지 않다. 세대 간에 경험하는 스트레스와 갈등, 친밀감의 수준은 조부모가 갖는 자신의 역할에 대한 정의가 자녀 및 손주의 기대를 만족시키는지의 여부에 달려 있다(Szinovacz, 1998).

명백하게, 조부모를 포함한 세대 간 상호작용 패턴은 성인자녀와 노부모가 친밀한 성인 대 성인 관계의 협상을 성공시키는 정도에 의해 영향 받는다. 이것이 일어나지 않으면 교차 세대의 동맹이 일어나기 쉽다. 부모는 자녀와 연합하여 조부모에게 대항하여 조부모와 손주 간의 관계를 손상시키려고 시도할 수 있다. 이와 유사하게, 조부모와 손주도 부모를 '공동의 적'으로 보고, 부모에 대항해 연합할 수 있다.

요점은 가족 상호작용의 역사적 패턴이 가족의 다중세대 간 관계가 구조화되는 방식에 중대한 결과를 초래한다는 것이다. 역할과 관계는 상호 엮여 있다. 가족 안에서 조부모 역할이 구조화되는 방식은 불가피하게 노인과 배우자 간, 노부모와 성인자녀 간 상호작용의 역사적 패턴에 영향을 받는다. 동시에 이러한 세대 안에서 보이는 지속적인 상호작용 패턴은 가족체계의 끝나지 않는 유산에 기여한다(Walker et al., 2001).

부모-자녀관계의 전환: 개별화와 노년기

가족생활주기 전 과정에서 부모-자녀관계 안에는 근본적인 긴장이 존재한다. 이 긴장은 자율성과 의존성, 분리와 연결 간의 균형에 대한 각 세대의 발달적 욕구와 관련되어 있다. 개별화과정과 개인적 권력관계에 대한 재작업은 아동기와 청소년기,

초기와 중기 성인기에 걸쳐 부모와 자녀로 하여금 재정적·기능적·정서적 연결에 대한 지속적인 재협상을 하도록 압력을 가한다. 아동기 부모-자녀관계의 특징인 비대칭적 의존성은 청소년기와 청년기, 중년기에 걸쳐 점진적으로 좀 더 대칭적이며 상호의존적인 관계체계로 전환된다. 이것이 일어날 때, 자녀는 성숙한 정체성과 친밀감을 위한 역량을 발달시킨다. 성공적인 개별화는 순수한 상호성과 존중의 특징을 갖는 부모-자녀관계를 가능하게 한다.

후기 성인기 동안 부모-자녀관계는 노화과정에 동반되어 점차 증가하는 지지와 도움에 대한 욕구에 도전받는다. 독립성과 의존성의 전환은 노부모와 성인자녀에게 초기와 중기 성인기에 만들어진 대칭적 상호연결 패턴을 수정하도록 다시 한 번 압력을 가한다.

정도에 맞게 다소 비대칭적 상호연결 패턴이 다시 나타난다. 하지만 이러한 비대칭적 패턴은 과거의 그들과는 다르게, 노부모는 돌봄이 필요하고 성인자녀는 부양자로 나타난다.

따라서 노년기에 부모-자녀관계가 성공적으로 전환되기 위해서는 노부모는 의존성의 발전을 수용하고, 자녀는 노부모의 욕구를 맞추어 주는 것이 필요하다. 반대로 성인자녀는 부모에 대한 자신의 지각을 조정하고 부모의 삶에서 그의 변화하는 역할에 대해 수용할 필요가 있다. 이러한 전환이 만족하게 재협상되는 정도가 관계 내에 존재하는 친밀감과 상호성의 수준을 결정한다.

접촉과 지지의 세대 간 패턴

연구문헌은 일반적으로 노부모와 성인자녀가 그들의 관계를 양쪽 모두 만족시키는 방식으로 재구조화한다는 것을 분명히 한다. 예를 들어, 연구는 노부모와 자녀의 지리적 거리가 상당히 멀더라도, 서로 정기적인 접촉을 유지한다는 것을 보여 준다. 나아가 연구는 성인자녀가 노부모를 위해 넓은 범위의 도구적 지지(예: 잡일 돕기, 쇼핑, 교통 등)와 정서적 지지를 제공한다는 것을 보여 준다(Silverstein, Giarrusso, & Bengston, 2005).

이 시기의 세대 간 지지와 돌봄의 패턴이 상호성의 주제에 의해 지배된다는 점은 중요하다. 노부모는 혜택의 수혜자일 뿐만 아니라 성인자녀에게 다양한 지지를 제공한다(Silverstein et al., 2005). 그처럼 후기 세대관계에 대한 연구는 성인자녀가 노부모를 방임하지도 않으며 소원하지도 않다는 결론을 지지한다. 그와 별개로 부모와 자녀는 상호 지지적인 교환 패턴에 관여한다.

쇠약함과 변화하는 부모-성인자녀관계

미국의 대다수 노인은 만성적으로 아프지도, 쇠약하지도 않다. 오늘날 노인은 그 어느 때보다 오래 살며 매일의 일과를 수행한다. 대부분 독립적이며 삶을 즐기는 것으로 보인다.

그러나 연령이 높아지는 것은 매일의 삶에서 도움이 필요할 수밖에 없다. 도움과 돌봄의 제공은 지속적으로 가족원 간에 일어나는 접촉과 지지 패턴의 확장이기 때문에 가족돌봄의 현황을 추정하기 어렵다. 2005년 전국돌봄연맹과 AARP가 후원하는 전국가족돌봄조사(National Family Caregiver Survey)에 의하면, 미국 가구의 1/4이 50세 이상 개인의 돌봄 지원에 관여하고 있으며, 1988년부터 2005년까지 미국의 비공식적 부양자의 수는 세 배가 될 것이다. 이 보고서는 2005년 기준 현황에 대한 보수적인 추정으로 미국의 부양자 수는 2천 3백만 명에서 2천7백만 명에 이를 것이라고 결론지었다. 모든 지표는 이러한 관여와 돌봄의 전환 패턴이 조만간 늘어날 것임을 보여 준다(National Alliance for Caregiving & AARP, 2005).

쇠약함이 가족체계의 중요한 스트레스원이라는 점은 의심할 여지가 없다. 성인자녀가 돌봄을 제공해야 할 때, 쇠약한 노인에 대한 돌봄 제공이 부모-자녀관계를 변화시킨다는 것은 명백하다. 앞서 제시했듯이 배우자가 필요한 돌봄 과제를 수행할 수 없을 때, 돌봄 역할은 성인자녀, 특히 딸에게 맡겨진다. 비혼 자녀, 특히 비혼 딸이 기혼자녀보다 더 많은 지원을 제공할 것으로 기대된다. 성인 딸이 노부모에게 돌봄을 제공할 것이라는 기대는 여성이 일반적으로 가족 안에서 수행하도록 기대되어 온 돌봄과 표현적 역할의 확장이다. 돌봄에서 아들의 관여는 '도구적 과제'(재정 지원, 행정

일처리, 고지서 내기 등)에 제한된다는 점 역시 놀랍지 않다. 결과적으로 딸은 직접 해야 하는 엄청난 양의 실천적 서비스(집안일, 식사, 사적 돌봄의 보조 등)를 제공하고 남성보다 돌봄 활동에 더 많은 시간을 소비한다. 딸이 돌봄에 더 많이 관여하기 때문에 이런 과제에 감정적으로 초연하기 어려운 경향이 있다(Barusch, 1995; Fingerman, 2001; Roberto & Jarrott, 2008).

부양자가 된다는 것은 어려운 일이다. 이는 이 역할을 위한 선행 훈련이 없으며, 역할 자체가 때로 불분명하고, 역할이 매우 특이하기 때문이다. 즉, 각 부양자는 쇠약한 노부모의 건강과 돌봄에 대한 욕구 때문에 독특한 욕구와 기대에 직면한다. 게다가 부양자 역할은 성인자녀가 노부모의 욕구를 맞출 방법을 찾아야 할 뿐만 아니라, 지속적인 맥락에서 배우자와 부양 자녀, 손주의 욕구까지 만족시켜야 하기 때문에 복잡한 역할이다. 중간에 낀 세대, 특히 성인 딸은 다른 세대 하위체계가 그에게 요구하는 역할의 모든 요구를 만족시키려고 노력하는 것으로 대응한다. 이는 역할긴장과 갈등, 과부하의 가능성을 초래한다. 예컨대, 부양자가 남편과 자녀가 자신의 주요한 헌신의 대상이라고 규정할 때, 그녀가 노부모에게 제공할 수 있는 돌봄 수준에 대해 죄책감을 느낄 수 있다. 반대로 노부모의 욕구를 만족시키는 것은 남편과 아내 간의 긴장을 초래하거나 자녀의 욕구를 만족시켜 주지 못하는 데서 오는 죄책감을 초래할 수 있다(Fingerman, 2001). 중간에 낀 세대에게 간단한 답은 없다.

표면적으로 볼 때, 많은 성인자녀가 부양자 역할에 대해 직접적인 서비스 제공자보다 서비스 코디네이터로 정의되는 것을 선호한다. 자녀의 사회경제적 지위는 부양자 또는 케어매니저가 되는 것을 결정하는 주요한 요인이다. 소득이 적은 딸은 직접 부양자가 될 가능성이 크다. 대조적으로, 소득이 높은 자녀는 서비스 욕구를 규명하고 타인이 노부모에게 제공할 도움을 관리할 가능성이 크다. 후자의 경우, 성인자녀는 신체적·심리적 거리를 어느 정도 유지하면서 부모의 욕구를 만족시키려고 노력한다(Qualls & Roberto, 2006; Szinovacz & Davey, 2008).

돌봄 역할자의 역할에는 개인적 제약과 비용이 따르는 것으로 보인다. 돌봄의 도구적·정서적 요구는 가장 가까운 부모-자녀관계에 부담을 줄 수 있으며, 부양자는 종종 상당한 부담을 경험한다(Fingerman, 2001). 많은 요인이 부양자가 경험하는 부담의 패턴과 수준에 영향을 미친다. 롤랜드(Rolland, 1994)는 특별히 네 가지 요인이 돌봄과 관련된 부담에 영향을 준다고 제안했다.

- 시작 – 질환이 알츠하이머나 파킨슨병처럼 점진적으로 시작되는지 또는 뇌졸중처럼 급작스럽게 시작되는지를 의미한다.
- 질병 과정 – 세 가지 패턴이 있다.
  - (1) 진행형은 알츠하이머나 암처럼 괴로움이 증가하면서 시간에 따라 적응된다.
  - (2) 지속형은 뇌졸중처럼 급성 사건으로 시작하지만 시간에 따라 안정화되며 지속된다.
  - (3) 간헐형은 심한, 지속적인 정신질환 같은 것으로 반복적이며 급성 질환의 차도 기간이 부양자에게 휴식을 제공한다.
- 결과 – 질환 진단이 치명적 또는 수명 단축의 예후를 제공하는지 여부
- 박탈 – 아픈 가족원이 단기적 또는 장기적인 인지, 언어, 신체 손상과 손상이나 박탈 정도를 경험하는지 여부

동시에 돌봄은 부양자에게 긍정적 효과 역시 나타낼 수 있다(Beach et al., 2000). 부양자 성인자녀는 노부모에게 그가 어릴 때 자신에게 베풀어 주었던 것을 갚을 수 있어서 감사하다고 보고한다. 더불어 이들은 돌봄을 제공함으로써 내면의 강인함을 얻게 되었고, 새로운 기술을 배웠으며, 개인적 성장을 이룰 수 있었고, 가족문제에 대한 이해가 증가했다고 보고한다.

요약하면, 노부모의 쇠약함은 노부모와 성인자녀 간의 관계가 재조직되도록 압력을 가한다. 성인자녀에게 돌봄 역할은 의미 있는 정체성과 역할전환을 의미한다. 이 역할에서 발생한 스트레스는 성인자녀가 시간과 에너지가 상충되는 다른 역할 요구와 책임을 가지고 있을 때 증폭된다. 성인자녀가 이러한 상충된 요구에 중심 잡는 방식을 찾아야 하는 과제에 직면할 때, 스트레스와 긴장, 광범위한 가족 긴장이 발생할 수 있다. 동시에 성인자녀는 종종 이 역할이 자신의 책임이라고 느낀다. 돌봄 제공은

가족생활주기 초기 단계에서 부모가 자녀에게 표현했던 돌봄과 배려를 노부모에게 확장시키는 한 가지 방식이다. 돌봄의 역할에는 명백하게 스트레스가 있는 한편, 만족스럽고 감사한 일일 수도 있다.

가족체계역동과 부양자-돌봄수혜자 관계

이 책은 부모-자녀관계가 더 큰 가족체계에서 발견되는 세대 간 유산에 영향 받는다고 주장하였다. 따라서 노화과정의 요구를 맞추기 위해 성인자녀와 노부모가 그들의 관계를 전환하는 능력은 가족의 세대적 유산과 관련된다고 이론화하는 것은 적절하다. 돌봄은 역사적 맥락 안에서 일어난다. 즉, 부양자와 돌봄수혜자 양쪽 모두 돌봄 관계를 촉진하거나 방해하는 상호작용의 내력을 가지고 관계에 진입한다. 가족생활은 이러한 변화를 돕거나 조정을 막는 관계의 변화와 지속성 모두의 특징을 가진다. 건강의 어려움이 증가할수록 다른 가족원은 종종 도움을 제공할 것으로 기대된다. 이런 도움은 종종 건강 문제가 나타나기 훨씬 전에 수립된 상호작용 패턴에 토대를 둔다(Szinovacz & Davey, 2008; Walker et al., 2001).

다음 절에서 우리는 돌봄이 구조화되고 성인자녀에 의해 경험되는 다양한 방식을 이해하기 위해 주의를 돌릴 것이다. 이를 위해 돌봄 관계의 패턴을 제시할 것이다(Holmes & Sabatelli, 1997). 이 패턴 안에서 돌봄 관계의 구조와 경험은 부모와 자녀가 사적 권력관계를 해결해 가는 진행 방식에 토대를 둔다.

사적 권력과 부양자-돌봄수혜자 관계

쇠약한 부모에 대한 돌봄이 구조화되는 방식과 성인자녀가 돌봄 역할을 경험하는 방식은 사적 권력관계가 재작업되는 정도에 달렸다. 일반적으로 친구 같은 부모-자녀관계를 가졌던 자녀와 엄격한 부모-자녀 위계관계 속에 있었던 자녀가 느끼는 돌봄이 근본적으로 다를 것이라는 기대는 적절하다. 즉, 부모-자녀관계의 유산은 자녀가 기꺼이 돌봄 역할을 수용하는지 여부와 돌봄이 어떤 방식으로 접근되고 경험되는지가 주요한 조절변수다(Holmes & Sabatelli, 1997). 제시된 모델은 다음과 같이 가능한 관계에 대한 세 가지 주요한 패턴을 가정한다.

패턴 I: 상호적 관계   가족체계를 특징짓는 개별성과 친밀성에 대한 인내는 쇠약한 부모와 성인자녀 간의 관계가 전환되는 방식에 영향을 미칠 것이다. 잘 분화되고 개별성을 향상시키는 가족체계에서 세대 간 관계는 존중과 공감, 서로의 욕구에 대한 민감성에 의해 지배된다. 부모와 자녀는 사적 권력관계에 대해 재작업할 수 있으며, 그들의 관계는 상호적 존중과 신뢰에 기반하고 있다.

이러한 상호적 체계 안에서, 부양자는 쇠약한 노부모를 위해 과기능화하지 않으면서 노부모의 욕구에 참여하며 그의 품위와 가치를 확인한다(Carter & McGoldrick, 2005b). 그런 관계에서 노인의 통합성과 개별성은 유지되며 세대 간 친밀감은 향상된다. 노부모와 성인자녀 각자 자율성을 유지하는 한편 정서적으로 서로에게 가까울 수 있다. 갈등을 회피하기 위해 대가를 치르지 않으며, 개방적이며 긍정적으로 갈등을 다룬다. 노부모와 성인자녀 모두 불안을 참을 수 있고, 상대의 관점을 볼 수 있으며, 문제를 건설적으로 해결할 수 있다. 자녀는 부모의 반대를 더 이상 두려워하지 않고, 자신만의 의견을 가진 개인으로 분리시킬 수 있다. 부모는 더 이상 자녀에 대해 부모의 권력을 행사하지 않으며 동등하게 자녀를 대한다.

상호적 관계에서 서로에 대한 수용과 상호적 존중, 순수한 배려의 맥락이 팽배하다. 높은 수준의 사적 권력을 유지할 수 있는 자녀는 부모와의 관계에서 자신이 아이같이 느껴지는 데서 오는 강렬한 감정을 초래하지 않기에 돌봄의 역할이 보다 관리 가능하다. 그는 권력 있는 부모를 돕는 것이 아니라 도움이 필요한 온화한 노인을 돕는 것이다.

이런 성인자녀가 발전시킨 돌봄 전략은 성인자녀와 좋은 건강상태의 부모 모두의 욕구에서 중심을 잡기 때문에 긍정적이고 생산적인 경향이 있다. 자녀는 부모의 복지와 안녕에 대한 정서적 책임을 갖지 않으면서, 가능한 한 부모의 독립성을 향상시키며 정중한 방식으로 돌봄을 제공할 수 있다. 또한 이 관계 패턴의 자녀는 죄책감에 압도되지 않으면서도 부양자로서 자신이 할 수 있는 것에 대해 건강한 한계를 정할 수 있다. 부모도 이 한계에 대해 자녀가 충실하지 않거나 부모를 사랑하지 않는 신호로 보기보다 필요한 것으로 본다(Holmes & Sabatelli, 1997).

　　패턴 II: 위계적-수동적 관계　　　명백하게 어떤 부모와 자녀는 사적 권력관계를 재작업하기 어렵다. 재작업을 못하게 되면 부모가 가족 안에서 부모의 권력 지위를 유지하게 되고(또는 유지하려고 노력하게 되고), 자녀는 아이 같은 지위를 수용하게 된다(Holmes & Sabatelli, 1997).

　이 패턴의 관계에서 성인자녀는 착한 아들이나 착한 딸 역할을 계속하게 되며, 부모는 권력 있는 부모 역할을 계속하게 된다. 부모는 자신의 권력을 즐기며, 적극적으로 관계를 재작업하려는 자녀의 노력을 파괴한다. 즉, 역할을 변화시키려는 성인자녀의 노력은 부모의 불허와 위협으로 금방 좌절될 수 있다. 부모는 자녀에게 동조하는 방식으로 자녀에게 죄책감을 갖게 할 수도 있다.

　이 관계 패턴의 자녀는 전형적으로 부모의 불허에 대해 부모를 우울하게 만든다고 느끼며 죄책감에 압도되어 반응한다. 성인자녀는 죄책감과 불안감을 관리하기보다 자신의 유일한 선택을 포기하고(비록 이것이 자신의 개인의 욕구와 가족의 욕구를 희생하는 것이라고 할지라도) 부모가 원하는 것을 하는 것이라고 믿는다. 예를 들어, 딸은 일요일 오후를 남편과 쉬면서 보내고 싶은데, 어머니는 딸이 매주 일요일 오후 자신을 방문해 줄 것을 기대할 수 있다. 어머니의 권력에 눌려 딸은 집에서 남편과 쉬고 싶다는 말조차 꺼낼 상상을 하지 못할 수도 있다. 어머니에게 맞선다는 생각만으로 두려움과 죄책감으로 가득 차게 된다. 딸은 어머니에 대한 '엄청난 광경'을 상상하고 두려워하면서, 자신이 가지 않으면 어머니가 매우 화가 날 것이라고 느낀다. 어머니는 절대 "싫어."라는 대답을 수용하지 않을 것이라고 두려워하며, 자신이 어머니의 소망을 들어줄 때까지 실제로 어머니가 접촉을 끊을 것이라고 상상한다. 따라서 그녀는 어머니와의 관계에서 아이 같은 역할에 고착되었다고 느낄 수 있다. 결과적으로 그녀는 어머니가 기대하는 것에 굴복해 자신과 남편, 자녀의 욕구를 희생하게 된다.

　상호적 관계와 이 관계 사이의 중요한 차이는, 부모가 나이가 들며 쇠약해질 때 자녀가 감정을 자극하는 상황에서 어떻게 반응하느냐에 있다. 상호적 관계에서 자녀는 자신의 감정에 압도되지 않으면서 감정을 유지하며 반응한다. 불안과 죄책감을 느끼더라도, 자녀는 여전히 성인으로서 자신의 소망을 표현할 수 있으며, 부모도 이 소망을 수용할 수 있다. 앞의 예에서, 딸은 어머니의 실망을 공감할 수 있고, 어머니도 딸의 욕구를 이해할 수 있을 것이다.

위계적-수동적 관계에서 자녀는 불안과 관계의 갈등 수준을 낮추기 위해 자신의 자율성을 희생하는 것으로 감정을 자극하는 상황에 반응한다. 예를 들어, 딸이 관계에서 변화하는 권력역동에 대해 생각할 때, 어머니가 자신의 편을 보지 못하고 성인으로 딸을 대하지 못한다고 느낄 수 있다. 딸은 어머니에 대해 자율적으로 행동하는 자신을 생각하는 것만으로도 불안에 압도될 수 있다. 높은 수준의 사적 권력을 유지하는 능력이 없이, 그녀는 어머니와의 권력 분배에 어떤 변화도 시도할 수 없다. 요컨대 그녀는 계속 어머니에게 위협감을 느낄 수 있다. 어머니와의 관계를 지속하는 유일한 방법은, 불안수준을 줄이기 위해 자신의 욕구를 희생하더라도 오랫동안 수립된 상호작용 패턴을 계속하는 것뿐이라고 느낄 수 있다.

따라서 이러한 관계에서의 돌봄은 부모를 돌봐야 한다고 강요받는 느낌(돌봄은 선택이 아니라 의무라는)을 갖는 자녀에게 지배된다. 돌봄은 부모나 자녀의 최선의 이익이 무엇인지와 상관없이, 부모의 기대를 만족시키는 데 초점을 두는 경향이 있다. 이러한 성인자녀는 종종 자신의 욕구와 감정을 의존적인 노부모와 분리시킬 수가 없다. 역설적이게도 이러한 일이 발생할 때 돌봄 과제를 관리하는 부양자의 능력이 방해된다. 그는 슬픔이나 불안으로 마비된다. 이성적 결정과 성숙한 판단을 하는 능력은 손상된다. 자신이 노부모를 위해 무엇을 할 수 있고 무엇을 할 수 없는지에 대해 건강한 한계를 정할 수 없으며, 부모의 기대를 만족시키고 세대 간 긴장을 줄이기 위해 자신과 남편, 자녀의 욕구를 희생한다.

다른 상황에서, 부양자와 돌봄 수혜자 양쪽 모두가 노인의 건강과 복지를 손상시키는 역할에 단단히 속박되는 패턴(역기능적 과기능화와 저기능화)이 만들어진다. 부모를 만족시키려는 압도적 욕구와 죄책감/의무감 때문에 이런 자녀는 부모를 위해 과대기능하며, 자신을 돌봐야 하는 책임감을 박탈한다. 역설적으로, 자녀는 어린애처럼 부모를 다루는 처지가 되며, 그의 의존심은 촉진된다. 오랫동안 그런 지위를 가지다보면 노부모의 능력을 손상시키며, 궁극적으로 신체적·정신적 건강의 손상을 초래한다.

　　패턴 Ⅲ: 위계적-반항적 관계　　부모와 자녀가 사적 권력관계를 해결하지 못했을 때, 성인자녀는 관계의 긴장 감소를 위해 자신의 욕구를 희생시키는 대신 분노하고 부모와 정서적 단절을 한다. 위계적-수동적 관계에 있는 자녀와 유사하게, 이런 성인자녀는 가족 안에서 어린아이 같은 지위에 갇혀 있다고 느끼며, 부모가 절대 성인으로 그를 인정하지 않을 것이라고 믿는다. 그러나 이런 자녀는 갈등을 피하고 어린아이 같은 권력 지위를 수용하는 대신 부모와의 권력 다툼에 참여한다(Holmes & Sabatelli, 1997).

　　위계적-반항적 관계 특징을 갖는 권력투쟁은 부모가 자녀를 성인으로 보고 대하도록 만들고자 하는 노력을 보여 준다. 분노와 적의가 이들 관계의 상호작용을 지배하며, 부모와 자녀 모두 서로에 의해 무시되고 무례하게 대접받는다고 느낀다. 그러나 이런 자녀는, 사적 권력관계의 비용으로 평화를 유지하는 자녀와 비교하면, 부모의 권력에 굴복하지 않고 분노하고, 반발하고, 단절하기도 한다. 이런 자녀는 처음에는 부양자가 기꺼이 되려고 하지 않는 경향이 있다. 형제나 다른 가족원(부모가 필요로 하는)에게 돌봄을 제공하라고 압력을 가할 것이다.

　　그러나 이런 성인자녀 중 일부는 부양자가 된다. 이렇게 되었을 때 관계는 분노와 적의에 의해 지배된다. 부양자나 돌봄 수혜자 누구도 서로에게 인정받거나 존중받는다고 느끼지 않는다. 예를 들어, 어머니와의 관계에서 끊임없이 권력에 대해 투쟁한 딸은 돌봄 제공의 노력이 어머니로부터 비판받고 도전받는다고 느낄 수도 있다. 딸은 그러한 비판에 대해 방어적이며 어머니를 비난하는 것으로 대응한다. 다른 돌봄관계에서 어머니는 딸이 돌봄을 제공하는 것을 허락하지 않을 수도 있다. 물론 인정받지 못하고 화가 난 딸은 자신의 개인적 위상을 방어하는 방식으로 어머니를 비난할 수 있다. 결과적으로 어머니와 딸은 끊임없는 권력투쟁에 갇힐 수 있으며, 누구도 서로를 인정하지 않고, 각자 상대방이 관계상의 어려움에 책임이 있다고 고수한다.

이런 투쟁에 갇히면 스트레스를 피하는 유일한 방법은 관계를 회피하는 것이다. 여기서 요점은 돌봄의 통상적인 스트레스와 요구는 방어적이고 갈등적인 상호작용패턴을 낳는다는 것이다. 이런 상호작용 패턴은 부모와의 관계에서 사적 권력에 대한 합법적 권리를 주장하는 자녀의 지속적인 노력으로 가장 잘 이해될 수 있다. 자녀와 부모 누구도 자신의 행동이 관계의 문제에 기여하고 있다고는 보지 않는다. 단순한 불일치는 단지 의견의 차이로 보기보다 거부로 본다. 이러한 불안정한 관계에서의 갈등은 쉽게 고조될 수 있다.

돌봄은 자녀가 성인으로서의 자신의 권력을 주장하는 한편 부모는 부모로서의 권력을 주장하는 권력투쟁의 영역일 수 있다. 그런 관계에서 단순한 과제일지라도 쉽게 권력투쟁이 될 수 있다. 따라서 이렇게 불안정한 관계는 아마도 쇠약한 부모의 욕구에 거의 민감하지 않을 것이 분명하다.

더 나아가, 이런 패턴의 관계는 불안정성과 높은 수준의 갈등 때문에 다른 패턴에 비해 감정적·신체적 학대에 의해 지배되기 쉽다. 가족체계 내 권력투쟁을 지속하는 성인자녀는 부모가 자신의 삶에 개입하는 것에 분노하고, 가족에 존재하는 문제의 모든 책임을 부모에게 투사하는 경향이 있다. 비난 및 끊임없는 적의의 유산에 대한 투사, 그리고 비난은 노부모를 희생양으로 만들고 결과적으로 방임되며 정서적·신체적으로 학대되는 결과를 초래한다.

노인학대는 세대 간 돌봄의 어두운 면이다. 이런 학대는 방임, 언어적·정서적 학대, 신체적 공격, 신체적 학대, 재정적 착취 등 많은 패턴을 취한다. 최근 매년 미국 노인의 백만 명 이상이 가족원의 학대로 고통받는 것으로 추정된다. 이 수치는 더 높아질 것으로 예상된다(Barnett et al., 1997; Pillemer & Suitor, 1998).

노인학대에 대한 현존하는 문헌은 상대적으로 드물다. 연구자들이 아는 것은 노인학대 가해자가 약물중독이나 질환, 재정문제, 결혼문제 등과 같은 개인적인 위기와 함께 역할 과부하를 경험한다는 점이다. 그러나 개인적 위기와 결혼위기의 이유로 가장 자주 인용되는 것이 노부모와 부모-자녀관계의 문제다. 관계 문제와 부모-자녀 간의 끊임없는 투쟁은 성인자녀의 삶의 문제와 역으로 쇠약한 부모와의 관계에서 자녀가 가학적으로 되는 데 기여하는 요인이다(Krause & Rook, 2003; Pillemer & Suitor, 1998).

요약하면, 미국은 고령화되고 있다. 2030년이 되면 네 명 중 한 명의 미국인이 65세 이상이 될 것이다(U.S. Census Bureau, 2008). 유례없는 비율의 가족이 쇠약한 노인의 욕구를 맞추기 위한 부모-자녀관계로의 전환의 도전에 직면하게 될 것이다. 대부분의 가족이 순조롭게 노인 가족원의 욕구에 대응하겠지만, 돌봄 요구가 쉽게 가족체계에 스트레스를 줄 수 있다는 것도 분명하다. 돌봄의 도전에 성공적으로 직면하기 위해 가족이 필요한 자원을 제공하는 것이 미국 사회에서 점점 더 중요해질 것이다. 돌봄의 요구에 직면한 가족을 돕는 한 가지 방법은 그들이 이용할 수 있는 대응 자원을 늘리는 것이다. 가족이 이런 특별한 도전을 다루는 것을 도와줄 수 있는 사회정책 계획과 지역사회 기반 지원서비스 창출은 맥락적 자원의 예다. 이런 자원의 존재는 후기 성인기 동안 쇠약한 노인과 성인자녀가 상호 보상적이며 적응적인 상호작용 패턴을 발전시킬 수 있는 가능성을 높여 준다.

어떤 경우에 노인을 돕는 최선의 방법은 노부모와 성인자녀가 권력투쟁을 해결할 수 있도록 도와주는 것이라는 점도 명백하다. 돌봄은 연결과 지지의 통합된 패턴의 연장이다. 명백하게, 상호성과 존중, 신뢰에 토대를 둔 관계가 부모-자녀 간에 존재할 때 좀 더 민감해질 것이다. 따라서 어떤 가족에게는 부모와 자녀가 성공적으로 돌봄의 요구에 협상하기 위해 기저에 있는 세대 간 이슈와 긴장부터 규명되어야 한다.

결 론

독자들이 가족생활주기를 직선적 과정으로 보지 않기를 바란다. 비록 가족생활주기가 별개의 연령 등급 단계로 논의되었지만, 시작과 중기, 종결로 이루어져 있지 않다. 후기 삶의 가족은 더 큰 가족체계 안에서 하나의 하위체계일 뿐이다. 가족이 이 시기의 과제를 관리하는 방식은 가족 안의 다른 세대적 하위체계가 과제를 다루는 방식에 달려 있으며, 그에 의해 영향을 받는다.

후기 삶에서 가족이 직면한 스트레스와 긴장은 많으며 다양하다. 이러한 스트레스원을 검토하는 것은 가족생활주기의 단계와 상관없이 가족체계를 특징짓는 세대와

체계의 지속성이 있다는 것이 명백하다. 특정한 기본 과제는 발달단계와 상관없이 모든 체계에 의해 수행되어야 한다. 모든 체계는 과제의 성공적인 수행을 위해 전략을 발전시켜야 한다. 이러한 전략의 기저에는 효과적인 가족이 각 가족원의 개인적 과정을 지지하고, 가족원 간에 긍정적이고 양육적이며 정체성을 강화하는 연대를 증진시켜 주는 상호작용 패턴의 특징이 있다. 그런 체계 안에서 독특성과 개별성의 표현을 위한 건강한 인내가 존재한다. 진정한 친밀감은 오직 개별성을 기를 때만 성취될 수 있다는 것은 모순이다.

주요 개념

쇠약함(Frailty) 노인 배우자 간, 성인자녀와 노부모 간의 관계에 스트레스를 주는 건강 상태 저하가 가져온 컨디션.

은퇴(Retirement) 임금 고용으로부터의 신체적 철회 및 자신의 정체성에 미치는 일의 중요성에 대한 심리적 재지향성.

조부모기(Grandparenthood) 노년기 가족의 맥락에서 논의된 역할 전이기. 손주의 출생이 상징적으로 가족위계 안에서의 구심점과 권력이 노인세대로부터 중간세대로 이동되는 것을 의미함.

행동감속(Behavioral slowing) 노화과정에 동반된 자극 반응에서 감소된 속도와 시각, 청각, 미각, 촉각, 후각 등의 감각적 변화.

대안적 가족발달경로

많은 요인이 시간에 따른 가족 상호작용 유형에 영향을 미친다. 앞 장에서 보았듯이, 기본 과제를 관리하기 위한 가족의 전략은 가족원의 발달적 변화와 기타 가족 스트레스에 대응하여 지속적으로 변화한다. 적응을 만들어 내는 가족의 성공은 개별 가족원의 건강과 복리, 가족체계 전체에 심오한 영향을 미친다.

각 가족은 가족만의 발달과정을 따른다. 이는 부분적으로 개별적 가족원의 독특한 특징, 가족의 특별한 문화적·인종적·사회적 맥락, 가족이 그 전 세대로부터 물려받은 세대적 유산, 가족이 지배문화의 규범에 의해 규정된 전형적 발달과정을 따르는 정도 등에 의해 형성된다. 그러나 예측하기 어려운 가족생활의 무작위적 특성 또한 존재한다. 모든 변화가 예측할 수 있는 것은 아니지만, 모든 가족이 가족발달의 규범적 과정을 따르는 것도 아니다.

어떠한 문헌도 가족이 발달과정에서 만날 수 있는 모든 변이와 우발사태를 검토할 수는 없다. 그러나 모든 가족이 규범적 발달경로를 따르는 것이 아니라는 사실을 무시한다면 큰 실수다. 다음 장에서 가족의 발달을 극적으로 변경시킬 수 있는 가장 일반적인 사건의 일부에 대해 논의할 것이다. 첫째, 중독과 가족체계의 가족원의 상실에 대해 다룰 것이다. 중독과 상실은 가족구조와 조직에 주요한 변화를 촉발시킨다. 둘째, 이런 모든 사건은 극적으로 가족이 기본 과제를 수행하는 방식을 변경시킬 수 있다. 차례로 이것은 가족의 상호작용 전략에서의 주요한 변경을 촉발할 수 있다. 셋째, 모든 것은 가족체계에 심각한 도전을 줄 수 있으며, 잘못 관리되었을 경우 가족원의 건강과 복지에 부정적 효과를 미친다.

더불어 이 책에서 강조하는 각 사건은 가족체계에 대한 독특한 도전을 제시한다. 예컨대, 죽음과 상실의 경험은 보편적이다. 모든 가족은 가족 발달과정에 걸쳐 이 문제와 씨름하나, 죽음의 특성, 타이밍, 이전 상실에 대한 가족력, 죽음에 대한 가족의 문화적 태도, 사건을 둘러싼 기타 문화 등은 각각의 상실을 독특한 경험으로 만든다. 모든 가족이 이혼, 한부모, 또는 재혼을 경험하는 것은 아니지만, 이러한 사건이 우리 사회에서 점차 일반적인 것이 되어 가고 있다. 각각은 가족이 직면해야 하는 독특한 도전을 제시한다.

다음 네 장에서, 우리는 이러한 도전의 개요를 훨씬 자세하게 서술할 것이며, 연구자와 이론가가 각 도전과 관련된 특별한 스트레스라고 한 것들에 대해 논의할 것이다. 또한 우리는 성공적이거나 성공적이지 않은 적응으로 이끄는 요인에 대해 살펴볼 것이다. 이러한 스트레스 사건을 '대안적 발달경로'라고 말하는데, 이는 스트레스 사건이 현대 가족생활에서 발생하는 빈도와 가족의 궤적을 영속적으로 변경시킬 가능성에 대해 강조하기 위한 것이다.

제15장
죽음, 상실, 애도

가족원의 죽음은 가족구조의 주요한 변화를 만들고, 가족 전략의 변경을 필요로 하며, 가족 항상성을 붕괴할 수 있다. 가족원의 죽음에 대한 보편적인 반응은 존재하지 않는다. 그보다, 각 가족원과 가족체계 전체의 반응은 가족이 위치한 특별한 맥락에 영향 받는다. 이 맥락은 죽음의 특성, 사망한 가족원의 가족에서의 지위, 이전 상실에 대한 가족력, 가족의 독특한 사회적 · 문화적 · 인종 · 종교적 지향성, 가족생활주기상 죽음의 타이밍 등 많은 요인을 포함한다. 죽음은 고립되어 발생하는 것이 아니기 때문에, 생활주기에서 가족의 전략과 다른 맥락적 요인을 고려하는 것은 중요하다. 다른 규범적, 그리고 비규범적 스트레스가 누적될 수 있으며, 상실의 규모나 강도에 영향을 미칠 수 있다. 더 나아가 이전 상실이 미해결된 채 남아 있을 때, 현재 상실의 충격은 가족 상호작용 전략에 더욱 큰 효과를 미칠 수 있다. 성공적인 해결은 일반적으로 여러 중요한 과제를 완수하는 가족의 역량에 달려 있다. 이러한 과제는 가족원이 죽음의 현실을 수용할 수 있는지, 그들의 고통과 슬픔의 경험을 공유할 수 있는지, 상실에 대응해 가족체계를 재조직할 수 있는지, 다른 관계에 투자하고 새로운 삶을 추구하면서 미래로 나아갈 수 있는지 등의 가족역량의 방식을 포함한다.

죽음, 상실, 애도

비록 가족의 발달적 궤도가 많은 방식으로 변경될 수 있지만, 가장 심오한 변경 중 하나는 가족원이 상실을 경험할 때 일어난다. 많은 사람에게 상실이라는 주제에 대한 첫 반응은 가까운 가족원이나 친구의 죽음을 떠올리는 것이다. 그리고 비록 가족원의 죽음이 가족체계를 통해 강력하고 넓은 범위의 파급효과를 갖지만, 많은 다른 종류의 상실 역시 가족발달과 전략 선택에 중요한 영향을 미칠 수 있다. 부모님의 직업 상실, 경제적 빈곤이나 자연재해로 인한 가족주택 상실, 가족원의 신체적 건강의 상실, 개인의 신체적 기동성이나 좋아하는 활동이나 취미를 할 수 없게 되는 것 등은 모두 가족의 발달과정을 변경하고, 가족의 경계, 정체성, 정서적 환경, 일상관리, 스트레스적 변화에 직면하는 능력 등을 다루기 위한 가족의 선호하는 전략 조정을 필요로 하는 상실의 예다.

상실과 애도는 한 개인과 가족생활의 불가피한 부분이다. 시간의 흐름에 따라 가족이 직면하는 많은 스트레스 사건은 한 개 또는 그 이상의 상실의 경험 때문이다. 제16장에서 논의할 이혼의 경험도 그 예다. 이혼은 결혼 파트너와의 별거와 이전에 조직된 관계의 종결을 수반한다. 또한 이혼은 각 배우자의 '기혼자'로서의 정체성 상실을 포함한다. 어떤 가족원 또는 모든 가족원에게 공유된 가정의 상실을 의미한다. 그것은 특정 생활수준이나 시댁/처가와의 관계의 종결, 부부의 우정의 일부 종결 등을 의미할 수도 있다. 자녀에게 이혼은 한쪽 부모와의 정기적인 접촉의 상실 또는 안전감이나 가족응집성의 상실을 의미할 수도 있다.

예컨대, 부모의 고소득 직업의 상실을 고려해 보자. 그런 사건은 가족의 생활수준과 스타일을 변화시킬 수 있다. 좋아하는(아마 값비싼) 활동은 잊어야 할 것이다. 근심 없는 인생관을 잃어버리고, 어떻게 월세를 내고 음식을 사야 할지에 대한 근심과 걱정으로 대체될지도 모른다. 수입의 상실은 가족이 계획한 여가를 잃어버리거나 대학에 갈 연령인 가족원이 소중한 재정지원을 상실한다는 것을 의미할 수도 있다. 부모에게 직장의 상실은 자존감과 '성공' 정체성의 상실을 동반한다. 따라서 시간이 흐를수록 모든 가족이 많은 다른 유형의 상실을 만나게 되고, 모든 상실의 경험이 가족 전략과 기능을 변화시킬 가능성이 있다.

본 장에서 우리는 특히 죽음이 가족체계에 미치는 영향에 초점을 맞춘다. 이 책의 초점과 일관성 있게, 다세대적 · 발달적 관점에서 죽음의 영향에 대해 검토할 것이다. 이러한 관점은 가족원의 죽음이 가족 항상성을 붕괴할 수 있으며, 가족구조에 주요한 변화를 낳고, 가족 전략의 변경을 필요로 한다는 것을 가정한다. 그처럼 가족의 중심 인물의 죽음은 전체 확대가족을 관통해 울려 퍼지는 **정서적 충격파**(emotional shock wave)를 만들 수 있으며, 아마 고인과 접촉이 별로 없거나 전혀 없는 가족원까지 변화를 초래할 수 있다(Bowen, 1976).

가족체계 내의 죽음

가족원의 죽음에 대한 다세대적 · 발달적 관점은 여러 가지 점에서 우리의 주의를 요구한다. 첫째, 가족체계가 죽음에 반응하는 방식은 가족의 독특한 맥락에 의해 중요한 영향을 받는다. 둘째, 가족원의 죽음은 각 가족원에게 독특하고 개별적인 방식으로 영향을 미친다. 사랑하는 사람의 죽음을 애도하는 규정된 방식은 없다. 셋째, 가족원의 죽음은 가족의 구조와 조직, 상호작용 전략을 변형시키면서 전체 가족체계를 관통해 공명한다. 넷째, 죽음은 노년기에 일어날 것이라는 사실을 일반적으로 수용하지만, 사실 죽음은 어떤 연령에서도 일어날 수 있다. 다섯째, 가족원의 죽음은 가족이 전형적으로 해야 하는 많은 추가 과제를 관리하는 것이 필요하다.

죽음에 대한 반응에서 가족과제

가족원의 죽음에 적응하는 것은 즉각적이며 동시에 장기적인 가족체계 재조직을 요구한다. 가족의 재조직은 가족이 애도의 필수 과제를 완료할 수 있을 때 촉진된다. 이러한 과제가 제대로 다루어지지 않았을 때, 지속된 가족원의 건강과 발달 및 가족 전체는 불리하게 작용할 수 있다. 성공적인 적응을 위해 네 가지 중요 과제가 규정되었다. 가족의 특정 대처방식이나 애도과정에 대한 독특한 반응의 타이밍을 예측하는 것은 불가능하지만, 이러한 과제는 보편적으로 연속적이며 중복되는 것으로 생각된다(Walsh & McGoldrick, 2004).

1. **죽음의 현실에 대한 공유된 인정** 죽음으로 발생한 정서적 충격파를 관리하기 위해 모든 가족원이 죽음의 현실을 인정하는 것이 필요하다. 일반적으로 이를 촉진하는 요인으로는 죽음에 대한 공유, 장례식과 입관식에 대한 모든 가족원의 참여, 가족원이 묘지나 다른 마지막 안식의 장소 방문하기 등이 있다. 예를 들어, 자녀나 다른 가족원이 묻는 질문에 대해 직접적이고 개방적인 방식으로 답변할 필요가 있다. 자녀나 다른 취약한 가족원을 보호하려는 노력으로 비밀로 하거나 정보를 숨기는 것은 상실의 해결에 장애가 되며, 부정이나 최소화, 회피와 같은 비효과적 대처 전략을 초래할 수 있다.

2. **죽음의 아픔에 대한 공유된 경험** 가족체계 내 죽음의 관리는 사랑하는 사람의 상실에 따르는 감정의 전 범위에 대한 인내뿐만 아니라 가족원의 아픔과 슬픔의 수용을 필요로 한다. 가족원은 양가감정, 분노, 실망, 무력감, 죄책감, 안도감, 유기 등을 포함하는 폭넓은 범위의 혼합된 정서반응을 경험할 수 있다. 대처 전략이나 가족 충성심 등 특정 감정을 표현하는 것을 막을 때, 신체적 건강문제나 심리적 증상 등 증상행동의 형태로 적응문제가 발생할 수 있다.

3. **가족체계의 재조직** 가족원의 죽음은 가족원의 역할과 기본 과제(예: 주제, 정체성, 경계, 정서적 환경, 적응성 등)를 관리할 가족 전략의 재조직을 반드시 필요로 한다. 고인의 역할과 책임은 살아가야 할 가족을 위해 재분배되어야 한다. 새로운 가족조직으로의 과도기에 수반되는 혼란과 고통은 가족으로 하여금 더 이상 효과적이지 않은 옛 전략에 매달리게 할 수도 있다. 예를 들어, 가족원 어느 누구도 집을 보수하고 유지하는 데 고인의 책임을 대신하지 않는다면, 결과적으

로 집의 상태는 악화될 것이다. 대안적으로, 가족은 가족 안정성을 되찾기 위해 섣부르게 고인의 대체인물을 찾을 수 있다. 그런 경우, 고인의 역할을 수행하기 위해 부름 받은 가족원은 그것을 수행하기 위해 필요한 기술이나 의향을 미처 갖추지 못했을 수 있으며, 이는 갈등과 죄책감, 강압감, 부당함 등 역할 불협화음을 초래할 수 있다.

4. 다른 관계와 미래에 대한 재투자   가족원의 죽음에 대한 가족체계의 성공적 적응은 가족원이 다른 관계와 미래에 재투자하는 점진적·궁극적 역량으로 나타난다. 애도의 과정은 최소한 일 년이나 이 년 동안 지속되는 경향이 있다. 새로운 계절, 공휴일, 기념일 또는 특별한 날마다 상실감이 되살아날 수 있으며, 가족이 미래보다 과거에 초점을 두도록 만들 수 있다(Becvar, 2001; Walsh, 1998). 만약 고인이 이상화되거나 삶을 향해 전진하는 것이 일종의 고인에 대해 배신으로 느껴진다면, 새로운 애착과 헌신의 형성이 가로막힐 수 있다. 또 다른 상실에 대한 두려움 또한 전진해야 하는 가족의 역량을 방해할 수 있다. 궁극적으로, 가족은 과거(그리고 고인 또한)를 내려놓고 새로운 관계와 헌신으로 나아가야 한다. 이것은 고인을 잊어버리거나 무시하자는 것이 아니다. 애도 과제의 성공적인 해결은 가족원이 고인에 대해 이야기하고 고인에 대한 기억을 회고하는 것에 대해 자유롭게 느끼게 해 준다. 그러나 그들의 에너지는 더 이상 과거에 매여 있지 않고, 새로운 활동과 경험에 이용될 수 있다.

죽음에 대한 가족체계의 반응을 중재하는 요인

가족원 간의 연결의 유산의 관점에서, 죽음은 가족체계에 심각한 스트레스를 주는 것으로 보인다. 죽음은 체계를 관통하며 뒤흔들고, 체계 안의 많은 쌍방적 관계의 여러 면을 직접적으로 건드린다. 죽음은 가족원이 사랑하는 사람의 상실을 슬퍼하도록 자극한다. 죽음은 또한 가족체계가 재구조화되도록, 그리고 상호작용의 유형을 변화하도록 이끈다. 이러한 도전에 대한 가족체계의 적응은 다음과 같은 요인에 의해 영향 받는다. 죽음의 성격, 고인의 가족 내 지위, 상실에 대한 가족력, 가족체계의 개방성과 적응성, 가족의 사회적·문화적·인종적·종교적 맥락, 가족생활주기에서의 죽음의 타이밍 등의 요인이다(Brown, 1989; McGoldrick & Walsh, 2005; Walsh, 1998).

더 나아가 죽음이 가족에 미친 영향에 대한 논의에서 상실과 기타 스트레스에 대한 가족의 폭넓은 경험을 제외할 수 없다. 죽음에 대처하는 가족의 노력은 죽음에 수반되는 수직적 스트레스와 수평적 스트레스 두 요인에 심오하게 영향을 받는다. 비록 대부분의 즉각적인 상실의 영향은 현재에서 느껴지며, 종종 혼란과 해체의 기간에 고통과 불안의 강렬한 감정이 동반되나, 이러한 수직적 스트레스는 가족의 수평적 스트레스에 깊이 영향을 받는다. 시간이 흐름에 따라, 완전히 해결되지 않은 반복된 상실의 영향은 효과적인 가족기능을 붕괴할 수 있는 미해결된 상실의 누적을 초래할 수 있다.

죽음의 성격

죽음의 성격이란 죽음이 예측되었던 것인지의 여부와 죽음의 원인(사유)을 의미한다. 두 요인 모두 죽음에 대한 반응으로, 가족체계가 접하는 스트레스와 지지의 정도와 유형에 영향을 미친다. 이러한 요인 모두 가족체계가 가족원의 죽음에 대해 적응하는 방식의 결과를 가져온다.

일반적으로, 예상하지 못했던 죽음은 예상했던 죽음보다 더한 스트레스를 가한다. 죽음이 갑자기, 예상치 못하게 발생했을 경우 가족원이 준비된 애도에 참여할 기회가 없기 때문이기도 하다. 그런 경우에 슬픔의 강도와 지속성은 더 커지는 경향이 있다(Becvar, 2001; Walsh & McGoldrick, 2004).

대조적으로, 죽음이 예상된 것일 때 가족원은 일련의 작은 상실을 통해 궁극적인 죽음을 다룰 수 있을지도 모른다. 가족원이 처음 아프게 되어 점차 건강한 모습을 잃게 되고, 매일 일상의 관습적 유형을 상실하며, 특정 역할이나 구체적인 과제수행능력을 상실하게 되는 예가 그런 경우일 것이다. 그러나 장기적인 질환이 가족체계에 명백한 충격을 주는 일련의 추가 스트레스를 초래한다는 점은 중요하다. 예를 들어, 아픈 가족원을 돌보는 데 요구되는 헌신, 재정적 비용, 실직, 경력 단절, 정서적 소진, 다른 가족원의 시간 손실, 그리고 그로 인해 결과적으로 초래되는 사회적 고립감 등은 심각하게 가족의 대처 능력을 고갈시킬 수 있다(Murray, 1994).

더불어 죽음의 이유도 슬픔에 빠진 가족원이 직면하는 스트레스와 지지에 영향을 미친다. 어떤 종류의 죽음은 가족원의 애도를 더욱 힘들게 만드는 방식으로 보일 수 있다. 죽음의 원인이 AIDS와 같이 낙인찍힌 질환일 경우, 가족원은 타인으로부터 지지를 별로 받지 못할 수 있다. 감염의 두려움이나 AIDS가 동성애와 정맥주사를 통한 마약사용자 같은 특정 집단에 주요하게 영향을 미친다는 사실 때문에 가족원이 자신의 정서적 반응을 타인과 공유하는 것에 대해 불편하게 느낄 수 있다. 자살은 우리 사회에서 낙인을 동반하는 죽음의 또 다른 예로 수치심, 죄책감, 분노감 등을 자극한다. 초래된 비밀과 비난은 가족의사소통을 왜곡하고, 가족원을 서로 고립시키며, 가족 밖의 사회적 지지를 찾으려는 노력을 방해할 수 있다(Becvar, 2001; Calhoun & Allen, 1991; Murray, 1994; E. R. Shapiro, 1996).

가족에서 고인의 지위

가족체계에 미치는 죽음의 충격은 고인이 가족체계 내에서 차지하고 있었던 지위에도 영향을 받는다. 가족은 상호의존적인 관계망으로 이루어져 있으며, 죽음에 대한 다세대적 · 발달적 관점은 각 죽음이 다중 상실을 포함한다는 사실에 주의를 끈다. 고인은 일반적으로 많은 사람에게 여러 의미를 가진다. 예컨대 고인은 형제와 아들, 부모님, 남편, 시댁이나 처가, 삼촌, 전 배우자, 양아버지를 두었을 수 있다. 이런 독특한 관계 배열은 각 개인과 각 세대, 그리고 전체 가족체계가 경험하는 상실감에 영향을 미친다(Becvar, 2001; Walsh & McGoldrick, 2004).

또한 가족체계 안에서 선택된 개인은 타인보다 큰 구심점의 지위나 중요성을 차지하는 경향이 있다. 가족에 대한 이러한 의미는 가족 내 개인의 기능적 역할, 가족이 개인에 대한 정서적 의존 정도 등에 의해 이해될 수 있다(Brown, 1989). 일반적으로, 가족 내에서 중심적 지위에 있었던 사람의 죽음일수록 가족체계의 기능에 더 큰 영향을 줄 가능성이 크다(Brown, 1989; McGoldrick & Walsh, 2005).

　　가족체계에서의 고인의 지위는 다른 가족원이 고인과 경험했던 갈등 수준에 의해 좌우된다. 앞 장에서 보았듯이 갈등은 가족생활의 불가피한 부분이기는 하지만, 미해결된 갈등은 애도과정을 복잡하게 만들 수 있다(Walsh & McGoldrick, 2004). 예를 들어, 고인과의 갈등이 정서적 단절이나 소원함을 초래했을 때, 죽음은 관계 회복의 노력이 더 이상 불가능해짐을 의미한다. 고인과의 관계가 양가적이거나 어려웠을 때, 더 큰 죄책감을 경험할 수 있다.

가족의 상실 내력

　　예전 상실에 대한 가족의 내력 및 과거 상실이 어떤 식으로 다루어졌는지는 죽음에 대한 가족의 반응에 영향을 미치는 요인 중 하나다. 상실을 효과적으로 대처한 내력은 유산을 구축하여 현재 대처에 영향을 미친다. 그런 유산은 가족원 자신이 상처받을 수 있다는 취약성을 수용하는 동시에 패배하지 않고 생존자가 될 것이라고 보는 임파워먼트가 될 수 있다(Murray, 1994). 반면, 예전 상실을 대처하는 가족의 무능력은 가족체계에 과부하가 되어 스트레스원의 누적을 초래할 수 있다. 과거 상실의 과부하와 상실을 다루는 어려움의 내력은 종종 현재의 상실을 다루는 가족의 능력을 손상시킨다(Brown, 1989; Walsh & McGoldrick, 2004). 그런 결과는 가족이 저주받았다거나 극복할 수 없다는 트라우마의 유산을 남길 수 있다(Murray, 1994). 예전 상실을 수용하는 것이 어렵다면 가족체계의 개방성을 감소시키며, 상실에 동반되는 강렬하며 파워풀한 감정에 대한 인내를 꺼리게 만들 수 있다.

가족체계의 개방성과 적응성

브라운(Brown, 1989)에 의하면, 죽음에 직면한 가족에게 나타나는 많은 장기적 적응의 어려움은 가족체계의 개방성 결여에 기인한다. 본질적으로 개방성에 대한 논의는 가족체계 내의 분화 수준에 대한 이야기다. 잘 분화된 체계일수록 스트레스가 있을 때 통합과 기능 역량을 더 잘 유지할 수 있다. 이런 체계는 효과적인 의사소통과 사적 감정의 개방적 공유를 향상시키는 적응성과 투과성의 특징을 갖는다. 가족원은 위기의 시간 속에서도 서로를 지지하고 양육할 수 있다. 스트레스와 긴장, 갈등은 모두 직접적으로 다루어지며, 결속을 유지하고 체계의 통합을 지지하는 방식으로 관리된다.

죽음에 대한 가족의 정서적 반응을 나타내는 가장 좋은 지표는 상실 이전의 가족에게 있었던 정서적 지지일 것이다. 가족끼리 양육하고 지지하며, 가족 결속을 세우고, 갈등을 효과적으로 관리하며, 긴장을 해결하는 전략을 구축했을 때, 상실에 대한 가족원 개인 적응은 향상될 수 있으며, 가족체계의 기능도 최대화될 수 있다. 가족은 상실의 아픔을 인정할 수 있고, 지체된 반응이나 조용한 반영, 강렬한 울음, 죄책감, 분노, 공허함이나 신체적 고통 표현 등 넓은 범위의 감정표현을 인내할 수 있다.

가족체계의 개방성 결여는 변화하기 어려운 경직된 상호작용 유형이 구축되었음을 의미한다. 고인의 역할 책임은 다른 가족원에 의해 쉽게 수용되지 않을 수 있고, 따라서 중요한 과제가 아무에게도 수행되지 않은 채 남겨질 수 있다. 또는 관심도 없고 능력도 안 되는 가족원이 비워진 역할을 수행하도록 부름 받을 수 있다. 비밀주의 규칙이 발전되어 가족원이 서로 감정을 공유하는 것이 어려워질 수 있다. 고인에 대한 기억은 좌절되거나 개방적으로 이야기할 수 없기 때문에 왜곡될 수 있다. 그런 반응은 부인의 유형인데, 이는 가족이 상실과 가족구조의 변화를 수용하지 못하거나 내켜 하지 않기 때문이다. 부인과 최소화는 가족원이 상실을 수용할 시간을 제공한다는 점에서 단기적으로는 효과적인 대처 전략이 될 수 있으나, 시간에 따라 전략에서 필요한 변화를 막을 때 가족은 역기능적이 될 수 있다.

가족의 사회적 · 문화적 · 인종적 · 종교적 맥락

일반적으로 가족의 대처 전략은 죽음에 대한 사회적 · 문화적 · 인종적 · 종교적 가치지향에 의해 영향 받는다. 예를 들어, 사회가 알아차리지 못한 상실은 전형적으로 가족원이 해결하기 더 어렵다. 죽음의 원인이 AIDS나 자살처럼 사회에 의해 낙인 찍힌 것일 때 복잡성이 가중된다는 것을 앞에서 주목했다. 사회적 기대 또한 누가 사랑하는 사람의 상실에 슬퍼해야 하는지에 영향을 미친다. 사회가 개인이 슬퍼할 욕구, 권리, 용량을 인식하지 못한다고 할지라도 (관습적으로) 인정되지 않거나 공인되지 않은 슬픔(unrecognized or unsanctioned grief)의 존재도 있다(Pine et al., 1990). 인정되지 않는 가족관계로 전 배우자, 동거남(여), 혼외관계 연인, 위탁자녀, 계부모와 계자녀, 게이나 레즈비언 관계의 파트너, 사산아, 유산아, 낙태아, 반려동물 등이 포함된다(Murray, 1994). 그런 경우, 애도의 규범은 적용되지 않으며, 따라서 슬퍼하는 사람은 본인 감정을 어떻게 표현해야 할지 몰라 더 큰 고립감과 불확실성에 남겨진다. 확대가족이나 친구, 지인으로부터의 사회적 지지가 결여될 수 있다(Sahpiro, 1994).

가족의 문화적 · 인종적 · 종교적 가치는 죽음에 대한 반응의 많은 측면에 영향을 미친다. 이러한 요인은 가족이 죽음을 다루기 위해 구축한 의식, 죽어 가는 친척을 보고자 하는 욕구, 감정을 표현하는 개방성, 적절한 애도의 기간, 기념일 사건의 중요성, 확대가족의 역할, 죽음 이후 일어나는 일, 남성과 여성의 구축된 역할 등을 포함한다(Shapiro, 1996; Walsh, 1998).

잘 정의된 의식은 애도기간에 중요한 사회적 지지 관계망을 제공하며, 이는 가족체계가 상실에 대응하며 재조직하는 노력에 도움이 된다. 유태인 가족은 가족원의 죽음 후 7일간 시바(shiva)에 참여한다. 이는 가족이 일상 활동을 자제하며 애도하는 기간이다. 가족은 확대가족과 친구의 방문을 받으며, 함께 고인의 이야기를 나누고, 소중히 간직한 추억을 되살리며, 상실감을 공유한다. 대조적으로, 죽음을 다루는 그런 의식과 전통의 결여는 위기의 때 가족의 취약성을 증가시킬 수 있다(van der Hart, 1988; Walsh & Pryce, 2003). 그런 의식의 결여는 사회적 자율성 및 정서적 자립을 강조하는 WASP(White Anglo-Saxon Protestants, 백인 앵글로색슨 청교도)의 문화적 가치

지향성과 결합하여 가족원의 죽음을 다루는 능력을 손상시킬 수 있다. 죽음의 슬픔을 개방적으로 인정하고 공유하지 못하는 무능함, 그리고 불편함을 최소화한 빠르고 효율적인 장례식 선호(Walsh & McGoldrick, 2004)는 나아가 가족 안에서 이혼이나 자살 또는 심각한 질환과 같은 가족생활의 붕괴의 가능성을 증가시킨다(Brown, 1989).

　문화적 의식은 특정 가족이 죽음에 대응하는 방식과 위기의 때에 가족이 이용 가능한 사회적 지지의 분량에 영향을 미친다. 예를 들어, 아프리카계 미국인 가족 안에서는 자유롭고 개방적으로 슬픔을 표현하는 것이 수용되고 기대되며, 확장된 지역사회는 상실의 때에 개방적으로 가족을 지지한다. 대조적으로 아일랜드계 가족은 슬픔의 표현이나 슬퍼하는 가족에 대한 공공연한 지지는 거의 없이 술에 취해 농담을 떠들고, 철야를 파티로 취급한다(Walsh & McGoldrick, 2004).

　물론 제5장에서 주목했듯이, 각 가족의 독특한 사회적·문화적 맥락에 대한 주의 깊은 검토가 이러한 일반화로 대체될 수는 없다. 주어진 문화적·인종적·종교적 집단 내의 가족 간의 다양한 차이는 문화, 인종, 종교 집단 간 차이만큼 클 수 있다. 가족원의 상실에 동반되는 스트레스와 요구는 가족의 관리방식에 영향을 미치는 것으로, 사회적·문화적·인종적·종교적 요인은 광범위한 여러 요인 중 일부이며 단일 결정적 요인이 아니라는 사실을 고려하는 것은 중요하다.

죽음의 타이밍

　죽음의 타이밍이란 고인의 연령과 세대적 지위, 죽음에 동반되는 규범적·발달적 스트레스원 등 두 가지 상호 관련된 요인을 의미한다(Walsh & McGoldrick, 2004).

　고인의 연령과 세대적 지위　일반적으로 고령의 가족원의 죽음은 자연적 과정으로 보는 경향이 있으며, 젊은 가족원의 죽음에 비해 스트레스를 덜 유발한다(Brown, 1989). 이것은 스트레스를 전혀 발생하지 않는다는 의미가 아니다. 그러나 고령의 가족원이 사망했을 때 가족이 경험하는 정서적 충격파는 젊거나 중년의 가족원이 인생의 전성기에 사망했을 때보다 덜 강렬하다. 이는 부분적으로 '세대의 성화(generational torch)'가 지나갔다는 사실에서 기인한 것일 수도 있다.

예상된 죽음은 '제 때가 아닌(off-time)' 죽음(기대수명의 기대에 반하는 죽음)과 대조된다. 부모나 젊은 배우자 또는 자녀의 이른 죽음은 더 큰 분노감과 설명이 필요하다는 느낌을 자극한다(Becvar, 2001; Murray, 1994). 중간세대 가족원의 죽음은 자녀와 노부모의 돌봄에 중요한 결과를 가져올 수 있다. 아동기나 청소년기 자녀의 죽음은 우리의 기대나 삶과 죽음에 대한 자연적 순서에 반하기 때문에 특히 더한 트라우마를 남긴다. 이런 이유로 가족원은 상실에 동반되는 정서적 슬픔에 쉽게 압도된다. 이 압도적인 슬픔은 가족체계를 관통하며 울려 퍼질 수 있으며, 가족의 기능과 적응에 잠재적으로 영향을 미칠 수 있다.

죽음의 광의의 발달적 맥락　죽음은 일반적으로 광의의 발달적 가족 맥락 안에서 발생한다. 즉, 죽음은 일반적으로 자녀의 출생이나 또 다른 자녀의 독립, 셋째 자녀의 결혼 등 다른 규범적 스트레스원과 함께 일어난다. 이러한 다른 규범적 스트레스원의 동시 발생은 가족의 애도과정과 재조직 역량을 복잡하게 만든다.

다음 절에서 우리는 가족체계의 죽음에 대한 대응을 결정하는 데 타이밍의 중요성에 대해 더욱 자세하게 검토할 것이다. 가족의 광의의 발달적 맥락과 가족 내 여러 세대에 죽음이 미치는 영향에 대해 특별한 주의를 기울일 것이다.

죽음에 대한 다세대적 · 발달적 관점

다세대적 · 발달적 관점은 가족원의 죽음이 전체 가족체계를 관통하는 정서적 충격파를 보낸다고 가정한다. 가족체계가 위기에 대응하고 적응하는 방식은 앞서 논의된 여러 요인, 즉 죽음의 성격, 고인의 가족 내 지위, 상실에 대한 가족의 내력, 가족의 개방성과 적응성의 수준, 가족의 광의의 문화적 맥락, 죽음의 특별한 타이밍 등에 영향을 받는다.

두 가족체계가 동일할 수는 없기 때문에, 어떻게 죽음이 가족의 여러 세대에 영향을 미칠 것인지 예측하는 것은 어렵다. 이런 독특성에도 가족학자들은 다른 가족생활주기에서의 죽음에 대한 가족의 적응성을 특징짓는 특정한 '체계적 규칙성'을 규명하였다(Shapiro, 1994; Walsh & McGoldrick, 2004). 다음 절에서 우리는 고인의 연령과 세대지위 및 광의의 가족발달적 맥락 간의 상호작용이 어떻게 죽음에 대한 가족체계의 반응에 영향을 미치는지에 대해 검토할 것이다. 비록 각 죽음을 정의하는 복잡성과 다양성을 포착하는 것은 어렵지만, 발달적 맥락에서 죽음을 바라보는 것은 가족생활주기의 각 단계에서 중요한 과제를 조직하는 데 유용하다.

청소년기에서 청년기로의 전이

가끔 죽음은 가족이 청소년 가족원의 독립에 적응하고 있는 동안 동시에 어린이, 부모, 조부모에게 일어난다. 죽음이 막 독립하려는 청소년에게 일어났을 때, 이는 명백히 제때가 아닌(off-time) 사건이다. 나아가 이 단계의 죽음에 의한 스트레스는 교통사고나 마약과용, 자살, 살인, 난치성 질환 등 갑작스럽고 외상적 사건으로 종종 야기된다는 사실로 인해 더욱 힘들어진다. 예컨대, 2002년 기준 비의도적 부상은 대표적인 사망 사유였고, 15~19세 청소년 사망의 52%를 차지하였다. 이러한 비의도적 사망의 절반 이상이 오토바이 충돌로 인한 것이었다. 음주는 이러한 교통사고 관련 사망의 중요한 기여요인이다. 충돌사고로 사망한 청소년 운전자의 약 1/3이 술을 마셨다. 총기는 그다음으로 비의도적 부상으로 인한 대표적인 사망 사유로, 이 연령집단 사망의 23%를 설명한다. 비의도적 부상과 더불어 다른 대표적인 청소년 사망 사유는 살인과 자살로, 모든 사망 보고의 각 14%와 11%를 차지한다(Child Trends, 2006). 이러한 예상하지 못한, 그리고 극적인 방식으로 죽음이 발생했을 때, 특히 부모는 청소년 자녀의 행동을 좀 더 주의 깊게 감독하지 못했다는 깊은 죄책감을 경험할 수 있다. 형제자매와 부모는 모두 무의미한 상실을 넘어 슬픔과 사망한 청소년의 충동적 행동에 대한 분노 등 상충된 감정을 경험할 수 있다.

만일 부모의 죽음이라면, 가족으로부터 개별화하는 청소년의 발달적 초점이 애도

과정을 복잡하게 만들 수 있다. 고인이 된 부모로부터 개별화하려던 청소년 자녀의 노력은 이제 해결되지 않은 채 남겨질 수 있는 양가적이며 상충된 감정을 포함할 수 있다. 부모의 통제에서 벗어나고 싶었던 자녀의 소망은 죄책감으로 이어질 수 있다. 청소년이 타인과 자신의 감정을 기꺼이 공유하고 싶어 했던 것은 가족으로부터의 단절이나 소원함을 초래할 수 있다. 청소년은 자신의 감정을 직접적으로 표현하는 대신 마약이나 도벽, 학교에서의 일탈, 다툼, 성적 행동 등으로 외현화하는 쪽을 선택한다(Lehman et al., 1989).

만일 젊은 성인이 이미 집을 떠났다면, 부모의 죽음은 이제 막 완료된 독립기의 성공적인 해결에 도전이 될 수 있다. 젊은이는 생존 부모나 다른 가족원과의 의존적 관계로 돌아가고 싶은 마음을 경험할 수도 있다. 과도하게 가족과 가까웠거나, 독립을 위해 정서적·물리적으로 단절되었던 젊은이는 특히 가족체계로 다시 돌아가는 것이 꺼려질 수 있다. 상실을 애도하거나 장기화된 질환으로 죽어 가는 가족원을 지지하기 위해 집으로 돌아가는 것은 연령에 맞는 과제(자신만의 가구를 관리하고, 경력을 추구하고, 새로운 관계에 진입하는)를 다루려는 젊은 성인의 노력을 막을 수 있다.

가족생활주기의 이 단계에서 조부모를 잃는 것은 제때(on time)로 인식될 수 있지만, 그런 상실은 이전의 가족체계 내의 미해결된 문제에 의해 복잡해질 수 있다. 특히 미해결된 문제가 조부모와 성인자녀 사이에 남아 있을 때 더욱 그러하다. 만일 부모가 부모의 상실에 대해 상충되거나 양가적일 때, 또는 상실을 수용하지 못할 때, 가족 안의 청소년 중 하나가 잘못 행동함으로써 미해결된 감정을 행동화할 수 있다(Becvar, 2001). 청소년의 잘못된 행동은 부모 자신이 상실에 대해 합의하지 못하고 있다는 것을 사실상 보여 주는 것이다.

결혼으로의 전이

명백하게, 이 가족발달단계 동안 가장 외상적 상실은 배우자의 상실이다. 상대적으로 드물지만, 그런 상실은 갑작스럽고 트라우마가 되기 쉽다. 홀로 된 배우자는 파트너의 상실을 다루어야 할 뿐만 아니라, 결혼 역할의 상실에도 적응해야 한다(Walsh

& McGoldrick, 2004). 가족은 종종 홀로 된 이가 어서 자신의 삶으로 나아가야 한다고
기대하는데, 이는 개인의 아픔을 부인하는 효과를 가질 수 있다. 혼자 남은 배우자가
가족생활주기 후반에 있다면 자녀의 존재가 시댁/처가의 조부모로서의 역할을 규정
하는 데 도움이 될 수 있지만, 결혼 초기라면 시댁/처가와의 관계 속에서 자신이 완전
히 규정되지 않았다는 사실로 인해 복잡해질 수 있다.

　젊은 성인 단계 동안, 부모의 죽음은 실제로 결혼 전보다 결혼 후에 덜 어렵다. 이
는 부모와 좋은 관계로 집을 떠났을 때 특히 그러하다(Walsh & McGoldrick, 2004). 배
우자는, 특히 본인이 부모의 죽음을 경험하고 극복한 경우에, 배우자의 애도과정을
향상시키는 중요한 정서적 지지를 제공할 수 있다. 그러나 상실의 아픔은 유족이 가
족과 직장에서의 역할을 수행하지 못하거나 상실에 대해 파트너와 소통하는 것을 꺼
린다면 결혼관계에 긴장을 낳을 수 있다(Guttman, 1991; Umberson, 1995). 만일 배우
자가 확대가족의 호출로 죽어 가는 부모나 홀로 된 부모를 돌보는 역할(보통 아들보다
딸이 수행하는 경향이 있는 역할)을 해야 한다면, 이 단계에서도 복잡성은 일어날 수 있
다. 만일 부모를 잃은 배우자의 주요한 충성심이 결혼보다 부모를 향해 있다고 느낀
다면 결혼관계를 긴장시킬 수 있다. 결혼 초기의 돌봄 부담은 초점을 원가족으로 되
돌려 놓을 수 있으며, 새로운 결혼 하위체계로의 부부적응을 복잡하게 만들 수 있다.

　생애주기 단계 동안 다른 상실도 결혼에 영향을 줄 수 있다. 이 단계의 조부모 상
실은 초기보다 트라우마가 덜한데, 이제 막 결혼한 젊은 성인은 아동기와 초기 성인
기를 통해 조부모를 알 기회가 있었기 때문이다. 그러나 상실의 전반적인 충격은 앞
서 주목했듯이, 죽음의 성격, 조부모의 가족 내 지위, 젊은 성인의 삶에서 조부모의
중심성 등을 포함하는 여러 요인에 의해 상당히 좌우된다.

　젊은 부부에게 사산, 유산, 낙태 등은 특별히 애도가 어려운 경우인데, 이는 사회
가 일반적으로 심각한 상실로 인식하지 않기 때문이다. 여성은 임신기간 태아를 품
고 있었기 때문에 이러한 가치가 인정되지 않고 관습으로 수용하지 않는 상실을 강
렬하게 경험한다. 대조적으로 남성은 더 많은 자녀를 가짐으로써 앞으로 나아가는
데 관심이 있다(DeFrain, 1991; Stinson, Lasker, Lohmann, & Toedter, 1992). 트라우마
는 종종 신혼의 결혼체계를 둘러싸고 새롭게 구축된 경계에 도전을 줄 수 있는데, 체

계 외부의 타인으로부터의 지지를 받기 위해 경계가 느슨해지는 것이 필요하기 때문이다. 만일 지지가 결여되었거나 부부가 내부로 돌아선다면, 두 가지 부정적인 결과가 가능하다. 첫째, 부부는 '외부와 적대적인 우리'라는 사고방식을 발전시킬 수 있다. 둘째, 부부는 죽음이나 상실감을 받아들이지 못한 것에 대해 서로를 비난할 수 있다(Walsh & McGoldrick, 2004).

어린 자녀를 둔 가족

자녀의 죽음은 일반적으로 예상되지 않는 것이기 때문에 가장 다루기 힘든 죽음 중 하나다. 자녀가 아직 어린 삶의 기약을 성취하지 않았기 때문에 상실을 이해하기 어렵고, 그에 따른 정서적 반응은 특히 강렬하다. 자녀의 상실은 부모의 희망과 꿈의 상실을 포함한다(Walsh & McGoldrick, 2004). 슬픔에 빠진 부모는 많은 신체적 · 정신적 건강문제를 가지는데, 우울증, 불안, 자존감 상실, 술 소비 증가, 여러 신체화 증상을 포함한다(Rando, 1986). 그는 자신을 비난하거나, 죽음의 책임이 상대배우자에게 있다고 보고 분노, 우울, 죄책감은 서로에게 그 탓을 돌릴 수도 있다(Farnsworth & Allen, 1996). 이는 부모의 결혼관계에 부정적 효과를 가질 수 있다. 비록 어떤 부부는 더 가까워지기도 하지만, 깊은 슬픔에 빠진 부모는 서로 멀어지는 경험을 한다(Lehman et al., 1989). 거리두기는 남성과 여성의 다른 대처 유형 때문일지도 모른다. 어머니는 감정을 표현하고자 하는 욕구를 갖고, 아버지는 고립과 일로 철회하므로 추가 스트레스나 갈등을 낳을 수 있다(E. R. Shapiro, 1996). 부모 모두 자녀를 돌보는 일에 관여하거나 삶에 대한 일관성 있는 철학과 강한 종교적 신념을 공유하고 있을 때 좀 더 잘 적응하는 것으로 보인다(DeFrain, 1991; McCubbin, McCubbin & Thompson, 1993).

형제자매도 자녀의 죽음에 영향을 받는다(Elizur & Kaffman, 1982; Lehman et al., 1989). 자녀는 상실에 대해 넓은 범위의 정서적 · 행동적 반응을 경험하는데, 불안, 우울적 철회, 부모에게 매달리고자 하는 욕구, 처벌-추구, 사고 경향, 학업성취 저하, 의사와 병원에 대한 공포 등을 포함한다. 이러한 반응이 부분적으로는 상실감에 기인하지만, 자녀 역시 죄책감을 느끼기 쉽다. 부모의 주의를 끌기 위한 형제자매간의 라이벌의식이나 경쟁심이 있었을 경우 죽음에 대한 책임감을 느끼게 되고, 특히 사망한 자녀가 한동안 아팠을 때 특히 그러하다. 그런 책임감은 10~12년간 지속될 수 있다. 또한 자녀는 성인이 되어서도 기념일 반응(anniversary reactions)을 경험할 수 있다(Becvar, 2001). 이것은 매년 죽음이 일어난 때가 되면 생기는 죽음에 대한 정서적 상기다.

형제자매의 죽음에 대한 반응은 부모가 다른 자녀를 대하는 방식에도 달려 있다. 부모는 자녀의 상실로 인한 아픈 감정을 감수하지 않기 위해 살아 있는 자녀에게 정서적 철회를 할 수 있다. 어떤 경우에는 부모가 살아 있는 자녀에 대해 과잉보호를 하게 되어, 자신의 불안과 불안정을 자녀에게 전달할 수 있다(Lehman et al., 1989). 만일 부모가 상실에 대해 받아들이지 못하면, 다른 형제자매를 대체역할(replacement role)로 끌어들일 수 있다. 이것은 자녀에게 스트레스를 만들 수 있으며, 그 자녀는 부모에게 죽은 자녀를 상기시킬 수 있는 특질과 성격을 가진 것으로 확인된다. 그러나 이런 특질이 자녀의 정체성과 맞지 않을 수 있으며, 자녀가 자신만의 자아감과 일치되게 행동한다면 거부될 수 있다(Walsh & McGoldrick, 2004).

어린 자녀를 둔 가족에게 자녀의 죽음만큼 외상이 큰 다른 상실은 부모의 조기 죽음이다. 부모를 잃은 자녀는 수년간, 아마 성인기까지 우울, 불안, 심지어 신체적 질환을 경험할 수 있다. 부모의 미해결된 슬픔은 분리 공포와 유기감을 초래할 수 있다. 이는 나아가 인생주기의 후기단계에서 친밀한 관계를 형성하는 개인역량에 영향을 미칠 수 있다. 이러한 반응은 부모나 다른 성인이 자녀를 아픔으로부터 보호하려고 하기보다, 오히려 고인 및 상실과 관련된 다른 경험에 대한 토론에 참여시킬 때 최소화될 수 있다. 비록 다른 연령과 인지발달 수준에 있는 아동은 다른 방식으로 죽음을 대처하겠지만, 모든 아동에게 그들 삶 속에 자신의 안전과 복리를 보장해 줄 다른 성인의 모습이 유용성 있게 남아 있다는 것을 안심시켜 줄 필요가 있다.

마지막으로 부모의 상실에 대처하는 자녀의 역량은 살아 있는 부모의 정서상태와 대처방식에 의해 영향 받는다. 자녀는 자신이 관찰하고 의미 있는 타인의 정서적 표현에 반응하는 사람을 귀감으로 삼는다. 부모나 조부모, 다른 가족원의 죽음에 대한 자녀의 반응은 가족체계 내의 다른 성인의 반응에 의해 좌우된다. 부모가 개방적으로 자신의 상실감을 다루고 애도과정에 자녀를 포함하며 자녀의 욕구를 지지하는데 유용성 있게 남아 있을 때, 자녀의 대처능력은 향상될 것이다(Becvar, 2001; Walsh & McGoldrick, 2004).

중년기

중년기 동안 성인자녀가 부모의 죽음에 적응하는 것은 중요하다. 일반적으로 부모의 죽음에 대한 성인자녀의 반응은 다양하며, 시간에 걸쳐 부모-자녀 간에 존재했던 정서적 연결의 질에 의해 주요한 영향을 받는 것으로 나타난다. 관계가 가까웠을수록 상실감과 슬픔이 더 깊은 경향이 있다. 애도과정을 조합하는 것은 나아가 부모의 죽음과 관련된 복합적인 사적 의미를 갖는다. 예를 들어, 부모의 죽음은 성인자녀로 하여금 인간이 죽을 수밖에 없다는 것을 깨닫게 해 줄 수 있다. 더불어 부모의 상실은 삶의 본질에 대해 어린 시절부터 성인기까지 가지고 온 마지막 '거짓 가정' 중 하나를 종결시킨다. 부모의 죽음은 자녀로 하여금 부모는 자녀를 돕기 위해 언제나 유용하게 있을 것이라는 신화에 직면하도록 한다. 이 신화를 이해하기 시작함으로써 개인은 보다 독립적이고, 완전하며, 자기주도적인 사람으로 성장할 수 있다(Gould, 1978).

많은 면에서 노부모의 죽음에 대한 성인자녀의 반응은 가족생활주기의 초기단계 동안 분리-개별화 드라마가 연출된 방식과 연결되어 있다. 성인자녀와 노부모의 관계가 상호성과 친밀성에 토대를 둘 때, 부모의 상실이 예리하게 느껴질지라도 쉽게 수용될 수 있는 상황이 만들어진다. 분리와 연결문제를 둘러싸고 반감이나 끊임없는 투쟁에 의해 지배된 관계는 성인자녀가 부모의 상실을 수용할 수 있는 능력을 저해할 수 있다. 이러한 성인자녀 중 일부는 분노를 고수하고, 죽음 앞에서조차 부모를 인정하는 것을 거부할 것이다. 어떤 성인자녀는 부모와의 차이를 화해할 수 없었던 것 때문에 죄책감을 경험할 것이다. 넓은 관점에서 부모-자녀관계를 계속 지배했던 스트레스와 갈등은 정서적 반응성에 불을 지르는 요인으로 남아 있게 되며, 심지어

부모의 죽음 이후에도 성인자녀가 자신의 삶에 대한 개인적 통제를 갖는 능력을 저해한다(Bowen, 1976; Walsh & McGoldrick, 2004).

노년기

배우자의 죽음은 생존한 배우자에게 큰 스트레스원이다. 결혼관습(남성이 자신보다 어린 여성과 결혼하는)과 기대수명의 차이 때문에 남성보다 더 많은 여성이 이 특정한 인생위기를 경험한다. 최근의 통계는 미국에 1천3백7십만 명의 홀로 된 사람이 있으며, 이들의 약 80%가 여성이라는 것을 보여 준다(American Association of Retired Persons, 2001). 더불어 **홀로됨**(widowhood)은 남성보다 여성의 삶에 더 영구적인 변화를 나타낸다. 남성의 대다수가 배우자 사별 후 2년 내에 재혼한다(부분적으로 유효한 파트너 범위가 넓기 때문). 대조적으로 배우자 사별 후 대다수 여성은 독신으로 남거나 혼자 산다(McGoldrick & Walsh, 2005).

홀로 된 이는 배우자 상실에 동반되는 다중 상실에 도전받는다. 장기적 애착의 상실은 삶, 정체성 및 지지의 커다란 상실로 여겨질 수 있다. 남편의 상실은 정서적 지지의 상실로 가장 예민하게 느껴질 수 있다(Lopata, 1996). 다른 스트레스는 소득의 상실과 빈곤의 위험증가다(Hungerford, 2001). 유사한 맥락에서 외로움, 우울, 경제적 안녕의 저하는 홀로 된 남성이 경험하는 중심 테마다(Berardo, 2001; Marshall, 1986).

배우자의 상실이 가족의 전략과 구조 및 체계과제를 수행하기 위해 도입된 규칙 모두를 변화시키는 정도를 생각할 때, 이러한 생존자의 반응은 이해할 만하다. 가사일과 가족재정 관리와 같은 과제는 극적인 재구조화를 겪게 된다. 공유된 오락과 여가활동은 해체된다. 혼자 사는 법을 배우는 것은 사회적 고립과 싸우는 계획수립 전략을 요구하며 그런 변화는 장기적이며 지대한 영향을 미친다(Lopata, 1996).

일반적으로 홀로됨이 가져오는 삶의 변화에 잘 적응하기 위해서는 상당한 시간이 필요하다(Silverman, 1986). 시간이 지나면서 잘 적응한 사람은 매일의 문제에 대처하고 타인과 연대를 구축할 전략을 개발한다. 그는 자신의 에너지와 정체성의 새로운 창고를 발견한다(Lopata, 1996). 홀로됨은 스트레스가 있는 사건이지만, 대다수의 생존자가 궁극적으로 적응하게 되는 사건이기도 하다.

미해결된 슬픔과 가족 전략

모든 가족이 상실을 성공적으로 해결하는 것은 아니다. 가족은 죽음의 현실을 개방적으로 인정하고, 슬픔의 아픔을 공유하며, 가족체계를 재조직하고, 다른 관계와 삶의 추구에 재투자하는 등 성공적인 과제를 완료하는 정도에서 다르다. 성공적인 가족에서조차 상실은 절대 완전히 애도할 수 없다고 말하는 사람도 있다. 고인에 대한 기억, 죽음 기념일 또는 다른 중요한 가족사건(출생, 유산 등)은 상실과 분리의 아픈 감정을 자극할 수 있다(Bagarozzi & Anderson, 1989; E. R. Shapiro, 1996). 가족 안의 각각 새로운 상실은 과거 상실에 대한 정서적·행동적 반응을 깨울 수 있다(Byng-Hall, 1991). 이전의 상실이 성공적으로 애도되었을 때, 이러한 반응은 일반적으로 덜하며 시간적으로도 짧을 수 있다. 그러나 가족이 예전의 상실을 완전히 해결하지 못했을 때, 상실의 충격은 누적되어 가족 상호작용 전략에 커다란 효과를 미칠 수 있다. 여기서 우리는 가족 전략에 대한 미해결된 슬픔의 영향에 대해 논의할 것이다.

정체성 전략

제2장에서 보았듯이, 우리가 누구이며 타인과 더불어 어떻게 행동해야 하는지에 대한 정보는 가족의 주요 테마에 깊이 새겨져 있다. 이러한 주제는 이전 세대로부터 가족유산의 일부로 전수되었다. 비록 가족의 주제가 오랫동안 지속된 전통과 인종적·문화적·종교적 가치와 관련되어 있을 수 있지만, 많은 것은 명백하게 미해결된 상실의 경험에 영향을 받는다. 거부, 유기, 박탈과 같은 주제는 부분적으로 가까운 가족원의 죽음 후에 남겨진 감정에서 기인하며, 가족원이 서로 과잉으로 보호하며 미래의 상실에 지나치게 민감한 상태가 되게 할 수 있다. 이는 유기당하거나 거부당

하거나 박탈당하지 않기 위해 타인과 가까워지는 위험을 감수하지 않도록 만든다.

　미해결된 상실과 관련된 주제는 가족으로 하여금 한 명 또는 그 이상의 가족원의 정체성을 통제하려는 시도를 하도록 만들 수도 있다. 이는 자녀가 죽은 형제자매나 다른 가족원의 정체성을 취하도록 기대되는 경우다. 어떤 경우에 죽은 가족원을 대체하고자 하는 의도로 자녀를 생각할 수 있다. 그런 기대는 자신만의 정체성을 갖고자 하는 가족원의 개인적 통제를 손상시킬 수 있다.

경계 전략

　가족원의 죽음은 가족과 애도과정을 공유하기 위해 타인이 체계로 들어올 수 있도록 외부경계의 개방이 필요하다. 가족이 그렇게 할 수 있는 정도에 따라 타인으로부터 사회적 · 정서적 지지의 치유 효과를 경험할 수 있는데, 이는 상실의 성공적 대처를 향상시키는 요인이다(Eckenrode, 1991). 그러나 어떤 가족은 오히려 외부경계를 폐쇄하는데, 이는 체계 내에서 관리해야 하는 스트레스와 긴장의 수준을 강렬하게 만들 수 있다. 어떤 경우에 죽음을 둘러싼 환경이 가족의 경계를 폐쇄하는 데 기여할 수 있다. 예를 들어, 죽음이 임의적 지역사회 폭력이나, 흠이 있는 공공정책, 부패 행동, 무능한 공무원 등에 의해 야기되었을 때, 가족의 반응은 일치하고 협력할 수 있다. 이것은 '외부자에 대한 불신'이나 '타인을 믿을 수 없음'과 같은 유사한 주제의 전개를 수반할 수 있다. 어떤 연구는 가족이 내부 스트레스에 초점을 두고 죽음에 대해 서로를 비난하는 것보다는 외부 위협에 대항해 동원할 수 있을 때 좀 더 기능적일 수 있다는 것을 발견했다(Patterson & McCubbin, 1983).

　따라서 가족이 죽음 이후 내부 경계를 규제하는 방식은 가족의 성공적 적응에 중요한 요인이다. 가족원이 죽음에 대처하는 전략 선호에는 차이가 있을 수 있다. 어떤 사람은 슬픔을 공개적으로 표현하는 기회를 필요로 하지만, 다른 사람은 혼자 감정을 추스르며 물러나 있는 것을 선호하기도 하다. 모든 개인이 애도하는 '올바른' 방식이 있는 것은 아니지만, 가족원이 이런 차이를 합법적인 것으로 수용하길 거부하거나 자신의 아픔이나 괴로움이 타인의 책임이라는 생각을 고수할 때 개인적 스타일의 차이는 문제가 될 수도 있다. 개인의 아픔을 타인에게 외현화하는 것은 죽음 자체나 개인의 공허감 또는 슬픔을 덜어 주지 못하는 것에 대해 타인을 비난하는 형태를 갖는다. 중요한 요인은 가족원이 자신만의 독특한 애도 방식을 연습하도록 허용하는 것과 정서적 지지의 정도다.

관리 전략

가족원의 죽음은 시간과 에너지, 금전과 같은 가족의 자원에 대해 즉각적인 충격을 가한다. 만일 죽음이 장기적인 질환 후에 온 것이라면, 가족의 재정, 시간 할당 및 에너지는 위기를 다루느라 고갈되기 쉽다. 죽음 이후 가족의 자원은 애도와 관련된 다양한 과제에 집중된다. 이는 장례식과 입관식을 위해 일정 잡기, 고인에 대해 이야기하고 추모하기 위한 시간 떼어 놓기, 상실에 적응하기 위해 가족원의 역할 책임을 재조직하기 등을 포함한다. 만일 고인이 가족 안에서 중심적인 어른 인물이었다면, 요리, 청소, 집수리, 재정관리 등과 같은 가족 전략의 많은 것이 재규정되어야 할 것이다.

그러나 애도는 이러한 결정과 변화에 대한 지연이 필요할 수도 있다. 한때 통했던 전략은 더는 효과적이지 않으며, 가족을 유지하기 위한 새로운 전략은 아직 규정되어 있지 않다. 가족 위기 동안 혼란감, 방향감 상실, 해체 등이 초래될 수 있다. 가족원은 뭔가 할 일을 찾으며 불안과 목적 없음을 경험할 수 있다. 조직화된 행동 유형을 시작하고 유지하는 데 동반되는 무능력이 존재할 수도 있다(Crosby & Jose, 1983; McCubbin & Patterson, 1983).

또 다른 대안으로 가족원은 슬픔을 드러내기보다는 자신의 에너지를 가구 유지에 집중할 수 있다. 애도 반응이 며칠이나 몇 주 또는 몇 년간 지연될 수 있는 과제에 집중할 수도 있다(Littlewood, 1992). 이러한 지연된 반응은 가족의 사기를 유지하고 가족이 조직적이며 기능적으로 남아 있을 수 있도록 돕는 데 즉각적인 효과를 가질 수 있다. 그러나 시간이 갈수록 아픔과 슬픔의 감정을 직면하지 못한 무능력은 고인에게 속했던 증상발달과 같은 왜곡된 슬픔 반응을 초래할 수 있다. 예컨대, 의학적 문제(예: 궤양성 대장염, 천식, 류마티스 관절염), 강렬한 분노감과 적대감, 격정성 우울증, 친척·친구 등과의 관계 변형, 자기 패배적 행동, 타인과의 사회적 접촉 상실 등이 생길 수 있다(Murray, 1994).

가족의 정서적 환경을 관리하기 위한 전략

가족원의 죽음에 적응하는 가장 중요한 과제 중 하나는 애도과정에서 가족원을 양육하고 지지하는 전략을 개발하는 것이다. 가족은 또한 가족응집성을 유지하고, 갈등과 긴장을 다루는 효과적인 전략을 활용할 수 있어야 한다. 죽음에 동반되는 정서적 강도는 가족의 정서적 환경을 관리하는 가족 전략을 혹독하게 시험할 수 있다. 여기서 본질적인 요인은 가족의 감정표현이 격려되고 지지되는지의 여부, 분노, 적대심, 비난, 후회, 죄책감, 공허함, 소원, 거부, 유기, 당황, 무기력, 취약성, 상처 등 광범위한 감정 표현에 대해 가족체계가 개방되어 있는 정도다.

가족은 표현이 허용되는 감정의 범위를 좁히는 효과를 갖는 다양한 전략을 통해 아픔과 슬픔을 최소화할 수 있다. 그런 전략의 한 가지는 죽음에 대한 비밀을 유지하는 것이다. 고인에 대한 사실이나 죽음을 둘러싼 환경은 어떤 가족원에게 비밀로 되어 있다. 이는 가족 내 어른이 상실의 아픔으로부터 자녀를 보호하려고 시도할 때 특히 보편적이다. 또한 어떤 가족원이 모든 진실을 감내하기에는 너무 취약한 것으로 인식되었을 때도 그러하다. 이 전략의 보다 극단적인 버전은 가족이 소위 '침묵의 덮개(shroud of silence)'를 발전시키는 것이다. 여기서 가족은 가족원이 고인을 기억하는 이야기를 금지하는 규칙을 만든다. 다른 전략은 한 명 또는 그 이상의 가족원이 가족 또는 애도과정으로부터 물리적 거리를 두는 것이다. 예로, 너무 바빠서 장례식 참석하는 것이 어렵다고 말하는 것이나, 죽음 직후 바로 긴 여행을 가기로 결정하는 것 등이 그러하다. 또 다른 전략은 개인의 정서적 경험을 부인하거나 최소화하여 강렬한 감정으로부터 심리적인 거리를 두는 것이다. 이러한 전략은 가족에게 상실에 적응할 시간을 허락한다는 점에서는 단기적으로 기능적일 수 있지만, 시간이 지나도 유지된다면, 그래서 차례로 가족지지, 응집성, 효과적 갈등관리를 유지하는 가족의 능력에 영향을 미친다면 이러한 유형은 역기능적이 될 수 있다.

가족 스트레스 관리를 위한 전략

죽음을 다루는 가족의 마지막 중요한 과제는 직면해야만 하는 변화가 만든 스트레스에 적응하는 것이다. 제2장에서 보았듯이, 스트레스는 가족으로 하여금 기본 과제 성취를 위한 전략을 변경하도록 가해지는 압력의 정도다. 스트레스는 가족 편에서 변화나 적응을 요구하는 사건에 대한 반응으로 경험된다. 이 스트레스는 관리되어야 하는 스트레스가 누적되어, 전반적 수준을 더하는 수평적 · 수직적 원천 모두에서 기인한다.

따라서 가족원의 죽음에 대처하는 가족의 역량을 평가하는 데 이러한 스트레스원을 고려하는 것은 중요하다. 예를 들어, 가족원의 죽음은 자녀의 출생, 성인 딸의 약혼, 부모의 은퇴, 가족 주요 부양자의 실직 등과 같은 다른 수평적 스트레스와 함께 발생할 수 있다. 이전에 발생했거나 가족체계 내 세대에서 세대로 전수되어 온 수직적 또는 역사적 스트레스원을 고려하는 것 또한 중요하다. 이러한 수직적 스트레스원으로 태도, 기대, 금기, 비밀, 가족이 받아들인 이전의 미해결된 상실 등이 있다.

예를 들어, 외부경계를 닫고 외부자를 위험하거나 믿을 수 없다고 바라보면서 이전 상실을 다루는 가족을 생각해 보자. 시간이 흐르면서 상실을 '가장 필요로 할 때 의미 있는 타인에 의해 유기된 것'과 동일시하는 주제를 발전시킨다. 그런 주제는 가족원으로 하여금 서로에 의해 유기될 수 있다는 두려움으로 서로를 믿고 신임하는 것을 꺼리게 만들 수 있다. 가족의 정서적 환경을 관리하는 이들의 전략은 중요한 감정과 정보를 비밀로 함으로써 서로에게 거리를 두는 것이다. 결과적으로 죽음과 다른 중요한 인생 경험을 둘러싼 정서적 강도는 절대 완전하게 표현되지 않는다. 감소된 정서적 표현은 갈등을 회피하는 것을 강조하는 상호작용 전략에 의해 강화되며, 따라서 가족원 간의 여러 중요한 문제를 미해결된 채로 남겨 둔다. 죽음이 발생했을 때, 가족원의 반응은 죽음의 충격을 부인하거나 최소화하며 거리를 두고 서로 고립을 유지하는 전략을 세우는 것이다. 따라서 서로의 정서적 표현과 죽음에 대한 반응을 지지해 줄 가족원의 역량은 위축된다. 시간에 따라 가족 안에 자리 잡은 전략은 가족체계 내에서 일어난 각 후속적인 상실과 함께 재규정된다.

　이 예시는 특정 가족 안에 존재하는 상호작용의 다세대적 유형이 어떻게 죽음에 대처하면서 경험하게 되는 스트레스의 전반적 수준에 기여하는지를 보여 준다. 역사적 유산은 평범하거나 비범한 요구와 지속적으로 상호작용하며 가족체계의 스트레스 수준에 영향을 미친다. 따라서 이전의 상실이 해결된 방식은 현재의 상실에 대한 가족반응을 결정하는 데 중요한 요인이 된다. 현재 가족에 대한 요구를 극대화하기 위해 이전의 미해결된 상실은 누적되고 다른 수직적 스트레스와 결합될 수 있다. 유산, 이미지, 주제, 신화, 상실에 대처하는 이전의 전략 등은 각 후속적인 상실을 규정하는 다세대적 과정을 구성한다.

　마지막으로 가족원의 상실에 대처하는 것은 가족과 가족원이 죽음에 대한 인지적 이해가 가능할 때 향상된다. 죽음은 극적으로 가족과 개인의 세계관을 변화시킬 수 있다. 특히 죽음이 갑작스럽거나 예상하지 못한 것일 때, 가족은 종종 합리성, 통제성, 삶의 공정성과 같은 위협적인 질문에 직면해야 한다(DeFrain, 1991). 가족은 **치유이론**(healing theory)이라고 불리는 것을 개발해야 한다(Figley, 1989). 치유이론은 가족으로 하여금 상실의 아픔을 부인하지 않고 긍정적인 통제감과 공정성, 미래의 신뢰를 다시 구축하는 새로운 관점을 개발하는 방식으로 사건을 정의하도록 돕는다. 어떤 이는 종교적이거나 영성적 신념을 통해 의의를 찾는다. 다른 이는 다른 방식으로 의미를 찾는데, 아마도 정의를 추구함으로써 인지된 잘못된 것을 바로잡거나 고인의 기억을 기념하기 위해 개인의 삶에 긍정적 변화를 만들기도 한다. 의미가 무엇이든 의미와 죽음의 설명을 찾는 것은 편안함과 사건에 대한 인지적 이해를 제공하여 대처과정을 촉진할 수 있다. 의미감은 또한 가족체계의 미래 세대의 기능에 긍정적인 영향을 줄 수 있는 과거와 현재, 미래 사이의 지속감을 제공할 수 있다(Bagarozzi & Anderson, 1989; Byng-Hall, 1991; Shapiro, 1996).

　여기서 보았듯이 가족원의 죽음은 가족이 수행해야 하는 모든 기본 과제와 시간에 따라 발전하는 전략에 즉각적인 충격을 줄 수 있다. 가족원은 서로에게 소원함과 고립감을 느낄 수 있으며, 불안하거나 우울할 수 있다. 역할과 책임은 혼란스러워진다.

가족은 파당으로 분열될지도 모른다. 연합과 삼각관계가 갈등관리 및 지지에 대한 가족의 능력을 붕괴시킬 수 있다. 가족환경은 혼란스럽고 해체된 것으로 경험될 수 있다. 가족원은 더 이상 필요로 하는 신체적 · 사회적 · 정서적 · 심리적 수혜를 가족으로부터 받을 수 있다는 확신이 없으며, 가족 자체의 생존이 의문스러울 수 있다. 그러나 대부분의 가족에게 이러한 즉각적인 반응은 가족 내 잃어버린 가족원의 자리를 인정하면서 새로운 전략과 관심, 활동을 개발함으로써 가족이 앞으로 나아가도록 허용하는 방식으로 가족체계를 재조직한다.

결 론

본 장의 결론에서 독자들은 가족생활주기를 직선적 과정으로 바라보지 않기를 권한다. 가족생활주기가 종종 직선적 과정으로 논의될 때가 있음에도, 단순히 시작과 중간, 종결로 구성되어 있지는 않다. 가족은 부분적으로 가족원의 연령에 의해 결정된 일련의 보편적인 발달적 이정표를 따른다. 그러나 가족은 가족발달 궤도를 변경할 수 있는 갑작스럽거나 예상하지 못한 생애 사건에 직면할 수 있으며, 따라서 스트레스와 해체를 만들 수 있다. 가족이 이 기간 과제를 어떻게 관리하느냐는 것은 동시에 누적된 다른 수평적 스트레스원의 횟수와 강도, 그리고 가족의 이전 세대가 어떻게 그들의 과제를 관리했는지에도 달려 있다.

가족원 죽음의 경우, 수평적 스트레스원은 규범적 가족생활 사건 및 동시에 발생한 비규범적 사건을 포함한다. 수평적 스트레스원은 죽음의 성격, 고인의 가족 내 역할, 이전 상실에 대한 가족력, 가족의 인종적 · 민족적 · 종교적 지향, 가족의 개방성과 적응성의 전반적 수준, 가족체계 내의 지지의 전반적 질, 죽음의 타이밍 등을 고려한 죽음의 특정 맥락도 포함한다. 죽음의 타이밍은 죽음이 발생한 가족생활주기의 지점에 의해 강하게 영향을 받는다.

가족 내 죽음은 가족이 수행해야 하는 모든 기본 과제를 혹독하게 변화시킬 수 있다. 개인과 가족 정체성을 관리하기 위한 전략, 외부와 내부경계, 가사관리, 정서적 환경, 스트레스 사건 등은 모두 가족원의 죽음에 의해 도전을 받는다.

　상실에 대한 가족의 적응은 가족이 어떻게 여러 추가 과제를 성공적으로 관리하는 가에도 달려 있다. 이는 어떻게 가족원이 죽음의 현실을 인정하고, 아픔과 슬픔의 경험을 공유하며, 상실에 대응하여 가족체계를 재조직하고, 다른 관계와 새로운 미래에 투자함으로써 미래를 향해 나아가는지 등을 포함한다.

주요 개념

기념일 반응(Anniversary reaction) 죽음이 발생한 때를 즈음해 매년 개인의 죽음에 대한 정서적 되살림.

대체역할(Replacement role) 자녀가 사망한 가족원의 자리를 대신하는 것으로 만들어지거나, 생존한 자녀가 부모나 사망한 자녀의 특질을 가진 것으로 확인될 때 발생함.

인정되지 않거나 공인되지 않은 슬픔(Unrecognized or unsactioned grief) 사회가 개인의 욕구와 권리, 애도의 역량을 인정하지 않더라도 존재하는 슬픔.

정서적 충격파(Emotional shock wave) 가족체계를 관통해 느껴지는 죽음에 대한 정서적 반응으로, 스트레스를 초래하고 고인으로부터 정서적으로 멀어진 가족원의 관계 변화를 초래함.

치유이론(Healing theory) 가족이 상실의 아픔을 수용하도록 돕고, 긍정적 통제감과 공정성, 미래에 대한 신뢰를 구축하는 새로운 관점을 발전시킬 수 있도록 하는 죽음에 대한 인지적 이해.

홀로됨(Widowhood) 배우자의 죽음에 의해 발생한 역할 전이기.

제16장
이 혼

이혼은 가족체계와 구성원에게 특히 일시적으로 매우 심각한 영향을 미친다. 이혼의 결과는 많은 요인에 의해 영향을 받으며, 그 결과는 긍정적 혹은 부정적이기도 하다. 최근 연구자와 이론가 들은 이혼을 불규칙하고 병리적인 사건으로 인식하기보다는 대안적 발달경로로 보는 경향이 많다. 오늘날 많은 가족은 전통적인 두부모 가족모델로 발달하기보다는 이혼과 한부모, 재혼을 경험한다.

다른 발달적 과정과 같이 이혼은 일련의 단계로 진행되며, 변화가 일어나는 과정으로 인식된다. 첫 번째 과정은 배우자들이 그들의 결혼생활에서 무엇이 잘못되었는지를 인지하는 시기다. 다음 단계는 관계에서 불만족했던 것이 무엇이었는지 서로 이야기하는 시기를 거쳐야 하고, 궁극적으로는 별거하기로 결정하고, 마침내 새로운 가족단위로 재구조화되어야만 한다. 자녀가 있는 배우자들은 자녀양육과 관련된 문제를 해결하고, 결혼관계가 어려운 상황에서도 부모로서의 협조적 관계를 유지하기 위한 추가 과업을 다루어야만 한다.

결혼이 끝났다는 사실을 받아들이고, 이전 배우자와는 평화로운 관계를 유지하며, 결혼이 깨진 상황에서의 자신의 역할을 받아들이고, 사회적 지원망을 개발하고, 독신으로서의 자신의 능력감을 새롭게 정립하며, 과거보다는 미래를 향하는 등의 행동이 일반적으로 건강한 적응을 위한 성인의 과제다. 자녀 역시 부모의 결혼생활이 끝났다는 사실을 받아들이고, 그들에게 감정을 표현하며, 두 부모로부터 모두 다 사랑받고 있다고 느끼며, 한부모에 대한 사랑이 다른 부모와의 애정에 해가 되지 않는다는 확신을 받음으로써 이혼 이후 적응이 촉진된다.

이 혼

현대 가족의 삶에서 이혼과 한부모, 재혼은 중요한 사건이 되고 있다. 가족생활주
기상 모든 단계와 모든 연령의 부부는 이혼(divorce) 혹은 결혼의 법적인 종결을 경험
한다. 일반적으로 첫 번째 결혼에 대한 이혼율은 50% 이하다(Stevenson & Wolfers,
2007).

부부간의 분열 때문에 아동 중 40%가 부모의 이혼을 경험하고, 자녀는 양육부모
가 재혼하기 전까지 평균 5년간은 한부모가족에서 지낸다(Amato, 2000). 이혼한 어
머니의 75%와 이혼한 아버지의 80%가 재혼을 한다(Coleman, Ganong, & Fine,
2000). 그러나 흑인과 히스패닉의 재혼율은 이보다 더 낮다(Amato, 2000). 이러한 결
과를 볼 때, 이혼을 하나의 고정된 현상으로 보기는 어렵다. 그보다는 이혼과 한부모
가족, 그리고 재혼으로 이어지는 일련의 발달적 전이과정으로 보는 것이 적절하며,
각 단계마다 가족구조와 상호작용 패턴의 변화 가능성이 있음을 이해하는 것이 중요
하다(Carter & McGoldrick, 2005b).

최근의 연구자들은 이혼과 그 이후의 과정이 불규칙하고 병리적인 사건이라는 관
점에서 벗어나고 있다. 그 대신 연구는 이혼에 반응하는 가족구성원의 다양성에 초
점을 맞추며, 가족의 적응을 촉진하거나 방해하는 요인이 무엇인가에 관심을 갖는
다. 본 장에서는 이혼의 경험과 이러한 이혼이 가족체계와 가족구성원에 미치는 영
향을 정리하였다. 제17장은 한부모가족이 되는 것의 함의와 이로 인해 가족이 직면
하게 되는 양육부모, 자녀, 비양육부모 등에 대한 내용이 다루어질 것이다. 재혼가족
이 되는 복잡한 과정은 마지막 장에서 다룰 것이다.

체계적인 논의를 위해 이혼과 한부모가족과 재혼을 세 장으로 나눠 이 책에서는
다루지만, 이 장들 간의 내용은 매우 관련성이 높은 주제라는 점을 강조하는 것이 중
요하다. 그 이유는 첫째, 가장 중요한 점으로, 이혼의 경험은 일련의 추가적인 가족
의 발달적 전이를 이끌기 때문이다. 둘째, 어떤 발달적 과정에 있더라도 재혼체계로
다시 가족이 재구조화되는 것의 실패와 성공은 이혼으로 전이되는 초기의 변화와 한

부모기를 어떻게 관리하는가에 달려 있기 때문이다. 그 이유는 이혼과 한부모기에서 발생되는 긴장과 스트레스의 성공적인 해결은 재혼가족의 적응력을 높이지만 이전 단계에서의 미해결된 긴장과 스트레스는 다음 단계의 적응에 방해가 될 수 있기 때문이다.

가족과정으로서 이혼

이혼을 일련의 발달적 전이의 한 단계로 보는 것도 가능하지만, 이혼 자체가 일련의 단계나 전이를 포함하고 있다고 보는 것 역시 가능하다. 이혼의 과정은 실제로 법적인 이혼이 이루어지는 최종 결정을 내리기 이미 오래전에 시작된다. 이혼한 부부는 미해결된 갈등, 심각한 좌절과 고통과 분노 등 그들 파트너 관계에서 위기를 먼저 경험한다.

이러한 결혼에서 장기적인 불행의 경험은 이혼을 결정하는 데 영향을 미친다. 결혼 디스트레스(marital distress)는 결혼관계에 있는 부부나 혹은 한 명의 파트너가 그들의 관계에 안정성을 위협하는 심각하고 장기적인 문제가 있다고 믿는 상황에 처한 것을 의미한다(Sabatelli & Chadwick, 2000). 디스트레스적 관계라고 일반적으로 말하지만, 본 장에서 '디스트레스(distress)'는 평생 파트너와의 관계에서의 개인적인 경험이나 이 관계에 대한 믿음에서 발생한다. 극단적인 고통은 모든 부부가 겪게 되는 일상적인 어려움을 잘못 관리함으로써 발생하는 불행이나 불만의 유산이다. 디스트레스는 갈등을 야기하는 높은 수준의 불평에서 유래되며, 또한 관계 내에서 친밀감과 응집성을 조장하는 방식으로 이러한 갈등을 지속적으로 관리하지 못하는 데서 유래된다.

일반적으로 이혼은 결혼에서의 디스트레스를 해결하기 위해 다른 전략을 사용해 보고 그 방식이 만족스럽지 못하거나 성공적이지 않을 때 선택하게 되는 실행 가능한 대안이다. 결국 관계발달의 어떤 초기단계에서 부부는 이혼을 '좋은 선택'이라고 인식하고(Kitson & Morgan, 1990), 아마도 '유일하게 가능한' 선택이라고 생각했을 것이다. 이혼은 가족의 이러한 근원적인 애착을 분리시키며, 가족의 정체감을 극적으로 변화시킨다(Ahrons, 2004). 그러므로 이혼에 대한 결정은 수많은 혼란과 불안감과 감정이 교차하는 시간을 거쳐 이루어지게 된다.

또한 디스트레스적 관계에 있는 많은 부부가 결국에는 이혼하지 않는다는 사실도 중요하다. 관계에서의 불행에도 불구하고 이러한 관계를 해소하는 과정에서의 장벽도 높고 비용도 매우 많이 든다. 즉, 오랜 시간 지속된 관계는 역사가 있기 때문에 이러한 것들이 관계를 끝내는 데 장애나 압박이 되어 사람들이 불만족한 상황을 벗어나기 어렵게 만들기도 한다(Levinger, 1999; Sabatelli, 1999). 그 관계에 투자한 시간, 관계에서 형성된 사회적 네크워크 및 경제적 상호의존성, 자녀의 존재, 그리고 종교적인 신념 같은 것들이 비록 그 관계에서의 만족도가 침식될지라도 그 관계에 남아 있게 하는 가능성을 높여 준다. 그 관계를 떠나는 것이 어렵지 않다면 이혼을 선택할지도 모르는 사람들이 불행한 결혼생활에 그대로 남아 있게 되는 경우가 얼마나 되는지 정말 모른다는 점을 명심해야 할 것이다.

연구자와 이론가는 이혼이 가족전이의 일련의 과정 중 한 단계라는 점을 인식하고 있다. 최근의 연구는 이러한 가족이 경험하게 되는 적응과 변화의 다양성을 강조한다. 그 관계에 포함되는 사람의 특성, 가족 상호작용 전략, 변화하는 환경에 직면하기 위한 도전 및 상실과 별거 등을 극복하기 위한 자녀와 배우자의 적응노력을 지지하거나 비난하는 것과 같은 모든 가족외적 요소가 이러한 다양성을 만든다(Baum, 2004; Hetherington, 2003a; Kelly, 2003). 이혼의 과정은 이혼의 법적 서류를 작성하기 훨씬 이전부터 시작되는 과정이며, 그 영향은 이혼한 가족 그 이상으로 확대된다. 이혼가족의 자녀는 장기적으로 영향을 받을 수도 있으며, 다음 세대의 가족체계에까지 영향을 미칠 수 있다(Amato & Cheadle, 2005). 이러한 다양한 전이에 대한 내용은 다음에서 자세히 다루고자 한다.

이혼 전 가족의 역동성

이혼과정에서는 이혼하는 부부의 배우자의 성격적 특성과 이혼 전 관계를 이해하는 것이 중요하다. 결혼기간이 긴 이혼 부부에 대한 종단적 연구에 의하면 결혼기간에 배우자의 알코올이나 약물남용, 반사회적 행동, 우울, 경제적 문제와 같은 스트레스가 많은 사건의 비율이 높았다(Hetherington, 2003a). 앞 장에서도 설명하였듯이, 효율적인 부부관계에서는 부부간에 개방적이고 지지적 의사소통을 한다. 부모역할에서의 성공은 아이에 관한 일을 정기적으로 논의하고, 자녀에 대해 함께 의사결정을 하며, 부모로서 서로 지지함으로써 가능하다. 반면, 갈등수준이 높고, 문제해결력이 낮으며, 서로의 느낌에 반응하고 듣는 능력이 부족한 것 등이 이혼하려는 사람들의 관계 특성이다(Amato & Booth, 1997; Hetherington, 2003b; Kelly, 2003). 예를 들면, 가트만(Gottman)과 동료들은 결혼한 부부 중 일련의 독특한 상호작용 특성을 지닌 부부가 4년 내 이혼할 확률이 100%라고 주장한다. 즉, 이러한 부부의 상호작용 특성은 비판(criticism), 방어(defensiveness), 모욕(contempt), 저항(stonewalling) 등으로, 이는 갈등을 완화하고 관계를 재건하는 데 실패하게 만드는 행동 특성이다(Gottman, 1999; Gottman & Notarius, 2002). 저항은 한 파트너가 상호작용을 철회할 때 나타난다. 가트만의 연구에 의하면 남자들이 저항을 더 많이 사용한다. 비판이나 방어보다는 낮은 비율로 나타나는 저항은 안정된 결혼관계에서도 나타나지만 모욕은 그렇지 않다. 결혼관계에서 모욕의 존재는 궁극적으로 이혼하게 되는 부부에서 보이는 매우 치명적인 위기요인이다. 모욕은 자신을 상대방보다 높은 지위에 놓고 하는 행동이나 말로 정의된다. 모욕은 일반적으로 조롱하거나 품위를 떨어뜨리는 말과 행동이 뒤따른다(Gottman, 1999a).

　이혼 가능성이 있는 가족에서는 부모역할 수행도 부적절한 경우가 많다. 결혼기간이 긴 이혼하는 부모는 결혼관계에 있는 부모와 비교할 때 더 부정적이고 과민성이 높고 온화함과 통제력이 낮다(Hetherington, 2003a). 행동장애나 내면화된 장애(분노, 우울), 낮은 자존감, 낮은 사회적 기술과 성취수준과 같은 다양한 문제가 결혼이 해체되기 전에 이미 나타난다(Amato, 2000; Hanson, 1999; Hetherington, 1999). 다음에서 살펴보겠지만, 갈등이 높은 가족 환경에서 자란 아동은 실제로 이혼한 부모의 자녀와 같은 정도로 적응의 어려움을 경험하게 된다.

이혼에 대한 결정

이혼과정으로의 전이는 개인적 지각(individual cognition)으로부터 시작되는데, 이는 배우자가 자신의 결혼생활이 불만족하고 고통스럽다는 느낌을 처음으로 인식할 때다(Ahrons, 2005). 이혼으로의 첫 번째 단계가 부부 두 사람에게서 동시에 일어나기는 쉽지 않다. 대신 결혼관계에 더 많이 고통을 느끼고 그 관계를 끝내기 위해 더 많이 노력하는 사람으로부터 시작된다(Emery & Sbarra, 2002). 이혼한 사람들의 약 2/3에서 3/4은 여성이 이 과정을 시작한다(Ahrons, 2005).

이혼을 숙고해야 하는 이유는 많이 있다. 1~2년의 짧은 결혼생활을 한 사람들의 이유는 배우자가 자신이 생각하는 이상적인 '백마 탄 왕자(공주)'의 이미지를 충족시키지 못하는 것과 관련이 있다. 비록 많은 사람이 더 현실적인 평가를 바탕으로 완벽하지 않은 인간으로서의 배우자와 완벽한 짝으로서의 배우자에 대한 기대 사이의 균형감을 유지하지만, 이렇지 못하는 사람들은 배우자가 실제로 제공해 줄 수 있는 것이 무엇인가를 생각하기보다는 제공하지 못하는 것에 분노하고 불행하다고 느끼게 된다. 일부 사람은 공허함의 느낌과 신체적, 정서적 혹은 성적 학대의 경험 때문에 혹은 부모의 부재나 방임이나 약물중독 때문에, 그리고 빈곤과 무주택 등과 같은 원가족의 상황을 벗어나 공허함을 채워 줄 파트너에 대한 희망 때문에 결혼하는 부부도 있다. 배우자가 이러한 욕구를 채워 주지 못할 때, 이들은 다시 실망하고 절망하여 배우자에게 탓을 돌리게 된다(Bowen, 1978; Kaslow, 2000). 또한 일부 결혼 초기 부부는 배우자가 자신의 중독이나, 이전의 범죄사실, 가족에서의 정신병력, 혼외자녀의 존재나 낙태 등에 대해 숨겼다는 것을 발견할 때 불만을 느끼게 될 수도 있다. 또한 결혼생활에서의 성적인 불일치, 혼외관계, 친인척과의 문제나 돈 혹은 아동양육, 라이프스타일, 가치나 종교에 대한 불일치 같은 것 등이 나중에 결혼생활의 전환점이 될 수도 있다(Kaslow, 2000).

결혼생활에서 뭔가 문제가 있다고 처음으로 인식하는 것은 작고 신경에 거슬리는 느낌으로 시작할 수 있는데 강도가 점점 강해지고, 사람을 뒤로 물러서게 하고, 그리고 확 불 붙게 하기도 한다. 또 어떤 사람에게 초기의 인식은 우울감을 통해 간접적으로 경험되기도 한다. 배우자는 그 자신이 행복하지 않다고 인식할 수 있으나 초기에는 이러한 느낌이 결혼생활 때문이라고는 인식하지 못할 수도 있다. 이러한 사실을 부정하고, 문제의 상황을 명확하게 보지 못하는 것은 개인적인 지각 시기 동안에 일반적으로 나타나는 현상이다. 그러나 불만족한 배우자 입장에서 볼 때 이러한 시기의 특징은 양가감정을 갖는 것이다. 이러한 경험은 망상, 마음의 동요, 번민과 같은 정서적인 것이 특징이다(Ahrons, 2004).

일반적으로 이 시기에 배우자에게 대항하거나 혹은 결혼에서의 문제를 언급하는 자체가 가져올 결과는 너무나 위협적이어서 상대방이 이를 받아들이기는 쉽지 않다. 대신 이 시기에 배우자는 긴장이나 스트레스를 완화하기 위해 다른 사람을 비난하는 것을 잠시 멈추거나, 배우자를 떠나야 할 결정을 합리화할 수 있는 정황을 만들기 위하여 배우자가 자신에게 했던 행동에 대한 사례를 모으기 시작할 수도 있다(Ahrons, 2005). 이러한 패턴이 가속화되면, 배우자는 상대배우자가 정말 죄인이고, 결혼생활에서 자신에게 점점 책임감을 갖지 않는다고 생각하게 된다.

이 시기는 특히 한부모에 대항하여 다른 부모와 삼각화나 동맹관계에 포함되기를 기대되는 자녀에게는 매우 긴장된 시간일 수 있다. 이런 충성심 유대는 아이들을 절망적인 상황에 놓이게 한다. 가장 애착되거나 혹은 가족체계에 가장 정서적으로 연결된 한 명의 자녀(Bowen, 1978)가 문제를 일으키는 경우도 있다. 그 자녀는 우울감에 빠지거나, 학교에서 낙제를 하게 되거나, 또는 무례한 행동을 하게 될 수도 있다. 배우자들은 아마도 결혼에서의 문제를 자녀의 행동 변화와 연결시켜 생각하지 않을지도 모른다.

높은 수준의 갈등적 결혼생활을 했던 일부 부부는 이 시점에서 이혼이나 별거와 동반되는 불확실성과 변화의 위험을 감수하기보다는 같이 살기를 결정할 수도 있다. 앞에서도 지적하였듯이 이러한 형태의 안정된, 그러나 갈등수준이 높은 결혼관계는, 만약 이혼 후의 관계가 이혼 전의 관계보다 덜 갈등적이라면, 이혼과 관련된 무질서와 마찬가지로 자녀들의 성장과 발달을 저해할 수 있다(Amato, 2000; Davies & Cummings, 1994; Hanson, 1999).

이러한 전이과정에서 배우자들이 선택하는 해결책은 이전에 사용했던 대처양식에 따라 다양하다. 일부는 덜 파괴적일 수 있는 시기까지 이혼이나 별거를 늦추는 결정을 할 수도 있다. 어떤 부부에게 이 시기는 자녀가 성장할 때까지일 수도 있다. 또 다른 부부는 '정서적인 이혼'을 결정할 수도 있다(Bowen, 1978). 이것은 '완전한 결혼생활의 외형'을 유지하면서 결혼생활에 시간과 에너지를 덜 투자하거나, 배우자를 거부하거나, 외부에 관심을 더 집중하는 방식으로 나타난다. 이러한 전략은 개인을 더 절망에 빠지지 않게 보호할 수도 있으나, 이러한 정서적 철회는 불가피하게 가족 체계에 다시 반사된다(Ahrons, 2005). 또 일부는 가족의 희생양이 된 문제를 일으키는 자녀에게 관심을 집중할 수도 있으며, 또는 가족문제 모두에 책임이 있다고 그 자녀를 비난하게 될 수도 있다(Bagarozzi & Anderson, 1989; Vogel & Bell, 1968).

이 시기에 선택하는 전략과는 상관없이, 그 결과는 일반적으로 가족의 향상성을 유지하는 것 중 하나다. 긴장이 고조됨에도, 가족구성원은 그들의 기본 역할과 책임감을 지속적으로 수행하는데, 가족의 기본 과업은 체계에서의 습관적인 방식으로 이루어진다. 그러나 이혼으로 과정이 더 진행되는 것을 선택한 가족이 일반적으로 사용하는 전략은 가족의 스트레스 수준을 낮추기보다는 더 높게 된다.

별 거

한부모가 집을 떠나게 될 때 경험하게 되는 위기감의 정도는 가족구성원이 결혼이 끝났다는 현실에 얼마나 잘 적응했는가에 달려 있다. 부부는 일반적으로 별거(separation)라는 매우 긴 전이과정을 거친다. 최종 별거라는 결정이 이루어지기 전에 부부는 한 번이나 몇 번의 별거를 통해 재결합을 위한 노력을 하게 된다. 이러한 노력은 배우자에 대한 애착이나, 결혼을 끝내는 것에 대한 양가감정 및 배우자나 자녀가 겪을 비통함에 대한 죄의식과 같은 감정과 관련이 있다.

별거기간은 매우 높은 수준의 불확실성과 경계상의 불확실성이 특징이다. 이혼하는 가족에서 나타나는 가장 일반적인 패턴은 결국은 어머니와 자녀가 집에 남고 아버지가 집을 나가는 형태로, 약 90%에 달한다(Ahrons, 2005). 이러한 변화는 친밀한 단위로서의 가족의 정체성에 대해 의문을 제기하게 되고, 가족의 내적 · 외적 경계를 혼란케 하며, 또한 가족이 일상의 가사를 수행하는 방식을 변화시킨다. 자녀는 두 부모가 아직도 가족 일부인가에 대해 혼란을 느낄 수 있다. 자녀는 집을 떠나는 부모가 어디로 가는지에 대해 혼란을 느끼며, 도움이 필요할 때 접근 가능성이 줄어드는 것에 분노를 느낄 수도 있다. 또한 부모의 역할과 책임감도 변화한다. 예를 들면, 이전의 가정경제와 가사를 관리하는 방식과 자녀양육 방식은 한 배우자가 다른 곳으로 거주지를 옮기게 됨에 따라 재협상이 이루어져야만 한다.

이러한 **경계의 모호성**(boundary ambiguity), 즉 누가 가족구성원이고 누가 아닌가에 대해 혼란을 느끼게 되는 것은 매우 스트레스 수준이 높은 상황이다(Boss, 1980, 1988). 만약 가족이 한부모가족으로 재구조화되고, 집을 나간 부모의 역할과 책임감이 남아 있는 구성원에게 재배치되면 일시적으로 안정감을 찾을 수는 있다. 그러나 별거 중인 부모가 다시 돌아오면 가족은 또다시 평형상태를 유지해야 하는 시기에 들어간다. 더욱이 새로운 평형 상태를 유지하는 과정에서, 별거 중이었던 부모가 돌아오는 것에 대해 더 분노하거나 거부하게 될 수도 있다. 반면, 가족이 별거 중이었던 부모의 심리적인 부재를 가족 내에 그대로 유지하고, 그 부모의 역할과 책임을 다시 조정하지 않는 것을 선택한다면, 그 가족은 혼란과 혼동된 상태로 남아 있게 된다.

별거의 전이과정에 있는 가족은 또 다른 형태의 스트레스에 직면하게 된다. 이 시기에 확대가족이나 친구와 지역사회의 사람은 부부의 별거 사실을 알게 된다. 의미 있는 타자들은 지지원으로서도 작용하지만, 부부의 별거에 대한 그들의 반응에 따라서는 추가 스트레스원으로서 작용될 수도 있다. 예를 들면, "것 봐, 네가 그 쓸모없는 놈하고 처음 결혼한다고 그랬을 때 큰 실수하는 거라고 말하지 않았어?"와 같은 한쪽 부모로부터의 반응은 문제 극복에 도움이 되기보다는 낮은 자존감과 실패감을 심화시킨다.

이 시기는 또한 부부가 경제적, 그리고 법적 이혼을 위한 과업을 시작하는 시기이기도 하다(Ahrons, 2005). 경제적인 과업은 소득과 재산을 나누는 것을 포함하며, 집을 팔아야 하거나 아동양육권을 협상해야 하는 것이다. 이러한 행동은 갈등을 가속화하고 스트레스 수준을 아주 높이게 된다. 권력투쟁도 일어날 것이다. 물질적인 소유를 위한 이러한 전쟁에서 승리하는 것이 과거의 잘못에 대한 보상이라고 생각해서 자신이 배우자보다 더 가져야 하며, 이것이 배우자에 의해 충족되어야 했던 개인의 충족되지 않은 욕구를 상징적으로 충족하는 최후의 방어선을 구축하는 것이라고 생각한다.

법적 이혼

별거기간은 이혼과정에서 법적인 체계로의 진입을 의미한다. 배우자의 지원, 양육권, 자녀양육, 면접교섭권 등과 같은 현안은 궁극적으로는 법원에서 다루어진다. 자녀가 있는 가족은 **아동양육권**(child custody)이 가장 중요한 현안이다.

아동양육권에 대한 결정은 자녀와 각각의 부모와의 관계를 위한 척도다. 양육방식의 결정은 자녀의 양육에 누가 책임이 있으며, 자녀의 복지를 위한 결정을 누가 할 것이며, 자녀가 누구와 살고, 각각의 부모가 자녀와 얼마나 많은 시간을 보낼 수 있는가에 대한 것을 규정한다. **단독양육권**(sole custody)은 한부모가 전반적인 권리를 가지고, 다른 부모는 방문권과 많은 경우 자녀양육비에 대한 책임을 가지는 것이다. 학대나 유기가 있었던 경우의 비양육부모는 자녀를 전혀 보지 못하게 된다. 단독양육권은 본질적으로 한부모가구로 가족을 규정한다. 양육권을 가지지 못한 부모는 가족체계로의 진입이 제한된 내적·외적 경계가 만들어진다.

또 다른 형태는 **분할양육권**(split custody)이다. 이 경우 한부모가 한 명 혹은 여러 명의 자녀에 대한 법적·신체적 양육을 담당하고, 다른 부모가 한 명이나 또 다른 자녀의 법적·신체적 양육을 담당하는 것이다. 연구에 의하면 이러한 양육권 유형은 일반적이지 않으며, 전체의 약 2%에 해당된다(Kaplan, Ade-Ridder, & Hennon, 1991). 자녀가 나이가 많을 때 주로 이러한 형태가 나타난다.

앞의 두 가지와는 달리 **공동양육권**(joint custody)은 이혼에도 불구하고 두 부모가 자신의 모든 자녀에 대해 부모로서 함께 역할을 하는 것이다. 이 경우 가족은 실제로 두 개의 핵가족을 구성하며, 부모와 별도의 가구로 구성되는 두 개의 핵가족체계(binuclear family system)가 된다(Ahrons, 2005). 이런 경우 두 부모 모두 자녀양육을 담당하며, 자녀가 어디에 살고, 용돈을 얼마나 받고, 여름캠프를 가도 되는지 등에 대한 다양한 자녀의 복지를 위한 결정에 공동 책임이 있다. 공동양육권은 복잡한 협상과정을 포함하는데, 부부로서 두 사람 간에는 분리되는 경계가 형성되지만 부모로서는 유연하고 개방적인 경계를 둘 간에 유지해야 하기 때문이다.

비록 많은 주에서 무결점 이혼법(no-fault divorce registration)에 의해 더 간단한 법적 과정이 진행되지만, 변호사와 함께하면서 부부는 서로 적이 되는 과정 속에서 이혼이 진행된다. 법적인 맥락은 '이기거나 혹은 지는' 것 중 하나이기 때문에, 배우자 간의 권력투쟁은 더욱더 과장될 수 있다. 자녀는 법률명령이나 청문회 동안 인질이 되어 한편에 서도록 강요받는다. 양육권을 가진 부모, 즉 가장 정기적으로 자녀와 함께 사는 부모는 방문이나 공동양육권 등을 승낙하지 않거나, 자녀의 건강관련 문제나 학교, 방과후 활동 등에 대한 정보 공유를 거부하기도 한다. 양육부모는 비양육부모가 부모로서 적합하지 않다는 것을 사회복지기관이나 법정에서 이야기함으로써 서로 공격한다. 비양육부모는 자녀의 양육비를 제공하지 않거나, 예정된 방문스케줄보다 늦게 데려다준다거나, 자녀를 데려가 버린다고 위협하거나, 자녀 앞에서 다른 부모의 권위를 깎아내리는 등으로 보복하기도 한다. 법정에서 보이는 이러한 행동에는 이전 배우자에 대한 미해결된 애착이나 분노, 배신감과 분노가 깔려 있다.

최근에는 법정 소송에 대한 대안으로 이혼중재(divorce mediation)가 대두되고 있다. 중재는 목적 지향적이고 과제 지향적인 태도로 그들이 가진 대안을 면밀하게 검토함으로써 그들의 개인적·경제적 그리고 자녀와 관련된 차이에 대한 갈등을 최소화할 수 있는 기회를 부부에게 제공하는 것이다. 이혼중재의 목적은 더 많은 정보에 근거하여 법정에 출두하기 전에 건설적인 의사결정을 하도록 하는 것이다(Kaslow, 2000). 두 배우자가 이 과정에서 감정을 잘 추스를 때, 갈등은 최소화되고 두 사람 모두 승자가 될 가능성은 커진다(Bay & Braver, 1990).

결국 이전의 전이를 가족이 얼마나 효율적으로 다루었느냐에 따라 아동양육권과 경제적인 부분에 대한 권력투쟁은 피할 수 있다. 부부가 그들의 결혼생활에서의 어려움의 실체를 솔직히 받아들이고, 다른 가족구성원과 이혼의 이유에 대해 개방적으로 이야기하는 것을 통해 별거 전이기 동안 더 효율적으로 스트레스를 관리할 수 있다. 애착이나 양가감정, 죄의식, 분노와 혼란과 같은 감정이 이 시기에는 매우 보편적인 현상이지만, 이런 감정이 있다는 것은 배우자 간에 미해결된 갈등이 어느 정도 남아 있다는 의미이기도 하다. 배우자 간에 미해결된 갈등 수준이 높으면 높을수록, 이어지는 다음 전이기의 스트레스 수준은 더 높아진다.

가족재구조화

가족이 새로운 내적 · 외적 경계를 명확히 하고, 가족의 정체감을 재규정하며, 가족의 정서적 환경을 안정화시키고, 가사관리를 위한 전략을 새로이 만드는 등의 과업이 가족재구조화(family reorganization) 전이기 동안에 이루어져야만 한다. 자녀가 없는 결혼한 부부의 경우 이러한 과업이 두 개의 별도의 독립적인 가구에서 이루어진다. 자녀가 있는 경우는 추가적으로 공동 부모역할(coparenting relationship)을 우선적으로 규정해야 한다.

부모역할을 재협상하는 과업을 수행하는 과정에서는 부부역할을 끝내는 것이 요구된다. 양육부모와 비양육부모는 자녀의 이익을 위하여 서로의 부모역할을 지원하면서, 갈등을 피하기 위해 서로 노력하고, 서로의 권리와 책임을 존중하는 것이 이상적인 상황이다. 많은 상담적 개입과 공동양육권과 같은 사회적 · 법적 정책은 이러한 목적을 위해 운영된다(Hetherington & Stanley-Hagen, 1999). 그러나 대부분이 이러한 이상에 도달하는 것은 아니다. 부모가 서로 욕설을 퍼붓거나, 신체적 · 언어적인 폭력을 행사하거나, 만취상태를 보이거나, 그리고 부모의 품위를 떨어뜨리는 등의 무서운 행동을 자녀가 경험할 수도 있다(Kaslow, 2000). 일반적으로 시간이 지남에 따라 부부간의 갈등은 대부분 줄어든다. 그러나 약 1/4의 부부의 경우 자녀가 자신이 통제할 수 없는 상황에 놓여 있다고 느끼게 되는, 매우 심한 갈등관계를 계속한다. 반면, 1/4은 협력적이고 상호지지적인 관계를 유지하며, 나머지 1/2은 평행적인 관계를 유지하는 데 부부가 서로 대화나 협력 등의 부모역할도 하지 않고 서로 비난하는 일도 하지 않는다(Baum, 2004; Hetherington & Stanley-Hagen, 1999).

아버지와 어머니의 역할은 계속하면서 아내와 남편 역할을 중지하는 것은 자녀와 함께 가족을 재구조화하기 위해 핵심적인 것이다(Ahrons, 2005). 비록 이혼이 가족의 구조적 변화를 가져오기는 하지만, 이전 배우자들 간의 지속적인 관계는 가족의 성공적 재조직화를 위한 핵심적인 내용이다(Ahrons, 2005; Amato, 2000). 전 배우자들은 서로 그들의 관계를 어떻게 할 것인가에 대한 새로운 규칙과 전략을 만들어야 한다. 그들은 자신의 삶의 영역은 독립적으로 유지하면서, 부모역할과 관련된 일은 팀으로 효율적으로 작동되도록 하는 패턴을 만들어 가야 한다. 별도의 가구에 사는 자녀의 시간을 어떻게 배분하며, 어떻게 그리고 언제 훈육하며, 자녀에게 바라는 중요한 기대가 무엇인가에 대해 합의해야 한다.

예를 들면, 다른 부모에게서 자녀를 데려오고 데려다주는 것을 어떻게 유연하게 할 것인가? 혹은 시간을 놓치거나 계획이 변경되었을 때는? 두 가구에서 모두 같은 시간에 잠자리에 들게 할 것인가? 잘못된 행동에 대해 부모가 같은 기준을 적용할 것인가? 잘못된 행동에 대해 두 부모가 같은 대응을 할 것인가? 잘한 행동이 무엇인가에 대해 유사한 기대수준을 적용할 것인가? 두 부모가 일관된 방식으로 벌과 보상을 제공할 것인가? 공동양육을 위해 이러한 많은 이슈에 대한 결정이 이루어져야 한다.

이전 배우자들 간에 미해결된 갈등이 남아 있는 한, 효율적인 공동 부모역할을 위한 관계 발달이 매우 어렵다는 것은 명백하다. 아이들은 싸우는 부모 사이에서 어느 쪽 편을 들어야 한다고 강요받는다고 느낄 때 충성심 갈등을 느끼게 된다. 다른 부모의 생활이나 활동에 대해 아이들이 다른 부모에게 정보제공자로서 역할을 하게 될 수도 있다. 예를 들면, 비양육부모의 집을 방문하고 돌아오면, 양육부모는 다른 부모가 누구와 데이트하고 돈을 얼마나 쓰는지 등에 대한 정보를 캐묻게 된다. 만약 한부모가 이러한 방식으로 애착이나 분노를 지속적으로 표현하면, 자녀는 서로의 집을 방문하고 돌아올 때마다 혼란을 느낄 것이며, 두 부모 모두와 친밀한 관계를 유지하는 것이 어렵다는 것을 알게 된다.

연구에 의하면 자녀의 적응에 부정적인 영향을 미치는 요소는 이혼 자체가 아니라, 자녀가 두 부모와 친밀하고, 직접적이고, 독립적이고, 지지적인 관계를 유지할 수 있는 정도와 두 부모가 서로 갈등이 없고 협력적인 관계를 유지할 수 있는 정도가 중요하다고 한다(Hetherington & Kelly, 2002; Lamb & Kelly, 2001; Warshak, 2003). 이

전 배우자들 간의 관계의 중요성은 강조되어야 한다. 이혼한 부모 간의 지속적인 공격과 높은 갈등수준은 자녀와 비양육부모, 주로 아버지와의 접촉을 점차 감소시키는데, 비양육부모가 재혼을 하면 더욱더 그렇다(Amato, 2000; Hetherington, 2003a).

물론 이혼에 대한 자녀의 적응은 다른 요소에도 영향을 받는다. 이러한 이유로 가족의 소득변화, 어머니의 취업, 가족의 이사, 사는 집의 수준, 사회적 지원망 등의 효과는 제17장 한부모가족에서 다루게 될 것이다. 그러나 이러한 조건을 고려하더라도 이러한 관계에서 스트레스는 이혼한 가족체계 구성원 간의 관계의 질에 의해 중재된다. 아동양육권과 협력적인 공동 부모역할을 확립하는 것 등을 포함한 부모의 법적·정서적 차이를 해소하는 것이 이혼 이후 재구조화를 성공적으로 이룰 수 있는 가족의 능력에 직접적으로 영향을 미치게 될 것이다.

이혼 후의 적응

비록 각각의 가족체계는 차이가 있어 일반화하기는 어렵지만, 또 다른 추가적인 불운이나 지속적인 스트레스에 의해 상황이 더 나빠지지 않는다면, 대부분 성인과 자녀는 이혼 2, 3년 후 이혼에 적응하게 된다(Ahrons, 2005; Carter & McGoldrick, 2005b; Hetherington, 2003b). 성인의 경우 적응을 위해서는 두 가지 기본적인 개인과업이 필요하다. 첫째, 이혼이 제공한 새로운 기회를 잘 활용할 수 있도록 개인적 삶을 재건하는 것이다. 둘째, 자녀가 최소한으로만 영향을 받고 잘 발달이 진행되도록 자녀를 양육하는 것이다(Wallerstein & Blakeslee, 1989). 이혼 이후에 전 배우자, 자녀와 가족체계가 모두 성공적으로 적응하는 데 도움이 되는 몇 가지 요인이 있다.

전 배우자의 적응

이혼 후의 적응은 다수의 잠재적인 적응의 어려움을 끝내는 것을 포함한다. 연구에 의하면 이혼한 성인은 이혼하지 않은 사람보다 건강문제와 우울, 교통사고율, 음주와 약물 사용, 알코올중독과 자살 등의 비율이 높은 것으로 나타났다(Amato, 2000). 그리고 직업에서의 일상적인 과제를 수행하는 데 더 어려움을 겪는 것으로 보고된다(Hetherington & Kelly, 2002). 이러한 것들은 이전 배우자에 대한 분노감과 외로움과 관련이 있다(Ahrons, 2005; Hetherington, 2003b). 연구에 의하면 이러한 적응의 어려움은 이전에 있었던 조건 때문이 아니라 이혼 자체에 기인하는 것이라고 한다(Greene, Anderson, Hetherington, Forgatch, & DeGarmo, 2003).

그러나 이혼 후의 적응이 모두 부정적인 것만은 아니다. 일부는 전반적 행복감과 자율감과 자존감, 사회적 참여가 증가하고, 직업에서의 발전도 있었다고 보고한다. 결혼기간이 매우 불행했다고 생각하는 사람들이 결혼생활에서 행복했다고 느끼는 사람들보다는 이러한 긍정적인 변화를 더 많이 보고한다(Hetherington, 2003b; Hetherington & Kelly, 2002). 이혼 이후 이러한 긍정적인 경험을 하는 사람은 여성이 더 많은데, 이는 결혼생활에서 절망감을 느낀 사람 중에는 여성이 더 많기 때문이다. 결혼한 남성은 독신과 이혼 후 잃은 것이 상당히 많다고 느끼는 사람들보다 건강과 행복감과 사회적 지원이 더 좋아졌다고 응답하였다(Baum, 2003; Greene et al., 2003).

비록 이러한 경험을 이해하는 것도 중요하지만 성인은 시간이 지남에 따라 매우 다양한 적응과정을 거치게 된다는 것도 기억해야 한다. 한 연구에 의하면 대다수(70%)가 이혼 후 첫해에 고통을 토로하였다. 그러나 6년 후에는 비록 문제가 남아 있어도, 3/4은 이혼은 잘 한 것이며 만족스러운 새로운 관계를 만드는 길로 잘 걸어가고 있다고 보고한다. 그러나 10%는 자신이 실패했다고 느끼고 절망감과 일련의 정서적인 문제로 고통을 받고 있다고 한다(Hetherington, 2003b). 시간에 따른 개인의 적응을 결정하는 요인은 무엇인가?

성공적 적응의 첫 번째 가장 핵심적인 기준 중 하나는 결혼이 끝났다는 것을 전 배우자가 수용하는 것이다. 자신을 결혼 전의 지위나 혹은 누구의 전 배우자로서가 아니라 새로운 개인적 정체감을 갖는 것이다. 자신이 돌아갈 수 없는 관계에 더 투자를 하지 않는다는 확신을 가져야만 한다(Sutton & Sprenkle, 1985).

두 번째 고려사항은 전 배우자와 평화로운 관계로 지낼 수 있는 정도다. 이것은 보통 지속적으로 "불행은 불행을 낳는다."는 것과 적대적이고 공격적인 행동은 스스로를 망치게 된다는 것에 대해 받아들이는 것이다. 이러한 인식을 하게 되면 좀 더 균형 잡힌 시각으로 관계를 바라볼 수 있다. 자신도 결혼의 해체에 기여했다는 것을 인식하면서 전 배우자를 용서하고, 자신의 약점과 한계뿐만 아니라 전 배우자의 좋은 점에 감사함을 느끼는 것이다(Sutton & Sprenkle, 1985).

세 번째 요소는 자신이 결혼의 해체에 어떻게 기여했는가에 대한 현실적인 평가를 했느냐의 여부다. 이것은 이전 배우자에 대해 비난하는 자세를 버리고 그 관계에서 자신의 역할을 솔직하게 점검하는 것이다. 우선 처음 배우자를 선택한 이유를 검토해 보고 미래의 배우자에 대한 기대를 수정하여야 하여, 새로운 관계에서 재현되지 않도록 역기능적인 상호작용 패턴에 자신이 기여했음도 수용해야 하며, 또한 자신의 원가족에서 경험이 결혼생활의 곤궁에 어떤 역할을 했는지 등을 검토해야 한다(Napier, 1988; Sutton & Sprenkle, 1985).

이 책 전반에 걸쳐 지적하였듯이, 원가족은 대인관계를 조직화하는 태도를 결정하는 데 중요한 역할을 한다. 원가족은 이혼으로 관계를 끝낼 가능성을 결정하는 데 영향을 미친다. 연구에 의하면 이혼으로 붕괴된 가족에서 성장한 사람들은 일반가족에서 성장한 경우보다 이혼으로 결혼이 끝나는 경우가 더 많다(Amato, 2000; Hetherington & Kelly, 2002).

결혼의 해체에 자신이 어떠한 역할을 했는가를 재점검하기 위해서는 그들이 자신의 부모로부터 어떠한 영향을 받았는가를 이해하는 과정이 요구된다. 또 자신이 부모의 이혼으로부터는 어떠한 영향을 받았는가도 점검해야만 한다. 예를 들면, 부모가 이혼한 가족에서 성장한 사람은 일반가족(행복하거나 불행한)에서 성장한 사람보다 결혼의 문제에 대한 해결책으로서 이혼을 더 가시적인 것으로 인식하게 될 수도 있다(Amato & DeBoer, 2001). 이혼한 부모에 의해 성장한 사람은 더 기능적이고 성공적인 결혼생활을 위해 어떠한 역할을 수행해야 하는가를 배울 기회가 상대적으로 제공되지 않았을 수도 있다. 비슷한 상황으로, 원가족에서 이혼을 경험한 사람은 결혼이 잘 기능하게 하는 데 필요한 헌신이나 투자(시간, 에너지, 노력)에 전반적으로 소홀하며 결혼생활에서의 실패에 대한 부정적인 기대를 하며 살 수도 있다. 실패한 결혼이라는 이러한 부정적인 기대는 예언대로 성취된다.

　이혼에 이르는 과정에 자신도 어느 정도 기여했다는 것을 솔직하게 인식하기 위해서는 원가족으로부터 개별화가 얼마나 성공적으로 이루어졌는가에 대한 재검토가 필요하다. 예를 들면, 과도하게 원가족에게 몰입된 상황을 벗어나는 유일하고 수용 가능한 방법이 결혼이 아니었는가? 결혼 전에 친밀감과 명확한 정체감이 형성되었는가? 만약 이 질문에 대한 답이 "아니다."라면, 그 사람은 '완벽한 자아감'을 가진 배우자에 의존하여 결혼에 진입한 것이며, 후에 배우자가 '이러한 욕구를 충족시키지 못하면' 실망하게 될 것이다(Napier, 1988). 결혼관계와 원가족 간에 명확히 구분되는 경계가 있었는가? 즉, 결혼생활로 들어가기 전에 명확한 '부부로서의 정체감'이 있었는가? 만약 그렇지 않다면, 이러한 미해결된 초기의 과업은 이혼에 중요한 역할을 하게 되는 만성적인 스트레스원이 될 수도 있다. 결혼생활 기간 중에 배우자 서로는 다른 배우자의 개별성(떨어져 있는 시간)과 친밀감(정서적 지지)에 대한 욕구를 인식하고 반응할 수 있었는가? 만약 이것도 그렇지 않다면, 궁극적으로 이러한 요인이 이혼에 중요한 역할을 하게 될 수 있다.

　결혼이 끝났다는 것을 받아들이고, 전 배우자와 평화로움을 유지하고, 이혼에 자신의 기여도 있었다는 것을 확실히 인식하는 것 외에도 이혼 후 개인의 적응을 측정하는 또 다른 척도가 있다. 이것은 계속 인생을 전진해 나가기 위한 개인의 준비도다. 이것은 결혼생활 외부에서의 지원망을 설정하거나 재설정하는 것, 성취감, 자존감, 독신으로서의 능력감을 발전시키는 것, 그리고 과거보다는 미래지향적인 태도를 갖는 것 등이다. 미래를 향해 나아갈 수 있는 사람들은 교육적 성취나 일에서의 성취, 새로운 취미나 여가 활동을 발달시키거나 새로운 데이트 관계를 만드는 등에 자신의 에너지를 쏟는다. 반대로 이러한 준비가 안 된 사람들은 이전 배우자를 잃은 것에 대한 애도의 시간을 더 가질 수도 있다. 이러한 사람들은 그 관계가 정말 끝났다는 것을 인식하지 못하거나 혹은 그 관계를 회복시키기 위해 쓸데없이 에너지를 낭비할 수도 있다.

자녀의 적응

많은 연구가 이혼의 초기 과정에서 많은 수의 자녀들이 적응의 어려움을 겪는다고 보고하고 있다. 각자가 처한 상황에는 상관없이 많은 자녀는 이혼 후 몇 달간 문제를 나타낸다. 일반적으로 초기에 자녀는 우울감, 분노, 불안감, 불복종이나 분노를 나타내거나 혹은 지나친 요구 등을 하게 되고, 많은 자녀가 학교 성적이 떨어지기도 한다. 부모, 형제자매, 동료와 교사와의 관계에서의 어려움도 일반적으로 나타난다 (Kelly, 2003). 이러한 초기 시기를 지나면, 이혼가족의 자녀는 일반가족의 자녀보다 2, 3배 더 학교를 자퇴하거나 퇴학을 당한다(Kelly, 2003). 외현적인 장애로 불리는 일련의 행동, 즉 반사회적 행동, 공격성, 불복종, 자기통제 부족, 낮은 사회적 책임감 및 낮은 성취동기 등이 적응에 영향을 미치는 강력한 요인이다. 그렇게 심하지는 않지만 자녀는 내현적인 장애를 보이기도 하는데 불안, 우울, 낮은 자존감, 사회적 활동의 회피 등이 이에 해당한다(Hetherington & Kelly, 2002; Kelly, 2003). 이혼 직후 상대적으로 많은 문제를 경험하지 않은 자녀도 그들이 후에 새로운 전이와 발달과업에 직면하게 되면 문제가 발생할 수도 있다. 예를 들면, 일부 자녀는 아동기에서부터 청소년기에 이르기까지 문제를 나타낼 수도 있지만, 청소년기 자체가 이전에는 잘 기능했던 아이들의 문제에 방아쇠를 당기는 역할을 할 수도 있다(Hetherington & Stanley-Hagen, 1999). 이러한 부정적인 영향이 이혼 이후 오랜 기간 지속되기도 하는데, 일부는 성인기까지 진행되기도 한다(Amato, 2000).

이혼을 경험한 성인의 경우와 마찬가지로 이혼 후 자녀의 적응 결과도 매우 다양하다. 이혼가족 자녀 모두에게 부정적 결과가 나타나는 것은 아니다. 일부 자녀에게만 나타나기도 하며, 매우 짧은 기간에 나타나기도 한다. 예를 들면, 이혼 전에 갈등이 많았고 학대와 방임이 있었던 가족환경에서 이혼 후 조화로운 가족환경으로 변화된 가족의 자녀는 상대적으로 문제가 적다(Amato, 2000; Hetherington & Stanley-Hagen, 1999; Kelly, 2003). 이혼 전에 잘 적응했던 자녀의 경우도 적응문제는 많지 않다(Hetherington & Stanley-Hagen, 1999). 이혼의 영향은 부분적으로는 자녀가 경험하는 가족전이와 일련의 다른 스트레스에 의해서도 결정된다. 이러한 스트레스원은 한부모가족에서의 생활이나, 새로운 지역이나 가족으로의 이동이나, 양육부모집에서 재혼이나 동거가구로 옮기는 것 등이다. 이혼가족 자녀의 약 20~25%는 높은 수준의 문제행동을 나타내는 것으로 추정된다. 일반가족 자녀의 약 10%가 심각한 문제를 경험한다는 결과와는 대조된다(Greene et al., 2003; Hetherington & Kelly, 2002). 이러한 결과는 약 80%의 자녀가 이혼에도 심각한 문제행동을 보이지 않는다는 의미다. 그러므로 이혼과 관련된 잠재적인 위험에도, 대부분의 자녀는 높은 수준의 회복력을 나타내며 상대적으로 잘 적응하여 성인으로 성장한다(Hetherington, 2003a; Moxnes, 2003; Rischena, Prior, Sanson, & Smart, 2005). 여기에서 다시 중요한 질문이 제기된다. 자녀가 이혼과 관련된 다양한 스트레스를 극복하고 성공적으로 질적인 삶을 성취하게 하는 요인은 무엇인가?

자녀 또한 이혼에 성공적으로 적응하기 위해서는 부모의 관계가 끝났다는 것을 받아들여야 한다. 이러한 수용은 부모가 자녀와 자녀의 연령 수준에 맞게 이혼이나 별거의 이유를 기꺼이 이야기할 때 가능하다. 부모가 재결합할 것이라는 잘못된 환상을 갖지 않게 하는 것도 중요하다(Sutton & Sprenkle, 1985). 자녀가 겪고 있는 고통스러운 경험을 들어 주고 그들을 지원하고 있다는 확신을 가질 수 있도록 도와주어야 한다. 자녀가 이혼에 자신의 책임이 있다거나 죄의식을 느낄 수도 있는데, 이러한 느낌은 공개적으로 이야기함으로써 생각이 바뀔 수 있다. 또한 자녀에게는 두 부모가 비록 서로 사랑하지 않지만 모두 자신을 여전히 사랑하고 있다고 믿게 하는 것이 중요하다. 더욱이 자녀가 한부모를 사랑하는 것이 다른 부모와의 애정에 위협을 가한다고 생각하게 해서는 안 된다(Ahrons, 2005; Greene et al., 2003).

이혼에 잘 적응한 자녀는 학교생활을 잘하고, 사회나 여가 활동에 적극적이며 동료들과도 만족스러운 관계를 유지한다(Amato, 2000; Sutton & Sprenkle, 1985). 두 부모가 자녀와 긍정적 관계를 유지하고, 이혼 후에 부모역할에서의 갈등을 해결하고 자녀에게 충분한 사회경제적 자원을 제공할 수 있다면, 일반적으로 이혼의 부정적 결과는 나타나지 않는다(Ahrons, 2005; Amato, 2000; Green et al., 2003).

가족체계의 적응

전체로서 가족체계를 위한 이혼 이후의 성공적 적응은 가족의 기본 과업을 수행하기 위한 효율적인 전략의 재수립을 통해 가능하다. 자녀가 있는 대부분 가족에서 효과적인 전략을 설정하기 위해서는 자녀양육과 공동 부모역할에 대한 문제를 해결해야 한다. 이것은 한부모나 두 개의 핵가족체계로서의 가족정체감을 설정함으로써 이루어진다. 안정된 가족의 정서적 환경은 두 전 배우자 간에 협력적이고 갈등이 없는 관계다. 많은 경우, 내적 경계를 설정하는 성공적인 전략은 각각의 부모가 자녀와 개인적 관계를 유지하면서 이전 결혼체계에서의 부모 하위체계를 해체하는 것이다. 가사에 대한 효율적인 전략은 자녀양육 전략에 대해 상호 동의하고, 경제적 지원을 공평하게 분배하고, 명확한 방문계획을 통해 두 부모에게 여가시간을 공평히 분배하는 것이다. 스트레스를 관리하는 효과적 방법은 각 구성원의 사회적 · 정서적 발달을 지원하는 적절한 행동 전략을 적용하는 것으로, 이는 이혼 이후 따르는 고난, 미해결된 갈등, 상처받은 감정에 대한 명확한 이해를 포함한 인지적 극복 노력을 포함한다.

그러나 이혼 이후 성공적인 가족적응을 위한 일반적 청사진이 모든 가족에게 다 잘 맞지는 않는다는 점도 강조되어야 한다. 이 책은 전반에 걸쳐, 비록 모든 가족이 같은 기본적인 과업을 관리해야 한다고 생각하고는 있지만, 이를 위해 수행하는 그들의 전략은 매우 다양할 수 있다는 점을 강조하고 있다. 흑인은 이혼 후의 적응을 위해 매우 다른 전략이 비슷하게 효과적으로 작용할 수도 있다는 좋은 예를 보여 준다. 예를 들면, 흑인 여성은 이전 배우자에게 경제적으로 의존적이지 않다(Fine, McKenry, & Chung, 1992). 그들은 백인 여성보다 자신의 확대가족과 유대감이 높으며, 확대가족으로부터 더 지지를 받고 그들의 자원에 의존한다(Taylor, 2000).

그 결과 흑인 여성이 안전한 정서적 환경을 관리하는 전략은 이전 배우자와의 지속적인 협력보다는 확대가족체계 내의 정서적 환경에 더 의존하는 방식이다. 더욱이 흑인 여성이 사는 지역사회에서는 한부모가족에 대한 편견이 상대적으로 적기 때문에 한부모가족의 정체성을 쉽게 습득할 수 있다(Fine et al., 1992). 이들이 성공적인 한부모가족을 관찰할 기회가 많고, 여성보다는 상대적으로 흑인 남성이 부족하고,

백인보다는 흑인 중에 한부모 비율이 높기 때문이다(Pinderhughes, 2002). 그러므로 흑인 독신부모는 두 개의 핵가족에 대한 정체감을 상대적으로 덜 습득한다. 가구를 관리하는 이러한 전략은 이전 배우자들 간에 합의된 아동양육 전략을 적용하는 것을 강조한다거나, 명확한 방문계획을 통해 여가시간과 경제적 자원을 공평하게 공유하는 등의 전략을 강조하지 않는다. 이러한 전략은 비록 차이가 있지만 이혼의 적응에 효율적일 수도 있다. 실제로 일부 연구는 흑인 성인은 백인 성인보다 이혼에 더 효율적으로 적용할 수 있다고 한다(Fine et al., 1992; Gove & Shin, 1989; Menaghan & Lieberman, 1986).

이혼에 대한 세대 간 체계 관점

본 장에서 설명한 것처럼 다양한 맥락적 요소가 부모와 자녀의 이혼 후 적응력에 영향을 미친다. 경제사회적 기회가 감소되는 것, 한부모 가족구조에서 사는 것, 부모의 재혼과 동거, 부모의 또 한 번의 이혼, 전학, 새로운 이웃이나 가족으로의 이사 등과 같은 복합적인 전이에 의한 혼란이 성공적인 적응을 가로막는 중요한 요소다. 그러나 이혼의 결과에 영향을 미치는 가장 중요한 요소는 대인관계의 질이다. 이혼은 배우자 관계가 끝나는 것이며, 그 결과로 이어지는 가족의 내·외부의 많은 다른 관계의 재조직이다. 부모-자녀, 형제, 인척, 조부모 그리고 친구관계 등이 모두 변화한다. 재혼 부모역할, 이복형제자매, 새로운 확대가족관계 역시 추가될 수 있다. 매우 집중적으로 짧은 시기 동안 이러한 매우 다양한 관계에서의 변화의 정도를 이해하는 것은 이혼의 과정을 이해하는 데 핵심적인 요소다. 또 다른 중요한 요소는 이혼 전, 후 그리고 이혼의 진행과정에서 이러한 핵심적 관계에 존재하는 갈등의 존재다. 더 자세히 말하면, 이혼의 전 과정을 통해 성인과 자녀의 부적응에 끊임없이 적용되는 갈등이 해결되지 않는 것이다. 갈등을 해결하고 부모역할을 위한 협력적인 관계를 유지하고, 각각의 부모가 각각의 자녀와 일대일관계를 유지하는 것 등이 이혼 후 적응과정에 핵심적인 것처럼 보인다. 이러한 결과는 본 장 앞에서 설명했던 세대 간 체계 관점과 일치한다.

앞 장에서도 설명했듯이, 원가족에서의 경험은 개별 가족구성원의 발달과 그 후속 세대에서 발견되는 적응패턴에 영향을 미치는 유산이다. 미해결된 갈등, 긴장, 효과적인 혹은 비효과적인 의사소통, 갈등해결과 부모양육 전략은 세대에서 세대로 전수되며 그 체계의 기본 과업을 성공적으로 관리하는 능력을 결정하는 데 영향을 미친다. 이 관점에서 중요한 개념이 가족분화다. 이 관점에서 볼 때, 분화수준이 다른 가족은 이혼과 같은 긴장이 매우 많은 사건을 관리하는 데 서로 다른 상호작용 전략을 이용한다고 볼 수 있다. 잘 분화된 가족체계는 변화를 받아들이고, 차이를 수용하며, 그들의 정서적 기능화와 지적인 기능화를 구분하면서 긴장이나 갈등을 관리한다. 즉, 의미 있는 타자들과는 정서적으로 연결을 유지하면서, 차이를 협상할 때 반격하거나 방어적이 아니라 사려 있게 반응함으로써 스트레스가 많은 전이과정을 다루는 것이다. 개별 가족구성원은 각자의 개별성을 표현하도록 지지받으며, 그들의 개인 정체감도 지지받는다. 일대일의 개인적 관계도 유지되고 긴장과 불안감 등은 이자관계 내에서 적절히 다루어진다. 미분화된 가족체계는 극단의 융합(지나친 개입)이나 정서적 단절(이탈, disengagement)로 작동된다. 긴장과 불안은 쉽게 완화되지 못하며, 높은 수준의 갈등이나 삼각화, 다세대 간에 전수되는 투사과정이 나타난다. 이러한 전략의 결과는 심리적 디스트레스나 신체적 증상 혹은 다른 사람과의 대인관계에서 친밀감을 형성하는 데 어려움 등이다.

연구자들은 이혼 이후와 이혼기간의 세대 간 관점과 적응 간의 관련성에 점차 관심을 가지고 연구를 하고 있다. 예를 들면, 부모의 이혼 후 기능을 잘하는 가족은 역기능적인 가족보다 정서적 단절을 적게 사용한다는 것을 발견했다(Johnson & Nelson, 1988). 부모의 이혼 후 잘 적응한 젊은이들과 그렇지 못한 집단을 비교했을 때, 잘 적응한 경우 삼각화가 적었으며, 부모와 질적으로 더 나은 관계를 유지하는 것으로 보고되고 있다(Johnson & McNeil, 1998). 이혼가족의 젊은이들은 이혼하지 않은 집단보다 정서적으로 더 반응적이고 의미 있는 타자들과의 친밀감이 낮았다고 한다(Johnson, Thorngren, & Smith, 2001). 키슨과 홈스(Kitson & Holmes, 1992)의 연구에서는 약 30%의 대상이 이혼 후 거의 4년간 이전 배우자와 애착을 지속했다고 보고하였다. 이러한 지속된 애착감은 결혼이 해소되지 않았을 뿐만 아니라, 이전 배우자에게 지나치게 몰입되거나 지속적인 융합이 일어나고 있다는 의미다. 마지막으로, 이혼한 부모 중 분화 수준이 낮은 경우 이혼 후 효과적인 공동 부모역할 관계를 형성하는 데 성공적이지 못하였다(Johnson et al., 2001).

또 다른 연구는 이혼의 결과가 한 세대를 거쳐 다음 세대로까지 연결된다는 세대간 관점과 일치되는 연구결과를 보여 준다. 부모의 이혼이 결혼의 불안전성의 위험을 의미 있게 증가시키고, 이혼한 가족의 성인자녀 중에는 친밀한 관계를 형성하는 데 어려움이 있다는 연구가 지속적으로 많이 보고된다(Amato, 2000; Amato & DeBoer, 2001; Bumpass, Martin, & Sweet, 1991; Hetherington, 2003b). 아마토와 치들(Amato & Cheadle, 2005)의 최근 연구에서는 조부모 간의 이혼이 손자녀의 다양한 문제행동과 관련이 있음이 보고되었다. 낮은 학교성적, 결혼생활에서의 어려움, 부모와의 나쁜 관계 등이 이에 해당된다. 이런 결과는 부모의 이혼은 자녀에게뿐만 아니라 아직 태어나지 않은 후속 세대까지 영향을 미친다는 것으로 해석된다. 이러한 결과는 명백히 이혼가족에서 성공적인 혹은 성공적이지 않은 상호작용 전략이 가족체계의 세대를 거쳐서 연결될 수 있다는 세대 간 관점을 지지하는 것이다. 이러한 연구의 한 가지 한계점은 이러한 과정이 이혼과정에서의 분화가 잘못되어 나타난 현상인지, 아니면 이혼의 결과인지는 명백하지 않다는 것이다. 세대 간 관점은 이러한 분화과정이 이혼 전에 이미 존재했다는 것이고, 사실상 가족체계의 다음 세대에서도 실제로 존재하고, 이혼과 같은 긴장에 의해 촉진되었다는 것이다.

결 론

이혼은 가족체계의 구조를 극적으로 변화시키고 일시적일지라도 가족의 발달경로를 붕괴시키는 잠재력이 있다. 이혼과정에서의 각 단계는 독특한 스트레스가 있고, 가족체계에 대한 요구가 있다. 가족구성원은 두 개의 독립적인 가구로 가족을 재구조화함으로써 그리고 배우자와의 이혼의 실체를 수용함으로써 앞으로 나아가야 한다. 자녀가 있는 부부의 경우 한부모가구나 두 개의 핵가족체계를 형성할 수 있다. 이러한 재구조화는 가족의 기본적인 과업을 관리하기 위한 가족 전략에 대한 재협상을 필요로 한다.

성공적 적응은 가족구성원이 이혼으로 인한 변화된 상황을 명확히 인식하고 결혼이 끝났다는 것을 받아들이는 것이다. 또 다른 중요한 점은 이전 배우자들이 서로 비난하지 않고, 갈등이 없는 협력적인 공동 부모역할을 발달시키는 것이다. 자녀가 각각의 부모와 친밀한 일대일관계를 유지할 수 있도록 도와야 하는데, 이러한 건강한 관계는 이혼 후 그들의 적응을 촉진시키는 절대적인 잠재력이 있기 때문이다. 이혼의 전이과정을 성공적으로 관리하는 것은 한부모가족으로의 연속적인 전이를 극복하려는 가족의 노력을 지원함으로써 가능하다.

주요 개념

가족재구조화(Family reorganization) 이혼과정의 네 번째 혹은 마지막 과정으로 가족이 새로운 내적 · 외적 경계를 명확히 하고, 정체감을 재정의하며, 정서적 환경을 안정화시키며, 새롭게 형성된 가구를 관리하는 전략을 새롭게 설정하는 것.

결혼 디스트레스(Marital distress) 한 명 혹은 두 파트너가 결혼관계에서 인식하는 관계의 안정성을 위협하는 심각하고, 오래 지속되는 문제.

개인적 지각(Individual cognition) 이혼과정의 첫 번째 전이기로 배우자가 자신이 결혼관계에서 불만족했거나 좌절감에 대한 느낌을 인식하는 것으로 시작됨.

경계모호성(Boundary ambiguity) 누가 가족구성원이고 누가 아닌지에 대한 혼란.

공동 부모역할 관계(Coparenting relationship) 배우자로서의 역할 종료와 함께 자녀에 대한 책임을 공유하는 부모역할을 유지하는 것.

공동양육권(Joint custody) 두 부모가 이혼 이후에도 함께 모든 자녀에 대해 부모로서의 역할을 하는 것.

단독양육권(Sole custody) 한 명의 부모가 자녀에 대한 전적인 책임을 지고, 다른 부모가 일반적으로 방문권이나 혹은 많은 경우 자녀양육비를 지원하는 형태.

두 개의 핵가족체계(Binuclear family system) 두 개의 독립적인 가구를 형성하지만 두 명의 부모가 적극적으로 부모로서 역할을 하는 체계.

별거(Seperation) 이혼과정의 세 번째 과정으로 한 명의 배우자가 집을 나가는 것.

분할양육권(Split custody) 한 명의 부모가 자녀에 대해 법적·신체적 권리를 가지고, 다른 부모가 한 명이나 다른 자녀에 대해 법적·신체적 양육권을 가지는 것.

아동양육권(Child custody) 이혼 이후 설정된 자녀와 각각의 부모와의 관계에 대한 법적인 제한 요소.

이혼(Divorce) 결혼의 법적인 종결.

이혼중재(Divorce mediation) 이혼한 부부들이 법원에 출두하기 전에 과제지향적이고 목적지향적인 태도로 개인적, 경제적, 자녀와 관련된 차이를 최소화하기 위한 건설적인 결정을 하기 위해 설계된 협상과정.

제17장
한부모가구

한부모가구는 점차 보편적인 가족형태가 되고 있다. 한부모가족(single-parent families)이 경험하는 어려움은 종류도 많고 내용도 다양하다. 가족 스트레스 수준이 변화하고 개인 혹은 가족의 정체감을 수정해야 할 뿐만 아니라, 가구를 어떻게 관리할 것인가에 대한 결정을 하는 등 중요 변화과정이 동반된다. 가정관리 방법의 변화나 경제적 자원의 감소, 부모의 고용지위 변화와 가족의 거주지 변화와 같은 것에 가족은 심각하게 영향을 받는다. 가족의 경계와 정서적 환경에서도 추가적인 변화가 일어날 수 있다. 부모역할을 위한 전략, 특히 양육권과 관련된 문제가 수정되어야 한다. 사회적 관계와 지원망(가족, 친구)이 변화되고, 데이트 관계가 시작될 수도 있다. 이러한 스트레스가 여성과 남성에게 다르게 영향을 미치지만, 가족체계에 미치는 영향은 매우 강력할 수 있다. 다양한 요구가 축적되어 체계가 이용 가능한 대처자원보다 요구가 커지면, 위기와 부조화 등의 가족의 취약성이 드러난다. 성공적 적응은 가족이 기존의 전략을 변화시키고, 새로운 사회적 지원망을 확대해 나갈 수 있는 역량에 달려 있다.

한부모가구

현대 가족에서의 구조적 다양성에도 모든 가족은 동일한 기본적 과업에 직면하고 있는 것처럼 사람들은 생각한다. 한부모가구도 예외는 아니다. 가족 주제(family theme)를 만들고, 개인의 정체성을 확립하고, 경계를 유지하며, 가사를 관리하고, 정서적 환경을 규제하며, 가족의 스트레스를 관리하는 데에는 전략과 규칙이 필요하다. 또한 다른 가족체계와 마찬가지로 적응을 위해서는 시간이 필요하다. 한부모 가족이 사용하는 전략은 그들의 독특한 가족구성과 구조와 상황에 의해 영향을 받는다.

그러나 명백하게 한부모 가족체계 역시 일련의 독특한 도전과 상황에 직면해 있다. 이러한 도전에 맞서 적응하기 위한 가족의 능력은 부분적으로는 이들이 직면하게 되는 일상적이거나 특별한 스트레스 수준과 긴장, 그리고 이때 이용 가능한 자원에 달려 있다. 이러한 가족유형이 점차 증가하기 때문에 한부모 가족체계와 이들이 직면하는 독특한 도전을 이해하는 것은 매우 필요한 일이다.

한부모체계 내의 다양성

정의상 모든 한부모가족은 한 명의 부모가 있는 형태이지만, 한부모가족이 되는 원인은 다양하다(Hill, 1986). 한부모체계가 되는 원인은 배우자의 죽음, 이혼, 별거나 유기 등 다양하다. 일부 한부모가구는 한부모가 입양을 한 경우도 있다. 부모 중 한 명이 다른 주에 직업을 가지고 있어 매우 긴 기간 별거상태로 있을 때도 한부모가족이 된다. 한부모가 되는 원인은 가족이 체계의 과업을 수행하는 능력이나 대처전략에 영향을 미치기 때문에 한부모가족이 되는 이러한 다양한 원인에 주목하는 것이 중요하다(Hill, 1986). 예를 들면, 이혼으로 인한 한부모가족에서는 부부의 별거가 체계에 미치는 긴장과 정서적 혼란을 잘 다루어야만 한다. 배우자의 죽음으로 인한 한

부모가족은 비슷한 정서적·체계적 문제에 직면하지만, 이혼의 경우보다는 죽음의 문제를 다루는 데에 사회와 지역사회의 지원을 얻는 것이 더 용이하다. 비슷한 경우로 어린아이가 있는 미망인이 경험하는 사회적 지원은 혼외자녀를 출산한 10대 어머니가 경험하는 것과는 매우 다르다.

군복무를 위해 오랜 기간 파트너가 집을 떠나 있는 한부모체계가 직면하게 되는 독특한 도전도 한번 생각해 보자. 이러한 체계는 체계의 과업을 수행하기 위해 두 가지 전략을 개발하여야 한다. 한 가지는 두 명의 부모가 함께 사는 시기에 적용할 수 있는 것과 또 하나는 한부모만 있을 때 적용할 수 있는 전략이다. 즉, 가사분담이나 자원의 평등한 분배나 권력과 권위 분배 등을 위한 출구전략을 세워야 한다. 이것은 가족체계의 적응성과 유연성에 대한 또 다른 도전이다. 이러한 요구는 가족관계에 긴장을 주며 체계의 대처자원에 과부하를 일으킬 가능성이 높다.

한부모가족은 한부모가 되는 원인뿐만 아니라 구성도 다양하다. 연구자들은 가족구조를 구분할 때 두부모, 한부모, 재혼부모와 같은 단순한 용어를 사용하는 경향이 있다. 그러나 많은 한모, 한부는 동거하는 파트너나 조부모, 다른 친인척 혹은 친인척이 아닌 성인 등 다른 성인과 함께 살고 있기 때문에 단순한 구분은 정확하지 않으며, 오해를 일으킬 소지도 있다(Bumpass & Raley, 1995; Eggebeen, Snyder, & Manning, 1996; Manning & Smock, 1997).

요약하면, 각각의 한부모체계는 원인과 발달적인 역사의 결과다. 각각의 가족은 그들의 일련의 요구와 긴장과 가능한 적응 자원 간의 균형을 잡아야 한다. 이러한 차이는 한부모 가족체계에서 보이는 독특한 상호작용 패턴을 이해하기 위해서 반드시 알아야 하는 내용이다.

한부모 가족체계: 특징과 도전

미국가족 중 한부모가족은 매우 높은 비율을 차지한다. 1970년 전체 미국가구의 5%가 한부모가구였으나 오늘날은 9%가 한부모가구이며, 이 비율은 1994년 이래 지속된다(U.S. Census Bureau, 2007a).

미국 아동 2명 중 한 명은 18세가 되기 이전의 일정기간 한부모가족에서 살게 될 것으로 예측된다(U.S. Census Bureau, 2003c). 한부모가구에서 사는 아이들은 아버지보다는 어머니(84%)와 살 확률이 다섯 배나 높다(U.S. Census Bureau, 2007b). 인종에 따라서도 한부모와 살 가능성은 차이가 난다. 최근 추정치는 백인 아동의 22%, 히스패닉 아동은 32%, 흑인 아동의 65%가 한부모가족이다(U.S. Census Bureau, 2005a). 한부모가구에 사는 이유도 인종에 따라 차이가 나타난다. 예를 들면, 대부분 백인 아동은 부모의 이혼(49%)과 미혼모(31%)가 원인인 반면, 흑인 한모 대부분은 비혼(62%)이며, 20%만이 이혼에 의해 한부모가족이 되었다(U.S. Census Bureau, 2004b).

한부모가 된 원인이 이혼, 별거, 배우자의 사망 혹은 미혼모 등 다양하지만, 현대사회에서 한부모가구는 새로운 가족유형이다. 원인에 상관없이 한부모가 가장인 가구는 가족의 구조나, 가족구성원의 역할과 가족의 기본 과업을 수행하는 방식에서의 변화과정을 거쳐야만 한다. 다음 절에서 한부모가족이 기본적 과업수행 과정에서 직면하게 되는 도전과 독특한 요구를 점검하게 될 것이다. 특히 연구자들에 의해 가장 많은 연구가 이루어진 이혼 이후 형성된 한부모가족에 초점을 맞추게 될 것이다.

한부모체계 내의 기본적 과업 충족을 위한 도전

가족스트레스의 관리

한부모 가족체계가 직면하는 중요한 도전 중 하나는 체계 내에 점차 증가하는 스트레스 수준을 관리하는 것이다. 한부모의 부모역할 수행과정에서 발생되는 요구도 관리해야 하지만 가족의 일상적인 삶에서의 요구 또한 함께 다루어야 한다. 일반적으로 시간이 지남에 따라 스트레스가 축적되어, 체계에서 이용 가능한 대처자원을 초과하는 경향이 있다. 재정, 시간, 에너지와 사회적 지원 등과 같은 대처 전략은 이혼 후에 그리고 한부모체계에서는 제한될 수밖에 없다(Anderson, 2003).

한부모체계의 요구와 대처자원 간의 균형을 유지하는 것은 매우 어려운 일이다. 이러한 요구는 이혼이나 배우자의 죽음 혹은 유기의 결과 핵가족으로부터 한부모가족으로 전이될 때 극대화될 수 있다. 대처를 위해 이전에 가능했던 자원이 이 시기에는 더 이상 가능하지 않을 수도 있다. 예를 들면, 이전에는 어려움이 있을 때 지원이나 지지를 해 주던 배우자가 더 이상 존재하지 않는다. 그 결과, 경제관리나 부모역할과 같은 요구나, 가사 일에서의 요구는 불가피하게 변하게 된다. 비록 모든 가족이 이러한 변화에 부정적으로 영향을 받는 것은 아니지만, 이러한 상황은 체계의 창의성(creativity)과 자원에 문제를 일으킨다. 이런 상황하에서는 체계의 요구 충족을 위해 새로운 전략이 요구된다. 물론 이러한 새로운 요구가 가족을 잠재적인 위기에 놓이게 한다는 것은 명백하다. 스트레스가 감당할 수준을 넘어가면, 대처 전략의 적응성이 떨어지고, 가족체계는 더 많은 스트레스를 받게 된다. 개인과 가족의 역기능 가능성은 더 높아지고, 기본적 과업이나 책임을 수행을 하는 데 비효율적인 대처를 할 가능성 또한 증가한다.

새로운 가족주제와 정체감

앞에서 설명하였듯이 가족주제는 '가족의 실제'에 대한 아주 기본적인 시각을 보여 준다. 이것은 가족구성원이 갖고 있는 가족체계의 중요한 이미지와 정체성을 보여 준다. 이러한 주제에 따른 생활은 가족이 세상 사람들과 어떻게 상호작용하는지, 가족원 서로가 어떻게 상호작용하는지, 그들이 개인으로서 어떻게 발달하는지 등에 영향을 미치기 때문에 다양한 행동패턴의 발달에 필수적이다(Galvin & Brommel, 1991). 가족주제는 가족의 기능화의 모든 부분에 영향을 미친다. 개인의 정체성, 내적·외적 경계 및 자원배분의 우선순위 설정 등이 이러한 주제에 영향을 받는 이슈의 예다. 우리 사회의 다양한 한부모체계는 비규범적이고, 일탈적이고 혹은 역기능적인 것으로 여겨지고 있기 때문에 건설적이고 긍정적인 가족주제로 서서히 발전하거나 변화하는 데에는 어려움이 있다. 예를 들면, 이혼의 결과로 이루어진 한부모체계의 경우 '깨진 가족'으로 여겨지기도 한다. 정치인은 일상적으로 가족을 강화할 필요성을 이야기하곤 하는데, 이 같은 맥락에서 미국 내에서의 한부모 가족체계가 증가하는 것을 가족 악화의 예로 사용하기도 한다. 한부모 가족체계에 투사되는 강력하면서도 부정적인 이미지와 정체성은 한부모체계가 가족주제를 새롭게 만들어 가는 과정에 복잡성을 더한다. 한부모체계는 상당한 정도로 '적개적인 사회적 환경'으로 특징지어지는 상황에서도 긍정적이고 적응적인 주제를 만들어야 하는 어려움을 극복하여야 한다. 한부모체계가 깨진 가족이라는 관점을 수용하면 가족구성원 간의 긍정적인 정체성을 형성하는 과업과 외부세계의 체계와 긍정적인 연결을 촉진할 수 있는 주제를 만드는 데 어려움이 있다.

변화하는 가족의 가구 정비를 위한 과업관리

명백히 한부모가족에서 일어나는 가장 극적인 변화는 물리적 환경의 변화와 관련이 있다. 음식이나 거주지, 교육 등과 같은 가장 기본적인 것들을 제공하기 위한 전략은 가족이 이용 가능한 자원이 줄어들면서 부정적으로 영향을 받을 수 있다. 한부모가족으로의 전이로 가장 영향 받는 자원은 재정, 고용지위, 소득원과 거주지 등이다.

경제 관련 스트레스원　　　한부모가족, 특히 여성의 경우 잠재적으로 해결하기 어려운 긴장원 중의 하나는 한부모의 부모역할을 수행하기 위한 경제적 안전성의 부재다. 예를 들면, 미국에서 자녀가 있는 어머니가 가구주인 한부모가구의 28%가 빈곤가구이다. 게다가 빈곤은 특정집단에서 더 자주 보이는데, 젊고(30세 이하), 흑인이고, 혹은 비혼의 한부모의 빈곤율은 36~40%에 달한다(U.S. Census Bureau, 2007b).
한부모체계가 경험하는 경제적 스트레스에 대한 다른 증거는 이혼율이 여성과 아동의 경제적 복지에 어떻게 영향을 미치는가를 분석한 연구에 잘 나타나 있다. 이혼 이후, 어머니가 가장인 한부모가구의 평균소득은 27% 하락하였으나, 남성은 10% 증가했다는 연구가 있다(Peterson, 1996). 이러한 현상은 남편의 월급이 이혼 전 가족소득 중 가장 큰 비중을 차지하기 때문이다. 특히 어린 자녀가 있는 많은 여성은 자녀를 키우기 위해 직장을 그만두었다. 직장을 2~4년간 휴직한 것 때문에 미래소득의 약 13%가 영구적으로 줄어들게 되었다. 이러한 소득의 감소는 이혼수당, 자녀양육비나 정부지원금과 같은 다른 잠재적인 소득원에 의해 상쇄되지는 않는다. 적어도 초기에는 이와 같은 소득의 급격한 감소가 가족이 가구를 유지하는 능력과 현재의 생활수준에 영향을 미치는 중요 요소다. 적어도 이용 가능한 자원과 현재의 생활수준에 대한 더 현실적인 평가가 이루어지지 전까지는 희생을 해야만 하고, 미래를 위한 장기적인 계획보다는 매일매일의 생존을 위한 대처 전략을 수행해야 한다(Anderson, 2003).

여성가구주의 전반적인 경제적 복지가 상당한 수준으로 감소하는 것은 가족체계의 창의성과 사용할 수 있는 자원에 대한 도전이 된다. 경제적 어려움은 가족체계에 반향되어 가족 삶의 다른 영역에도 영향을 미친다. 더욱이 경제적 곤란은 한모의 직업지위, 가족 소득원과 가족거주지 등의 변화와 같은 다른 경제적 스트레스 상황하에서 일어난다.

직업적 지위의 변화　이혼 전에 가녀를 키우고 가사를 전담하던 일이 주요 역할이었던 여성의 경우는 이혼 후에 뒤따르는 생활수준의 하락이 일터로 나가게 하는 요인이 된다. 일부 가정주부는 이러한 변화에 상대적으로 준비가 부족할 수도 있다. 노동시장에서 요구되는 기술이나 훈련이 부족하고, 직업경력에서의 공백 등이 제한된 노동시장에서 경쟁하는 데 어려움으로 작용된다. 더욱이 이들에게 주어지는 직업은 임금이 낮은 경향이 있다. 일부의 경우 자녀양육 비용이 일을 함으로써 얻는 경제적 이익보다 클 수 있다. 많은 경우 친척이나 친구 혹은 이웃에게 자녀양육을 맡김으로써 비용이 적으면서도 적절한 양육방식을 찾을 수도 있다. 어머니가 직업을 다시 갖는 것이 자녀에게는 두 부모에게서 모두 버림받았다는 느낌을 갖게 할 수도 있다(Hetherington & Kelly, 2002).

한모가 경험하는 경제적 곤궁은 일반적으로 여성의 임금이 남성보다 낮다는 사실 때문에 더 복잡해진다. 남성과 비교하여 여성은 80% 수준의 임금을 받는다(U.S. Bureau of Labor Statistics, 2009). 이는 직업에서의 기술과 경험의 부족, 불규칙한 직업

경력, 제한된 아동양육의 선택 폭과 고용시장에서의 성차별 등이 이유다. 그럼에도 대부분 친모는 복지 지원과 같은 지원망보다는 일을 하는 것을 선호한다(Mednick, 1987). 한모가족에 대한 자료에 의하면 50%가 전일제이며 29%가 파트타임이다(U.S. Census Bureau, 2007b). 그러나 일을 선택하는 것 자체가 자녀의 요구와 일에서의 요구에 대한 균형을 요구하기 때문에 한모의 삶을 더욱 복잡하게 만든다(Jackson, Brooks-Gunn, Huang, & Glassman, 2000).

소득원의 변화   한부모의 부모역할과 관련한 가족소득의 감소는 추가적인 지원이나 지지로 보강될 수도 있다. 비록 대부분 한부모가족의 경우 월급이 주된 소득원이지만, 다른 다양한 지원을 받는다. 일부는 복지, 푸드스탬프(food stamp), 직업훈련을 위한 경제적 지원의 형태로 정부지원을 받을 수 있다. 많은 경우, 아동의 아버지로부터 아동양육비를 받는다. 또 일부는 전 배우자로부터 이혼수당(alimony)을 받는다. 비록 이러한 소득원이 빈곤층으로의 추락과 가구의 적절한 생활수준 유지 사이의 차이를 메워 주는 수단일 수도 있으나, 각각은 잠재적인 문제점이 있다. 예를 들면, 생계를 위한 정부지원에의 의존은 능력감이나 자기효능감보다는 불안전성, 무능력과 의존성 같은 감정을 갖게 할 수 있다. 복지 혜택을 받는 여성 한부모는 이러한 지원을 받지 않는 사람들보다 사회적·정서적 적응력이 떨어지는 것으로 보고되고 있다(Teachman & Paasch, 1994).

자녀양육비를 전 배우자에게 받는 사람들의 문제점도 많이 보고되고 있다. 아동양육에 동의한 한부모의 90%는 여성이다. 이러한 한부모의 46%만이 충분한 양육비를 받으며, 30%는 일부만 받으며, 23%는 전혀 받지 않는다. 또한 평균적으로 충분한 지원을 받는 사람들도 사실은 다른 부모 연소득의 단지 19%만을 받는다. 일부만 받는 경우는 다른 한부모 연소득의 11% 정도다(U.S. Census Bureau, 2007b). 명백히 지원의 양과 지원에 대한 예측 불가능성은 경제적 상황을 불안정하고 불안하게 만든다.

이혼수당(alimony)은 아동양육비와는 명백히 다른 항목이다. 고소득의 배우자가 결혼생활을 끝내면서 소득이 적은 상대에게 제공하는 돈이다. 일반적으로 법원의 명령에 의한다. 약 15%의 여성만이 전 배우자로부터 이혼수당을 받는데, 나이가 많거나 오랜 결혼생활을 했거나 직업경험이 적은 경우에 해당된다(Rowe, 1991). 이런 여성은 또한 어린 자녀를 키울 가능성이 작다. 이혼수당은 대부분 '단기적이며, 재활을 위한' 지급이다. 여성에게 스스로를 돌보는 데 필요한 직업을 찾거나 기술이나 훈련이나 교육 등의 시간을 제공하기 위한 의도로 지급된다. 그러나 대부분 이러한 지급은 너무 단기적이고, 금액도 적어 훈련을 마치고 직업을 찾는 데 필요한 시간이나 비용을 충당하기에는 충분치 않다(Rowe, 1991).

미국의 대부분 주에서는 이혼수당 대신에 재산분할을 강조하는 무결점 이혼법(no-fault divorce laws)을 적용하고 있다. 이러한 경우 이혼 시 전 배우자 간의 재산은 동등하게 분할된다. 이런 법에서는 일반적으로 자녀양육권을 가지며 대부분의 비용을 담당해야 하는 여성에게 특히 불공평할 수 있다. 또한 이혼여성의 50%만이 어느 정도 재산분할을 실제로 받지만, 받는 경우에도 평균치는 매우 적다(Teachman & Paasch, 1994).

마지막으로, 일부 한부모 여성은 정부지원프로그램의 지원을 받는다. 최근 통계에 의하면 31%의 양육 한부모는 메디케이드(Medicaid, 역자 주: 65세 미만의 저소득자, 신체장애자를 위한 의료보조제도), 푸드스탬프, 공공주택이나 집세보조, TANF(Temporary Assistance for Needy Families, 빈곤가족을 위한 일시지원정책) 등의 형태로 정부지원을 받는다.

적은 양의 재산분할이나, 비정기적인 아동양육비 지원, 아주 낮은 비율로 지급되는 이혼수당 및 프로그램이라는 명목하에 제공되는 최소한의 지원은 많은 한부모체계에 깊이 뿌리박힌 경제적 긴장을 완화하기에는 상대적으로 부족하다. 이들 가족은 상당한 정도의 경제적인 불확실성과 모호함을 견뎌 내야만 한다. 결과적으로 상당한 신체적·정서적 에너지를 경제적 과업을 관리하는 데 써야 하기 때문에 가족생활의 다른 면에 쓸 에너지와 시간이 부족하다.

거주지의 변화   한부모는 스스로 거주지를 옮겨야 할 수도 있다. 특히 여성은 한부모로서의 부모역할과 하락하는 경제상황을 관리하기 위해서 경우에 따라서는 집을 팔아야 하고, 덜 비싼 곳을 찾아야 한다. 살던 집을 파는 것은 가족체계의 경제적인 면과 정서적인 면 모두의 재균형화를 요구한다. 경제적 측면에서 보면, 이는 필요한 비용을 조달하기 위하여 가족의 경제적 자원을 재구조화하는 중요한 과정일 수 있다.

집을 파는 것은 정서적이고 상징적인 사건이기도 하다. 덜 비싼 거주지로의 이주는 가족 삶의 질적 변화에 대한 시각적인 상징이다. 이는 또한 과거를 지우고 싶어 하는 감정과 과거의 친밀한 환경에서의 안정성과 안전함을 원하는 감정 간의 갈등을 나타내는 것이기도 하다(Bagarozzi & Anderson, 1989).

자녀 또한 집을 파는 것을 중요한 상실로 인식하는데, 이는 원래의 가족이 끝났다는 것을 상징화하는 것이며 또한 다시 재결합할 수도 있다는 어떤 미련의 환상의 끝을 상징화하는 것이다. 이사 역시 오랜 친구들과 작별한다는 의미이며, 전학을 가고, 새로운 친구를 만들기 위해 노력해야 한다는 의미다.

아버지가 가장인 한부모체계에서의 관리과업

대부분 한부모 가족체계의 가장은 여성이므로 여성 한부모가족에 대한 연구가 주를 이룬다. 앞에서도 지적하였듯이 비록 이러한 가족구조가 점차 증가하고 있다곤 하지만, 이 시점에서 한부가족체계 내에서 경험되는 스트레스원과 긴장에 대해서 알려진 내용은 많지 않다.

초기 연구에서는 한부가구의 구조와 가족구성이 매우 다양하다는 결과를 제시하고 있다. 예를 들면, 57%가 이혼이나 별거에 의해 이루어졌으며, 18%는 비혼이다(U.S. Census Bureau, 2007b). 많은 한부는 동거파트너, 부모 및 확대가족의 구성원들과 함께 살고 있다(Eggebeen et al., 1996). 동거파트너와 사는 한부의 약 50%는 결혼한 경험이 있으며, 이혼 이후 자녀양육권을 가진 경우이며, 나머지 50%는 비혼이다. 동거관계에 있는 한부는 양육권을 가진 다른 아버지와 비교할 때 더 젊고, 교육수준과 소득수준이 더 낮다(Eggebeen et al., 1996).

현재까지 한부가족의 아버지와 관련해 가장 주목을 받은 연구 분야는 이혼 이후 전 배우자와 자녀를 지원하는 것이 아버지의 경제적 지위와 복지에 어떠한 영향을 미쳤는가에 관한 내용이다. 이혼 후의 경제적 안정과 두 가구를 지원하기 위해 요구되는 것은 적어도 이혼 초기에는 아버지의 경제적 자원에 부담을 준다. 자신에게는 더 이상 혜택이 되지 않는 가구를 지원을 해야 한다는 것 자체가 아버지에게는 경제적인 이슈뿐만 아니라 정서적인 문제이기도 하다. 아버지가 별거를 먼저 시도하지 않았을 때, 아버지는 이러한 지원을 제공하는 데 대한 거부감이 더 클 수 있다.

그러나 양육권을 가진 한모와는 달리, 대부분 양육 · 비양육 아버지 모두 일반적으로 이혼 후 생활수준은 그대로 유지되거나 향상된다(Arditti, 1992; Kitson & Morgan, 1990). 대부분(74%) 전일제로 일하며, 일부(18%)만 파트타임 일을 한다(U.S. Census Bureau, 2007b). 일부는 자녀양육비를 거부함으로써 삶의 질을 유지하거나 향상시킨다. 또 일부는 단순히 자녀와 아내에 대한 일차적인 지원을 하지 않기 때문이기도 하다. 지속적으로 자녀양육비를 제공하는 경우에도 그 비용은 아버지의 가용 소득의 매우 적은 비중을 차지한다. 일부 아버지는 실제로 자녀양육비를 조정하여 제공하는 비용의 2배 이상 제공할 수 있는 능력이 있는 것으로 추정되고 있다(Grall, 2006).

일반적으로 전체 소득수준(소득이 많을수록, 더 기꺼이 지불함)과, 자녀와 전 배우자에 대한 애착수준 및 부부가 자녀양육과 관련된 이슈에 대해 동의 정도가 높을 때 아버지는 자녀양육비를 순순히 수용한다(Arditti, 1992). 아버지가 자신의 경제적 자원을 기꺼이 공유하려는 태도는 이전 배우자와의 정서적 관계의 질과 아버지의 자녀양육에의 참여 정도(자신의 경제적인 안정성과 함께)에 달려 있다. 그러나 아버지와 어머니의 경제 상황의 격차는 둘 사이의 갈등을 증폭시킬 수도 있다. 어머니는 아버지가 '추가'로 더 지불할 수 있는 소득이 있어 아이들을 위해 비용을 더 사용해야 함에도 자기 자신을 위해 돈을 더 많이 쓰는 것에 화가 날 수도 있다. 이러한 격차는 별도로 구성된 아버지와 어머니 가구 간의 경계를 재규정하는 데 더 많은 어려움을 준다.

경계과업: 가족구성원의 역할과 책임에 대한 재협상

많은 한부모체계가 이혼이나 별거로 형성되기 때문에 이러한 가족은 몇 가지 독특한 부모역할과 관련된 이슈에 직면한다. 부모와 자녀는 자연스럽게 발생하는 가족관계의 변화에 적응해야만 한다. 이러한 전이에 성공적으로 협상하기 위해서는 부모와 자녀는 새로운 한부모체계 내에서 가족의 역할과 책임을 새롭게 규정해야 한다. 이러한 역할을 재규정하는 것이 부모가 경험하는 일상적인 도전에 새로 추가된다. 이러한 도전 중 가장 핵심은 양육권과 관련된 것으로 이는 자녀와 각각의 부모 간의 역할을 명확히 하는 것이다.

양육권 관련 이슈의 해결   부모가 경험하게 되는 도전 중 하나는 자녀양육권과 공동 부모역할과 관련된 문제를 해결하는 것이다. 이것은 자녀에 대해 누가 우선적인 책임을 갖느냐 하는 것에 대한 결정이다. **공동법적 양육권**(joint legal custody, 부모가 의사결정과 경제적 지원을 공유할 때)이 더욱 일반화되고 있으며, **공동물리적 양육권**(joint physical custody, 거주)은 비록 비율이 낮지만 이 경우에도 누가 자녀에 대해 우선적인 책임을 갖는가를 결정하는 것이 중요하다(Kitson & Morgan, 1990). 이혼 후 자녀가 어머니가 함께 사는 경우가 84%다(U.S. Census Bureau, 2007b).

법적으로 공동법적 양육권을 갖는 경우 한부모가 자녀에 대해 단독으로 물리적 양육권을 갖는 경우와는 명백히 다를 수 있다. 법적인(혹은 물리적인) 양육권을 공유한 경우 두 부모가 멀리 떨어져 살지 않고 같은 지역사회에 살 때 상황은 더욱 복잡해진다(Kelly & Lamb, 2003). 자녀에 대해 두 부모가 공동으로 양육권과 책임을 가지는 두 개의 핵가족으로의 전이는 이혼한 부모에 대한 사회규범이나 전통과 의례 등에서 명시된 것이 없기 때문에 더 많은 도전을 받는다. 마지막으로 이전 배우자들 간에 미해결된 개인적 감정은 부모가 책임을 공유하고 협력적으로 생활하는 것을 방해할 수 있다.

부모역할의 재구성   부모가 부모역할에 대한 과업을 공유하기 위해 함께 노력한다고 할지라도, 이혼은 자율성과 독립성을 향해 움직이며 부부간의 상호의존성은 점차 감소한다. 각각의 부모는 이전에는 전 파트너로부터 가능했던 투입이나 지원 또는 협력이 없어도 자녀와 새로운 개인적 관계를 만들어 가야 한다. 다른 파트너에 의해 한때는 수행되었던 과업을 이제는 한부모가 수행하여야 한다. 예를 들면, 자녀가 방문하면 아버지는 '일상적으로 과거에는 어머니가 주로 하던' 방과 후 활동에 자동

차로 데려다주고 데리고 오거나 숙제를 봐 주는 등의 일을 해야만 한다. 비슷하게, 어머니는 '아버지가 집에 올 때까지' 기다리기보다는 자신의 방법으로 자녀를 훈육하는 방법을 새롭게 생각해야만 한다. 그러므로 최상의 상황에서도 이혼한 부모는 부모로서의 역할과 책임감에 대해 새롭게 규정하도록 노력해야 한다. 가족은 이전에는 부부에 의해 공유되었던 과업이 각각의 부모에 의해 어떻게 독자적으로 수행되어야 하는가에 대해서도 재규정해야 한다.

가족의 정서적 환경의 관리

연구에 의하면 한부모 역할로의 전이가 최상의 방법으로 무리 없이 잘 해결되는 경우는 많지 않다고 한다. 일상적인 가족의 일의 변화나 경제적 변화, 어머니의 직업에서의 요구의 증가 및 전 배우자를 잃은 슬픔이나 박탈감 등의 변화 등 스트레스원이 누적되는 것이 부모의 심리적·신체적 역기능의 위험성을 증가시킨다. 이것은 결국 한부모가 자녀의 증가하는 요구에 효과적으로 대처하지 못하게 하는 원인이 된다. 구체적으로는 이혼하지 않는 성인보다 이혼한 사람에게서 알코올의존, 약물남용, 우울, 심신의 문제나 사고 등이 더 빈번히 나타난다(Amato, 2000; Hetherington & Kelly, 2002).

게다가 이혼 후의 변화에 대처하는 과정에서 부모는 자존감과 자아개념도 변화하여 행복감(euphoria)과 낙천주의의 시기를 보내다가, 분노나 외로움과 우울감이 두드러지게 나타나는 등 정서적인 변화를 보이기도 한다(Hetherington & Kelly, 2002). 많은 양육 어머니는 이 시기에 압도당하는 느낌을 가지게 되고(Anderson, 2003), 이들 중에는 부모역할을 소홀히 하는 것도 일반적이라고 한다. 부모의 관심과 훈육도 비일관적이고 줄어든다고 한다(Amato, 2000; Anderson, 2003).

다시 말해, 요구(일, 비용, 전 배우자와 미해결된 문제, 어린아이와 나이 든 자녀 간의 문제)의 축적이 많으면 많을수록, 양육모의 자원(경제적, 심리적, 확대가족, 사회적 지원)이 제한되면 될수록, 비효율적인 양육전략을 사용할 가능성은 더 커지게 된다. 이러한 관점에서 볼 때 한모가 자신을 가족을 돌보는 일을 위한 단독경영자(solo administrator)

로 자신의 역할을 당연히 생각하는 정도는 매우 중요하다. 즉, 어머니는 한부모가구에서는 두 명의 부모가 있을 때 했던 것처럼 운영될 수는 없다는 것을 받아들여야 한다. 어머니는 다른 사람의 도움이 필요할 때 이들이 자신의 일을 대신 해 주는 것이 아니라 자신이 완전한 결정권과 책임감이 있다는 것을 인식해야 한다(Anderson, 2003). 구조적인 관점에서 볼 때, 어머니가 책임자라는 것에 대한 부모의 위계는 명확히 규정되어야 한다. 다른 사람(예: 베이비시터, 조부모, 나이 많은 자녀)의 도움을 청할 때도 이들에게 책임감은 주지만 절대적인 권력(authority)은 부모가 갖는 것이 중요하다(Haley, 1987; Minuchin, 1974).

어머니가 자신의 능력이 부족하다고 느끼면, 자녀나 친정부모, 자녀의 아버지에게 공동 부모역할을 해 주도록 도움을 요청하게 되는데, 이런 경우 일시적으로는 지원을 제공받을 수 있지만 장기적으로는 이러한 지원이 역기능을 일으키는 갈등이나 삼각화를 유발할 수도 있다(Anderson, 2003; Byng-Hall, 2002). 이런 삼각화 중 하나는 장자(주로 딸)가 **부모역할을 하는 자녀**(parental child)의 역할을 수행하는 것이다. 이러한 요구가 점차 커지면 자녀의 독립성과 능력감이 증가한다는 연구결과도 있다(Amato, 2000).

이러한 것이 문제가 되는 경우도 있다. 부모역할을 하는 자녀가 된 딸에게 권위가 부여되지만, 동생들이 새로 향상된 언니(누나)의 지위를 받아들일 수 없을 때 형제간에 갈등이 생길 수 있다. 어머니는 그 딸을 자신의 막역한 친구로 인식하고, 다른 자녀들의 데이트나 개인 삶의 다른 영역 등 개인적 정보를 딸과 공유하기 시작한다. 이러한 것들이 어머니와 딸 사이의 정서적 유대를 강화하는 데 기여할 수도 있으며, 서로에게 필요하다고 생각하는 정서적인 지원을 하게 될 수도 있다. 그러나 이러한 관계에서 딸은 부모의 역할을 수행해야 하는 책임을 가지고 이러한 역할을 수행하게 되는데, 이러한 역할은 시간이 지나면서 딸의 성장과 발달을 방해한다. 왜냐하면 집에서의 책임 때문에 청소년기의 개인적 발달에 매우 중요한 동료들과의 사회적 관계나 방과 후 활동을 할 수 없게 되기 때문이다(Sabatelli & Anderson, 1991).

어머니는 배우자의 부재로 인한 빈 공간에 친정어머니를 끌어들이기도 한다. 부모의 집 아니면 근처로 이사 가기도 하면서, 딸이 일하러 갈 때나 학교를 다니는 동안 조부모가 손자녀를 대신 돌보기도 한다. 한모가 현재의 상황에 휘둘릴수록 할머니의 어머니로서의 권력은 점차 더 커지게 된다. 자신의 어머니로부터 개별화를 성공적으로 이루지 못하면 조부모가 어머니로서 행동할 가능성은 더욱더 커지게 된다. 한부모로서의 부모역할에 대한 압박을 극복하기 위해서는 추가적인 긴장을 만들지 말고, 점차 증가하는 실패자나 무능력자라는 감정을 극복하고, 한부모로서의 낮은 자존감도 극복하는 것이 필요하다.

또 다른 상황에서 어머니와 자녀, 그리고 자녀의 아버지 간에 삼각화가 발생할 수도 있다. 어머니는 아버지의 개입에 대해 분노하면서도 아버지의 양육비 지급이나 자녀양육 책임 혹은 경우에 따라서는 지속적인 훈육도 기대할 수 있다. 자녀 역시 아버지와 사이가 점차 좋아지면서 어머니의 결정은 힘을 잃게 되기도 한다. 이런 경우 집에서 단독운영자로서의 어머니의 역할이 서서히 붕괴되면서 비효율적이고 비일관적인 부모양육전략을 사용하게 된다.

아버지가 가장인 한부모가구의 정서적 환경관리

어머니와 비교할 때 아버지의 부모역할 경험은 매우 다를 수 있다. 앞에서 설명하였듯이, 아버지가 단독양육권이나 공동양육권을 갖는 경우가 증가하고 있다. 이러한 아버지도 한모가 직면하는 것과 같은 양육 관련 스트레스를 경험하지만, 이러한 스트레스를 극복하는 방법은 차이가 있다. 예를 들면, 아버지도 역시 전 배우자를 대신해 자녀를 돌보기 위해 자신의 부모에게 도움을 청하기도 한다. 그러나 남성은 부모나 여자 친구를 자녀의 관심을 받는 데 경쟁자로 생각하기보다는 자녀 돌봄을 위한 유용한 대안이라고 생각한다(Anderson, 2003).

대부분의 경우 아버지는 양육권을 가지지 않고 어머니가 가진다. 그 결과 남성은 집이나 가족을 잃는다는 느낌을 경험한다. 더욱이 법적인 권리를 잃게 되면서 많은 남성은 자녀에 대한 관리나 감독권을 잃게 된다(Arditti, 1992; Arendell, 1995). 자녀와의 접촉은 법원에서 결정된 면접교섭 스케줄에 따라 제한된다. 면접스케줄이 적절히 이루어지지지 않은 경우(예: 방문이 터무니없는 시간이나 장소에만 허락되는 경우)나 어머니가 이러한 규칙을 잘 지키지 않을 경우 아버지의 절망감과 무기력감은 더 커질 수 있다.

아버지는 가족이 붕괴된 뒤 자녀로부터도 정서적으로 격리되는데, 이러한 접촉과 통제의 상실감은 아버지의 죄의식과 걱정, 우울감과 낮은 자존감으로 이어진다. 많은 연구가 시간이 지남에 따라 아버지의 방문과 자녀와의 접촉은 점차 줄어든다고 한다(Amato, 2000; Arditti, 1992; Kelly, 2003). 물론 그 원인은 다양하다. 이전 배우자와의 미해결된 갈등에서부터 자녀양육을 지속하기 어려운 사정이 있거나 또는 하기 싫어할 수도 있으며, 피상적인 방문경험, 다른 지역으로의 이사, 혹은 재혼이나 새로운 가족을 형성하는 것들이 접촉을 감소하게 만드는 이유다.

예를 들어, 전 배우자와 미해결된 갈등이 있는 경우, 방문스케줄에 대해서 끊임없이 갈등이 생길 수 있다. 아이가 준비를 하고 기다리는데 방문계획을 '잊어버린' 아버지가 오면 어머니는 아버지가 아이에 대해 소홀하다고 불평할 것이다. 반대로 아버지는 일부러 아이를 제시간보다 늦게 데려다준다거나 혹은 어머니가 금지한 활동을 하느라 제시간에 돌려보내지 않을 수도 있다. 이러한 경우 아버지의 자녀방문은 이전 배우자들 간의 미해결된 감정을 자극하여 또 다른 싸움거리로 발전하게 된다.

한부모로의 적응: 사회적 지원망

남성과 여성 모두 이혼으로 사회적 관계는 방해를 받는다. 자신에게 지지적이었던 사회적 관계망의 상실은 이혼 이후나 한부모에게 가장 중요한 스트레스원이다(Anderson, 2003). 반면, 본인의 친구관계나 확대가족과의 관계 및 새로운 데이트 파트너 등과 같은 사회적 관계망은 한부모의 적응에 긍정적으로 영향을 미친다는 일관된 연구결과가 있다(Edin & Lein, 1997; Pledge, 1992). 불행하게도 모든 사회적 관계가 긍정적인 영향을 미치는 것은 아니다. 한부모의 정서적이거나 신체적 요구에 민감하지 못하거나 한부모에게 더 많은 요구를 부과하는 경우는 더 큰 스트레스를 주고 부정적인 영향을 미친다.

원가족

원가족은 특히 여성 한부모의 적응에 가장 중요한 역할을 한다(Kitson & Morgan, 1990). 원가족과의 관계는 가끔 한부모가 되고 나서 변화되기도 한다. 대부분 여성은 가족구성원과의 접촉이 증가했다고 보고한다. 이혼한 여성의 약 25%가 이혼 후 일정기간 부모님 집에서 산다. 그러나 접촉방식은 가족구성원 특히 부모와의 관계의 질에 달려 있다. 부모와 다른 가족원은 정서적으로나 도구적(심부름해 주기, 자녀 돌봐 주기, 정보공유)으로 지원해 줄 수 있지만, 경우에 따라서는 친구나 다른 아는 사람들보다 더 비판적이기도 하다(Hetherington & Kelly, 2002).

배우자의 부모는 전 배우자 편이기 때문에 이혼 후 볼 이유는 별로 없다. 또한 그들은 한부모가 이혼에 책임이 있다는 생각을 하고 있을 수도 있다. 반대로 부모는 자식의 결혼 자체를 지지하지 않았을 수도 있어 그 결혼이 끝났다는 것을 좋아할 수도 있다. 이러한 점은 그들이 보낸 비언어적인 표현에 의해 지지적이거나 혹은 비지지적인 것으로 받아들여질 수 있다. 예를 들면, "내가 처음부터 그 사람이 별로라고 이야기했었지. 그런데 넌 전혀 듣지 않았어." 같은 메시지는 실패와 무능력감을 더 고조시킬 뿐이다. 반면 "우리는 네가 너를 힘들게 했던 관계를 끝낼 용기와 힘을 가져서 정말 기쁘다."와 같은 메시지는 매우 다르게 받아들여질지도 모른다.

원가족으로부터의 개인의 개별화 수준은 새로운 관계의 종류를 결정하는 데 중요한 역할을 한다. 어린아이가 있는 한모는 이혼 후 부모의 집으로 들어가는 경우가 많다. '꽤 충분한' 개별화를 이룬 사람들은 이러한 변화가 다양한 자원을 제공받게 되는 기회가 된다. 한모는 경제적인 지원을 받을 수 있고, 자녀를 돌보는 데도 도움을 받을 수 있으며, 일을 다시 시작한다거나, 여가 활동을 위해 시간을 쓸 수 있으며, 또는 이혼에 대한 감정을 해결하는 데 도움이 되는 지지적인 정서적 환경을 제공받게 된다.

개별화가 성공적으로 이루어지지 않을 경우, 친정에 들어가는 것은 한모가 자신의 부모와 너무 밀착하는 결과를 초래하거나, 자신의 책임감을 떠넘기게 됨에 따라 자신을 '무능한' 역할을 하는 위치에 놓이게 한다. 성공적으로 개별화를 이루지 못한 사람들은 비판을 피하기 위하여 부모를 정서적으로 멀리할 수도 있다. 이렇게 함으로써 자신을 더욱 고립시키고, 정서적이고 실용적 지원을 받을 수 있는 잠재적 자원을 잃게 된다(Anderson, 2003; Bowen, 1978). 즉, 정서적인 긴장을 해소할 수 있는 중요한 수단을 잃는 것이다. 그 결과 한부모체계 내에서의 갈등과 긴장은 확대되며, 한모는 자녀나 전 배우자로부터 정서적 지원을 얻으려고 하게 된다(Bowen, 1978). 이러한 방식으로 어머니는 가족 내에서 자신의 단독경영자로서의 지위를 타협하기도 한다.

남성의 원가족은 여성의 경우와는 약간 다른 역할을 한다. 일반적으로 남자는 자신의 가족과 접촉이 증가하기보다는 전반적으로 감소하는 경향이 있다. 교류가 유지되는 경우에도 정서적으로 소원하고, 자기노출이 적으며, 여성보다는 좀 더 도구적인 경향이 있다. 예를 들면, 아버지는 자녀 돌보는 것에 대한 도움을 주로 받으며, 대신 부모님의 집을 고쳐 주거나, 정원일이나 심부름 같은 것들을 대신 해 주기도 한다. 이러한 행동의 원인은 남성이 객관적(사실에 기반하고, 물리적 환경을 관리함으로써 문제를 해결하는)이고 기능적(다른 사람들에게 도움을 주는)인 인간으로 양육받아 온 전통적인 사회화와 관련이 있다고 한다(Hetherington & Kelly, 2002).

우정

이혼 이후 경험하게 되는 경제적인 문제와 부모역할과 관련된 스트레스 때문에 일부 이혼한 부모는 새로운 친구를 만들려고 하지 않는다. 자신이 수행해야 하는 너무 많은 과업과 책임감에 질리고, 이전 배우자와의 미해결된 감정을 극복하느라 어려움을 겪고 있기 때문이다. 자신의 이전 결혼을 계속 실패라고 생각하면, 새로운 관계를 시작한다는 생각이나 다른 지원을 찾는다는 것이 위험하다고 느끼게 된다(Pledge, 1992). 또한 여가 활동이나 다른 사람을 고용(자녀돌봄이나 가사일)할 경제적 자원이 없을 수도 있다.

어머니가 유지하고 있는 우정은 이전 배우자의 친구라기보다는 일반적으로는 본인의 친구관계다. 새로 알게 된 관계라기보다는 일반적으로 오래 지속된 관계이며,

근처에 살고 있으며, 이들은 가족구성원과는 달리 비판을 하기보다는 정서적으로 지지를 한다. 비판적인 친구들은 가족구성원보다 더 쉽게 관계가 단절된다. 주로 가장 도움이 되는 친구는 이혼의 원인에 대해 이해하고, 조언을 해 주며, 심부름이나 일상의 과업을 도와줄 수 있는 친구들이다(Anderson, 2003).

대부분 여성이 그렇지만, 남자도 이혼 직후 첫해는 친구 수가 줄어든다. 일반적으로 남녀 모두 이혼 후 친구 네트워크가 약 40% 줄어든다고 추정된다. 만나지 않게 되는 친구들은 전 배우자와 가까웠거나 전 배우자의 친구인 경우다. 이혼한 남녀는 자신이 결혼한 친구들과 공유할 수 있는 흥밋거리가 없을 것이라고 생각하기 때문에 부부의 이전 친구들과는 멀어진다. 결혼상태의 친구들도 두 사람 중 누군가의 편이나 중간에 서야만 한다고 느끼기 때문에 이혼한 사람들과는 멀어지기도 한다. 또 일부는 배우자들의 활동에 혼자 참여하면 불편해할 것이라고 생각하기 때문에 그 사람을 모임에서 제외시키기도 한다.

그러나 남녀 간에 유사성도 있지만, 남성의 친구들과의 경험은 여성과는 매우 다르다. 남성은 여성보다 이혼 후 남아 있는 친구들과의 관계 빈도가 줄어든다(Anderson, 2003). 가족과 접촉을 더 많이 하는 여성보다 남성은 사회적 모임이나 조직에 더 많이 참여한다(Colburn, Lin, & Moore, 1992).

남성은 또한 여성보다 친구들로부터 지원을 덜 받는다. 그 이유는 부분적으로는 사회화의 성차 때문이다. 남성은 여성보다 친구들에게 개인적인 일을 잘 드러내지 않기 때문에 친구들의 태도나 의견에 대해 잘 모르는 경우가 많다. 일반적으로 남성은 정서적인 공감대를 잘 형성할 수 있는 언어적인 활동보다는 더 활동적인 방법(즉, 활동을 함께하기)을 통해 상호작용하는 경향이 있다(Meth & Passick, 1990). 연구에 의하면 이혼 이후 가족과 지내던 집을 떠나게 되고 자녀와도 헤어진 상황에서 남성은 외로움, 불안과 우울 등을 경험한다고 한다. 이러한 상황에서 남성이 잠재적으로 지지적인 사람들에게 지원을 요청한다는 것은 어려울 수 있다(Amato, 2000; Emery & Sbarra, 2002; Pledge, 1992).

그러므로 여성은 가족이나 친구들과의 접촉이 증가하는 반면, 남성은 이러한 관계가 전반적으로 감소하는 경향이 있다. 남성이 친구나 가족과 유지하는 관계는 정서적인 지원보다는 자녀돌봄 지원이나 활동을 함께하는 것과 같은 좀 더 실용적인 것에 초점이 맞춰져 있다. 그러나 남성에게 정서적인 지원을 제공하는 것으로 보이는 분야가 데이트 관계다.

데이트 관계

남성은 여성보다 새로운 데이트 관계를 먼저 시작하는 것으로 보인다. 또한 여성이 이혼 후 더 많은 독립성과 자율성을 가지려고 노력하는 반면, 남성은 다른 애정적인 관계를 통해 자신의 정체성을 재규정하는 것으로 보인다(Colburn et al., 1992). 비록 남성이 여성보다 친밀한 사회적 지원체계는 부족하지만, 직장에서 형성된 친분관계를 더 많이 가지고 있다. 이러한 친분관계가 이들에게는 잠재적으로 가능한 데이트 대상자들이 된다. 이 집단은 일반적으로 역할이 과중한 집단도 아니며, 데이트와 관련된 비용도 지불할 수 있는 집단이기도 하다. 이혼한 남성은 나이 든 여성에게나 젊은 여성에게나 모두에게 좋은 결혼상대로 인식되기도 한다. 이들은 더 많은 직업적인 경력이 있을 수도 있고, 경제적인 자원이 더 많을 수도 있으며, 자녀를 온전히 돌보는 것을 포함한 '일괄거래(package deal)'의 대상일 가능성도 적기 때문이다. 그러므로 남성은 그들이 경험하고 있는 변화를 극복하기 위한 시도로 새로운 데이트 파트너를 찾을 뿐만 아니라, 이러한 시도를 지지해 주는 사회적 상황에 의해 이들의 노력은 더욱더 지지받게 된다.

남성과 여성의 사회적 지원망과 사회화의 차이는 남성이 좀 더 일찍 데이트를 하게 하는 데 영향을 미친다. 남성은 자신의 친밀감과 지원에 대한 욕구를 충족하기 위해 여성보다 데이트 파트너에게 기대는 경향이 있다. 그 이유는 남성이 이러한 지원을 구하는 데 필요한 개인적 기술이나 다른 사람들과의 사회적 유대가 부족하기 때문으로 설명할 수 있다. 데이트 파트너와의 정기적인 만남은 남성에게 자신의 감정을 표현하고 개인적으로 상처받은 마음도 표현할 수 있는 안전한 환경을 제공할 것이다. 데이트 관계는 남성에게 성욕을 표현할 기회도 제공한다. 이러한 방법이 남성이 친밀감을 표현하는 널리 퍼져 있는 사회적 규범을 지키는 것이 될 수도 있다.

남성과 여성 간의 이러한 명백한 차이에도, 한부모기로의 전이과정에서 지지적인 사회적 관계를 형성하는 데 옳고 그른 방법은 없다는 것을 아는 것은 중요하다. 그러나 무엇보다 중요한 것은 사회적 과정은 고정된 것이 아니라는 점이다. 관계는 변화한다. 예를 들면, 한부모가 되는 과정에서의 긴장수준이 높을 때, 개인의 안정적인 친구망에 대한 요구는 매우 클 수 있다. 아주 긴밀하게 연결된 친구나 가족과의 관계는 다양한 측면에서 급속하고 많은 극적인 변화를 경험하는 시기에 있는 한부모가구에게 안정감을 제공할 수 있다. 이와 비슷하게 한부도 집을 떠나고 자녀를 떠나보냄으로써 경험하게 되는 많은 불확실성과 상실감을 완화하기 위해 새로운 데이트 파트너에게 많이 의존함으로써 안정감을 찾을 수도 있다.

그러나 안정감, 예측 가능성과 일상적인 삶에 대한 강조는 성장보다는 궁극적으로는 침체에 이르게 한다. 앞에서도 설명하였듯이 한부모의 핵심 과업 중 한 가지는 개인적인 자신감, 자아존중감과 완수감 등을 발달시킬 수 있는 새로운 기회를 가짐으로써 새로운 삶을 만들어 가는 것이다. 결국 궁극적으로 적응은 새롭게 형성된 안정감을 극복하는 것을 통해 가능하며, 이를 통해 다시 앞으로 나아가야 가능하다. 새로운 관계를 만드는 것은 개인적인 변화에 대한 욕구를 충족시켜 줌으로써 개인의 사회적 관계망의 재구조화를 도와준다. 사회적 관계는 체계 내에 새로운 경험과 기회와 정보를 제공해 준다. 이러한 재구조화는 한부모가 얼마나 자발적으로 과거를 내려놓고 미래로 나아가는가를 보여 주는 중요한 척도다.

결 론

남녀 모두 한부모가구로의 전이기간에 스트레스를 경험한다는 것은 명백하다. 이들은 개인적 · 가족적 삶 모두에서 극적인 변화를 경험한다. 또한 이혼 후 남아 있는 미해결된 감정과 갈등 때문에 스트레스를 경험하기도 한다. 게다가 이 시기에 이들은 사회적 지원망이 모두 단절되기도 한다.

그러나 이 과정에서 직면해야만 하는 스트레스원의 종류는 남녀에 따라 차이가 있다. 여성은 이혼과 한부모 역할로 인해 경제적인 복지와 삶의 질에서 극적인 하락을 경험하게 된다. 이러한 변화는 일에서 지위의 변화와 소득원과 거주지의 변화를 포함한 잠재적인 어려움이 예상되는 다양한 스트레스원에 의해 더 심화된다. 여성은 일차적인 양육책임을 맡게 될 가능성이 높기 때문에 역할가중은 더 심화된다.

남성은 경제적인 여건과 부모역할에 대한 책임감이 다르기 때문에 여성과 동일한 수준의 스트레스를 경험하지는 않는다. 남성의 경우 주된 스트레스가 경제적 스트레스이지만, 일반적으로 경제적 스트레스는 단기적이다. 게다가 자녀에 대한 물리적인 양육권이나 공동양육권 혹은 단독양육권을 가진 아버지를 제외하고는 대부분 남성은 여성보다 부모역할에 대한 요구가 적다. 남성의 가장 중요한 스트레스원은 자녀와 살던 집을 떠나는 경험에서 오는 상실감이다. 결국, 남성과 여성은 한부모 역할에 적응하기 위해 사용하는 대처 전략에서 차이가 나타난다. 남성은 이러한 상황을 극복하기 위하여 새로운 데이트 관계를 일찍 시작하고 새로운 애정관계를 시도한다. 여성은 정서적이고 실제적인 지원을 위해 가족이나 친구에게 손을 뻗침으로써 이러한 어려움을 극복한다. 그러나 대처방법에 상관없이 남녀 모두 한부모기로의 전이에 뒤따르는 어려움과 긴장감을 해소하기 위하여 다른 사람과의 지지적인 관계에 크게 의존한다. 이러한 지지적인 관계를 통해 남녀 모두 한부모로서의 자신의 개인적 정체성을 재규정하려는 시도를 하고, 자신과 가족환경을 극복할 수 있는 통제력을 가지게 되며, 과거로 회귀하기보다는 미래를 향해 나아갈 수 있는 동력을 얻을 수 있는 새로운 경험과 기회를 찾게 된다.

주요 개념

공동물리적 양육권(Joint physical custody) 부모가 각자 자신의 거주지에서 자녀에 대한 책임을 공유하는 것. 이 개념은 자녀가 대부분 시간을 한부모와 거주하는 상황에서 경제적인 지원과 부모로서의 의사결정을 공유하는 형태인 공동법적 양육권과 구분하기 위해 사용함.

공동법적 양육권(Joint legal Custody) 자녀에 대한 돌봄이나 잠재적인 의사결정권, 경제적인 지원에 대한 책임을 두 부모가 공유하는 것.

단독경영자(Sole administrator) 역할에 휘둘리기보다는 필요할 때 다른 사람을 돕고 가구를 운영하기 위한 전적인 책임감과 권한을 갖는 것을 포함한 한부모에게 부여된 역할.

부모역할을 하는 자녀(Parental child) 한부모 가족체계에서 다른 자녀(혹은 부모)에 대한 책임을 지도록 요구된 자녀(일반적으로 딸이나 장자)에게 부과된 역할.

이혼수당(Alimony) 결혼이 종결된 후 고소득의 배우자가 저소득의 배우자에게 제공하는 돈.

제18장
재혼과 계부모관계

재혼가족은 전통적인 핵가족과는 매우 다른 독특한 구조다. 예를 들면, 부모 하위체계는 새로운 결혼 하위체계보다 먼저 형성되었으며, 자녀 대부분도 다른 곳에 친부모가 살고 있다. 이러한 가족의 다양성 때문에 재혼가족은 가족의 기본적 과업을 수행하는 데 매우 다른 전략을 발전시켜야 한다.

재혼가족은 시간이 지남에 따라 네 단계를 거치게 된다. 첫 번째는 구애와 재혼을 준비하는 단계로 자녀와 부부에게 앞으로 일어나게 될 변화에 적응할 기회를 제공하는 시기다. 다음 단계는 초기 재혼단계로, 정체성 과업이 이루어져야 하는 단계다. 중간 재혼단계는 가족의 경계를 재구조화하는 것을 포함한다. 그리고 마지막 후기 재혼단계는 가족구성원 간의 정서적 애착 강화가 강조되는 시기다.

재혼가족의 발달 모델은 대상 가족의 적응을 점검할 수 있는 일련의 이상적인 가이드라인을 제공한다. 모든 가족이 똑같이 잘 적응하지는 않지만, 특히 일부 가족은 문제 있는 상호작용 패턴 때문에 최상의 발달이 제한되어 어려움에 처하게 된다.

재혼과 계부모역할

　　이러한 사실을 한번 검토해 보자. 미국에서 결혼한 사람 중 약 절반이 파트너 중 한 명이나 아니면 둘 다 재혼하는 것으로 추정된다(Coleman, Ganong, & Fine, 2000). 이들 중 2/3은 이전관계에서 자녀가 있어 재혼가족을 형성하게 된다. 미국인의 반 이상이 삶의 어느 한 순간에는 재혼가족의 일부다(Visher, Visher, & Pasley, 2003). 자녀들 중 1/3은 18세가 되기 전 적어도 1년은 재혼가족에서 산다고 여겨진다(Field, 2001).

　　재혼은 이전 결혼이 끝나자마자 곧 이루어지는 경향이 있지만(U.S. Census Bureau, 2005b), 이혼 후 1년 이내에 재혼하는 사람의 비율은 약 30%다. 일반적으로 남성이 여성보다 재혼율이 높다. 그러나 흑인과 히스패닉 남성은 백인 남성보다 재혼율이 낮다. 이혼한 여성은 나이가 들수록 재혼가능성이 감소한다. 이혼 당시 연령이 25세 이하인 여성에게서 재혼이 많이 이루어진다(Bramlett & Mosher, 2002). 교육수준이 높거나 직업이 있는 여성의 재혼율은 낮다(Coleman et al., 2000). 그리고 재혼의 이혼율은 첫 번째 결혼보다 높아서, 재혼커플의 이혼율은 약 60%에 달한다(Bramlet & Mosher, 2002). 그 결과 이러한 삶의 상황에 직면한 자녀는 더 많은 가족의 전이를 거치게 된다고 예측된다.

　　재혼가족은 하나의 단일하고 명확히 규정되는 실체는 아니다. 실제로 재혼가족의 구조와 구성은 매우 다양하다. 가장 일반적인 재혼가족 구조는 어머니와 이전관계에서 그녀의 자녀와 계부로 이루어지는 구성이다. 이러한 구조가 일반적인 이유는 의심할 여지없이 여성이 남성보다 이전 결혼에서 자녀에 대한 물리적 양육권을 더 가진다는 사실에 기인한다(U.S. Census Bureau, 2005). 새어머니와 이전 결혼에서 자녀를 데리고 온 아버지, 그리고 재혼가족에서 태어난 자녀가 있는 재혼가족은 더 복잡한 가구구조다.

　　그러나 재혼율은 나이 든 성인들을 제외하고는 현재 감소하고 있는데, 그 이유는 더 많은 성인이 동거관계에 자녀를 데리고 들어오기 때문이다(Coleman et al., 2000). 실제로 동거하는 커플은 재혼커플보다(48% 대 37%) 자신의 새 가구에 자녀를 데리고 오는 경향이 더 높다. 자녀가 있는 이러한 동거커플 중 일부는 이후에 궁극적으로는 재혼을 하지만, 또 일부는 동거상태로 함께 살아가기도 한다(Coleman et al., 2000). 자녀와 함께 동거관계에 지속적으로 있는 가구에 대해서는 알려진 바가 별로 없다. 우리가 연구를 통해 아는 대부분의 정보는 재혼가족에 관한 것이다.

이런 자료는 재혼가족 삶의 상당히 많은 부분이 어떻게 현재 우리 사회의 문화적 특성이 되었는가 하는 것을 잘 보여 준다. 또한 많은 어린 아동이 양육되는 환경이 얼마나 이전 세대의 환경과 차이가 있는지도 극적으로 보여 준다. 두 명의 파트너 모두 이전 결혼에서 자녀를 데리고 오지 않을 경우 이들 가족환경은 첫 번째 결혼과 매우 유사하며 많은 일반적인 규범이 그대로 적용된다. 그러나 많은 이론가, 임상가와 연구자들은 자녀가 있는 재혼가족이 전통적인 핵가족과는 매우 다르다고 주장한다(Coleman et al., 2000; McGoldrick & Carter, 2005; Visher et al., 2003). 따라서 전통적 핵가족의 가치를 적용하여 재혼가족을 이해하려는 것은 복잡하고 다양한 체계의 특성을 무시하는 것이라고 비판한다. 본 장 전체를 통해서 앞으로 설명하겠지만, 이러한 차이는 전통적 핵가족이 생각할 수도 없는 많은 스트레스에서 기인한다.

재혼가족의 독특한 특성

전통적인 핵가족과 재혼가족이 차이가 나는 이유를 이해하는 것은 매우 중요하다. 비셔와 비셔(Visher & Visher, 1996)는 다음과 같은 이유 때문에 핵가족과 재혼가족이 구조적으로 차이가 있다고 설명하였다.

1. 모든 재혼가족은 중요한 상실을 경험하고 있다. 상실은 부모의 이혼이나 죽음, 한 부모가족 구조의 상실, 거주지, 소득 그리고 사회적 친구 네트워크의 변화 및 조부모와 관계에서의 변화 등이다. 비록 핵가족도 발달과정에서 지속적으로 상실을 경험하지만, 핵가족은 재혼가족에서처럼 다양하고 반복되는 상실감이 일어나지는 않는다.
2. 모든 가족구성원은 역사를 가지고 관계에 들어온다. 첫 번째 결혼에서도 부부는 각

자 자신의 원가족에서의 다른 기대와 경험을 가지고 함께 시작한다. 이들은 자신의 핵가족을 잘 꾸리기 위한 일련의 규칙과 전략을 점차 만들어 나간다. 시간이 흐르면서 자녀도 늘어난다. 재혼에서는 부부와 자녀가 갑자기 함께 살게 되면서 모든 규칙, 전략, 전통 및 어떤 일을 하는 데 선호되는 방식을 재구조화해야 한다. 차이를 협상하는 데 사용하는 전략도 새롭게 만들어 가야 한다.

3. 부모-자녀의 유대가 새로운 부부관계보다 먼저 형성되었다.   부모-자녀의 생물학적 유대가 결혼관계보다 먼저 형성되었다는 것은, 부부가 자녀가 생기기 전에 점진적으로 부부의 하위체계를 명확히 하고 친밀감을 발달시킬 시간이 없다는 의미다. 더욱이 대부분 재혼체계에서는 부모-자녀유대가 재혼보다 시기적으로 먼저 일어났을 뿐만 아니라 적어도 초기에는 결혼관계보다 더 핵심적인 관계라는 것이다. 이러한 중요한 차이를 인식하지 못하면 배우자의 관심을 얻기 위해서 마치 그 관계가 동일한 수준인 것처럼 계자녀와 계부모가 경쟁을 할 수도 있다 (McGoldrick & Carter, 2005).

4. 친부모가 어딘가에는 존재한다.   재혼가족에는 또 다른 부모가 어딘가에는 있다. 비록 한 부모가 죽은 경우에도 그 부모의 영향력은 남아 있을 것이다. 기억은 남아 있고 영향력은 현재의 행동에 나타나게 된다. 부모가 다른 곳에 사는 경우, 자녀를 어떻게 돌볼 것인가에 대한 전략이 필요하다. 더욱이 계부모와 친밀한 관계를 발달하게 되는 것이 다른 생물학적인 부모나, 자녀 혹은 둘 다에게는 친부모에 대한 불충으로 감지될 수도 있다. 그 결과, 계부모와 계자녀 간의 관계가 잘 이루어지지 않아 갈등이나 스트레스로 이어지게 된다.

5. 자녀가 두 가구의 구성원일 경우가 많다.   자녀가 두 개의 별도 가구에서 시간을 보낼 때, 일반적으로 두 개의 질적으로 다르고 비교되는 가족환경에 노출된다. 자녀는 두 개의 별개의 규칙체계하에 놓여 있다는 것을 배워야만 한다. 성인이 서로 협력적으로 자녀를 돌본다면, 자녀가 두 가구에 들고 나는 것을 쉽게 할 수

있다. 그러나 두 명의 친부모 관계가 갈등적이거나, 불안정과 경쟁의 관계라면 자녀는 다시 한 번 충성심 갈등을 겪는 두 개의 전쟁 같은 현장을 경험하게 될 것이다.

6. 계부모는 법적 권리가 적다.   미국의 주법은 계자녀와 사는 계부모의 역할에 대해서는 별로 신경을 쓰지 않는다(Mason, Harrison-Jay, Svare, & Wolfinger, 2002). 이러한 점 때문에 계부모는 유아원이나, 학교 혹은 계자녀 삶의 중요한 영역 등에서 법적인 혹은 의사결정과정에서 혼란을 경험하거나 난처한 상황에 직면하게 된다. 계부모와 계자녀가 오랜 기간 지속적으로 정서적인 애착을 형성해 온 계부모가족의 경우에 이러한 법적 제한은 특히 문제가 된다(Visher et al., 2003). 재혼부모의 법적 권리가 부족하다는 것은 철린(Cherlin, 1978)이 말한 것처럼 재혼가족이 '불안전한 제도(incomplete institution)'라는 의미이며, 재혼가족에게는 규범이나 제도적인 지원이 부족하다는 의미이기도 하다.

이러한 차이는 재혼가족 내에 존재하는 경계모호성에 의해 더욱 심화된다. 재혼가족은 가족 단위로 명백히 규정되는 경계를 지닌 핵가족과 동일한 방식으로 작동되지는 않는다. 대신 재혼가구 간(즉, 생물학적 부모, 계부모, 형제자매, 계형제자매)에 상호작용을 허용할 수 있는 더 침투성이 있는 경계와 상위가족체계(metafamily system)가 요구된다. 상위가족체계는 생물학적 부모의 다른 가구(아마도 다른 계부모, 형제자매와 의붓형제자매)와 생물학적인 친척(즉, 조부모, 고모, 삼촌, 사촌들)과 의붓친척들(즉, 조부모, 고모, 삼촌, 사촌들)을 포함한다(Sager, Walker, Brown, Crohn, & Rodstein, 1981).

게다가 가족성원의 정서적 복지에 대해 여성의 책임을 강조하는 전통적인 젠더패턴은 재혼가족체계에 스트레스를 증가시킨다(McGoldrick & Carter, 2005). 이러한 전통적인 가정은 계자녀(특히 의붓딸)와 계모, 그리고 새 아내와 전 아내 간의 갈등과 반목을 야기시킨다. 재혼가족에서의 성공적인 기능화를 위해서는 부모역할을 할 때 전통적인 성역할 사회화보다는 친부모의 자기 자녀에 대한 역할을 더 우선시하여 부모역할을 하는 것이 필요하다. 이것은 각각의 배우자가 자신의 전 배우자와 협력하여 친자녀를 훈육하고 키우는 데 공동의 부모역할을 하고 일차적인 책임을 져야 한다는 의미다(McGoldrick & Carter, 2005).

이러한 결론은 재혼가족에 대한 연구에서 가장 자주 지적되는 문제 중 하나가 계부모와 계자녀 간의 관계라는 결과를 통해서도 지지된다(Bray & Kelly, 1998; Coleman et al., 2000). 특히 계모-의붓딸 사이에서 이러한 문제가 더 많이 나타난다(Coleman & Ganong, 1990). 또한 계부모-계자녀관계에서의 문제는 재혼한 부부간의 결혼만족도 수준에도 영향을 미치는 가장 중요한 요소이기도 하다(Coleman et al., 2000; Shriner, 2009; Visher et al., 2003). 재혼부부가 보고하는 결혼의 어려움의 대부분은 계부모와 계자녀 간의 긴장과 관련된 것들이다(Bray & Kelly, 1998; Coleman et al., 2000).

재혼가족 내의 차이

재혼가족체계 내에 존재하는 다양성 때문에 전통적 핵가족과 재혼가족 간의 많은 차이를 설명하는 것은 쉽지 않다. 그렇기 때문에 재혼가족에 대한 연구에서는 모든 재혼가족이 같다고 가정하는 것에 대해 비판을 해 오고 있다. 그러나 이러한 가족이 어떤 다양한 가족구조를 이루게 되는가에 대해서는 많은 관심을 기울이지 않았다. 이들 가족 일부는 두 개의 핵가족으로 구성되는데, 이는 자녀가 두 개의 핵가족에서 생활하며 친부모가 공동양육권을 가지고 있는 경우다. 또 다른 가족은 한 명의 친부모가 없고 자녀의 양육에도 참여하지 않는 경우다. 일부 가족은 이전 결혼에서 한 배우자가 자녀를 데리고 오며, 또 어떤 가구는 배우자 모두 전 결혼에서 태어난 자녀를 데리고 온다. 일부 가구는 모든 자녀가 재혼 전에 태어난 경우다. 또 일부 자녀는 재혼 전에 태어나고 일부 자녀는 부부가 재혼 후에 태어난 경우도 있다.

재혼가족이 직면한 문제는 개별 가족구성원의 발달단계에 따라 달라질 수 있다. 예를 들면, 재혼 시 어린 자녀는 계부모를 부모로서 더 쉽게 받아들인다(Coleman et al., 2000; Marsiglio, 2004). 성인자녀는 자신의 친부모와 오랜 기간 서로 공유한 역사가 있기 때문에 계부모를 부모로 결코 받아들이지 않기도 한다. 재혼가족이 더 많은 응집성과 친밀감을 형성하기 위해 노력하며 나아갈 때, 청소년은 친구들에게 관심을 집중하거나 가족의 궤도를 벗어나기도 한다.

배우자 역시 다른 발달단계를 경험하기도 한다. 일반적으로 남성이 자신보다 더 젊은 여성과 결혼하는 경향 때문에, 여성은 자녀출산을 원하는 단계이지만 남성은 이미 이러한 발달단계를 벗어나 다른 자녀를 또다시 키우고 싶지 않은 상황에 직면할 수도 있다. 일반적으로 남편과 아내 간의 가족생활주기의 차이가 크면 클수록 새로운 가족체계로의 전이를 관리하는 데 더 많은 어려움을 겪게 된다(McGoldrick & Carter, 2005).

재혼가족체계의 발달

이 책 전반에 걸쳐 논의하였듯이, 일반적으로 가족은 가족생활주기의 변화나 전이 혹은 다양한 스트레스원을 만나면 이에 적응하기 위해서 끊임없이 변화한다. 각각의 단계나 전이를 극복하기 위한 현재의 가족 전략은 어느 정도는 이전 전이기나 단계에서 선택되었던 것들이다. 이러한 관점에서 볼 때 각각의 가족은 그 안에서 독특한 정체성과 대처양식이나 구조를 발달시켜 상호작용 패턴을 유지한다. 그러나 경우에 따라서는 가족의 구조나 독특한 상호작용 스타일을 더 많이 변경해야 하는 변화가 일어나기도 한다. 이러한 변화 중 하나는 두 가족체계가 재혼을 통해 합해지는 경우다. 두 가족의 합병은 가족이 그들의 기본적인 과업을 수행하는 방식을 극적으로 변화시킨다. 가족의 정체성, 경계, 가정관리, 정서적인 환경, 스트레스 수준 등 이들 모두는 새롭게 재규정되어야 하는데, 그 과정에서 각각의 가족체계와 가족구성원은 과거와도 연결되고 어느 정도 안정감도 유지하는 것을 허용하면서 재규정화가 이루어져야 한다.

재혼가족이 직면하게 되는 독특하고 다양한 일련의 요구를 잘 이해하기 위한 노력의 일환으로 임상가와 이론가는 뚜렷이 구분되는 발달모델을 설정하였다. 이 모델은 재혼가족체계를 형성해 가는 각각의 단계에서 가족의 경험을 설명하기 위한 것이다. 일반적으로 이러한 모델은 각각의 단계에서 가족의 적응을 비교할 수 있는 이상적인 가이드라인을 제공한다. 이 모델은 재혼가족체계를 특징짓는 상당한 수준의 다양성을 설명하기에 충분히 유연하다. 이 모델 역시 전통적인 핵가족과 재혼가족 간의 차이를 설명한다. 이 모델에서는 이러한 대안적인 발달 궤적을 지나면서 어떤 가족이 어떻게 하면 성공적으로 진행할지 혹은 아닐지를 점검할 수 있도록 돕는다. 따라서 본 장에서는 이 모델을 자세히 설명하고자 한다.

구애와 재혼을 위한 준비

재혼가족으로의 전이는 두 성인이 실제로 결혼하기 전에 시작된다. 구애와 재혼을 위한 준비(Courtship and Preparation for Remarriage) 단계 동안 몇 가지 이슈가 다루어진다면 재혼과 재혼가족(부부와 자녀)으로의 이후의 적응은 매우 촉진될 수 있다. 이러한 이슈는 지속적으로 이전 결혼을 해소하기, 한부모가구 구조로의 점진적인 변화 및 재혼가족구조에 대한 예상 등이다.

이전 결혼의 해소   본 장의 앞에서도 설명하였듯이, 이혼에 대한 개인적 감정을 해결하고, 전 배우자와 효과적인 공동 부모역할을 위한 관계를 잘 설정하는 것은 이후 가족주기와 전이기의 적응을 상당히 촉진할 수 있다. 그러나 첫 번째 결혼으로부터 새로운 결혼생활에 가져오는 것이 부부간의 '미해결된 문제'만 있는 것은 아니다. 각각 가족구성원의 중요한 개인적 관계(부모, 형제자매, 이전 배우자)와 미해결된 모든 총체적인 문제가 새로운 관계를 정서적으로 민감하게 만든다. 이러한 갈등이 심각할 때 사람들은 한두 가지 방식으로 반응하는 경향이 있다. 한 가지 방법은 자신이 더 이상 상처를 받아 어려움에 처하는 것을 두려워하기 때문에 자기방어적으로 차단하는 방식(즉, 친밀감에 대해 벽을 만든다)을 선택한다. 다른 방법은 새로운 파트너가 문제를 쉽게 해 준다거나 과거의 아픔을 지원하거나 보상해 줄 거라고 생각하는 등 매우 높은 이상적 기준을 설정하는 것이다. 한 배우자나 둘 다가 새로운 배우자들이 자신의 지난 아픔을 치유해 줄 것이라고 기대하는 정도는 새로운 관계에서 지나친 부담으로 작용한다. 반면, 각각의 파트너가 과거의 의미 있는 타자들과 개인적 문제를 함께 성공적으로 해결한 경우에는, 새로운 관계에서 자신의 관계를 다시 새롭게 시작할 수 있다(Golish, 2003; McGoldrick & Carter, 2005).

한부모가족 구조로의 점진적인 변화　한부모체계에서의 역할과중과 긴장에도 불구하고, 체계 내에서 만들어진 안정된 상호작용 패턴은 쉽게 변화되지 않는다. 예를 들면, 많은 한부모는 자녀와 친밀하고 지지적인 관계뿐만 아니라 개인적으로 높은 독립성을 발전시켜 나간다(Afifi, 2003). 비록 새로운 구애관계가 성인의 친밀감, 동료애 및 안정감에 대한 가능성을 높여 줄 수 있으나, 한부모기 초기 동안 만들어 온 변화된 관계를 다시 변화시켜야 하는 위험으로 작용하기도 한다. 결과적으로 구애기는 한부모 가족체계를 재혼가족체계로 점진적으로 변화시키면서 적응할 시간을 제공해 준다. 점진적인 변화가 일어나는 이 시기 동안 한부모와 자녀는 안정감을 얻고 앞으로의 일에 대한 예측 가능성을 얻게 된다. 일상적인 가사를 처리하는 방식이나 재정계획 및 의사결정 전략 등을 변화시키는 데는 시간이 필요하다. 이 시기는 또한 새로운 계부모와 계자녀에게 일상적인 삶을 함께함으로써 생기는 우정을 부담감 없이 발달시킬 수 있는 기회를 제공하기도 한다. 가족구성원에게 충성심을 요구하지 않는 즐거운 활동은 응집성과 일체감을 얻게 해 준다(Adler-Baeder & Higginbotham, 2004; Bray & Kelly, 1998; Hetherington & Kelly, 2002).

재혼에 대한 예상　커플이 더 친밀해지고 재혼을 생각하기 시작하면서, 새로운 다양한 이슈가 드러난다. 이러한 이슈는 개인의 정체감의 변화나 재혼이 이전 배우자와의 경제적 이슈나 자녀양육 방식에 미치는 영향, 재혼에 대한 이전 배우자의 반응, 자녀에 대한 새로운 파트너의 역할, 재혼에 대한 자녀의 반응, 이전 경험을 통해 형성된 새로운 결혼에 대한 각각 배우자들의 기대 등이다. 파트너가 재정문제나 가사에 대한 규칙, 자녀양육에 대한 가치, 양육권에 대한 결정 및 자녀의 방문계획 등과 같은 다양한 이슈에 대한 각자의 기대를 잘 해결하려고 노력을 많이 하면 할수록, 이후 단계는 더 순조롭고 성공적으로 진행될 가능성이 커진다(Coleman, Fine, Ganong, Downs, & Pauk, 2001; Visher & Visher, 1996). 이러한 이슈가 잘 논의되지 않는다는 것은 파트너들이 첫 번째 결혼과 재혼가족의 구조적 차이에 대해 명확하게 이해하지 못하고 있다는 의미이며, 또한 재혼가족에서 직면하게 될 복잡한 정서적 이슈를 잘 모르고 있다는 의미이기도 하다.

초기 재혼단계: 중요한 정체성 과업을 규정하기

페이퍼나우(Papernow, 1993)가 지적하였듯이 재혼가족에서 계부모는 이방인 (outsider)으로 생활을 시작하게 된다. 이는 계부모가 매우 오랫동안 만들어져 온 공유된 역사와 선호되는 관계방식으로 이루어진 생물학적인 하위체계로 새롭게 들어오기 때문이다. 이러한 생물학적인 하위체계는 전 배우자의 생존 여부에는 상관없이 전 배우자와 자녀와의 친밀한 유대를 포함한다. 재혼부부는 결속이 약한 부부 하위체계라는 점, 부모와 자녀 간에 지나친 결합이 이미 이루어져있다는 점, 그리고 가족에 타인들(친부모)이 빈번하게 개입할 가능성이 있는 약한 외적 경계를 가졌다는 점 때문에 구조적 관점에서 볼 때 병리적이라고 인식되는 경향이 있다. 그러나 이러한 가족구조는 정상적인 재혼가족 발달의 시작점이다.

초기 재혼(early remarriage)단계 동안 이 가족체계는 일차적으로는 생물학적인 라인으로 나뉘는 것이 일반적이다. 연구에 의하면 이 시기는 대부분 가족에서 평균 1~2년 동안 지속되는데, 불안정하고 무질서할 수 있다고 한다(Hetherington & Kelly, 2002). 이 시기 동안 완수해야만 하는 중요한 과업은 재혼가족으로서의 정체성을 확립하는 것이다.

재혼가족에 대한 매우 명확한 문화적 규범이 부족한 상황에서 가족정체감을 명확히 규정해 나가야 한다는 것은 스트레스를 유발하는 일이다(Visher et al., 2003). 실제로 우리 사회는 이러한 가족을 어떻게 부를까를 아직 결정하지 못했다. 다양한 개념이 제안되었는데 '혼합가족(blended family)' '복합가족(stepfamily)' '재혼가족(remarried family)' '재구성가족(reconstituted family)' 등이 제안되었다. 재혼가족(remarried family)은 한 명이나 혹은 두 파트너 모두 한 번은 결혼한 적이 있을 때 사용한다. 한 명이나 혹은 두 명 모두 자녀들을 새로운 가족구조에 데리고 들어오는 가족을 친부모와 계부모가 함께 존재한다는 것을 강조하기 위해서 **복합가족**(stepfamily)으로 명명하기도 한다(역주: 이 책에서는 이러한 가족을 모두 재혼가족으로 번역함).

가족의 정의를 더 어렵게 하는 이유는 다른 가족구성원이 재혼가족으로 가지고 오는 기대나 환상, 이미지, 신화 때문이다. 예를 들면, 핵가족은 이상적인 가족구성으로 여전히 인식되기 때문에, 많은 성인은 새로운 가족이 이전 가족을 대체할 수 있을 것으로 지속적으로 생각하며, 그 결과 핵가족을 재구조화한다는 신화가 계속 지속된다(Visher er al., 2003).

또 다른 신화는 즉각적 사랑(instant love)에 대한 신화다. 이러한 신화는 새로운 관계가 발달하는 데는 시간이 필요하다는 것을 간과한다. 자녀에게 계부모를 사랑하라고 요구할 수는 없다. 갑자기 그들과 함께 사는 사람이기 때문에 돌봄을 기대하는 것은 쉽게 실망감, 불안감과 분노를 야기할 수 있다. 계부모와 계자녀 간의 긍정적인 관계로의 발달을 위한 첫 번째 과정은 계부모를 친부모로 대체하려는 것을 피하는 것이다. 성인이 자녀의 속도에 맞게 관계발달이 이루어지도록 할 때, 특히 자녀가 어린 경우 상호보호적인 우정이나 사랑이 가능하다(Visher et al., 2003).

세 번째 보편적인 신화는 사악한 계모에 관한 것이다. 『백설공주』나 『신데렐라』와 같은 동화는 어린 시기 아동에게 계모와 사는 삶이 잠재적인 위험이 있다는 정보를 준다. 계모 역시 자신의 발달과정에서 이러한 문화적 스테레오타입을 알고 있었으므로, 그 결과 계자녀와의 관계에 대해서 이러한 걱정을 하게 될 수도 있다. 이들은 완벽한 부모가 되기 위해 매우 열심히 노력할 것이다. 이러한 비현실적인 높은 기대는 좌절감을 가져오게 되고 그 결과 그들이 피하려고 노력했던, 바로 그 신화를 영속시키는 결과를 낳게 된다(Claxton-Oldfield, 2000; Visher et al., 2003).

가족구성원도 다양한 환상을 가지고 재혼가족에 들어온다(Papernow, 1993). 어떤 사람은 '박탈된 과거로부터 자녀를 구원한다.'거나 '깨진 가족을 회복한다.'는 환상을 가지고 새로운 가족에 들어올 수도 있다. 친부모는 새 배우자(계부모)가 '내 아이를 예뻐할 것'이라고 기대할 수도 있다. 계부모는 계자녀가 '나를 두 팔 벌려 환영할 것'이라고 기대할 수도 있다. 힘들었던 한부모는 '마침내 내 짐을 함께 나눌 사람을 찾았다.'는 환상을 가지고 재혼할 수도 있다. 그녀의 새 남편은 '내가 찾아왔던 친밀하고 관심을 가져주는 관계를 이제는 가질 수 있다.'고 기대할 수도 있다. 반면 자녀는 '나는 정말 우리 부모가 재결합했으면 좋겠어.' 혹은 '내가 이 남자를 그냥 무시하면, 그냥 가 버릴 거야.'라는 매우 다른 환상을 가질 수 있다(Papernow, 1993).

이러한 신화와 환상은 초기 재혼가족 발달시기에 매우 자연스러운 현상이다. 그러나 이러한 상황이 현실과 다르다는 것을 직면하면 자칫 이러한 신화와 환상은 긴장원이 될 수 있다. 계부모는 파트너의 관심이 부부관계보다는 자녀에게 집중되어 있는 것을 보면서 자신이 이방인이라고 느끼게 된다. 계부모는 계자녀가 자신을 무시하거나 거부한다고 생각한다. 계자녀는 같이 살지 않는 친부모에게 충성심을 계속 가질 수도 있다. 이들은 계부모를 '다른 부모를 다시 돌아오지 못하게 하는 원인'으로 인식하기도 한다. 이 시기 동안 계부모가 자녀와 잘 지내지 못하는 것에 대해 친부모는 계부모가 '가족의 일부가 되려는 욕구의 부족'이나 혹은 '부모역할의 어려움을 나누길 거부하는 것'으로 해석할 수도 있다. 계부모는 파트너에 대해 결혼생활에 적극적이지 않고 소원하다고 느낄 수도 있다. 이러한 반응은 또다시 문제 있는 결혼생활을 하게 되어 다시 실패할지 모른다는 두려움을 가지게 할 수 있다(Papernow, 1993).

재혼가족 내에서 경험되는 혼란이 전체 확대가족체계에도 영향을 미친다는 사실을 강조하는 것이 중요하다(Papernow, 1993). 예를 들면, 시어머니와 며느리의 관계가 어떻게 될 것이라고 생각하는가? 시어머니가 새로운 재혼가족에서 환영받을 수 있을지 그리고 손자녀와의 관계가 지속될 것인가? 일반적으로 연구에 의하면 이혼이나 재혼 후 친조부모는 외조부모보다 손자녀와 규칙적인 접촉이나 만남이 감소한다(Dunn, 2002). 또한 계자녀는 그들의 계조부모에게 어떻게 받아들여질 것인가?

이 초기 단계를 성공적으로 진행한 가족은 공동의 기대와 가족정체감을 발달시키기 시작하면서 혼란을 점진적으로 명확히 해 나갈 것이다. 가족이 적용하는 일차적인 전략과 규칙에 대해 어느 정도 이해를 하게 되고, 각각의 가족구성원의 개인적 느낌이 명료화됨으로써 이 단계는 잘 진행된다. 가족 내에서 이러한 변화의 필요성을 처음으로 인식하는 사람은 일반적으로 계부모다. 그 이유는 이들이 가족 내에서 주변적인 지위를 지니고 있는데 이러한 점이 가족 내의 상황을 좀 더 떨어져서 볼 수 있는 기회가 될 수 있기 때문일 것이다. 반대로, 이방인으로서 가족에 들어옴으로써 생기는 불편함이 원인일 수도 있다. 일반적으로 재혼가족 내의 새로운 전략과 규칙은 친부모가족으로부터 유래되어 그 기초가 만들어졌기 때문에, 계부모는 계부모와 나머지 가족, 즉 '생물학적 영향력의 장(biological force field)'이라는 경계를 경험하게 된다.

그러나 친부모 역시 가족에서 중심적인 역할을 수행하기 때문에 경험하게 되는 스트레스도 명확히 하여야만 한다. 자녀를 양육하거나 훈육해야 하고, 새 배우자와 친밀하고 지지적인 관계도 유지해야 하고, 경제적인 문제나 부모역할과 관련된 일을 전 배우자와 협상해야 하는 등의 일에서 오는 스트레스가 있다. 친부모가 자녀가 더 상처받지 않고 더 많은 변화를 경험하지 않도록 하기 위해 이들을 보호하는 것은 자연스러운 일이다. 동시에 그들은 가족 내에서 가사를 위해 수행되었던 이전의 전략이나 자녀양육 방식을 변경하여야 하고, 새 배우자에게 여지를 만들어 주기 위해 가족의 정서적인 환경을 조장할 수 있도록 기존 방식을 변경하여야만 한다. 전 배우자와의 관계에서 미해결된 이슈가 남아 있다면 중간에 위치한 친부모는 더 많은 스트레스를 받게 된다.

비록 이들이 가족 앞에 놓인 중요한 문제가 무엇인가에 대해 확실히 인식하고 있을지라도 가족구조는 이 시기에 그렇게 극적으로 변화하지 않는다. 친부모-자녀 하위체계는 여전히 가족활동의 중심에 놓여 있다. 그러나 배우자를 잘 지지하면서 이 시기가 잘 지나갈 수 있도록 최선의 노력을 기울여야 한다. 새 배우자에게 상황의 변화에 대한 지나친 기대를 하지 않고 파트너에게 공감적으로 대하는 것이 지지적인 배우자의 특성이다(Papernow, 1993; Visher et al., 2003).

중간 재혼단계: 가족경계의 재구성

재혼의 초기단계에서 중간단계(middle remarriage)로의 이동은 부부관계의 바깥에 있는 누군가의 도움이나 어떤 행동과 관련이 있다(Papernow, 1993). 이런 상황을 이해하고 있는 다른 계부모나 재혼가족에게 도움을 주는 책들, 치료자와 지지집단일 수도 있으며, "누군가의 집에 산다."는 느낌을 피하기 위하여 친부모 집으로 이사 나가는 행동 등이 이에 해당된다(McGoldlick & Carter, 2005).

이러한 개입과 함께 계부모는 가족구조에서의 변화에 대한 요구를 하기 시작할 수도 있다. 계부모는 부부로서 더 많은 시간을 보내길 원할 수도 있으며, 배우자와 전 배우자 간의 접촉 정도에 대한 한계를 설정하도록 요구할 수도 있고, 자녀 훈육에 더 많은 개입을 하기를 원할 수도 있다. 게다가 계부모(특히 계모)가 배우자 자녀를 돌보는 전통적인 역할을 수행하도록 기대받을 경우, 그 배우자는 이러한 추가적인 부담을 경감하기 위하여 새로운 요구를 하게 될 수도 있다.

많은 차이가 촉발될 수 있는 상황이 공개적으로 처음으로 표현되는 것이기 때문에 이러한 가족구조의 변경에 대한 요구는 갈등과 스트레스를 야기하는 새로운 시기가 될 수도 있다. 이 시기에 일어난 갈등이 사소한 것처럼 보이지만, 체계가 생물학적인 라인을 따라 개별화할 것인가 아니면 변화를 할 것인가에 대한 중요한 노력을 실제로 반영하는 것일 수도 있다(Papernow, 1993). 예를 들면, 10세 조니(Johnny)가 집 안 여기저기에 더러운 옷을 벗어 놓아 계모의 화가 폭발했을 경우가 집안을 잘 유지하기 위해 남편이 자녀를 훈육할 것인지 아닌지를 생각해야 하는 시기다. 비슷한 경우로 한부모가족에서 어머니와 동생들과 살면서 16세 도나(Donna)가 부모역할을 하는 자녀로서 행했던 저녁식사 테이블을 준비하던 것을 이제는 계모가 준비할 것인가 말 것인가에 대한 논쟁이 실제로 이러한 노력에 해당된다. 이러한 상호작용 각각은 생물학적 하위체계와 관련된 경계를 잃게 되는 노력으로 인식될 수도 있다(Afifi, 2003; Coleman et al., 2001; Golish, 2003).

부부와 자녀가 함께 이러한 차이를 해결하기 위해 노력함으로써, 가족구조는 점차 변화를 향해 나아간다. 이러한 변화과정에는 가족구성원이 모두 포함되어야 하며, 가족구성원 각자의 기대와 요구 및 감정이 모두 인정되어야 한다. 이러한 과정은 또한 상호참여, 개방적인 의사소통, 공감의 공유 및 개인차에 대한 존중이 함께 이루어져야 하는데, 이를 통해 가족의 응집성과 일체감이 발달하기 때문이다(Golish, 2003; Visher et al., 2003). 이러한 과정에서 가장 성공적인 전략은 기존의 오래된 수행방식의 일부는 남겨 두고 새로운 의례나 규칙이나 경계도 함께 만드는 방식이다(Papernow,

1993). 비록 도나와 도나의 어머니가 독특한 어머니-딸의 유대를 유지하기 위한 다른 방법을 찾아야 하겠지만, 16세의 도나는 어린 동생들을 돌보는 책임을 포기해야만 한다. 이 가족은 두 가족 모두의 역사와 유산을 존중할 수 있는 새로운 휴가 관련 의례를 창조해야만 한다.

자녀의 양육이 이루어지고 있는 가구와 다른 친부모가구 간의 관계를 규정함으로써 가족경계를 명확히 하는 것 또한 필요하다. 서로 수용할 수 있는 일상적이고 규칙적인 방문스케줄과 자녀 지원방법 및 부모의 의사결정 등이 이에 해당된다(Visher et al., 2003). 예를 들면, 두 친부모는 자녀가 놀기 전에 숙제를 끝마쳐야 할 것인가에 대해 동의하여야 한다. 특히 두 가족 모두에게 충성심이 있는 자녀가 있는 경우 이러한 일은 전 가족구성원의 적응에도 중요하다. 따라서 두 가구 간의 차이에 대해 옳고 그름에 대한 편견 없이 개방적으로 수용되어야 한다(Papernow, 1993). 예를 들면, 한 집에서는 밥 먹으면서 TV를 볼 수 있지만 다른 집에서는 안 되는 것도 허용되어야 한다.

재혼가족발달의 초기에도 그랬던 것처럼 중간단계에서도 가족경계의 변화는 확대가족체계로 영향력이 확대된다. 예를 들면, 크리스마스나 하누카와 관련된 의례를 변화시킨다는 것은 네 세트의 조부모와 고모, 삼촌(친엄마, 친아버지, 계부모와 계부모의 전 배우자들의)들과 휴가의례를 지내는 방식에도 영향을 미친다. 현재의 가족구조도 새롭게 정립하면서 각각의 가족의 전통과 유산에 대한 의무감을 충족시키는 것은 매우 어려울 수 있다.

그럼에도 대부분의 가족이 이 단계를 완수할 때가 되면, 매우 명확하게 규정된 경계와 소속감을 공유한 응집력 있는 단위로 기능하기 시작한다. 대부분의 가족이 약 3~5년이 지나면 이 시기를 완수하는 것으로 보인다(Hetherington & Kelly, 2002).

후기 재혼단계: 정서적 유대의 강화

후기 재혼(late remarriage)단계는 가족관계 내에서 높은 정도의 친밀감과 진정성이 서로 공유되는 것이 특징이다(Papernow, 1993). 가족의 경계가 새롭게 규정됨에 따라 가족구성원 간의 역할과 상호작용 패턴은 많은 유연성이 생겨난다. 이 단계의 가족은 이전 단계에서 우세했던 파괴적인 연합이나 삼각화를 넘어서 이자관계에서 높은 분화수준이 특징이다.

계부모와 계자녀가 친부모의 방해 없이 일대일의 개인적인 관계를 가지는 것이 가능해진다. 친부모와의 관계가 계부모와의 관계보다 더 강력하게 남아 있는 경우에는 비록 일정 기간 포함과 배척의 이슈가 다시 나타나기는 하지만(Coleman & Ganong, 1990), 이 단계가 되면 이러한 문제는 근본적으로 해결된다. 일부 가족에서는 소원한 계부모-계자녀 관계를 받아들이는 것에 동의했다는 의미일 수도 있다. 또 일부가족에서는 계부모가 친부모와 같은 정도의 권위를 가지는 '일차적인 부모(primary parent)'의 역할을 수행하는 것으로 이 문제가 해결되기도 한다. 어떠한 경우라 할지라도, 이 시점에 와서는 계부모의 역할이 명확히 규정된다.

명확히 규정된 계부모의 역할은 다음과 같은 특징이 있다. 첫째, 계부모의 역할이 동성의 친부모와 경쟁하지 않거나 친부모 역할을 침해하지 않는다. 둘째, 계부모의 역할은 계부모와 계자녀 간의 세대 간 경계를 포함한다. 셋째, 재혼부모의 역할에 대해 나머지 재혼가족, 특히 배우자와 합의가 이루어졌다. 넷째, 계부모역할이 계부모가 이 가족에 가져오는 특별한 재능으로 여겨진다(Papernow, 1993). 과거에는 재혼가족에서의 차이점이 갈등의 근원이었을 수도 있었다면, 이런 특질이 가족에 다양성을 주기 때문에 이 시기에 와서는 좋은 점으로 인식될 수도 있다. 예를 들면, 초기 단계에서는 계모의 옷 입는 스타일이나 패션이 기괴하다거나 너무 과하다고 비판했던 청소년 계자녀의 경우, 동료들과 외모에 더 관심을 갖게 되면서 이제는 계모의 스타일을 하나의 자원으로 인식하게 될 수도 있다.

계부모-계자녀 간에 개인적인 관계가 확립되고, 확대가족이나 자녀가 관계를 맺고 있는 다른 부모가구와 경계가 명확해지면, 부부관계는 이제 가족체계에서 더 중심 지위를 확보하게 된다. 부부는 이제 '전반적인 것에 대해 서로 다시 알아가게' 되면서, 서로 더 지지적이고 개인적이고 친밀한 관계를 경험하게 된다(Golish, 2003; Papernow, 1993).

어느 가족에서와 마찬가지로 재혼발달 과정에서도 새로운 스트레스가 가족에게 지속적으로 나타날 것이다. 예를 들면, 자녀양육 방식을 결정해야 한다거나, 자녀의 방문이나 경제적 지원방식을 재조정하고, 친부모와 공동 부모역할에 대한 재조정을 하거나 혹은 가족에게 스트레스를 주거나 가족관계의 변화가 예측되는 직업, 거주지, 소득의 변화와 같은 일상적인 스트레스원이 있다. 스트레스가 매우 커지면 가족은 전체 재혼 발달과정을 다시 경험할 수도 있다. 아마도 친부모 라인으로의 양분과 가족구조의 변화가 야기하는 혼란과 갈등의 시기가 뒤따를 것이다. 그러나 이 시기의 변화는 성공적인 위기극복의 경험과 문제해결 경험을 가진 견고한 부부와 재혼가족 구조의 맥락하에서 일어난다는 점이 이전과는 차이가 있다.

재혼가족의 문제적인 가족체계 역동성

모든 가족이 앞에서 설명한 재혼가족의 다양한 발달단계를 지나지는 않는다. 어떤 가족은 초기단계에 영원히 혹은 매우 오랜 기간 머물 수도 있다(Braithwaite, Olson, Golish, Soukup, & Turman, 2001). 또 어떤 재혼가족은 이혼으로 관계가 끝날 수도 있다. 앞서 설명하였듯이 재혼의 이혼율이 초혼의 이혼율보다 높다. 그러므로 재혼은 성공적인 적응을 방해할 수 있는 잠재적인 복잡성을 내포하고 있다는 것이 명백하다.

재혼가족의 적응과 순응을 방해하거나 촉진하는 가족체계의 역동성을 살펴본 연구는 상대적으로 적다. 지금까지 수행된 연구는 일반적으로 재혼가족의 응집성이 낮고 핵가족과 비교할 때 문제해결 방식이나 의사소통이 덜 효율적이라는 점을 보고한다. 그러나 두 집단의 가족구조에서 이러한 차이는 실제로 그렇게 크지는 않다(Coleman et al., 2000; Hetherington & Kelly, 2002). 이러한 사실과 재혼가족과 핵가족 구성원의 복지나 결혼만족도 수준이 비슷하다는 연구결과를 종합해서 연구자는 재혼가족에서의 효율적인 기능화 패턴은 핵가족과는 다르다는 결론을 내렸다(Coleman et al., 2000).

재혼가족에서 보이는 한 가지 중요한 상호작용 패턴은 가족구성원 간의 삼각화와 연합의 형태가 다양하다는 점이다. 연구에서는 비록 매우 기능적인 재혼가족에서조차 매우 기능적인 핵가족보다 연합이 더 자주 나타난다고 보고하지만, 역기능적인 재혼가족에서 이러한 연합은 더 강력하고 영향력이 더 크다(Afifi, 2003). 재혼가족의 복잡성하에서 삼각화와 연합은 매우 다양한 모양으로 나타난다. 가장 일반적인 몇 가지 형태를 다음에서 설명하고자 한다.

전 배우자가 포함된 삼각화

이전 결혼에서 부부가 정서적 이혼에 성공적으로 도달하지 못했을 때, 미해결된 갈등은 재혼가족에서 스트레스를 유발한다. 재혼한 배우자는 전 배우자와 자녀양육권이나 지원방법 혹은 다른 문제를 어떻게 다룰 것인가에 대해 서로 동의하지 못할 수도 있다. 게다가 전 배우자가 자신의 전 배우자에게 정서적으로 의지하고, 실제적인 문제에 대해서나 경제적인 지원을 받으면서 의존적으로 남아 있으면 새로운 결혼생활에 방해가 된다. 이러한 삼각화는 재혼부부의 정체성 발달에 장애요인이 되며, 새로운 결혼관계와 관련한 명확한 경계를 만드는 것을 방해하는 역할을 한다.

배우자가 이전의 이혼을 잘 극복하지 못할 때, 한 명이나 여러 명의 자녀와 또 다른 형태의 삼각화를 형성하기도 한다. 이 경우 재혼한 부부와 전 배우자 간에 자녀를 놓고 갈등이 생긴다. 말썽을 피우거나, 학교에서 문제를 일으키거나 혹은 다른 친부모와 살겠다고 양육권을 변경해 달라고 요구하는 자녀가 있는 경우에 삼각화 내에서의 긴장이 발생한다. 재혼부부는 다른 부모나 문제를 일으키는 자녀를 함께 비난하는 경향이 있으며, 비양육부모도 재혼부부를 비난하게 된다.

이러한 두 가지 삼각화에 대한 성공적인 해결책은 이전의 부부였던 파트너들이 자신의 별거나 이혼에 대한 서로의 감정을 극복하는 것이다. 자녀가 포함된 삼각화는 자녀에 대한 문제해결을 친부모 손에 맡겨야 한다. 새 배우자는 자녀의 반대편에 서기보다는 중립적인 위치를 지켜야 한다. 그래야 새로 결혼한 부부가 그들의 관계에서 서로에 대한 개별화를 향해 나아갈 수 있다. 즉, 이러한 관계가 확립되어야 차이와 불일치를 이해할 수 있고, 친부모는 새 배우자의 방해 없이 자녀와 개인적 관계를 형성할 수 있다(Afifi, 2003; McGoldrick & Carter, 2005; Visher et al., 2003).

재혼체계 내의 삼각화

가끔 새 아내가 새 남편 자녀의 일차적인 양육자라는 전통적 역할을 수행하도록 기대되기도 한다. 자녀가 친부모와 정서적인 접촉을 계속 유지하고 있는 경우, 일반적으로 자녀는 계모의 개입에 화가 날 것이다. 이러한 상황에 대한 해결책은 아버지가 자녀 훈육과 자녀에 대한 지원을 제공하는 일차적인 책임을 지는 것이다. 그러면 계모는 자녀와 신뢰가 깃든 관계를 발달시킬 수 있는 시간을 벌 수 있다(Carter & McGoldrick, 2005b).

새 아내와 그녀의 자녀와의 또 다른 형태의 삼각화는 새 남편을 긴장상황에 놓이게 한다. 두 번째 남편은 해방자이기도 하지만 방해꾼이기도 하다(McGoldrick & Carter, 2005). 새아버지가 한부모의 경제적인 어려움과 자녀양육의 짐을 공유해 줄 것으로 기대하지만, 새 아내와 그녀의 자녀가 한부모시기 동안 이룩해 왔던 친밀한 유대를 새아버지가 방해하는 것으로 인식되기도 한다(Papernow, 1993; Visher et al., 2003). 새아버지가 권위를 보이면 자녀는 화를 내면서 친부모에게 도움을 청하게 된다.

이 경우에도 역시 이 문제를 해결하기 위해서는 친모가 부모로서 책임을 지고, 새아버지는 아내의 노력을 지지하는 역할을 해야 한다. 계부모와 계자녀와의 관계가 발달하는 데는 시간이 걸린다. 전 배우자와의 해결되지 않은 이슈를 자녀를 중간에 세우지 않고 해결해야만 재혼결혼체계에서 긴장이 재발하지 않는다.

세 번째 가능한 삼각화는 재혼부부, 남편의 자녀와 아내의 자녀 간에 나타난다. 이러한 삼각화 상황에서 부부는 자신의 결혼은 행복한데, 각자 데리고 온 자녀가 서로 싸우는 것이 문제라고 말하는 경향이 있다. 이러한 경우는 재혼한 부부간의 드러나지 않은 차이나 불일치가 싸움의 원인일 수 있다(McGoldrick & Carter, 2005). 전 배우자에 대한 드러나지 않은 감정이나, 자신의 자녀와 상대방의 자녀를 어떻게 다룰 것인가 하는 문제나, 새로운 가구를 만들어 가는 과정에서 겪게 되는 일상의 과업에 대한 부부간의 차이나 불일치가 이에 해당한다. 재혼한 부부는 이러한 불일치나 갈등 때문에 또다시 결혼에 실패하고 상실을 가져올까 봐 서로 조심한다. 그러나 이러한 삼각화에 대한 해결책은 배우자들이 서로 간의 차이를 개방적으로 이야기하는 것과 두 사람이 모두 수용할 수 있는 문제해결 방식을 적용하는 것이다(Adler-Baeder & Higginbotham, 2004; Visher et al., 2003).

네 번째 가능한 삼각화는 두 명의 형제 하위체계와 부부가 아니라 한 부모가 포함되는 경우다. 이러한 삼각화에 대해 부모는 표면적으로는 두 '반대집단'의 자녀들 간의 싸움으로 생긴 단순한 가구 내의 갈등으로 생각하기도 한다. 그러나 이러한 갈등의 근원은 매우 복잡하다. 이러한 삼각화는 자녀와 재혼한 부부, 그리고 배우자의 전 배우자를 포함하는 상호 연결되는 일련의 또 다른 삼각화를 야기할 수 있다(McGoldrick & Carter, 2005). 비록 이러한 형태는 초기 재혼단계에서 매우 일반적인 형태이지만, 이러한 삼각화는 더 응집력 있고 통합되고 그리고 유연한 가족단위로 구조가 변화되는 데 체계가 실패했다는 것을 보여 주는 것이다.

이 경우 가족은 일차적으로는 친부모라인으로 나뉘어서 남아 있게 된다. 자녀는 각각의 배우자와 이전 배우자들과의 미해결된 이슈를 드러내거나 혹은 자신의 비양육부모와 새로운 재혼체계에 대한 갈등적인 충성심을 드러내게 된다. 이러한 어려움을 해결하기 위해서는 두 부모가 각자 자신의 자녀 및 상대방의 자녀와 관계를 명확히 설정하려는 적극적인 노력이 필요하다. 개방적인 의사소통과 자녀의 다른 친부모와 부모역할을 공유하는 것 역시 중요하다.

확대가족이 포함된 삼각화

부모와 친인척과의 삼각화는 특히 조부모가 재혼을 인정하지 않거나, 손자녀를 적극적으로 키우는 역할을 할 때 나타난다(McGoldrick & Carter, 2005). 예를 들면, 조부모가 전 배우자(손자녀의 친부모)에게 애정이 남아 있을 수 있어 새 배우자가 소외감을 느끼게 되는 원인이 된다. 조부모가 손자녀를 키우는 데 적극적으로 참여했을 때, 그들은 새로운 계부모가 이러한 역할을 빼앗아 가는 것에 화를 내기도 한다. 그래서 자녀와 조부모와 계부모 간에 삼각화가 형성된다. 이러한 상황은 자녀에게 어느 한 편을 들도록 하며, 계부모에게는 소외감을 느끼게 하고, 조부모는 뒤로 물러나게 한다. 이러한 삼각화의 해결은 일반적으로 각각의 배우자가 자신의 부모와 재혼체계 간의 경계를 명확히 할 책임을 지는 것을 통해서 가능하다.

결 론

　성인이 결혼하고, 이혼하고, 한부모가 되고, 재혼하는 것은 현대사회에서는 매우 빈번하게 일어난다. 이러한 사건은 가족의 발달과정을 상당한 수준으로 변화시킨다. 가족구조는 매우 짧은 시간 동안 많은 변화과정을 거치게 된다. 가족구성원이 체계 내로 들어오거나 나가게 된다. 이전 역할(즉, 결혼 파트너)에서 일련의 변화에 영향을 받으면서 관계는 새롭게 규정되며, 새로운 역할이 만들어진다(즉, 전 배우자, 공동부모, 계부모). 가족의 기본적 과업을 완수하기 위하여 지속적으로 전략과 규칙의 수정이 요구된다.

　이혼과 한부모와 재혼으로 연결되는 구조적인 변화가 가족과 가족구성원의 독특하고 예측 가능한 다른 발달적 변화와 함께 일어난다는 점을 강조하는 것이 중요하다. 이 책에서는 이러한 과정에서 가족이 지나야만 하는 단계나 변화의 패턴을 일반적이고 보편적인 것으로 논의하였다. 예를 들면, 한 가지 중요한 가정은 전 생애과정을 통해 개인은 중요한 타자와 친밀감을 형성하고, 개별화 수준에 대해 협상하고 재협상함으로써 지속적으로 개별화해야 한다는 것이다. 또 다른 가정은 가족체계가 개인의 변화에 대한 요구에 따라 규칙과 전략을 지속적으로 변화해야 한다는 것이다. 이렇게 함으로써 각각의 가족구성원의 발달과 성장을 유도하는(conductive) 환경이 유지된다. 이에 더하여 또 하나의 가정은 가족이 각각의 발달단계에서 경험할 수 있는 스트레스의 종류를 예측할 수 있다는 것과 특정 문제해결 방식(즉, 효과적인 의사소통, 갈등해결 기술)이 한 단계에서 다음 단계로의 전이를 용이하게 할 수 있다는 것이다.

　그러나 계속 강조하였듯이 예상되는 발달단계는 각각의 가족의 독특한 문제해결 전략이나 내적·외적 긴장원(즉, 가족구성원의 장애, 실직, 자연재해), 가족의 배경 및 무수한 복잡성과 다양성을 야기할 수 있는 세대 간의 유산 등과 상호작용하여 전개된다. 똑같은 두 개의 가족은 없다. 가족이 그들의 이혼과 재혼에서나 혹은 이 책에서 다룬 다른 발달단계에서의 긴장과 스트레스를 다루는 방식은 매우 다양하다. 각각의 가족은 그 가족의 독특한 맥락을 면밀히 분석하여 궁극적으로 이해할 수 있다. 마지막 분석에서 설명한 이론과 모델은 가족의 내적 세계(inner world)에 대한 개략적이고 아직은 덜 체계화된 것이다. 그러나 가족구성원이 되어 가는 실제 경험을 거의 비슷하게 설명할 수 있는 이론은 없다.

주요 개념

구애와 준비(Courtship and preparation) 재혼의 시작단계로 한 명이나 혹은 두 배우자 모두에게 이전의 이혼과 관련된 이슈를 해결할 시간을 제공해 주는 단계이며, 현재의 한부모체계에 새로운 계부모를 서서히 소개하는 시기.

복합가족(Stepfamilies) 한 명 혹은 두 명의 파트너 모두가 자녀를 데리고 들어와 친부모(biological)와 계부모(nonbiological)가 함께 있는 가구.

불안전한 제도(Incomplete institution) 재혼가족을 위한 제도적 지원이나 규범의 부족.

상위가족체계(Metafamily system) 양쪽의 친부모가구(아마도 다른 계부모, 형제자매, 의붓형제자매), 아버지 쪽 친인척(아마도 친조부모, 작은아버지, 고모, 사촌들), 계친인척(아마도 조부모, 삼촌, 고모, 사촌들)들이 포함된 재혼가족체계.

재혼가족(Remarried Family) 한 명 혹은 두 명의 파트너 모두가 이전에 결혼 경험이 있는 가족.

중간 재혼(Middle remarriage) 가족구조가 서서히 변화과정을 거치게 되는 재혼과정의 세 번째 단계.

초기 재혼(Early remarriage) 재혼을 하면 즉시 시작되는 재혼과정의 두 번째 단계로 일차적으로는 친부모라인을 따라 나뉜 채로 있음.

후기 재혼(Late remarriage) 가족관계에서의 높은 수준의 상호 친밀감과 진정성이 특징인 재혼과정의 네 번째이면서 마지막 단계. 재구조화가 완성되고, 상호작용 유형이나 역할에서의 유연성이 이 가족의 특징임. 파괴적인 삼각화나 연합을 극복하고 개인적인 일대일의 관계가 나타남.

참고문헌

Adler-Baeder, F., & Higginbotham, B. (2004). Implications of remarriage and stepfamily formation for marriage education. *Family Relations, 53,* 448-458.

Administration for Children and Families (2006). Child maltreatment: 2004. U.S. Department of Health and Human Services. www.acf.hhs.gov/programs/cb/pubs/cm04/index.htm

Afifi, T. (2003). Feeling caught in stepfamilies: Managing boundary turbulence through appropriate communication privacy rules. *Journal of Social and Personal Relationships, 20,* 729-755.

Ahrons, C. R. (2004). *We're still family: What grown children have to say about their parents' divorce.* New York: HarperCollins.

Ahrons, C. R. (2005). Divorce: An unscheduled family transition. In B. Carter & M. McGoldrick (Eds.), *The expanded family life cycle: Individual, family, and social perspectives* (3rd ed., pp. 381-398). Boston: Allyn & Bacon.

Aldous, J. (1978). *Family careers: Developmental change in families.* New York: John Wiley & Sons.

Aldous, J., & Klein, D. M. (1991). Sentiment and services: Models of intergenerational relationships in mid-life. *Journal of Marriage and Family, 53,* 595-608.

Allegretto, S. A. (2005). *Basic family budgets: Working families' income often fails to meet living expenses around the U.S.* Washington, DC: Economic Policy Institute.

Allen, K., Blieszner, R., & Roberto, K. A. (2000). Families in the middle and later years: A review and critique of research in the 1990s. *Journal of Marriage and Family, 62,* 911-926.

Allen, K. R., Fine, M. A., & Demo, D. H. (2000). An overview of family diversity: Controversies, questions, and values. In D. H. Demo, K. R. Allen, & M. A. Fine (Eds), *Handbook of family diversity* (pp. 1-14). New York: Oxford University Press.

Allen, K., & Johnson, L. (2002). Sexuality. In R. Ham, P. Sloane, & G. Warshaw (Eds.), *Primary care in geriatrics* (4th ed., pp. 427-436). New York: Mosby.

Allison, M. D., & Sabatelli, R. M. (1988). Differentiation and individuation as mediators of identity and intimacy in adolescence. *Journal of Adolescent Research, 3*, 1-16.

Almeida, D. M., Maggs, J. L., & Galambos, N. L. (1993). Wives' employment hours and spousal participation in family work. *Journal of Family Psychology, 7*, 233-244.

Amato, P. R. (2000). The consequences of divorce for adults and children. *Journal of Marriage and Family, 62*(4), 1269-1287.

Amato, P. R., & Booth, A. (1997). *A generation at risk: Growing up in an era of family upheaval.* Cambridge, MA: Harvard University Press.

Amato, P. R., & Cheadle, J. (2005). The long reach of divorce: Divorce and child well-being across three generations. *Journal of Marriage and Family, 67*, 191-206.

Amato, P. R., & DeBoer, D. D. (2001). The transmission of marital instability across generations: Relationship skills or commitment to marriage. *Journal of Marriage and Family, 63*, 1038-1051.

American Association of Retired Persons (2001). Coping with grief and loss: Statistics about widowhood. www.aarp.org/griefandloss/stats.html

American Medical Association (1990). *America's adolescents: How healthy are they?* Chicago: Author.

American Psychiatric Association (2000). *Diagnostic and statistical manual of mental disorders* (4th ed., Text Revision). Washington, DC: Author.

American Psychiatric Association Work Group on Eating Disorders (2000). Practice guidelines for the treatment of patients with eating disorders (revision). *American Journal of Psychiatry, 57*(1 Suppl.), 1-39.

Ammerman, R. T. (1990). Etiological models of child maltreatment: A behavioral perspective. *Behavior Modification, 14*, 230-254.

Anderson, C. (2003). The diversity, strengths, and challenges of single-parent households. In F. Walsh (Ed.), *Normal family processes: Growing diversity and complexity* (pp. 121-152). New York: Guilford.

Anderson, S. A. (1988). Parental stress and coping during the leaving home transition. *Family Relations, 37*, 160-165.

Anderson, S. A. (1990). Changes in parental adjustment and communication during the leaving home transition. *Journal of Social and Personal Relationships, 7*, 47-68.

Anderson, S. A., & Cramer-Benjamin, D. (1999). The impact of couple violence on parenting and children: An overview and clinical implications. *American Journal of Family Therapy, 27*, 1-19.

Anderson, S. A., & Fleming, W. M. (1986). Late adolescents' home-leaving strategies: Predicting ego identity and college adjustment. *Adolescence, 21*, 453-459.

Anderson, S. A., & Gavazzi, S. M. (1990). A test of the Olson Circumplex model: Examining its curvilinear assumption and the presence of extreme types. *Family Process, 29*, 309-324.

Anderson, S. A., & Sabatelli, R. M. (1990). Differentiating differentiation and individuation: Conceptual and operational challenges. *American Journal of Family Therapy, 18*, 32-

50.

Anderson, S. A., & Sabatelli, R. M. (1992). Differentiation in the family system scale: DIFS. *American Journal of Family Therapy, 20*, 77-89.

Andrews, B., & Brewin, C. R. (1990). Attributions of blame for marital violence: A study of antecedents and consequences. *Journal of Marriage and Family, 52*, 757-767.

Appel, W. (1983). *Cults in America.* New York: Holt, Rinehart and Winston.

Aquilino, W. S. (1990). Likelihood of parent-adult child co-residence. *Journal of Marriage and Family, 52*, 405-419.

Aquilino, W. S., & Supple, K. (1991). Parent-child relationship and parent's satisfaction with living arrangements when children live at home. *Journal of Marriage and Family, 53*, 178-198.

Arditti, J. A. (1992). Factors related to custody, visitation, and child support for divorced fathers: An exploratory analysis. *Journal of Divorce and Remarriage, 17*(3-4), 23-42.

Arendell, T. (1995). *Fathers and divorce.* Thousand Oaks, CA: Sage.

Arendell, T. (2000). Conceiving and investigating motherhood: The decade's scholarship. *Journal of Marriage and Family, 62*(4), 1192-1207.

Arnett, J. J. (2000). Emerging adulthood: A theory of development from the late teens through the twenties. *American Psychologist, 55*, 469-480.

Arnett, J. J. (2006). Understanding the new way of coming of age. In J. J. Arnett & J. L. Tanner (Eds.), *Emerging adults in America: Coming of age in the 21st century* (pp. 3-19). Washington, DC: American Psychological Association.

Avis, J. M. (1992). Where are all the family therapists? Abuse and violence within families and family therapy's response. *Journal of Marital and Family Therapy, 18*, 225-232.

Ayoub, C. C., & Willett, J. B. (1992). Families at risk of child maltreatment: Entry-level characteristics and growth in family functioning during treatment. *Child Abuse and Neglect, 16*, 495-511.

Babcock, J. C., Walz, J., Jacobson, N. S., & Gottman, J. M. (1993). Power and violence: The relation between communication patterns, power discrepancies, and domestic violence. *Journal of Consulting and Clinical Psychology, 61*, 40-50.

Bagarozzi, D. A., & Anderson, S. A. (1989). *Personal, marital, and family myths: Theoretical formulations and clinical strategies.* New York: W. W. Norton.

Bagarozzi, D. A., Bagarozzi, J. I., Anderson, S. A., & Pollane, L. (1984). Premarital education and training sequence (PETS): A three year follow-up of an experimental study. *Journal of Counseling and Development, 63*, 91-100.

Barber, B. K. (1996). Parental psychological control: Revisiting a neglected construct. *Child Development, 67*(6), 3296-3319.

Barber, B. K. (2002). *Intrusive parenting: How psychological control affects children and adolescents.* Washington, DC: American Psychological Association Press.

Barnes, G. M., & Farrell, M. P. (1992). Parental support and control as predictors of adolescent drinking, delinquency, and related problem behaviors. *Journal of Marriage and Family, 54*, 763-776.

Barnett, O. W., Miller-Perrin, C. L., & Perrin, R. D. (1997). *Family violence across the lifespan.* Thousand Oaks, CA: Sage.

Barnett, R. C., Marshall, N. L., & Pleck, J. H. (1992). Men's multiple roles and their relationship to men's psychological distress. *Journal of Marriage and Family, 54*, 358-367.

Barnett, R. C., & Shen, Y. C. (1997). Gender, high-and low-schedule-control housework tasks, and psychological distress: A study of dual-earner couples. *Journal of Family Issues, 18*, 403-428.

Bartle, S. E., & Anderson, S. A. (1991). Similarity between parents' and adolescents' levels of individuation. *Adolescence, 26*, 913-924.

Bartle-Haring, S., & Sabatelli, R. M. (1998, November). Can we "see" family process and would it matter if we could? Paper presented at the National Council on Family Relations Theory Construction and Research Methodology Workshop, Milwaukee, WI.

Baruch, G. K., Biener, L., & Barnett, R. C. (1987). Women and gender research on work and family stress. *American Psychologist, 42*, 130-136.

Barusch, A. S. (1995). Programming for family care of elderly dependents: Mandates, incentives, and service rationing. *Social Work, 40*, 315-322.

Bates, J. E., & Pettit, G. S. (2007). Temperament, parenting and socialization. In J. E. Grusec & P. D. Hastings (Eds.), *Handbook of socialization* (pp. 153-177). New York: Guilford Press.

Baum, N. (2003). The male way of mourning divorce: When, what, and how. *Clinical Social Work Journal, 31*, 37-50.

Baum, N. (2004). Typology of post-divorce parental relationships and behaviors. *Journal of Divorce and Remarriage, 41*, 53-79.

Baumrind, D. (1991a). The influence of parenting style on adolescent competence and substance use. *Journal of Early Adolescence, 11*(1), 56-95.

Baumrind, D. (1991b). Parenting styles and adolescent development. In J. Brooks-Gunn, R. Lerner, & A. C. Petersen (Eds.), *The encyclopedia of adolescence* (pp. 746-758). New York: Garland.

Baxter, L. A., & Bullis, C. (1986). Turning points in developing romantic relationships. *Human Communication Research, 2*, 469-493.

Baxter, L. A., & Wilmot, W. W. (1984). Secret tests: Social strategies for acquiring information about the state of the relationship. *Communication Research, 11*, 171-201.

Bay, R. C., & Braver, S. L. (1990). Perceived control of the divorce settlement process and interparental conflict. *Family Relations, 39*, 382-387.

Beach, S. R., Schulz, R., Yell, J. L., & Jackson, S. (2000). Negative and positive health effects of caring for a disabled spouse: Longitudinal findings from the caregiver health effects study. *Psychology and Aging, 15*, 259-271.

Beavers, W. R., & Hampson, R. B. (2003). Measuring family competence: The Beavers Systems model. In F. Walsh (Ed.), *Normal family process* (3rd ed., pp. 549-580). New York: Guilford Press.

Becker, A. E., Grinspoon, S. K., Klibanski, A., & Herzog, D. B. (1999). Eating disorders. *New England Journal of Medicine, 340*(14), 1092-1098.

Becvar, D. S. (2001). *In the presence of grief: Helping family members resolve death, dying, and bereavement issues.* New York: Guilford.

Becvar, D. S., & Becvar, R. J. (2000). *Family therapy: A systemic integration* (4th ed.). Boston: Allyn & Bacon.

Bedford, V. H., & Blieszner, R. (1997). Personal relationships in later life families. In S. Duck (Ed.), *Handbook of personal relationships* (2nd ed., pp. 523-539). New York: Wiley.

Belitz, J., & Schacht, A. (1992). Satanism as a response to abuse: The dynamics and treatment of satanic involvement in male youths. *Adolescence, 27*, 855-872.

Belsky, J. (1984). The determinants of parenting: A process model. *Child Development, 55*, 83-96.

Belsky, J., & Kelly, J. (1994). *The transition to parenthood.* New York: Dell.

Belsky, J., & Rovine, M. (1990). Patterns of marital change across the transition to parenthood. *Journal of Marriage and Family, 52*, 5-19.

Belsky, J., Steinberg, L., & Draper, P. (1991). Childhood experience, interpersonal development, and reproductive strategy: An evolutionary theory of socialization. *Child Development, 62*, 647-670.

Belsky, J., Youngblade, L., Rovine, M., & Volling, B. (1991). Patterns of marital change and parent-child interaction. *Journal of Marriage and Family, 53*, 487-498.

Bem, S. (1993). *Lenses of gender.* New Haven, CT: Yale University Press.

Berardo, D. H. (2001). Social and psychological issues of aging and health. In J. C. Delafuente & R. B. Stewart (Eds.), *Therapeutics in the elderly* (3rd ed.). Cincinnati, OH: Harvey Whitney Books.

Berger, P., & Kellner, H. (1985). Marriage and the construction of reality: An exercise in the microsociology of knowledge. In G. Handel (Ed.), *The psychosocial interior of the family* (3rd ed., pp. 3-20). New York: Aldine.

Bernard, J. (1974). *The future of motherhood.* New York: Dial Press.

Bernardo, D. H., Shehan, C. L., & Leslie, G. R. (1987). A residue of tradition: Jobs, careers, and spouses' time in housework. *Journal of Marriage and Family, 49*, 381-390.

Berscheid, E. (1985). Interpersonal attraction. In G. Lindzey & E. Aronson (Eds.), *Handbook of social psychology* (3rd ed., pp. 413-484). New York: Random House.

Berscheid, E., & Reis, H. T. (1998). Attraction and close relationships. In D. T. Gilbert, S. T. Fiske, & G. Lindzey (Eds.), *The handbook of social psychology* (4th ed., pp. 193-281). New York: McGraw-Hill.

Berscheid, E., & Walster, E. (1974). A little bit about love. In T. L. Huston (Ed.), *Foundations of interpersonal attraction* (pp. 356-382). New York: Academic Press.

Best, K. R., Cox, M. J., & Payne, C. (2002). Structural and supportive changes in couples' family and friendship networks across the transition to parenthood. *Journal of Marriage and Family, 64*, 517-531.

Bianci, S. (2000). Maternal employment and time with children: Dynamic change or surprising continuity? *Demography, 37*, 401-414.

Billingsley, A. (1974). *Black families and the struggle for survival: Teaching our children to walk tall.* New York: Friendship Press.

Blacker, L. (1999). The launching phase of the family life cycle. In B. Carter & M. McGoldrick (Eds.), *The expanded family life cycle: Individual, family, and social perspectives* (3rd ed., pp. 287-306). Boston: Allyn & Bacon.

Blain, J. (1994). Discourses on agency and domestic labor: Family discourse and gendered practice in dual-earner families. *Journal of Family Issues, 15*, 515-549.

Blair, S. L., & Lichter, D. T. (1991). Measuring the division of household labor: Gender segregation of housework among American couples. *Journal of Family Issues, 12*, 91-113.

Blau, P. M. (1964). *Exchange and power in social life.* New York: Wiley.

Blumstein, P., & Schwartz, P. W. (1983). *American couples.* New York: William Morrow & Co.

Bogenschneider, K., Wu, M., Raffaelli, M., & Tsay, J. C. (1998). Parent influences on adolescent peer orientation and substance use: The interface of parenting practices and values. *Child Development, 69*, 1672-1688.

Bolton, C. D. (1961). Mate selection as the development of a relationship. *Marriage and Family Living, 23*, 234-240.

Bomar, J. A., & Sabatelli, R. M. (1996). Family system dynamics, gender, and psychosocial maturity in late adolescence. *Journal of Adolescent Research, 11*, 421-439.

Boss, P. (1988). *Family stress management.* Newbury Park, CA: Sage.

Boss, P. A. (1980). Normative family stress: Family boundary change across the life-span. *Family Relations, 29*, 445-450.

Boszormenyi-Nagy, I., & Krasner, B. (1986). *Between give and take: A clinical guide to contextual therapy.* New York: Brunner/Mazel.

Boszormenyi-Nagy, I., & Spark, G. (1973). *Invisible loyalties.* New York: Harper & Row.

Boszormenyi-Nagy, I., & Ulrich, D. (1981). Contextual family therapy. In A. S. Gurman & D. P. Kniskern (Eds.), *Handbook of family therapy.* New York: Brunner/Mazel.

Bowen, M. (1966). The use of family theory in clinical practice. *Comprehensive Psychiatry, 7*, 345-374.

Bowen, M. (1976). Family reaction to death. In P. Guerin (Ed.), *Family therapy: Theory and practice* (pp. 335-349). New York: Gardner Press.

Bowen, M. (1978). *Family therapy in clinical practice.* New York: Jason Aronson.

Bowen, M. (1979). *The making and breaking of affectional bonds.* London: Taristock.

Bowlby, J. (1988). *A secure base: Parent-child attachment and healthy human development.* London: Basic Books.

Boyd-Franklin, N. (2003). Race, class, and poverty. In F. Walsh (Ed.), *Normal family processes: Growing diversity and complexity* (3rd ed., pp. 260-279). New York: Guilford.

Bradbury, T. N., Rogge, R., & Lawrence, E. (2001). Reconsidering the role of conflict in marriage. In A. Booth, A. C. Crouter, & M. Clements (Eds.), *Couples in conflict* (pp. 59-81). Mahwah, NJ: Lawrence Erlbaum.

Bradley, R. H., & Corwyn, R. F. (2002). Socioeconomic status and child development. *Annual Review of Psychology, 53,* 371-399.

Braithwaite, D. O., Olson, L. N., Golish, T. D., Soukup, C., & Turman, P. (2001). Becoming a family: Developmental processes represented in blended family discourse. *Journal of Applied Communication Research, 29,* 221-247.

Bramlett, M. D., & Mosher, W. D. (2001). *First marriage dissolution, divorce and remarriage in the United States. Advanced data from vital and health statistics* (No. 323). Hyattsville, MD: National Center for Health Statistics.

Bramlett, M. D., & Mosher, W. D. (2002). *Cohabitation, marriage, divorce, and remarriage in the United States* (Vital Health Statistics Series 23, Number 22). Hyattsville, MD: National Center for Health Statistics.

Bray, J. H., Adams, G., Getz, G., & Baer, P. (2000). Adolescent individuation and alcohol use in multi-ethnic youth. *Journal of Studies on Alcohol, 61*(4), 588-597.

Bray, J. H., Adams, G., Getz, G., & Baer, P. (2001). Developmental, family, and ethnic influences on adolescent alcohol usage: A growth curve appraoch. *Journal of Family Psychology, 15*(2), 301-314.

Bray, J. H., Adams, G. J., Getz, G. J., & Stovall, T. (2001). The interactive effects of individuation, family factors, and stress on adolescent alcohol use. *American Journal of Orthopsychiatry, 17,* 436-449.

Bray, J. H., & Kelly, J. (1998). *Stepfamilies: Love, marriage, and parenting in the first decade.* New York: Broadway.

Bray, J. H., Williamson, D. S., & Malone, P. (1984). Personal authority in the family system: Development of a questionnaire to measure personal authority in intergenerational family processes. *Journal of Marital and Family Therapy, 10,* 167-178.

Brehm, S. S., Miller, R. S., Perlman, D., & Cambell, S. M. (2002). *Intimate relationships* (3rd ed.). New York: McGraw-Hill.

Briggs, C. L. (1986). *Learning how to ask: A sociolinguistic appraisal of the role of the interview in social science research.* Cambridge: Cambridge University Press.

Broderick, C. B. (1993). *Understanding family process.* Newbury Park, CA: Sage.

Brown, F. H. (1989). The impact of death and serious illness on the family life cycle. In B. Carter & M. McGoldrick (Eds.), *The changing family life cycle* (pp. 457-482). Boston:

Allyn & Bacon.

Buckley, W. (1967). *Sociology and modern systems theory*. Enblewood Cliffs, NJ: Prentice Hall.

Buehler, C., Anthony, C., Krishnakumar, A., Stone, G., Gerard, J., & Pemberton, S. (1997). Interparental conflict and youth problem behaviors: A meta-analysis. *Journal of Child and Family Studies, 6*, 233-247.

Bumpass, L. L., & Lu, H. (2000). Trends in cohabitation and implications for children's family contexts. *Population Studies, 54*, 29-41.

Bumpass, L. L., Martin, T. C., & Sweet, J. A. (1991). The impact of family background and early marital factors on marital disruption. *Journal of Family Issues, 12*, 22-42.

Bumpass, L. L., & Raley, R. K. (1995). Redefining single-parent families: Cohabitation and changing family reality. *Demography, 32*, 97-109.

Burman, B., John, R., & Margolin, G. (1992). Observed patterns of conflict in violent, nonviolent, and nondistressed couples. *Behavioral Assessment, 14*, 15-37.

Burns, T. (1973). A structural theory of social exchange. *Acta Sociologica, 16*, 188-208.

Burr, W., Leigh, G. K., Day, R. D., & Constantine, J. (1979). Symbolic interaction and the family. In W. R. Burr, R. Hill, F. I. Nye, & I. L. Reiss (Eds.), *Contemproary theories about the family, Volume II*. New York: Free Press.

Burr, W. R., Day, R. D., & Bahr, K. S. (1993). *Family science*. Pacific Grove, CA: Brooks/Cole.

Byng-Hall, J. (1980). Symptom bearer as marital distance regulator: Clinical implications. *Family Process, 19*, 355-367.

Byng-Hall, J. (1982). Family legends: Their significance for the family therapist. In A. Bentovim, G. Barnes, & A. Cooklin (Eds.), *Family therapy: Complementary frameworks of theory and practice* (Vol. 1, pp. 213-228). New York: Grune & Stratton.

Byng-Hall, J. (1991). Family scripts and loss. In F. Walsh & M. McGoldrick (Eds.), *Living beyond loss: Death in the family* (pp. 130-143). New York: Norton.

Byng-Hall, J. (2002). Relieving parentified children's burdens in families with insecure attachment patterns. *Family Process, 41*, 375-388.

Calhoun, L. G., & Allen, B. G. (1991). Social reactions to the survivor of a suicide in the family: A review of the literature. *Omega, 23*, 95-108.

Cannuscio, C. C., Jones, C., Kawachi, I., Colditz, G. A., Berkman, L., & Rimm, E. (2002). Reverberation of family illness: A longitudinal assessment of informal cargiver and mental health status in the nurses' health study. *American Journal of Public Health, 92*, 305-311.

Carpenter, C., & Gates, G. J. (2008). Gay and lesbian partnership: Evidence from California. *Demography, 45*, 573-590.

Carter, B., & McGoldrick, M. (2005a). The expanded family life cycle: Individual, family, and social perspectives. In B. Carter & M. McGoldrick (Eds.), *The expanded family life cycle* (pp. 1-24). Boston: Allyn & Bacon.

Carter, B., & McGoldrick, M. (2005b). The divorce cycle: A major variation in the American family life cycle. In B. Carter & M. McGoldrick (Eds.), *The expanded family life cycle: Individual, family, and social perspectives* (3rd ed., pp. 373-380). Boston: Allyn & Bacon.

Cassidy, J., Parke, R., Butkovsky, L., & Braungart, J. (1992). Family-peer connections: The roles of emotional expressiveness within the family and children's understanding of emotions. *Child Development, 63*, 603-618.

Catalano, S. (2006). Intimate partner violence in the United States. Bureau of Justic Statistics. http://www.ujp/usdoj.gov/bjs/pub/pdf/ipvus.pdf

Chan, S. (1992). Families with Asian roots. In E. W. Lynch & M. J. Hanson (Eds.), *Developing cross-cultural competence: A guide for working with young children and families* (pp. 181-257). Baltimore, MD: Paul H. Brooks.

Charles, R. (2001). Is there any empirical support for Bowen's concepts of differentiation of self, triangulation, and fusion? *American Journal of Family Therapy, 29*, 279-292.

Cherlin, A., & Furstenberg, F. (1986). *The new American grandparent: A place in the family.* New York: Basic Books.

Cherlin, A. J. (1978). Remarriage as an incomplete institution. *American Journal of Sociology, 84*, 634-650.

Cherlin, A. J. (1992). *Marriage, divorce, remarriage.* Cambridge, MA: Harvard University Press.

Child Trends (2006). *Facts at a glance.* Washington, DC: Author.

Christensen, A., & Jacobson, N. (2000). *Reconcilable differences.* New York: Guilford.

Chu, J. A., & Dill, D. L. (1990). Dissociative symptoms in relation to childhood physical and sexual abuse. *American Journal of Psychiatry, 147*, 887-892.

Cicchetti, D., & Toth, S. L. (2005). Child maltreatment. *Annual Review in Clinical Psychology, 1*, 409-438.

Cicchetti, D., & Valentino, K. (2006). An ecological transaction perspective on child maltreatment: Failure on the average expectable environment and its influence upon child development. *Developmental Psychopathology, 3*, 129-201.

Claxton-Oldfield, S. (2000). Deconstructing the myth of the wicked stepparent. *Marriage and Family Review, 30*, 51-58.

Cohler, B., & Geyer, S. (1982). Psychological autonomy and interdependence within the family. In F. Walsh (Ed.), *Normal family processes* (pp. 196-228). New York: Guilford Press.

Coie, J. D. (1996). Prevention of violence and antisocial behavior. In R. D. Peters & R. J. McMahon (Eds.), *Preventing childhood disorders, substance abuse, and delinquency* (pp. 1-18). Thousand Oaks, CA: Sage.

Colburn, K., Lin, P., & Moore, M. C. (1992). Gender and the divorce experience. *Journal of Divorce and Remarriage, 17*(3-4), 87-108.

Coleman, M., Fine, M. A., Ganong, L. H., Downs, K., & Pauk, N. (2001). When you're not the

Brady Bunch: Identifying perceived conflicts and resolution strategies in stepfamilies. *Personal Relationships, 8*, 55-73.

Coleman, M., & Ganong, L. H. (1990). Remarriage and stepfamily research in the 1980s: Increased interest in an old family form. *Journal of Marriage and Family, 52*, 925-940.

Coleman, M., Ganong, L., & Fine, M. (2000). Reinvestigating remarriage: Another decade of progress. *Journal of Marriage and Family, 62*(4), 1288-1307.

Collins, N. L., & Read, S. J. (1990). Adult attachment, working models, and relationship quality in dating couples. *Journal of Personality and Social Psychology, 58*, 644-663.

Collins, W. A., Laursen, B., Mortensen, N., Luebker, C., & Ferreira, M. (1997). Conflict processes and transitions in parent and peer relationships: Implications for autonomy and regulation. *Journal of Adolescent Research, 12*, 178-198.

Coltrane, S. (2000). Research on household labor: Modeling and measuring the social embeddedness of routine family work. *Journal of Marriage and Family, 62*, 1208-1233.

Conger, R. D., Conger, K. J., Elder, G. H., Lorenz, F. O., Simons, R. L., & Whitbeck, L. B. (1992). A family process model of economic hardship and adjustment of early adolescent boys. *Child Development, 63*, 526-554.

Cornell, S., & Hartmann, D. (1998). *Ethnicity and race: Making identities in a changing world*. Thousand Oaks, CA: Pine Forge Press.

Cowan, C. P., & Cowan, P. A. (2000). *When partners become parents: The big life change for couples*. Mahwah, NJ: Erlbaum.

Cox, M. J., Paley, B., & Harter, K. (2001). Interparental conflict and parent-child relationships. In J. H. Grych & F. D. Fincham (Eds.), *Interparental conflict and child development*. Cambridge, UK: Cambridge University Press.

Crespi, T. D., & Sabatelli, R. M. (1993). Adolescent runaways and family strife: A conflict-induced differentiation framework. *Adolescence, 28*, 867-878.

Crosby, J. F., & Jose, N. L. (1983). Death: Family adjustment to loss. In C. R. Figley & H. I. McCubbin (Eds.), *Stress and the family: Vol. 2. Coping with catastrophe* (pp. 76-89). New York: Brunner/Mazel.

Cuber, J. F., & Harroff, P. B. (1972). Five kinds of relationships. In I. L. Reiss (Ed.), *Readings on the family system*. New York: Holt, Rinehart and Winston.

Cummings, E. M., & Davies, P. (1994). *Children and marital conflict: The impact of family dispute and resolution*. New York: Guilford.

Cummings, E. M., Davies, P. T., & Campbell, S. B. (2000). Children and the marital subsystem. In E. M. Cummings, P. T. Davies, & S. B. Campbell (Eds.), *Developmental psychopathology and family process: Theory research and clinical implications*. New York: Guilford Press.

Curran, M., Hazen, N., Jacobvitz, D., & Feldman, A. (2005). Representations of early family relationships predict marital maintenance during the transition to parenthood. *Journal of*

Family Psychology, 19, 189-197.

Darling, N., & Steinberg, L. (1993). Parenting styles as context: An integrative model. *Psychological Bulletin, 113*(3), 487-496.

Darling-Fisher, C., & Tiedje, L. B. (1990). The impact of maternal employment characteristics on fathers' participation in child care. *Family Relations, 39*, 20-26.

Davies, P. T., & Cummings, E. M. (1994). Marital conflict and child adjustment: An emotional security hypothesis. *Psychological Bulletin, 116*, 387-411.

DeFrain, J. (1991). Learning about grief from normal families: SIDS, stillbirth, and miscarriage. *Journal of Marital and Family Therapy, 17*, 215-232.

Demaris, A., & Longmore, M. A. (1996). Ideology, power, and equity: Testing competing explanations for the perception of fairness in household labor. *Social Forces, 74*, 1043-1071.

Demo, D. (1992). Parent-child relations: Assessing recent changes. *Journal of Marriage and Family, 54*, 104-117.

Demo, D. H., & Acock, A. C. (1993). Family diversity and the division of domestic labor: How much have things really changed? *Family Relations, 42*, 323-331.

Demo, D. H., & Cox, M. J. (2000). Families with young children: A review of research in the 1990's. *Journal of Marriage and Family, 62*(4), 876-895.

Devries, H. M., Kerrick, S., & Oetinger, S. (2007). Satisfaction and regrets of mid-life parents: A qualitative analyses. *Journal of Adult Development, 14*, 6-15.

Dibble, U., & Straus, M. A. (1980). Some social structure determinants of inconsistency between attitudes and behavior: The case of family violence. *Journal of Marriage and Family, 42*, 71-80.

Dindia, K., & Canary, D. (2006). *Sex differences and similarities in communication.* Mahway, NJ: Lawrence Erlbaum.

Dodge, K. A., Pettit, G. S., McClaskey, C. L., & Brown, M. M. (1986). *Social competence in children. Monographs of the Society for Research in Child Development, 51*(2, serial no. 213).

Doumas, D., Margolin, G., & John, R. (1994). The intergenerational transmission of aggression across three generations. *Journal of Family Violence, 9*, 157-175.

Dow, B., & Wood, J. T. (2006). *Handbook of gender and communication.* Thousand Oaks, CA: Sage.

Driver, J., Tabares, A., Shapiro, A., Nahm, E. Y., & Gottman, J. M. (2003). Interactional patterns in marital success of failure: Gottman laboratory studies. In F. Walsh (Ed.), *Normal family processes* (3rd ed., pp. 493-513). New York: Guilford.

Dung, T. N. (1984, March-April). Understanding Asian families: A Vietnamese perspective. *Children Today*, 10-12.

Dunn, J. (2002). The adjustment of children in stepfamilies: Lessons from community studies. *Child and Adolescent Mental Health, 7*, 154-161.

Dutton, D. G. (1988). *The domestic assault of women: Psychological and criminal justice perspectives.* Boston: Allyn & Bacon.

Dutton, D. G. (1995). *The batterer: A psychological profile.* New York: Basic Books.

Dutton, D. G., & Hemphill, K. J. (1992). Patterns of socially desirable responding among perpetrators and victims of wife assault. *Violence and Victims, 7,* 29-39.

Duxbury, L., Higgins, C., & Lee, C. (1994). Work-family conflict: A comparison by gender, family type, and perceived control. *Journal of Family Issues, 15,* 449-466.

Dwyer, J. (1985). Nutritional aspects of anorexia nervosa and bulimia. In S. W. Emmett (Ed.), *Theory and treatment of anorexia nervosa and bulimia* (pp. 20-50). New York: Brunner/Mazel.

Eckenrode, J. (1991). *The social context of coping.* New York: Plenum.

Edelson, J. L., Miller, D. M., Stone, G. W., & Chapman, D. G. (1985). Group treatment for men who batter. *Social Work Research and Abstracts, 21,* 18-21.

Edin, K., & Lein, L. (1997). *Making ends meet: How single mothers survive welfare and low-wage work.* New York: Russell Sage Foundation.

Egeland, B., Yates, T., Appleyard, K., & van Dulmen, M. (2002). The long-term consequences of maltreatment in the early years: A developmental pathway model to antisocial behavior. *Children's Services: Social Policy, Research, and Practice, 5,* 249-260.

Eggebeen, D. J., Snyder, A. R., & Manning, W. D. (1996). Children in single-father families in demographic perspective. *Journal of Family Issues, 17,* 441-465.

Elder, G. H. (1979). Historical change in life patterns and personality. In P. B. Baltes & O. G. Brim (Eds.), *Lifespan development and behavior* (pp. 117-159). New York: Academic Press.

Elizur, E., & Kaffman, M. (1982). Factors influencing the severity of childhood bereavement reactions. *American Journal of Orthopsychiatry, 52,* 668-676.

Elkin, M. (1984). *Families under the influence.* New York: W. W. Norton.

Ellyson, S. L., Dovidio, J. F., & Brown, C. E. (1992). The look of power: Gender differences in visual dominance behavior. In C. L. Ridgeway (Ed.), *Gender, interaction, and inequality* (pp. 50-80). New York: Springer-Verlag.

Emerson, R. (1962). Power dependence relations. *American Sociological Review, 27,* 31-40.

Emerson, R. (1976). Social exchange theory. In A. Inkeles, J. Coleman, & N. Smelser (Eds.), *Annual Review of Sociology* (Vol. 2, pp. 335-362). Palo Alto, CA: Annual Reviews.

Emery, R. E., & Sbarra, D. A. (2002). Addressing separation and divorce during and after couple therapy. In A. S. Gurman & N. S. Jacobson (Eds.), *Clinical handbook of couple therapy* (3rd ed.). New York: Guilford.

Emmett, S. W. (1985). *Theory and treatment of anorexia nervosa and bulimia.* New York: Brunner/Mazel.

Epstein, N. B., Ryan, C. E., Bishop, D. S., Miller, I. E., & Keitner, G. I. (2003). The McMaster model: A view of healthy family functioning. In F. Walsh (Ed.), *Normal family processes* (3rd ed., pp. 581–607). New York: Guilford.

Erickson, B. (2005). Scandinavian families: Plain and simple. In M. McGoldrick, J. Giordano, & N. Garcia-Preto (Eds.), *Ethnicity and family therapy* (3rd ed., pp. 641–653). New York: Guilford Press.

Erikson, E. (1968). *Identity: Youth and crisis.* New York: Norton.

Falicov, C. J. (1995). Training to think culturally: A multi-dimensional comparative framework. *Family Process, 34,* 373–388.

Falicov, C. J. (2003). Immigrant family processes. In F. Walsh (Ed.), *Normal family processes: Growing diversity and complexity* (3rd ed., pp. 280–300). New York: Guilford.

Farley, J. (1979). Family separation-individuation tolerance: A developmental conceptualization of the nuclear family. *Journal of Marital and Family Therapy, 5,* 61–67.

Farnsworth, E. B., & Allen, K. R. (1996). Mothers' bereavement: Experiences of marginalization, stories of change. *Family Relations, 45,* 360–367.

Farrington, D. P. (2005). Childhood origins of antisocial behavior. *Clinical Psychology and Psychotherapy, 12,* 177–190.

Feeney, J., Alexander, R., Noller, P., & Hohaus, L. (2003). Attachment insecurity, depression, and the transition to parenthood. *Personal Relationships, 10,* 475–493.

Feeney, J. A. (1999). Adult romantic attachment and couple relationships. In J. Cassidy & P. R. Shaver (Eds.), *Handbook of attachment: Theory, research, and clinical applications* (pp. 355–377). New York: Guilford.

Feeney, J. A., & Noller, P. (1990). Attachment style as a predictor of adult romantic relationships. *Journal of Personality and Social Psychology, 58,* 281–291.

Feeney, J., & Noller, P. (1996). *Adult attachment* (pp. 111–116). Thousand Oaks, CA: Sage.

Feinberg, M. E. (2002). Coparenting and the transition to parenthood: A framework for prevention. *Clinical Child and Family Psychology Review, 5,* 173–195.

Ferreira, A. J. (1966). Family myths. *Psychiatric Research Reports of the American Psychiatric Association, 20,* 85–90.

Field, J. (2001). *Living arrangements of children: Fall 1996.* Current Population Reports, P70-74. Washington, DC: U.S. Census Bureau.

Figley, C. R. (1989). *Helping traumatized families.* San Francisco: Jossey-Bass.

Fincham, F. D. (1994). Understanding the association between marital conflict and child maladjustment: An overview. *Journal of Family Psychology, 8,* 123–127.

Fincham, F. D. (2000). The kiss of the porcupines: From attributing responsibility to forgiving. *Personal Relationships, 7,* 1–23.

Fincham, F. D. (2009). Conflict in marriage. In Harry T. Reis & Susan K. Sprecher (Eds.), *Encyclopedia of Human Relationships.* Thousands Oaks, CA: Sage.

Fincham, F. D., & Beach, S. R. (1999). Marital conflict: Implications for working with couples. *Annual Review of Psychology, 50,* 47–77.

Fincham, F. D., & Beach, S. R. H. (2002). Forgiveness in marriage: Implications for psychological aggression and constructive communication. *Personal Relationships, 9,* 239-251.

Fine, M., McKenry, P., & Chung, H. (1992). Postdivorce adjustment of black and white single parents. *Journal of Divorce and Remarriage, 17,* 121-134.

Fine, M., & Norris, J. E. (1989). Intergenerational relations and family therapy research: What we can learn from other disciplines. *Family Process, 28,* 301-315.

Fingerman, K. L. (2001). *Aging mothers and their adult daughters: A study of mixed emotions.* New York: Springer.

Fish, M., Belsky, J., & Youngblade, L. (1991). Developmental antecedents and measurement of intergenerational boundary violation in a nonclinic sample. *Journal of Family Psychology, 43,* 278-297.

Fisher, L., Nakell, L. C., Terry, H. E., & Ransom, D. C. (1992). The California family health project III: Family emotion management and adult health. *Family Process, 31,* 269-287.

Fisher, L., Ransom, D. C., Terry, H. E., & Burge, S. (1992). Family structure/organization and adult health. *Family Process, 31,* 399-417.

Fitzpatrick, J. P. (1988). The Puerto Rican family. In C. H. Mindel & R. W. Habenstein (Eds.), *Ethnic families in America: Patterns and variations* (pp. 89-214). New York: Elsevier.

Fitzpatrick, M. A., Mulac, A., & Dindia, K. (1995). Gender preferential language use in spouse and stranger interaction. *Journal of Language and Social Psychology, 14,* 18-39.

Florsheim, P. et al. (2003). The transition to parenthood among African American and Latino couples: Relational predictors of risk for parental dysfunction. *Journal of Family Psychology, 17,* 65-79.

Framo, J. (1970). Symptoms from a family transactional viewpoint. In N. W. Ackerman, J. Lieb, & J. K. Pearce (Eds.), *Family therapy in transition* (pp. 125-171). Boston: Little, Brown.

Framo, J. (1976). Family of origin as a therapeutic resource for adults in marital and family therapy: You can and should go home again. *Family Process, 15,* 193-210.

Framo, J. (1981). The integration of marital therapy with sessions with the family of origin. In A. S. Gurman & D. P. Kniskern (Eds.), *Handbook of family therapy* (Vol. 1, pp. 133-158). New York: Brunner/Mazel.

Francoeur, R. T., & Noonan, R. J. (2004). *International encyclopedia of sexuality.* New York: Continuum International.

Frank, S., & Jackson, S. (1996). Family experiences as moderators of the relationship between eating symptoms and personality disturbance. *Journal of Youth and Adolescence, 25*(1), 55-72.

Friedman, E. H. (1991). Bowen theory and therapy. In A. S. Gurman & D. P. Kniskern (Eds.), *Handbook of family therapy* (Vol. 2, pp. 134-170). New York: Brunner/Mazel.

Friesen, B. J. (1996). Family support in child and adult mental health. In G. H. Singer, L. E. Powers, & A. L. Olson (Eds.), *Redefining family support: Innovations in public-*

private partnerships. Baltimore, MD: Paul Brookes.

Fullinwider-Bush, N., & Jacobvitz, D. B. (1993). The transition to young adulthood: Generational boundary dissolution and female identity development. *Family Process, 32*, 87-103.

Furstenberg, F. F. (2000). The sociology of adolescence and youth in the 1990s: A critical commentary. *Journal of Marriage and Family, 62*(4), 896-910.

Gable, S., Belsky, J., & Crnic, K. (1992). Marriage, parenting and child development: Progress and prospects. *Journal of Family Psychology, 5*, 276-294.

Gagnon, J. (1977). *Human sexuality*. Glenview, IL: Scott Foresman.

Gallagher, M. (1996). *The abolition of marriage: How we destroy lasting love*. Washington, DC: Regnery Publishing, Inc.

Galvin, K. M., & Brommel, B. J. (1991). *Family communication: Cohesion and change*. New York: HarperCollins.

Garbarino, J., & Kostelny, K. (1992). Child maltreatment as a community problem. *Child Abuse and Neglect, 16*, 455-464.

Garcia-Coll, C. T. (1990). Developmental outcome of minority infants: A process-oriented look into our beginnings. *Child Development, 61*, 270-289.

Garcia-Coll, C., & Pachter, L. M. (2002). Ethnic and minority parenting. In M. H. Bornstein (Ed.), *Handbook of parenting, volume 4: Social conditions and applied parenting* (2nd ed., pp. 1-20). Mahwah, NJ: Lawrence Erlbaum Associates.

Garcia-Preto, N. (2005). Latino families: An overview. In M. McGoldrick, J. Giordano, & N. Garcia-Preto (Eds.), *Ethnicity and family therapy* (3rd ed., pp. 153-165). New York: Guilford Press.

Gates, R. et al. (2000). Diversity of new American families: Guidelines for therapists. In W. Nichols, M. Pace-Nichols, & D. Becvar (Eds.), *Handbook of family development and intervention*. New York: John Wiley.

Gavazzi, S. M., & Blumenkrantz, D. G. (1991). Teenage runaways: Treatment in the context of the family and beyond. *Journal of Family Psychotherapy, 2*, 15-29.

Gecas, V., & Seff, M. A. (1990). Families and adolescents: A review of the 1980s. *Journal of Marriage and Family, 52*, 941-958.

Gelles, R. J. (1998). The youngest victims: Violence toward children. In R. K. Bergen (Ed.), *Issues in intimate violence* (pp. 5-24). Thousand Oaks, CA: Sage.

Gelles, R. J., & Straus, M. A. (1988). *Intimate violence*. New York: Simon & Schuster.

Gilbert, L. A. (1988). *Sharing it all: The rewards and struggles of two-career families*. New York: Plenum Press.

Giordano, J., McGoldrick, M., & Klages, J. G. (2005). Italian families. In M. McGoldrick, J. Giordano, & N. Garcia-Preto (Eds), *Ethnicity and family therapy* (3rd ed., pp. 616-628). New York: Guilford Press.

Glade, A. C., Bean, R. A., & Vira, R. (2005). A prime time for marital/relational intervention: A review of the transition to parenthood literature with treatment recommendations. *American Journal of Family Therapy, 33,* 319-336.

Glick, P. C. (1977). Updating the life cycle of the family. *Journal of Marriage and Family, 48,* 107-112.

Gold, J., & Wilson, J. S. (2002). Legitimizing the child-free family: The role of the family counselor. *The Family Journal, 10,* 70-74.

Goldenberg, I., & Goldenberg, H. (2000). *Family therapy: An overview* (5th ed.). Belmont, CA: Brooks/Cole.

Goldner, V. (1988). Generation and gender: Normative and covert hierarchies. *Family Process, 27,* 17-31.

Goldscheider, F. (1997). Recent changes in U.S. young adult living arrangements in comparative perspective. *Journal of Family Issues, 18,* 708-724.

Golish, T. D. (2003). Stepfamily communication strengths: Understanding the ties that bind. *Human Communication Research, 29,* 41-80.

Gorchoff, S. M., Oliver, J. P., Helson, R. (2008). Is emptynest best? Changes in marital satisfaction in middle age. *Psychological Science, 13,* 5-22.

Gottman, J. M. (1994). *Why marriages succeed or fail.* New York: Simon & Schuster.

Gottman, J. M. (1999). *The marriage clinic.* New York: Norton.

Gottman, J. M., Coan, J., Carrère, S., & Swanson, C. (1998). Predicting marital happiness and stability from newlywed interactions. *Journal of Marriage and Family, 60,* 5-22.

Gottman, J. M., Katz, L. F., & Hooven, C. (1997). *Meta-emotion: How families communicate emotionally.* Mahwah, NJ: Lawrence Erlbaum Associates.

Gottman, J. M., & Levenson, R. W. (1992). Marital processes predictive of later dissolution: Behavior, physiology, and health. *Journal of Personality and Social Psychology, 63,* 221-233.

Gottman, J. M., & Levenson, R. W. (1999a). How stable is marital interaction over time? *Family Process, 38,* 159-166.

Gottman, J. M., & Levenson, R. W. (1999b). What predicts change in marital interaction over time? A study of alternative models. *Family Process, 38,* 143-158.

Gottman, J. M., Levenson, R. W., Seanson, C., Swanson, K. Tyson, R., & Yoshimoto, D. (2003). Observing gay, lesbian, and heterosexual couples' relationships: Mathematical modeling of conflict interaction. *Journal of Homosexuality, 45,* 65-82.

Gottman, J. M., & Notarius, C. I. (2002). Marriage research in the 20th century and a research agenda for the 21st century. *Family Process, 41,* 159-197.

Gottman, J. M., & Silver, N. (1999). *The seven principles for making marriage work.* New York: Crown Publishers.

Gould, R. L. (1978). *Transformations: Growth and change in adult life.* New York: Simon & Schuster.

Gove, W. R., & Shin, H. (1989). The psychological well-being of divorced and widowed men and women: An empirical analysis. *Journal of Family Issues, 10*, 122-144.

Grall, T. S. (2006). *Custodial mothers and fathers and their child support: 2003.* Current Population Reports, P60-230. www.census.gov/prod/2006pubs/p60-230.pdf

Greenberg, M. S. (1980). A theory of indebtedness. In K. J. Gergen, M. S. Greenberg, & R. H. Willis (Eds.), *Social exchange: Advances in theory and research* (pp. 3-26). New York: Plenum Press.

Greene, S. M., Adnerson, E., Hetherington, E. M., Forgatch, M. S., & DeGarmo, D. S. (2003). Risk and resilience in divorce. In F. Walsh (Ed.), *Normal family processes* (3rd ed., pp. 96-120). New York: Guilford.

Greenstein, T. N. (1996). Husbands' participation in domestic labor: Interactive effects of wives' and husbands' gender ideologies. *Journal of Marriage and Family, 58*, 585-595.

Grossman, F., Pollack, W., Golding, E., & Fedele, N. (1987). Affiliation and autonomy in the transition to parenthood. *Family Relations, 36*, 263-269.

Grotevant, H., & Cooper, C. (1986). Individuation in family relationships. *Human Development, 29*, 82-100.

Grusec, J. E., & Davidov, M. (2007). Socialization in the family: The role of parents. In J. E. Grusec & P. D. Hastings (Eds.), *Handbook of socialization* (pp. 284-308). New York: Guilford Press.

Guerrero, L. K. (1997). Nonverbal interactions with same-sex friends, opposite-sex friends, and romantic partners: Consistency or change? *Journal of Social and Personal Relationships, 14*, 31-58.

Guisinger, S., & Blatt, S. (1994). Individuality and relatedness: Evolution of a fundamental dialectic. *American Psychologist, 49*, 104-111.

Guttman, H. A. (1991). Parental death as a precipitant of marital conflict in middle age. *Journal of Marital and Family Therapy, 17*, 81-87.

Haapasalo, J., & Pokela, E. (1999). Child-rearing and child abuse antecedents of criminality. *Aggression and Violent Behavior, 1*, 107-127.

Haas, D. F., & Deseran, F. A. (1981). Trust and symbolic exchange. *Social Psychology Quarterly, 44*, 3-13.

Haas, S. M., & Stafford, L. (2005). Maintenance behaviors in same-sex and marital relationships: A matched sample comparison. *The Journal of Family Communication, 5*, 43-60.

Haley, J. (1980). *Leaving home.* New York: McGraw-Hill.

Haley, J. (1987). *Problem-solving therapy* (2nd ed.). San Francisco: Jossey-Bass.

Hall, J. A. (1984). *Nonverbal sex differences. Accuracy of communication and expressive style.* Baltimore, MD: The Johns Hopkins University Press.

Hammer, H., Finkelhor, D., & Sedlak, A. J. (2002). Runaway/thrownaway children: National estimates and characteristics (National Incidence Studies of Missing, abducted, Runaway, and Thrownaway Children Bulletin, NCJ 196469). Washington, DC: US Department of

Justice, Office of Juvenile Justice and Delinquency Prevention.

Handelsman, M. M., Gottlieb, M. C., & Knapp, S. (2005). Training ethical psychologists: An acculturation model. *Professional Psychology: Research and Practice, 36*, 59-65.

Hanson, T. L. (1999). Does parental conflict explain why divorce is negatively associated with child welfare? *Social Forces, 77*, 1283-1316.

Hareven, T. K. (2000). *Families, history and social change: Life-course and croll-cultural perspectives.* Boulder, CO: Westview Press.

Harkness, S., & Super, C. M. (2002). Culture and parenting. In M. H. Bornstein (Ed.), *Handbook of parenting, volume 2: Biology and ecology of parenting* (2nd ed., pp. 253-280). Mahwah, NJ: Lawrence Erlbaum Associates.

Harvey, J., Wenzel, A., & Sprecher, S. (2004). *Handbook of sexuality in close relationships.* Mahway, NJ: Lawrence Erlbaum.

Harwood, R. L. (1992). The influence of culturally derived values on Anglo and Puerto Rican mothers' perceptions of attachment behaviors. *Child Development, 63*, 822-839.

Hawkins, D. J., Roberts, T. A., Christiansen, S. L., & Marshall, C. M. (1994). An evaluation of a program to help dual-earner couples share the second shift. *Family Relations, 43*, 213-220.

Hawkins, D. J., Herrenkohl, T., Farrington, D. P., Brewer, D., Catalano, R. F., & Harachi, T. W. (1998). A review of predictors of youth violence. In R. Loeber & D. P. Farrington (Eds.), *Serious and violent offenders: Risk factors and successful interventions.* Thousand Oaks, CA: Sage.

Hawkins, J. D., Catalano, R. F., & Miller, J. Y. (1992). Risk and protective factors for alcohol and other drug problems in adolescence and early adulthood: Implications for substance abuse prevention. *Psychological Bulletin, 112*, 64-105.

Hazan, C., & Shaver, P. (1987). Romantic love conceptualized as an attachment process. *Journal of Personality and Social Psychology, 52*, 511-524.

Hazan, C., & Shaver, P. R. (1994). Attachment as an organizational framework for research on close relationships. *Psychological Inquiry, 5*, 1-22.

Hazan, C., & Zeifman, D. (1999). Pair bonds as attachments: Evaluating the evidence. In J. Cassidy & P. R. Shaver (Eds.), *Handbook of attachment: Theory, research, and clinical applications* (pp. 336-354). New York: Guilford.

Heiss, J. (1981). Social roles. In M. Rosenberg & R. H. Turner (Eds.), *Social psychology: Sociological perspectives* (pp. 94-129). New York: Basic Books.

Helms-Erikson, H. (2001). Marital quality ten years after the transition to parenthood: Implications of the timing of parenthood and the division of labor. *Journal of Marriage and Family, 63*, 1099-1110.

Helsen, M., Vollebergh, W., & Meeus, W. (2000). Social support from parents and friends and emotional problems in adolescence. *Journal of Youth and Adolescence, 29*, 319-335.

Hendrick, S., & Hendrick, C. (1992). *Linking, loving, and relating.* Pacific Grove, CA:

Brooks/Cole.

Henricson, C., & Roker, D. (2000). Support for the parents of adolescents: A review. *Journal of Adolescence, 23*, 763-783.

Herman, M. R., Dornbusch, S. M., Herron, M. C., & Herting, J. R. (1997). The influence of family regulation, connection, and psychological autonomy on six measures of adolescent functioning. *Journal of Adolescent Research, 12*, 34-57.

Hess, R. D., & Handel, G. (1985). The family as a psychosocial organization. In G. Handel (Ed.), *The psychosocial interior of the family* (3rd ed., pp. 33-46). New York: Aldine.

Hetherington, E. M. (1989). Coping with family transitions: Winners, losers, and survivors. *Child Development, 60*, 1-14.

Hetherington, E. M. (1999). Should we stay together for the sake of the children? In E. M. Hetherington (Ed.), *Coping with divorce, single parenting, and remarriage: A risk and resiliency perspective* (pp. 93-116). Hillsdale, NJ: Erlbaum.

Hetherington, E. M. (2003a). Social support and the adjustment of children in divorced and remarried families. *Childhood, 10*, 217-236.

Hetherington, E. M. (2003b). Intimate pathways: Changing patterns in close personal relationships across time. *Family Relations, 52*, 318-331.

Hetherington, E. M., & Kelly, J. (2002). *For better or worse: Divorce reconsidered.* New York: Norton.

Hetherington, E. M., & Stanley-Hagen, M. (1999). The adjustment of children with divorced parents: A risk and resiliency perspective. *Journal of Child Psychology and Psychiatry, 40*, 129-140.

Hill, R. (1986). Life cycle stages for types of single parent families: Of family development theory. *Family Relations, 35*, 19-29.

Hines, P., & Boyd-Franklin, N. (2005). African American families. In M. McGoldrick, J. Giordano, & N. Garcia-Preto (Eds.), *Ethnicity and family therapy* (3rd ed., pp. 88-100). New York: Guilford.

Hines, P., Preto, N., McGoldrick, M., Almeida, R., & Weltman, S. (2005). Culture and the family life cycle. In E. A. Carter, M. McGoldrick, & B. Carter (Eds.), *The expanded family life cycle: Individual, family, and social perspectives* (3rd ed., pp. 69-87). Boston: Allyn & Bacon.

Ho, D. Y. F. (1981). Traditional patterns of socialization in Chinese society. *Acta Psychologia Taiwanica, 23*, 81-95.

Hochschild, A. (1997). *The time bind: When work becomes home and home becomes work.* New York: Metropolitan Books.

Hochschild, A., & Machung, A. (1989). *The second shift: Working parents and the revolution at home.* New York: Viking.

Hoff, E., Laursen, B., & Tardif, T. (2002). Socioeconomic status and parenting. In M. H. Bornstein (Ed.), *Handbook of parenting, volume 2: Biology and ecology of parenting*

(2nd ed., pp. 231-252). Mahwah, NJ: Lawrence Erlbaum Associates.

Hoffman, K., Demo, D., & Edwards, J. (1994). Physical wife abuse in a non-Western society: An integrated theoretical approach. *Journal of Marriage and Family, 56*, 131-146.

Holmes, S. E., & Sabatelli, R. M. (1997). The quality of the mother-daughter relationship and caregiving dynamics. Unpublished manuscript, University of Connecticut, Storrs.

Holzworth-Munroe, A., & Stuart, G. L. (1994). Typologies of male batterers: Three subtypes and the differences among them. *Psychological Bulletin, 116*, 476-497.

Holzworth-Munroe, A., Stuart, G. L., & Hutchinson, G. (1997). Violent versus nonviolent husbands: Differences in attachment patterns, dependency, and jealousy. *Journal of Family Psychology, 11*, 314-331.

Homans, G. C. (1961). *Social behavior: Its elementary forms*. New York: Harcourt, Brace, & World.

Horesh, N. et al. (1996). Abnormal psychosocial situations and eating disorders in adolescence. *Journal of the American Academy of Child and Adolescent Psychiatry, 35*, 921-927.

Hotaling, G. T., & Sugarman, D. B. (1990). A risk marker analysis of assaulted wives. *Journal of Family Violence, 5*(1), 1-13.

Hudson, J. I., Hiripi, E., Pope, H. G., & Kessler, R. C. (2007). The prevalence and correlates of eating disorders in the national comorbidity survey replication. *Biological Psychiatry, 61*, 348-358.

Hughes, D., Galinsky, E., & Morris, A. (1992). The effects of job characteristics on marital quality: Specifying linking mechanisms. *Journal of Marriage and Family, 54*, 31-42.

Humphrey, L. L. (1986). Family relations in bulimic, anorexic, and nondistressed families. *International Journal of Eating Disorders, 5*, 223-232.

Hungerford, T. L. (2001). The economic consequences of widowhood on elderly women in the United States and Germany. *Gerontologist, 41*, 103-110.

Huston, T. L. (1983). Power. In H. H. Kelley, E. Berscheid, A. Christensen, J. H. Harvey, T. Huston, G. Levinger, E. McClintock, L. A. Peplau, & D. R. Peterson (Eds.), *Close relations* (pp. 169-221). New York: W. H. Freeman.

Huston, T. L., & Levinger, G. (1978). Interpersonal attraction and relationships. In M. R. Osenzweig & L. W. Porter (Eds.), *Annual Review of Psychology* (Vol. 29, pp. 264-292). Palo Alto, CA: Annual Reviews.

Huston, T. L., Surra, C. A., Fitzgerald, N. M., & Cate, R. M. (1981). Mate selection as an interpersonal process. In S. Duck & R. Gilmour (Eds.), *Personal relationships: Vol. 2. Developing personal relationships* (pp. 53-88). London: Academic Press.

Igoin-Apfelbaum, L. (1985). Characteristics of family background in bulimia. *Psychotherapy and Psychosomatics, 43*, 161-167.

Isser, N. (1988). The Linneweil affair: A study in adolescent vulnerability. *Adolescence, 19*, 629-642.

Jackson, A. P., Brooks-Gunn, J., Huang, C. C., & Glassman, M. (2000). Single mothers in low-wage jobs: Financial strain, parenting, and preschoolers' outcomes. *Child Development*, *71*, 1409-1423.

Jacob, T. (1987). *Family interaction and psychopathology: Theories, methods, and findings*. New York: Plenum Press.

Jacobson, N. S., & Margolin, G. (1979). *Marital therapy: Strategies based on social learning and behavior exchange principles*. New York: Brunner/Mazel.

Jencius, M., & Duba, J. (2002). Creating a multicultural family practice. *The Family Journal*, *10*, 410-414.

Jessor, R. (1993). Successful adolescent development among youth in high-risk settings. *American Psychologist, 48*, 117-126.

Johnson, C. (1994). Gender, legitimate authority, and conversation. *American Sociological Review, 59*, 122-135.

Johnson, E. M., & Huston, T. L. (1998). The perils of love, or why wives adapt to husbands during the transition to parenthood. *Journal of Marriage and Family, 60*, 195-204.

Johnson, L., O'Mally, P., & Bachman, J. (2001). Drug use among American High School Seniors, College Students, and Young Adults, 1975-2000. National Institute on Drug Abuse (NIH Publication No. 01-4923). Rockville, MD.

Johnson, P., & McNeil, K. (1998). Predictors of developmental task attainment for young adults from divorced families. *Contemporary Family Therapy, 20*, 237-250.

Johnson, P., & Nelson, M. D. (1998). Parental divorce, family functioning, and college student development: An intergenerational perspective. *Journal of College Student Development, 39*, 355-363.

Johnson, P., Thorngren, J. M., & Smith, A. J. (2001). Parental divorce and family functioning: Effects of differentiation levels of young adults. *The Family Journal, 9*, 265-272.

Jorgenson, S. R., Thornburg, H. D., & Williams, J. K. (1980). The experience of running away: Perceptions of adolescents seeking help in a shelter care facility. *High School Journal, 64*, 87-96.

Josselson, R. L. (1980). Ego development in adolescence. In J. Adelson (Ed.), *Handbook of adolescent psychology* (pp. 188-210). New York: Wiley.

Julian, T. W., McKenry, P. C., & McKelvey, M. W. (1994). Cultural variations in parenting: Perceptions of Caucasian, African-American, Hispanic, and Asian-American parents. *Family Relations, 43*, 30-37.

Kalmuss, D., Davidson, A., & Cushman, L. (1992). Parenting, expectations, experiences, and adjustments to parenthood: A test of the violated expectations framework. *Journal of Marriage and Family, 54*, 516-526.

Kaminer, Y. (1991). Adolescent substance abuse. In R. Frances & S. Miller (Eds.), *Clinical textbook of addictive disorders* (pp. 320-346). New York: Guilford.

Kandel, D. B. (1990). Parenting styles, drug use, and children's adjustment in families of young adults. *Journal of Marriage and Family, 52*, 183-196.

Kantor, D. (1980). Critical identity image: A concept linking individual, couple, and family development. In J. K. Pearce & L. J. Friedman (Eds.), *Family therapy: Combining psychodynamic and family systems approaches* (pp. 137-167). New York: Grune & Stratton.

Kantor, D., & Lehr, W. (1975). *Inside the family.* New York: Jossey-Bass.

Kaplan, L., Ade-Ridder, L., & Hennon, C. B. (1991). Issues of split custody: Siblings separated by divorce. *Journal of Divorce and Remarriage, 16,* 253-274.

Karpel, M. (1976). Individuation: From fusion to dialogue. *Family Process, 15,* 65-82.

Kaslow, F. W. (2000). Families experiencing divorce. In W. C. Nichols, M. A. Pace-Nichols, D. Becvar, & A. J. Napier (Eds.), *Handbook of family development and intervention* (pp. 341-368). New York: John Wiley & Sons.

Kaslow, F. W., & Schwartz, L. (1983). Vulnerability and invulnerability to the cults. In D. Bagarozzi, A. P. Jurich, & R. Jackson (Eds.), *New perspectives in marriage and family therapy* (pp. 165-190). New York: Human Sciences Press.

Kaufman, G. K., & Straus, M. A. (1990). Response of victims and the police to assaults on wives. In M. A. Straus & R. J. Gelles (Eds.), *Physical violence in American families: Risk factors and adaptations to violence in 8,145 families.* New Brunswick, NJ: Transaction Books.

Kaufman, J., & Zigler, E. (1993). The intergenerational transmission of abuse is overstated. In R. J. Gelles & D. Loseke (Eds.), *Current controversies on family violence* (pp. 209-221). Newbury Park, CA: Sage.

Kelley, H. H. et al. (1983). Analyzing close relationships. In H. H. Kelley, E. Berscheid, A. Christensen, J. H. Harvey, T. Huston, G. Levinger, E. McClintock, L. A. Peplau, & D. R. Peterson (Eds.), *Close relations* (pp. 20-67). New York: W. H. Freeman.

Kelly, J. B. (2003). Changing perspectives on children's adjustment following divorce: A view from the United States. *Childhood, 10,* 237-254.

Kelly, J. B., & Lamb, M. E. (2003). Developmental issues in relocation cases involving young children: When, where, and how? *Journal of Family Psychology, 17,* 193-205.

Kelley, M. L., Power, T. G., & Wimbush, D. D. (1992). Determinants of disciplinary practices in low-income black mothers. *Child Development, 63,* 573-582.

Kerr, M. E., & Bowen, M. (1988). *Family evaluation: An approach based on Bowen theory.* New York: W. W. Norton.

Kilpatrick, D. G., Aciero, R., Saunders, B., Resnick, H. S., Best, C. L., & Schnurr, P. P. (2000). Risk factors for adolescent substance abuse and dependence: Data from a national sample. *Journal of Consulting and Clinical Psychology, 68,* 19-30.

Kitson, G. C., & Holmes, W. M. (1992). *Portrait of divorce: Adjustment to marital breakdown.* New York: Guilford.

Klein, D. (1983). Family problem solving and family stress. *Marriage and Family Review, 6,* 85-111.

Klein, G. H., Pleasant, N. D., Whitton, S. W., & Markman, H. J. (2006). Understanding couple conflict. In A. L. Vangelisti & D. Perlman (Eds.), *The Cambridge handbook of personal relationships*. (pp. 445-462). Cambridge, UK: Cambridge University Press.

Kluwer, E. S., & Johnson, M. D. (2007). Conflict frequency and relationship quality across the transition to parenthood. *Journal of Marriage and family, 69*, 1089-1106.

Knapp, M. L., & Hall, J. A. (2002). *Nonverbal communication in human interaction* (5th ed.). Belmont, CA: Wadsworth.

Knapp, M. L., & Vangelisti, A. L. (2005). *Interpersonal communication and human relationships* (5th ed.). Boston: Allyn & Bacon.

Kobak, R. R., & Hazan, C. (1991). Attachment in marriage: Effects of security and accuracy of working models. *Journal of Personality and Social Psychology, 60*, 861-869.

Kramer, J. R. (1985). *Family interfaces: Transgenerational patterns*. New York: Brunner/Mazel.

Krause, N., & Rook, K. S. (2003). Negative interaction in late life: Issues in the stability and generalizability of conflict across relationships. *Journals of Gerontology: Psychological Sciences, 58B*, P88-P99.

Kroneman, L., Loeber, R., & Hipwell, A. E. (2004). Is neighborhood context differently related to externalizing problems and delinquency for girls compared with boys? *Clinical Child and Family Psychology Review, 7*(2), 109-122.

Kupers, T. A. (1993). *Revisioning men's lives: Gender, intimacy & Power*. New York: Guilford Press.

Kurdek, L. (2004). Are gay and lesbian cohabiting couples really different from heterosexual married couples? *Journal of Marriage and Family, 66*, 880-900.

Kurdek, L., & Schmitt, J. P. (1986a). Interaction of sex role self-concept with relationship quality and relationship beliefs in married, heterosexual cohabiting, gay, and lesbian couples. *Journal of Personality and Social Psychology, 51*, 365-370.

Kurdek, L., & Schmitt, J. P. (1986b). Relationship quality of partners in heterosexual married, heterosexual cohabiting, gay and lesbian couples. *Journal of Personality and Social Psychology, 51*, 711-720.

Laing, R. D. (1971). *The politics of the family*. New York: Random House.

Laird, J. (2003). Lesbian and gay families. In F. Walsh (Ed.), *Normal family processes: Growing diversity and complexity* (3rd ed., pp. 176-209). New York: Guilford Press.

Lamb, M. E., & Kelly, J. B. (2001). Using the empirical literature to guide the development of parenting plans for young children: A rejoinder to Solomon and Biringen. *Family Court Review, 39*, 365-371.

Lamb, M. W. (2004). *The role of the father in child development* (4th ed.). Hoboken, NJ: Wiley.

Lamborn, S. D., Mounts, N. S., Steinberg, L., & Dornbusch, S. M. (1991). Patterns of competence and adjustment among adolescents from authoritative, authoritarian, indulgent, and neglectful families. *Child Development, 62*, 1049-1065.

Langan, P. A., & Innes, C. A. (1986). *Preventing domestic violence against women* (Bureau of Justice Statistics Special Report). Washington, DC: Department of Justice. (NCJ No. 102037)

LaRossa, R., & LaRossa, M. (1981). *Transition to parenthood: How infants change families.* Beverly Hills, CA: Sage.

LaRossa, R., & Reitzes, D. (1992). Symbolic interactionism and family studies. In P. Boss, W. Doherty, R. LaRossa, W. Schumm, & S. Steinmetz (Eds.), *Sourcebook of family theories and methods: A contextual approach* (pp. 135-166). New York: Plenum.

Lee, E. (1996). Asian American families. In M. McGoldrick, J. Giordano, & J. K. Pearce (Eds.), *Ethnicity and family therapy* (pp. 227-248). New York: Guildford.

Lehman, D. R., Lang, E., Wortman, C., & Sorenson, S. (1989). Long-term effects of sudden bereavement: Marital and parent-child relationships and children's reactions. *Journal of Family Psychology, 2*, 344-367.

Leigh, G. K., Homan, T. B., & Burr, W. R. (1987). Some confusions and exclusions of the SVR theory of dyadic pairings: A response to Murstein. *Journal of Marriage and Family, 49*, 933-937.

Leik, R., & Leik, S. (1977). Transition to interpersonal commitment. In R. Hamblin & J. Kunkel (Eds.), *Behavioral theory in sociology* (pp. 299-321). New Brunswick, NJ: Transaction.

Lennon, M. C., & Rosenfield, S. (1994). Relative fairness and the division of housework: The importance of options. *American Journal of Sociology, 100*, 506-531.

Lerner, R. M., Rothbaum, F., Boulos, S., & Castellino, D. R. (2002). Developmental systems perspective on parenting. In M. H. Bornstein (Ed.), *Handbook of parenting, volume 2: Biology and ecology of parenting* (2nd ed., pp. 315-344). Mahwah, NJ: Lawrence Erlbaum Associates.

Levenson, R. W., & Gottman, J. M. (1983). Marital interaction: Physiological linkage and affective exchange. *Journal of Personality and Social Psychology, 45*, 587-597.

Levine, B. L. (1985). Adolescent substance abuse: Toward an integration of family systems and individual adaptation. *American Journal of Family Therapy, 13*, 3-16.

Levinger, G. (1982). A social exchange view on the dissolution of pair relationships. In F. I. Nye (Ed.), *Family relationships: Rewards and costs* (pp. 97-122). Beverly Hills, CA: Sage.

Levinger, G. (1999). Duty to whom? Reconsidering attractions and barriers as determinants of commitment in a relationship. In J. Adams & W. H. Jones (Eds.), *Handbook of interpersonal commitment and relationship stability* (pp. 37-52). New York: Plenum Press.

Levinson, D. J. (1986). A conception of adult development. *American Psychologist, 41*, 3-13.

Lewinsohn, P. M., Striegel-Moore, R. H., & Seeley, J. P. (2000). The epidemiology and natural course of eating disorders in young women from adolescence to young adulthood. *Journal of the American Academy of Child and Adolescent Psychiatry, 39*, 1284-

1292.

Lewis, R. A. (1972). A developmental framework for the analysis of premarital dyadic formation. *Family Process, 11,* 17-48.

Lewis, R. A., & Spanier, G. B. (1979). Theorizing about the quality and stability of marriage. In W. R. Burr, R. Hill, F. I. Nye, & I. L. Reiss (Eds.), *Contemporary theories about the family* (Vol. 1, pp. 268-294). New York: Free Press.

Littlewood, J. (1992). *Aspects of grief: Bereavement in adult life.* London: Tavistock/Routledge.

Lopata, H. (1996). *Current widowhood: Myths and realities.* Thousand Oaks, CA: Sage.

Lum, K., & Char, W. F. (1985). Chinese adaptation in Hawaii: Some examples. In W. Tseng & D. Y. H. Wu (Eds.), *Chinese culture and mental health* (pp. 215-226). Orlando: Academic Press.

Maccoby, E., & Martin, J. (1983). Socialization in the context of the family: Parent-child interaction. In E. M. Hetherington (Ed.) & P. H. Mussen (Series Ed.), *Handbook of child psychology: Vol. 4. Socialization, personality and social development* (pp. 1-102). New York: Wiley.

MacDermid, S., Huston, T., & McHale, S. (1990). Changes in marriage associated with the transition to marriage. *Journal of Marriage and Family, 52,* 475-486.

MacDonald, K. (1992). Warmth as a developmental construct: An evolutionary analysis. *Child Development, 63,* 753-773.

Mace, D. R. (1983). *Prevention in family services: Approaches to family wellness.* Beverly Hills, CA: Sage.

Mahler, M., Pine, F., & Bergman, A. (1975). *The psychological birth of the human infant.* New York: Basic Books.

Manning, W. D., & Smock, P. J. (1997). Children's living arrangements in unmarried-mother families. *Journal of Family Issues, 18,* 526-544.

Marcia, J. E. (1966). Development and validation of ego identity status. *Journal of Personality and Social Psychology, 34,* 551-558.

Marcia, J. E. (1976). Identity six years after: A follow-up study. *Journal of Youth and Adolescence, 5,* 145-160.

Marcia, J. E. (1980). Identity in adolescence. In J. Adelson (Ed.), *Handbook of adolescent psychology* (pp. 159-187). New York: Wiley.

Marciano, T. (1982). Families and cults. *Marriage and Family Review, 4,* 101-118.

Marks, N. F. (1996). Caregiving across the lifespan: National prevalence and predictors. *Family Relations, 45,* 27-36.

Marks, N. F. (1998). Does it hurt to care: Caregiving, work-family conflict, and mid-life well-being. *Journal of Marriage and Family, 60,* 951-966.

Marshall, V. W. (1986). A sociological perspective on aging and dying. In V. Marshall (Ed.), *Later life: The social psychology of aging* (pp. 125-146). Beverly Hills, CA: Sage.

Marsiglio, W. (2004). When stepfathers claim stepchildren: A conceptual analysis. *Journal of Marriage and Family, 66,* 22-39.

Marsiglio, W., Amato, P., Day, R. D., & Lamb, M. E. (2000). Scholarship on fatherhood in the 1990s and beyond. *Journal of Marriage and Family, 62,* 1173-1191.

Mason, M. A., Harrison-Jay, S., Svare, G. M., & Wolfinger, N. H. (2002). Stepparents: De facto parents or legal strangers? *Journal of Family Issues, 23,* 507-522.

Mason, M. J. (2004). Preadolescent psychiatric and substance use disorders and the ecology of risk and protection. *Journal of Child and Adolescent Substance Abuse, 13*(4), 61-81.

Maynard, R. A. (1997). *Kids having kids.* Washington, DC: Urban Institute.

McAdoo, H. P. (1991). Family values and outcomes for children. *Journal of Negro Education, 60,* 361-365.

McCubbin, H. I., Joy, C. B., Cauble, A. E., Comeau, J. K., & Needle, R. H. (1980). Family stress and coping: A decade review. *Journal of Marriage and Family, 42,* 125-142.

McCubbin, H. I., McCubbin, M. A., & Thompson, A. I. (1993). Resiliency in families: The role of family schema and appraisal in family adaptation to crises. In T. H. Brubaker (Ed.), *Family relations: Challenges for the future* (pp. 153-180). Newbury Park, CA: Sage.

McCubbin, H. I., McCubbin, M. A., Thompson, A. I., Han, S. V., & Allen, C. T. (1997). Families under stress: what makes them resilient? *Journal of Family and Consumer Sciences, 89,* 2-11.

McCubbin, H. I., & Patterson, J. (1983). The family stress process: The Double ABCX model of adjustment and adaptation. *Marriage and Family Review, 6,* 7-37.

McCullough, P., & Rutenberg, S. (1989). Launching children and moving on. In B. Carter & M. McGoldrick (Eds.), *The changing family life cycle: A framework for family therapy* (2nd ed., pp. 286-310). Boston: Allyn & Bacon.

McDonald, G. W. (1981). Structural exchange and marital interaction. *Journal of Marriage and Family, 43,* 825-839.

McGoldrick, M. (2003). Culture: A challenge to concepts of normality. In F. Walsh (Ed.), *Normal family processes* (3rd ed., pp. 235-259). New York: Guilford Press.

McGoldrick, M. (2005a). Irish families. In M. McGoldrick, J. Giordano, & N. Garcia-Preto (Eds.), *Ethnicity and family therapy* (3rd ed., pp. 595-615). New York: Guilford Press.

McGoldrick, M. (2005b). Becoming a couple. In B. Carter & M. McGoldrick (Eds.), *The expanded family life cycle: Individual, family, and social perspectives* (3rd ed., pp. 231-248). Boston: Allyn & Bacon.

McGoldrick, M., & Carter, B. (2005). Remarried families. In B. Carter & M. McGoldrick (Eds.), *The expanded family life cycle: Individual, family, and social perspective* (3rd ed., pp. 417-435). Boston: Allyn & Bacon.

McGoldrick, M., Gerson, R., & Petry, S. (2008). *Genograms in family assessment* (3rd ed.). New York: W. W. Norton.

McGoldrick, M., & Walsh, F. (2005). Death and the family life cycle. In B. Carter & M.

McGoldrick (Eds.), *The expanded family life cycle: Individual, family, and social perspectives* (3rd ed., pp. 185-201). Boston: Allyn & Bacon.

McLoyd, V., Cauce, A., Tacheuchi, D., & Wilson, L. (2000). Marital processes and parental socialization in families of color: A decade review of research. *Journal of Marriage and Family, 62*, 1-27.

McLoyd, V. C. (1990). The declining fortunes of black children: Psychological distress, parenting, and socioemotional development in the context of economic hardship. *Child Development, 61*, 311-346.

Mederer, H., & Hill, R. (1983). Critical transitions over the family life span: Theory and research. *Marriage and Family Review, 6*, 39-60.

Mednick, M. T. (1987). Single mothers: A review and critique of current research. In A. S. Skolnick & J. H. Skolnick (Eds.), *Family in transition* (6th ed., pp. 441-456). Boston: Scott Foresman.

Menaghan, E. (1983). Individual coping efforts and family studies: Conceptual and methodological issues. *Marriage and Family Review, 6*, 113-135.

Menaghan, E. G., & Lieberman, M. A. (1986). Changes in depression following divorce: A panel study. *Journal of Marriage and Family, 48*, 319-328.

Menaghan, E. G., & Parcels, T. L. (1990). Parental employment and family life: Research in the 1980s. *Journal of Marriage and Family, 52*, 1079-1098.

Meth, R., & Passick, R. (1990). *Men in therapy.* New York: Guilford Press.

Meyer, D., & Russell, R. (1998). Caretaking, separation from parents, and the development of eating disorders. *Journal of Counseling and Development, 76*(2), 166-173.

Mezey, M. et al. (2001). *Sexual health. The encyclopedia of eldercare.* New York: Springer.

Milkie, M., & Peltola, P. (1999). Playing all roles: Gender and the work-family balancing act. *Journal of Marriage and Family, 61*, 476-490.

Miller, B., & Myers-Walls, J. (1983). Parenthood: Stresses and coping strategies. In H. McCubbin & C. Figley (Eds.), *Stress and the family: Coping with normative transitions* (pp. 54-73). New York: Brunner/Mazel.

Milner, J. S., & Chilamkurti, C. (1991). Physical child abuse perpetrator characteristics: A review of the literature. *Journal of Interpersonal Violence, 6*, 345-366.

Minuchin, S. (1974). *Families and family therapy.* Cambridge: Harvard University Press.

Minuchin, S. (1986). *Structural family therapy.* Presentation at the Master Therapists Series, University of Connecticut Medical School, Farmington.

Minuchin, S., Montalvo, B., Guerney, B. G., Rosman, B. L., & Schumer, F. (1967). *Families of the slums.* New York: Basic Books.

Minuchin, S., Rosman, B., & Baker, L. (1978). *Psychosomatic families: Anorexia nervosa in context.* Cambridge: Harvard University Press.

Mirkin, M., Raskin, P., & Antognini, F. (1984). Parenting, protecting, preserving: Mission of the adolescent female runaway. *Family Process, 23*(1), 63-74.

Mitchell, B. A., & Gee, E. M. (1996). "Boomerang kids" and midlife parental marital satisfaction. *Family Relations, 45*, 442-448.

Mitchell, V., & Helson, R. (1990). Women's prime of life: Is it the 50's? *Psychology of Women Quarterly, 14*, 451-470.

Moen, P., Kim, J. E., & Hofmeister, H. (2001). Couples' work/retirement transitions, gender, and marital quality. *Social Psychology Quarterly, 64*, 55-71.

Montgomery, B. M. (1981). The form and function of quality communication in marriage. *Family Relations, 30*, 21-30.

Moskowitz, D. S. (1993). Dominance and friendliness: On the interaction of gender and situation. *Journal of Personality, 61*, 387-409.

Moxnes, K. (2003). Risk factors in divorce: Perceptions by the children involved. *Childhood, 10*, 131-146.

Murray, C. I. (1994). Death, dying, and bereavement. In P. McKenry & S. Price (Eds.), *Families and change: Coping with stressful events* (pp. 173-194). Thousand Oaks, CA: Sage.

Myers, S. M., & Booth, A. (1996). Men's retirement and marital quality. *Journal of Family Issues, 17*, 336-358.

Nace, E. P., & Isbell, P. G. (1991). Alcohol. In R. J. Frances & S. I. Miller (Eds.), *Clinical textbook of addictive disorders* (pp. 43-68). New York: Guilford Press.

Napier, A. Y. (1988). *The fragile bond: In search of an equal, intimate, and enduring marriage*. New York: Harper & Row.

National Alliance for Caregiving & AARP (2005). Family caregiving in the U.S.: Findings from a national survey. Washington, DC: Author.

National Institute of Mental Health (NIMH) (2007). *Eating disorders* (Publication No. 07-4901). Bethesda, MD: Author.

Newman, D. (2007). *Identities and inequalities*. New York: McGraw-Hill.

O'Leary, K. D., Malone, J., & Tyree, A. (1994). Physical aggression in early marriage: Prerelationship and relationship effects. *Journal of Consulting and Clinical Psychology, 62*, 594-602.

Ogbu, J. U. (1981). Origins of human competence: A cultural-ecological perspective. *Child Development, 52*, 413-429.

Ogbu, J. U. (1987). Variability in minority school performance: A problem in search of an explanation. *Anthropology and Education Quarterly, 18*, 312-334.

Olson, D. H., & Gorall, D. M. (2003). Circumplex model of marital and family systems. In F. Walsh (Ed.), *Normal family processes* (3rd ed., pp. 514-548). New York: Guilford.

Olson, D. H., Russell, C. S., & Sprenkle, D. H. (1989). *Circumplex model: Systematic assessment and treatment of families*. New York: Haworth Press.

Omni, M., & Winant, H. (1994). *Racial formation in the US: From the 1960s to the 1990s* (2nd ed.). New York: Routledge.

Ordman, A. M., & Kirschenbaum, D. S. (1986). Bulimia: Assessment of eating, psychological adjustment, and familial characteristics. *International Journal of Eating Disorders, 5,* 865–878.

Osofsky, J. (1997). *Children in a violent society.* New York: Guilford.

Paley, B., Cox, M. J., Kanoy, K., Harter, K., Burchinal, M., & Margand, N. (2005). Adult attachment and marital interaction as predictors of whole family interactions during the transition to parenthood. *Journal of Family Psychology, 19,* 420–429.

Palkovitz, R. (2002). *Involved fathering and men's adult development: Provisional balances.* Mahwah, NJ: Lawrence Erlbaum.

Papernow, P. L. (1993). *Becoming a stepfamily: Patterns of development in remarried families.* San Francisco: Jossey-Bass.

Papero, D. V. (1991). The Bowen theory. In A. M. Horne & J. L. Passmore (Eds.), *Family counseling and therapy* (pp. 47–75). Itasca, IL: F. L. Peacock.

Pare, D. (1996). Culture and meaning: Expanding the metaphorical repertoire of family therapy. *Family Process, 35,* 21–42.

Parke, R. D. (1996). *Fatherhood.* Cambridge, MA: Harvard University Press.

Parke, R. D. (2004). Fathers, families, and the future: A plethora of plausible predictions. *Merrill-Palmer Quarterly, 50,* 456–470.

Parke, R. D., & Buriel, R. (2002). Socialization concerns in African-American, American Indian, Asian American and Latino families. In N. V. Benokraitis (Eds.), *Contemporary ethnic families in the United States: Characteristics, variations and dynamics.* Upper Saddle River, NJ: Prentice Hall.

Pasch, L. A., & Bradbury, T. N. (1998). Social support, conflict, and the development of marital dysfunction. *Journal of Consulting and Clinical Psychology, 66,* 219–230.

Patterson, J. M., & McCubbin, H. I. (1983). Chronic illness: Family stress and coping. In C. R. Figley & H. I. McCubbin (Eds.), *Stress and the family: Vol. 2. Coping with catastrophe.* New York: Brunner/Mazel.

Pearlin, L., & Schooler, C. (1978). The structure of coping. *Journal of Health and Social Behavior, 19,* 2–21.

Pearson, J. C. (1985). *Gender and communication.* Dubuque, IA: Wm. C. Brown.

Peplau, L. A., & Fingerhut, A. W. (2007). The close relationships of lesbians and gay men. *Annual Review of Psychology, 58,* 10.1–10.20.

Perry-Jenkins, M., Repetti, R. L., & Crouter, A. C. (2000). Work and family in the 1990s. *Journal of Marriage and Family, 62*(4), 981–998.

Peters, M. F. (1985). Racial socialization of young black children. In H. P. McAdoo & J. McAdoo (Eds.), *Black children: Social, educational, and parental environments* (pp. 159–173). Beverly Hills, CA: Sage.

Peterson, R. R. (1996). A re-evaluation of the economic consequences of divorce. *American Sociological Review, 61,* 528–536.

Piazza, E., Piazza, N., & Rollins, N. (1980). Anorexia nervosa: Controversial aspects of therapy.

Comprehensive Psychiatry, 17, 3-36.

Pike, K. M. (1995). Bulimic symptomology in high school girls: Toward a model of cumulative risk. *Psychology of Women Quarterly, 19*, 373-396.

Pillari, V. (1991). *Scapegoating in families: Intergenerational patterns of physical and emotional abuse.* New York: Brunner/Mazel.

Pillemer, K., & Suitor, J. J. (1998). Violence and violent feelings: What causes them among family caregivers? In R. K. Bergen (Ed.), *Issues in intimate violence* (pp. 255-266). Thousand Oaks, CA: Sage.

Pinderhughes, E. (1982). Afro-American families and the victim system. In M. McGoldrick, J. Pearce, & J. Giodano (Eds.), *Ethnicity and family therapy* (pp. 108-122). New York: Guilford Press.

Pinderhughes, E. B. (2002). African American marriage in the 20th century. *Family Process, 41*, 269-282.

Pine, V. et al. (1990). *Unrecognized and unsanctioned grief: The nature and counseling of unacknowledged loss.* Springfield, IL: Charles C. Thomas.

Pinsoff, W. M. (2002). The death of "till death do us part": The transformation of pair-bonding in the 20th century. *Family Process, 41*, 135-157.

Piper, A. (1992). Passing for white, passing for black. *Transition, 58*, 4-32.

Pleck, J. H. (1997). Paternal involvement: Levels, sources, and consequences. In M. E. Lamb (Ed.), *The role of the father in child development* (3rd ed., pp. 66-103). New York: John Wiley & Sons.

Pledge, D. S. (1992). Marital separation/divorce: A review of individual responses to a major life stressor. *Journal of Divorce and Remarriage, 17*(3-4), 151-181.

Popenoe, D. (1996). *Life without Father: Compelling new evidence that fatherhood and marriage are indispensable for the good of children and society.* New York: The Free Press.

Preto, N. G. (2005). Transformation of the family system during adolescence. In B. Carter & M. McGoldrick (Eds.), *The expanded family life cycle: Individual, family, and social perspectives* (3rd ed., pp. 274-286). Boston: Allyn & Bacon.

Proulx, C. M., & Helms, H. M. (2008). Mothers' and fathers' perceptions of change and continuity in their relationships with young adult sons and daughters. *Journal of Family Issues, 29*, 234-261.

Qualls, S. H., & Roberto, K. A. (2006). Diversity and caregiving support interventions: Lessons from elder care research. In B. Hayslip & J. Hicks Patrick (Eds.), *Custodial grandparents: Individual, cultural, and ethnic diversity* (pp. 37-54). New York: Springer.

Rando, T. A. (1986). *Parental loss of a child.* Champaign, IL: Research Press.

Rank, M. R. (2001). The effect of poverty on America's families: Assessing our research knowledge. *Journal of Family Issues, 22*, 882-903.

Rapoport, R. (1963). Normal crises, family structure and mental health. *Family Process, 2,* 68-80.

Riggs, D. S., Murphy, C. M., & O'Leary, K. D. (1989). Intention falsification in reports of interpartner aggression. *Journal of Interpersonal Violence, 4,* 220-232.

Robbins, T., & Anthony, D. (1982). Cults, culture and community. *Marriage and Family Review, 4,* 57-80.

Roberto, K. A. (2006). Family gerontology. *Family Relations, 55,* 100-145.

Roberto, K. A., & Jarrott, S. E. (2008). Caregiving in late life: A life-span human development perspective. *Family Relations, 57,* 100-111.

Roberto, L. G. (1987). Bulimia: Transgenerational family therapy. In J. E. Harkaway (Ed.), *Eating disorders* (pp. 1-11). Rockville, MD: Aspen.

Roberto, L. G. (1992). *Transgenerational family therapies.* New York: Guilford Press.

Robinson, J., & Godbey, G. (1997). *Time for life.* University Park, PA: Pennsylvania State University Press.

Robinson, J. P., & Godbey, G. (1999). *Time for life. The surprising ways Americans use their time* (2nd ed.). State College: Pennsylvania State University Press.

Rohner, R. P. (1984). Toward a conception of culture for cross-cultural psychology. *Journal of Cross-Cultural Psychology, 15,* 111-138.

Rohner, R. P. (1986). *The warmth dimension: Foundations of parental acceptance-rejection theory.* Beverly Hills, CA: Sage.

Roland, A. (1988). *In search of self in India and Japan: Towards a cross-cultural psychology.* Princeton: Princeton University Press.

Rolland, J. S. (1994). *Families, illness and disability: An integrated treatment model.* New York: Basic Books.

Root, M. P., Fallon, P., & Friedrich, W. N. (1986). *Bulimia: A systems approach to treatment.* New York: W. W. Norton.

Rosen, E. J., & Weltman, S. F. (2005). Jewish families: An overview. In M. McGoldrick, J. Giordano, & N. Garcia-Preto (Eds.), *Ethnicity and family therapy* (pp. 667-679). New York: Guilford Press.

Rosnekoetter, M. M., & Garris, J. M. (2001). Retirement planning, use of time, and psychosocial adjustment. *Issues in Mental Health Nursing, 22,* 703-722.

Rossi, A. (1968). Transition to parenthood. *Journal of Marriage and Family, 30,* 26-39.

Rowe, B. R. (1991). The economics of divorce: Findings from seven states. *Journal of Divorce and Remarriage, 16,* 5-17.

Ruschena, E., Prior, M., Sanson, A., & Smart, D. (2005). A longitudinal study of adolescent adjustment following family transitions. *Journal of Child Psychology and Psychiatry, 46,* 353-363.

Sabatelli, R. M. (1984). The marital comparison level index: A measure for assessing outcomes relative to expectations. *Journal of Marriage and Family, 46,* 651-662.

Sabatelli, R. M. (1988). Exploring relationship satisfaction: A social exchange perspective on the interdependence between theory, research, and practice. *Family Relations, 37*, 217-222.

Sabatelli, R. M. (1999). Marital commitment and family life transitions. In J. Adams & W. H. Jones (Eds.), *Handbook of Interpersonal Commitment and Relationship Stability* (pp. 181-192). New York: Plenum Press.

Sabatelli, R. M., & Anderson, A. S. (1991). Family system dynamics, peer relationships, and adolescents' psychological adjustment. *Family Relations, 40*, 363-369.

Sabatelli, R. M., & Chadwick, J. J. (2000). Marital distress: From complaints to contempt. In P. C. McKenry & S. J. Price (Eds.), *Family and Change: Coping with Stressful Events and Transitions* (pp. 22-44). Thousand Oaks, CA: Sage Publications.

Sabatelli, R. M., & Pearce, J. K. (1986). Exploring marital expectations. *Journal of Social and Personal Relationships, 3*, 307-321.

Sabatelli, R. M., & Ripoll, K. (2003). An ecological/exchange perspective on recent marital trends. In M. Coleman & L. Ganong (Eds.), *Handbook of Contemporary Families: Considering the Past and Contemplating the Future*. Thousand Oaks, CA: Sage Publications.

Sabatelli, R. M., & Shehan, C. L. (1992). Exchange and resource theories. In P. Boss, W. Doherty, R. LaRossa, W. Schumm, & S. Steinmetz (Eds.), *Sourcebook of family theories and methods: A contextual approach* (pp. 385-417). New York: Plenum.

Sager, C. J., Walker, E., Brown, H. S., Crohn, H. M., & Rodstein, E. (1981). Improving functioning of the remarried family system. *Journal of Marital and Family Therapy, 7*, 3-13.

Sanchez, L., & Thomson, E. (1997). Becoming mothers and fathers: Parenthood, gender, and the division of labor. *Gender and Society, 11*, 747-772.

Sanders, G. S., & Suls, J. (1982). Social comparison, competition, and marriage. *Journal of Marriage and Family, 44*, 721-730.

Satir, V. (1972). *Peoplemaking*. Palo Alto, CA: Science and Behavior Books.

Scanzoni, J. (1979a). Social exchange and behavioral interdependence. In R. Burgess & T. Huston (Eds.), *Social exchange in developing relationships* (pp. 61-98). New York: Academic Press.

Scanzoni, J. (1979b). Social processes and power in families. In W. Burr, R. Hill, F. I. Nye, & I. Reiss (Eds.), *Contemporary theories about the family* (pp. 295-316). New York: Free Press.

Scanzoni, J., & Polonko, K. (1980). A conceptual approach to explicit marital negotiation. *Journal of Marriage and Family, 42*, 31-44.

Schnaiberg, A., & Goldenberg, S. (1989). From empty nest to crowded nest: The dynamics of incompletely launched young adults. *Social Problems, 36*, 251-269.

Schwartz, D. M., Thompson, M. G., & Johnson, C. L. (1985). Anorexia nervosa and bulimia:

The sociocultural context. In S. W. Emmett (Ed.), *Theory and treatment of anorexia nervosa and bulimia* (pp. 95-112). New York: Brunner/Mazel.

Schwartz, L., & Kaslow, F. (1982). The cult phenomena: Historical, sociological, and family factors contributing to their development and appeal. *Marriage and Family Review, 4,* 15-25.

Seltzer, J. A. (2000). Families formed outside of marriage. *Journal of Marriage and Family, 62*(4), 1247-1268.

Serbin, L., & Karp, J. (2003). Intergenerational studies of parenting and the transfer of risks from parent to child. *Current Directions in Psychological Science, 12,* 138-142.

Shapiro, E. R. (1994). *Grief as a family process: A developmental approach to clinical practice.* New York: Guilford Press.

Shapiro, E. R. (1996). Family bereavement and cultural diversity: A social developmental perspective. *Family Process, 35,* 313-332.

Shapiro, P. G. (1996). *My turn: Women's search for self after children leave.* Princeton, NJ: Peterson's.

Sharpley, C. F., & Yardley, P. G. (1999). What makes me happy now that I'm older: A retrospective report of attitudes and strategies used to adjust to retirement as reported by older persons. *Journal of Applied Health Behavior, 1,* 31-35.

Shearer, S. L., Peters, C. P., Quayman, M. S., & Ogden, D. L. (1990). Frequency and correlates of childhood sexual and physical abuse histories in adult female borderline patients. *American Journal of Psychiatry, 147,* 214-216.

Shisslak, C. M., Crago, M., McKnigth, K. M., Estes, L. S., Gray, N., & Parnaby, O. G. (1998). Potential risk factors associated with weight control behaviors in elementary and middle school girls—a defined population study. *Journal of Psychosomatic Research, 44*(3), 301-313.

Shriner, M. (2009). Marital quality in remarriage: A review of methods and results. *Journal of Divorce & Remarriage, 50,* 81-99.

Sieburg, E. (1985). *Family communication: An integrated systems approach.* New York: Gardner Press.

Silber, S. (1990). Conflict negotiation in child abusing and nonabusing families. *Journal of Family Psychology, 3,* 368-384.

Silverstein, M., Giarrusso, R., & Bengston, V. L. (2005). *Intergenerational relations across time and place.* New York: Springer.

Silverman, P. R. (1986). *Widow to widow.* New York: Springer.

Simons, R., Whitbeck, L., Conger, R., & Melby, J. (1990). Husband and wife differences in determinants of parenting. *Journal of Marriage and Family, 52,* 375-392.

Simpson, J. A. (1990). Influence of attachment styles on romantic relationships. *Journal of Personality and Social Psychology, 39,* 971-980.

Singley, S. G., & Hynes, K. (2005). Transition to parenthood: Work-family policies, gender, and couple context. *Gender & Society, 19,* 376-397.

Smith, C. A., & Stern, S. B. (1997). Delinquency and anti-social behavior: A review of family processes and intervention research. *Social Service Review, 71,* 382-420.

Smith, K., Downs, B., & O'Connell, M. (2001). *Maternity leave and employment patterns: 1961-1995.* Current Population Reports, P70-79. Washington, DC: U.S. Census Bureau.

Smolak, L., & Levine, M. P. (1993). Separation-individuation difficulties and the distinction between bulimia nervosa and anorexia nervosa in college women. *International Journal of Eating Disorders, 14,* 33-41.

Snyder, H. N. (August, 2005). Juvenile arrests 2003. *Juvenile Justice Bulletin,* Washington, DC: U.S. Department of Justice, Office of Juvenile Justice and delinquency Prevention.

Spitze, G. (1988). Women's employment and family relations: A review. *Journal of Marriage and Family, 50,* 595-618.

Spotts, J. V., & Shontz, F. C. (1985). A theory of adolescent substance abuse. *Advances in Alcohol and Substance Abuse, 4,* 117-138.

Sprey, J. (1978). Conflict theory and the family. In W. R. Burr, R. Hill, F. I. Nye, & I. L. Reiss (Eds.), *Contemporary theories about the family* (Vol. 2, pp. 130-159). New York: Free Press.

Stacey, J. (1996). *In the name of the family: Rethinking family values in the postmodern age.* Boston: Beacon.

Stanton, M. D. (1977). The addict as savior: Heroin, death, and the family. *Family Process, 16,* 191-197.

Stanton, M. D., & Todd, T. C. (1982). *The family therapy of drug abuse and addiction.* New York: Guilford Press.

Steck, G. M., Anderson, S. A., & Boylin, W. M. (1992). Satanism among adolescents: Some empirical and clinical considerations. *Adolescence, 27,* 901-914.

Steffensmeier, R. (1982). A role model of the transition to parenthood. *Journal of Marriage and Family, 44,* 319-334.

Steinberg, L. (2005). *Adolescence* (7th ed.). New York: McGraw-Hill.

Steinglass, P. (1987). A systems view of family interaction and psychopathology. In T. Jacob (Ed.), *Family interaction and psychopathology* (pp. 25-65). New York: Plenum.

Stephen, T. (1984). A symbolic exchange framework for the development of intimate relationships. *Human Relations, 37,* 393-408.

Stephen, T. (1987). Taking communication seriously? A reply to Murstein. *Journal of Marriage and Family, 49,* 937-938.

Sternberg, R. J. (1988). *The triangle of love.* New York: Basic Books.

Stevenson, B., & Wolfers, J. (2007). Marriage and divorce: Changes and their driving forces. Working Paper 12944. National Bureau of Economic Research. http://bpp.wharton.upenn.edu/jowlfers/Papers/MarriageandDivorce(JEP).pdf

Stevenson, H. W., & Lee, S. (1990). Contexts of achievement: A study of American, Chinese, and Japanese children. *Monographs of the Society for Research in Child Development,* *55*(1-2, Serial No. 221).

Stierlin, H. (1981). *Separating parents and adolescents.* New York: Jason Aronson.

Stierlin, H. (1994). Centripetal and centrifugal forces in the adolescent separation drama. In G. Handel & G. Whitchurch (Eds.), *The psychosocial interior of the family* (4th ed., pp. 465-491). New York: Aldine de Gruyer.

Stierlin, H., Levi, L., & Savard, R. (1971). Parental perceptions of separating children. *Family Process, 10,* 411-427.

Stierlin, H., & Weber, G. (1989). *Unlocking the family door: A systemic approach to the understanding and treatment of anorexia nervosa.* New York: Brunner/Mazel.

Stinson, K. M., Lasker, J. N., Lohmann, J., & Toedter, L. J. (1992). Parents' grief following pregnancy loss: A comparison of mothers and fathers. *Family Relations, 41,* 218-223.

Storaasli, R., & Markman, H. (1990). Relationship problems in the early stages of marriage: A longitudinal investigation. *Journal of Family Psychology, 4,* 80-98.

Straus, M. A. (1974). Sexual inequality, cultural norms, and wife beating. *Journal of Marriage and Family, 36,* 13-30.

Straus, M. A. (1977). A sociological perspective on the prevention and treatment of wifebeating. In M. Roy (Ed.), *Battered women* (pp. 194-238). New York: Van Nostrand.

Straus, M. A. (1979). Measuring intrafamily conflict and violence: The conflict tactics scales. *Journal of Marriage and Family, 41,* 75-88.

Straus, M. A., & Gelles, R. J. (1986). Societal change and change in family violence from 1975 to 1985 as revealed by two national surveys. *Journal of Marriage and Family, 48,* 465-479.

Straus, M., & Sweet, S. (1992). Verbal/symbolic aggression in couples: Incidence rates and relationships to personal characteristics. *Journal of Marriage and Family, 54,* 346-357.

Strober, M., Freeman, R., Lampert, C., Diamond, J., & Kaye, W. (2000). Controlled family study of anorexia nervosa and bulimia nervosa: Evidence of shared liability and transmission of partial syndromes. *American Journal of Psychiatry, 157*(3), 393-401.

Strober, M., & Humphrey, L. L. (1987). Family contributions to the etiology and course of anorexia nervosa and bulimia nervosa. *Journal of Consulting and Clinical Psychology, 55,* 654-659.

Substance Abuse and Mental Health Services Administration (SAMHSA) (2003). Results from the 2002 National Survey on Drug Use and Health: National Findings (Office of Applied Studies, NHSDA Series H-22, DHHS Publication No. SMA 03-3836). Rockville, MD.

Sugg, N. K., & Inui, T. (1992). Primary care physicians' response to domestic violence: Opening Pandora's box. *Journal of the American Medical Association, 267,* 3157-3160.

Suitor, J. J., & Pillemer, K. (1987). The presence of adult children: A source of stress for elderly couples' marriages? *Journal of Marriage and Family, 49,* 717-725.

Surra, C. A., & Huston, T. L. (1987). Mate selection as a social transition. In D. Perlman & S. Duck (Eds.), *Intimate relationships: Development, dynamics, and deterioration* (pp. 88-120). Newbury Park, CA: Sage.

Sutton, P. M., & Sprenkle, D. H. (1985). Criteria for a constructive divorce: Theory and research to guide the practitioner. *Journal of Psychotherapy and the Family, 1*(3), 39-51.

Suzuki, B. H. (1980). The Asian-American family. In M. D. Fantini & R. Cardenas (Eds.), *Parenting in a multicultural society* (pp. 74-102). New York: Longman.

Swett, C., Surrey, J., & Cohen, C. (1990). Sexual and physical abuse histories and psychiatric symptoms among male outpatients. *American Journal of Psychiatry, 147*, 632-636.

Szinovacz, M. (1998). Grandparents today: A demographic profile. *The Gerontologist, 38*, 37-52.

Szinovacz, M. (2000). Changes in housework after retirement: A panel analysis. *Journal of Marriage and Family, 62*, 78-92.

Szinovacz, M., & Davey, A. (2008). *Caregiving contexts: Cultural, familial, and social implications.* New York: Springer.

Szinovacz, M., & DeViney, S. (2000). Marital characteristics and retirement decisions. *Research on Aging, 22*, 470-489.

Szinovacz, M., & Schaffer, A. M. (2000). Effects of retirement on marital conflict management. *Journal of Family Issues, 21*, 367-389.

Szinovacz, M., & Washo, C. (1992). Gender differences in exposure to life events and adaptation to retirement. *Journal of Gerontology: Social Sciences, S47*, S191-S196.

Tannen, D. (1986). *That's not what I meant: How conversational style makes or breaks youir relationships with others.* New York: William Morrow.

Tannen, D. (1990). *You just don't understand: Women and men in conversation.* New York: Ballantine Books.

Tannen, D. (2001). *I only say this because I love you.* New York: Ballantine Book.

Taylor, R. L. (2000). Diversity within African American families. In D. H. Demo, K. R. Allen, & M. A. Fine (Eds.), *Handbook of family diversity* (pp. 232-251). New York: Oxford University Press.

Teachman, J. D., & Paasch, K. M. (1994). Financial impact of divorce on children and their families. *The Future of Children, 4*(1), 63-83.

Teachman, J. D., Tedrow, L. M., & Crowder, K. D. (2000). The changing demography of America's families. *Journal of Marriage and Family, 62*, 1234-1246.

Thibaut, J. W., & Kelley, H. H. (1959). *The social psychology of groups.* New York: Wiley.

Thomas, D. D. (1993). Minorities in North America: African-American families. In J. L. Paul & R. J. Simeonsson (Eds.), *Children with special needs: Family, culture and society* (pp. 114-125). New York: Harcourt Brace Jovanovich.

Thompson, L., & Walker, A. J. (1989). Gender in families: Women and men in marriage, work, and parenthood. *Journal of Marriage and Family, 51*, 845-871.

Tjaden, P., & Thoennes, N. (2000). Extent, nature and consequences of intimate partner violence. National Institute of Justice Report #NCJ 1811867. http://www.ncjrs.org/pdffiles1/nij/ 181867

Todd, T. C., & Selekman, M. (1989). Principles of family therapy for adolescent substance abuse. *Journal of Psychotherapy and the Family, 6*(3-4), 49-70.

Turner, R. H. (1970). *Family interaction.* New York: Wiley.

Umberson, D. (1995). Marriage as support or strain? Marital quality following the death of a parent. *Journal of Marriage and Family, 57,* 709-723.

U.S. Bureau of Justice Statistics (2006). *Criminal victimization in the United States, 2004.* Statistical tables. http://www.ojp.usdoj.gov/bjs/pub/pdf/vsus0402.pdf

U.S. Bureau of Labor Statistics (2009). *Employed persons by full-and-part-time status and sex, 1970-2007 annual averages.* Table 20. www.bls.gov/cps/wlf-table20-2007.pdf

U.S. Census Bureau (2001a). *Money income in the United States: 2000.* Current Population Reports, P60-213. Washington, DC: U.S. Printing Office.

U.S. Census Bureau (2003a). *Fertility of American women: June 2002.* Current Population Reports, P20-548. Washington, DC.

U.S. Census Bureau (2003b). *Children's living arrangements and characteristics: March 2002.* Current Population Reports. http://www.census.gov/prod/2003pubs/p20-547.pdf

U.S. Census Bureau (2004). *America's families and living arrangements: 2003.* Current Population Reports, P20-553. Washington, DC.

U.S. Census Bureau (2005a). *Living arrangements of children: 2001.* Current Population Reports, P70-104. Washington, DC.

U.S. Census Bureau (2005b). *Number, timing, and duration of marriage and divorces: 2001.* http://www.census.gov/prod/2005pubs/p70-97.pdf

U.S. Census Bureau (2006). *America's families and living arrangements: 2006.* http://www.census.gove/population/www/socdemo/hh-fam/cps2006.html

U.S. Census Bureau (2007a). *Families and living arrangements: 2006.* http://www.census.gov/Press-Release/www/release/archives/families_ households/009842.html

U.S. Census Bureau (2007b). *Custodial mothers and fathers and their child support: 2005.* http://www.census.gov/prod/2007pubs/p60-234.pdf

U.S. Census Bureau (2007c). *Statistical abstract of the United States.* http://www.census.gov/compendia/statab/2007edition.html

U.S. Census Bureau (2008). *Statistical abstract of the United States.* http://www.census.gov/compendia/statab/2008edition.html

U.S. Department of Health and Human Services (USD-HHS) (2000). *Eating disorders.* Washington, DC: Office on Women's Health.

Vakalahi, H. F. (2002). Family-based predictors of adolescent substance use. *Journal of Child and Adolescent Substance Abuse, 11*(3), 1-15.

van der Hart, O. (1988). *Coping with loss: The therapeutic use of leave-taking rituals.* New

York: Irvington.

Van Egeren, L. A. (2004). The development of the coparenting relationship over the transition to parenthood. *Infant Mental Health Journal, 25*, 453-477.

van Schoor, E. P., & Beach, R. (1993). Pseudoindependence in adolescent drug abuse: A family systems perspective. *Family Therapy, 20*, 191-202.

Vega, W. A. (1990). Hispanic families in the 1980s: A decade of research. *Journal of Marriage and Family, 52*, 1015-1024.

Vinick, B. H., & Ekerdt, D. J. (1991). Retirement: What happens to husband-wife relationships? *Journal of Geriatric Psychiatry, 24*, 16-23.

Visher, E. B., & Visher, J. S. (1996). *Therapy with stepfamilies.* New York: Brunner/Mazel.

Visher, E. B., Visher, J. S., & Pasley, K. (2003). Remarriage families and stepparenting. In F. Walsh (Ed.), *Normal family processes* (3rd ed., pp. 153-175). New York: Guilford.

Vogel, E. F., & Bell, N. W. (1968). The emotionally disturbed child as the family scapegoat. In N. W. Bell & E. F. Vogel (Eds.), *A modern introduction to the family* (pp. 412-427). New York: The Free Press.

Von Bertalanffy, L. (1975). *Perspectives on general systems theory: Scientific-philosophical studies.* New York: George Braziller.

Voydanoff, P., & Donnelly, B. W. (1999). Risk and protective factors for psychological adjustment and grades among adolescents. *Journal of Family Issues, 20*, 328-349.

Walker, L. E. (1979). *The battered woman.* New York: Harper & Row.

Walker, L. E. (1984). *The battered woman syndrome.* New York: Springer.

Wallerstein, J. S., & Blakeslee, S. (1989). *Second chances: Men, women, and children a decade after divorce.* New York: Ticknor & Fields.

Walker, A., Manoogian-O'Dell, M., McGraw, L., & White, D. (2001). *Families in later life: Connections and transitions.* Thousand Oaks, CA: Pine Forge Press.

Walsh, F. (1998). *Strengthening family resilience.* New York: Guilford.

Walsh, F. (2003). Changing families in a changing world: Reconstructing family normality. In F. Walsh (Ed.), *Normal family processes* (3rd ed., pp. 3-26). New York: Guilford.

Walsh, F., & McGoldrick, M. (2004). *Living beyond loss: Death in the family* (2nd ed.). New York: Norton.

Walsh, F., & Pryce, J. (2003). The spiritual dimensions of family life. In F. Walsh (Ed.), *Normal family processes* (3rd ed., pp. 337-372). New York: Guilford.

Walster, E., Walster, G. W., & Berscheid, E. (1978). *Equity: Theory and research.* Boston: Allyn & Bacon.

Walter, M., Carter, B., Papp, P., & Silverstein, O. (1988). *The invisible web: Gender patterns in family relationships.* New York: Guildford.

Walters, S. D. (2001). *All the rage: The story of gay visibility in America.* Chicago: University of Chicago Press.

Wamboldt, F. S., & Wolin, S. J. (1989). Reality and myth in family life: Change across generations. In S. A. Anderson & D. A. Bagarozzi (Eds.), *Family myths: Psychotherapy implications* (pp. 141-166). New York: Haworth Press.

Ward, R., Logan, J., & Spitze, G. (1992). Influence of parent and child needs on coresidence in middle and later life. *Journal of Marriage and Family, 54*, 209-221.

Warshak, R. A. (2003). Payoffs and pitfalls of listening to children. *Family Relations, 52*, 373-384.

Watzlawick, P., Beavin, J. H., & Jackson, D. D. (1967). *The pragmatics of human communication.* New York: Norton.

Watzlawick, P., Weakland, J., & Fisch, R. (1974). *Change: Principles of problem formation and problem resolution.* New York: W. W. Norton.

Weiss, B., Dodge, K. A., Bates, J. E., & Pettit, G. S. (1992). Some consequences of early harsh discipline: Child aggression and maladaptive social information processing style. *Child Development, 63*, 1321-1335.

Whipple, E. E., & Webster-Stratton, C. (1991). The role of parental stress in physically abusive families. *Child Abuse and Neglect, 15*, 279-293.

Whitchurch, G. G., & Constantine, L. L. (1993). Systems theory. In P. G. Boss, W. J. Doherty, R. LaRossa, W. R. Schumm, & S. K. Steinmetz (Eds.), *Sourcebook of family theories and methods: A contextual approach* (pp. 325-355). New York: Plenum.

White, L., & Edwards, J. N. (1993). Emptying the nest and parental well-being. *American Sociological Review, 55*, 235-242.

White, L., & Rogers, S. J. (2000). Economic circumstances and family outcomes: A review of the 1990s. *Journal of Marriage and Family, 62*, 1035-1051.

Wiehe, V. R. (1998). *Understanding family violence.* Thousand Oaks, CA: Sage.

Wilder, C., & Collins, S. (1994). Patterns of interactional paradoxes. In W. R. Cupach & B. H. Spitzberg (Eds.), *The dark side of interpersonal communication.* New York: Lawrence Erlbaum.

Wiley, N. F. (1985). Marriage and the construction of reality: Then and now. In G. Handel (Ed.), *The Psychosocial interior of the family* (3rd ed., pp. 21-32). New York: Aldine.

Williamson, D. S. (1981). Personal authority via termination of the intergenerational hierarchical boundary: A new stage in the family life cycle. *Journal of Marital and Family Therapy, 7*, 441-452.

Williamson, D. S. (1982). Personal authority in family experience via termination of the intergenerational hierarchical boundary: Part III—Personal authority defined and the power of play in the change process. *Journal of Marital and Family Therapy, 8*, 309-323.

Willis, W. (1992). Families with African-American roots. In E. W. Lynch & M. J. Hanson (Eds.), *Developing cross-cultural competence: A guide for working with young children and their families* (pp. 121-150). Baltimore, MD: Paul H. Brookes.

Wills, T. A., Resko, J. A., Ainette, M. G., & Mendozza, D. (2004). Role of parent support and peer support in adolescent substance use: A test of mediated effects. *Psychology and Addictive Behaviors, 18*, 122-134.

Wilmot, W. W. (1975). *Dyadic communication: A transactional perspective.* Reading, MA: Addison-Wesley.

Wilson, W. J. (1996). *When work disappears: The world of the new urban poor.* New York: Alfred A. Knopf.

Winch, R. F. (1958). *Mate selection: A study of complementary needs.* New York: Harper & Brothers.

Wolf-Smith, J. H., & LaRossa, R. (1992). After he hits her. *Family Relations, 41*, 324-329.

Wood, J. T. (2009). *Gendered lives: Communication, gender, and culture* (8th ed.). Belmont, CA: Wadsworth Cengage.

Wright, S., & Piper, E. (1986). Families and cults: Familial factors related to youth leaving or remaining in deviant religiuos groups. *Journal of Marriage and Family, 48*, 15-25.

Wynne, L. C. (1988). The epigenesis of relational systems: A model for understanding family development. *Family Process, 23*, 297-318.

Youniss, J., & Smollar, J. (1985). *Adolescent relations with mothers, fathers, and friends.* Chicago, IL: University of Chicago Press.

Zimmerman, L., Mitchell, B., Wister, A., & Gutman, G. (2000). Unanticipated consequences: A comparison of expected and actual retirement timing among older women. *Journal of Women and Aging, 12*, 109-128.

Zuniga, M. E. (1988). Chicano self-concetp: A proactive stance. In C. Jacobs & D. Bowles (Eds.), *Ethnicity and race: Critical concepts in social work* (pp. 71-85). Silver Spring, MD: National Association of Social Workers.

Zuniga, M. E. (1992). Families with Latino roots. In E. W. Lynch & M. J. Hanson (Eds.), *Developing cross-cultural competence: A guide for working with young children and their families* (pp. 151-179). Baltimore, MD: Paul H. Brookes.

찾아보기

Russell, R. 162
Rutenberg, S. 347, 349, 355, 361
Ryan, C. E. 33

Sabatelli, R. M. 19, 30, 99, 102, 145,
146, 149, 150, 153, 166, 172, 175,
178, 194, 204, 216, 218, 259, 313,
351, 353, 377, 378, 379, 381, 417,
418, 454
Sager, C. J. 469
Sanchez, L. 305
Sanders, G. S. 265
Sanson, A. 433
Satir, V. 237, 238, 249
Saunders, B. 158
Savard, R. 355
Sbarra, D. A. 420, 459
Scanzoni, J. 57, 179, 181, 221, 259, 267
Schacht, A. 167
Schaffer, A. M. 366
Schmitt, J. P. 202
Schnaiberg, A. 357
Schnurr, P. P. 158
Schooler, C. 64
Schulz, R. 369
Schumer, P. 78
Schwartz, D. M. 161
Schwartz, L. 167
Schwartz, P. W. 200, 201, 202, 207, 208
Seanson, C. 202
Sedlak, A. J. 166
Seeley, J. P. 160
Seff, M. A. 353
Selekman, M. 158
Seltzer, J. A. 297
Serbin, L. 299
Shapiro, A. 272
Shapiro, E. R. 396, 393, 299, 402, 406
Shapiro, P. G. 347, 396, 411

Sharpley, C. P. 366
Shaver, P. 189
Shaver, P. R. 188, 189
Shearer, S. L. 341
Shehan, C. L. 175, 194, 216, 307
Shen, Y. C. 306
Shin, H. 435
Shontz, F. C. 158
Shriner, M. 470
Silber, S. 340
Silver, N. 270
Silverman, P. R. 405
Silverstein, M. 373, 374
Simons, R. 296, 310, 331
Simons, R. L. 128
Simpson, J. A. 190
Singley, S. G. 306, 309
Smart. D. 433
Smith, A. J. 436
Smith, C. A. 165
Smith, K. 306
Smock, P. J. 443
Smolak, L. 162
Smollar, J. 353
Smoller, J. 159
Snyder, A .R. 443
Snyder, H, N. 164, 165
Soukup, C. 481
Spanier, G. B. 214
Spark, G. 106
Spitze, G. 350, 362
Spotts, J, V. 158
Sprecher, S. 313
Sprenkle , D. H. 35, 429, 430, 433
Sprey, J. 221
Stacey, J. 19
Stafford, L. 202, 203
Stanley-Hagen, M. 426, 432
Stanton, M. D. 159

Steck, G. M. 167
Steffensmeier, R. 299
Steinberg, L. 146, 150, 152, 322, 354
Steinburg, L. 320, 321, 322, 323, 324, 325
Steinglass, P. 32, 79
Stephen, T. 174
Stern, S. B. 165
Sternberg, R. J. 182
Stevensen, H. W. 135
Stevenson, B. 416
Stierlin, H. 91, 150, 151, 153, 154,
162, 166, 355
Stinson, K. M. 401
Stone, G. 165
Stone, G. W. 288
Storaasli, R. 222
Stovall, T. 150, 158
Straus, M. 288
Straus, M. A. 221, 284, 285, 286, 287, 288
Striegel-Moore, R. H. 160
Strober, M. 161, 162
Stuart, G. L. 287
Sugarman, D. B. 287
Sugg, N. K. 285
Suitor, J. J. 356, 382, 383
Suls, J. 265
Super, C. M. 332
Supple, K. 356
Surra, C. A. 174
Surrey, J. 341
Sutton, P. M. 429, 430, 433
Suzuki, B. H. 336
Svare, G. M. 469
Swanson, C. 203, 270
Swanson, K. 202
Sweet, S. 288
Swett, C. 341
Szinovacz, M. 366, 367, 371, 372,
375, 377

Tabares, A. 272
Tacheuchi, D. 129
Tannen, D. 228, 233, 234, 235, 236, 242, 244, 246, 247, 248, 249, 280, 281
Tardif, T. 126
Taylor, R. L. 125, 434
Teachman, J. D. 19, 172, 448, 449
Tedrow, L. M. 19, 172
Terry, H. E. 54, 55
Thibaut, J. W. 175, 176, 178, 194
Thoennes, N. 21
Thomas, D. D. 335
Thompson, A. I. 402
Thompson, L. 331
Thompson, M. G. 161
Thomson, E. 305
Thornburg, H. D. 166
Thorngren, J. M. 436
Tiedje, L. B. 330
Tjaden, P. 21
Todd, T. C. 158, 159
Toedter, L. J. 401
Toth, S. L. 338
Tsay, J. C. 158
Turman, P. 481
Turner, R. H. 207
Tyree, A. 285
Tyson, R. 202

Ulrich, D. 107
Umberson, D. 401

Vakalahi, H. F. 158
Valentino, K. 338
van der Hart, O. 396
van Dulmen, M. 165
Van Egeren, L. A. 304, 308, 311
van Schoor, E. P. 158, 159
Vangelisti, A. I. 232

Vega, W. A. 335
Vinick, B. H. 367
Vira, R. 307
Visher, E. B. 466, 467, 469, 470, 473, 474, 475, 477, 478, 479, 482, 483, 484
Vogel, E. F. 58, 90, 340, 422
Volling, B. 327
Von Bertalanffy, L. 25, 34
Voydanoff, P. 165

Walker, A. 369, 372, 377
Walker, A. J. 331
Walker, E. 469
Walker, L. E. 289
Wallerstein, J. S. 428
Walsh, F. 77, 79, 84, 390, 391, 392, 393, 394, 396, 397, 399, 401, 402, 403, 404, 405
Walster, E. 262
Walster, G. W. 262
Walters, S. D. 200, 203
Walz, J. 288
Wamboldt, F. S. 192, 206
Ward, R. 362
Warshak, R. A. 427
Washo, C. 366
Watzlawick, P. 156, 229, 230, 231, 236, 244, 248, 268, 288
Weakland, J. 156
Weber, G. 162
Webster-Stratton, C. 338, 339
Weiss, B. 339
Weltman, S. 132
Weltman, S. F. 132
Wenzel, A. 313
Whipple, E. E. 338, 339
Whitbeck, L. 296
Whitbeck, L. B. 128

Whitchurch, G. G. 22, 24, 25, 34, 48
White, D. 369
White, L. 128, 346
Whitton, S. W. 257
Wiehe, V. R. 338, 339
Wilder, C. 236
Wiley, N. F. 208
Willett, J. B. 338, 339, 340
Williams, J. K. 166
Williamson, D. S. 144, 148, 358, 359, 360
Willis, W. 335
Wills, T. A. 158
Wilmot, W. W. 181, 233
Wilson, J. S. 296
Wilson, L. 129
Wilson, W. J. 128
Wimbush, D. D. 335
Winch, R. F. 177
Wister, A. 366
Wolfers, J. 416
Wolfinger, N. H. 469
Wolf-Smith, J. H. 289
Wolin, S. J. 192, 206
Wood, J. T. 239, 241, 242
Wright, S. 167
Wu, M. 158

Yardley, P. G. 366
Yates, T. 165
Yell, J. L. 369
Yoshimoto, D. 202
Youngblade, L. 83, 327
Youniss, J. 159, 353

Zeifman, D. 189
Zigler, E. 338
Zimmerman, L. 366
Zuniga, M. E. 130, 134, 335

〈내 용〉

저자소개

Stephen A. Anderson

스티븐 앤더슨은 코네티컷대학교 인간발달 · 가족학과의 교수이며 부부가족치료 프로그램 및 인간발달연구센터의 소장이다. 앤더슨 교수는 캔자스주립대학교에서 부부가족치료 전공으로 박사학위를 받았으며, 주요 연구분야는 청년발달, 가족기능의 사정, 부부 및 가정폭력, 가족치료 슈퍼비전과 훈련, 프로그램 평가다.

Ronald M. Sabatelli

로널드 사바텔리는 코네티컷대학교 인간발달 · 가족학과의 교수로서 코네티컷대학교에서 가족학 전공으로 박사학위를 받았다. 주요 연구분야는 원가족이 부모됨과 낭만적 관계의 구조와 경험에 미치는 영향, 청년발달, 관계와 가족기능의 사정이다. 현재 미국가족관계학회(NCFR)가 발행하며 가족학에 관한 다학제적 학술지인 『Family Relations』의 편집위원장이다.

역자소개

정문자(Chung, Moon Ja)
미국 시러큐스대학교 아동 · 가족학과 Ph. D.
현 연세대학교 아동 · 가족학과 명예교수

정현숙(Chung, Hyunsook)
미국 오하이오주립대학교 인간발달과 가족학과, 가족학박사
현 상명대학교 가족복지학과 교수

정혜정(Chung, Hyejeong)
미국 텍사스테크대학교 인간발달 · 가족학과 Ph. D.
현 전북대학교 생활과학대학 아동학과 교수

전영주(Chun, Young Ju)
미국 퍼듀대학교 아동발달 가족학과 Ph. D.
현 신라대학교 사회복지학부 교수

정유진(Jeong, Yu Jin)
미국 오리건주립대학교 인간발달 가족학과 Ph. D.
현 전북대학교 생활과학대학 아동학과 교수

다세대 발달관점의
가족관계
Family Interaction
A Multigenerational Developmental Perspective

2016년 9월 5일 1판 1쇄 발행
2022년 2월 10일 1판 4쇄 발행

지은이 • Stephen A. Anderson · Ronald M. Sabatelli
옮긴이 • 정문자 · 정현숙 · 정혜정 · 전영주 · 정유진
펴낸이 • 김 진 환
펴낸곳 • (주) **학지사**
　　　　　04031 서울특별시 마포구 양화로 15길 20 마인드월드빌딩 5층
대표전화 • 02) 330-5114　　　팩스 • 02) 324-2345
등록번호 • 제313-2006-000265호

홈페이지 • http://www.hakjisa.co.kr
페이스북 • https://www.facebook.com/hakjisabook

ISBN 978-89-997-1067-4　93180

정가 **22,000**원

이 도서의 국립중앙도서관 출판시도서목록(CIP)은 서지정보유통지원시스템
홈페이지(http://seoji.nl.go.kr)와 국가자료공동목록시스템(http://www.nl.go.kr/kolisnet)
에서 이용하실 수 있습니다.
(CIP제어번호: CIP2016020023)

출판 · 교육 · 미디어기업 **학지사**

간호보건의학출판 **학지사메디컬** www.hakjisamd.co.kr
심리검사연구소 **인싸이트** www.inpsyt.co.kr
학술논문서비스 **뉴논문** www.newnonmun.com
원격교육연수원 **카운피아** www.counpia.com